刘国钧研究资料汇编

王宏民　李秋新　编著

凤凰出版社

图书在版编目（CIP）数据

刘国钧研究资料汇编 / 王宏民，李秋新编著. -- 南京 : 凤凰出版社，2022.12
ISBN 978-7-5506-3861-7

Ⅰ. ①刘… Ⅱ. ①王… ②李… Ⅲ. ①刘国钧（1887-1978）—人物研究 Ⅳ. ①K825.38

中国版本图书馆CIP数据核字(2022)第243035号

书　　名	刘国钧研究资料汇编
编　　著	王宏民　李秋新
策　　划	常州市秋和文化发展有限公司
责任编辑	崔广洲
特约编辑	蔡芳盈
出版发行	凤凰出版社(原江苏古籍出版社) 发行部电话025-83223462
出版社地址	江苏省南京市中央路165号，邮编:210009
印　　刷	苏州市越洋印刷有限公司 江苏省苏州市吴中区南官渡路20号，邮编:215104
开　　本	718毫米×1005毫米　1/16
印　　张	30
字　　数	521千字
版　　次	2022年12月第1版
印　　次	2022年12月第1次印刷
标准书号	ISBN 978-7-5506-3861-7
定　　价	88.00元

(本书凡印装错误可向承印厂调换，电话:0512-68180638)

《刘国钧研究资料汇编》编委会

特 约 顾 问：刘学进　章卫忠　叶慧英

主　　　任：王亮伟

副　主　任：魏　平

编　　　著：王宏民　李秋新

编委会成员：（以姓氏笔画为序）

王宏民　王亮伟　司马周　李秋新　赵贤德　魏　平

前言

常州，南濒太湖，北依长江，物华天宝，人杰地灵。至今，有准确纪年的历史已长达2500余年。这里自古崇德尚学，文化昌盛。浓郁的文化氛围和优良的人文气息滋养了无数志士仁人，心存高远，事业有成。他们或在文化、教育领域创造辉煌；或在自然科学领域开创佳绩；或在工商、经济领域独领风骚。他们群星闪耀，光彩无比，是龙城大地的优秀儿女，延陵古邑的杰出人才！他们的事迹和成就激励常州人民不忘初心，奋发努力，通过一代代人不懈的奋斗，将常州建设得更加美丽、富饶，真正实现人民所期盼的强、富、美、高新常州的宏伟目标！

多年来，常州致力于历史文化名城建设，大力挖掘地方文化瑰宝，整理地方文化遗产，研究地方名人事迹，出现了一大批研究成果，对推动和加强地方政治思想建设、精神文明建设和历史文化名城建设起到了积极作用，产生了良好的社会影响，具有极其珍贵的历史价值、社会价值和文化价值！

常州刘国钧文化中心多年来为宣传和研究著名爱国实业家刘国钧艰苦奋斗创办实业的事迹做了大量有益的工作，取得了丰硕的成果，产生了良好的社会反响。

刘国钧先生是成长于常州的具有强烈爱国心和事业心的著名实业家。20世纪初，刘国钧目睹国家积贫积弱、百姓生活困苦的现状，愤而创办纺织印染实业，力图振兴民族工业，与列强抗衡，并改善百姓苦难的生活现状。在那个风雨如晦的时代，他不惧困难，坚毅果敢，百折不挠，自强不息，一步一个脚印前进，聚沙成塔，最终将自己的企业——常州大成纺织染公司发展为中国纺织业界翘楚，成为民族工业的一面旗帜，在国内外产生了巨大而广泛的影响。

1950年秋，刘国钧从香港返回常州，他满腔热忱投身于祖国社会主义建设事业，真诚与中国共产党合作，拥护人民政府领导，率先在江苏实行公私合营，在业界起到了表率示范作用。他热情参与党和国家相关政治活动，积极建言献策，奉献赤胆忠心。他热心公益事业，慷慨将自己几十年收集珍藏的诸多古书画珍品和家具物件捐赠于国内相关文博机构，为宣传、展示中华灿烂的精神文化和民族文明传统做出了宝贵的贡献！

刘国钧是常州成功的工商实业家代表，他不惧风险、勇于担当、敢为天下先的创业精神是一笔宝贵的精神财富。他的大成企业，严格经营管理，产品精益求精，拥有宝贵的企业管理经验，是常州工商企业成功的榜样和典范。在常州加快经济建设步伐、奋勇争创一流、迈向现代化城市的进程中，刘国钧的爱国精神和高尚人格，大成实业成功的发展经验都值得认真学习、研究和继承！

这部《刘国钧研究资料汇编》将半个世纪以来有关刘国钧研究的资料予以汇编，收集的资料以正式出版的相关论著和公开发表的相关论文为主。本书力图通过对以往刘国钧研究资料的整理，给读者提供一个比较全面、翔实的研究资料平台。全书分为四个部分：第一部分为研究综述，梳理了半个多世纪以来刘国钧研究的相关资料，简要评析了专著和论文中的代表作品，肯定了成绩，也指出了不足。后面三个部分则分别以刘国钧的生平事迹、经营管理、思想品格等主题内容进行分类，选编了69篇相关论文，每一部分论文按照发表时间先后的顺序进行编排。因篇幅有限，相关专著只在第一部分进行介绍，未有原文选入。在编写的过程中，主要依据文章发表的原刊文字录入，对个别明显的错误字词进行了修改。为符合当代出版要求，在不改变原文意思的前提下对一些文字表述进行了适当改动，如“上世纪”改成“20世纪”、“八十万人”改成“80万人”，等等，这些改动在选文中不再一一注明。

刘国钧是历史的，他创造了中国民族纺织工业的奇迹，给后人留下了取之不尽的精神财富和宝贵的创办企业经验；刘国钧又是现实的，他的崇高人格、奋发图强的精神激励当今人们矢志不渝，苦干实干，奋勇争先；他经营管理企业成功的经验启迪人们善于学习，精于管理，勇于争创一流。今天人们研究他，敬仰他，更重要的应当是学习他的精神，传承他的人格，为建设更加美好的未来做出贡献！

目录

001　前　言

第一编　刘国钧研究概述　/李秋新

003　一、刘国钧研究历程概览
007　二、有关刘国钧经商之道的研究论文概述
013　三、有关刘国钧崇高人格的研究论文概述
018　四、有关刘国钧职业教育的研究论文概述
020　五、有关刘国钧交友、著述等方面的研究论文概述
028　六、有关刘国钧研究的著作概述
035　七、目前刘国钧研究之不足

第二编　刘国钧生平事迹的研究资料

043　刘国钧先生年表　/蔡康唯
063　刘国钧传略　/张士杰
068　我国纺织实业界的巨子刘国钧　/张金喜
072　刘国钧七下香港　/孙建昌
080　名人相册——刘国钧　/凝子

082 爱国实业家刘国钧 /朱艳燕
085 刘国钧：由学徒到实业巨子 /老亨 朱华
091 “一生学费钱八百，半世事业万人功”
——中国纺织工业巨子刘国钧 /鱼禾
096 刘国钧的“大成” /魏文享
101 爱国民族工商业实业巨子，纺织大王刘国钧 /薛锦
108 刘国钧与刘靖基 /李筱纲
111 刘国钧的英雄情结 /王亮伟
117 民族工业骄子刘国钧 /王莉
120 刘国钧先世考略 /苏慎
124 刘国钧事业成功之道
——人脉战略 /钟树杰
131 刘国钧与蒋盘发的金兰之交 /魏平
136 刘国钧与金融奇才陈光甫 /王亮伟
139 刘国钧生命中三位重要的女性 /李梅香
144 刘国钧，不仅仅是历史的 /王亮伟
148 刘国钧的人生悲悯 /李筱纲
150 刘国钧家世及与刘靖基的矛盾 /高峰
162 刘国钧大成工业遗产调查保护记 /陈伟堂
167 刘国钧：传统纺织业现代化的代表性人物
/（西班牙）卡洛斯·布拉索·布洛基
169 刘国钧与黄炎培的交往研究 /赵贤德
175 刘国钧与靖江岳飞生祠堂 /岳祖瑞
181 四桥一巷：刘国钧兴业的“运河路线” /王亮伟
191 青果巷刘国钧宅邸考 /李梅香
194 青果巷杰出的织梦人
——纪念爱国实业家刘国钧诞辰130周年 /王雷宇 瞿超
201 纺织巨子刘国钧 /孔卓

第三编 刘国钧经营管理的研究资料

207 “征东图”商标与抗日救国 /左旭初

211 屡创奇迹的棉纺巨子刘国钧 /李秋发

219 民族工商业界的一面旗帜
——刘国钧挚爱祖国、艰苦创业的一生 /施宪章

233 大成之道，创新为本
——刘国钧与大成奇迹研究 /张宇杰

239 民国企业家刘国钧人力资源管理研究 /葛吉霞

248 简析近代“纺织巨子”刘国钧成功的原因 /卢晶

251 论刘国钧的经营理念 /史全生

262 刘国钧的三个“一点点” /文泰州

266 刘国钧人力资源管理思想理论与实践 /叶迎

271 浅议刘国钧创业过程中的市场意识 /戴卫银

275 民国纺织大王刘国钧的管人之道 /仝群旺

280 因时而为：民国企业家刘国钧的企业管理之道 /葛吉霞 郁爱华 吴云俏

290 刘国钧的市场竞争策略十例 /高进勇

294 向刘国钧学习“工匠精神” /戴卫银

296 新史料、新契机、新视野：《刘国钧日记1945》
与刘国钧及大成企业史研究 /赵伟

303 浅谈刘国钧的企业家精神 /秦军

308 刘国钧的大成纺织染公司商标文化内涵探析 /司马周

316 儒家思想在刘国钧创业实践中的运用 /李琳 赵贤德

323 刘国钧与张謇、荣氏兄弟的比较研究 /王亮伟

336 大成纺织染股份有限公司抗战胜利后复产情形 /张步东

344 刘国钧员工健康管理理念实践与启示 /包云 陈志艳

349 苏商刘国钧成功的理论分析及对创业者的启示 /孙卫东

第四编 刘国钧思想品格的研究资料

357 刘国钧的社会责任观 /王运奇
361 试论刘国钧的“德”与“威” /管仲华
365 简论刘国钧著作的语言特色 /王亮伟
369 刘国钧先生职业教育思想渊源探究 /顾勇 米海燕
378 刘国钧与他的职工教育 /岳煜群
380 刘国钧职业教育思想解读 /毕鉴忠
385 刘国钧的创业思想及其当代启示 /鲁永进
390 试论刘国钧民族精神形成的三个阶段
及当下青年学生民族精神的培育路径 /魏平
396 论刘国钧的讲演艺术 /司马周 黄晓赟
405 试论著名企业家刘国钧先生的精神品质 /毛加明
409 建国前后刘国钧思想变化研究 /朱力
417 刘国钧的沟通艺术及其品质 /赵贤德 丁芳芳
430 试析刘国钧先生古书画的收藏与捐赠 /魏平
437 刘国钧的家训及格言 /高进勇
443 刘国钧精神与靖江本土文化 /陈丹
446 用刘国钧人才观提高学生工匠素质的实践探究 /鲁永进
451 刘国钧的职业教育思想研究 /李琳
457 记取家声传裔胄 尽忠报国步芳尘
——《民族纺织染之魂——刘国钧诗传》研究 /司马周 邱北海

469 后 记

第一编 刘国钧研究概述

刘国钧（1887.4.2—1978.3.8），中国近现代著名爱国实业家，在中国民族纺织工业发展史上具有重大影响。1915年，他与其他人联手创办常州地区第一家机器织布厂，嗣后，又相继投资开办了公裕、广丰、广益三家布厂以及广益染织厂。1930年，接盘大纶久记纱厂，成立著名的大成纺织染有限公司，担任总经理。在他的领导下，大成公司在1930—1937八年间，企业资本由五十万增加至四百万，纱锭由1万枚增至8万枚，1个厂扩展为4个厂，成为当时全国本行业中增资最大最快者。当年，著名经济学家马寅初曾赞叹其为“罕见的奇迹”。

刘国钧创办企业，立足常州，面向全国，放眼世界。他先后在武汉、上海、重庆、台北、香港等地开设纺织、印染工厂；在美国、巴西等国投资实业公司、纺织厂和橡胶园；在越南、泰国、缅甸、新加坡、马来西亚等国设批发销售商店。

1950年秋，刘国钧从香港返回内地，继任大成纺织染公司总经理、常务董事。他努力恢复大成三家工厂生产。1954年6月，大成纺织染公司率先在江苏省实行公私合营，他本人担任合营后的大成纺织染公司副董事长兼总经理。

刘国钧真诚与中国共产党合作，拥护人民政府领导。他先后担任常州市工商联、常州市民建主任委员，常州市政协副主席，江苏省人民委员会委员。1956年后，任江苏省副省长、江苏省政协副主席、江苏省工商联主任委员、江苏省民建主任委员。他是全国人大一届至五届代表，全国政协五届常委，全国工商联副主任委员，中国民主建国会中央常委。1978年3月8日病逝于南京。

一、刘国钧研究历程概览

刘国钧殚精竭虑、艰苦奋斗创办实业的事迹和所取得的成就以及他忠心爱国、勤勉赤诚为社会做贡献的高风亮节在业内外产生了重大影响，引发人们对他极大的关注，众多社会贤达及文化学者对此给予了认真深入的探讨研究。这种状况，在不同历史时期又呈现出不同特征。

在1949年10月中华人民共和国成立之前，研究刘国钧的文字不多。迄今所

见到的仅是几篇记载他的企业创建及发展的文章。例如 1929 年《武汉工业调查录》记载了刘国钧创设广益厂、创制英国式铁木混合机以及织布程序等情况。1934 年出版的《中华工业总联合会武进分会成立纪念、工业展览会合刊》刊登由刘丕基于当年 1 月撰写的介绍大成纺织染厂成立背景及企业发展情况的文章，其中表述刘国钧任大成纺织染公司经理之职：“抱服务社会之精神，以身许厂，夙夜辛勤，尤注意于开源节流，除陋革新，两载以远，成绩斐然。”著名经济学家吴景超 1943 年发表《中国经济建设之路》，其中提到大成企业发展状况。另有发表于 1944 年 6 月号重庆《新世界》月刊的一篇文字比较详尽地记载了大成公司内迁后，与四川民生公司、汉口隆昌染织公司合资创办大明染织厂的情况。这些文字多为叙述事件过程，研究成分比较少。

1950 年 9 月，刘国钧由香港返回内地，如他所言：“我理想的全国工业化在共产党、毛主席、人民政府领导下实现了。我的心胸敞开了，愿全心全意本我所知贡献国家建设，尽我应尽的天责，为完成新民主主义的任务，进入社会主义的社会而努力。”他尽快恢复了大成三家工厂的生产。1950 年至 1960 年十年间，刘国钧一方面操心企业建设与发展，另一方面积极参加各类社会政治活动。这个时期，诸多重大的政治事件对他的心境与人生产生了比较大的影响。

这一阶段，研究刘国钧及其企业经营、发展的文字有限。1950 年、1954 年大成公司档案有记载公司发展史简略纲目及部分初稿。比较具有价值的是华笃安撰写于 1958 年《自传》中叙述的大成纺织染公司由刘国钧经营管理的一些重要事件，如大成公司与安达公司的交往以及企业内部人事关系等。华氏自 1930 年 2 月由常州阜丰钱庄屠咏堂经理介绍给刘国钧，帮助他接盘大纶久记纱厂，筹建大成纺织染公司，任总稽查。后历任大成一厂厂长、安达纺织公司副总经理，是刘国钧的得力助手。其文叙事详细，评价事件比较客观。

从 1960 年开始，中国进入一段特殊时期，尤其是它的后半段，国家形势风云变幻，刘国钧的人生命运也随之跌宕起伏。1960 年春，刘国钧得悉长子刘汉堃于 1958 年在香港突发心脏病去世的消息，悲痛异常。这个时期，他依然参加国家和省市相关政治及社会活动。1962 年，刘国钧完成 10 余万字的《我与大成纺织染公司》回忆录初稿。为便于叙述，此文稿经改写，以大成公司副总经理朱希武的名义发表于全国政协《文史资料选辑》第三十一辑。文章比较全面地记叙了刘国钧艰辛创业的经历及其企业创设和发展的历程，资料翔实，记叙真实、具体。它也是公开发表的研究刘国钧第一部最系统的资料。

20世纪70年代后期，国家政治形势发生重大转机，刘国钧的境遇也随之得到很大改善。他积极参加各类会议及社会活动。1975年，他将96件红木家具赠予常州市博物馆，将一部分字画赠予南京博物院。这一时期，研究刘国钧的文字不多，仅于有限的谈话中有所提及。

20世纪80年代，党和国家拨乱反正，改革开放。党的统一战线光荣传统得到恢复和发扬，统战工作再度活跃。伴随发展经济，振兴祖国，刘国钧等长期坚持与中国共产党合作的爱国人士受到高度重视。1986年4月17日，江苏省举行“刘国钧先生百年诞辰纪念会”，时任省委副书记、常务副省长陈焕友参加会议，并发表讲话，称赞“刘国钧先生是与中国共产党合作共事数十年的真挚朋友”，赞扬他“具有强烈的爱国心和事业心”，“一生为人正派，待人以诚，自奉节俭，不事奢华，体现了中华民族的传统美德”。号召人们“发扬他热爱祖国，献身事业的精神，致力于社会主义物质文明和精神文明建设，团结广大国内外人士，为振兴中华，统一祖国而共同奋斗”。时任全国人大常委会副委员长的胡厥文撰文纪念刘国钧，指出“国钧先生的路是我们民族工商界的共同道路，他的爱国精神也是民族工商界的共同思想感情”。刘国钧长年奋斗的常州市也举行了多场纪念活动。

随着对刘国钧爱国精神的肯定和艰苦奋斗创办实业功绩的表彰，学界对刘国钧的研究也出现了热潮。此时大量回忆、纪念及研究文章井喷式出现。这些文章有一个很大的特点是其作者大多与刘国钧有交集。他们或为刘氏故旧，或为创业同侪、部下，或为多年朋友及研究者。文字大都是作者亲身经历、真切感受之情事，故而叙事详尽真实，感情浓烈真挚。如蒋鸿文《忆念盟叔国钧先生》，张一飞《刘国钧先生的经营管理经验》，孙启仁《追忆国钧先生管理工厂的经验》，徐泰《刘国钧先生与生祠堂的建设》，巢福偕《实业家刘国钧》，吴友松《从小贩到实业家的刘国钧》，苏仲波《纺织企业家刘国钧》，史全生、张士杰《刘国钧经营大成纺织染公司的特点》等。1986年、1988年还相继出版了《常州国棉三厂志》(注：实际是大成三厂历史沿革)，《常州东风印染厂厂志》（注：实际是大成二厂历史沿革)等文集，比较详尽地记述了大成企业创办及发展的历史进程。1987年12月，政协常州市文史资料研究委员会编辑出版了《常州文史资料·第八辑——刘国钧先生纪念专集》。

进入1990年代，刘国钧研究热度依然不减。这段时期，常州市有关部门及文化机构举办了一些有关刘国钧事迹的座谈会、报告会及学术研讨会，出了一部分研究文章。除会议论文和单独的研究文字以外，多种刊物也登载了一些介绍、纪念刘国钧创办实业、爱国奉献的文字。例如 1992 年 5 月《常州文史资料》第十辑刊登两篇记载刘国钧事迹的文章。一篇为由高进勇执笔，与黄元裕、居柏青合作完成的《刘国钧和大成纺织染公司的创建与发展》，全文 25000 余字，详尽地介绍了刘国钧自学徒做起，继而创办实业，历尽艰辛，至 1949 年中华人民共和国成立后不断奋进，最终实现企业公私合营的不平凡的人生业绩。该文为当时研究刘国钧及大成企业发展历程比较详尽的一篇文稿。另一篇是《刘国钧与上海商业储蓄银行陈光甫》，文字记叙了刘、陈二人交往的事迹及情谊，从中可见刘国钧不辞辛劳、谋划事业的行迹及热情真诚，广交朋友的情商习性。其后，《城乡经济》1994 年 6 月号至 1995 年 1 月号连载《巨富之谜——刘国钧发家传略》之文，记叙刘国钧创业事迹，文字丰富，资料翔实。此外，1992 年 11 月出版的《靖江县志》，1995 年 10 月《常州市志》均有介绍刘国钧的文字，内容具体，叙事简洁。江苏人民出版社于 1995 年、1997 年和 1999 年相继出版《常州国棉一厂志》（注：实际是大成一厂历史沿革）、《悠悠赤子情》和《爱国实业家刘国钧》三部书籍，其中，《爱国实业家刘国钧》载有比较详尽的刘国钧年谱。1998 年，多年研究刘国钧事迹的学者高进勇应邀做过三场有关刘国钧及其创业事迹的讲座，产生了一定的社会影响。其中，1998 年 12 月 21 日在常州刘国钧职教中心所作的《刘国钧的艰难创业与职业教育》较多涉及刘国钧实施职业教育的内容。讲座报告指出“刘国钧极其重视职业教育。由于刘国钧抓住了职业教育这个重要环节，花大力气提高了员工的素质，使其所办的企业，在激烈的市场竞争中立于不败之地”。报告还言及刘国钧于 1962 年捐资 10 万元，创立民办常州勤业机电学校，该校后易名为常州无线电学校，成为省重点中专学校，后又升格为大专层次的常州信息职业技术学院。高氏还提及刘国钧后人捐赠 100 万美元设立基金会，于 1989 年支持地方政府成立常州市刘国钧职业教育中心，并陆续资助建立“刘鞠秀图书馆”（注：刘国钧夫人名鞠秀英）、“刘汉堃体育馆”（注：刘汉堃为刘国钧长子）等。

21 世纪第一个十年，伴随着常州市地方文化研究热潮，众多常州地方名人成为文化学术界关注的热点，其中也包括刘国钧。这一时期，常州市相关机构举办了一些刘国钧学术研讨会，出了一些研究文章。《常州日报》《龙城春秋》等刊物也相继发表多篇记叙刘国钧事迹及创办实业的文字。《常州日报》之文多聚焦一事，短小精悍。《龙城春秋》文章则放眼事件全过程，叙事详备。《市场与管理》于 2000 年 1 月号至 12 月号连载《刘国钧创业传奇》，文章共分十四部分，叙刘国钧苦涩童年、背井离乡的艰辛，创办实业的艰难直至自强不息、事业有成的辉煌和热爱国家、关心社会的崇高人格。文章记事详尽，文字富赡。

为纪念刘国钧诞辰 115 周年，2001 年 4 月 19 日《香港商报·江苏专版》C4 版刊文《实业苏民思广益　经纶裕国志大成——纪念中国著名爱国实业家刘国钧先生诞辰 115 周年》，赞扬“刘国钧是中国民族纺织工业巨子，为民族工业的发展做出了积极的贡献”。

2010 年以后，刘国钧研究进入一个新时期。这个阶段，纪念刘国钧的会议及活动增多，研究文章数量众多，特别是出版了诸多研究专著和论文汇编。例如 2015 年 11 月，中国文史出版社出版高进勇主编的《刘国钧研究资料丛书》四册，分别为《实业巨擘刘国钧》《众说纷纭刘国钧》《刘国钧创业奇迹》《刘国钧后裔英才》；2016 年 6 月，凤凰出版社出版王亮伟长篇散记《国钧纪行》；2016 年 9 月，江苏凤凰文艺出版社出版李筱纲《织梦江南：刘国钧传》；2016 年 12 月，凤凰出版社出版高峰《走出生祠堂：纺织工业巨子刘国钧传》；2017 年 3 月，古吴轩出版社出版王亮伟主编的《山高水长——刘国钧先生捐赠中国书画精品选集》；2017 年 3 月，凤凰出版社出版葛吉霞、钟树杰点校的《刘国钧日记 1945》；2017 年 3 月，吉林文史出版社出版赵贤德《纺织大王刘国钧的治厂之道》；2017 年 4 月，凤凰出版社出版钟树杰《刘国钧与常州现代化》；2017 年 4 月，凤凰出版社出版王亮伟主编的《刘国钧研究文集 2014—2016》等。

此前，2001 年 3 月，香港利文出版社出版了由薄松涛整理的《刘国钧自叙》。该书是刘国钧的生平自述，写于 1959 年，作者回顾了其一生的奋斗历程，记录了所经历的时代风云，是现代中国民族工业发展的珍贵历史资料。

同时期南京师范大学出版社出版了由李文瑞主编，沈文忠、史洪副主编的《刘国钧文集》。

这些都表明，随着对刘国钧认识的不断深入，对他的研究和探索愈来愈丰富、深化，研究领域也在不断开拓。

为了更加细致地介绍，谨以研究者探索领域分别叙之。

二、有关刘国钧经商之道的研究论文概述

终刘国钧一生所为，即创办实业、经营工商。他的人生成就及社会名望也由此产生。因而，研究刘国钧成功创设企业及经营工商之道，便是众多研究者用力所在。

（一）探究他不畏艰辛、坚韧不拔创办实业的精神本源

诸多文章在谈到刘国钧创业经历时认为，他创办实业之所以能够百折不挠、自强不息，其精神本源是奋发图强、忠心报国。

刘国钧 1953 年 8 月 20 日曾撰写自传：“至 1930 年，盘购大纶纺织厂改组为大成纺织染公司，自担任大成总经理后，至日本考察两次，见到该国工业化的情况，始知工业之重要。须团结一切力量，才能发展，群策群力才能扩充，要达到国家工业化，就不能为个人私利着想，因此，就将对我私人有利的广益染织厂并进大成公司为第二厂，以期专一为公司服务。”如作者所言，他抱有实现国家工业化的愿景，并甘愿为此舍弃私利。全国政协副主席、中国民主建国会常务副主席马培华撰文纪念刘国钧，说“他具有坚韧不拔的进取精神，不管是在旧中国创办实业，探索救国救民之时，还是身处逆境，遭遇厄运之际，他不向命运低头，挑战人生，勇往直前，坚持真理，自强不息，锐意进取，自觉奉献”。

高进勇《我所认识的刘国钧先生》探索刘国钧实业兴国的思想，认为受三方面的影响：

第一，抗金将领岳飞的影响。刘国钧故乡有“岳王庙”，始建于南宋年间。据传，岳飞抗金时曾将大批难民安顿于此。当地百姓为了表达感怀之情，修建了祠堂，因系岳飞在世时所建，故名生祠。敬仰岳飞，是刘国钧信仰的重要组成部分，他崇敬岳飞精忠报国的精神。

第二，靖江抗英斗争。靖江抗英斗争是中英鸦片战争的组成部分。据记载，1842 年，靖江百姓以少胜多，以弱胜强，取得抗英斗争的胜利。高氏认为，“靖江抗英斗争的胜利，为后辈刘国钧留下了宝贵的爱国主义精神财富，培育了他不屈服于外国列强的自强不息的民族精神”。

第三，抗倭英雄唐荆川的影响。刘国钧在常州的故居——青果巷 82 号，原是明代抗倭英雄唐荆川营造的八宅之一“八桂堂”。刘国钧住唐氏故居，敬重其抗倭保国的精神。

徐泰《刘国钧先生与生祠堂的建设》记载刘国钧十分敬仰岳飞，他曾数次出资修复岳庙，包括后来选址迁庙。1978 年，在他生命垂危之际，仍嘱咐身边子女，一定要把家乡的岳王庙修好！

王亮伟《刘国钧的英雄情结》认为刘国钧具有深厚的英雄情结，特别是他崇拜岳飞，曾经将岳飞的事迹作为初创企业大成公司的著名商标。直至 80 高龄时，依然在珍藏的岳飞印像两侧题词，表达对英雄的崇敬。刘国钧及其家族后人先后四次出资修建故乡岳庙。

文章提及 1931 年，刘国钧发布《土纱救国计划书》，其中谈到印度甘地纺纱救国事，表明刘氏崇拜印度民族英雄甘地，学习他土纱救国。

刘国钧将自己最早创办的企业命名为“广益”，其名源于诸葛亮《前出师表》，这表明他钦佩诸葛亮鞠躬尽瘁、奉献忠诚与智慧于国家的高尚情怀。后来，他又将自己独创的纺织公司命名为“大成”，名称源于孟子赞颂“孔子之谓集大成也者”，期盼事业大有成就，又闪耀着中华文化之光。作者认为，刘国钧崇拜英雄，他一生放弃舒适安逸的生活，追寻理想，不辞艰辛，非常人所能及，因此，他亦是英雄。作者另一篇文章《刘国钧，不仅仅是历史的》认为，刘国钧是一位杰出的爱国者，发展民族工业，凝聚了他诚挚深厚的赤子情怀。刘国钧的精神，促使人们向善，激励人们投身社会，有所担当、有所作为。

蒋鸿文《忆念盟叔国钧先生》谈到“改革创新固然是为了自己企业的利益，但是他还包含着振兴实业，挽回利权的思想。在他倡订的厂歌中就有‘提倡国货，对外竞争，出品力求精，成本力求轻，挽回利权，富国裕民’这样一些内容来提高职工的爱国心，来为厂服务”。

王运奇《刘国钧的社会责任观》认为，刘国钧通过兴办企业，实施教育，走“实业救国”之路。他将企业命运同国家命运结合，把个人创业与救国兴邦结合，以国家富强、民族复兴作为追求个人财富的前提。他的社会责任观不仅使自身实业繁荣昌盛，也塑造了良好的企业家形象。

毛加明《试论著名企业家刘国钧先生的精神品质》认为刘国钧一生蕴含天下兴亡、匹夫有责的家国情怀；仁爱共济、立己达人的社会关爱和正心笃志、崇德弘毅的人格修养。这些优秀品质和精神，是对中国优秀传统文化基因的继承，是对中国精神的弘扬和创新。

邱逸峰《时势造英雄——浅析刘国钧“实业救国”思想的渊源及其实现条件》认为，实业救国的潮流为刘国钧弃商从工奠定了思想基础。

施宪章《民族工商业界的一面旗帜——刘国钧挚爱祖国、艰苦创业的一生》上、下篇历数刘国钧艰苦创业、成长奋斗的历程，从中折射出中国民族资产阶级走实业救国道路，不畏艰辛、自强不息的发展历史。作者另一篇文章《爱国民族工商业家刘国钧的赤诚之心》论述刘国钧在抗美援朝战争爆发后动员地方工商界积极响应国家号召，制定爱国公约，踊跃捐献飞机、捐资等义举，充分表现了他强烈的爱国主义思想和精神，对当时社会及工商界具有重大影响。

魏平《试论刘国钧民族精神形成的三个阶段及当下青年学生民族精神的培育路径》论述刘国钧民族精神形成的三个阶段：以个人奋斗为标志的自发的民族精神；以“实业救国”为标志的自觉的民族精神；以“实业立国”为标志的能动的民族精神。认为当今培养青年一代民族精神的途径当是循序渐进、文化育人、实践锤炼。

何振凯《刘国钧实业思想与实践研究》对刘国钧实业救国思想予以比较深入细致的研究，认为随着时代变迁，其实业救国的内涵也发生了变化。

岳祖瑞《刘国钧与靖江岳飞生祠堂》论述南宋岳飞与靖江的交集，详细记叙了刘国钧三次捐资修岳庙的事迹，以反映刘国钧对岳飞的崇拜及乡梓情感。

吴稌年《教育救国，文化为本：刘国钧的爱国主义精神》认为，在刘国钧成长和兴办实业的过程中，教育救国、文化为本始终是其重要的思想及实践内容，也构成了他鲜明的爱国主义精神因素。

陈丹《刘国钧精神与靖江本土文化》认为，刘国钧的精神体现于爱国、爱党；艰苦奋斗，节俭养家；精益求精，勇于创新；修身治业，至善至美。应当注重传承、光大刘氏精神，将其融入地方文化建设之中。

这些论述，指出了刘国钧创设实业不畏艰辛，百折不挠的精神之源，即爱国主义。刘氏一生所为源于此，也归于此。

（二）阐释刘国钧杰出的企业管理能力

刘国钧是一位成功的实业家，诸多研究者认为这种成功，既源于他强烈的事业心，也与其杰出的企业管理能力密不可分。

张一飞等 8 位大成公司同仁论及刘国钧企业管理的经验，主要是重视经营管理，具有强烈的市场意识；知人善任，任人唯贤不唯亲；重视员工队伍建设；善于吸取他人之长。刘国钧曾先后考察美国、日本、印度纺织企业，虚心讨教学习。重视职工教育、福利；重视新技术运用，更新生产设备。

苏仲波《纺织企业家刘国钧》认为刘国钧经营管理企业的特点在于精通业务，善于管理；知人善任，任人唯贤；重视招纳人才，培训人才；重视产品质量，抓品牌建设；熟悉市场，以销量定产量；注重更新设备，改善技术。

高进勇《刘国钧的市场竞争与经验之道》认为刘国钧经营企业才能表现在八个“重视”，即：

重视学习经验，重视资金利用，重视人才培育，重视经营管理，重视竞争对手，重视产品质量，重视设备更新，重视新品开发。这些特色，涵盖了企业管理的各方面、各环节。

史全生、张士杰《刘国钧经营大成纺织染公司的特点》认为刘国钧经营实业的特点是专业化协作，供产销联营，适时调整企业结构；稳步进行技术改造，重视人才合理利用和培养；搞好职工福利，形成良好的劳资关系。

史全生《论刘国钧的经营理念》论述刘国钧经营实业之思想理念的三个表现特征：实业救国的爱国主义指导思想；实行自纺自织自染一体化工程，不断扩大销售市场；重视新设备、新技术运用，注重不断提高劳动者素质。

孙启仁《追忆国钧先生管理工厂的经验》、姚星汉《刘国钧先生的经营管理特点》、吴友松《从小贩到实业家的刘国钧》、巢福偕《实业家刘国钧》等文章也对刘国钧企业管理经验及特色有所探讨和论述。

朱希武《大成纺织染公司与刘国钧先生》提到“国钧先生办厂还有四个特点：第一，生产增长；第二，清洁卫生；第三，废物利用；第四，价廉物美”。

魏纪侯《刘国钧　活脑子与死脑子》论述了刘国钧在创办和管理实业中善于动脑、乐于思考，创意丰富的实践，并将之与其人生与事业成功相联系，予以高度的评价。

随着对刘国钧企业管理研究的不断深入，部分学者尝试以现代企业管理、人力资源管理的视角和理念进行思考和探讨。

葛吉霞《1929—1933年世界经济危机下民国“大成奇迹”研究》认为，1930至1937年，中国棉纺织企业大多经营惨淡，而大成公司在此期间却增资8倍，设备增加8倍，被誉为奇迹。探究其原因，与刘国钧正确的企业管理实践密不可分。文章指出刘氏办企业，非常关注市场，以市场为导向；注重产品质量管理、塑造企业品牌效应；加强企业生产改革和创新，实现企业内部调整；重视企业人事管理，营造良好的企业文化；多举措筹资，确保企业运营资金链畅通。作者另外三篇文章《中西融合，管理创新：刘国钧人力资源管理研究》《刘国钧企业融资管理研究》《因时而为：民国企业家刘国钧的企业管理之道》分析到：刘国钧能够创造中国近代企业史的奇迹，与他充分重视人力资源管理是分不开的。他把人才看作最为重要的资源，把员工视为企业管理主体。其人力资源管理思想主要来源于中国传统文化和先进的现代企业管理理念。他的人力资源管理的实践主要有甄选人员，建立一支精于管理的人力资源团队；科学管理，挖掘人力资源潜力；激励与惩罚并举，发挥人力资源的积极性；推行福利制度，发挥人力资源的主体性。刘国钧注重学习国外先进管理经验，以国货运动为契机，探索民族企业的品牌理念，推动民族工商业的发展，塑造企业国货品牌形象。刘国钧在企业经营中非常重视资本积累，重视对资金链的控制，并建立了独特的民族资本融资体系。他的企业融资来源主要是招募股份，吸纳财团支持；金融贷款，为企业扩充流动资金；官利管理制度，稳固股东投资；建立企业公积金制度等。

仝群旺《试论刘国钧的人力资源管理思想》认为刘国钧人力资源管理思想包含：人力资源规划思想；人力资源考核与评价思想；人力资源培训与开发思想；人力资源薪酬与福利管理思想等。刘国钧非常重视企业文化建设对人力资源的作用，因而，他的人力资源管理思想具有先进性。作者的另一篇文章《刘国钧企业经营管理思想探析》论述刘国钧企业治理、市场营销、纵向一体化、技术革新与生产合理化、师夷长技以制夷的经营管理思想及其成功实践，认为对现今企业管理具有借鉴意义。

叶迎《刘国钧人力资源管理思想理论与实践》重点论述刘国钧创办企业重视延揽人才、管理人才以及在选拔、培养、使用人才等方面的举措和产生的效果与影响，对其予以较高的评价。

以上论述，既有当年与刘国钧共事的老同事、老朋友的回忆，也有现今年轻一代学者的探讨，内容涉及刘国钧管理企业多方面的才能，反映出他的企业管理意识和举措既有传统经营特征，又体现了鲜明的现代企业管理特色。

（三）探讨大成企业文化

在对刘国钧的研究中，部分学者关注到大成企业文化。他们认为，大成企业创设于艰难困苦之中，几十年栉风沐雨，直至发展成为业内翘楚。其中，除了以刘国钧为代表的领导层以杰出的才能经营企业之外，也与他们，特别是刘国钧本人倡导并培育企业文化有很大关系。这种文化，造就了企业及员工的品质与精神，影响到企业的生存及发展。

朱希武《大成纺织染公司与刘国钧先生》记载刘国钧以“忠信笃敬”为大成公司之“厂训”，并制成匾额悬挂于厂区。每召集职工大会，必一再告诫大家要恪守厂训，自尊自好。而他自己首先模范践行。久而久之，便形成了良好的企业风气。

陶振熙《企业经营管理的两大特色》提到刘国钧“很重视学历代名人的格言，

常常把有些格言作为自己的座右铭，有的还引用到大成的厂歌、厂训中，激励人们从格言中学习做人做事的道理”。文章还提到刘国钧曾特地送作者两本书，其中之一是刘氏辑录先贤格言编成的《格言联璧》。《世界华人亿万富豪榜·纺织大王刘国钧》也记载了刘国钧把《格言联璧》分发给职工学习的事迹。

沈容宽《爱国、敬业、乐群的国钧先生》认为，“敬业乐群”正是刘国钧致力于营造的企业文化，它促成大成人同心同德，企业长盛不衰。

陶振春《怀念国钧先生》记叙刘国钧“治厂以教育为主，平时善于与职工直接对话，对待管理人员，常用诸葛亮治蜀时的名言，如‘开诚心，布公道。尽忠益时者，虽仇必赏；犯法怠慢者，虽亲必戮’等言相诫勉；对待职工大众，则援用范仲淹的‘先天下之忧而忧’的名言，以相鼓励”。

张一飞《刘国钧先生的经营管理经验》认为正是良好的文化氛围，大成公司才具有和谐的人际关系，平等的劳资关系，在众多的民族企业中格外彰显魅力。

薛焕炳《运河·企业·文化——刘国钧的运河情结与大成文化》认为刘国钧“创立大成公司，形成‘大成文化’，这个文化的核心是：集古圣先贤之大成，树民族工业之旗帜，聚公司员工之合力，扬常州产品之国威。这个文化的实质是：兴业、益民、利国”。

赵贤德《儒家思想是刘国钧创业实践的指导思想》认为，刘国钧给商店取名“和丰”“同丰”，体现了儒家“和以为贵，同而不流”的中庸思想；给工厂取名“广益”“大成”，体现了儒家“集思广益”“集其大成”的养浩然气的思想；大成厂歌、厂训，体现儒家“忠信笃敬”“不屈不挠”的入世思想；刘氏《格言联璧》的训育，体现了儒家修养之道、立身之本以及“诲人不倦”的慎独思想；刘氏的日常管理体现了儒家“怀德畏威”“修齐治平”“自强不息”的日新思想。儒家思想文化贯穿刘国钧事业的全部，成为他创业之路和人生之路的指导思想和行为准则。

司马周《刘国钧的大成纺织染公司商标文化内涵探析》认为，大成商标的内涵具有中国传统文化色彩，亦有深厚的文化意蕴。它浸润着中国传统文化的精神，传递着爱国主义的精神，呈现出绝不服输的斗志，同时又符合消费心理的需求。

三、有关刘国钧崇高人格的研究论文概述

在研究刘国钧的文章中，许多作者认为刘国钧不仅是一位事业有成的企业家，

也是一位品德优秀、人格高尚的贤者，他的身上体现了鲜明的民族优良德行，彰显出崇高的精神范式，而这些又与他的事业紧密相连，助他走向人生辉煌。

（一）仁义善良

研究者认为，刘国钧具备仁义善良的情怀，无论是办企业，还是与人交往，都能够体恤职工，友善同侪，关心帮助他人，更大者乃常怀救助众生、造福社会之志。

朱希武《大成纺织染公司与刘国钧先生》记叙刘国钧曾对职工说："我办工厂的目的是什么？主要是为了地方上振兴实业，为了左近的青年人有工做，使大家的生活好。"文章记载刘国钧曾牺牲私利，向他人转让股份额度，"以当时之价值而论，即奉送了12万元"。"有一次在大成公司大增资时，国钧先生也是将自己名下之巨额增资，让与他人。"这对以营利为目的的经商者而言是十分难能可贵的。

张一飞《刘国钧先生的经营管理经验》、吴友松《从小贩到实业家的刘国钧》等文记载了刘国钧的企业办食堂、建宿舍、举办大成小学、保健站、小商店，还建造一座功德堂，有贡献的职工去世可立碑入堂，老年职工去世开追悼会，购地置办了大成公墓。并举办过集体结婚活动，工人子弟中优秀的可以当练习生等事迹。

沈容宽《爱国、敬业、乐群的国钧先生》叙述到"先生平素待人以诚，平易近人，对人们疾苦处处关怀。当抗战深入时，我只身在后方工作，家属居常，汇款遥遥无期，生活常受影响，而先生能在事务繁忙中还辗转派人到我家属处慰问和资助，使我全家感激不已"。

陶振熙《企业经营管理的两大特色》记叙到刘国钧支持并资助作者在生祠镇办厂，而且对靖江故乡关怀甚深。曾三次出资修建地方文物岳武穆王庙，捐助当地疏浚河港经费，出资修桥铺路，多次资助学校扩建校舍，开设土纱厂为当地农村妇女创造就业机会、捐助当地大兴公社拖拉机十台等。

王运奇《刘国钧的社会责任观》认为，刘国钧的社会责任观的实践包括慈善济世、热心公益等。这种社会责任观不仅使自身实业繁荣昌盛，也塑造了良好的企业家形象。

陈敏《刘国钧重视员工福利研究》认为刘国钧办企业重视员工福利，在企业大力营造员工是工厂主体的氛围，树立从摇篮到坟墓的终身福利目标并实施了许多举措，这些在客观上博得了全体员工极大的好感，拉近了员工与企业的距离，培养了员工对企业的认同感和归属感。调动了职工工作的积极性，提高了生产效率，促进了企业的发展。

（二）自强不息

刘国钧创办实业的历程，充满困苦与艰辛，许多当年与他共事的人员的回忆与论述中对这些磨难都有非常详细的记录。而他面对艰难险阻，却坚韧不拔、百折不挠，勇往直前。诸多研究文章对此予以了高度评价。

朱希武《大成纺织染公司与刘国钧先生》记载大成纺织染公司创设于1930年，当时设备为10000枚纱锭，260台布机。抗战时期，遭日寇轰炸，损失惨重。然而，刘国钧与同事不屈不挠、殚精竭虑、发愤图强，至1949年，已由1个厂发展为3个厂，并有上海安达纱厂等企业，在全国私营纺织工业中占有一定的地位。文章还提到为了提高大成公司产品的竞争能力，刘国钧考察日本回国后，以有限的资金设法购进一部旧的八色印花车。但是，安装后不能投入生产。为此，工厂曾聘请上海工程师、日本籍技师帮助，皆未成功。面对部分职工的疑虑和议论，刘国钧信心不变，意志不衰。自试车始，便亲自参加校验，未间断一日。“即使睡至半夜，一有心得，即起床记在日记簿上，或跑进车间实地试验，弄得浑身五颜六色，擦破烫伤。”经过他和同事数月苦心钻研，反复调试，最终获得成功。

由高进勇执笔，与黄元裕、居柏青合作的《刘国钧和大成纺织染公司的创建与发展》比较完整地记载了刘国钧创办实业的艰难历程：筹措资金集资办厂、合并企业扩大规模，遭遇轰炸企业逢难，四处奔波支撑危局；克服困难恢复生产；公私合营发展实业。文章以大量的事实说明：大成企业的发展历程是一部不畏艰辛、克服困难、百折不挠、奋发图强的历史。

谢承祜《身处危境犹念事业的国钧先生》记载1942年秋，刘国钧从上海到常州，住在大成一厂特辟的宿舍，当晚不幸被匪徒绑架（注：具体时间为1942年10月14日）。身处险境，刘国钧一面安慰作者，一面和他谈如何发展大成公司，如何办一个铁工厂专做纺织印染机，如何招揽人才，计划重点培养多少骨干，还嘱咐作者介绍同学来大成厂工作，甚而跟他谈及自己赴日本参观学习的情况，介绍生产工艺等。作者感慨刘国钧“虽身处危境，所考虑的，不是自身的安危，自己的出路，而仍旧是人才，是怎样发展企业，如何振兴祖国的实业”。

陶振春《怀念国钧先生》认为，刘国钧一生大节就体现于艰苦曲折历程中，坚持不渝保持原来的意志。

苏仲波《纺织企业家刘国钧》“抗战爱国志不移”一节记载到 1937 年日寇飞机疯狂轰炸常州，大成二厂几成废墟，一、三厂也部分被炸坏。面对半生辛苦创建的企业横遭战火，刘国钧十分悲愤。但他首先想到的是把现有设备拆运后方，支援抗战。于是，他冒着被敌机轰炸的危险，率领职工抢拆纺锭、布机等，内迁设备，沿途又遭敌机轰炸，损失很大。同时鉴于武汉将发生大战，刘国钧把大成四厂部分设备运往重庆，在当时四川民生公司董事长卢作孚的帮助和合作下，开办了重庆北碚大明布厂，以优质布匹供应后方需要。短短一段文字，反映了刘国钧在艰难岁月里不畏艰险，自强不息的经历，令人动容。

张步东《大成纺织染股份有限公司抗战胜利后复产情形探析》记叙了常州大成纺织染公司在成立后励精图治所创造的业绩和毁于兵燹的遭遇及刘国钧与企业克服困难恢复生产的事迹，认为刘国钧“为中国现代民族纺织染业的建立和发展做出了重要贡献”。

卢晶《简析近代“纺织巨子”刘国钧成功的原因》认为，刘国钧人生成功的原因在于：视风险为机遇，胆识过人；善抢行业先机，精明过人；为事业不惧生死，勇敢过人。

魏平《历经沧桑锐气不减　千锤百炼斗志更坚》认为刘国钧艰辛创业的经历，波澜壮阔的一生，反映了深厚的民族精神：刻苦耐劳、自强不息；救国强国，爱国爱家、奋发有为。

（三）好学乐施

部分研究刘国钧的文章，提及他勤奋好学，乐于施惠的习性，以此揭示他事业成功、人生行稳致远之缘由。

《城乡经济——巨富之谜》记载刘国钧最初弃商从工，便赴上海、无锡等地参观布厂，“特别注意与管理人员、技术人员交往，向他们请教”。而他任大纶机器织布厂协理后，请技术员为他讲解用电力带动的大英铁机织布工序。他请教于各道工序的司务，为他讲述操作的要领。他请教上海锦昌铁工厂的陈清监，为他解释手拉织机改成脚踏织机的原理，逐渐地成了机器织布生产的内行。

缪甲三《回忆刘国钧先生》详细记录了他随刘国钧赴美考察的经历。他们一行人在美国南方新兴纺织工业地区参观了许多中小型纺织厂和较大规模的染织厂以及美国最大的棉花交易中心。参观美国北方和加拿大一些毛纺织厂和纺织机器制造厂，订购了一套新型粗毛纺设备。在参观过程中，一行人不仅认真考察，还对它们的生产特色进行分析、研究。特别是刘国钧对每个厂生产过程和产品特色都仔细用心观察，回到旅馆都要记录笔记。对于看不懂、记不清的都要仔细询问。作者认为“国钧先生的钻研精神和科学态度对我有很深的感染。尤其是他年近花甲，一股旺盛的求知欲，更使我钦佩不已”。

朱希武《大成纺织染公司与刘国钧先生》以及《城乡经济——巨富之谜》等文皆记载刘国钧曾经四次赴日本考察，尽管频遭冷遇，但是不灰心，不气馁。一行人仔细考察、细心研究对方从企业管理到生产经营，从纺织到印染，从花色到成本的做法及经验。回国后常取对方管理、技术之长处，结合本企业之条件，实行推广与改革，并仿制外货之花色，每年都创制新花色进入市场。他们研究外货品牌产品质量与规格特点，取彼之长，舍己之短，因而产品极受消费者欢迎。

高进勇《刘国钧的市场竞争与经营之道》说到“正是由于刘国钧虚心好学，锲而不舍，不仅在实际工作中成了纺织印染的行家，同时，他把实践经验上升为理论，著书立说，发表演讲，所遗文字记载不下数十万言。尤其在 1944 年 7 月发表的《扩充纱锭计划刍议》一书，极有见地，在实业界颇有影响”。

戴卫银《向刘国钧学习“工匠精神”》论述体现在刘国钧身上鲜明的“工匠精神”，即不断学习钻研的品质；勇于创新变革的品质；坚守精细管理的品质和执着如痴的品质。

这种勤奋好学的品行不仅表现在刘国钧兴办实业中，在他生活的其他方面也有反映。2002 年 3 月 9 日《常州日报》二版登载刘国钧向著名书法家钱名山虚心学收藏的文章。他诚心讨教，认真学习，久而久之，竟也学有体会，学有所成。

包立本《爱国收藏大家刘国钧》记叙刘国钧向省市多家文博机构捐赠收藏的大量书画、家具等文物，注重文物保护，培养重用收藏家等事迹又见出刘国钧从事收藏后的崇高品德。

魏平《试析刘国钧先生古书画的收藏与捐赠》论述刘国钧收藏古书画的特点及其意义，认为刘氏收藏与捐赠古书画，使得今人能够鉴赏到珍贵的古书画精品，实践了民族文化和艺术的传承。

任文岭《吉光片羽，精神力量——广东省博物馆藏刘国钧捐赠书画品读侧记》记载了广东省博物馆藏刘国钧捐赠书画数目及作品特点及价值，阐述了刘氏可贵的精神品德。

张浩典《两桥并行　同舟共济——刘国钧先生与清凉寺静波共建同济桥》记载刘国钧出资并与社会相关人士共同修建常州同济桥，造福地方的事迹，反映刘氏乐善好施的品行。

这些文章记事具体真实，使人们对刘国钧的人格品行有了更为全面的了解，对他之所以能够取得事业的成功具有更加深刻的认识。

四、有关刘国钧职业教育的研究论文概述

刘国钧经营企业，非常重视职工文化与技能教育，实施了一系列有助于提高企业员工文化和专业素质的举措，加强和保证了企业发展的实力。部分研究刘国钧的文章或回忆、或论述这些成功的实践，既总结它们的成功经验，也探讨它们对促进和完善当代职业教育发展的借鉴意义和价值。

朱希武《大成纺织染公司与刘国钧先生》记叙了刘国钧企业开展职工教育的具体情况："提高职员、艺徒、练习生之管理及工作能力。隔日晚间均在本厂举办的夜校上课，由厂内之工程师等担任教师，学习生产管理及技术管理之知识。其中'打图样'一课，列为必修之课，因能掌握打图样之基本知识，对熟悉机械构造及维护，大有裨益。一般女工，每星期有三四天，每次两小时之文化课，学习文化及技术知识。数年之间在本厂就培养出许多技工。而一般职员，也不单熟悉'写字间'业务，亦能与车间生产结合。"此文原稿为刘国钧亲撰，因而所述事实具体细致。

长期研究刘国钧的学者高进勇撰有多篇论述刘国钧创办实业的文章，其中多提及刘国钧企业实施职工教育的情况。文章记载为提高企业员工素质，刘国钧聘任常州著名教育家顾峤若为大成公司训育主任，培训青年员工，提出："凡是新招收的学员都经过严格的体格检查和文化考试，择优录取。"同时，又抓紧对原有员工的教育，举办夜校培训他们的业务技术，讲授文化知识。开办管理人员训练班，讲授纺织知识，数学、绘图、英语、日语乃至习字、珠算生课程。开办机目、机工训练班，开设文化课程，重点讲授机械构造、机械检修常识，操作方法，厂规、车间管理制度等。开办值车女工训练班和工人补习学校，学习国语、常识及工场规则、操作方法等。1950 年刘国钧返回祖国后，依然以极大的热情开展大成公司的职业教育。他积极与工会合作，举办识字班、业余小学班、初中班、高中班。结合生产需要，举办各种技术操作培训班。

刘国钧长期实施的职工教育涉及企业各阶层，学习内容涵盖文化常识、语言、工程技术及管理等多个领域。

高氏文章还言及1951年，刘国钧着手创办常州纺织学院。1962年，捐资10万元创立民办常州勤业机电学校，经过长期发展，该校现已成为大专层次的常州信息职业技术学院。

蒋鸿文《忆念盟叔国钧先生》，张一飞《刘国钧先生的经营管理经验》，姚星汉《刘国钧先生的经营管理特点》，苏仲波《纺织企业家刘国钧》，史全生、张士杰《刘国钧经营大成纺织染公司的特点》，胡毓奇等《民族纺织业中一个成功企业——大成纺织染公司的分析》，姜国忠、卜海《爱国企业家刘国钧的经营方法述略》，《城乡经济——巨富之谜》等文皆记叙了刘国钧开展企业职工教育之事。诸文所言因与上述事迹基本相同，此不赘述。

顾勇、米海燕《刘国钧先生职业教育思想渊源探究》认为，刘国钧职教思想的形成既源于他艰苦创业的经历，也是其生产实践和人力资源管理经验与认知的凝聚与汇集。其职教思想的实施措施主要有：建立企业职工培训机制；重视与职业教育学校的沟通与联系；将职业教育和企业文化相互融合。

毕鉴忠《刘国钧职工教育思想主要特征》认为刘国钧职工教育思想可概括为：企业战略发展是职工教育的起始动力；企业文化建设是职工教育的升值利润；东方道德精髓是职工教育的思想源泉。作者的另一篇文章《刘国钧职业教育思想解读》认为，刘国钧比较早地提出终身教育的思想和理念，反映出他对人的教育的深刻思考和卓越见识。

李琳《刘国钧的职业教育思想研究》探讨刘国钧职业教育思想形成的因素、对职工教育思想的实践以及他支持职业教育事业发展的作为，认为刘国钧职业教育的思想和实践对现代职业教育具有宝贵的借鉴意义。作者另一篇文章《爱国实业家刘国钧的职教思想对当今社会的启示》认为，在当今职业教育中，应当借鉴刘国钧职教经验，重视提高劳动者素质，严格制度管理，增强企业凝聚力。

戴卫银《传承刘国钧精神，培养“三质”人才——常州刘国钧高等职业技术学校文化育人实践纪实》围绕职业学校专业教育、文化育人的背景、主要目标、实施过程、条件保障和成效五个方面展开论述，并阐释学校开展职业教育的举措及应当达到的成效。

鲁永进《用刘国钧人才观提高学生工匠素质的实践探究》阐释常州刘国钧高等职业技术学校以刘国钧人才观着力培养学生“匠力”和“匠心”的教育实践，论述学校课程设计的丰富多样以及刘国钧文化元素对于学校办学特色的形成及其意义。

五、有关刘国钧交友、著述等方面的研究论文概述

除以上主要类别之外，研究刘国钧的文章尚有关涉其他内容者。

（一）论述刘国钧人际交往，探究其交友原则与特征

1992 年 5 月《常州文史资料》第十辑登载《刘国钧与上海商业储蓄银行陈光甫》，记叙两人长达 20 年的交往与友谊。陈光甫是当时上海商业储蓄银行总经理，江浙财团的代表人物，在刘国钧兴办实业过程中曾给予重要资助。文章既反映陈光甫洞察形势之远见卓识，处理事务之豪爽果断，也记录了刘国钧办事聪慧机智，与人交往磊落诚信的品行。

李筱纲《刘国钧与刘靖基》论述刘国钧与刘靖基早年共同为大成公司的发展壮大而奔波出力，配合默契，后来产生分歧，出现矛盾等。作者认为他们之间的矛盾与纠葛，既是历史造成的，也是个性决定的。但是他们同为民族资本家，其创业精神、事业成就与爱国情怀受到历史肯定与后人敬仰。

与该文内容相似的尚有秦军《“合作”还是“合并”？——1950 年大成、安达纠纷探源》。记述 1950 年，围绕“合作”还是“合并”的问题，常州大成纺织染公司与上海安达纱厂发生矛盾纠纷，最终竟由中央高层出面方得以解决。文章认为，究其原委，实则与刘国钧、刘靖基看待问题的立场与观点相关，同时也关涉当时国家政策、棉纺织业发展趋势及两个工商实体自身经营状况等。高峰《刘国钧家世及与刘靖基的矛盾》详尽叙述刘国钧、刘靖基家世谱系，介绍二刘矛盾缘由、发展及结局，并畅谈作者观点。记事翔实，论述清晰。

赵贤德《刘国钧与黄炎培的交往研究》梳理了刘国钧与黄炎培长期的交往历程，论述了两人交往的特点，认为“刘国钧和黄炎培可谓一对知己，共同进步，相得益彰”。

闻梁中《抗战时期的刘国钧与卢作孚》认为刘国钧与卢作孚都是中国现代著名爱国实业家。两人在家世出身、创业经历、人生理想以及经营谋略和管理方法上都有诸多相似之处。在创立实业，发展事业的过程中两人彼此理解、相互帮助，成就了一段促进民族工商业发展的佳话，也显示了两位企业家的民族情怀。

赵贤德、丁芳芳《刘国钧的沟通艺术及其品质》分类论述刘国钧与人沟通特征，认为在沟通中体现了刘氏勤劳肯干、谦虚谨慎、洁身自好、恪守信用、博闻强识、

临危不惧、志向远大等优良品行。

这些文章叙事具体，论述客观，对人物性情和事件有一定的分析和判断，可以帮助读者更为全面地了解和认识人物秉性。

（二）研究大成企业发展及其特色

大成企业的兴办与发展，凝聚了刘国钧巨大的心血，它也成为中国纺织工业的一面旗帜。研究探讨大成经营与管理的实践及经验，对发展现代工业有重要的意义。

赵伟《纵向一体化：近代中国后发小资本进入棉纺织业的成功战略——以大成纺织印染集团为例》认为，1920 年左右，一部分进入棉纺织业的后发小资本在大型棉纺织企业的夹缝中求生存，其中有少部分企业选择了纵向一体化战略，大成纺织印染集团即是如此。它以棉纺织生产为突破口，抓住机器印染业方兴的趋势，先前向一体化印染生产，而后向一体化纺纱生产。这直接带来了节约交易成本、稳定交易关系、防御竞争对手的优效作用。文章论述到纵向一体化是近代中国后发小资本进入高壁垒的棉纺织业，与大型棉纺织企业集团抗衡，最终发展壮大的成功战略选择。

钟树杰《“大成”企业经营管理模式（企业管理）——“公司大家庭”》认为：20 世纪 30 年代刘国钧首创“公司大家庭”的经营管理模式，促使了大成集团的快速发展。他的“公司大家庭”的经营管理模式是以血缘、地缘、情缘、亲缘为纽带，组成大成集团的管理团队；将“言忠信，行笃敬”作为企业的精神和办厂理念，为职工营造稳定之家。

以宗族（家庭）主义思想为核心的“公司大家庭”的企业经营模式是中西思想结合的产物，其中既有西方先进的企业股份制度和科学管理制度，又融合了中国传统文化、家庭、社会伦理道德思想，在近现代特殊的社会环境中为中国企业的成长和发展，起到了积极作用。

庄旭《抗战期间的大成纺织染公司》借研究大成公司从战前的飞速发展转变为战时勉强维持生存的过程，加深对中华民国时期民族资本企业经营状况的认识。文章阐释战前企业的经营状况，分析企业在大战来临前的发展状态；面临战火而遭受的财产损失；为避免战争损失采取的相应措施以及进入战时阶段企业如何艰难运作的过程，详细论述了抗战期间大成公司如何面对错综复杂的社会关系与处理各方之间的利益矛盾，对深入解读大成公司战时生存状态有着重要的意义。

金明《近代大成企业集团职工培训研究》采用历史分析法，并结合人力资源培训与开发的相关理论对近代大成企业集团员工培训进行分析，认为大成企业集团结合企业的实际情况，充分利用社会资源，采取了有效的培训措施。企业主要领导人统一思想重视职工教育，自上而下制定职工教育规划，广开学路采取多种形式，不仅提升企业最高管理者的领导能力，更新了企业管理层的管理理念，开发了一线职工的劳动潜能，带来了巨大的企业经济与社会效益，而且大大地提升了大成企业集团的综合竞争能力，同时也对区域经济的发展产生了巨大的推动作用。

张宇杰《大成之道，创新为本——刘国钧与大成奇迹研究》认为刘国钧大成企业在中国纺织工业界之所以能够取得成就，创造奇迹，源于其成功地将西方先进的管理理念与民族传统文化相结合，对企业生产与管理进行不断创新，立足自身实际，开创出具有自身特色的发展道路。

阮廷贵、杨效良《试析三十年代大成公司高速发展的原因》论述 20 世纪 30 年代常州大成公司高速发展的缘由，并认为其成功的管理经验对当今企业具有借鉴意义。

张香萍《激流勇进，智勇双全先行者——记刘国钧从广益到大成的跨越》梳理了刘国钧适应市场需求合并广益一、二厂为大成实业的历程，认为，刘国钧是一位具有远见卓识的优秀企业家，他能够洞察社会，紧抓时代机会，引领企业走向辉煌。

（三）将刘国钧和相类似的人物及事务进行比较研究

通过对人和事务的比较研究，可以认识彼此的共性和个性。共性反映相同性，相似性；个性又体现彼此不同的特征，从而推进研究向广阔和纵深领域发展。在刘国钧研究中，部分学者采用比较研究的方法，分析认识问题。

王亮伟《常州大成与南通大生比较研究》以较高的视角审视两个工商实体彼此的影响以及各自经营管理的特征，认为南通张謇创办大生实业对刘国钧创业产生较大影响，刘氏及其大成企业承继了大生精神。而在大生实业处于困难之际，刘国钧又无私帮助，使其得以继续发展。张、刘都曾提出实业救国的主张，他们都善于从中国古代智慧的典故中捕捉文化符号，在民族精神和人格气质上十分相似。大生实业与大成公司，在创办实业的动机和目的上高度一致，由此造就了两者在中国民族工业发展中的地位与影响。作者的另一篇文章《刘国钧与荣氏家族创业之路及其比较》对两个著名经济实体在创业路径、经营模式、管理举措及发展状况等方面展开研究，认为无锡荣氏创办实业，以家族之力，从钱庄做起，原始资本比较丰厚，家境和创业条件比较好。常州刘国钧开创基业，以个人实力，白手起家，从商业做起。荣氏、刘氏开办实业，皆受“实业救国”之影响，并自觉地痛恨和抵制外来侵略。论实业发展速度和效益，刘国钧及其大成集团超过了荣氏家族及其荣氏集团。荣氏与刘氏都重视教育和培养人才。他们都热心职业技术教育，但就其职业教育的规模、培训人员的数量以及培训形式、培训内容的针对性等，刘氏大成企业集团超过了荣氏企业集团。在分别研究的基础上，作者其后又撰写了《刘国钧与张謇、荣氏兄弟的比较研究》，其资料较之前两篇更加丰富，论述更为细致、透彻。

此三篇文章以事带论，叙事具体详细，论述客观透彻，有助于加深对中国民族资产阶级多样性生存、多元化发展历程的认识。

朱江《张謇、刘国钧、荣氏兄弟实业经营比较研究》认为，作为近现代爱国企业家的杰出代表，张謇、刘国钧和荣氏兄弟兴办实业，都瞄准了棉纺织业。在企业经营中都有意识地主动接轨上海，获取技术、资金和信息。作为先行者，张謇对刘国钧和荣氏兄弟创办实业都产生了影响。文章以事立论，表述清楚充分，分析富有见地。

马斌《张謇与刘国钧之比较及其价值向度》论述张謇与刘国钧在人生境遇、事业发展、家国情怀和人生格局等方面的异同，认为各自成长、成功的不同轨迹及性格特征，都有深刻的时代烙印，留下独有的岁月风华和人生印痕。后继者应学习他们的精神，继承其情怀。文章注目前人，观照当今，具有一定的价值。

闻梁中《常州大成与南通大生比较研究》认为，张謇创办大生的实践对刘国钧产生较大影响，刘氏及其大成承继了大生精神。在创办实业的动机和目的上，两者高度一致；其企业文化都植根于民族传统，又兼具理性追求和超越的思想境界；两者在工业发展的思路和布局方面极其相似；张、刘都认为多方融资和利用外资是振兴实业的重要途径，但其所用的方式方法又不尽相同，因而其结局则不同。

皇甫大欢《刘国钧与张謇职业教育思想之比较》对张謇与刘国钧职业教育思想进行了比较充分的论述。认为两人皆有兴办职业教育的情怀与实践，其职业教育思想具有明显的实践性。在动荡的岁月，他们的职业教育思想都具有鲜明的救亡图存、致富图强的特征。把教育和实业结合，是他们职业教育思想的共同特征。

两人的职业教育思想都注重职业道德教育。而在接受教育的对象上，他们的认识与举措则有不同。文章论述比较具体，分析较为中肯。

张浩典《无独有偶：张謇、刘国钧都曾资助朝鲜爱国义士》记叙张謇与朝鲜籍人士金泽荣、刘国钧与朝鲜籍人士曹玉山交往的经历，认为两人“对朝鲜爱国义士的资助，不仅仅是简单的朋友关系，而是出于他们对民族大义的尊重，也反映了他们自身对民族气节的理解和践行”。文章篇幅不长，所记之事却彰显了主人公重友情、贵大义的品格，有助于对张、刘两位先贤性情与人格多方了解与认识。

（四）探讨刘国钧与常州地方工业的关系

在常州地方工业发展史上，刘国钧是一位重要的人物。他不仅自身创办实业，并与其他工业体有较为密切的联系。部分研究刘国钧的文章，力图探讨这种关系及影响，从中认识刘国钧对地方工商业发展的影响及贡献。

葛吉霞《刘国钧与武进工业联合会的兴起》认为早期商会会员来源以商业为主，企业家迫切需要成立自己的团体组织，一方面更好地代表自身的利益，另一方面更好地集合力量谋求发展，如此，中华工业总联合会应运而生。武进工业联合会是它的分支组织。刘国钧是武进工业联合会发起人之一，被推举为联合会副会长。文章论述刘国钧积极谋求产业联合，推动产业间的分工和协作，提升地方产业的联合与创新，促进了近代常州工业化的发展。

作者与张若洋另一篇文章《分化与整合：20 世纪 30 年代武进工业联合会的兴起》观点基本相同，此不赘述。

钟树杰《刘国钧与近代常州企业家精神》认为企业家精神是一种不断创新的理性与建设性精神，是社会发展的策动力量，是市场体系中的创新力量之一。并论述近代常州地区形成了以刘国钧为核心的企业家群体，在创业的过程中逐步形成以忧患意识、竞争意识、爱国主义情感、脚踏实地、敢为天下先等特质的企业家精神，其中刘国钧是代表人物，对地方企业家精神的形成与发展起到了关键性的作用。

王亮伟《四桥一巷：刘国钧兴业的“运河路线”》将刘氏兴办实业与地方文化、地方古迹相联系予以考察，既有对常州历史文化的探究，也深入分析研究大成实业发展壮大的渊源及特征，并触及对刘氏性格、人品的阐释。文章构思历史与现实贯通，地域和个人相融。叙事清晰，文笔自然流畅。

（五）研究刘国钧日记及其他著作

日记，记载一个人的思想情感，行为事迹，因而被誉为“我之历史”。研究日记，可了解主人公所思所虑，所作所为，洞察其隐秘的心理世界。在刘国钧研究中，部分文章便是日记研究。

葛吉霞《从刘国钧日记看企业家精神》，所言日记为“课题组现已初步整理了六本日记”。“这六本日记大致是《刘国钧日记 1945》、2 本 1947—1949 年刘国钧日记、二十世纪五六十年代的刘国钧书画收藏日记和‘文革’时期的刘国钧读报笔记。”文章认为，这些日记体现了刘国钧的工匠精神、创新精神和国际视野以及社会责任意识和家国情怀。这些可贵的企业家精神“对当代社会经济发展都具有非常重要的启示意义，值得大力传承和发扬”。

王雷宇《〈刘国钧日记 1945〉解读》认为，《刘国钧日记 1945》具有真实性、独特性、专业性的特点，体现出刘国钧在北美考察过程中宽广的视野、深刻的思想和高明的见解，反映了他精通技术、精致管理、精妙营销的优秀企业家特质。

赵伟《新史料、新契机、新视野：〈刘国钧日记 1945〉与刘国钧及大成企业史研究》认为《刘国钧日记 1945》内容真实原始，信息量丰富，是研究企业史不可多得的文献资料。由此期待刘国钧日记全套的整理出版，进而对刘国钧及大成企业史料进行全面整理，推动刘国钧及大成企业研究的广度和深度，以此助推中国近代工业文明的研究。

司马周、邱北海则将研究目光投向对描写刘国钧诗歌的探究，其撰写的《记取家声传裔胄　尽忠报国步芳尘——〈民族纺织染之魂——刘国钧诗传〉研究》介绍著作作者、著作的基本内容、作者创作诗歌的目的等，并对代表性诗歌作品进行分析点评。《民族纺织染之魂——刘国钧诗传》由钱仲易、朱永、薄松涛等合著，香港利文出版社 2001 年 3 月出版。该书主要以七言体诗歌的形式记述刘国钧一生。因为书籍是在香港出版发行，在内地学界不为众人知晓，也未得到学术界足够的重视。有鉴于此，这篇文章对其作了一个较为全面的梳理，并认为，著作作者“尝试用诗歌体裁的方式描绘刘国钧先生的一生，用一种独特的经典语言向我们展示了刘国钧传奇的创业人生和高尚的道德情操，仍值得我们好好阅读和研究”。

颜正源《对刘国钧与狐仙文化的思考》针对刘国钧家庭在自家堂屋、所建的工厂都建过“狐仙堂”之事，探究刘氏一生与狐仙文化的关系，认为早期的刘国钧是虔诚而坚定的狐仙文化的崇信者。中期的刘国钧面对大成企业的出现与发展，将狐仙文化与大成文化相融合，建立起经营道德价值。晚期的刘国钧意识中，狐仙形象更倾向于一种象征，是他仁爱道德的体现。并据此归论：刘国钧崇信的狐仙文化具有深广的地方民间传统的基础，“寄托着困境中人们希冀得其异能庇佑的良善愿望”。

（六）研究刘国钧的语言特色、演讲艺术

陶振春《怀念国钧先生》记叙刘国钧管理企业坚持以教育为主，平时善于与职工直接对话，他的语言富有特色，工人们都乐于听。在刘国钧研究中，部分作者注意到刘国钧语言的特色，并对此予以探讨，在此，谨选有代表性的简述。

王亮伟《简论刘国钧著作的语言特色》认为，刘国钧著作的语言具有简朴务实的个性色彩。他习惯使用质朴、简洁的语句表达见解，运用人们喜闻乐见的语言阐释问题，使用数字及比较方法说明观点。他的文章思辨色彩浓郁，善于分析概括，严于判断推理。具有严谨犀利的文言文特征和与时俱进的时代色彩。

司马周、黄晓赟《论刘国钧的讲演艺术》认为刘国钧的讲演内容丰富，涉及经济社会等众多领域。他讲演的语言平实质朴，不运用过多修饰语和华丽辞藻，善于运用修辞手法，以增加讲演的生动性和说服力。逻辑思维清晰严谨，表达极具条理性和层次性。

（七）有关刘国钧人生历程变化探究

透过时代变迁，考察中国民族资产阶级解放前后处境的变化，从而准确理解刘国钧精神蜕变的情由，是部分研究文章的主旨。

毛平《建国前后民族资本家与中国共产党关系的变化——以刘国钧为例》以宏观视角考察分析中国共产党与民族资产阶级的关系，认为，中国共产党对中国民族资产阶级的认识是随着革命实践的不断深入和变化而有所不同的。具体讲，新中国成立以前，中国民族资本家与中国共产党的联系比较少，刘国钧亦如是。1949 年 9 月，中国人民政治协商会议通过了《中国人民政治协商会议共同纲领》，自此国内民族资产阶级由最初的疑虑、惧怕转为兴奋。他们拥护党的政策，信任人民政府。1952 年初开始的“五反”对民族资本家冲击较大，他们变得非常恐慌，刘国钧亦“非常震动”。1953 年 9 月，党提出国家过渡时期的总路线，明确要逐步实现国家对手工业和对资本主义工商业的社会主义改造。刘国钧拥护总路线，认为是“大势所趋”，表示愿意加入国有经济。他的大成企业是第一批公私合营

的企业。文章叙事真实，论述比较客观。

朱力《建国前后刘国钧思想变化研究》认为刘国钧对中国共产党和新政府的认识是由疑虑彷徨到期待需求，进而积极拥护至热情投入。其中，既有主观因素，也关涉国家大势推进。

何振凯《刘国钧实业思想与实践研究》将刘国钧实业思想与实践划分为民国时期和新中国成立后两个阶段予以论述。重点阐释民国时期，刘氏创业起家，造就纺织业奇迹。这一时期，刘国钧经营实业以经济运作为主，是民族资本家由小到大的典型。新中国成立后，刘国钧实业思想与社会主义经济，特别是与计划经济紧密相连，并渗入大量的政治因素。这一时期，他的实业思想与实践反映了民族资本家与时俱进，完成其由旧时期向新时代的转变。文章认为，两个社会性质截然不同的时代，为刘国钧实业思想与实践提供了条件，也提出了挑战。刘国钧的一生，是民族资产阶级在时代大潮中发展壮大，沉浮颠簸的缩影。

颜正源《从“数千年未有之变局”看刘国钧的三次人生选择》认为刘国钧一生有三次重要的人生选择：1909 年，开办和丰京货店（或“和丰布店”）；1918 年，独资开办广益布厂；1951 年，加入中国民主建国会。三次选择的经历表明：“刘国钧看清时代变化的脉络，把握经济转型的机缘，追赶文化转型的浪潮，精通企业管理的现代科技，从‘实业救国’转型为参与政党活动，适应社会主义的现代民主国家的治理。”这种选择，给自身带来成就，“给后人留下无尽的启悟”。

赵贤德《纺织巨子刘国钧与常州工商业的社会主义改造》认为刘国钧对工商业的社会主义改造经历了心存顾虑—消除疑虑—积极带头公私合营的过程。它标志着刘国钧对社会主义认识的不断深入和完善，而大成企业的成功改造，也为常州甚至江苏工商业的社会主义改造树立了一面旗帜。

李筱纲《刘国钧的人生悲悯》论述到刘国钧跌宕起伏的人生经历与时代变幻息息相关。观点独到，见解犀利。

这些文章以时间为脉络，将历史变迁与个人命运相联系，从而厘清刘国钧解放前后思想变化的缘由，具有一定的价值。

刘国钧在国内外兴办实业，其影响也播撒于海内外。国外学者也对他展开了研究。

西班牙历史学家卡洛斯·布拉索·布洛基《刘国钧：传统纺织业现代化的代表性人物》认为，早年达丰、丽新和大成三家公司都是从半传统、半工业化的作坊转型成为大型工业集团的。与其他工业公司相比，它们并不是依托大量初期投资的纺织工艺起步，而是逐渐从老作坊转型发展而成。与大型纺织公司相比，这种经营模式较好地满足了中西风格需求的终端消费者。因此，以刘国钧为代表的企业家相较于其他中国纺织企业家，对中国的纺织传统和消费习惯的认识更为深入。文章以历史为经，对比分析，探讨刘国钧兴办实业特征，研究充分，立论准确。

六、有关刘国钧研究的著作概述

在刘国钧研究中，除研究文章外，尚有一批研究专著、资料汇编专集等。较之独立篇章，著作内容更为丰富，研究领域更加广泛，探讨更加深入细致。以出版时间为序概述之：

（一）政协常州市文史资料研究委员会编《常州文史资料·第八辑——刘国钧先生纪念专集》，1987 年 12 月出版。江苏省原省长惠浴宇为本书题签书名。

该书内容共四部分：1. 刘国钧 1931 年至 1962 年间的 25 篇文稿；2. 在“刘国钧先生经营管理研究会”上发表的 11 篇文章；3. 江苏省民建、工商联编辑的《刘国钧先生传略》；4. 蔡康唯撰写的《刘国钧先生年表》。据编辑所言，登载这些文稿“旨在用刘国钧先生自己的言行来反映他的思想发展历程，为近代中国工商业史的研究、史学研究及其他创作提供第一手史料”。“以期对今天企业的改革、开放、搞活有所借鉴。”

1987 年是刘国钧诞辰一百周年，该《专集》的出版，如“代序”者章化农所言：“给研究刘国钧的学者及有关人士提供了丰富的资料。”“对于研究刘氏企业成功的因素，经营管理的特色，出国考察的内容、技术，智力引进的经济效益，乃至我国近现代民族工业发展史、地方志等不无裨益。”

（二）高进勇《从乡童到富豪——刘国钧发家之路》，江苏人民出版社 1994 年 8 月出版。

该书作者与刘国钧多有交往，曾主编《常州国棉一厂志》，采编《江苏省志·纺织卷》《江苏纺织工业志》等，熟悉刘国钧及其创办实业的事迹。其书共十章，描写始自刘氏童年背井离乡、闯荡江南，终至 1950 年定居内地。以时间为线索，人物为中心，关联诸多重大事件，反映刘国钧艰辛创业，自强不息的人生历程。该书为传记体例，将真实事件以文学性语言表述，人物性格比较鲜明，事件生动，脉络清晰，可读性强。

（三）薄松涛整理《刘国钧自叙》，香港利文出版社 2001 年 3 月出版。

该书是刘国钧的生平自述，写于 1959 年，由薄松涛整理出版。刘国钧在书中回顾了自己一生的奋斗历程，记录了所经历的时代风云，是现代中国民族工业发展的珍贵历史资料。书中叙事，处处流溢出作者对世情独特的感悟以及对人生深切的洞见。该书还适当收录了刘国钧生前的撰著和有关资料，使读者对于主人公生平行止有更为具体的认识。

（四）李文瑞主编，沈文忠、史洪副主编《刘国钧文集》，南京师范大学出版社 2001 年 3 月出版。

全集共分卷首、传记卷、论著卷、讲演卷、函电与其他卷、附录六部分。根据“编辑说明”，收入本书的“大多是刘国钧先生撰写的文字和部分谈话记录。先生一生撰写的文字如专著、演讲、谈话、信函等非常丰富，由于各种条件的限制，一时很难集齐，现在编入的，远不是先生的全部文稿”。“本书的资料来源有四：1. 常州市档案馆保存的原大成纺织染股份有限公司档案盒有关部门的档案；2. 刘国钧先生家中保存的资料；3. 刘国钧先生亲友、部属等提供的资料；4. 有关书刊刊载的资料。”

该书登载多篇纪念、回忆刘国钧的文章及刘氏自传、年表，刘氏撰写的文字、讲演、信函等，并配有多幅照片。全书类别多样，资料丰富，客观再现了刘国钧丰富而传奇的人生经历、创业情状以及真实的心路历程。同时，它也有助于洞察中国现当代社会的发展变化，是一部具有丰富史料和研究价值的文集。

（五）高进勇主编《刘国钧研究资料丛书》，中国文史出版社 2015 年 11 月出版。

全书共四册，分别为《实业巨擘刘国钧》《众说纷纭刘国钧》《刘国钧创业奇迹》《刘国钧后裔英才》。诚如作者所言：这部书是“将作者几十年来以巨大的精力和可观的财力，行程几万里采集到的一千多万字的文字资料、采访几百人的口碑资料、收藏数十年的近百张旧照片、几十年来搜集全国各地报刊发表的有关研究刘国钧的文章筛选成书，结集出版”。

《实业巨擘刘国钧》“是作者几十年来研究刘国钧先生的成果精选，从各个时期、各个角度，以翔实的史料，描绘了刘国钧先生的全貌”。通过该书所记载，可以概览刘国钧人生历程，尤其是在某些重要历史节点的行迹，对深入而精确地认识刘国钧的思想与人格弥足珍贵。该书还附录 11 封刘国钧致各类人物的信件。

《众说纷纭刘国钧》“是作者几十年以执着的追求，坚毅的恒心，锲而不舍地搜集在全国各地报刊书籍，历年发表有关刘国钧的文章，精选部分有史料价值的、有研究新意的，作者把当时的‘读后感’，改写为‘编者按’，点评其文，为读者诠释导读，以正视听”。该书结构分为回忆篇、研究篇、随笔篇、年谱篇、附录。其中“回忆篇”大多为曾经与刘国钧有交集，或是刘氏故旧，或是创业同侪、部下，或是多年朋友及研究者所作文字，他们多叙亲身经历、真切感受，因而叙事详尽真实，感情浓烈真挚。该书“年谱篇”的《刘国钧先生年表》简捷清晰，较好地反映了刘国钧的生平。

《刘国钧创业奇迹》“是作者几十年来殚精竭虑，花费许多精力与财力，收藏的刘国钧先生创建大成纺织染公司的重要档案资料，大多是孤品绝本，弥足珍贵，鲜为人知”。该书结构分为言行篇、实业篇、厂志篇。其内容既有刘国钧言、行记载，也有大成公司档案材料、几个企业的历史沿革，史料价值珍贵。

《刘国钧后裔英才》“是作者的最新研究成果”。作者通过和刘氏后裔的交往，认为“他们‘青出于蓝，又胜于蓝’”。“深感刘氏家族英雄辈出，令人瞩目，为其立传，当仁不让。”

该书记载刘氏后裔经营工商实业成就，回忆与他们交往的经历，并附录刘国钧致后代的信函。

该丛书资料非常丰富，记载内容广泛，信息量大，反映事件翔实。诸多当事人的回忆具体、详尽、真实。加之档案材料，对于认识和研究刘国钧及其所创办实业的特色及发展弥足珍贵！

（六）王亮伟《国钧纪行》，凤凰出版社 2016 年 6 月出版。

该书以现代散文形式记述作者沿刘国钧诞生、发轫、创业、奔波至终老之行迹，寻觅遗踪，实地探访，真切感受主人公成长、兴业、发展之艰辛与事业之辉煌，从而梳理并展示出一位杰出的民族工商业者为创办实业而百折不挠、自强不息的品德与精神，表达对刘氏的敬佩和崇高敬意。

该书具有“史”的线索，又注重人物事迹介绍，确如作者所言，是一部“有关刘国钧人生足迹散记”，因而内容丰富。书中所记，尚有对刘国钧研究资料及分析判断真伪之辨别，颇具价值。行文自由灵活，叙事抒情融合，很多篇章凸显作者身临其境的自我认知与体会，主体意识鲜明，情感浓郁。诸多记叙，表现寻访中的情景趣事，虽关涉刘氏，也间接反映现实况味、社会变迁，读来饶有趣味。语体随意自然，某些文字，仅以单篇散文欣赏，亦有情趣。

（七）李筱纲《织梦江南：刘国钧传》，江苏凤凰文艺出版社 2016 年 9 月出版。

该书体例属于人物传记，共十二章，概括刘国钧生平历程。全书以叙事形式演绎刘国钧创业历程，展现其真实人生。尤其善于深入探索主人公精神世界，力图“为人心作传”。叙事视角、布局富于特色，纪实与虚拟、真实与想象结合。人物性格比较鲜明，事件线索交代清楚。

（八）高峰《走出生祠堂：纺织工业巨子刘国钧传》，凤凰出版社 2016 年 12 月出版。

该书以史料为据，翔实准确地介绍刘国钧一生之经历，对主人公某些重大的人生事件予以细致严谨的考证与探索，比较准确地再现了主人公所处之历史背景、时代风貌。

（九）王亮伟主编《山高水长——刘国钧先生捐赠中国书画精品选集》，古吴轩出版社 2017 年 3 月出版。

该书收集了刘国钧生前捐赠给国内各博物馆的部分珍藏，捐赠时间主要集中在 1959 年至 1965 年，部分属于 20 世纪 70 年代后期。分别收藏于常州博物馆、南京博物院、广州博物馆、苏州博物馆、无锡博物馆、扬州博物馆、常熟博物馆和靖江档案馆等地，具有极高的艺术价值和收藏价值。在刘国钧诞辰 130 周年之际，出版该书，既表达了主编及社会对刘国钧深厚爱国情怀和无私奉献精神的深切缅怀，也为观赏者提供了一份欣赏艺术精品、提升艺术审美情趣的珍贵的书画集。

（十）葛吉霞、钟树杰点校《刘国钧日记 1945》，凤凰出版社 2017 年 3 月出版。

点校他人日记，是一份很不容易的工作。一则日记所记非点校者所熟悉，诚如书中所言“日记的整理涉及诸多方面的考验，诸如纺织技术、纺织机械、时代背景、企业管理、苏州码子、常州方言、民国译法、个人记述习惯……”因而需要花费大量的时间和精力考证、辨别、求解、落实。二则日记系个人作品，所记随意，不似出版刊物格式规范，字迹清晰，因而需要逐字逐句仔细辨认，遇字迹模糊者，需要联系前后文句揣度其意，融会贯通。更有甚者，因年代久远，字迹模糊至完全无法辨认，亦属无奈。而两位点校者明知其难，却知难而进，其初心在“向世人客观展现刘国钧的务实求真、精于研究、国际视野、团结协作、社会服务、实业救国等精神。溯及既往，于可资借鉴”。

该书体例为点校凡例、导读、日记、附录 1. 苏州码子、附录 2. 刘国钧日记影印件。

全书载有刘国钧日记原样（影印件），实属难得！“日记”是点校后的成品，以规范的排版与工整的汉字呈现日记原文。将成品与影印件部分对照阅读，可以体会两位点校者为酬初心而付出的辛勤与劳苦！是一部富有史料价值并有益于研究的著作。

（十一）赵贤德《纺织大王刘国钧的治厂之道》，吉林文史出版社 2017 年 3 月出版。

该书着眼刘国钧兴办纺织企业的成就，主要分析刘氏办厂之际艰难的时代背景、办厂的艰苦历程、指导思想以及治厂的核心理念、用人理念、创新理念、职教理念、公益理念、发展理念等，视野开阔，资料富赡，论述丰富细致，归论准确。

（十二）钟树杰《刘国钧与常州现代化》，凤凰出版社 2017 年 4 月出版。

该书“结语”言道：“常州地区从传统向现代转型，被打上了刘国钧的烙印。20 世纪 30 年代，刘国钧创办大成企业，用八年时间将其打造成常州纺织行业的龙头企业，引领常州纺织行业的发展，最终，带动其他行业共同发展。刘国钧通过引领大成企业集团的发展，影响了常州地区产业发展格局的形成，从而最终推动常州地区现代化的进程。”

此书的特点在于：

第一，将刘国钧兴办实业，创设民营经济的成就及影响与常州现代化进程相联系，把刘国钧创设实业的意义与价值纳入常州现代化发展的历史背景下考察，其思路“企业家 + 企业 + 行业 + 城市（区域）”突破了研究仅拘泥于个人的狭隘范畴，聚焦准确，视野开阔。

第二，论述涉及地方工商业发展的特征、类型、企业家精神与现代化以及与周边区域的良性互动，有益于正确认识和把握地域人文精神、经济特色及与现代化之关联。着眼精准，论述全面。

第三，研究刘国钧实业在常州纺织行业现代化过程中的意义与引领作用，得出结论："在常州现代化过程中，刘国钧影响巨大，是近代常州现代化的关键人物。"分析判断正确，切中肯綮，符合实际。

（十三）王亮伟主编《刘国钧研究文集 2014—2016》，凤凰出版社 2017 年 4 月出版。

该书出版，适逢刘国钧诞辰 130 周年纪念日。文集共收集 2014 年至 2016 年有关刘国钧研究的重要文章，按年度排列，共计 50 余篇。如主编所言，出版文集目的在于：展示研究成果，总结研究经验，推动研究工作迈向更高、更深层次。

（十四）曹锡华编著《纺织巨子刘国钧》，凤凰出版社 2017 年 10 月出版。

2017 年，六集电视人物纪录片《纺织巨子刘国钧》拍摄并播出，对宣传和认识刘国钧产生了较大的社会影响。该书即该片剧本以及编导阐述、现场侧记和后记的汇编。剧本六集为《寻梦江南》《初露锋芒》《大纶之变》《王者大成》《国难当头》《为国效力》，可谓刘国钧艰辛而传奇的一生写照。

"编导阐述"介绍其创作宗旨与原则：大胆突破，以史料"创新"。"现场侧记"以日记形式记述拍摄情形；其主旨：团结敬业真诚，凝聚匠人精神。

剧本融文字解说、图片、角色扮演于一体，既有人物行迹、史事解析，又加现代传媒手段演绎，宣传效果强烈。即使作为文学艺术作品阅读，依然具有认识和观赏价值。

该书弥补了未能观赏纪录片之缺憾，提供了别样的认识和欣赏方式。

（十五）刘未鸣、詹红旗主编《刘国钧：经纶裕国》，中国文史出版社 2019 年 3 月出版。

该书有"创业传奇：从乡童到富豪的发家之路""革故鼎新：务实独到的市场竞争与经营之道""眼睛向外：布局海外及港台市场""初心不改：开厂是为多数人谋生计""顺应时势：拥抱新生的共和国"五章内容，并附有《刘国钧年谱》以及刘国钧致黄炎培、陈维稷、张允溪等的书信。本书主要选取了高进勇所写的关于刘国钧的传记文章，以及朱希武等刘国钧亲友的回忆性文章，书中还精选了刘国钧的部分照片、讲话稿，力图还原中国纺织巨子刘国钧的真实形象。该书内容丰富，资料翔实，但因为是单篇文章之集成，在系统性、完整性方面略有遗憾。

（十六）常州市工商联编《爱国实业家刘国钧》，中华工商联合出版社2022年1月出版。

该书以时间为序，分别以《国弱乡贫图自强》《报国情愫少年志》《闯荡江南学经商》《弃商从工办实业》《与时俱进学先进》《“罕见奇迹”大成创》《探路考察寻商道》《祖国在心毅然归》《激流勇进新开端》《信仰坚定贡献多》《山高水长风范存》为题，总计十一章，叙述了刘国钧曲折艰辛又充满奋斗精神的一生。全书以生动详细的叙事集中展现了刘国钧实业报国、创新报国、履行社会责任的企业家精神和以“爱国爱民的价值观、识才用才的人才观、精益求精的质量观、创新创业的发展观、以人为本的幸福观”为核心的爱国精神。书后还附有刘国钧的生平大事记。

另外，2016年世界著名出版社——帕尔格雷夫·麦克米伦出版社出版了西班牙历史学家卡洛斯·布拉索·布洛基专著《改革开放前中国纺织业的贸易和技术网络》。作者选取三个典型的中国民族纺织企业的代表——常州刘国钧的大成、无锡唐君远的丽新、宁波王启宇的达丰，时间跨度从20世纪初至20世纪70年代，研究刘、唐、王三个家族企业发展的轨迹：从内地而上海而香港，再回流内地，逐步构建贸易与技术网络，推动了工业和产业的发展，以期探讨中国纺织业发展的内在逻辑，揭示改革开放后中国经济腾飞的历史积淀。该项成果具有一定的研究创新。其一，对于刘国钧的研究突破了时间局限，研究时间延伸至20世纪70年代后期，有助于纵向研究民族工业的发展内在轨迹。其二，通过多维度比较的形式，选取三个实业之间的比较，相较于其他企业家起点比较高。刘国钧企业的成功离不开洞察市场和革新技术。作者研究了刘氏的贸易和技术联盟的理念，特别强调深谙市场和技术创新是刘国钧事业成功的关键，市场的洞悉和技术的创新互为影响。其三，该项成果主要运用经济学、历史学、管理学等跨学科理论，研究刘国钧和大成企业，使得刘国钧研究更具深度。（注：摘自葛吉霞评述）

七、目前刘国钧研究之不足

刘国钧研究取得了可观的成果，它有助于整个社会了解和认识刘国钧波澜壮阔的人生和创办实业跌宕起伏的历程以及他对中国纺织工业的发展所做出的杰出贡献及深远影响。

客观理性地审视刘国钧研究，我们认为，尚有需要加强思考及用力的内容和领域。

（一）加强对有关刘国钧原始资料的整理和研究

据悉，现今在常州图书馆尚有部分关涉刘国钧事迹的原始资料，某些甚至是“第一手”资料，因为人员缺少，或限于其他原因，故未能得到整理而闲置。这有碍于刘国钧研究新发现、新成果的出现。需要相关机构以提升地方文化、地方名人研究质量，推动地方文化建设的意识和责任感，制定合理政策，实施有效举措，调配人员从事资料整理工作，或联合科研院所合力攻关。也需要有计划地培养年轻的工作者和研究者进入资料整理行列，以保证资料整理工作的可持续性。

（二）需要加强研究的理论性阐释，增强其学理性

在刘国钧研究中，众多成果为回忆、事件记叙类，表述形式为夹叙夹议，其后归纳总结。其特点是叙事具体真实，情感饱满浓郁，线索分明，条理清晰。但部分研究成果未能从与事件或特色相关的理论层面深入思考分析，探讨其规律及价值，因而，研究思路比较浅显，视野不够开阔，科研特征不鲜明，学理性比较薄弱，难以成为具有较大影响力的研究成果。

（三）地域文化探讨与刘国钧研究互动性不够

常州乃至苏南地区自古文化昌盛，学术发达。优良的人文气息和浓郁的文化氛围滋养无数志士仁人，助其心存高远，事业有成。他们的经历与成功又反哺乡梓，影响故土世风。在刘国钧研究中，这种互动性探讨与论述尚不够，仅有极少数作者注意到。一些研究或只见树木，少见森林；或源泉与溪流关联不密切，因而内容比较单薄，论述不够深入，研究格局不大。

（四）对刘国钧返回内地后人生命运与思想研究不足

1950 年秋，刘国钧由香港返回内地，除继续兴办实业之外，他先后担任常州

市工商联、常州市民建主任委员，常州市政协副主席，江苏省人民委员会委员。1956年后，任江苏省副省长、江苏省政协副主席、江苏省工商联主任委员、江苏省民建主任委员。这期间，他曾在不同场合、不同会议上有过众多的发言、讲话，撰写过建议、意见，做了一些非常重大的事情（如支援抗美援朝、率先实现公私合营），在当时产生了巨大影响，社会反响强烈。这些在李文瑞主编，沈文忠、史洪副主编的《刘国钧文集》，高进勇主编的《刘国钧研究资料丛书》等书中都有比较详尽的记载。这些材料反映了刘国钧在当时社会历史条件下真实的思想情感。对此予以认真深入的研究探讨，有助于了解和认识他返回大陆后的心理及命运变化。截至目前，在刘国钧研究中，对这些材料的研究与探讨尚不够充分、深入，有待于格外重视，以期取得更多的研究成果！

刘国钧研究是常州地方文化、地方名人研究的重要组成部分，至今研究成果斐然。本综述仅是概括性的，限于掌握资料不全面，某些研究成果未能提及，造成疏漏，敬请谅解！

附一：刘国钧研究论文编目

1. 于乃义．惜分飞——悼刘国钧同志 [J]. 文献，1981（1）：100.

2. 一炜．旧中国民族企业的经营策略 [J]. 经营与管理，1986（5）：45-48.

3. 张金喜．创造奇迹的人——著名实业家刘国钧 [J]. 中国工商，1988（2）：26-27.

4. 张士杰．刘国钧传略 [J]. 民国档案，1990（2）：129-131.

5. 阮廷贵，杨效良．试析三十年代大成公司高速发展的原因 [J]. 铁道师院学报，1995（1）：78-82.

6. 刘嘉喜，严羽．缅怀民族工业骄子激发爱国爱乡情怀——靖江市举行刘国钧110岁诞辰纪念活动 [J]. 江苏政协，1996（6）：36.

7. 张金喜．我国纺织实业界的巨子刘国钧 [J]. 中国工商，1996（9）：24-26.

8. 静石．纺织工业家刘国钧 [J]. 职高生，1996（Z1）.

9. 孙海泉．苏南现代工业浪潮的历史特色 [J]. 江海学刊，1998（5）：142-149.

10. 凝子．名人相册——刘国钧 [J]. 档案与建设，1999（7）：30-31.

11. 朱艳燕．爱国实业家刘国钧 [J]. 江苏地方志，2001（2）：46-47.

12. 左旭初．“征东图”商标与抗日救国 [J]. 中华商标，2001（8）：45-46.

13. 李秋发．现代著名企业家的故事之十一　屡创奇迹的棉纺巨子刘国钧 [J]. 中国经贸导刊，2001（20）：33-35+43.

14. 施宪章．民族工商业界的一面旗帜——刘国钧挚爱祖国、艰苦创业的一生（上）[J]. 钟山风雨，2002（2）：50-54.

15. 施宪章 . 民族工商业界的一面旗帜——刘国钧挚爱祖国、艰苦创业的一生（下）[J]. 钟山风雨，2002（3）：51-54.

16. 施宪章 . 爱国民族工商业家刘国钧的赤诚之心 [J]. 钟山风雨，2002（5）：48-51.

17. 钱辉 . 在耦园认识刘国钧先生 [J]. 苏州杂志，2003（3）.

18. 老亨，朱华 . 刘国钧：由学徒到实业巨子 [J]. 中国高新区，2003（11）：59-61.

19. 鱼禾 ."一生学费钱八百，半世事业万人功"——中国纺织工业巨子刘国钧 [J]. 企业导报，2004（Z1）：78-80.

20. 张晓辉，胡曼 . 新中国成立前后内地企业家迁港及回归现象概论 [J]. 中共党史研究，2005（3）：53-58.

21. 张宇杰 . 大成之道，创新为本——刘国钧与大成奇迹研究 [J]. 江苏工业学院学报（社会科学版），2008（4）：55-57+86.

22. 魏文享 . 刘国钧的"大成"[J]. 竞争力，2008（6）：72-74.

23. 傅国涌 . 刘国钧的三个"一点点"[N]. 新世纪周刊，2008-09-09.

24. 魏纪侯 . 刘国钧　活脑子与死脑子 [J]. 英才，2009（7）：143.

25. 葛吉霞 . 民国企业家刘国钧人力资源管理研究 [J]. 常州大学学报（社会科学版），2011（4）：103-107.

26. 葛吉霞 .1929—1933 年世界经济危机下民国"大成奇迹"研究 [J]. 兰州学刊，2011（7）：158-162.

27. 金明 . 论我国丝绒引进与生产过程中体现出的领导者品质 [J]. 世纪桥，2011（7）：27-28.

28. 薛锦 . 爱国民族工商业实业巨子，纺织大王刘国钧 [J]. 青年文学家，2011（9）：101-103.

29. 卢晶 . 简析近代"纺织巨子"刘国钧成功的原因 [J]. 苏州教育学院学报，2012（5）：59-60.

30. 史全生 . 论刘国钧的经营理念 [J]. 扬州大学学报（人文社会科学版），2012（5）：61-67.

31. 文泰州 . 刘国钧的三个"一点点"[J]. 中国市场 ,2012（51）：52-53.

32. 叶迎 . 刘国钧人力资源管理思想理论与实践 [J]. 兰台世界 ,2013（30）：130-131.

33. 岳煜群 . 刘国钧与他的职工教育 [J]. 江苏教育 ,2014（28）：25.

34. 顾勇，米海燕 . 刘国钧先生职业教育思想渊源探究 [J]. 赤峰学院学报（汉文哲学社会科学版）,2014（7）：235-238.

35. 王莉 . 民族工业骄子刘国钧 [J]. 黑龙江史志 ,2014（15）：188.

36. 戴卫银．浅议刘国钧创业过程中的市场意识 [J]. 管理观察，2014（19）：52-53.

37. 毕鉴忠．刘国钧职业教育思想解读 [J]. 江苏教育研究，2014（33）：55-57.

38. 戴卫银．刘国钧精神观照下学校文化育人实践 [J]. 职教通讯，2015（2）：28-30.

39. 仝群旺．民国纺织大王刘国钧的管人之道 [J]. 企业管理，2015（8）：16-18.

40. 葛吉霞．外融内生：对民国时期大成纺织染集团的融资模式考察 [J]. 上海经济研究，2015（12）：115-124.

41. 毕鉴忠．刘国钧职工教育思想主要特征 [J]. 江苏教育研究，2015（18）：13-14.

42. 戴卫银．传承刘国钧精神，培养“三质”人才——常州刘国钧高等职业技术学校文化育人实践纪实 [J]. 江苏教育研究，2015（18）：22-24.

43. 鲁永进．刘国钧的创业思想及其当代启示 [J]. 江苏教育研究，2015(18)：19-21.

44. 王亮伟．刘国钧，不仅仅是历史的 [J]. 江苏教育研究，2015（18）：10-12.

45. 魏平．试论刘国钧民族精神形成的三个阶段及当下青年学生民族精神的培育路径 [J]. 江苏教育研究，2015（18）：15-18.

46. 葛吉霞，郁爱华，吴云俏．因时而为：民国企业家刘国钧的企业管理之道 [J]. 西安文理学院学报（社会科学版），2016（4）：111-116.

47. 李传奇．民族工业巨子刘国钧 [J]. 档案与建设，2017（1）：41-42+40.

48. 李梅香．青果巷刘国钧宅邸考 [J]. 档案与建设，2017（2）：43-44.

49. 赵伟．新史料、新契机、新视野：《刘国钧日记 1945》与刘国钧及大成企业史研究 [J]. 民国研究，2017（2）：241-247.

50. 司马周．刘国钧的大成纺织染公司商标文化内涵探析 [J]. 档案与建设，2017（5）：44-47.

51. 王雷宇，瞿超．青果巷杰出的织梦人——纪念爱国实业家刘国钧诞辰 130 周年 [J]. 档案与建设，2017（7）：37-40.

52. 李琳，赵贤德．儒家思想在刘国钧创业实践中的运用 [J]. 档案与建设，2017（12）：45-47+50.

53. 鲁永进．用刘国钧人才观提高学生工匠素质的实践探究 [J]. 江苏教育，2017（84）：36-38.

54. 李琳．刘国钧的职业教育思想研究 [J]. 文化学刊，2018（12）：177-180.

55. 孔卓．纺织巨子刘国钧 [J]. 文学教育（下），2019（4）：190-191.

56. 严敏斐．我亲历的 20 世纪二三十年代棉纺织业——严燮臣《记叙我经历的回忆》节选 [J]. 都会遗踪 ,2020（2）：124-132.

57. 包云，陈志艳. 刘国钧员工健康管理理念实践与启示[J]. 企业管理,2021:（5）42-44.

58. 葛吉霞，张若洋 . 分化与整合：20 世纪 30 年代武进工业联合会的兴起 [J]. 常州大学学报（社会科学版）,2021（5）：91-106.

59. 孙卫东 . 苏商刘国钧成功的理论分析及对创业者的启示 [J]. 江南论坛，2021（11）：60-62.

60. 李琳 . 爱国实业家刘国钧的职教思想对当今社会的启示 [J]. 继续教育研究 ,2022（5）：75-79.

61. 孙建昌，刘国钧七下香港 [C]//. 百年沧桑论香港——江苏省暨南京市各界举行庆祝香港回归祖国学术研讨会论文集 ,1997：412-422.

62. 梁林军. 刘国钧：从为金而生到为国而行[N]. 学习时报,2021-11-08(3).

63. Broggi Carles Brasó Ge Jixia,Planning China's future: Liu Guojun's conception of China's post-war economic recovery[J].Economic History of Developing Regions.

附二：刘国钧研究硕士论文编目

1. 钟树杰 . 主导行业与区域经济发展——大成集团研究 [D]. 苏州：苏州大学，2004.

2. 金明 . 近代大成企业集团职工培训研究 [D]. 苏州：苏州大学，2012.

3. 庄旭 . 抗战期间的大成纺织染公司 [D]. 南京：南京师范大学，2013.

4. 何振凯 . 刘国钧实业思想与实践研究 [D]. 扬州：扬州大学，2014.

5. 朱力 . 建国前后刘国钧思想变化研究 [D]. 杭州：浙江工商大学，2017.

附三：刘国钧研究著作编目

1. 政协常州市文史资料研究委员会 . 常州文史资料·第八辑——刘国钧先生纪念专集 [M]. 1987.

2. 高进勇 . 从乡童到富豪——刘国钧发家之路 [M]. 南京：江苏人民出版社，1994.

3. 陈光明 . 纺织大王刘国钧 [M]. 北京：解放军出版社，1995.

4. 王亮伟，毕鉴忠. 从刘国钧到刘国钧职教中心 [M]. 1998.

5. 李文瑞 . 刘国钧文集（卷首）[M]. 南京：南京师范大学出版社，2001.

6. 李文瑞 . 刘国钧文集（传记卷）[M]. 南京：南京师范大学出版社，2001.

7. 李文瑞 . 刘国钧文集（讲演卷）[M]. 南京：南京师范大学出版社，2001.

8. 李文瑞 . 刘国钧文集（论著卷）[M]. 南京：南京师范大学出版社，2001.

9. 李文瑞．刘国钧文集（函电与其他卷）[M]．南京：南京师范大学出版社，2001.

10. 李文瑞．刘国钧文集（附录）[M]．南京：南京师范大学出版社，2001.

11. 刘国钧．刘国钧自叙 [M]．香港：香港利文出版社，2001.

12. 李传奇．大成公司档案史料文献 [M]．南京：南京大学出版社，2011.

13. 高进勇．刘国钧后裔英才（刘国钧研究资料丛书）[M]．北京：中国文史出版社，2015.

14. 高进勇．刘国钧创业奇迹（刘国钧研究资料丛书）[M]．北京：中国文史出版社，2015.

15. 高进勇．实业巨擘刘国钧（刘国钧研究资料丛书）[M]．北京：中国文史出版社，2015.

16. 高进勇．众说纷纭刘国钧（刘国钧研究资料丛书）[M]．北京：中国文史出版社，2015.

17. 李筱纲．织梦江南：刘国钧传 [M]．南京：江苏凤凰文艺出版社，2016.

18. 周一平．刘国钧故事（第一辑）[M]．北京：光明日报出版社，2016.

19. 高峰．走出生祠堂：纺织工业巨子刘国钧传 [M]．南京：凤凰出版社，2016.

20. 王亮伟．国钧纪行 [M]．南京：凤凰出版社，2016.

21. 曹锡华．纺织巨子刘国钧 [M]．南京：凤凰出版社，2017.

22. 王亮伟．山高水长——刘国钧先生捐赠中国书画精品选集 [M]．苏州：古吴轩出版社，2017.

23. 王亮伟．刘国钧研究文集 2014—2016[M]．南京：凤凰出版社，2017.

24. 赵贤德．纺织大王刘国钧的治厂之道 [M]．长春：吉林文史出版社，2017.

25. 钟树杰．刘国钧与常州现代化 [M]．南京：凤凰出版社，2017.

26. 刘国钧著，葛吉霞、钟树杰点校．刘国钧日记 1945[M]．南京：凤凰出版社，2017.

27. 刘未鸣，詹红旗．刘国钧：经纶裕国 [M]．北京：中国文史出版社，2019.

28. 常州市工商联．爱国实业家刘国钧 [M]．北京：中华工商联合出版社，2022.

第二编　刘国钧生平事迹的研究资料

刘国钧先生年表

蔡康唯

1887年（光绪十三年），1岁。

4月2日，生于江苏省靖江县（现泰州市靖江市）生祠镇。祖父刘品荣经营小布庄，早逝。父刘黼堂初着意于仕途，数度入闱，未第。遂设馆于乡里，全家靠其教书收入度日。

1893—1895年（光绪十九年至二十一年），7—9岁。

父突患重病，全家生活窘迫，母亲外出帮佣。先生因无人照管，常常踟蹰街头。

1896年（光绪二十二年），10岁。

受乡人关照，先生晴天沿街贩卖水果、酒酿等，顺便拾些柴草供炊。阴雨天为杂货店折纸锭，以补家用。

1897年（光绪二十三年），11岁。

下半年进私塾读书。年终凑足800文交了学费，因家贫即辍学，从此与学校无缘（按：刘国钧是年初入塾的，中秋节后因被私塾塾师误会而辍学）。晚年先生追忆这段童年生活，曾咏诗一首：一生学费钱八百，夜卧一张竹编床。日食三餐元麦糊，半世事业万人功（按：刘国钧先生在《自传》中诗曰：日食三餐元麦糊，竹床夜卧一张铺。平生学费不盈贯，事业从来仗众扶）。

1898年（光绪二十四年），12岁。

辍学后继续小贩生涯，生活维艰。

1899年（光绪二十五年），13岁。

进当地缪家埭道观为老道士打杂（按：进缪家埭三清道院随道长高志培学道），因无技可学（按：因生活无着而离开道院），半年后即离去。

1900年（光绪二十六年），14岁。

由邻人介绍至靖江城一家糟坊（按：应为槽坊）当学徒，工作极苦，先生人小，力不胜任。冬天盐水浸入溃烂的冻疮口，痛心入骨，不堪忍受，一年后逃离糟坊（按：应为槽坊）。

1901 年（光绪二十七年），15 岁。

春节后，向邻里借银元十块，随一同乡至武进县埠头（现武进县湟里镇）谋生。因身材矮小，未为柳永丰京货店录用。七月，辗转至武进奔牛镇刘吉升京货店学生意。

1902 年（光绪二十八年），16 岁。

是年中秋，刘吉升京货店破产倒闭，转至同镇元泰京货店继续学徒生涯。

1905 年（光绪三十一年），19 岁。

是年学徒满师。有了固定收入，遂将在外帮佣的母亲接回老家照顾父亲。

1906 年（光绪三十二年），20 岁。

先生与年方十七的同乡鞠秀英女士结为伉俪（按：鞠秀英 16 岁与刘国钧结婚）。

1907—1908 年（光绪三十三年至三十四年），21—22 岁。

先生渐谙经商之道，遂萌创业之心，着意积累资金。一面广招生意，获取佣金，一面让其母与妻编织辫须（清时男子扎辫子用的一种绸带）送店里代销，并搭银会。两年积资 600 元（按：1908 年，刘国钧被聘为奔牛镇源昌布庄经理）。

1909 年（宣统元年），23 岁。

与一华姓同乡各出资 600 元，在武进县奔牛镇开办“和丰京货店”。店中出售自办土染坊的青、元布。先生刻意经营，营业额居镇上七家京货店之首。

1910 年（宣统二年），24 岁。

生意顺利，境况渐裕，遂接父母及妻子至奔牛镇安居。

华姓股东为还债，让出股金，“和丰”归先生独资经营。

1911 年（宣统三年），25 岁。

十月，辛亥革命爆发。

战火延及沪宁，镇上店铺相继关门。先生窖银 500，以备不时之需。同时坚持独家营业，虽时局不稳，但农村赶办婚事者甚多，生意集中于一家，财源大开。

1912 年（民国元年），26 岁。

时局平定。

“和丰”年终盈余 5000 余元，富甲奔牛。先生又将一家倒闭的京货店盘下，起名“同丰”。

1914 年（民国三年），28 岁。

先生财力雄厚，善于经营，积资已达 2 万余元，终为地方势力所忌，决心他徙。

先生与常州工商界人士蒋盘发、谢桂生、唐伍全、蒋荣荣、陆友仁共六人结为金兰之交。

1915 年（民国四年），29 岁。

一月，袁世凯与日本帝国主义签订“二十一条”，国人激愤，抵制日货运动遍及全国，国货畅销。先生见开办实业利润丰厚，并有利于抵制外货，遂将奔牛两店以 3 万元盘出。赴常州与蒋盘发、刘宝森等人合组“大纶纺织公司”，建立常州第一家以蒸气引擎为动力的机器织布厂——大纶机器织布厂于常州东下塘三将军弄旁。在集资 9 万元中先生投资 1 万元。蒋盘发任公司经理，先生任协理负责生产。

冬，正式开工生产。

1916 年（民国五年），30 岁。

六月，大纶厂添置英式铁织机，专织斜纹布，开常州铁机织布之先河。

先生为解决斜纹布浆纱技术难关，潜入上海英商怡和纱厂偷学技术，险遭毒打。曾帮助先生潜入厂内的工人有感于先生的至诚待人，遂抽业余时间来常，帮助解决技术难题，工厂得以正常生产。

是年，大纶厂已有木织机 120 台、铁织机 100 台、工人 300 余人、年产布 15000 余匹，商标为狮牌，行销常、宁、沪等地，年终盈余 3000 元。

1917 年（民国六年），31 岁。

先生全面负责生产，执掌工厂大权，引起其他在职股东不满。

工厂年终盈利达 1 万余元。

1918 年（民国七年），32 岁。

是年春，公司内部矛盾公开化。先生决意独资办厂，遂将投资拆出。盈利部分仍留作大纶股金。

未久，先生在常州新坊桥附近独资创办“广益布厂”（按：应为广丰布厂），置木机 80 台。时值第一次世界大战，列强无力东顾，民族工业得以发展，经先生努力经营，不足一年，即获利 3000 元。

1919—1921 年（民国八年至十年），33—35 岁。

广益布厂生产顺利，营业发达，每年获利甚丰（按：应为 1919 年开设独资的广益布厂。广丰、广益二爿厂十分发达）。

1922 年（民国十一年），36 岁。

先生以历年积累，在常州东门白家桥西首筹办“广益二厂”（按：应为广益染织厂）。

1923 年（民国十二年），37 岁。

广益二厂（按：应为广益染织厂）正式开工。置木机 180 台，仿英式铁木混合织机 36 台、花锭机 8 台及浆纱机等附属设备，主要产品为斜纹布、白平布等。规模居常州布厂之冠。

1924 年（民国十三年），38 岁。

时日货倾销，民族工业甚难维持。先生为学习日商发展实业之经验，与上海某机器厂之陈鉴清（按：应是陈清培）、华洋布厂之严光第东渡日本，考察工商业，颇有心得。认为：日商之优，在于成本低。其要旨是管理注重实效，工序安排科学，节约费用物料。

回国后即潜心于改善工厂经营管理，改造技术设备，经与纱厂协作在国内率先使用筒子纱代替盘头纱，以节约费用物料。

1925 年（民国十四年），39 岁。

是年，先生初步把广益二厂（按：应为广益染织厂）的手动筒子、纡子车改为电动车。

1926 年（民国十五年），40 岁。

广益二厂（按：应为广益染织厂）添铁木混合式布机 36 台。

1927 年（民国十六年），41 岁。

新坊桥畔的广益布厂并入广益二厂，更名为“广益染织厂”（按：广丰布厂、广益布厂在 1927 年同时收歇）。

先生逐步更新工厂设备，用丰田式电动布机换下木织机，并增购染缸等染整设备，工厂已初步发展成为织染综合工厂。所产色布、绒布、皱皮布、贡呢、哔叽等热销于市，成为进口外货之劲敌。先生将产品商标定名为“征东牌”和“蝶球牌”，意在“征服东洋（日本）”和“无敌全球”。

工厂换下之旧布机等设备，一部分赠予家乡靖江，余出让于同业。

1928 年（民国十七年），42 岁。

日本帝国主义在济南制造“五三惨案”，全国掀起反日高潮。

5 月 26 日，武进县反日民众运动委员会外交后援会把广益厂所购的英国棉纱误为日纱而扣留，发生广益厂工人赴县商会请愿要求发还英纱之事，遂与反日会发生误会，由于先生态度坦诚并经县商会从中斡旋，不日，事情得以平息。

先生在报上刊登声明：“鄙人虽则商界，亦素知义利之辨：攘外夷，重中国。”

"要活在中国，做自由平等之国民，非抵制日货，不克生存。""敝业同人等，现已提议多制国布，以达持久抵制之目的。"以明抗日爱国之心迹。

1929 年（民国十八年），43 岁。

9 月 2 日，县商会国货推广委员会召开第四次常会，选先生为该委员会股长。先生在该会发表演说，指出："机器之革命基于物质之革命，中国若欲科学求进化，必须驾各国而上之。"并认为中国工商欲求进步。必须"一、商人须对外竞争，不可专事对内竞争；二、中国各工厂，应以科学之头脑、工人之身手，与世界竞争"。

是年，广益染织厂的各种厂布，在南京举办的中华国货展览会上得优等奖。

同年底，先生以 40 万元代价，接盘常州南门外大纶久记纱厂。该厂因工潮迭起，经营亏损，无法维持而出盘。

时华商纱厂业极不景气，邑人都不愿经营之。唯先生素以振兴实业，抵制外货为己任，个人即认股 15 万元，并得原股东顾吉生、刘叔裴、吴镜渊等人的支持，遂得顺利接盘。

1930 年（民国十九年），44 岁。

2 月 15 日正式接办大纶久记纱厂，更名为"大成纺织染股份有限公司"。自任经理，刘靖基任协理，主管驻沪办事处；并聘华笃安、刘丕基为总稽查，主管厂务（按：华笃安为总稽查，刘丕基为人事主管）。

公司注册资金 50 万元，实收 40 万元。设备有纱锭 10000 枚，布机 260 台。先生以广益厂名义从武进县钱业界贷款 20 万元，并从上海银行（按：应为上海商业储蓄银行）贷款 40 万元，还得到徐吟甫、刘叔裴、吴镜渊等工商界人士垫款支持，工厂得以全面检修，购置物料。夏，工厂恢复生产。

10 月，纺部 20 支纱锭扯由原来的 0.8 磅提高到平均 1 磅，达先生之预定目标，全厂开庆祝大会。年终，工厂盈利达 10 万元。

同年，广益染织厂也产销两旺，流动资金已达 29 万余元。

1931 年（民国二十年），45 岁。

10 月 4 日，大成公司召开临时股东会议。先生力主将公司盈利扩大再生产，获股东会议通过。还通过了将先生之广益染织厂盘入大成公司的提案。并决定添购纱锭 10500 枚、线锭 4800 枚、布机 200 台。

是年，九一八事变爆发，日军侵占东三省，举国掀起反日高潮。11 月，先生在《武进商报》上连载《土纱救国计划书》一文。提出：恢复土纱业"以为御日绝交之后盾，亦救济民生之根本办法"。

同月，大成纱厂职工捐款 1000 余元，汇给黑龙江支援抗日部队。

是年，先生革除工厂由机目、宕管掌握雇用工人权力的陋习。设立练习生、艺徒、养成工培训制度，以利工厂的管理和人才培养。

是年，大成公司净盈利 50 万元，按股东会议决议，全部作为增资，将公司注册资金增为 100 万元。

1932 年（民国二十一年），46 岁。

1 月，广益染织厂正式并入大成公司，改称“大成第二工厂”，以织染为主。至此，大成公司成为集纺、织、染于一体的联合企业，先生的主张得以实现。

清明节，先生回靖江生祠堂扫墓，参观邑人陶振熙创办的生活合作社。回常后筹集资金，在生活合作社的基础上，开办善余染织厂。

春，大成一厂成立工人补习学校。于工人工作时间内抽一小时，授以国语、常识以及工厂规则、工作方法，历时 3 个月。

6 月，公司新购之“史马来”纱锭 10500 枚、线锭 4800 枚开始安装。

秋，先生与朱希武等人再次访日。时值两国关系恶化，日对华封锁技术，先生被各工厂拒之门外，怏怏而回。

10 月，先生重金礼聘纺织专家陆绍云任大成纱厂工务长。陆上任伊始，即革除工厂原设之值班制及凭经验进行机械保全之陈规，成立专门之保全部，用科学方法管理机械，效率大增。

同月，新机器安装完毕，逐步开车试产。

11 月，先生捐资 5000 元，以修建靖江旅常同乡会会馆。

12 月，中华工业总联合会筹备建立武进分会，聘先生为筹备委员。

是年，查济民任大成二厂染部工程师（按：查济民是 1933 年进入大成二厂任染部技师的）。

公司由于广益染织厂并入，注册资金增为 140 万元。

1933 年（民国二十二年），47 岁。

5 月，先生至南通参观，恰遇大生一厂发生工潮，遂致函南通教育局局长，谈对工潮之看法，转载于南通各报。

6 月，先生在《励进月刊》上发表《利用棉麦借款于生产之意见》一文。认为：“借人棉麦，救我之急者，不得已之举，亦耻辱之事也。”要求政府将棉麦借款用于发展生产，而不要用于消费，以加重百姓之负担。并指出：欲解吾业之痛苦，必须增加生产，减轻成本，挽回利权，取缔在华设厂之外商，从而使民族工商业得以生存。

是年，大成公司已成为拥有纱锭20500枚、线锭4800枚、布机640台，染整设备齐全，职工人数达2500人之大型企业。全年产值达450万余元。

1934年（民国二十三年），48岁。

春，先生第三次东渡日本，夫人、大儿子汉堃、女婿查济民（按：此时，查济民20岁，刘璧如15岁，尚未有婚姻之说，故用“女婿”之称谓不妥）及陆绍云、华笃安同行。在日本考察了神户、大阪、名古屋等地的纺织业，仔细参观了丝绒（按：应是平绒）、灯芯绒的生产过程。并在日订购纺部空调设备一套、旧八色印花车一部等，收获颇大。

同年春，靖江生祠堂疏浚大清港（按：应为大靖港），先生捐资400元。

从日购回的旧印花车安装于二厂。曾先后延请上海印染工程师及日、德技师校试该机，数月未成。后先生亲自带助手调试，逾月（按：应是七个月之久），试车成功。常州印花业自此开创。

大成二厂大事扩充，添置轧光机、电光机、上浆机等印染整理设备。

是年，先生在生祠镇本宅空地建房20余间，作为“善余恒”布厂之厂房及营业部。时善余染织厂一分为二，一部分迁靖江县城称“善余昌”，一部分留生祠堂称“善余恒”。

同年，先生捐款资助奔牛树人中学，并被聘为校董。

1935年（民国二十四年），49岁。

元旦，先生在大成纱厂（按：应是大成一厂）举行的慰劳会上提出：“工管工自治化、工教工互助化、工资等级化、华厂日厂化、出品日货化”的口号。在先生倡导下，大成厂的管理日趋完善。

3月6日，大成一厂因开除一徒工而酿成工潮，全体织布女工关机罢工，先生半夜惊起，披衣与工人谈话达四小时，工潮得以平息（按：工潮起因是大成一厂织布间领班吴国良粗暴虐待艺徒而引起的）。

5月，先生与陆绍云、查济民、谢钟豪、谢澄沧、戴焕章等武进工业联合会常委，组织赴日考察团，赴日本考察工业，于6月27日回常。

7月6日，武进工业联合会开会欢迎，先生发表长篇演说，谈访日之印象及感想。对中国纱布业之前途，他说：“只要问问自己，成本减得轻否，紧缩能达到目的否，制造的货物合标准否，为大局计，对用人不重情面，以人才为主，岂有不可生存之理也。”

是年夏秋之交，先生入川，欲与民生实业公司之卢作孚合作办厂，未遇。归时途经武汉，在当时湖北省财政厅长贾果柏和武汉警备司令、靖江人陈继承的力促下，先生决定与已停工三年的汉口震寰纱厂合作，60 万元股本中大成占 60%，震寰占 40%，合作期限为六年，更名为“武昌大成纺织染第三厂”。该厂设备有 26000 枚纱锭，250 台布机（按：震寰纱厂有纱锭 26336 枚，织机 250 台）。

是年，大成公司注册资金增至 200 万元。（按：应是 220 万元）。

1936 年（民国二十五年），50 岁。

清明，先生回生祠堂扫墓，对全镇父老和学校师生发表讲话，表示要在家乡兴建纺织染厂和扩大学校规模，并改善农副业生产，达到“人人有事做，有收益，使地方繁荣，人民生活改善”。

10 月，汉口大成三厂正式开工，刘丕基任厂长，常州厂老工人及经常厂培训之汉口工人任生产技术骨干。生产管理一如常厂，未久，生产质量和盈利率均赶上常厂。

12 月 22 日，大成公司临时股东会议决定：在常增设第三厂，向瑞士定购当时最先进之里特（按：应为“利妥”）纱锭 32000 枚等设备；武昌第三厂更名为第四厂；公司注册资金增至 400 万元。

是年，先生重金聘用日籍技师高原指导试制丝绒（按：应是平绒）、灯芯绒。这是常州第一次试制该产品。

1937 年（民国二十六年），51 岁。

夏，大成三厂第一期工程基本完成，大部分纱锭安装就绪，开始试车（按：大成三厂首期工程安装“利妥”纱锭 10000 枚）。

七七事变、八一三淞沪之战先后爆发，日军大举入侵我国。

9 月，大成二厂及一厂的布机车间被日机炸毁。

10 月，先生安排撤退事宜，将三厂机器拆除，首批 250 台布机运抵武汉安装于四厂。第二批遭敌机轰炸，到汉口已残缺不全。在沪新机器存上海租界内。一厂将存棉生产完毕，成品出售。

11 月，先生将常州事务委于华笃安、何乃扬。27 日，携眷属乘汽车赴汉口（按：应是镇江）。临行时说：“日本人是待不长的，我今年只有 50 岁，只要我人不死，大家同心协力，完全可以恢复已毁的企业，我们还是有机会共事的。”

同月 29 日，常州沦陷，敌人四处抢劫、纵火，大成二厂残余厂房俱遭焚毁。一厂所存棉花 11000 余担、廿支纱 1200 余件、坯布 24 万余匹，被劫掠一空。三厂被日军用作马厩。

1938年（民国二十七年），52岁。

大成公司将常州工厂未毁之“里特”（按：应为“利妥”）纱锭分两批辗转运沪。6月，利用留沪设备在上海成立“安达纺织公司”，租赁铜仁路中华书局印刷厂旧址。公司以英商名义登记，由英籍印人安诺、英籍马歇尔分别任挂名经理及董事长。先生任总经理，刘靖基任经理，袁敬庄任厂长，共有“里特”（按：应为“利妥”）纱锭16000枚（按：纱锭为14800枚），10月初正式开工生产，技术工人大部分是原常厂工人。

夏，武汉形势日益紧张，先生提前结束与汉口震寰纱厂之合作关系。时两厂合作仅为两年（按：合作23个月），获利甚巨。不久，先生偕夫人飞香港，指挥汉口的撤退，将分得的200万元资金及布匹、拆下的250台布机和原常州的职工撤往重庆。

先生偕夫人入川后，与四川民生实业公司总经理卢作孚商妥，由民生公司的三峡布厂、汉口隆昌染织公司及大成公司三方合作，在重庆北碚筹建大明染织公司。

1939年（民国二十八年），53岁。

2月，“大明染织公司”开工，资本为40万元，设备有汉口拆运进川的250台布机及添置的印染机械等。卢作孚任董事长（按：刘国钧任经理），查济民任厂长，工厂专事织染，没有纱锭。产品为阴丹布、海昌蓝布、元昌布、鸟花斜纹布等。平均月产量7000～10000匹（按：大明染织厂年销布67200匹）。

是年，先生在香港设立大孚建业公司，吴达机任经理，为将来复业筹备资金。并在河内、仰光、曼谷等地派驻人员，以通信息及推销产品。先生奔波于渝、沪、港之间，指挥生产与经营。

1940年（民国二十九年），54岁。

3月，南京汪伪政府成立。

大成一厂因机器毁坏严重，未被日军以“代管理”方式占领。为避免日军将工厂机器当废铁处理，华笃安等着手整修机器（按：大成一厂在1938年底，由日寇宣布为“军管理”。1941年5月被宣布解除“军管理”）。

是年，先生在苏州购厂基地100余亩和一座园林“耦园”及200余间房屋。并将耦园与部分房屋辟为大成、安达职员的休养地。

同年，先生将一部分现金汇至香港和重庆银行（按：应是上海商业储蓄银行），结成外汇存入，为今后恢复工厂积累资金。

1941年（民国三十年），55岁。

3月，常州大成一厂修复纱锭6000枚，逐步开工生产，由于原料、电力限制，生产极不正常。

4月，先生与长子汉堃驻足香港。先生曾与刚从同济大学毕业的谢承祜谈及他的人才观。他说，人才有三等，第一等人才是精于管理又懂技术；第二等人才是精于管理而无技术；第三等人才是精于技术而不会管理。

12月，太平洋战争爆发，日军占领上海公共租界。以英商名义登记的安达纱厂，被迫暂时关闭。一部分员工转来常州工作，一厂又恢复纱锭4000枚。

1942年（民国三十一年），56岁。

10月，先生偕夫人由沪抵常，视察一厂后，当晚住厂内。（按：是在次日）半夜先生遭匪徒绑架。华笃安、何乃扬、谢承祜、张一飞同时被绑架。后以500件纱的代价（时值伪币80余万元）赎出，当夜于戚墅堰上车赴沪。

抵沪后，旋即取道蚌埠、洛阳、西安赴重庆。

同年，大成公司在重庆成立办事处，刘汉堃任办事处主任。

1943年（民国三十二年），57岁。

常州大成一厂继续开工，生产的纱、布等由商贩辗转运销内地。

是年，先生仍来往于渝、沪之间，也间或来常，行止甚为小心（按：从刘国钧绑架后，抗战期间从没再来常州）。

1944年（民国三十三年），58岁。

7月，先生所著《扩充纱锭计划刍议》一书刊行。全书16000余言，提出我国战后纺织业15年内发展纱锭1000万枚的具体计划。就资金筹措、原棉生产、机械制造、人才培养、管理体制、利润收益等作了详尽论述，一展先生平生之抱负。

12月，先生与缪甲三等由渝赴美考察。时日军在各战场节节败退。先生拟在美洽购设备，为胜利后复业做准备。

是年，重庆大明公司增资为1000万元，设备也逐步更新，产品花色品种与生产质量已赶上战前大成（按：大成公司在重庆注册登记增资为1500万元）。

为培养公司的管理技术人才，先生送缪甲三、陈钧分赴美英留学。同年先生在重庆南岸创办染料制造厂，朱希武任经理，王世勋任厂长。

中国棉纺织学会成立，先生被推举为候补监事。

1945 年（民国三十四年），59 岁。

先生在美考察纺织染厂及纺织机械制造厂，在美国南方某纱厂，以 40000 美元购买 20000 枚旧细纱锭，并向美国罗威尔纺机厂（按：应是萨克洛威尔纺机制造厂），购买前纺 5 万锭、细纱 3 万锭，价值 70 万美元（按：共需 270 万美元）。约定分期付款，战后一年交货，条件是需中国银行担保。另还购买 8 台毛纺机、2000 枚粗毛纺纱锭、4 台筒子车等（按：还购买 3 万担美棉，毛纺设备是向加拿大购买的）。

重庆染厂（按：应是染料厂）因产品滞销及原料缺乏，于 4 月停产。

8 月 15 日，日本无条件投降，时先生在加拿大，在旅馆欢庆达旦。

抗战胜利后，公司各厂全力开展恢复工作，并盘进因亏损而无力复业的意诚布厂，命陶振熙任厂长。

1946 年（民国三十五年），60 岁。

年初，先生由美乘货轮回国，与中国银行磋商担保事宜。中国官僚资本以投资为条件想趁机控制大成公司，先生坚决拒绝，中国银行不予担保。与美购货合同被迫作废。

先生结束重庆办事处工作，人员分批迁沪，并任命刘汉堃为大成公司副总经理（按：刘汉堃是在 1945 年 8 月担任大成公司副总经理的），负责工厂恢复事宜。

春，常州三个厂恢复顺利，已开出纱锭 32000 枚、线锭 4800 枚，布机 750 台。5 月，一厂厂长华笃安辞职，先生命何乃扬接任厂长（按：华笃安离任后。由副厂长张一飞、何乃扬主持工作，1947 年提任张一飞为厂长）。

6 月 25 日，先生在武进县商会演讲考察欧美纺织事业之感想，对抗战胜利后我国实业复兴抱有很大的希望。

是年，先生与彭浩徐等人创办中国纺织机械公司。

同年，大成公司董事会改组，由上海商业储蓄银行董事长陈光甫任董事长，政府财政次长何淬廉任常务董事，程沧波等人任董事（按：何淬廉也是董事，不是常务董事。其职称是国民党经济部政务次长）。

是年，查济民出任大明公司总经理。

年终，大成公司注册资金为法币 7.5 亿元。

1947 年（民国三十六年），61 岁。

是年，公司股东会决定，大成公司与安达公司分为两个独立核算的公司。先生任大成公司总经理、安达副总经理；刘靖基任安达总经理、大成副总经理，华笃安为安达副总经理。

陈钧、缪甲三由英美学成回国，分别任大成二、三厂厂长，张一飞任一厂厂长。一、二、三厂都各自安装发电机，解决了电力问题，二厂漂染能力已达每日5000匹。

是年终，安达公司在川沙县北蔡镇购地160余亩，筹建新厂。

依重估固定资产增值办法，大成公司资本总额调整为法币225亿元。

1948年（民国三十七年），62岁。

年初，先生在美所购2万枚旧纱锭及毛纺机械等设备陆续运到，安装在大成三厂。常州三个厂生产均已超过战前。先生在沪主持公司大局。

5月，先生受董事会委托，赴台湾为公司设厂找厂址。8月，派员携200台旧布机及部分布匹赴台，在台北筹设“台安兴业公司”选厂址于台北县板桥镇，占地百余亩。先生指示去台人员，只作筹备，暂不基建。

国民党政府发行“金圆券”，大肆搜刮民脂民膏。为避免国民党政府币值日跌造成损失，先生将大成厂产品运销海内外。并将私人存款和一部分大成资金转移国外，并在香港、巴西等地区投资，以作退步计。

先生将公司资产编造清册，准备由共产党来接收，并留汉堃在沪主持公司。12月偕夫人由沪乘船赴港（按：刘国钧是在上海龙华机场乘飞机赴港的）。

是年，先生在香港九龙开办“东南纱厂”。刘汉堃任总经理，刘汉栋任厂长，员工大部分系大成公司的老人马。设备有6600枚纱锭，于当年开工（按：5000枚纱锭，不是6600枚纱锭）。

1949年，63岁。

3月，刘汉堃离沪赴港。

4月23日，常州解放，大成公司的三个工厂继续正常生产。

5月，上海解放，沪港通邮，常州方面每隔三天将情况电告先生。

秋，先生赴台，视察由“台安”等三家合资兴办的“庆泰”染厂。并将负责“台安”公司基建的技术人员调回香港。

10月，先生因突发胆结石，住院开刀，数月后痊愈。

先生在港与《大公报》社的费彝民多次接触，了解内地情况，感到共产党并不如国民党宣传的那么可怕，遂萌回去看看之意。

是年，大成公司已拥有50000余枚纱锭、1180台布机、日产5000匹（20万米）色布的印染设备。大成公司从40万元资本起家，至此增长75倍（按：新中国成立时，大成公司计有纱锭49860枚、织机1332台、线锭8800枚，日产1000～2000匹色布漂染设备）。

年终决算，常州三个厂净盈利价值千余担原棉。

1950年，64岁。

春，先生再次赴台，见台政治黑暗，经济凋敝，无发展前途，遂将资金转移至香港，结束“台安兴业公司”筹建工作。

八九月，先生在香港与上海的公司董事会讨论大成、安达两公司的联营、合并问题。嗣后先生将香港事务交代汉堃、汉栋兄弟，自己偕夫人于9月20日回到上海。

10月1日（按：应是1950年9月30日），先生回到常州，在车站受到大成厂工人敲锣打鼓欢迎。随即（按：翌日）在大成一厂举行的开国一周年庆祝大会上发表讲话，对新中国朝气蓬勃的气象极为赞赏，对工厂正在开展的轰轰烈烈的劳动竞赛很是感奋，表示要留下来与工人们一起建设新中国。

10月16日，先生出席大成、安达两公司在上海美华酒家召开的联席股东会议，讨论两公司联营、合并事宜。未决。

不久，先生赴北京，面晤黄炎培先生，并受到中央有关领导接见，十余天后返沪。

是年，大成、安达两公司董事会改组。先生任大成公司董事长，刘靖基副之；刘靖基任安达公司董事长，先生副之。

1951年，65岁。

年初，先生调整公司及三个厂的领导人员，加强了管理和技术力量。大成二厂的次布率由30%降到10%以内，一、三厂的产品质量也大幅度提高。

2月，先生由黄炎培介绍，加入中国民主建国会。

5月，先生被中国民建总会指定为常州民建分会筹备委员会委员及召集人。

6月24日，召开常州民建筹委会成立大会，先生被选为筹委会主任委员。

同月，抗美援朝运动轰轰烈烈展开。大成公司捐献人民币（旧币）50亿元。先生个人捐献2.65亿元。

7月，先生被推选为常州市工商界抗美援朝推进委员会常务委员。

9月，先生出席常州市各界人民代表会议三届一次会议，被选为常州市第三届各界人民代表协商委员会委员。

11月，先生当选为第二届苏南各界人民代表会议代表。

12月，先生赴无锡参加苏南各界人民代表会议二届（按：应为三届）一次会议，被推为大会主席团成员，并在会上当选为苏南各界人民代表会议第二届（按：应为第三届）协商委员会委员。他在会上就私营企业应厉行节约、增加生产的问题作了发言。

先生见新中国建设亟需人才，积极筹办“常州纺织学校”（按：应为常州纺织学院），因条件限制，未成。

是年，大成公司添置自动布机200台、纱锭3000枚以及厂房和其他设备。三个厂逐步推行“三八”工作制。

1952年，66岁。

年初，全国开展“五反”运动，先生问心无愧，处之泰然。经工作队反复调查核实，宣布大成公司为守法户。

6月，先生赴京出席全国工商联筹备会议，并在会上发言。

是年，先生将原设上海的大成公司（按：应是总管理处）迁至常州，上海设公司办事处，公司业务主要集中于常州。将存于沪、港的毛纺机器设备，捐献给南京市人民政府，并向政府建议生产灯芯绒，以出口换取外汇。

1953年，67岁。

1月，先生当选为常州市第一届工商联主任委员。

10月，先生赴京参加中华全国工商业联合会会员代表大会。会上，先生被选为全国工商联执委。在大会发言中表示要积极争取公私合营。返常后，即召集公司领导开会，统一认识，正式申请公私合营。

是年，先生当选为江苏省第一届人民代表大会代表。

1954年，68岁。

3月，先生在江苏省工商联会员代表大会上，当选为省工商联副主委。

4月，政府批准大成公司实行公私合营。先生即专程赴宁，请公方代表田诚早日来公司主持工作。

6月1日，大成纺织染公司实行公私合营的协议书在常州市人委签订。从此，大成公司开始了新的征程。

同月，常州市工商联召开第二届代表大会，先生续任该会主任委员。

先生召回在巴西的小儿子刘汉良，参加祖国建设。于8月12日抵常州。

同月，先生赴宁参加江苏省一届一次人代会。在大会发言中提出，工商界的改造应“脱胎换骨，洗心涤肺”。

9月，先生当选为全国一届人大代表。

公私合营后，大成公司董事会重新作了调整。田诚任董事长，先生与刘靖基任副董事长。并任命先生为总经理，朱希武、何乃扬为副总经理。

1955年，69岁。

1月，常州市民建召开第一次会员大会。先生当选为民建常州分会第一届委员会主委。

同月，刘汉良被任命为大成三厂副厂长。

4月，先生赴京参加中国民建第一次全国代表大会，当选为中国民建第一届中央委员。同月，在南京出席江苏省政协一届一次全体会议，在会上作了发言，并当选为第一届省政协常委。

6月，在《工商界》杂志上发表专文《谈剥削》。

7月，赴京出席全国人大一届二次会议。

12月8日，在《常州工人报》上发表文章《逐步放弃剥削，坚决干到社会主义》。

同月，在《工商界》杂志上发表《我要诚心诚意地干到社会主义》一文。反省了自己所走过的道路，坦诚地检讨了在新中国成立前夕采取“狡兔三窟”的办法，将资金汇集香港。回内地几年，看到中国光明前途在于走社会主义道路，决心诚心诚意地干到社会主义社会。

是年，出席江苏省一届三次人代会，并在大会上发言。

1956年，70岁。

1月，常州市全面实行公私合营。先生在庆祝宴会上开怀畅饮。他说：“此刻我的心情同我在美洲听到日本投降的消息时一样高兴。现在中国的企业都由国家管理，可以集中力量大大发展了。”

2月，出席常州市政协一届一次会议，当选为市政协一届委员会副主席。

6月，市民建分会改为民建常州市委，先生当选为主任委员。

同月，赴京出席全国人大一届三次会议，在会上作题为《为我国纺织工业的进一步发展而欢呼》的发言。他提出，我国要争取在1967年发展到3000万枚纱锭，建议要积极开展纺织品的外销，要注重培养纺织工业的生产经营人才。

8月，在宁参加江苏省一届四次人代会，当选为江苏省副省长。随后，先生与夫人迁居南京。

9月3日，先生在《人民日报》上发表《年年岁岁人不同》一文，畅谈家乡的巨大变化及自己的感想。

12月，赴京出席全国工商联第二届会员代表大会，被选为第二届全国工商联常委。

是年先生回生祠堂，捐款2万元扩建中心小学校舍，并对负责教育工作的同志说：“学校是培育人才之所，务必讲求文明教化，多为学生创造幽静的学习环境。”

先生还将刻有“刻苦学习，开创大业”铭文的钢笔赠送给师生代表。

1957年，71岁。

1月，先生出席江苏省人大一届五次会议，并作大会发言。

3月，当选为市工商联第三届委员会主任委员。

春，党开展整风运动，先生回常参加。在统战部座谈会上，对公私合营后企业出现的非生产人员增加，工作效率不高的现象提出批评，并力促常州发展灯芯绒生产。

7月，赴京出席全国人大一届四次会议，并在大会上作题为《一个工商业者的切身体会》的发言。

1958年，72岁。

2月，赴京参加全国人大一届五次会议，在会上作题为《工商业者要争取思想改造的大丰收》的发言。

4月，陪同全国人大常委会副委员长、民建中央主席黄炎培，民建中央常委孙起孟视察常州。并参观了常州工商青年“自我改造实践汇报展览会”。

5月，先生当选为民建常州市第二届委员会委员。

10月，在江苏省人大二届一次会议上当选为江苏省出席第二届全国人大的人民代表及江苏省副省长。

是年，先生在《新工商》上发表文章《争取早日做一个自食其力的劳动者》。表示：愿将工资由原来的每月800元降为300元。并决定从1958年1月起，凡以本人名义投资在各企业的定息一律放弃。

同年，大儿子刘汉堃因心脏病突然发作，在港去世。家属恐先生不堪承受此打击，故未告之。

在全国的“大跃进”运动中，先生再次建议常州发展灯芯绒生产，并愿承担试制费用。

1959年，73岁。

4月，赴京出席全国人大二届一次会议。

5月，先生将珍藏的395幅书画赠送给常州博物馆。

6月，在江苏省工商联二届会员代表大会上当选为省工商联第二届执行委员会主委。

12 月，民建全国第二届会员代表大会和全国工商联第三届会员代表大会在京联合举行。时值国家进入经济困难时期。先生在会上发言，认为经济困难的主观原因是：一速度过快，效果相反；二旧东西否定得过多过早，新事物未经检验，推广过速；三重工业比重太大，发展过快。

是年，先生任江苏省政协二届委员会常委及民建江苏省工委主任委员。

1960 年，74 岁。

2 月，先生当选为全国工商联第三届委员会副主任委员，中国民建第二届委员会常委。

4 月，先生在全国人大二届二次会议上与张敬礼作了题为《工商业者要通过实践改造思想》的联合发言。

是年春，刘汉堃病逝的噩耗终被先生得知，悲痛异常。6 月，偕夫人赴广州，与女儿刘璧如、女婿查济民、大儿媳钱静愉等人晤面。先生仔细询问汉堃去世的情况及香港企业经营状况。

1961 年，75 岁。

是年，出席江苏省工商联及民建召开的主委扩大会议。先生对国际形势甚为关心，并专门谈了美国的经济危机问题。

冬，赴扬州专区参观视察，着重看了重灾区，看到农村经济逐渐复苏，非常高兴，佩服共产党的领导，认为，这只有新中国才能做得到。

1962 年，76 岁。

3 月，赴京参加全国人大二届三次会议，入选大会主席团，并出席了最高国务会议及周总理举行的招待宴会。

5 月，出席江苏省人大二届三次会议，在会上就江苏省的经济工作提出几点意见：一是提倡大力发展养兔事业；二是强调贯彻《国营工业企业管理工作条例草案》，要加强物料管理，杜绝浪费现象；三是处理好工业与商业的关系，指出“商业除了买卖，负担分配任务外，还应起指导生产和指导消费之作用”。工业、商业要密切联系，生产要适销对路。

11 月，偕夫人赴香港探亲，视察了“东南纱厂”和“中国染厂”，与亲人、同人畅谈内地情况。在东南纱厂对全体职工讲话，介绍祖国的新面貌、新发展。在港一月有余，返回时购 120 万元港币的化肥，支援内地农业生产，还动员子女投资 35 万元外汇存入江苏华侨投资公司。

是年，由先生口述请人整理的十万字的自传材料完稿。

同年，先生回靖江生祠堂，捐资重修岳王庙。

1963年，77岁。

3月，与夫人及刘汉良一家共五人再次赴港探亲。带去国内生产的灯芯绒样布和其他一些产品的样本，在港广为宣传。由港返回后，在沪、常两地小住。

9月，出席江苏省人大二届四次会议。

时常州灯芯绒在国际上已打开销路，先生多次到常州参观，对常州灯芯绒生产“一条龙”很感兴趣，感慨地说，我早就搞灯芯绒试制，但多灾多难，总算新中国成立后我的愿望实现了。

1964年，78岁。

六、七月间，在宁会见香港的同人时表示，打算去香港花几十万港元买新式纺织机械回来，以供研究和仿制。

9月，出席江苏省人大三届一次会议及政协江苏省三届一次全委会会议，在人大会议上发言。并继续当选为副省长及省政协三届委员会常委。

12月，全国人大三届一次会议在京召开，先生赴京出席会议。

是年，欣闻我国核爆炸试验成功，他说：“我国有了原子弹，国际地位是大大提高了，今天真是扬眉吐气了。”

1965年，79岁。

八、九月间，在常州小住。9月18日，赴沪接由港回内地探亲的女儿刘璧如。先生与夫人及常州有关领导陪同刘璧如在常参观，看了大成二厂、丝印厂等单位。刘璧如对大成二厂的生产设备及产品质量大为赞叹。她说，已经超过香港同类工厂，表示愿意在港与国外推销二厂产品。

1966年，80岁。

2—5月，先生往返于沪、宁、常之间，在常小住时多次参观工厂，并对小辈说：“你们要顺潮流走，听党怎样说就怎样做”，“毛主席的书要看熟”。

中央“五一六”通知后，“文化大革命”全面开始。

7月，江苏省两会工作人员贴出大字报，批判先生新中国成立前的剥削经历。

8月，先生在宁、常、沪的住宅先后被“红卫兵”查抄。在“红卫兵”毁坏先生所藏文物时，先生毅然制止，要求将文物交由文管会封存保管。抄家后，南京住宅由北京西路迁至文昌巷。

是年，先生在广州面晤刘汉栋，并受到广东省委书记陶铸同志的接见。先生从子女处争取到35万元外汇存入江苏华侨投资公司。

同年，先生闻知武进县奔牛镇欲新建剧院，并缺少资金，表示愿负担全部费用。因故未成。

1967—1968年，81—82岁。

先生与夫人蜗居南京。看到平时共事的党和政府领导同志都被批斗，大成公司的老同人、部下，甚至朋友亲戚，也因自己的问题而被抄被斗，甚为不安。尤其是对全国武斗、工厂停工、学校停课，深为忧虑。夫人怕先生发生意外，常相随左右。

1969年，83岁。

12月，先生夫妇和刘汉良随江苏各界上层民主人士和其他知名人士一道集中于句容县（现为句容市）。

1970年，84岁。

3月，从句容返宁。先生书“人老心不老，永远跟党跑”的对联一副，悬挂于客堂，以表对党坚定之信念。

4月，江苏省首批发还先生被查抄的物资。

是年，先生当选为全国第四届人代会代表。

1971年，85岁。

先生仍困于南京居室，足不出户，甚少活动。

1972年，86岁。

江苏省政协重新组织各界人士学习，先生每周参加两次学习。此时，先生开始留胡须，以便于上下挤公共汽车。刘汉良也一起参加学习。

先生得知家乡生祠堂迫切需要手扶拖拉机，遂捐款从瑞士购进一台价值60万港元的恒温坐标镗床，送给武进农机厂，由武进农机厂供应10台手扶拖拉机（包括拖车、农具等），由先生购买后赠给家乡。

1973年，87岁。

6月，刘汉良为协助姐姐、姐夫管理香港、非洲等地区的企业，经申请获准，一家五口去港定居。临行，先生再三叮咛：千万不要忘记祖国。

是年，先生搬入梅园新村新居，政治活动逐步恢复，查抄物资大部分发还。常州宅第也归还先生，并着手整修。

同年，先生回常州视察，参观了计算机厂、纺织厂等工厂，看到常州工业生产形势不错，大乱年代仍有13%的增长率，颇为欣慰。他向常州有关部门提出捐赠生产设备、出资整修文笔塔等建议，因故未成。

1974 年，88 岁。

先生继续担任省两会主委，积极参加各种社会活动。省里的一些老领导和同人好友亦经常往来。平时以欣赏书画自娱。

1975 年，89 岁。

1 月，在京出席全国人大四届一次会议。

是年，先生将 96 件红木家具赠予常州市博物馆，并将一部分字画理出赠送给南京博物院。

1976 年，90 岁。

10 月，“四人帮”被粉碎。先生得此消息欣喜万分，即与港通话，传递喜讯。

11 月，刘汉良夫妇由港赴宁省亲，与先生夫妇共叙天伦。汉良夫妇返港时，先生偕夫人亲自赴沪送行。

1977 年，91 岁。

12 月，先生被选为江苏省五届人大常委会常委，江苏省政协四届委员会副主席。同时，还被选为全国五届人大代表及五届全国政协委员。

是年冬，由于住宅暖气未装妥，暂住福昌饭店。

1978 年，92 岁。

1 月 29 日晨，因坐椅子时脱空跌倒，造成股骨胫骨折裂，立即送南京工人医院抢救治疗。在港子女分批回来探视。中共江苏省委、江苏省政府领导同志到医院看望。

2 月下旬至 3 月上旬，全国五届人大及五届政协会议在京举行，先生因病均未能参加。

先生在病榻上仍时时不忘祖国的建设事业，对亲人再三叮嘱，你们要为祖国四化多做贡献。

3 月 8 日，先生并发肺炎，经抢救无效，于晨 6 时逝世。此日正值选举第五届全国政协常务委员，时任政协主席的邓小平向大会宣布，“接南京来电，常委候选人刘国钧不幸于今日上午逝世，原常委候选人不再递补”。

1979 年 4 月 5 日，先生骨灰安葬于南京雨花台望江矶公墓。

（本文选自高进勇《众说纷纭刘国钧（刘国钧研究资料丛书）》，中国文史出版社 2015 年版，文中按语为高进勇所加。）

刘国钧传略

张士杰

刘国钧，1887 年 4 月 2 日出生于江苏省常州府靖江县生祠镇一个塾师家庭。因家境贫寒仅读了一年私塾。1900 年到靖江县城一家糟坊当学徒，次年春，便去常州奔牛镇自谋生路，先后在奔牛镇刘吉升京货店和元泰京货店当学徒。其间，他利用去附近各地批货，出入各家货栈的机会，悉心了解市场行情，广交商界朋友。同时，积极筹集资本，广拉生意，获取佣金，组织了拥有 600 元资本的互助会。1909 年刘与人集资 1200 元，合伙开办了以经营棉布、绸布为主的和丰京货店，两年后合伙者因负债把股份让给了刘国钧。他发现，经营色布远比白坯布利厚，若自行加工则利润更丰。不久便附设染坊，把白坯布加工成青布、元色布出售，利润倍增，在五年之间，获利五六千元。和丰京货店成为奔牛镇上的佼佼者，刘国钧也因此成为镇上首富。和丰布店前店后坊的经营模式对刘国钧后来的经营思想影响很大，以后的广益、大成的经营形式吸取了其成功的经验。

1912 年，刘国钧的事业又有了发展，他接盘了同丰京货店，资本扩充到近万元。到 1915 年，他已拥有 2 万元资本。

第一次世界大战爆发后，欧洲各帝国主义因忙于战事无力东顾，国内也掀起了抵制日货运动，民族工业迅速发展，国货畅销，工业利润优厚，刘国钧遂生弃商从工念头。与常州梅龙坝裕纶布厂老板蒋盘发等集资 9 万元，创办了大纶机器织布厂，蒋任经理，刘任协理。在大纶的经历，使刘完成了从商人到工业企业家、从组织手工土染坊小生产到组织机械化大生产的转变，并为他日后的稳步发展奠定了基础。其间，刘国钧获得了最重要的经验：厚利的取得，要用先进的生产手段，科学的经营管理去培植，而不是从茶会交易所的投机中去寻找。这几乎成了刘国钧办企业的终身守则。当时的大纶布厂运用机器织布，在国内织造厂中，代表了新的生产力，而其织造的斜纹布，又属当时售价倍增的高档棉织品，是与外货争利的产品。在生产初期，由于浆纱工艺不过关，产品一时难销，造成企业亏损，作为工务负责人的刘国钧，曾买通关节，借了号衣，化装成工人，混进上海英商怡和纱厂浆纱车间，了解操作方法和浆料配方，被英国工头发觉后翻墙逃走，那位借号衣的工人被打伤，却从此和刘国钧建立了友谊。浆纱工艺过关后，产品畅销，工厂也由亏转盈。刘国钧悟出了一个道理：工厂的利润，在人才和技术中。

1917 年，刘国钧因股东间矛盾退出大纶织布厂。从此，作为企业家的刘国钧，开始了步伐惊人的发展。次年，他办起了一家拥有木机 80 台的广益布厂，又四年添办了一家规模堪称常州最大的织布厂广益二厂，拥有木机 112 台，铁帽子布机 36 台，生产的斜纹布足与英日货相媲美。为与主要对手日本货竞争，1924 年，刘国钧邀集上海同行赴日本考察。日本工厂的管理方式和先进技术的应用给他留下了深刻的印象。促使其完成了广益的竞争构思：从市场出发，改变产品结构；从管理入手，降低生产成本；货色要换代，机器先换代。并逐步形成了他所提出的“三个一点点”的著名口号，这就是：“质量好一点点，成本低一点点，卖价高一点点”。回国后他将这个构思付之实施，1927 年，刘国钧将设备陈旧的广益一厂停歇，全力经营广益二厂，淘汰旧式木机和铁帽子布机，购置了 180 台以日本丰田布机为主的电动布机。技术的改进，使产品质量不断提高。其“征东牌”和“蝶球牌”色布远销海外，获利甚厚。1930 年，刘国钧除了广益厂固定资产外，已拥有 20 余万元流动资金。他决心再拓事业，便投资 20 万元，招股 20 万元，借款 20 万元，以 50 万元接盘大纶久记纱厂，以 10 万元用于修配和更新机器，将大纶久记纱厂改名为大成纺织染公司，自任经理，刘靖基为副经理。随后，又以厂基做抵押，向上海银行借款 40 万元做流动资金，开工生产。

就在刘国钧经营大成纺织染公司的前后，欧美各国和日本爆发了一次空前严重的经济危机。九一八事变后，各地又掀起抵制日货运动，为民族工业的发展提供了广阔的商品市场，国产纱、布销路大增。刘国钧抓住时机，充分施展才华，在中国近代工业史上取得了令人瞩目的成绩。1930 年夏季改组后的大成公司正式生产，年底结算，获利 10 万元左右。1931 年，除去股息红利等开支，净利 50 余万元。就是说，一年赚回了一个厂。是冬，改组董事会，刘力主将两年盈利作为增资，扩大再生产，董事会议决增资为 100 万元。

在市场竞争中，刘国钧看到，中国民族纺织业，因缺少染色与印花，日本垄断，资本家即用抑低棉纱、坯布的价格，抬高色布和花布价格的恶毒办法，来打击摧残中国民族纺织业，致使国内纺织业处于困境。有鉴于此，他将其独资经营的广益布厂并入大成公司，改称大成二厂，增加印染设备。这一次改组不但使大成公司摆脱了坯布印染的中间利润分成，而且对于企业的挖潜革新，增产节约，降低成本，提高经济效益，提供了有利条件。使大成公司成为一个纺织印染的全能企业，仅 1932 年就获利 50 万元，公司资本增至 140 万元。

刘国钧决定再设大成三厂，恰好拥有 26336 枚纱锭、250 台织机的汉口震寰纱厂，因经营管理不善而停产，愿与大成合资经营。于是，大成公司出资 36 万元买下了震寰厂 60% 的股份，并将它改称大成四厂，于 1936 年 10 月投产。同年筹建大成三厂，订购当时国际上最负盛誉的“里特”纺锭 32000 枚、织机 1008 台。年底，大成公司增资达 400 万元，纱锭从 1 万枚增至 8 万枚（包括汉口大成四厂）。

一个纺织企业，在不到 8 年的时间里，无论是资本还是设备，增加了 8 倍，这在中国近代工业史上是罕见的，更何况大成公司的超常速度发展，正是处在“1931 年下半年起，中国棉纺织业的发展开始陷入逆境；1932 年后，演成危机；直到 1936 年下半年，才稍稍复苏”的形势下发展的。因此，刘国钧的成功格外引人注意，并更添神秘色彩，使他成为 30 年代中国工业企业界迅速升起的新星。然而，这颗新星并不神秘，他的成功是靠在和丰、大纶、广益十多年的奋斗中摸索的经验中得来的。过去的实践使他懂得，一个企业要发展：一要靠高素质的人才，二要靠先进的技术设备，三要靠科学的管理。刘十分重视企业的技术改造，他把 1 万锭“道勃生”细纱机由普通牵伸改装为“日东式”皮圈大牵伸，同时把双滚筒的单锭传动改为单滚筒的四锭传动，从而使产量和质量大大提高。接着，购置了当时国际上最先进的“里特”纱锭来更新设备。还添购了无链式丝光机和浆拉联合机等新设备，使工厂的印染设备改进、配套，成为颇具规模的全能印染厂。同时，刘还十分注重人才的网罗与培养，他任经理后的第一件事，就是不惜重金，网罗人才，委以重任。后来在全国纺织行业声名卓著的陆绍云、刘靖基、刘丕基、华笃安、朱希武、何乃扬等人，都是在刘国钧创办大成之初就集合到旗下的。这批人才，参与公司的决策，共同造就了大成公司的繁荣。值得提起的是刘还十分强调培养有文化的工人，认为这是现代化工厂的基础。因此，大成公司各厂都有职工文化教育设施，这在 30 年代是非常可贵的。

对于外国的先进管理经验，刘国钧十分注意吸取。他曾三次赴日本考察工厂的管理，并结合本公司实际，逐项指标进行比较，从中发现潜力，在职工中采用高薪制度。1932 年，大成纱厂已发展到 20500 枚纱锭、580 台布机，全厂职工总数不过 1047 人，可见，其管理水平已达到相当高的程度。

1937年“七七事变”的爆发，使正在蓬勃发展的刘氏企业也同样遭到厄运。除三厂纱锭运至上海租界贮藏，200台布机运往汉口外，其他遭到了日军的洗劫：一厂所存物资被抢掠一空，二厂被炸成废墟，三厂被日军当作马厩。但是，刘国钧没有屈服，他以中国民族资本家所具有的在夹缝中求生存的精神，利用上海租界的优势，迅速将贮存在那儿的设备和资金，以英商名义注册，开办了安达纺织公司，并自任经理。但不久刘运至武汉的200台布机与大成四厂（震寰纱厂）又面临日军进攻武汉的危险。他提前结束了与震寰纱厂的合作关系，将200台布机和从四厂分得的200余万元物资内迁四川，与民生实业公司总经理卢作孚合作，在重庆北碚创办了大明纺织染公司，又在重庆开办了棉货批发字号，在香港开办了大孚商行，经销原料，又在昆明、仰光、河内等地设立办事机构，经常来往于渝沪港之间，组织指挥生产和贸易。

1939年至1940年，刘写成洋洋万言的《扩充纱锭计划刍议》一文，这是他经验、抱负、理想的结晶。“刍议”对中国纺织的工业化以及筹集资本、织机制造、人才培训、原料供应、工厂布局和经营管理等方面，都一一作了全面规划和设想。

1944年，中国棉纺织学会成立，刘国钧被推举为候补监事。同年夏赴美访问，向美国订购2万枚纱锭、3万担棉花。抗战刚胜利时，国内交通尚未恢复，各厂原棉均感不足时，3万担棉花则使大成各厂迅速恢复了生产，这在国内纺织界又属棋高一筹。1948年8月，国民党政府实行“币制改革”，强迫收兑黄金、银元、外币。大成、安达两公司在上海所存的黄金、美钞被勒索一空，再加上国民党“限价”失败，物价狂涨，两公司遇到严重损失，为此，刘国钧将私人存款和大成公司部分现金转移到香港储存。

对于共产党及人民政府，刘国钧也和其他工商业者一样，经历了惊恐、观望、信任和积极投身社会主义建设的过程。全国解放前夕，刘国钧将大成公司200台布机经台湾运往香港，购买了6600枚纱锭，在香港开办东南纱厂，在台湾筹建台安兴业公司，以作退步之计，1949年携家眷避居香港。解放后，他时时关心大成公司在内地的几个企业。他得悉，大成三个厂一天都没有停产，送到他面前的年终结算报表上，还赚了1000多担原棉作为库存。而在台湾的台安兴业公司，筹建工作却颇不顺手，他看到他事业的希望在内地，开始把转移到香港的现金逐步汇回。1950年春，他冲破重重阻力，携夫人毅然返回祖国大陆，继任大成公司总经理兼董事长、安达公司副总经理兼副董事长。1954年6月，大成公司在江苏省棉纺织系统中率先实行公私合营，刘任总经理兼副董事长。后历任江苏省人民政府副省长、中华全国工商联副主任委员、民主建国会和工商联江苏省主任委员、第四届全国人民代表大会代表和江苏省人民政治协商会议副主席等职，为社会主义建设做出了贡献。1978 年 3 月 8 日，刘国钧病逝于南京，享年 91 岁。

（本文选自《民国档案》1990 年第 2 期。）

我国纺织实业界的巨子刘国钧

张金喜

刘国钧是我国现代纺织业奠基者中的一位佼佼者。他投身于实业界时，正是旧中国处在内忧外患，民族资本企业面临着重重困难的严重时刻。然而，刘国钧怀着实业救国的理想，以开拓者的敏锐目光和胆识，在强敌环伺的激烈竞争中跻身于中国纺织实业界，他走的是一条开拓之路。

从学徒到创办大成纺织染股份有限公司

刘国钧1887年4月2日出生在江苏省靖江县生祠镇。7岁那年，父亲突患重病，全家生活无着落，母亲为了一家人糊口，经常外出帮佣。刘国钧11岁时曾进私塾，因家境贫寒，半年后辍学。13岁进道观打杂，到糟坊里做苦工，后又到京货店当学徒。刘国钧晚年曾作过一首诗，追忆童年生活："一生学费钱八百，夜卧一张竹编床。日食三餐元麦糊，半世事业万人功。"正是童年的苦难生活，造就了他不畏艰难的顽强性格。

1909年，年仅23岁的刘国钧看到常州奔牛镇地方富庶，人口稠密，商业繁荣，萌发了开商店的念头，于是，他用长期积攒和各方筹措的600元资金，同一姓华的人合资开办了和丰京货店，并附设染坊，印染青、元土布。镇上一时谣言四起，杯弓蛇影，人心惶惶，几家较殷实的店铺为了免于战火而歇业，京货店一下子关了五家。而刘国钧不随大流，已有七八年从商经验的他，不仅熟悉行情，还善于钻研，镇上七家京货店中，和丰号的营业额竟占一半以上。两年以后，这位姓华的股东为了还债，撤出股金，把和丰股份让给了刘国钧。

1911年，正当刘国钧独资经营和丰京货店时，辛亥革命爆发了。他看到由于辛亥革命的爆发，整个中国在沸腾，人民向共和政体迈进的趋势不可阻挡，他看准形势，拥护辛亥革命，照常营业。由于京货业大都集中到和丰，因此生意兴隆，到1912年底结算，和丰净盈余5000银元。不久刘国钧又盘下同丰京货号，扩大经营范围，两年积累资金两万余元。

1915年，刘国钧看到工业的发展前途远远大于商业，就毅然以三万元盘出了和丰、同丰两店，与人合资在常州开办了“大纶机器织布厂”。1918年刘国钧另起炉灶，在常州新坊桥独资创办广益布厂。1930年，刘国钧又与人集股，接盘大纶久记纺织厂，改名为大成纺织染股份有限公司。1933年春，刘国钧将独资经办的广益布厂并入公司，定名为大成二厂。1936年，刘国钧又在大成二厂的对面，建成了大成三厂，专门生产坯布。同年，还与汉口震寰纱厂合作，开办大成四厂。

日军发动全面侵华战争后，刘国钧的企业遭到日军严重破坏。但刘国钧力克艰难，千方百计把企业维持下来。到中华人民共和国成立时，拥有资金3000多万元，设备由一万枚纱锭扩增至7.34万枚，布机由260台增到1780台，并有日产5000匹布的印染设备。这种发展速度在旧中国并不多见。著名经济学家马寅初先生曾对大成评价说，这确是工业上“罕见的奇迹”。

面对挫折，表现出百折不挠的精神

刘国钧办实业并非一帆风顺。当时，中国尚在萌芽时期的纺织工业不能与外商抗衡，刘国钧也不能逃此厄运。他经历过一个又一个挫折，可贵的是，越是遇到挫折，他越是表现出百折不挠的精神。大纶厂投入生产初期，浆纱技术长期不过关，产品销路一直不好。当时，外商为了垄断中国棉纺织品市场，外商各企业对我国民族工商企业都进行技术保密，他多方求教还是得不到“真经”。为了取得配料和调浆的“奥秘”，刘国钧竟冒险潜入质量最好的一家英商纱厂。进厂第二天就不幸被英国人发觉，他虽然在工人的帮助下翻墙逃出来，但借给他“号衣”（工作服）的工人却被查出来，遭到一顿毒打。事后，刘国钧对这位工人进行了慰问，并负担了全部的医药费和工资损失。这位工人深受感动，得知刘国钧仍为浆料问题在发愁，他就约了本厂的另一位浆纱工人，利用假期一起从上海来到常州，传授技术。此后，大纶厂浆料问题解决了，生产的布料质量上乘，成了市场的抢手货。

刘国钧的卧室里挂着这样的条幅：“心之所至，无坚不入；意之所至，无远不届”、“日日行，不怕千万里；常常做，不怕千万事。”正是凭借这种拼搏精神，他成功地修复了从日本买回的一台旧八色印花机。在此之前，他曾先后请了上海某印染厂的工程师、某日商纱厂的日籍工人和德商洋行的技师来帮助试车，时间过去半年，仍然不能投产。上海的工程师认为，这台破机器只能报废。但刘国钧并不气馁，他在车间里不分昼夜地参加校验机器，脸被烫伤，手被擦伤，他全然不顾。经过 40 多个日日夜夜的艰苦奋战，终于试产成功，当年就赚了 5 万余元，第二年增至 20 万元。

三访日本，向全能企业发展

20 年代初期，中国民族纺织业缺少染色与印染的现代企业。在华的外商企业，抓住中国民族纺织业的这一弱点，乘机提高色布的价格，故意将棉纱和白布价格降低。当时市场上曾出现一种怪现象，卖出一件棉纱，买回原棉竟要赔掉 6 元。刘国钧看到大量的银元被外商赚走，痛心地说："这些钱应由国人自己来赚。"为了同充斥国内市场且价廉物美的外商纱布竞争，刘国钧决定到日本学习、访问。从 1924 年起，10 年内他三次东渡日本，参观考察日本纺织印染业，研究有关印染技术和现代生产管理方法。同时又先后至欧美等国参观考察。回国后把学到的先进管理、工艺、技术与本企业的实际相结合，加以改革，使企业的利润得到显著提高。

刘国钧自三渡日本回国后，深感只有把企业发展为纺织印染的全能企业，才能在与外商抗衡中立于不败之地。为此，他提出把大成公司改组成纺、织、染的全能公司，大力扩展印花布生产和色布生产。这一改革，对大成公司是至关重要的，它使大成公司大大增强了竞争能力，并收到了抵制外货倾销的实际效果，这在当时是难能可贵的。

大力培养技术人才，采用新法管理企业

刘国钧认为要在竞争中不被挤垮，自己必须有一支强大的技术队伍。为了培养技术力量，刘国钧不惜高价从外地招募职工，开办练习班、艺徒班和值车工养成所。厂里定期对艺徒和值车工进行文化考核，凡成绩在前三名者均发给物质奖，以资鼓励。工厂还办了夜校，开设语文、数学、绘图、外语等课程，招收学员一律要求住厂，没有特殊情况不许请假。经过几年培训，一支年轻的、素质较高的职工队伍活跃在大成纺织公司。

刘国钧深知，要在创业的道路上取得成功，光靠自己的奋斗是不够的，必须有一批懂管理、懂技术、会经营的人才。因此，他很注意人才的安排应用，尽可能做到"能位匹配，才职相称"。他把管理人员分成三等：管理与技术双全的是头等人才；只懂管理不懂技术的是二等人才；只懂技术不懂管理的是三等人才。

头等人才一人可管 100 人；二等人才一人可管 30 人；三等人才一人可管 10 人，那些不干事的人多一个也不要。在经营方面，刘国钧要求管理人员及时了解市场情况，每月至少开三次管理人员的会议，把经营的“底”交给大家。为了大家好记，他还特地编了几句顺口溜：“成本要比别人低一点点，质量要比别人好一点点，推销时价格要比别人少一点点，打开销路后价格要比别人贵一点点。”他说，成本降低一点点，就要千方百计考虑增产节约；质量好一点点就要在技术上下功夫，推销时价格一定要比别人低一点，否则销路打不开；销路打开后，要保持名牌质量，价格贵一点人家也乐于接受。

刘国钧深深懂得，要让职工爱工厂，先要工厂值得工人爱。他关心工人的生活，使他们感到工厂就是他们的家。他给职工定的工资一般高于当时其他厂，对劳动勤恳、有贡献的职工给予重奖。刘国钧说：“要使他们感到，做大成的职员比自己做老板都好。”

为新中国的建设做贡献

1948 年底，国民党反动统治摇摇欲坠，全国解放在望。由于刘国钧不了解共产党的政策，害怕“共产”，将大成公司 200 台布机经台湾运往香港，又以转移到香港的存款购买了 6600 枚纱锭，在香港开办了一个东南纱厂。此外，他还在美国买了 10 万美元的公债，储蓄 20 万美元，在巴西投资橡胶园，以作退步之计。全国解放前夕，他携眷移居香港。

新中国成立后，国民经济获得迅速恢复和发展，大成公司的生产也蒸蒸日上。刘国钧逐渐消除了对共产党的疑虑，开始把转移到香港的现金分批汇回，支援祖国的社会主义建设。1950 年春，他毅然响应祖国的召唤，返回祖国，并得到周恩来总理的接见和勉励。1954 年 6 月 1 日，大成公司在江苏棉纺织系统中首先实行公私合营，刘国钧任总经理兼副董事长。以后，刘国钧历任江苏省人民政府副省长、中华全国工商联副主任委员、民主建国会和工商联江苏省主任委员，并先后被选为全国人大一至五届代表、全国政协第五届委员、江苏省政协一届至三届常委和四届政协副主席等职，为社会主义建设事业做出了贡献，在我国纺织工业的发展史上写下了光辉的一页。

1978 年 3 月 8 日，刘国钧在南京病逝，终年 91 岁。

（本文选自《中国工商》1996 年第 9 期。）

刘国钧七下香港

孙建昌

刘国钧是中国民族纺织工业的巨子，原江苏省人民政府副省长、中华全国工商业联合会副主任委员、常州大成纺织染公司的创始人。

在旧中国，他 15 岁离家做学徒时仅带有 5 个银元，至 62 岁时，已拥有 3 家公司，十多家工厂，遍及常州、上海、武汉、重庆、台湾、香港等地，13 万枚纱锭，4000 多台织机，加上厂房设备和其他产业的投资，以及海外的资产，名人字画和私蓄，创造了一个自强不息、奋斗致富的奇迹。

在 1939 年至 1963 年的 24 年中，他曾七次到香港，目睹并经历了香港政治和经济的变化。他在香港建有东南纱厂，为香港的经济发展做出了贡献。

初下香港议决四厂前途

刘国钧第一次去香港，是在 1939 年 8 月。

抗日战争爆发后，刘国钧的四个工厂中，常州的大成二厂被日军炸成一片瓦砾；大成二厂中弹 18 枚，损失惨重；大成三厂一部分迁往上海，开办安达纱厂，一部分撤至武汉的大成四厂。大成四厂是刘国钧与汉口震寰纱厂于 1936 年合营的。这天，他在上海接到汉口来电，因日军进逼武汉，要他速去香港，议决大成四厂解除合营合约的问题。

刘国钧到达香港后，立即约见原震寰纱厂负责人刘笃生，商讨大成四厂处置的问题。同时，他在刘笃生的陪同下，了解香港商情，参观香港市容和名胜。香港自古以来就是中国的领土，1840 年鸦片战争以后被英国占领。全岛原属广东省东莞县，面积不过 80 平方公里，整个香港地区百分之九十八的居民是中国同胞，抗战以前为 80 万人，抗战开始后增加到两百多万人。香港的气候温和，山林优美，终年不凋，楼阁凌云。参观考察之余，刘国钧痛感：如此锦绣河山，沦于异域，真是中国人的奇耻大辱。在考察中，他了解到香港的自由贸易政策是：（1）没有关税壁垒和非关税壁垒，绝大多数商品进出口不征关税；（2）对进口既不限制，也不提供优惠，对出口没有限制也没有出口补贴或其他直接辅助；（3）不搞反倾销或反补贴立法，也从未采取过“紧急保障措施”或“灰色区域措施”以及其他国际保障手段；（4）外贸企业经营自由，本地企业与外来企业一视同仁；（5）与外贸有关的金融、航运等也实行自由政策。这些自由贸易的政策深深吸引了刘国钧，给刘国钧留下了深刻的印象。

海防探路开辟国际市场

刘国钧第二次去香港，是在 1941 年 4 月。

其时，他已与四川卢作孚的民生公司、内迁的汉口隆昌染厂的倪麒时合作，在重庆北碚文星湾开办了“大明纺织股份有限公司染织厂”，简称“大明染织厂”。刘国钧任经理，查济民任厂长，翁婿两人配合默契，全权负责大明染织厂的生产经营。生产的大明蓝布、海昌蓝布、阴丹布、元昌布、鸟花斜纹布等，均受到消费者的好评。上海安达纱厂的“飞虎牌”纱布，也享誉四方。可在国内半壁江山陷落敌手，市场萎缩的情况下，无法有大的发展。刘国钧欲向海外开拓。

他带着上次到香港的印象，携长子刘汉堃从上海来到香港。在九龙购得私寓一所，作为联络海外业务的窗口。

香港良好的海运条件和完善的仓储设备，特别是当货主声明是转口的货物后，当局办理手续的方便、迅速，深深吸引了刘国钧。他立刻抓住这个机遇，计划扩大东南亚市场，把重庆、上海的产品销往缅甸的仰光、越南的河内、泰国的曼谷。5 月，刘国钧抱着“要吃龙肉自下海”的宗旨，乘上法国邮船公司由香港驰往安南海防的“小广东”号轮船，开始了他的东南亚之行。

香港脱险饱尝事变磨难

刘国钧第三次到香港，是在 1941 年 12 月。

1941 年 4 月开始的东南亚的考察，使刘国钧了解到缅甸纺织工业薄弱，耗用纺织品甚巨，都仰仗国外进口。因此，他决定进行巨额的纱布经销。为弥补自产纱布的供货不足，刘国钧与农本局花纱布公司负责人吴味经联手，进行大批量的纱布、丝绸贸易活动。同时，成立广益企业公司。总公司设在香港皇后道 14 号。由他的长子刘汉堃主持。另在昆明、上海、重庆设立三个办事处。刘国钧的广益企业公司除大量经营纱布、丝绸之外，还经销车辆、汽车轮胎、零部件、电器和五金。货源大多从香港经海防转昆明，再从昆明分发缅甸仰光和重庆等地。刘国钧的实地调查，为大成公司的商业活动开辟了新的路径；为积累资本，重整实业，找到了新的财源。为推动事业发展，刘国钧于 12 月 3 日从上海乘船到香港。

12 月 8 日，日本在偷袭珍珠港向英美正式宣战后，开始对香港进行轰炸。18 日，日军分别在北角、太古鲗鱼涌等地登陆。不到 6 天，1.5 万香港英军即告瓦解。25 日香港总督杨慕琦正式宣布投降。刘国钧的这次香港之行，正好赶上了整个事变过程。事变开始后，他在安排了驻港广益企业公司的留守人员后，加入了逃难的人流。赴澳门，澳门到上海的轮船已断；去机场，机票全被达官巨贾所包。刘国钧只好返回住所。刘国钧的私邸亦遭到日军九次搜查和骚扰。上海方面传来消息，上海的公共租界也被日军占领了。日军的控制越来越紧。刘国钧决定，三十六计，走为上计，先离开香港再说。他与同在香港的国民政府经济部政务次长何淬廉等再次夹杂在疏散的难民流中，向广东深圳走去。在通过从九龙到宝安县的路卡等候检查通行时，刘国钧儿子刘汉堃被日军截下，送到日本军部审查。他们用原供军队内部使用的军票取代港币，使驻港的企业和百姓蒙受了巨大的损失。刘国钧父子花钱买通翻译，得以继续通行。进入广州后，刘国钧决定与其子分手，分赴上海和重庆。

这一次香港脱险，使刘国钧饱尝了战乱的惊险，更加感到亡国奴的日子不是人过的。香港的统治者由英国人转为日本人，老百姓的境遇就更糟了。刘国钧在香港逃难时，时时企盼着香港能有一天“天亮”。

未雨绸缪投资香港办厂

刘国钧第四次到香港，是在 1948 年。

自上次香港脱险后，刘国钧来到上海。他经过找人疏通，使被日军查封达半年之久的安达纱厂得以发还开工。常州的大成一厂已恢复万枚纱锭规模的生产。他到重庆后，与胡厥文、章乃器、马寅初、黄炎培、冷御秋、杨卫玉、潘仰尧等交往密切。他接受了他们的建议，著书立说，于 1944 年写成《扩充纱锭计划刍议》。并取道印度，赴美国考察，结识了美国的一些政界、商界要人。抗战胜利后，常州的三个厂迅速恢复生产，产品不仅销往华南地区，还远销印度、荷兰。上海的安达公司与大成公司分开单独核算。重庆的大明染织厂在经受了上海色布的冲击后保住了自己的牌子。

1948年。蒋介石当了总统，大打内战，国库空虚，法币的滥发使整个中国的经济走到崩溃的绝路。刘国钧开始大量转移资金，汇至香港。他赶往香港，会见朱希武等，畅谈在海外拓展实业问题，决定在香港开办新厂。这时香港复工的织布厂达269家，有动力织机2616台，手工织机4120台。产品90%以上销往南洋，但大多是经纬稀疏、颜色不牢的粗劣产品。每月输出值约1000万港元。各织布厂及针织厂月需棉纱约6000件，当局配售只能满足70%。香港为鼓励来港设立生产事业者，采取了一系列措施，各方给予便利。原料、染料的供应，产品的销路均不成问题。经反复权衡，刘国钧于1948年11月，在九龙荃湾开办东南纱厂。同时投资香港永生布厂12万港元，购买住房和其他投资68万港元，美金4万元。

刘国钧的这次决定，为刘氏家族在香港站稳脚跟，并进一步向海外拓展打下了基础。

蹉跎岁月无奈赴港避居

刘国钧第五次到香港，是在1949年初。

刘国钧在香港办厂的同时，正是常州、上海解放前夕。在董事会的催促下，刘国钧做了搬厂去中国香港九龙和新加坡的准备。一天，他在上海的寓所收到中共武进城市工作委员会的来信，希望他能反对国民党的搬迁阴谋，保厂护厂。而宋子文等国民党当局要人也向他发来了警告信，催促他迅速搬厂到台湾，否则“要以破坏政府‘戡乱建国’的国策，而间接实无异资助‘共匪’的内乱”之罪，严厉处置。以后，中共地下党又派人与刘国钧面谈，向其解释了中共对民族工商业的政策。刘国钧在向工人进行搬迁调查中，了解到绝大多数人愿意照旧留厂，维持生产后，遂决定：大成公司所属各厂，不再搬迁海外，坚持原地生产。大成公司所有在上海、常州两地的现金、存货、原料、机器一律不动，造好清册，不要隐瞒。共产党来了，就献出去。他自己因搞不清共产党到底会怎样对待民族工商业而带全家去了香港，看看形势，再作新的打算。

1949年的香港，纺织工业发展很快。国势的动荡，使大量游资涌往香港。民族实业家们聚在香港静观时局的变化。他们既不把工厂迁往台湾，又怕留在大陆被共产党接收。香港当局瞄准了这个态势，对来香港发展纺织工业采取支持措施。一时，在香港创办的纺织厂达百十家。其中，规模最大的是香港纱厂，有纱锭37万枚，资本3000万港元。全香港的纺纱、织布、染色、针织、制衣等业大小工厂已超过500家，工人共约2.5万人，占全港制造业的30%。

刘国钧在香港的东南纱厂，除在管理和操作上，沿袭大成公司的整套外，又从常州调去一部分得力职员和技术精湛的工人。他利用自己在海外的经营销售网络，抓住了三条有效的措施：保持与国际纺织品市场的紧密联系，广泛协作，运用最快的交通和通信工具，迅速传递行情信息；采取灵活的经营方法，千方百计，按照客户要求的品种、规格、质量和数量、交货期，组织生产，保证满足要求；力求取得更高的经济效益，购进近地的原料和初级产品、加工后转销南洋各地以及欧美各国，一般不在香港销售。因此，生产经营均很发达。

刘国钧人在香港，心系内地。人民解放军开进常州后，中共代表进驻大成一厂，团结资方人员，领导全厂员工，恢复生产工作，人民政府根据“公私兼顾，劳资两利”的政策，先后向常州的一些纺织厂贷款10亿元。这些消息，通过刘国钧留在常州的代理人朱希武、何乃扬、张一飞等人传到香港，使刘国钧对大成公司的挂念之心放下一半。

刘国钧在香港的一些好朋友黄炎培、章乃器、胡厥文、冷御秋、杨卫玉等先后赴北平参加中国人民政协第一届会议。黄炎培在新政协筹备会上“关于民族工商业者也是支撑中华人民共和国大厦中的一根柱子”的讲话，使刘国钧受到很大启发。

无锡申新公司荣德生被安排担任了苏南行署副主任；上海安达公司刘靖基也生活得很好，政治上也作了安排；自己的部属何乃扬被推为常州市工商联筹委会主任委员，大成公司的大股东和代理人，也都有了政治上的安排。这些消息再一次触动了刘国钧想回内地看一看的念头。

黄炎培被任命为中央人民政府政务院副总理兼任轻工业部部长、章乃器被任命为政务委员、杨卫玉被任命为轻工业部副部长的消息使刘国钧回内地会见老朋友的想法更迫切。可就在这时，他因患胆结石住院开刀，只好让其子刘汉堃与荣德生的长子、申新公司总经理荣尔仁等先期回内地考察。不久，汉堃即来信报告：人民政府协助民族资本企业搞好生产，成绩斐然。大成一厂有纱锭2.97万枚，开工2.4万枚；织机756台，开工540台。

随着国内局势明朗化，在香港的一些个人和团体脱离国民党政权，倒向人民政府的举动，接踵而来。在香港的国民党立法委员和中央委员黄绍竑等44人，联名发表声明，号召“忠于三民主义，忠于中国人民的国民党员，立即与反动的国民党政权决绝！”中国航空公司与中央航空公司4000多名员工，在总经理刘敬宜、陈卓林的率领下，毅然起义，乘12架飞机飞往北京、天津，受到周恩来总理的热烈欢迎。招商局13条海轮，800多名员工，在总经理胡时渊的带领下，集体起义。迅猛发展的时局，中共“来去自由”的决定，进一步消除了刘国钧想回内地看一看的疑虑。1950年元旦，新华社重申了“向全国进军”的立场。美国总统杜鲁门声明：“美国此时不想在台湾获取特别权利或建立军事基地，也不利用其他武力以干涉台湾现在的局势。美国并不采取足以涉及中国内战的途径。同样的，美国政府也不供给军援与军事顾问于台湾的中国军队。”这个声明，对滞留在香港的人影响极大。刘国钧亦为此专门拜访了香港《大公报》社的费彝民先生。经过一番交谈，费彝民见刘国钧真心实意要回内地，就秘密介绍他与中共华南局驻香港负责人张铁生晤面，见过张铁生，刘国钧心中很踏实，特地去见卢作孚，不料却见到刚从解放区到香港的四川著名实业家、民生公司常务董事、民主建国会会员何北衡。他带来了毛泽东著的《新民主主义论》，介绍了周恩来礼贤下士，欢迎在香港的朋友回去的消息。毛泽东在书中指出：“中国民族资产阶级还有在一定时期中和一定程度上的革命性。”“这个共和国并不没收其他资本主义的私有财产，并不禁止‘不能操纵国民生计’的资本主义生产的发展，这是因为中国经济还十分落后的缘故。”毛泽东的这两点论述，大开了刘国钧的眼界，减少了他对中国共产党的疑惧。待见到卢作孚表明自己准备回内地的意愿后，不料卢作孚对他说：“我和周作民决定日内同赴北京，召开金城银行董事会。恕我们先走一步了。”刘国钧诚恳地说：“好吧，我们在北京任之（黄炎培）先生处再会吧！”

他回到家中，收到了一封从常州寄来的挂号信，信中报告了大成公司近年来的利润情况：1947年纯益法币85.21亿元；1948年纯益金元券1192万元；1949年纯益人民币15.591亿元；三年合计纯益1950年时值人民币672亿元。对此，他感到十分欣慰。但同时对信中附的大成公司与安达公司董监事联席会议记录中谈到的两公司合并的事宜，感到不适。经与在港的大成公司董事、监事商议，刘国钧认为：合并不如联营。合并增加了依赖性，减少了竞争性。且人事、组织、待遇等都要变动，不利于生产的发展。在内地的两公司董事、监事们力邀下，刘国钧下定了回内地主持大成公司的决心，但同时也对中共会怎样对待自己，新中国的劳资关系怎么处……不置可否。他怀着一种复杂的心态，于1950年9月20日从香港回到上海。

心念骨肉赴港探亲访友

刘国钧第六次到香港，是在1962年下半年。

刘国钧1950年回到内地后，召开了大成、安达两公司董监事会；去北京晤见黄炎培，并获中央领导接见：回常州后，他调整了三个厂的主要负责人，加强了管理与技术的力量；参加了中国民主建国会；经历了抗美援朝运动，大成公司捐献了50亿元，他个人捐献2.65亿元；“五反”运动中，大成公司被评为“守法户”；国家过渡时期的总路线公布后，他带头进行公私合营；他主动将留于上海、香港的毛纺机器设备，捐献给南京市人民政府。他先后担任第二届苏南各界人民会议代表；全国暨江苏省人大一至五届人民代表；全国政协五届委员；江苏省副省长；江苏省政协一至三届常务委员和四届副主席；江苏省工商联一届副主委、二届主委；中华全国工商联三届副主委；中国民主建国会江苏省工作委员会主任委员等职。

1962年下半年，他偕夫人访港。在见到儿女亲人后，他对子女在海外的努力和成就深感欣慰。在香港，他考察了有关工厂，了解香港经济发展的基本情况。

他在香港东南纱厂对全体职工的讲话中，畅谈了内地的经济形势，在党中央“调整、巩固、充实、提高”的八字方针下，克服了三年困难时期造成的影响，正在恢复和发展；通报了常州大成公司取得的成就；介绍了自己在内地的经历；宣传了社会主义制度的优越性。一个月后，他带了120万港币的化肥回到常州，支援家乡的农业生产。他还动员子女调进了外汇35万元，参加华侨投资公司，支援国家建设。

再访香港宣传大好形势

刘国钧第七次到香港，是在1963年冬。

1962年的香港之行，使他萌生了每年冬天去一次香港，与家人见面，顺便避寒的想法。经批准，1963年冬，他携夫人及儿孙一家五口一同赴港。他带去了以常州大成公司为主，几十家工厂参与，实行纺、织、割、印、染几十道工序“一条龙”生产线，而生产出的灯芯绒和其他样布，一方面向香港纺织界宣传国内纺织业的成就，一方面想通过香港这个市场，提高灯芯绒在国际上的竞争力。

他考察香港最新的纺织机械与纺织技术，对“无纺织布”产生了浓厚的兴趣，欲将此带回常州。子女们被老人76岁高龄，还念念不忘为国效力的精神所感动，一致支持父亲的倡议，答应在资金上给予帮助。同时，也劝说父亲留在香港，以便照顾老人的生活。刘国钧说：“我是认定一条路走到底的人，我不会常留香港的。叶落归根，我的根在家乡常州。”原定留港三个月，因挂念家乡，不到一个半月，刘国钧一家又分期回常州了。

回来后，他多次向省和市的领导同志建议，创办无纺织布厂和引进其他新兴纺织项目。基于当时的条件尚不成熟，建议没有被付诸实施。

1978 年 1 月 29 日，刘国钧因座椅脱空，股骨胫骨折断，送南京工人医院抢救。中共江苏省委、省政府的主要领导同志均亲往探视。子女及亲人也全部回来探望。有的子女提出：“希望父亲能到香港去治疗，也许那里的医疗设备好一点。”刘国钧说：“不用了，这里已经为我尽了最大的努力了。香港我是不去了，希望你们要为祖国四化多做贡献！”

从 1964 年到 1977 年，刘国钧经历了“文化大革命”，林彪、江青反革命集团的横行，使刘国钧受到冲击。1970 年 3 月，他挥笔书写了“人老心不老，永远跟党跑”的巨幅对联，悬挂于客堂，他坚信中国共产党是伟大的，乌云将会过去。1973 年，他根据女婿查济民的请求，向政府提出，拟让其子刘汉良去非洲协助管理工厂。获准后，他送儿孙一家五口去香港定居时，再三叮嘱：“千万不要忘记祖国。”林彪、江青反革命集团被粉碎后，刘国钧欣喜万分。他经常往来于南京、常州之间，并出资赞助常州、靖江等地公益事业，将部分字画分赠南京、常州博物馆。

1978 年 3 月 8 日，刘国钧逝世，享年 91 岁。

刘国钧虽然故逝了，但他七下香港，进行调查，开辟海外市场，经受战乱，办公司办厂；回到内地后，仍通过香港为国做贡献的举措，为振兴中国的纺织业所作出的努力，都长留在人们心间。他最终选择“叶落归根”，为祖国做贡献的决定；他以实际行动，报效祖国的义举，都留给人们以长久的思考。

1997 年 7 月 1 日，香港回归祖国，刘国钧生前对香港被英国占领感到耻辱，被日本占领感到愤慨，欲使香港“天亮”的愿望终于实现了。中华民族一百多年的耻辱一扫而尽，中华民族一定会更加繁荣昌盛。

（作者单位：江苏省工商业联合会。本文选自《江苏省暨南京市各界举行庆祝香港回归祖国学术研讨会论文集》1997 年。）

名人相册——刘国钧

凝　子

刘国钧（1887—1978），我国近现代杰出的实业家、著名的爱国民族工商业者。江苏靖江人，幼时家贫，读私塾半年辍学，十多岁自谋生路，曾做过小贩，进道观打杂，到糟坊做苦工。15岁到常州武进当学徒。22岁独立创业，集资开办京货店、土染坊，因经营有方，兴隆发达。

1915年，28岁的刘国钧激愤于北洋政府丧权辱国的“二十一条”，怀着“实业救国”的宏愿，毅然弃商从工，与友人合资，在常州创办大纶机器织布厂。三年后，收回大纶投资，独立创办广益布厂。又四年后，扩建广益二厂，成为当时常州首屈一指的织布企业。当时，日商凭借其技术设备先进，意欲垄断中国纺织市场。为与日商竞争，为中国民族工业争气，刘国钧于1924年远渡日本考察。回国后，致力于改进技术设备，改善经营管理，开发新品，提高质量，适应了国内市场需要，为巩固发展民族纺织工业做出了重要贡献。1930年，刘国钧接盘大纶久记纺织厂，创办大成纺织染股份有限公司，任总经理。1932年，他以纺织家身份再访日本，决心建设一个纺、织、印、染全能企业，与外商抗衡。1933年，将广益布厂并入大成公司，定名为大成二厂，同时增加新型染整设备和大量纱锭。1934年春，刘国钧第三次赴日本考察。此后三年间，大成厂迅速发展成纺、织、印、染全能厂，并新建三厂、四厂，纱锭数由初创时的一万枚增至八万枚，资金由20余万元发展到400万元，且在国内率先使用盘头纱，开创了我国民族纺织工业生产丝绒、灯芯绒的先河，被经济界誉为“罕见的奇迹”。

就在刘国钧踌躇满志欲再展宏图之时，“七七事变”爆发，不久又波及一厂。1938年，刘国钧被迫将大成公司内迁，分散于汉口、上海、常州三处惨淡经营，他本人坚持到常州沦陷前两日避往汉口。为能在战后迅速复业，他于香港开设大孚建业公司，为购买原料、机器做准备。1944年，他洞察国际国内形势，撰写《扩充纱锭计划刍议》，满怀信心地提出了抗战结束后我国纺织业发展1500万纱锭的宏伟计划。1945年7月，他取道印度赴美国、加拿大购买原料和设备，闻知日本无条件投降，立即返回上海，领导员工克服困难，使常州三个厂在短期内恢复生产。经过三年奋斗，库存原棉、机料物、成品和流动资金均超过战前水平。

1949年常州解放前夕，刘国钧先后接到中共地下党要他保护工厂，不能停工的信和国民党的恫吓信。经众人劝说，他考虑再三，决定避往香港。刘国钧人在香港，心系大成，1950年春，受共产党保护民族工商业政策的感召，毅然返回，受到中央领导人亲切接见和人民政府欢迎。同年11月，他当选为第二届苏南各界人民代表会议代表。不久，经黄炎培介绍加入中国民主建国会，并担任筹建常州民建机构的负责人。在抗美援朝中，他以一腔爱国热忱捐献2.65亿元（旧币），所在大成公司捐献飞机三架。1952年，他将存于上海的毛纺机器捐献给南京市人民政府。1953年，他响应党的号召，带头争取公私合营，大成纺织染公司成为全省首批实行公私合营的企业。此后，他当选为全国人大一至五届代表，全国政协五届委员；江苏省人大一至五届代表、江苏省政协一至三届常委和四届副主席、江苏省副省长；民建中央委员、常务委员，民建江苏省工作委员会主任委员；中华全国工商联副主任委员、江苏省工商联副主任委员、主任委员，为团结广大工商业者参加新中国的建设事业做了大量的工作。

刘国钧在“文革”中一度受到冲击，但他的爱国之情不减，坚信党的正确领导和社会主义道路，手书对联“人老心不老，永远跟党跑”明志。落实政策后，他不顾年迈体弱，坚持参加社会活动，为巩固扩大爱国统一战线出力，为祖国建设事业献计献策。1978年3月，91岁高龄的刘国钧病逝前向同仁吐露了最后心声：“现在是我们为国家出力的最好时期。”他对子女亲属最后的嘱咐是：“不要忘记祖国，你们要为祖国四化多做贡献。”

（本文选自《档案与建设》1997年第7期。）

爱国实业家刘国钧

朱艳燕

刘国钧（1887—1978），小名金生，1887 年生于靖江县生祠镇。幼年家境尚可，后其父因科举不第而精神失常，为了生计，其母不得已到大户人家帮佣，靠自己勤劳的双手和坚韧的精神支撑起了一个行将倾覆的家。

贫困的生活造就了刘国钧自强不息的性格。少年时他就十分懂事，为了帮母亲分挑重担，他拾过柴火，卖过酒酿和水果，到糟坊当过学徒。15 岁那年，他带着母亲的叮嘱和对新生活的美好憧憬，随邻居柳叔至常州埠头镇谋生。谁知老板嫌他身材矮小，文化低，拒绝收他为徒。但他毫不气馁，继续四处寻找工作。其间他帮助染布店晒过布，帮助油坊放过牛……后经柳叔介绍，他到奔牛镇刘吉升洋货店当学徒，不久该店倒闭，又经人介绍至该镇元泰京货店。在这家店铺，他勤奋刻苦，潜心钻研，几年间，他结识了一些商界的朋友，同时也有了一定的从商经验，加上自己积累了部分资金，于是在 1910 年与人合资开办了和丰京货店，并附设土染坊印染布匹。第二年辛亥革命爆发，奔牛镇上的商店纷纷关闭，而他在做好各种准备的情况下坚持营业，并不断扩大经营规模，由于经营有方，积累了上万资金，为他日后进军中国纺织界奠定了经济基础。

1916 年起，刘国钧与友人合资，先后创办了大纶机器布厂、广益布厂，后又独立创办了广益布厂、广益二厂，拥有木机 180 台、布机 36 台及锅炉、柴油发电机和浆纱机等设备，成为当时常州最大的织布厂。后又不断改进技术，并购置 180 台电动织布机，其生产的征东牌和蝶球牌色布远销海内外。

1930 年，在工商界遭外商倾轧，视经营纱厂为畏途的情况下，刘国钧毅然集资 40 万元，盘下大纶纺织工业布厂，更名为大成纺织染公司，自任经理。由于他加强工厂管理，注重培养人才，公司得到迅速发展，当年即盈利 10 余万元，第二年除去股红利息，尚余 50 余万元。

当时日商凭借其先进的技术设备，企图垄断我国纺织市场，扼杀我国民族工业，刘国钧为了对付竞争强敌，使国产花布能够打入国际市场，并将垄断在外商尤其是日商手里的丝绒、灯芯绒市场夺回来，他乔装商人东渡日本，来到日本灯芯绒的生产基地横滨市。当他站在那鳞次栉比的厂房前，深感这里的兴旺是建立在中国纺织生产落后的基础上的，更加激起他与日商抗争的决心。在日本期间，他参观一家纺织厂时，遇到一个日本熟人，他的身份被揭开，原来热情接待他的日本人，对他均采取冷淡和敌视的态度。但他毫不退却，大厂参观不成，转而参观小厂及家庭作坊，仔细观看每一道生产工序，默记工序要点。当他离开横滨回国时，已基本掌握了灯芯绒的生产程序，并在日本人不愿卖割绒刀给中国人的情况下，他出高于原价 20 倍的价格，买通旅馆侍者，买下了一把割绒刀。经过他的努力，终于开创了我国民族工业中成功生产丝绒、灯芯绒的先例。

1936 年，刘国钧与亏本停产、急待出租的汉口震寰纱厂联营，改称大成四厂，同年筹建大成三厂。第二年，日军发动全面侵华战争，常州沦陷，大成一厂所有物资被劫一空，二厂被炸毁，三厂被日军作为马厩。刘国钧虽然遭受这一沉重打击，但与列强抗争的信心和为国争光的决心没有改变。他立即将储存在上海的资金设备，以英商的名义注册，开办了安达纺织公司，自任经理。其后，又与民生实业公司总经理卢作孚合作，在重庆北碚创办了大明纺织染公司，在中国重庆、昆明、香港，越南河内、缅甸仰光等地设立了办事机构，逐步把事业向海外拓展。在整个抗战期间，由于他苦心经营，我国的民族纺织工业不但没有被摧垮，反而获得迅猛发展。

1944 年，刘国钧被推荐为中国棉纺织学会候补监事。他著文对抗战胜利后 15 年内全国纺织工业的发展作了全面的规划和设想，充分体现了一个民族实业家的远见卓识。第二年，日本宣布无条件投降。此时刘国钧正在国外考察，闻讯后欣喜若狂，当即返回上海，投入工厂的修复工作，使工厂很快投入生产。至 1949 年，大成公司由原来的 20 万元资金、1 万枚纱锭，20 台布机，发展为 3000 余万元资金、50 余万枚纱锭、1180 台布机和日产 5000 匹布的生产规模。他以坚韧不拔、锲而不舍的精神和强烈的事业心，摘取了中国纺织大王的桂冠。

中华人民共和国成立前夕，刘国钧因不了解共产党的政策，将大成公司的 200 台布机经台湾运往香港，开办东南纱厂，自己也在香港定居。后来他对共产党有了新的认识，便冲破重重阻挠，毅然返回内地，任大成公司总经理兼董事长、安达公司副总经理兼副董事长，并在 1954 年率先将工厂实行了公私合营。此外，刘国钧还积极参与国家的政治生活，曾当选为全国人民代表大会一至五届代表，1976 年当选为全国政协委员，历任中华全国工商联副主任委员、中国民主建国会副主席、江苏省副省长、江苏省政协副主席、工商联江苏省副主任委员等职，为祖国的社会主义建设做出了多方面的贡献。

刘国钧在成为著名民族实业家之后，从未忘记家乡。1933 年，他出资 3000 大洋疏浚生祠镇东首的大靖港，使其成为家乡的水运要道。后又出资开挖横贯生祠镇东西的团河和修建生祠镇的主要街道，并多次出资支援家乡的教育事业。1932 年和 1962 年两次出资修建岳王庙。1972 年，为了支援家乡发展农业生产，他特地从国外进口一台价值 15 万元的镗床，送给武进一家柴油机厂，请该厂工人加班，多生产 10 台拖拉机送给家乡。

1978 年刘国钧逝世，终年 91 岁。

1985 年，家乡人民为了缅怀刘国钧，在他的故居建造了“刘国钧纪念馆”。

（本文选自《江苏地方志》2001 年第 2 期。）

刘国钧：由学徒到实业巨子

老 亨　朱 华

刘国钧是我国著名的实业家，是个传奇人物。他的经营方针是“稳扎稳打”，其办事作风又不乏冒险精神。他注重钻研技术，有股不达到目的不罢休的韧劲。他又是管理企业的能手，让员工同他一道“同甘共苦”，调动了他们的积极性，产生了巨大的经济效益：他只读了半年私塾，却对中国传统文化推崇备至，以诚信造就了他的一番事业。在漫长的、将近一个世纪（91 岁去世）的人生中，经历了数不清的变故，由一个学徒，成为富甲一方的实业家，中华人民共和国成立后又成为全国人大代表和江苏省副省长。

由京货店学徒到纺织染行业的巨子

刘国钧是常州大成纺织染有限公司的创办人，1887 年 4 月 2 日出生在江苏省靖江县生祠镇。刘国钧 7 岁那年，教私塾的父亲患了精神病，母亲只好外出帮佣，生活极度困难，父子二人靠一个铜元的麦粥充饥。由于付不起束脩，凑足了八百文小钱，读了半年私塾就永远与学校无缘。晚年他回忆这段往事写诗自娱：“一生学费钱八百，夜卧一张竹编床。日食三餐元麦糊，半世事业万人功。”

后来，他借了银洋十元，被介绍到奔牛镇刘吉升京货店当学徒。刘国钧脑子活络，做事伶俐勤快，得到老板的赏识。他又能揣摩顾客的心理，进的货都是俏货很好销。他暗地攒了一点钱准备单干。经过几年的努力，凑足了 600 元，与人合股集资了 1200 元，在奔牛镇租赁了三间门面，他善于经营，生意做得红红火火。

1911 年辛亥革命爆发了，市面谣言纷纭，商家怕兵荒马乱，纷纷关门歇业，只有刘国钧的和丰京货店照常营业。刘国钧不甘心自己努力奋斗的事业毁于一旦，抱着“押宝”的心态试一试，即或毁于战火，自己只有二十五岁，还可以翻本重来。这一宝真被他押中了。

这一年的冬天，关于战乱的传言纷至沓来，因为刘国钧商业的信誉好，常州城的批发商都把货存放在刘国钧的和丰店求他代销，有的只想脱手，宁愿打折蚀本求现，拿不到现洋可以分期付款，刘国钧照单全收。

农民也怕乱，将子女的婚期提前操办，要采购嫁妆除了和丰别无他店。一时间和丰京货店门前人头攒动，生意好得不得了，和丰货源充足，发了一笔“战乱”财，赚了个坛满钵满。同行们无不钦佩刘国钧的魄力和眼光。两年之内刘国钧积累资金 2 万元，成了奔牛镇的首富。

刘国钧善于把握形势，“谋定而后动”“未雨绸缪”是他一贯的作风。为了避开地方恶势力没完没了的敲诈勒索，决定迁往常州发展。他认为发展前途，工业远大于商业，如办工业，自己必须从头学起。他有意结交经营布厂的朋友，学习办厂的经验，参观布厂，向技术人员请教，还与裕纶布厂老板蒋盘发结拜成异姓兄弟。通过一段时间的接触，刘国钧认为办布厂有把握，与蒋盘发等共同集资 9 万元，在常州成立“大纶机器织布厂”。“大纶”主要生产斜纹布，浆纱一道工序过不了关，产品不符合要求销不出去，造成积压。刘国钧负责生产，急得团团转。在同行是冤家互相保密的情况下，他只有另辟蹊径，通过关系，找到一位在英商怡和纱厂浆纱车间的工人，穿上这位工人的号衣（工作服）进车间，干了两天，被英国领班发觉是冒名顶替，刘国钧在工人的帮助下翻墙逃走。那位借号衣的工人遭到英国领班的毒打。事后，刘国钧出钱给他疗伤并以重金酬谢。这位工人伤愈后，基于爱国热情，利用星期天等假日邀约另一位工人来大纶厂，解决了浆纱的技术问题，提高了斜纹布的质量，打开了销路，工厂开始扭亏为盈。从这一事例中，刘国钧为达到目的，不乏冒险精神。

后来蒋刘二人发生矛盾后，蒋盘发作为经理，认为大权旁落，提出拆伙，刘国钧收回投资离开大纶。事后，他对人说：“我在大纶厂学到一套办厂的本领，本金如数收回，学费一文未花，是我平生最便宜的一笔交易。”得意之情溢于言表。

通过这段经历，刘国钧决定独资办厂，他先后办了两个布厂，成了常州的龙头企业。虽然经营顺利，他觉得不生产色布利润不大，光生产白坯布，同业的竞争非常激烈，造成一件棉纱套进同样数量的原棉要赔掉银洋 6 元的怪现象。色布生产是日商独揽天下，为了打破日商的垄断，争取更大的利润，他决定去日本参观学习。在日本参观了几个纺织厂，看到日商生产成本比华商低，主要是精于管理、节减工序、杜绝浪费。回国后，他将原来生产白坯布改为生产色布，更新了设备，把竞争的目标对准日本，生产市场上适销对路的蓝布、元布、漂布、绒布、绉皮布、贡呢、哔叽等。这样，工厂盈利大增，光1930年，除去固定资产，流动资金达20万元之多。

大纶厂自刘国钧离开后，由于管理不善，生产品种单一，经营年年亏损，蒋盘发决定将大纶厂出盘。刘国钧不计前嫌，与蒋重归于好，以50万元接盘，改为“大成纺织染股份有限公司”。刘国钧投资20万元任经理，刘靖基任协理，刘靖基专管供销，长驻上海办事处，二刘合作相得益彰，为以后大成的发展，由一个厂变成四个厂打下坚实的基础。

刘国钧认为，华商竞争不过外商，是不懂如何竞争，不振兴工业就不能抵制外货。1931年，九一八事变发生，全国人民同仇敌忾，掀起抵制日货的高潮，国产纱布销量大增，给大成提供发展机遇，当年除去股本红利开支，获净利50万元。

为了探索生产丝绒、灯芯绒的技术，刘国钧三去日本。

日本人警觉性高，虽然他偕夫人、儿子和女婿一道，利用别家公司董事名义，还持有介绍信，却遭到日本人的婉拒，参观多次碰壁。刘国钧灵机一动，去给工厂加工的农村参观。通过深入了解，刘国钧认为大成厂完全可以生产丝绒和灯芯绒，目前主要缺乏技术和设备。他在农村买了一部旧的烧毛车，又花三千元购进一部旧的八色印花车，聘请了一位日本制绒工人到大成厂专门教割绒，前后总共花去2万多元。机器有了，车间建成了，但没人懂得如何操作印花车。他又专门聘请了上海纶昌印染厂的工程师来指导，干了六个月还没有试验成功，只好甩手说，日本的烂车只有报废，继续试车是瞎子点灯白费蜡。德商德孚洋行想做染料生意，派技师协助攻关也未奏效，只好悻悻离去。刘国钧坚信能试验成功，这时厂里闲言碎语满天飞，有的说：“日本人废弃不用的破车，花三千元抬回来有何用？”有的在一旁嘀咕：“想搞好印花车，真是奇谈！”刘国钧不顾疯言疯语，每天穿着工作服，带领技术人员不分昼夜在车间攻关。他苦心钻研，废寝忘食，有时睡到半夜一有心得，马上披衣下床直奔车间试验。工人们笑说：“总经理在发神经！”

功夫不负有心人，通过刘国钧百折不挠的努力，终于试验成功，开创了我国生产丝绒和灯芯绒的历史。刘国钧对技术的钻研达到痴迷的程度，也印证了他的信念：“天下无难事，只怕有心人。”他在卧室里亲笔书写两个条幅，悬挂在墙上。一条是：“心之所至，无坚不入；意之所至，无远不届。”另一条是：“日日行，不怕千万里；常常做，不怕千万事。”

刘国钧的经营管理办法

大成纺织染公司自 1930 年创设，至 1949 年常州解放的十九年中，由 40 万元资本起家（号称 50 万元），其间日寇侵华，大成公司遭到严重的破坏。在解放时，大成公司仍拥有资金 3 千余万元，增长 75 倍。发展如此迅速，在旧中国民族资本中很少见，其发展迅速的主要原因，与刘国钧的经营管理特点分不开。

刘国钧强调在与外商竞争中取其所长、补我所短，他多次赴日本、欧美考察，将考察心得结合本企业的实际加以推广和改革。同时研究外国名牌在质量上与规格上的特点，细心研究，取其所长加以创新。如大成一厂出品的“双兔牌”绒布，取外货“铁路牌”绒布之优点，改进其绒毛的缺点。在原料规格上进行改良，因而在质量上超过“铁路牌”，极受消费者的欢迎，销路大增。这样既达到获利的目的，又收到抵制洋货的效果。

欲使企业得到发展，与洋货抗衡，刘国钧特别注重技术革新，在生产上尽量降低成本，如直接用盘头纱、筒子纱，在国内来说，系大成公司首创，节省了不少财力和人力。

在员工管理方面，为了提高职员、艺徒、练习生的工作能力，要求他们在厂夜校上课，由工程师授课。一般女工每周有三四天上文化课，学习文化和技术。数年之后，大成公司就培养出许多技工。要求职员不能光待在“写字间”，要去车间熟悉情况，每逢重要措施的贯彻和重要改革的举措，刘国钧都要事先征求老师傅们的意见，这对发挥老工人的积极性起到推动作用。刘国钧以身作则，婉拒一切有关来往厂商的馈赠，并订出措施，设法堵塞一般纱厂的流弊。对廉洁自守、遵守厂规者，年终考勤时从优奖励。对企业有贡献的老人病故时，则从优抚恤。

在员工福利待遇方面，大成厂在工资、福利上，在同业中是最好的，年奖也多。所以大成公司在旧中国的十九年中，罢工事件较其他厂少。刘国钧认为：工资福利上多开支，会提高员工的工作积极性和凝聚力，收到的经济效益会成倍增加，骨干力量不会跳槽，刘国钧很少辞退工人，大家都能安心工作，一干就是十几年。工人工资逐年都有提高，职员每年都有薪可加，每年都有分红酬劳，办事勤恳的酬劳更丰。对高级职员还有“暗贴”，方法是每逢春节，刘在家分别找个别代理人或高级职员谈话，勉励一番后，即送一部分额外酬劳，并嘱守秘密。所以大成公司的高级职员始终恪尽职守安心工作。

在福利设施方面，各厂设有保健所，员工小病可以免费治疗，职员住房有“房贴”，子女上学的学费，小学部分可向厂内报销，中学部分可以补贴，对有培养前途的技术人员，由公司出资送出国深造。刘国钧这些管理措施，对大成公司的发展，起到至关重要的作用。

从黑暗走向光明

在抗战期间，大成一厂被炸，二厂几乎全毁，三厂装而复拆已成空屋。刘国钧痛感半生心血毁于一旦，他强忍悲痛，作了应变措施。在常州沦陷前夕，一切都安排就绪，想到即将远离，望着残破的厂房，忍不住老泪纵横，他抹去眼泪，坚定地对同事们说：“日本人是待不长的，我今年只有 50 岁，只要我人不死、大家同心协力，完全可以恢复已毁的企业。”

他将新机器置放在上海租界的仓库里，又赶往汉口，在汉口沦陷前结束与震寰纱厂的合作关系（大成四厂）。在重庆，他将运渝的纱布出售变成现金，小规模的经营商业，并与民生公司卢作孚合组成“大明纱厂”。上海商业储蓄银行的陈光甫在与刘国钧打交道中，觉得刘恪守信用，卓有远见，遂结为至交。1944 年德国战败，欧洲战事结束，日军在太平洋连连受挫，败局已定。刘国钧为抗战胜利后恢复大成三个厂的生产，专程去了美国，购进 2 万枚旧纱锭、3 万担美棉和发电机，这些原料和设备，在抗战胜利后对及时恢复生产起到重要的作用。

1948 年 9 月，国民党发行金圆券，大成公司的黄金、美钞被搜罗一空。棉花因限价，资金捉襟见肘，损失惨重，国民党兵败如山倒，刘国钧在解放军百万雄师过大江时，在上海收到中共地下党的信件，叫他保护好工厂，不能停工。同时他又接到国民党政府的恐吓信，要他把厂破坏掉，不能留给共产党。刘国钧心里矛盾得很，他既恨国民党又怕共产党，他说：“共产党叫我保护好工厂，不准停工，即使共产党不讲，我也舍不得把工厂破坏。”于是他决定离沪去港，静观时局的发展。临走前，他在上海寓所召集有关人员开了三天会，讨论应变措施，将内地的事情作了交代。他说：“共产党要打过江来是肯定的。何日渡江是时间问题。自现在起，大成公司所有在上海、常州两地的现金、存货、原料、物料、机器一律不能动，各人按各人的负责范围，尽力坚守，还要造清册，不要隐藏，要公开，要使大家知道。这样有问题就说得清楚。共产党渡江后，就把清册献出去，共产党是共产，见我们把产供出来，我想绝不会为难你们的。况且，共产党要得天下，就要得人心。”又说：“只要我刘国钧在，你们放心好了，我们相处多年，情同手足，企业是大家同心协力办好的。也希望各位经常把上海、常州的情况告诉我，今天与各位分别，何日再见？只好各安天命，希望各位好自为之，谨慎小心。”说完，刘国钧失声痛哭，凄然与大家道别，偕同夫人子女一道赴港。

刘国钧在港期间，对共产党抱着观望的态度。常州解放，大成三个厂未受丝毫损失，生产秩序正常，刘国钧倍感安慰。又得知 1949 年结算，盈余并未减少，大成公司的主要股东和代理人都有政治安排，参加各种社会活动。又见到名望比他大、资产比他雄厚的荣德生，非但相安无事，还担任苏南行署副主任。他的主要副手刘靖基在政治上也得到安排。中共驻港人员张铁生与他晤面，热烈欢迎他回去，并说党的政策保证他来去自由，坚定了他返回内地的决心。

他到了北京，受到中央领导同志的接见，回到常州，厂里派车来接，工人们敲锣打鼓，燃放鞭炮欢迎，他深受感动，暗自下定决心为新中国的建设尽自己的绵薄之力。

1953 年，党执行社会主义建设总路线，宣布资本主义工商业要实行社会主义改造，走公私合营道路。刘国钧带头响应，1954 年 6 月 1 日，他在常州市政府签订了大成纺织染公司实行公私合营的协议书。事后，他深有感慨地说：“今天比我在加拿大听到日本投降的消息还高兴，现在中国的企业都由国家管理，可以集中力量大大发展了。”

1956 年，江苏省第三届人民代表大会召开，刘国钧当选为江苏省副省长，同时被选为江苏工商联副主委。

在“十年动乱”中，刘国钧夫妇被遣送到江苏句容县监管。后解除监管回到南京的家，他亲笔写了一副对联悬挂在客厅里：“人老心不老，永远跟党跑。”并在日记中写道：“能受天磨真铁汉，不遭人忌是庸才。”

粉碎“四人帮”的消息传出，刘国钧心情舒畅，他提出要资助常州公益事业，并将收藏的一批字画捐献给南京和常州两地的博物馆（院）。

1977 年 12 月，刘国钧当选为第五届全国人大代表和第五届政协委员。

1978 年 3 月 8 日在南京去世，终年九十一岁。

（本文选自《中国高新区》2003 年第 11 期。）

“一生学费钱八百，半世事业万人功”
——中国纺织工业巨子刘国钧

鱼 禾

半世事业万人功

刘国钧于1887年出生于江苏省靖江县生祠镇。父亲是秀才，开设塾馆授徒以维生计，后来突患重病，一家生活陷于困境，母亲被迫外出帮佣，7岁的刘国钧流落街头，无人照管，10岁时他开始上街贩卖水果、酒酿，打发着“一日三餐粥，夜卧一竹榻”的穷困日子。后来他又到道观为老道士打杂，因学不到技术而离开，到糟坊做苦工，冬天生满冻疮的手脚浸泡在咸水里，痛入骨髓，只得逃走。直到15岁，他借了10块银元，手拎一把雨伞、一卷铺盖，随着熟人渡江到常州，被介绍到奔牛镇一家货店当学徒，才算有了一个比较安定的工作。晚年他回忆这段往事写诗自娱：“一生学费钱八百，夜卧一张竹编床。日食三餐元麦糊，半世事业万人功。”

困苦的童年生活，培育了刘国钧不怕困难、执着追求的性格。他在京货店勤奋工作，努力学习经商之道，同时动员在家乡的母亲、妻子（他在17岁时回乡结婚）编结“辫须”（清朝男子扎在辫梢上的丝线）拿到江南来卖。由于本小利大，再加上省吃俭用，逐渐积蓄起600银元，与人合伙在奔牛镇开了一家京货店。1911年辛亥革命爆发，战火波及各地，镇上六家京货店，有五家因害怕遭受损失而停业。此时，常州城里的京货店，纷纷把货物运到奔牛镇寄藏，乡间很多人又因战乱而提前为子女完婚，需要缝制大量新衣、嫁妆。刘国钧抓住时机，冒险盘下京货店中别人的股份，贱价购进寄藏到镇上的绸缎布匹，大胆照常营业。结果顾客盈门，获利数倍，随即又盘下一家京货店，集资一下子达到二万银元。仅仅十年奋斗，刘国钧就从一无所有变成富甲全镇。

1915年，日本帝国主义利用第一次世界大战的时机，向袁世凯提出“二十一条”，引起全国人民反日和抵制日货运动，于是国产纺织品大为走俏。刘国钧认为这是个大好机会，立即将两家京货店盘出，和友人合资九万元，在常州城内开办了大纶机器织布厂，果然获利颇丰。随即又独资创办了广益等三家布厂，拥有流动资金二三十万元。但不久欧战结束，英日纺织品卷土重来，我国民族纺织业不景气，许多人不愿再经营，刘国钧却认为中国人口众多，对衣着的需要有增无减，纺织业仍有前途。他毅然买下倒闭的纺织厂，集股五十万元，于 1930 年创办大成纺织染公司。他自任经理，刘靖基任协理，拥有纱锭一万枚，成为江苏省有一定实力的纺织企业。

过去有人说刘国钧的发迹是由于运气好，其实机遇要人去把握，善于审时度势抓住机会，才是他成功的原因。

天下无难事，只怕有心人

刘国钧小时候只读过半年私塾，就因家贫而失学。但他勤奋好学，每天读书，特别喜欢收集先贤的格言，从中学习立身处世之道。几十年中，有一句格言总被他写在随身笔记本上、悬挂在卧室中，就是“天下无难事，只怕有心人”。他本着这个信念，刻苦钻研纺织技术和经营管理，终于成为纺织业的巨子。

1916 年，大纶纺织厂开工投产。新办的工厂，技术力量薄弱，碰到难题就无法解决。刘国钧决定亲自到上海去，设法学习一些新技术回来。可是，上海的纺织厂虽多，却都十分保守，根本不允许别人进厂学习。上下班的工人，都穿着厂里统一的“号衣”。刘国钧急中生智，找到了英国商人开办的怡和纱厂一个工人，坦率地把自己的想法告诉他，要借他的号衣用。那个工人同刘国钧相谈甚欢，便答应下来。第二天，刘国钧就穿上号衣，代替那个工人进厂上班。他一边同别的工人一样操作，一边偷学技术，一双眼睛一刻都没有停止观察。没过几天，这个勤劳好学的工人就引起了英国职员的注意。两个英国职员叫住刘国钧，一查问，发现他不是本厂工人，便要把他抓走。幸亏周围的中国工人帮忙，刘国钧才趁乱翻墙逃走。然而那个借号衣给刘国钧的工人，却被英国商人打得遍体鳞伤。刘国钧知道后，立即为受伤的工人联系医院，并承担了全部医药费。这位工人伤好后，基于爱国热情，就主动邀请另一位技术工人，利用星期天赶到常州，帮助大纶厂解决技术难题。

大成公司原来只能生产无色布，不能印花。刘国钧从日本购回印花车，又从上海聘请日德技师调试，但数月未成，他就亲自带领技师、工人，在车间日夜奋战一个多月后终于攻克难关，试车成功，使大成公司成为纺织印染的全能企业。

由于刘国钧有这种不怕困难、刻苦钻研的精神，大成公司每年总有好几种新产品应市，受到市场欢迎，工厂也越办越兴旺。

三个一点点

刘国钧从事过多年商业，深知要办好工厂，除了搞好生产，还要抓好经营销售工作。他常说："要吃龙肉自下海。"经常到各省去了解市场行情，研究如何拓宽销售渠道。有一次他到川陕等省去，了解到人民不知道大成公司产品的质量如何，不放心购买，经销商也因利润少而不热心推销。于是他就采用每匹布加长几尺的办法，在各地用广告宣传"加阔加长、洗晒不褪"。这样一来，消费者了解了大成产品的特点，销售商和消费者又因加长而得到了实惠，大成蓝布、元布、漂白布、绒布等便成为各省的畅销产品。后来刘国钧总结了一条经验："产品要货真价实，经营要诚信待人，宣传要不脱实际。业务人员要作风正派，只有这样，才能立于不败之地。"

在员工管理方面，为了提高职员、艺徒、练习生的工作能力，要求他们在厂夜校上课，由工程师授课。一般女工每周有三四天上文化课，学习文化和技术。数年之后，大成公司就培养出许多技工。要求职员不能光待在"写字间"，要去车间熟悉情况，每逢重要措施的贯彻和重要改革的举措，刘国钧都要事先征求老师傅们的意见，这对发挥老工人的积极性起到推动作用。刘国钧以身作则，婉拒一切有关来往厂商的馈赠，并订出措施，设法堵塞一般纱厂的流弊。对廉洁自守，遵守厂规者，年终考勤时从优奖励。对企业有贡献的老人病故时，则从优抚恤。

他在经营管理上颇有独创。他的一句名言，曾在纺织界中广泛传颂，就是所谓"三个一点点"：质量好一点点，成本低一点点，价格高一点点。这句话是他在国内外竞争中取胜的诀窍。正因他的产品比别人的产品在质量上稍好，因此尽管售价稍高一点，消费者还是乐于购买；而他的成本又稍低，这样企业的利润就更多了。1931 年到 1937 年，大成公司从一家厂发展到四家厂（三家在常州，一家在武汉），纱锭从 1 万锭增至 4 万锭，资金从 50 万元增至 400 万元，7 年增长 8 倍。著名经济学家马寅初先生在分析我国纺织业的文章中，认为大成纺织公司的发展速度为全国第一，是"罕见的奇迹"。

知人善任，赏罚分明

“知人善任，赏罚分明”是刘国钧事业飞速发展的另一个原因。他深知企业成败，关键在人，因此重视有真才实学的人。他的人才观是：“懂经营管理，又懂技术，是一等人才；懂经营管理，不懂技术，是二等人才；懂技术，不懂经营管理，是三等人才。”他按此标准，量才任用，使管理人员都能发挥所长。20年代末，他不惜以每年5000银元的高薪（当时米价每担仅三四元），聘请纺织专家来厂任总工程师，使工厂管理面貌一新。以后他和纺织专科学校挂钩，录用大批大专生当技术人员，并选派有为青年到英美等国深造，回国后任厂长、经理，同时采用招收练习生加以培养锻炼等办法，逐步建成一支忠于企业、通晓业务的骨干力量。他对职工采取少而精的原则，曾说：“宁可以一百块月薪用一个能人，不愿以二十五块用四个庸人。”所以大成公司的职员、工人，都是精兵干将，没有滥竽充数、人浮于事的现象。尤其可贵的是，刘国钧不仅严格要求下属，也严于律己，以身作则。他的亲戚、故旧进厂工作，他一视同仁。他对各部门负责人说：“我只是把他们介绍给你们，你们要按他们的能力分派工作，他们的前途由他们自己选择。”他的几个连襟、妻舅和同乡，在厂内工作了几十年，仍是小职员和工人。他的公私分明、一切以事业为重点的精神，鼓舞了厂内职工，大家都能忠于职守，勤奋工作，使企业欣欣向荣。

开厂不是为了少数人的安富尊荣，而是为了多数人的生活

刘国钧为人敦厚朴实，平易近人。他领导几个大厂，尽管工作很忙，仍经常抽出时间和工人一起开会，或闲聊家常，年终总要和工人一起聚餐，有说有笑，亲如家人。这是因为他深知工人是工厂的主体，只有搞好和工人的关系，工人才能出力生产。为此，一方面，他重视职工的文化教育工作，如创办工人夜校、子弟小学；把他辑录先贤格言编成的《格言联璧》分发给职工学习；把手书的诸葛亮名言“人孰无私，要先公而后私”张贴在车间、办公室；手订《厂歌》，组织教唱（歌词是：“提倡国货，对外竞争。出品力求精，成本力求轻。挽回利权，富国裕民”），使大家时时牢记奋斗目标。另一方面，他努力改善职工生活福利，建造职工宿舍、食堂、保健站、商店；为青年工人举办集体婚礼；老年职工退休后实行子女顶替；给死亡职工开追悼会，安葬在公司建的公墓里，还建立“功德堂”，凡有贡献的职工死后都可立碑入堂……这一切，无不体现了他的这个思想：

“我们厂就是个社会，进了厂就要安心工作，食于斯，居于斯，生活于斯，老于斯，葬于斯。”这些设想周到的措施，在我国当时大多属于首创。由于生活福利待遇好，加上严格执行厂规厂纪，职工们都把自己的前途和企业的前途联系起来，因而很少发生工潮，生产一直稳定发展。刘国钧常说：“开厂不是为了少数人的安富尊荣，而是为了多数人甚至延及后世子孙的生活。”

老骥伏枥，志在千里

（略）

编者注：本节内容与上篇《刘国钧：由学徒到实业巨子》中“从黑暗走向光明”一节同，故略。

（本文选自《企业导报》2004 年第 Z1 期。）

刘国钧的“大成”

魏文享

在江苏省靖江县生祠镇刘国钧故居内，悬挂着刘国钧亲笔手书的一副对联：“日日行，不怕千里万里；事事做，不怕千事万事。”这是对一个穷学徒成长为中国近代纺织大王的最佳诠释。在他白手起家创办大成纺织集团的过程中，正是其坚韧不拔的个性和勇于践行的胆识让他不断创造一个又一个奇迹。

一生学费钱八百

刘国钧，名金生，字国钧。1887年生于江苏省靖江县生祠镇。国钧的祖父曾在镇上经营小土布庄，当刘国钧出生时，这份薄业已不复存在。父亲以在西乡教私塾勉强维持全家的生活。时至国钧七岁，父亲因科场屡败而患上精神病，母亲靠帮人打短工和在家纺土纱出售的微薄收入养家糊口。

由于家贫，国钧到13岁时方上私塾，仅半年多就退学到糟坊做学徒。国钧曾自述曰：“问我平生少时苦，一生学费钱八百。日食三餐元麦糊，夜卧一张竹编床。半世事业万人功，富就安乐不忘贫。”

15岁时，他怀揣邻居资助的十块银元出门谋生。母亲比画着自己的纺织动作送给儿子一个“恒”字，对他说：“没有恒心，这一团棉花怎能变成一根根纱，一根根纱又怎能变成一匹匹布呢？”国钧对母亲的教诲印象深刻，深知“不积跬步，无以至千里；不积小流，无以成江海”的道理。

初到常州的奔牛镇，国钧投身于镇上一家绸布百货店当一名练习生。因手脚勤快，头脑机灵且对布匹行业有着较高的悟性，深得老板的喜爱。后这家绸布店因经营不佳而倒闭，热心的老板又将他介绍到元泰京货店当学徒。学徒的生活是辛苦的，但刘国钧硬是凭着自己的吃苦耐劳学到了难得的做生意经验，慢慢掌握了京货店的经营诀窍；同时与常州等地的批发商也有了较深的交往，完成了他创业途中的经验积累和人脉资源的建交。

刘国钧的第一桶金是几笔小生意：当时清朝男子有留长辫子的习惯，江南人喜欢用五彩的辫须扎辫子，他买回丝线让母亲和妻子编织扎辫子的须带，一年下来净赚200银元；同时为元泰京货店拉生意而得200银元；参加银会又中奖200银元。

1909年，22岁的刘国钧凭借这600银元的资金与人合伙，在奔牛镇姚家弄口租赁三间店房，开设了“和丰京货店”。他在经营中发现经营色布远比白坯利厚，若自行加工则利润更丰。于是在自己店内附设染坊，把白坯加工成青、元色布出售，利润倍增。1911年辛亥革命爆发，上海、南京一带炮火连天，常州局势也不稳定，因而许多店铺关门停业，国钧不为所动，坚持营业，接收了许多客户资源。到1914年，刘国钧已经拥有两家京货店，成了一方闻名的富户。

八年增长八倍

民国初年正是纺织业的大发展时机，刘国钧“欲图转进工业制造国货挽回权利”，决定走出小作坊式的生产，创办机器织布厂。为了弥补自身知识之不足，他在经营布店之际，到上海、无锡等地布厂考察，虚心求教。

1916年，刘国钧把自己的京货店停业，筹得现金3万元，与蒋盘发等人成立了大纶纺织厂。大纶在突破技术难题之后，当年就有盈利，第二年盈利过万，第三年的发展势头更好。但由于股东间的矛盾，刘国钧在1918年撤出投资，并将盈利部分留在大纶。有人为他抱不平，而刘国钧却笑着说：“我在大纶工厂学到一套办厂的本领，本金如数收回，学费一文未花，是我平生最便宜的一笔交易。”

经过在大纶的历练，刘国钧的眼界更为开阔，对于机器纺织业的发展前景有了更清晰的认识。在企业管理方面，也摆脱了小作坊业主的局限，掌握了科学管理的法则。这些进步让他完成了从小商人到工业家的转变，也为日后的稳步高速发展奠定了基础。

1918年，刘国钧在常州新坊桥独资开办了广益布厂。由于资金不足，机器比较陈旧，但在他的努力下，该厂的出品质量仍得到保证，第一年就有三千余银元的盈利。如此坚持数年，不论是设备还是技术方面，都有明显提升。到1922年，刘国钧又开办了广益二厂。该厂有铁木机36台，木机112台，并有浆纱、锅炉、柴油发电机等设备，生产斜纹布等产品，成为当时常州最大的染织厂，可以生产出和英日洋货相媲美的斜纹布，刘国钧也取得了在不到四年时间里成功独资连办两厂的杰出业绩。

一战结束后，外国资本重新回到中国市场，再次给中国民族工业的发展带来了严峻的挑战。

1924 年，刘国钧和友人一起专程到日本考察，研究日本发展工商业的经验。日本工厂此时正热心推行美国的泰罗制，其生产的高效有序给他留下了深刻的印象。回国后，他果断地改变“广益”的发展方向，把一厂和二厂合并，将原有铁机全部更新为丰田式电动织机，等于是重建新厂。在出品方面也由原来生产斜纹布和白平布，改为生产蓝布、绒布、贡呢等色布，避开与他厂的重复。在管理方面，也着力提高质量，降低成本，推进效率革命。经过大刀阔斧的革新，广益布厂成为一家织染造全能工厂，其出品足与日本货相媲美，年净利润也成倍增加。

1926 年，以刘国钧为首的资本集团以 50 万元盘下他曾经退出的大纶久记纱厂，将之改为大成纺织染公司。刘国钧担任总经理，对公司进行重组优化，使之迅速扭亏为盈。至 1930 年，大成全面开工，到年底结算，获利达 10 万元。1931 年，除去股息红利等开支，净利 50 万余元，也就意味着一年赚回一个厂。1931 年冬，改组董事会，刘国钧力主将两年盈利作为增资扩大生产，董事会议决增资 100 万元，次年的回报又是 50 万元。同年，刘国钧将独资经营的广益染织厂折价 24 万元作为股金，并入大成公司，作为大成二厂。大成纺织染有限公司也相应改为大成纺织染股份公司，注册资本增为 140 万元。1935 年，注册资本增为 200 万元，1936 年注册资本增为 400 万元。

注册资本的增加意味着公司正实现着跨越式增长。在已有两厂的基础上，大成发展到四个分厂。大成三厂在抗战爆发前已经建成厂房，正开始安装设备，由于抗战兴起，只好在上海租用厂房，在英租界成立英商安达纱厂。大成四厂是以租厂经营的方式与武汉震寰纱厂合作经营。原订期五年，后因抗战兴起，在武汉沦陷前结束，两年获利即达 300 万余元。

在短短的几年之内，大成纺织集团从默默无闻到声名大震，发展成为与申新等大厂齐名的纺织企业，引起了学界和社会的关注。著名经济学家马寅初先生曾赞叹道:“像大成这样八年增长八倍的速度，在民族工业中实是一个罕见的奇迹！”

著名经济学家严中平在《中国棉纺织史稿》中说：“1931 年下半年起，中国棉纺织业的发展开始陷入逆境。1932 年后，演成危机；直到 1936 年下半年，才稍稍复苏。”而大成公司超常速度的发展，正好处在全国棉纺织业不景气的逆境之中，其崛起更是难能可贵。

创业者的脚步是不可停止的，刘国钧在自己的著作《扩充纱锭计划刍议》中提出了一个更为远大的目标：建立“世界棉王国”。然而，日本侵华战争给大成带来了致命的打击，抗战时期其损失总额在1700万元以上。虽然在抗战时期刘国钧并未停歇，先后在重庆及香港设厂，但这一宏伟蓝图始终没有机会实现。

三个一点点

企业是与企业家共同成长的。从创办和丰、大纶、广益再到大成，刘国钧也由一个一文不名的学徒跃升为全国知名的企业家。从模仿、摸索到自主实践，刘国钧善于从学习和经验之中提升自己的管理理念，著名的“三个一点点”理论就是他管理思想的核心。

1924年，刘国钧与友人去日本考察，震动颇大。他结合自己的创业经历，对日本企业效法西方实施科学管理的成功经验进行了深入思考。“三个一点点”的理念表述其实非常平白，即“质量好一点点，成本低一点点，卖价高一点点，三个一点点，好赚大铜钱。”质量要好，成本要低，这比较容易理解。在价格方面，一般强调薄利多销，他却要求“卖价高一点点”，异于常人。其实，如果结合质量、成本及价格的关系来看，就会理解刘国钧以品牌、效益和利润率作为企业优先目标的发展思路。低价固然会多销，但也可能会牺牲质量，降低净利。在保证质量、确立品牌优势的基础上，实施适当的超价策略既可显示品牌价值，也可保证高额利润。

这一目标是建立在刘国钧的人才立厂、技术强厂战略基础之上的。刘国钧从他的实践中得出这样的一个经验：一个公司生产出比别人成本更低、质量更好的商品，要有所成就，关键就是要有一流的人才。他常说：“既懂经营管理，又懂技术，是一等人才；懂管理不懂技术，是二等人才；懂技术不懂管理，是三等人才。”

他出任大成经理后的第一件事，就是不惜重金，礼聘人才。在全国纺织行业中声名卓著的陆绍云、刘靖基、刘丕基、华笃安、朱希武、何乃扬等人，先后都被刘国钧聘到大成工作。在大成创建之初资金不太宽裕的情况下，刘国钧为聘请当时留日纺织专家陆绍云，毅然以每年5000元的高薪，聘请他主持工务。这在当时，相当于60个熟练工人的工资。有人觉得付出的代价太大，刘国钧却说：“宁可以一百块月薪用一个能人，不愿以二十五块用四个庸人。像陆总这样的专家，一个人就抵得上我们所有的人。”陆绍云果然不负众望，在他的指导下，公司在技术方面的难关都能迎刃而解。对于人才，刘国钧还把选拔和培养相结合，招收有一定文化基础的练习生并给予相应的培训，使他们成为公司所需的人才；同时大成公司各工厂还设有职工文化教育设施，这在 20 世纪 30 年代是比较少见的。

在设备方面，刘国钧显现出常人难见的气魄。这在一战后对广益的改进中最明显。在不到五年的时间里，他把自己千辛万苦聚拢来的 232 台木机全部淘汰，换成以日本丰田布机为主的电动布机。被舍弃的这些设备，最多的只用了八年时间，最少的只有一两年，尤其是广益二厂，织机在五年内换代二次，第一次淘汰全部木机，改成铁木机，接着又改成电动铁机。在创办大成之后，对于机器设备的投资也十分巨大。如此所花成本虽然高昂，却使大成迅速上升到一流纺织企业的行列，也为企业品牌的建立争取了时机。1935 年，在全国纺织企业大亏之际，大成公司共售出各类布匹 70 多万匹，获利 220 余万元。

刘国钧在企业管理方面受日本影响甚深。他曾多次赴日考察，对于日本企业的管理方式有深刻的领悟。他在厂内曾经提出“出品日本化，工厂日本化”的口号，就日本企业在学习西方技术及管理经验方面的成功来说，这一口号具有合理性。纺织业是竞争极其激烈的行业，在民国初年的短暂时期之外，发展的宏观环境并不好。但刘国钧却以为，最优秀的企业有制胜的绝技，也必能适应最严酷的环境。他曾说：“不与竞争则已，苟欲亦步亦趋，则根本计划不可不筹，主要机器不可不办……更致力于技术改进，勇往直前之心，并不以不景气之环境而稍馁。”

1935 年 7 月，刘国钧赴日本考察回常州之后，有人曾问他中国纺织业是否有希望，他回答说：“不要问别人，只要问自己。成本减得轻否？紧缩能达到目的否？制造的货物合标准否？为大局计，对用人不重情面，以人才为主，岂有不可生存之量也。”当任何一个企业面临困境时，首先要追问的或许正是这些最基本的问题。

（作者单位：华中师范大学中国近代史研究所。本文选自《竞争力》2008 年第 6 期。）

爱国民族工商业实业巨子，纺织大王刘国钧

薛 锦

关于近代无锡的民族资本家，论者关注得比较多，研究也比较充分。而本文所论，则是泰州的一位民族资本家，即堪称“纺织大王”的爱国实业家刘国钧。

刘国钧（1887—1978），泰州人，早年经营布匹生意，1916 年与他人联合创办织布厂，之后又独资创办广益布厂，成就令人瞩目，故有“纺织大王”的美誉。1954 年，刘国钧率先将自己的企业实行公私合营，因此又被誉为“红色资本家”。刘国钧是全国人民代表大会一至五届代表，1976 年当选为全国政协委员，历任中华全国工商联副主任委员、中国民主建国会副主席、江苏省副省长、江苏省政协副主席、民建江苏省工委主任和工商联江苏省主任委员等职。1978 年逝于南京，享年 91 岁。

一、白手闯荡致富

1887 年 4 月 2 日，刘国钧出生于靖江生祠镇。他的曾祖和祖父辈都有一些从商的经历，如曾祖刘功良曾开设小药铺，兼行医：祖父刘品荣则曾在生祠镇经营土布庄。但刘国钧的父亲刘黼堂却是个书生，以私塾授课糊口，后因科举落榜而患精神病。为了养活家人，母亲只得到大户人家做帮佣，刘国钧 8 岁就开始折冥镪、纸钱出卖，以获取微利，补贴家用。10 岁时，他已肩挑水果或酒酿上街贩卖。13 岁时他曾进私塾读书，但仅半年后就因家境贫寒而辍学。

1901 年，刘国钧 15 岁，开始外出闯荡。先在刘吉升布店打工，不料一年多后布店破产。刘老板夫妇将他推荐给本镇元泰京货店做学徒。学徒满师后，他留在元泰当进销货物的跑街伙计。这段经历让他熟谙了不少从商经验，结识了一些商界朋友，也积累了些许资金。1909 年，刘国钧与同乡华渭川合资，在奔牛镇姚家弄口开办了和丰京广洋货店，并附设土染坊印染布匹。由于刘国钧熟谙商业，所进货品数量繁多、品种齐全，加上华渭川染色技术高超，可以买进坯布染成色布出售，赚取更多利润，于是两人的生意越做越大。不久，和丰成为镇上最大的

京货店，营业额居全镇同行之首。

两年后，华渭川负债累累，把自己的股份让给刘国钧。在刘国钧的独自经营下，和丰京货店大获盈利。

刘国钧在其创业之初就能获得如此厚利，与他的有勇有谋与善抓机遇密不可分。

1. 决策好

1911 年辛亥革命爆发后，南京清政府总督府与苏州中华民国军政府江苏都督府两军对峙，战争一触即发。常州夹处其中，局势不稳，人心惶惶，店铺纷纷关门歇业。在这样的背景下，刘国钧却决定背水一战：照常营业，当然，为以防万一，他还另外窖藏了 500 银元。结果，全镇的生意全涌到他一家店中。天丰泰、瑞祥等大商号以半价向刘国钧求售货品，老板们固然有自己的如意算盘，刘国钧也自有其精明之处。他与对方商量：货物全要，但货款折成白银，分期付清。老板们一口应允。当时，由于受辛亥革命的影响，农民拒绝向清政府缴纳田赋，故手头无现金，购买货物都以稻抵银。刘国钧估摸，日后必将稻贵银贱。因此，他大量购稻，大有把染坊工厂变成粮仓之势。江南一带的时局很快平稳，不出刘国钧所料，很快开始稻贵银贱。刘国钧手里有的是稻谷，欠批发商的货款却是折成银子的。售稻不仅使刘国钧从中得到利润，还如期归还了欠款，树立了商业信誉，可谓一举三得。

2. 机遇好

因为百姓们怕打仗，当时有不少人家都把子女的婚事提前。又恰逢刘国钧的店一帜独存，大家纷纷到刘家店里买衣料，使得布匹供不应求，和丰京广洋货店的净利达 5000 余银元。之后，刘国钧又盘下镇上一家倒闭的京货店，开设同丰京广洋货店。两年后，刘国钧积累了两万余元资金，一跃成为镇上首富，这为他日后大展宏图奠定了基础。

二、弃商从工，不断追求更高更新的目标

1915 年刘国钧到常州拜访晋裕布厂的蒋盘发。蒋告诉他：晋裕布厂投资 1500 元，4 年后资本达 45000 元，获利 30 倍之多。如此高额的利润吸引了刘国钧。他与蒋商量协办布厂，两人一拍即合。此举让刘国钧迈出了发展工业的第一步。

1. 大纶机器织布厂

大纶机器织布厂是刘国钧和蒋盘发等人集资 9 万元开设的，也是刘国钧弃商从工的始发站。该厂于 1916 年 3 月正式开业，为常武地区第一家机器织布厂，共有织机 300 台、员工 600 余人，蒋盘发任经理，刘国钧任协理。由于自己是外

行，刘国钧常常向各道技术员请教织布工序及操作要领，甚至还专程到上海锦昌铁工厂，向对方请教将手拉织机改成脚踏织机的原理。为解决技术问题，他买通在上海英商怡和纱厂工作的李师傅，穿上工作服混进车间，实地“偷学”，不料被英国监工发现，幸亏其他工人的帮助，才得以脱险，但李师傅却因此被打成重伤并被开除。刘国钧得知后，为之求医并主动承担了医药费。李师傅痊愈后，在日商内方纱厂上班，常利用休息日到常州来传授知识，帮助大纶厂解决技术难题。在大家的尽心协助下，大纶厂生产的布料成为市场上的抢手货，获利过万。

刘国钧掌握着大纶布厂的生产管理大权，使其他股东产生失权之感，董事会开始处处干预刘国钧的决策。当刘国钧了解到改装铁木机可使生产率提高70%，从而向股东提出改机的建议时，遭到了董事会的反对。这使刘顿感愤慨，他认为：“理当让则让，不当让则不能让，让则乱。”如果再提出意见而不被接受，便退股。

最终刘国钧离开了大纶厂。拆出股份后，他决定利用在大纶厂学到的本领，开创新局面。刘国钧曾对友人说：“我在大纶布厂学到一套办厂的本领，本金如数收回，学费一文未花，是我生平最便宜的一笔交易。”

2. 广益染织厂——常州最大的染织厂

1919年秋，刘国钧在常州新坊桥独资创办一家家族布厂——广益布厂，由母亲管理摇纱，妻子管理织机兼烧饭，自己为总办，一家人勤俭经营。该厂不到一年就获利3000余元，所生产的条漂、条斜布料十分畅销。1922年，刘国钧又在常州东门外直街创办广益染织厂，添置木机180台、铁木机36台及锅炉、浆纱机、柴油发电机等设备。1923年，刘国钧利用利润创办了广益二厂。至此，广益成为当时常州最大的织布厂。

当时恰逢日本人提出“二十一条”，刘国钧闻讯后决心与日商竞争。1924年，他同友人赴日考察纺织厂，发现日本已安装新式自动织机，而将旧机出售给中国。于是刘决定淘汰旧机，购买日本丰田式电机，增加设备，扩大品种。他又改变了广益的生产方向，由原来以生产斜纹布和白平布为主改为生产色布，并进一步提高质量，以适应市场需要。改革后工厂盈利50万元，获利丰厚。

广益厂所生产的“蝶球牌”和“征东牌”产品，远销海内外。“蝶球”牌商标的含义取谐音，有两层意思：无敌于天下、仇视敌人。“征东”牌商标则取自唐朝名将薛仁贵远征的典故，含征服东洋之意。

3. 大成纺织染股份有限公司

1930 年，刘国钧偶然得知大纶久记纱厂因日货大量倾销，连年亏损，有出盘意向。他认为，若不振工业，就无法抵制外货，遂出资接下了大纶久记纱厂，更名为大成纺织染公司，自任经理。由此，刘国钧的事业进入了顶峰时期。

（1）致力于鼎新革故

首先，在公司制度方面，刘国钧狠抓三件大事：一曰改革人事制度，择优入用；二曰不惜重金精简机械，使产品质量有保证；三曰剔除积弊，力主挖掘潜力，减少用工量，改为计件工资制，多劳多得。

其次，刘国钧总结自己以往的经营经验，提出了“三个一点点”方针：“货色要比别人好一点点，成本要比别人低一点点，价钱要比别人高一点点。”以此为宗旨，绝不松懈，使得大成公司日益兴旺。

最后，刘国钧非常重视提升企业整体素质。在技术方面，他派工程师及管理人员等到国外学习机械纺织技术和先进的管理经验。在精神方面，他重视文化建设，拟定了“忠信笃敬”的厂训，编写厂歌，提出“遵守厂规，服从领导”“爱护团体，敬业乐群”“精诚亲爱，谦和合作”“锻炼身体，修养品性”“自励励人，立己立人”“从善绝恶，革故更新”“厉行节约，爱护物力”“刻苦耐劳，向前迈进”这八句口号悬挂在厂内公共场所。他还出版了《励进月刊》，发行全国；编辑《格言联璧》，让员工人手一册，以古训教育员工。在健康方面，他又编写了《养生保命》一书，提高员工的健身意识。此外，他还组织海归专家整理编制出《部分工种工作约则》《等级工资方案》《部门工作规划》等多种规章制度，使企业管理规范化、统一化。

（2）扩大大成厂的规模范围，打造纺织染一条龙工厂

1931 年，刘国钧再渡日本进行考察，发现国货非其敌手的主要原因在于都是织而不纺、染而不织，这样的话，只要原料来源一有中断，生产势必停顿。所以，他建成纺、织、染全能的企业，一气呵成，势在必行。他将效益可观的广益染织厂并入大成，原大成纺织染公司改名为大成一厂，广益染织厂改名为大成二厂。建成之后，大成公司的产量、质量均大有提高，盈利可观。

（3）开创了我国生产平绒、灯芯绒的先例

刘国钧对日本人平绒、灯芯绒的样品颇感兴趣，于是三渡日本，探索其中奥妙。他通过考察发现，要想生产平绒、灯芯绒产品，主要在于技术和设备。于是他节省开支，买了一部旧的日本机器，同时请厂内工程专业人员刻苦尝试，最终试制

成功，开创了我国生产平绒、灯芯绒的先例。此举当然也使得大成公司再度获取了丰厚利润。

随着大成公司规模的不断扩大，1936 年，刘国钧又出资 36 万元与亏本停产的汉口震寰纱厂合营，建成大成四厂，并带去全套人员及管理模式。从此，大成四厂面貌一新，月盈利额达 10 万多元，几可与大成一厂媲美。

接着，刘国钧又开始筹建大成三厂。他向瑞士订购了最先进的纱锭 32000 枚、自动织机 1008 台，将大成三厂建成了第一流的纺织厂。

这时的刘国钧已成为全国纺织业中耀眼的明星之一，许多人对其刮目相看。著名经济学家马寅初称他为“罕见的奇迹”。

三、抗战图存，纺织业否极泰来

1937 年，日军发动全面侵华战争。东北三省首先被侵占，8 月 13 日，日本又发动上海淞沪战争，京沪沿线遭到轰炸，一片狼藉。在这样的局势下，刘国钧的大成公司也面临着严峻的考验。

1. 工厂炸毁，淡定应变

刘国钧早在京沪线即将沦陷时，就开始准备将工厂内迁。他将大成一厂的库存棉加快生产并售出，以换取现金；将大成二厂的库存坯布染色出售，以保存实力；将大成三厂的瑞士机器分批打包，通过卢作孚的民生轮船公司运至大成四厂，而后再运送至渝；员工们也分处疏散，待机复工。11 月 18 日，日本对大成一厂投掷了 18 枚炸弹；大成二厂同样也屡遭轰炸，于顷刻间化为废墟。刘国钧半辈子呕心沥血所创的事业毁于一旦，损失当然十分惨重。然而时势容不得他沉浸在悲哀中，他忍住悲痛，做出应变部署。

11 月 27 日，日军逼近常州府。刘国钧将留守人员全部疏散，让他们待时局稍许稳定后再轮流看守，然后携带家人及账本乘民生轮船至汉口。将家人安置妥当后，他又开始忙于大成四厂的扩建工作。他将在常州订购的 250 台织机安装起来进行生产，又把此前撤来的员工安排进厂开工。

2. 在租界开办安达纱厂

待武汉的诸多事宜安排妥当后，刘国钧乘船辗转至沪。到达上海后，他与吴镜渊等人进行商榷，决定在公共租界开办纺织厂。为掩人耳目，工厂挂英商的牌子，聘请英商买办、印度人安诺任经理，英商马歇尔任董事长，刘国钧为总经理。厂名定为“安达纱厂”。厂内的机器设备是现成的，流动资金则由常州的布匹变换现金而来，资本共计 150 万元。1938 年 8 月 1 日，安达纱厂开始着手规划、筹建。9 月，正式开工生产，该厂产品以“飞虎牌”为商标，每月生产达千件，产品远销南洋群岛和粤、闽、川、黔诸省及长江一带。

3. 合营开办大明染织厂

由于日军侵占了我国大部分领土，武汉的情况十分危急。1938 年 8 月 30 日，大成四厂在香港解除合营合同，至此，合营了 23 个月的大成四厂解散。刘国钧将自常州运来的织机、设备和纱布押运至重庆。当时，国民党当局规定：内迁来渝的工厂“逾期不能开工，将予征用”。正在刘国钧万般焦急之际，卢作孚派人前来商谈民生公司、大成公司和武汉隆昌染厂三家合营开办“大明染织厂”一事。三方一拍即合。大明染织厂利用重庆北碚文星湾的原三峡染织厂旧址建厂，由卢作孚任董事长，刘国钧任经理，查济民任厂长。厂内员工以大成公司的老员工为骨干，实施原大成公司一整套的管理制度和方法。该厂生产的“大明蓝”在四川十分畅销，其他产品也均受好评。其年销售量达到 67200 匹，盈利达 35 万元。

4. 重建大成厂

1945 年，抗日战争胜利。刘国钧开始大兴土木，重建大成公司，希望迅速恢复规模生产，重振昔日雄风。他决定调整大成厂的注册资本为 1500 万元，其中，大成一厂、三厂为纺织厂，二厂为印染厂。1946 年正好是中国纺织业繁荣发展的一年，战争消停，外资纺织厂尚未恢复，无人竞争；战后的人们又迫切需要衣着，故纺织品供不应求。重建后的大成厂利润率达 30%，大成一厂全年的产值则高达 350 亿元。

1946 年，大成二厂新建厂房，把原有织机全部调至大成三厂，专营棉布印染。其产量达 3000 匹，产品除畅销华南地区外，还远销印度、荷兰等国。

此外，大成公司董事会决定，对大成公司与安达公司分开核算，由刘国钧担任大成公司总经理、安达公司副总经理，刘靖基担任安达公司总经理、大成公司副总经理。从此，刘国钧不再过问安达公司的事务，一心扑在大成公司的发展上。到 1948 年，三个厂的生产已超过战前水平。刘国钧以他坚韧不拔、锲而不舍的精神和顽强的毅力，摘取了中国“纺织大王”的桂冠。

四、积极带头公私合营

1949 年，全国解放。在解放前夕，刘国钧一度避居香港。当他得知，名望比自己大、资产比自己多的申新公司创办者荣德生，在新中国成立后担任苏南行署副主任；刘靖基在上海生活得很好，政治上也得到安排；他自己的下属何乃扬则被推选为常州市工商联筹委会主任委员，而在党和政府的领导下，大成公司的生产比解放前得到了更大的发展，刘国钧终于于 1950 年决定返回内地。1953 年，国家公布了过渡时期的总路线，刘国钧立即积极争取公私合营。1954 年 6 月 1 日，得到党和政府批准后的大成公司，成为江苏省私营纺织工业中第一个实行公私合营的企业，从此走上了光明大道。

同年，刘国钧当选为江苏省人民代表，出席了江苏省人民代表大会一届一次会议，并被选为主席团成员。1955 年 4 月 1 日，民建中央召开首次全国代表大会，刘国钧出席会议，并在此次大会上当选为民建中央委员。1956 年，江苏省第二届人民代表大会召开，刘国钧当选为江苏省副省长，同时被选为江苏省工商联副主委。此后因工作需要，他迁居南京。

五、社会担当

刘国钧在成为著名的实业大家后，从未忘记回报家乡。家乡的岳王庙是他心中的一块圣地，他先后于 1932 年和 1962 年两次出资修建岳王庙。在刘国钧去世后，其子女遵其遗嘱，又出资第三次重修岳王庙。此举在家乡传为佳话。

1933 年，刘国钧出资 3000 大洋，疏浚生祠镇东首的大靖港，使其成为家乡的水运要道。1950 年，他积极动员常州工商界响应中共中央的“六一”号召，捐献飞机大炮，并亲自主持大成公司捐献大会，捐献旧人民币 50 亿元，另外个人单独捐献 2.65 亿元。刘国钧的爱国行动为常州工商界乃至全省工商界树立了榜样。1953 年，刘国钧将耦园和其他花园，连同园内的 168 间房子和几十亩土地，全部无偿捐献给国家。

1954 年，国家积极倡议开办毛纺织厂，刘国钧无偿捐出一台价值 80 万元的毛纺机。1955 年，在他倡导下，我国自主研制生产灯芯绒，产品质量可与日本媲美。

出于对创业基地故乡常州的眷恋和热爱，1975 年，89 岁的刘国钧将最后的财富——包括 96 件红木家具在内的一大批文物捐赠给常州博物馆和南京博物院收藏。他捐赠的这批红木家具以老红木为主，大多为清末民初的产品，做工精湛，种类齐全，其完整性和珍贵性为国内罕见。

刘国钧的种种善举，赢得了家乡人民的敬重，家乡人民在心中为他树起了一座丰碑。

（作者单位：无锡民族工商业博物馆。本文选自《青年文学家》2011 年第 9 期。）

刘国钧与刘靖基

李筱纲

民族资本家刘国钧1887年出生于靖江生祠镇。清光绪二十七年（1901）赴武进学徒，后在奔牛镇集资开办布庄。因辛亥革命爆发，奔牛镇上各商家纷纷关门息业，外逃避乱，刘国钧独家经营京广洋货，从而积累了第一桶金。1930年，刘国钧接盘大纶久记纱厂，创办大成纺织染公司，至1937年，大成公司资本由最初的50万元，增至400万元，纱锭由1万枚，增至8万枚，从1个厂扩张到4个厂，被经济界誉为“罕见的奇迹”。

书写刘国钧的创业史，无法回避另一个人物——刘靖基。

刘国钧与刘靖基最早接触于1930年。当年，刘国钧与大纶久记公司签订资产转让协议，以50万元接盘大纶久记，先付定金5万元，余款在一个月之内付清，逾期协议作废，定金不退。为此，刘国钧四处招股，但屡屡遭挫。后来，他找到常州工商界名流吴镜渊，吴答应参股，刘邀请吴出任公司董事长，自己担任经理。而吴镜渊的女婿即为刘靖基。

刘国钧与刘靖基一见如故。听说刘靖基是靖江人，而且又是同姓，倍感亲切。为了摸清宗族关系，刘国钧专门派朱希武回靖江查阅《刘氏家谱》，刘靖基确系刘氏宗族成员，虽然比自己小15岁，但却是刘国钧的叔伯辈。从此，刘国钧以“阿叔”相称。得知刘靖基出身于染化专业，又有在纱厂管理经验，便主动邀请其出任公司协理，负责大成公司上海办事处的业务工作。大成创立之初，刘靖基每周回常州向刘国钧述职一次，两人一主外，一主内，配合默契。

据刘国钧口述的回忆录介绍，刘靖基出身寒门，而吴镜渊系名门望族，所以，刘靖基年轻时在吴家颇受歧视。为帮刘靖基撑腰，刘国钧借钱给刘靖基购买公司股份，提高其占有份额，提升他在公司的地位，也提升他在吴家的话语权。刘靖基足智多谋，他在上海迅速打开经营局面，工作有声有色，深得刘国钧倚重。

1937年，抗日战争全面爆发，大成一、二、三厂毁于日军炮火，公司被迫迁移至武汉，刘国钧也辗转来到武汉。而在长江另一端的上海，因空间距离的拉长而变得鞭长莫及。大成公司日臻壮大，上海办事处已经成为公司的销售中心、物资中心、财务中心，发挥越来越重要的作用。刘靖基原来每周回常州述职一次，后来变为每月一次，再后来变成大事则回，一般不回，小事电话电报告知。刘国钧有较强的管理控制力，唯独对上海无法完全掌控。一者刘靖基功高震主，二者上海有吴镜渊坐镇，吴镜渊德高望重，翁婿二人坐镇一处，一为董事长，一为协理，刘国钧颇有掌之失控之忧。

1938年6月，长江中下游被日军全线占领，而大成公司在瑞士订购的二万二千枚“利妥”纱锭恰在此时到达上海。刘国钧不顾生命危险，绕道南方回上海。

刘国钧突然出现在上海，令吴镜渊、刘靖基深感意外。刘国钧提议用新购的“利妥”纱锭在上海办一家纺织染公司，吴镜渊则提议召集在上海的董事开董事会研究。在沪董事基本为吴镜渊、刘靖基掌控，结果，董事会同意了刘国钧在沪办厂的提议，却选举刘靖基为上海公司（即安达公司）经理，刘国钧仅为董事。刘国钧大权旁落。

安达公司基本由刘靖基掌控，刘国钧难以插手，这让他十分恼火。其时，上海沦陷，地价大跌，刘靖基想用公司公积金购买地产。而刘国钧认为购买地产直接受益者是日本人，公司的钱应该投资到内地，应该用在复兴大成，发展生产上。而刘靖基坚决反对投资内地，认为那是拿钱打水漂。两人争执不下，最后刘靖基强行购买了大量地产，刘国钧则强行划拨900万元至重庆办事处。两人的矛盾从此不断升级。

刘国钧离开上海后，赴重庆与卢作孚合作创办大明公司。1944年，日军节节败退，刘国钧回到常州，逐步恢复大成一、二、三厂的生产。1945年，刘国钧与刘靖基矛盾加剧，刘靖基提出安达公司从大成公司分离出去，刘国钧坚决反对，后又被迫同意，从此刘国钧彻底失去对安达的控制权。

1949年初，刘国钧避居香港。1950年9月，刘国钧听说刘靖基拟将大成与安达合并，情急之下，不顾术后身体尚未痊愈，回到上海，在大成公司临时董事会上与刘靖基唇枪舌剑，终于阻止了合并风波。从此以后，刘国钧在常州管理大成，刘靖基在上海管理安达，两人虽然都是对方公司的大股东，但在经营管理上井水不犯河水。

1952 年 1 月，刘国钧与刘靖基均有公私合营意向，大成公司与安达公司先后在各大报纸上刊登《关于召开股东临时会的公告》。随着利益格局的变化，两人的矛盾有所缓解。经大成公司元老谢钟豪、蒋尉仙、俞泽民的撮合，刘国钧与刘靖基在上海刘靖基公馆见面，两人握手言欢，相逢一笑。

但是，刘国钧对刘靖基的怨恨并没有就此消融。刘国钧在 1962 年口述的回忆录里，对刘靖基进行了言辞犀利的批评。在刘国钧看来，刘靖基有忘恩负义之嫌，有巧取豪夺之举。刘靖基的发迹靠的是他的提携，安达公司靠的是大成。而在刘靖基看来，他与刘国钧一开始就是合作关系，并非栽培与被栽培的关系。当年他任协理，非刘国钧之恩赐，一者源于自己的专业特长，二者源于岳丈吴镜渊的威势。况且，对于大成，他是理所当然的有功之臣。没有自己成功的营销，哪来繁荣的大成？而自己出任安达经理，实为众望所归，何谈巧取豪夺？

笔者认为，刘国钧与刘靖基均为优秀的民族资本家，他们的创业精神、工商成就与爱国情怀均受到历史肯定与后人敬仰。他们之间的矛盾与纠葛，既是历史造成的，也是个性决定的。如果我们不给他们贴上“伟人”“圣人”的标签，而是以凡人、俗人的眼光去看待他们，一切恩怨都显得平常而合理。

（作者简介：李筱纲，男，靖江市图书馆馆长、作家，主要从事文学创作工作。本文选自王亮伟编著《刘国钧研究文集 2014—2016》，凤凰出版社 2017 年版。）

刘国钧的英雄情结

王亮伟

刘国钧从贫儿到巨富，从学徒到老板，从经商到从政，从实业家到爱国者，充满了传奇色彩。是什么造就了刘国钧？探寻他的传奇经历，不难发现，他受英雄的影响是很大的。

一、岳飞的“精忠报国”与刘国钧的“实业救国”

刘国钧出生在靖江生祠镇。生祠镇与南宋抗金名将岳飞密切相关。据《宋史·高宗本纪》载，建炎四年（1130）十一月，“飞退保江阴，军沙上”。这里，飞是名扬天下的岳飞，沙则指阴沙，也即马驮沙（注：长江边上紧临靖江的一块沙洲）。这年，金兵南下，岳飞率兵抵抗。从中原逃难到江边来的数千难民，眼看就要惨遭金兵蹂躏。岳飞派骑兵数百，赶到阴沙，守护并安置从中原退至这片沙滩上的难民。这些难民，后来成为今天许多靖江人的祖先。靖江流传一句话：“吾乡自昔阴沙地，百万生灵武穆移。”《靖江县志》（1825）中也有记载：“南宋建炎四年，江淮镇抚使岳飞把江淮难民用船渡至阴沙。”后来，就在这片沙滩上，百姓建了一座生祠堂（后称岳庙），以纪念岳飞保护百姓之功，于是，便有了让百姓养息繁衍的生祠镇。

但流传于靖江民间的传说，与史料记载有些出入，说是岳飞正在抗金胜利之时，遭陷害奉诏回京，军民挥泪随行，至阴沙时，岳飞劝随行军民留居于此。当时，民众为颂扬岳飞抗击金兵的功绩，特建生祠堂以纪念，流传后世。

无论是史料记载还是民间传说，有一点是肯定的：岳飞曾到过刘国钧故乡，岳飞是刘国钧一生的精神偶像。他15岁离乡背井，每次回乡，必去生祠堂英雄岳飞雕像前膜拜。国钧先生在20世纪30年代成立的大成公司，其中有一著名商标即为“精忠报国”，画面选用宋代“岳母刺字”之典故，寓意是永远不要忘记自己是一个中国人，以实业报效国家。1966年春，已是80高龄的刘国钧在其珍藏的岳飞印像两侧题词，忆岳飞事迹，颂岳飞伟绩，最后题道：“拜观之余，感到无比的尊敬焉。”

现在的岳庙经过四次重建，而前三次重建均与刘国钧直接有关。1932 年，刘国钧回乡瞻仰岳庙，见岳庙倾塌，便捐资重建，以表救国救亡之心。1962 年，身为江苏省副省长的刘国钧回乡凭吊岳庙，见岳庙满目萧条，又出资将岳庙由原来在生祠镇东迁至镇西，迁建后的岳庙庄严肃穆，环境优美。“文革”期间，岳庙再遭严重破坏。1978 年，处于弥留之际的刘国钧对他的子女说出平生最大心愿：一定要把岳庙重新修复。岳庙的存亡早与国钧先生的生命紧紧联系在一起了。1985 年，刘国钧的子女捐资三建岳庙。所以当地流传着“刘公三造岳王庙”的美谈。

第四次重建是在 20 世纪 90 年代，捐建人仍是刘氏家族。1992 年，其婿查济民携妻刘璧如返生祠镇，写下《壬申早春过生祠镇》一诗，诗曰：义师遗恨失平夷，化雨经纶功亦奇。不忘前贤爱家国，故居临倚岳王祠。岳飞抗金历史功绩和报国情怀，让国钧先生耳濡目染，他希望像英雄岳飞一样，“一生报国，矢志不渝”。1998 年，查济民为靖江生祠镇岳王庙前所建石桥题诗，名《思岳桥》：“江左频吹杨柳风，桥头思岳越时空。精忠报国英雄事，事业兴邦称我翁。”查先生在引言中说道：“此桥对我而言，实有双重意义，思岳王，思岳父，乃成一绝。”查先生将岳飞与国钧先生相提并论，将刘国钧的实业救国与岳飞的精忠报国相媲美。

二、薛仁贵的“征东”英雄业绩与刘国钧的“征东”品牌力量

刘国钧 1918 年独资创办广益布厂，当时广益产品商标以“征东”和“蝶球”为主，意为“征服东洋（日本）”和“无敌于全球”。1929 年，广益布厂的“征东”“蝶球”等七个品种，参加在南京举办的中华国货展览会，均获优等奖。

“征东”和“蝶球”两个产品商标的设计均独具匠心。“蝶球”牌商标，设计了一只蝴蝶在“地球”上飞，借吴语“蝴蝶”谐音为“无敌”，寓意为“无敌于全球”的民族精神。“征东”牌商标源于唐代薛仁贵收复辽东的故事，用“征东”做品牌，寓意要征服东洋（日本），暗指抵制日货。“征东”牌商标上是一个气势轩昂的英雄——薛仁贵，他手执长戟，身披战袍，驰骋千里，一往无前。

据刘国钧自传，当时，“常州的布机有三四千台，是日本商的一个劲敌，日本商的注意力就注意常州了”。日本采取一些针对常州的反制措施，“我决不气馁，日本人虽然凶，像一条‘恶龙’，但是有一俗语，‘恶龙压不过地头蛇’，我在中国，是中国人，等于‘地头蛇’，你虽凶，我不怕你”。当时，广益公司和后

成立的大成公司的产品，“竞争下来，我就没有被帝国主义挤倒”。刘国钧采取了两个对策：一是主动向日本学习，二是要全力超越日本。刘国钧曾三次赴日本考察，他说：“我的目标是以日本人为对手，一面向他们学习，一面抵制他们”，学习是为了超越，超越是为了抵制，最终“征服东洋”。“征东”牌商标下方印着一排字：“自纺 自织 自染 自印。”以证明棉布完全是正宗国货。刘国钧以薛仁贵为榜样，用学习和超越的精神去表达自己的爱国情怀。

三、印度甘地的“土布运动”与刘国钧的“土纱计划”

1931 年 11 月 18 日《武进商报》连载了刘国钧的《土纱救国计划书》：“此次暴日甘冒不韪，突以重兵占我东北，缴我军械，杀我军民，夺我财产，凶横暴悍，无所不用其极。如吾国应付不周，非惟亡国，实有灭种之虞。窃思国家兴亡，匹夫有责，经济绝交，义无反顾。”吁请当时政府“普遍宣传，指导民众，恢复 40 年以前自纺自织之工作，以为御日绝交之后盾，亦救济民生之根本办法”。国难当头，刘国钧忧国忧民，奋笔疾书，表现出强烈的爱国精神。

“土纱救国计划”是如何产生的？在这篇文章的第六部分，刘国钧写道：“印度甘地救国工作之重心，端在纺纱。”文章对甘地的英雄行为大加赞赏，甘地“将纺纱之器具，视为无价之宝，护身之符，刻不离身。即此次赴英，亦随身携带，虽在大海洋之风浪剧烈中，犹不间断纺纱之工作。此伟大人格，全世界崇为无冠王的甘地先生，日能纺纱 7 两，使全印民众，都随之做纺纱救国之工作，为抵制外布之后盾”。由此可见，刘国钧尊崇甘地，借鉴甘地的“土布运动”救国措施，奋勇当先，提出“土纱救国计划”。

“土纱”质量比起“日纱”要“逊色”许多，但刘国钧认为：“国家兴亡，在此一举。如人人具有爱国之真心，应不嫌国货之粗笨，且以着此土纱织成真正国货之土布为荣，并以用外货为奇耻，救国之道，庶有希望。”刘国钧以甘地为榜样，从民族大义出发，号召全国民众与印度民众“扪心较量”，激励国人奋起直追。

刘国钧的《土纱救国计划书》分十部分，从形势背景分析入手，阐述“纺土纱”的意义和作用，测算“纺土纱”成本投入与效益产出，提出可借鉴的经验和汲取的教训，推行“纺土纱”的组织形式和管理办法，比较国货与外货的经济价值与精神价值，最后得出“结论”：“国危矣，事急矣，救国之道，匹夫有责。”通过实施“土纱”计划，“可得最后之胜利，国家幸甚”。这是目前我们所能看

到的刘国钧的第一部完整著作，主题突出，论证严密，论据充分，同时渗透了作者的爱国情感和人格魅力，具有十分强烈的民族精神感染力。

四、诸葛亮的“集思广益”与刘国钧的“广益”企业

1918年春，刘国钧收回大纶机器织布厂投资，独资创办广益布厂，开工不到一年就盈利，以后年年获利。1922年，刘国钧扩建广益二厂，成为当时常州最大的染织厂。1927年，刘国钧将广益布厂和广益二厂合并，为后来国钧先生纺织实业的开拓奠定了决定性基础。

国钧先生为何将他最早的企业取名为“广益”？从考证“广益”出处入手，才能深刻理解国钧先生的用意所在。

“广益”意为增添益处，出自三国诸葛亮《前出师表》：“愚以为宫中之事，事无大小，悉以咨之，然后施行，必能裨补阙漏，有所广益。”由此引申的“集思广益”又出于诸葛亮《教与军师长史参军掾属》：“夫参署者，集众思，广忠益也。”指集聚众人的智慧，广泛吸收有益的东西。

刘国钧创办“广益”布厂处于20世纪20年代，当时民族工业基础十分薄弱，缺少治厂经验。自然，智慧式人物诸葛亮成为他效仿的楷模。诸葛亮为蜀国丞相，在民间成为智慧的化身。贾诩曾称赞：“诸葛亮善治国。”刘备赞美诸葛亮“君才十倍曹丕，必能安国，终定大事”，“孤之有孔明，犹鱼之有水也”。刘国钧恰恰是要从诸葛亮身上寻求治厂的智慧和管理的办法。由此推论，从刘国钧“广益”企业到后来的“大成”企业，总结其成功因素之一，便是诸葛亮对他的重要影响：博采众长，集思广益。

在“广益”初期，织机主要是“木机”，“木机”与“木机”竞争，还是中国人与中国人竞争，竞争的方法主要是翻花色。国钧先生是商人出身，知道市场上对花色的需求，因此总是胜人一筹。但国钧先生认为，“这样竞争，只能多赚钱，不能与外国人一较长短”，应该“动脑筋改铁机”。改“铁机”钱从何而来？刘国钧抓住一个机会。当时日本人用降低纱价、抬高布价的办法，欺负中国厂没有染色设备。国钧先生抓住契机，“买进便宜纱，仿制外国货，染了色售出去”，这个“空子”连日本人都始料不及，被国钧先生“钻到”，由此赚了一大笔钱，将“木机”和“铁木机”全改为“铁机”，“广益”厂近乎“现代化”了。刘国钧虽然办的是小型布厂，做的是小本生意，却能站在国内市场和国际市场的前沿想问题做事情，充分显示了他的经营智慧。

刘国钧经营的企业是汇聚言路、集思广益的地方，特别是面对新设备、新技术、新材料、新工艺等，他与技术工人一起泡在车间里，“三个臭皮匠赛过诸葛亮”，直到解决问题为止。刘国钧重视人才培养，他的企业专设教育和培训机构。调动工人积极性，改善企业福利，有口皆碑。有一位清花车间的小工不幸死了，他指示厂里开追悼会，送丧礼，让其儿子顶替进厂做工。刘国钧对工人说，“工厂工厂，是工人的厂，希望大家以厂为家”，激励大家为企业献计献策。他说：我虽是总经理，“不担任实际工作，各方面的工作我都问，但是在各方面又不专门负责”，其实总经理是“对厂内的人都作了分工安排，做到‘事事有人负责，人人对事负责’”，他说“我做到‘有我不多，无我不少’”。面对诸多复杂局面，国钧先生很淡定，但在淡定中，显现了他海纳百川的博大胸怀。

五、孔子的“集大成”与刘国钧的“大成”公司

“大成”出自《孟子·万章下》：“孔子之谓集大成。集大成也者，金声而玉振也。”孟子称赞孔子，才德兼备，学识渊博，正如奏乐，以钟发声，以磬奏乐，集众音之大成，用以赞誉孔子思想集古圣贤之大成。后世君主争相以“大成至圣先师”“大成至圣文宣王”为孔子尊号。国钧先生将自己独创的纺织公司命名为“大成”，可见其理想及思想境界。

国钧先生只读过八个月的私塾，后来许多学问均是其父在其闲暇时教授。18岁那年，他从奔牛返乡，其父给他手书座右铭：“义者不饮盗泉之水，廉者不得无道之金。”并讲了许多有关孔子及其弟子的故事，刘国钧得到许多教益，他做人始终守住节操，不污其行。

国钧先生在奔牛从商时，先后办了两家京货店，一家叫“和丰”，一家叫“同丰”，就是这两家京货店，让国钧先生成为当时奔牛的首富。致富原因，大致能从店名上找到答案。其父曾为其题字：和以为贵，同而不流。国钧先生将“和丰”“同丰”的“和”“同”两字镶嵌其中，体现儒家“和而不同”的思想，这种思想不仅成为刘国钧的经营之道，更成为其处世之道。国钧先生对孔子儒家思想的理解和应用，集中生动体现在“大成”企业的“厂训”上，即“忠信笃敬”。这四个字出于《论语·卫灵公》：孔子的学生子张问怎样才能使自己到处行得通。孔子回答：“言语忠诚老实，行为敦厚严肃，即使到了别的国家，也行得通。言语欺诈虚伪，行为轻浮狂妄，就是在本乡本土，难道行得通吗？”其内容包括了“言”和“行”两个方面，也就是一个人立身行事的准则。“忠信笃敬”，有这样的内涵：忠，

有忠诚不贰、尽心无私意义；信，有诚实不欺、道义真确等意义；笃，有厚实真诚、牢固专一意义；敬，有恭敬严肃、尊重谨慎等意义。刘国钧从事纺织工业的实践，恰恰是“忠信笃敬”的真实写照，如：“日月倘随天地在，勤俭终疗子孙贫。”“忌我安知非赏识，欺人到底不丈夫。”“心地光明，暗中自有青天。”还有“产品要货真价实，经营要诚信待人，宣传不要脱离实际，业务人员要作风正派，只有这样，才能立于不败之地”等。称国钧先生为“儒商”是不为过的，但又不仅仅是，从刘国钧身上，我们看到了中华民族数千年的儒家文化的传承和延续。

刘国钧崇尚英雄，学仿英雄，具有超乎寻常的英雄情结，同时亦孕育了国钧先生伟大的英雄主义色彩。英雄人物往往诞生于血与火的时代，其英雄行为的过程充满了憧憬与绝望，充满了成功与失败，充满了忠诚与决裂，充满了苦难与超越……正是这种人生意志上的截然不同的抉择与坚持，才诞生出真正伟大的英雄。同样，在这个世界上，能用一生的时间抛弃舒适安逸生活去追求一个伟大的理想并义无反顾坚持到底，也远非一般人所能做到，刘国钧做到了，所以——

他亦是英雄。

（作者简介：王亮伟，常州刘国钧文化中心主任、常州老年大学常务副校长。本文选自王亮伟编著《刘国钧研究文集 2014—2016》，凤凰出版社 2017 年版。）

民族工业骄子刘国钧

王　莉

走近刘国钧故居，古色古香的门楼上刘海粟先生的手迹“弘毅园”三字遒劲有力。故居由旧居、善余厅、敬修堂和国钧堂组成。整座建筑既有回廊相连，又有天井相隔，几井几楼，疏密有致，浑然一体。给人留下最深印象的当数大门左侧的旧居，泥砖青瓦，苔藓斑驳，低矮的瓦房里，一张旧竹床，一架纺车，一部织布机仿佛一本尘封的清苦勤俭的教科书，在静静地叙说着刘国钧先生这位中国民族工业骄子艰辛而辉煌的创业史。

刘国钧（1887—1978），乳名金生，江苏省靖江市生祠镇人。其父因科举不第而致精神失常，靠母亲种 9 分祖田及给人帮佣为生，小金生幼时仅读私塾不到 1 年，15 岁时，去武进奔牛镇刘吉升京货店当学徒，不久该店歇业。幸亏老板没有忘记勤劳能干的刘国钧，特意介绍他到同镇元泰京货店当学徒。习商期间，他勤奋刻苦，潜心钻研，善于观察和揣摩顾客的心理，经过几年的磨炼，他已逐渐掌握了京货店的经营技巧，与常州等地的批发商也有了较深的交往，进的货总能很快销出去……

1909 年雄心勃勃的刘国钧与他人合伙开了一家和丰京货店。他看准了当时染色布的巨大利润，就设了一个土染坊，从外地买白坯布，自己加工染成青布和黑布出售，由于品种多、花色全，生意越做越大，在全镇 7 家京货店中，和丰京货店后来居上，成了最大的一家。

转眼到了 1911 年，辛亥革命爆发，上海、南京一带炮火连天，常州局势也很不稳定。一时间人心惶惶，许多店铺都不敢再做生意。刘国钧仔细盘算着：几年来好不容易挣起的这一点家业，万一毁于炮火，当然很可惜，但眼前的情况，谁敢冒风险，谁就可能赚大钱！他决心冒一次险。他和家人将 500 元银元埋在地下留作后路，然后照常营业。一时间全镇的生意，都集中到了“和丰”一家店里。

到1914年，赤手空拳闯进奔牛镇的刘国钧已经拥有了两家京货店，成了一方闻名的富户了。

这时，第一次世界大战爆发了。西方帝国主义顾不上对中国的经济侵略，使中国的民族工业有了一个发展的机会。江浙一带更是中国民族工业发展的中心。原本就从事布匹印染的刘国钧，看准了这是个千载难逢的机会，毅然弃商从工，与友人组建大纶纺织公司。由于刘国钧管理有方，大纶纺织厂投产当年就盈利，第二年盈利过万，第三年的发展势头更好。可是常州一批股东却想排挤掉他这个异乡人。刘国钧愤而辞职，并于1918年投资创办"广益布厂"。虽然刚开始，设备落后，资本微薄，但他狠抓设备的保养和维修，努力提高工人的生产技术和产品质量，第一年就盈利3000银元。到1923年，他凭广益布厂积累的利润，创办了广益二厂。1930年，刘国钧筹资40万元，盘买下大纶久记纺织厂，并更名为"大成纺织染公司"，成为当时常州最大的染织厂。

刘国钧办工厂的诀窍，是著名的"三个一点点"："质量好一点点，成本低一点点，价格高一点点。"他在点点滴滴上下功夫，绝不放过经营管理中的任何一个环节。为了提高产品质量，他十分重视学习外国的先进技术，将日本纺织业作为自己赶超的对象。同时他也十分注意提高工人的劳动积极性。他深知先进的管理方法对企业发展的作用，所以坚决废除了传统的封建工头制度，聘请专家管理工作，建立了一套科学的企业管理制度，他定期召开管理会议，鼓励大家反映问题，发表意见，集思广益，使整个公司的工作很好地协调起来。

1944年，刘国钧被推荐为中国棉纺织学会候补监事。他著文对抗战胜利后15年内全国纺织工业的发展作出全面的规划和设想，充分体现了一个民族实业家的远见卓识，第二年，日本宣布无条件投降。此时刘国钧正在国外考察，闻讯后欣喜若狂，当即返回，投入工厂的修复工作，并很快投入生产。至1949年，大成公司由原来的20万元资金、1万枚纱锭、20台布机，发展为3000余万元资金、5000余枚纱锭、1180台布机和日产5000匹布的印染大厂。他以坚韧不拔、锲而不舍的精神摘取了"中国纺织大王"的桂冠。此外，刘国钧还积极参与国家的政治生活，1954年刘国钧率先将工厂实行了公私合营。曾当选为全国人民代表大会一至五届代表，1956年当选为江苏省副省长，1976年当选为全国政协委员，历任中华全国工商联副主任委员等职，为祖国的社会主义建设做出了巨大的贡献。

刘国钧在成为著名民族实业家之后，从未忘记家乡，对家乡人民始终充满了赤子之情。1933年，他出资3000大洋疏浚生祠镇东首的大靖港，使其成为家乡的水运要道。后又出资开挖横贯生祠镇东西的团河和修建生祠镇的主要街道，并多次出资资助家乡的教育事业。1932 年和 1962 年两次出资修建岳王庙。并将珍藏多年的《四库全书》及 39 幅珍贵字画捐赠给靖江市档案局。

1985 年，家乡人民为了缅怀刘国钧先生，在他的故居建造了“刘国钧纪念馆”。

参考文献：

[1] 李文瑞. 刘国钧文集（传记卷）[M]. 南京：南京师范大学出版社，2001.

[2] 严中平. 中国棉纺织史稿 [M]. 北京：科学出版社，1955.

[3] 常州市纺织工业公司编史修志办公室. 常州纺织史料 [M]. 常州：常州市纺织工业局编史修志办公室，1982.

（作者单位：江苏省靖江市党史方志档案办公室。本文选自《黑龙江史志》2014 年第 15 期。）

刘国钧先世考略

苏　慎

刘国钧（1887—1978），近现代杰出爱国实业家。靖江生祠镇人。笔者经过多年寻找，终于觅得《靖江梓溪刘氏宗谱》（民国三十年版，全三十六卷）。现对刘国钧的先世源流作一考略。

一、先世世居南昌梓溪

关于靖江生祠镇刘氏，有资料认为系南宋岳飞抗金时，有数万江淮军民随岳家军定居阴沙（马驮沙），其中有朱、刘、范、马、陆、陈、郑、祁等八姓称“江淮旧族”。其实刘国钧的先世，系明永乐年间从常州郡北青山里迁居生祠镇。与“江淮旧族”中的刘氏无涉。

据《靖江梓溪刘氏宗谱》记载，生祠堂刘氏的江南始祖刘重义，元代人，世居江右南昌梓溪（一说淮西庐州府六安州梓溪）。宗谱凡例载：“本宗系出淮西分派、江右梓溪，族衍毗陵、梁溪诸郡邑。”宗谱卷一存一幅《南昌梓溪刘氏始祖墓图》以及《祖墓图考》一文。文中说明祖墓在“南昌梓溪土名为马鞍，真龙起自帐幕岭，穿田玉朱坊”。据明户部主事、进士谢鸿诰撰《重修梓溪刘氏宗谱序》载：“始祖重义公，明初由江右徙延陵，四世置业马驮沙，董建城隍，历多义举，劳绩卓著。”

关于梓溪地名，靖江刘氏不忘江右南昌梓溪祖地，沿用至今。考南昌梓溪，即今江西省南昌县向塘镇剑霞村，其地为刘氏聚居地。据《南昌梓溪刘氏宗谱》记载，梓溪刘氏始祖为汉光武帝刘秀之后，世居丹阳、晋陵、江西玉山等地。至宋代有裔孙刘从礼，因朱熹荐为南昌鸿儒章克明门下，甚得章公器重。因朱熹为媒，以女配之，遂迁南昌梓溪。据《南昌梓溪刘氏源流序》载：“梓溪，去豫章城七十里，考地胜临汝，锦水环州如带，鹤岭白象诸峰面峙如屏，近则赤壁抵西崖，白沙东注，剑湖北灌，南望马鞍，梓溪独汪然一水也。”这一记述，与《靖江梓溪刘氏宗谱》所记《祖墓图考》是一致的。靖江生祠堂刘氏，为不忘先人世居之地南昌梓溪，而迁居靖江500多年来，仍以祖地梓溪之名，此《靖江梓溪刘氏宗谱》之由来。

二、明初刘重义始居常州郡北青山里

元末明初，刘重义率二子刘旺、刘兴，随明太祖朱元璋麾下王子明元帅征讨，又从开国公徐达征战江南。谱载刘重义“杖策麾下，复鏖战江南诸郡邑，落籍延陵”。其长子刘旺，随明开国公徐达元帅征战，洪武初率军远赴陕西，平定陕甘，任延安卫世袭千户，后世世居陕西同州府朝邑县。

刘重义次子刘兴，据《江南通志·刘千户从军事略》、明宋濂撰《刘千户传》等记载：靖江生祠堂刘氏江南始祖为刘兴。“公名兴，少有勇武，伟貌长躯。洪武元年，开国公大将军徐达征河南、陕西，请益兵守潼关，以公副指挥使。明年移守凤翔……公以三千兵拒敌三万，面中流矢，犹手刃数百人。迭著奇勋，威震陇蜀矣。”一年之后，刘兴奉命率军回师江南歼灭伪吴王张士诚。张士诚盘踞苏州、常州及太湖流域，“公大小数十战，戮士诚枭将朱定，复战巫子坝，奋勇前进，复攻克常州，平澄江，以军功世袭千户”。三年后天下大定，论功封刘兴为“威武卫指挥佥事，进同知”。刘兴虽是一名战将，但喜吟诗作文，“抱负英伟，偕兄旺东渡，虽戎马倥偬，而吟咏自娱”。刘兴始居常州城北之青山里（一说为澄江西城外青山里泰三坊）。刘兴德配徐氏夫人，卒后附祀二侯祠，合葬城西长沟北新阡。

三、刘氏迁靖江生祠镇始末

刘兴生二子：长子伯聪，继舅氏徐姓为嗣。次子叔完，配高氏，生四子：海、洪、浩、清。叔完“秉性孝友，闭户弦诵，高尚其志，不与俗同”。卒后与高太夫人合葬父茔昭穆。叔完长子刘海，字仲海，号鹤轩，生于明洪武十五年（1382）。刘海“器识伟异，干略恢宏，拓地骥沙”，是一位有胆识，有长远规划的能人。在他青年时代，考察常州江阴县所居的长江沙滩马驮沙（又称牧马大沙、骥沙、骥江。传为吴大帝孙权牧马之地），因长江泥沙淤积，沙洲面积不断扩大。他发现生祠堂周边地广人稀，但此地设有马驮沙巡检司，又有崇圣寺、紫薇宫，是长江沙洲中的重要地域。他看准一处孤悬江中的沙洲，其地必将与周边诸沙滩相连，前景可观。遂向官府申购其中数千亩滩涂，偕四弟刘清举家迁居马驮沙生祠堂附近。时在明永乐二十年（1422）前后。

明成化初年，应天（南京）巡抚滦昭视察马驮沙后，即上书朝廷建议将马驮沙单独设县，其地“扼守江海门户，捍卫全吴，足称重镇”。明朝廷很快批准并在成化七年（1471）设置靖江县。首任知县陕西人张汝华，创筑靖江县城城墙，建城隍庙。刘海率子刘瑞、孙刘乾等“捐资万金，董建城郭，县署学宫俱出擘画”。为此，朝廷还诰授刘海为奉政大夫，德骑尉五品冠带。刘海卒于成化十一年（1475），享年九十三岁，仍归葬郡北青山里祖茔。明《靖江县志》载有刘海事迹。

刘海配高氏夫人，生四子：瑞、璘、瑄、瑭。四弟刘清，字仲清，配吴氏夫人，生四子：珣、玑、琮、玺。刘海、刘清兄弟为迁靖江生祠镇始祖，其子孙世为靖江人。其中，刘海次子刘璘，字公璧，号垣轩，配戚氏、任氏两夫人，生五子：祥、安、宁、华、英。

刘璘“丰度文雅，器重春容，缵承父志”。率同宗兄弟二十余人，“斩荆披棘，恢拓祖业，世世子孙庇焉”。刘璘次子刘安，字国安，号乐山，生于明景泰二年（1451），配陈氏，生五子：杰、位、佾、偃、份，便。刘安“器宇恢郭，豪达不拘，乡里曲直，辄因片言而定”。晚年以捐助尚义，特膺八品章服。因其秀眉丰颊，望者惇为伟人。刘海、刘璘、刘安即是刘国钧之直系先祖。以刘海为迁靖江第一世祖，刘国钧为迁靖第二十三世孙。

四、刘国钧近世世系略考

刘国钧之曾祖父，迁靖江第二十世刘正芳，字功良。生于嘉庆二十年，卒于光绪十九年，享寿七十八岁，配韩氏孺人。公氏合葬生祠镇东北陶家市口港东田内。生三子：品荣、光荣、名荣。光荣嗣堂伯正懋，名荣嗣堂叔正棕。

刘国钧之祖父，迁靖江第二十一世孙刘品荣，字文照，为靖江县国学生。生于道光十八年，卒于光绪八年，终年四十五岁。配赵氏孺人，生于道光十五年，卒于光绪二十四年（1898），享年六十三岁。公氏合葬生祠镇西北鞠家丹田。生三子：达孝、达忠、达义。其中次子达忠出嗣叔父光荣，三子达义出嗣叔父名荣。

刘国钧之父刘达孝，字孟理，又字黼堂，号子亮。生于咸丰十一年（1861），配丁氏夫人，生一子国钧。《靖江梓溪刘氏宗谱》有常州名士钱名山撰《刘翁黼堂传》一篇，谓黼堂先生“世宗食贫，潜德不耀，幼聪敏，年十六童子试，邑令奇赏其父”。但因其父文照公早逝，“哀毁尽礼，授徒贫甚，炊烟屡断。今诵声出金石，每考试费无出”。尽管家贫如洗，他仍将幼年国钧送塾馆读书。“丽川（国钧字）能入塾夜归，翁教之温读，讲解详尽。”他对幼年国钧的常训是：“人生立志，不觊不义之财，不饮盗泉之水。十目所视，十手所指，汝终身志之勿忘。”该传记述刘国钧在常州奔牛从商，迎请其父稍住，“翁平生饥窘，至时遇亲友，告匮者，每夜推食，待之饭熟，掌手盛以施邻右。”等到家人吃饭，锅内已盛去大半矣。可见其为仗义豁达、恤贫济弱人也。

刘黼堂先生逝世后，常州晚清进士、书画家谢霈为其遗像题哀词一首，以志敬仰，哀词曰：

拂乱空乏，天尝纯儒。笔耕菽水，固穷吾吾。
析薪一经，贻谋铁汉。任恤解推，承筐授粲。
心盟行影，守剑谋道。天悭周甲，阳九金牛。
食德后扬，象贤止止。广厦义浆，欢颜寒士。
公灵天上，公泽日星。粹然道貌，弈叶典型！

《靖江梓溪刘氏宗谱》卷三十三世表中，对刘国钧的记述如下：第二十三世，国钧，行一，字丽川。配鞠氏。子汉堃、汉栋、汉良。女璧如、默卿。民国五年迁居武进，初创广益布厂，不数载又改创大成纱布两厂，规模极宏大。近更在生祠镇旧宅开设善余布厂，广置机杼。俾贫民皆得练习手艺，以谋生活。尝捐助地方公益暨慈善事业不下万金。对于改建祠宇，续修宗谱，尤能热心赞助，独捐巨款。清光绪丁亥生。

（作者简介：常州市姓氏文化研究会会长，编著有《常州姓氏》《苏东坡与常州》等书。本文选自王亮伟编著《刘国钧研究文集2014—2016》，凤凰出版社2017年版。）

刘国钧事业成功之道
——人脉战略

钟树杰

人脉，是人们在追求事业成功和幸福快乐的生活过程中，存在一个类似血脉的系统。如果说血脉是人的生理生命支持系统的话，那么人脉则是人的社会生命支持系统。常言说“一个好汉三个帮，一个篱笆三个桩”，就是说，要想做成大事，必定要有做成大事的人脉网络和人脉支持系统。

刘国钧（1887—1978），近代著名的企业家，人称“纺织大王”，他所创办的大成集团，创造了经济发展的奇迹，塑造了事业的高峰。刘国钧的商业才能、经营管理方法、善于审时度势等，学者们对刘国钧及其事业进行了全方位的研究，从不同角度分析了大成集团的成功之道，再现了刘国钧人生的丰富多彩，为后人留下的不仅仅是物质财富，还有积极向上的精神财富，成就事业的宝贵经验。纵观其一生，笔者有一个强烈的感受，刘国钧一生的事业，赢在一个“人”字上，下面就刘国钧人际交往艺术，谈几点自己的浅陋之见。

一、刘国钧的人脉圈

一个人的人脉圈子决定了其人生，成就大事业，必须有一种不断扩大与丰富你的人脉圈子的能力，这就像一张大网，网上有各种可利用的资源，可以是物质层面的，也可以是精神层面的。当我们需要做成某项事业时，就可以在自己已经结成的这张人脉圈大网中找出可用的资源。

刘国钧是一位实业家，他一生都在扩展自己的人脉圈，当其人脉圈足够强大时，做事就会得心应手。刘国钧的人脉资源，可以分为以下几个层面：一是亲情人脉圈，此圈指与刘国钧有血缘关系，在其事业发展中又有所关联的人，以及以义结金兰形式结成的兄弟关系，这是刘国钧人脉圈中最为牢固、坚实可靠的一部分；二是企业创立之初就跟随刘国钧的大成企业管理人才资源圈，这部分人构成刘国钧人脉圈的中坚力量，属于基本稳定的人脉圈，这是刘国钧事业能够持续发展的主要力量，需要通过适当的维护才可以保持其稳定性并不断根据企业发展的需要而扩充；三是资本资源人脉圈，这一人脉圈包括投资于大成事业的从事金融、工商业、企业管理等行业的资本拥有者，这一人脉圈虽与刘国钧有私交，但资本是随着利润走的，稳固这一群体最好的办法就是企业的获利，资本圈与第一、第二圈是有交叉的；四是社会贤达、知识分子等构成的社会思想文化资源圈。随着刘国钧事业的扩大，他认识了更多的社会贤达，眼界更开阔，这一方面对其思想的影响也是深远的，刘国钧的许多思想源于他所结交的社会贤达；五是刘国钧出生地生祠镇的乡民及其他刘国钧事业惠及的广大群体，这一人脉圈人数最多，也是最接地气的人脉。以上几个层面不是绝对的，不同层面之间会有交叉与联系，可能一个人兼有几种身份，跨有几个人脉圈，如蒋盘发，是刘国钧的义兄，又是企业的顾问，同时还是大成的股东之一。这样去分层，便于我们更清晰地了解刘国钧的人脉资源，从而更好地理解大成集团及刘国钧本人。

二、人脉资源的形成与巩固

1. 成就万人功业，一生贵人相助

“一生学费钱八百，夜卧一张竹编床。日食三餐元麦糊”的刘国钧，原生家庭并没有给他带来在工商界有“价值”的人脉关系网，最后成就了“半世事业万人功”，一路走来，刘国钧不断有贵人相助。从靖江生祠镇乡村土路上出来以后，刘国钧就像一只勤奋的蜘蛛，在织一张自己事业的大网，一张巨大的关系网，这网上有其成就一生事业的各种资源。刘国钧童年的苦难，是一个家庭的不幸，也是一个时代的悲哀。年少失学，家里一贫如洗，远亲近邻家境也好不到哪里去，行走于大江南北跑生意的邻居三叔柳秀方就成了引领刘国钧走出生祠镇、汇入外部世界的第一位贵人。柳秀方并没有过硬的人际关系让刘国钧从此走上事业的康庄大道，却给了他一个认识外部世界、接受外部世界挑战的机会，刘国钧勇敢而悲壮地接受了挑战，并且在困难面前交出了自己独立人生的第一份答卷。从解决温饱到寻找到自己事业的起点，并在短短的几年内，在生祠镇以外的世界建成自己的人际关系网络，陆友仁、蒋盘发被编入刘国钧的人脉圈内，也成为其日后事业的坚定支持者与合作伙伴。

1901 年，15 岁的少年刘金生（刘国钧）用自己的勤劳与聪明，赢得了第一

任师傅——刘吉升洋货店刘老板的认可，开始了自己在奔牛镇的学生意生涯。刘吉升店歇业后，转为元泰绸布店学徒，继而为跑街，最后主持元泰店务。1908 年辞去元泰职务后，接源昌布庄经理一职，在积累资本的同时，积累了更为宝贵的人脉资源。“人”本身就是一种品牌，我们一生都在经营这一品牌，姓名就是这一品牌的名字。“人”这一品牌有一个裸价，那就是在我们一无所有时，还能从这个社会上取得多少资源。刘金生（刘国钧）这个名字在不断的经营之下，逐渐成为一个金色品牌，其成色与分量也在不断地增加。

刘国钧在其人脉资源中，有相当大的一部分是事业上的伙伴。如果我们把 1900 年开始外出谋生，到 1909 年其与华渭川合伙开店自己做老板为止，作为刘国钧事业第一阶段的话，这一阶段刘国钧遇到的是能对其生存起到重大作用的贵人，而此后刘国钧遇到的贵人，则多为事业上的伙伴。1909 年与华渭川合伙开办和丰京货店，一年后（1910）华渭川因债务缠身而让出股份，刘国钧独资和丰店。1912 年盘买一个无力复业的店，命名为同丰京货店，“刘金生”这个名字，在奔牛镇，就不再是一个跑堂的伙计，也不再是哪家洋货店的经理，而是一个拥有两家店的奔牛首富，可以动用的社会资源，远非 10 年前生祠镇那个借 10 块银元都提心吊胆的刘金生可比了。他的人脉圈子已经超出奔牛镇，而扩展到常州城，这就是他以后离开奔牛到常州后依然能够呼风唤雨的资本。

在宗族社会中，家庭有两种重要的关系，一为父子关系，一为兄弟关系，彼此都是因为血缘而产生的联系，中国传统社会就是一个放大了的家庭，而父子关系在社会上则体现为师徒关系，“一日为师，终身为父”，刘国钧在做学徒时建立的就是这样一种关系。所以刘吉升京货店歇业以后，刘老板又把刘国钧介绍到元泰京货店当过堂学徒，这是一个体面负责任的师傅应该为没有出师的徒弟去做的。兄弟关系演绎成结拜异姓兄弟，一个人走出家庭，走出自己的熟人圈子，就要面临重新建立人际关系网的问题，而以大家都熟知的家庭宗族模式来建立自己的人脉圈，则是一种大家都乐于接受的方式。1914 年，刘国钧与蒋盘发、谢桂生、唐伍全、蒋荣荣、陆友仁等 6 人，换帖义结金兰，就是一种中国传统血缘关系的延伸。刘国钧以这种方式结交了当时在常州工商业界很具影响力的几位，并通过他们结交了更多工商界的实力派人物。

刘国钧人脉圈里有几位实业界、教育界响当当的人物，这些人对刘国钧事业的发展乃至整个人生起到了非常重要的作用。上海商业储蓄银行的陈光甫，民生公司的卢作孚，中华职业社的黄炎培、杨卫玉、潘仰尧、冷御秋等，重庆合作五金厂的董事长胡厥文，以及章乃器等都与刘国钧有着不同一般的交情。

1930年，结识上海商业储蓄银行总经理陈光甫，向其借贷40万元，同时也开始了与陈20多年的交往，为企业与银行合作打下了良好的基础。为了筹建大成三厂，刘国钧向上海商业储蓄银行以厂房与机器为抵押，借款250万元。1937年常州沦陷以后，机器、厂房毁于一旦，在当时情况下，许多银行推出还款的优惠条件。中国、交通两行宣布还本不还息，上海商业储蓄银行宣布折扣还本，原本可以少还或因抵押物损毁而不还的借款，刘国钧宣布归还借款，进一步加强了上海商业储蓄银行与大成的关系，刘国钧锁定了陈光甫这样一个值得结交与信赖的朋友。事实证明，战后大成集团获得了上海商业储蓄银行提供的恢复生产资金，为大成集团抢占战后纺织品市场起到了关键性作用，“一招先，吃遍天”，在商场上几乎是不二的取胜法宝。

1937年10月的常州，战云笼罩，时常落下的炸弹绷紧了人们本已经脆弱的神经，大成集团的决策层决定将工厂内迁，而在这场大搬迁过程中，运力不足严重影响到内迁进程，向南京实业部争取政府支持的申请迟迟没有得到落实。战事吃紧，留给刘国钧的时间并不多，心急如焚的他几乎无计可施。正在此时，卢作孚派人专程赴常与刘国钧晤谈大成工厂搬迁之事，为大成内迁解决了运力问题，大成厂经由镇江水路迁出368.8吨物资，这是以后大成重整旗鼓的资本，这时候卢作孚的出现无异于是上天对刘国钧的眷顾。

2. 一生助人，惠泽友朋四邻

好的人际圈子，应该彼此受益，也只有互惠的关系才会是长久与永恒的。刘国钧一生遇到许多贵人，但其本人也成为许多人生命中的贵人，他在许多人生命中出现，改变了他们的一生，彼此相得益彰，成就了彼此事业。刘国钧创办与经营企业的过程中，选拔、培养了许多人，帮助他们成长、成才，这些人成为刘国钧事业栋梁的同时也成就了自己，大成积聚的人脉资源，为此后几十年常州的发展留下了宝贵的财富。

对于帮助过自己的人，刘国钧尽力回报，他盘下埠头镇柳永丰京货店，交给最初带他走出生祠镇并在困难时期对他多有帮助的柳秀方，以报三叔当年之恩，埠头镇，刘国钧走出生祠堂的一个落脚点，依然是他走出去的一个坚实台阶。当年合伙做生意的华渭川，因赌债与吸食鸦片欠债，不得不把和丰股份出让给刘国钧以偿债务。1915年，刘国钧把独资经营五年、出盘最高价在1.5万元的和丰店以6000元的价格出让给华渭川，最后华以首付3000元，余款逐年偿清的办法接盘和丰京广洋货店，更名为“和丰恒记布店”，华渭川长子华南山负责经营，刘国钧在华渭川困难时从其手中购得此店，华的让股多少有点无奈，但最后重新得到和丰店，对刘国钧的感激是毋庸置疑的，华家父子也因此成为刘国钧忠实的朋友与敬仰者。刘国钧虽然离开了奔牛镇，但他的影响力仍在，这有他广结的人缘，刘创办大纶纺织厂时，华氏父子认股 1 万元。

蒋盘发，是刘国钧的结拜义兄，因投机失败，大纶纱厂易主，刘国钧帮助蒋料理债务，自己回梅陇坝经营协源浆轧布厂。1930 年创办大成纺织厂时，请出蒋盘发任大成厂的总顾问，为刘国钧接盘改造大纶，起到了关键性的作用。刘、蒋之间，至此已经说不清谁帮了谁，他们成了利益均沾、荣辱与共的共同体，蒋成了大成集团企业管理尤其是工人管理一块不可缺少的压舱石。

许多人因为结识了刘国钧，而成就了一生的事业，大成集团管理层的核心成员如朱希武、刘丕基、查济民、华笃安、陆绍云以及稍后的陈钧、缪甲三等人，刘国钧对他们都有知遇之恩，这些人后来都成为刘国钧事业的左膀右臂、人脉圈的核心成员。网罗人才绝非易事，要求组织者知人善任，是一个好伯乐。朱希武本来是私塾老师，当时正处于生活的困境，刘国钧把他带到常州，从事企业管理工作，事实证明，他选对了人。查济民从一个工人到技师、工程师、染部主任、大明厂厂长，成为独当一面的公司负责人，以后的事业更是风生水起。正是因为有了如此广泛的人脉，刘国钧才有了振臂一呼、应者云集的“大成”人生。

有了人脉，才有了事业的合纵连横，广泛的人脉为其打下了事业江山的坚定基础。经历抗战，企业为战火毁损殆尽这样的重大打击之后，仍然能够重新复兴，不能不说刘国钧几十年打下来的“江山”绝不仅仅是大成的几百万资本，以他为中心集聚起来的人脉，才是事业不败的根本。在与上海商业储蓄银行关系的维持上更体现了其远见与胆识。1930 年，44 岁的刘国钧结识了金融骄子陈光甫，采用抵押借款 40 万元。在陈光甫的眼中，刘是一个经营企业小有成就的商人。后来因向国外订购纱锭及资金周转等原因，刘先后向上海商业储蓄银行借款 200 余万元。常州沦陷后，作为抵押的机器、厂房大多毁于战火，这一时期，各大银行都采取免息以至本金折扣归还的方法鼓励还款，以减少银行损失。上海商业储蓄银行估计损失在 1000 万元以上。1939 年刘国钧以全额本息 250 万元归还上海商业储蓄银行，帮助上海银行渡过了困难时期，刘国钧用比黄金还贵重的信誉赢得了上海商业储蓄银行的信任与长期支持，大成集团在抗战后之所以能够快速恢复生产，抢占先机，与 1939 年的按约如数还款密切相关。这个时候的刘国钧与陈光甫已成挚交。陈光甫以及他的上海商业储蓄银行成了刘国钧事业的一个极具分量的助推器。

三、刘国钧的“人缘”之道

1. 刘国钧与岳王的一世情缘

刘国钧的“人缘”，源于他“修身、正己”，家乡岳飞生祠堂，就是刘国钧一世学习的模样，对岳王的崇敬与学习，提升了刘国钧的精神境界，崇尚并实践岳飞精神、品德，是刘国钧善结“良缘”的原因所在。

岳飞是刘国钧一生敬重的历史人物，岳飞在生祠镇无人不知，无人不晓，大家多少都能讲出点有关岳飞与生祠堂的故事，这对刘国钧幼小的心灵产生了重大的影响。刘国钧于1932年着手整修岳王庙，收集岳飞手迹，请名士钱名山题写“精忠报国”四字；一条“岳忠武穆生祠堂”横额；八张条幅上书“靖江生祠堂镇岳忠武王祠碑”，修整后的岳王庙，熠熠生辉，是乡村百姓精神家园之所在。此后又数次捐资修缮岳王庙。刘国钧从岳王身上学到了“对国家的忠，对亲人的孝，对朋友的诚，对百姓的爱”，成为其一生处世之本。岳王实际上不仅仅代表岳飞一人，在刘国钧的精神世界里，他是中国传统文化中一切精华与优秀的代表，所以他才会一直希望生祠镇的岳王庙永远耸立，这是生祠堂人的一座精神丰碑。

2. 散财聚人，律己服人，量宽得人，身先率人

“轻财足以聚人，律己足以服人，量宽足以得人，身先足以率人。”（陈继儒《小窗幽记·集醒》）战国四君子之一的孟尝君轻财下士，广招八方贤人，门下食客达3000人，境内百姓达6万余户。任齐相，使齐国，威震八方。晚清重臣曾国藩可以说是践行此语的模范人物，曾国藩一生不爱财，不为子孙聚财，跟随曾国藩的湘军将领，在财物上大多有斩获，曾本人却不为财所动，成就了其难得的清廉官员形象，也正因为他轻财、律己、得人、身先以率人，成为晚清的中流砥柱。

刘国钧虽以商业起家，但并非锱铢必较的小气商人。他一生散财聚人，结交各路人才，共同成就了大成集团及其事业。大成企业起步之初，聘任陆绍云先生为大成公司总工程师，年薪5000元，工资是公司资本的1%，是普通工人收入的60倍，在当时对于一个刚刚起步前途未卜的企业来说，作出这样的决定是要有魄力与胆识的。刘国钧信奉“财散人聚”，在大成内迁后，非常困难时期，艰难度日，想尽办法不让大成骨干力量散失。为了维持好不容易聚起来的人才，一方面节衣缩食，凡事能自己动手就自己去做，倒水、扫地这样的事情都由查济民、刘汉堃

等来做，以节约开支；另一方面，与卢作孚合作创办大明纺织厂，为内迁的大成员工找到事做，发挥了他们的才能，同时也为大成企业以后的恢复积累资本。

这里有一个反面例子，即二刘矛盾，刘国钧在对他与刘靖基矛盾反思时说：“我的不对是嘴臭，会骂人，气量小，会发火。”这一缺点会得罪人，“散人气”，对于经营企业的人来说，伤了和气，散了人气，就是损了财气，因此二刘的矛盾对大成企业的发展是有深刻影响的。抗战胜利以后，常州企业在恢复的过程中，华笃安被刘靖基拉到上海，华笃安原为大成二厂的负责人；加之刘汉堃、查济民等在香港发展事业，刘国钧倍感压力，常州厂的恢复生产重担就落到朱希武、张一飞、何乃扬等几个人身上。对于刘国钧的人脉圈，“合则两利，分则双输”，与刘靖基关系的恶化，无疑是刘国钧人脉圈的一次断裂，这次断裂损失了部分人脉资源。

3. “爱”成就一切，刘国钧爱国爱家的纯朴感情使其人脉圈得到最大程度的扩展

刘国钧的爱国情愫，源于小时候岳王故事的熏陶，家庭教育及四乡近邻的纯朴、善良的感情。在其事业不断发展的过程中，这种感情不断升华，随着接触外部世界的扩大，眼界的开阔，这种情怀日益深厚而明显。当初走出生祠镇时，刘国钧的第一需求是生存，那时候爱国、爱家乡在这个少年头脑里最多也只是一个概念，但当其成为奔牛首富，再成为著名企业家、纺织业巨子之时，这种感情通过行动得到了实现，“穷则独善其身，达则兼济天下”，刘国钧一生的事业，说到底也就是一件事——兼济天下，企业通过公私合营、资本主义工商业社会主义改造的方式收归国家，几十年积累的财富，多用于家乡的建设，一生的收藏都无偿捐献给了国家。

百年之后，刘国钧留下的是偌大一个事业与一世的英名，源自一种高尚的“爱”，心里怀有对这个国家及家乡人民深沉而博大的爱，使刘国钧的人脉圈扩展到了更大的范围——那就是他深爱的这片土地及这片土地上的人民。这种爱是何时形成的，无从考究，但其影响刘国钧的一生。理解了这种感情，就理解了刘国钧的所作所为及其一生事业的基石所在。

（作者简介：南京师范大学专门史博士研究生，主要从事近现代经济史研究工作。本文选自王亮伟编著《刘国钧研究文集2014—2016》，凤凰出版社2017年版。）

刘国钧与蒋盘发的金兰之交

魏 平

1915年，刘国钧离开奔牛弃商从工，赴常州创办纺织实业，既选对了时机，也选对了合伙人。

正逢第一次世界大战爆发，帝国主义列强忙于战事，暂时放松对中国的侵掠，使得昔日倾销中国市场的洋货价格猛跌，数量锐减，尤其是纱布影响最甚，饱受外货排挤和打击的中国民族资本，由此进入一个短暂的“黄金时代”，民族棉纺业得到了喘息和发展的机会。

从资本合作、创办实业的合伙人来说，刘国钧看好并选中了常州本土人士蒋盘发先生。

蒋盘发原名蒋光祖，盘发是他的字，生于1871年，常州南郊龙游乡梅陇坝人，出身贫寒，从小在武进东横林衣店当学徒，后至湟里镇赵恒昌杂货店，由学徒升至管事。清末返家，在马杭桥一带做以纱换布的买卖。蒋盘发从事纺织实业要比刘国钧早几年。1911年，他与同村人蒋鉴霖、陆友仁和刘顺林等，在梅陇坝开办裕纶布厂，不过用的全是人力木机，织的是土布，惨淡经营，积累了稍许资本。

刘国钧有意结交办纺织业方面的朋友，于是将目光投向了蒋盘发。当时在常州城里，南大街上有爿“永丰协庄”，主要是接待本埠和外地经营纱、布和京广洋货的客户，代理买卖和运输，经营者是武进南郊浦前镇的蒋荣荣。因商务关系，刘国钧经常到永丰协庄坐坐，其间认识了蒋盘发。为与蒋盘发发展关系，刘国钧常向裕纶布厂多进货；后来发展到只要进城办货，两人就会在蒋荣荣处碰头、聊天，十分投机。

蒋盘发年长，比刘国钧大16岁，俨然是一位阅历丰富的兄长，刘国钧有意与他结为异姓兄弟。一次，当他把想法和盘托出时，蒋盘发欣然同意。从此，刘国钧称蒋盘发为“盘哥”，蒋称呼他为“国钧老弟”。不久，蒋盘发向他推荐了陆友仁、谢桂生、唐伍全等，他们俩亲自登门拜访，大家赞同共签“金兰之契”。接着由蒋盘发牵头，大家在裕纶布厂聚首，义结金兰，并换了帖，蒋盘发年龄居长，大家尊他为大哥，刘国钧年纪最小，大家呼他为小弟。一下子结识了这么多义兄朋友，他们俩对发展纺织业的信心更足了。

当时蒋盘发的企业用木机织布，效率和效益十分低下，难以与洋货竞争。1915 年，蒋盘发与人东渡日本考察六个月之久，痛下决心，要创办常州第一家机器织布厂。

此动议恰与刘国钧不谋而合。刘国钧在奔牛从事商业很成功，但他注意到，其京货店经营的布，洋布占十分之九。于是他算了笔账，棉花每担 22 元至 24 元，一匹平布重 12 磅，用 10 斤原棉已够，只要 2.4 元，而一匹平布售价却要 6.2 元。洋商在中国收棉花，织成布后再倾销中国，要赚取 2 倍以上的利润。由此，刘国钧决心“实业救国”，转营纺织工业。

刘国钧建议蒋盘发改进木机，或者换用外国的铁机，蒋盘发也有同感，然而其他股东不同意，而且有收歇裕纶、各自发展之意。所以蒋盘发就对刘国钧说：“你有兴趣办机器织布厂的话，要办，我们一道办。”

从此，他们胸怀抱负，扩展交往范围，外出参观，四处求教，寻觅人才。待胸有成竹，两人正式商定合作办厂意向。

蒋盘发邀集了刘国钧、刘宝森等人多次会商，于 1916 年 3 月，集资 9 万元，在东下塘将军弄旁设立大纶机器织布厂，向日本购买动力布机 110 台，另有铁木机 10 台，用水汀引擎做总传动，开创了常州用动力织布的先河。由蒋盘发任经理，刘国钧任协理。

当时，大纶机器织布厂生产组织调度很特别，动力织布机开日夜班，其余手拉织机开常日班。职工人数达 600 余人，这在当年的常州企业中是最具规模了。

大纶主要生产斜纹布，工艺比平纹布复杂。由于浆纱工艺不过关，从 5 月份开工直到 8 月份还没能出布，有时只能把盘头上已经浆好的纱，割下来当浆纱卖，损失很大。成品出不来，钱庄催讨欠款。开办出师不利，大家焦急万分。有人认为主要是机器的毛病，买了人家的旧机器，上当了。一时间沸沸扬扬，新开的大纶布厂似乎就要夭折，大纶的信誉尚未建立却遭败坏，股东们的脸上愁云密布，束手无策。刘国钧负责生产，在屡试屡败的情况下，处在矛盾的风口浪尖上。但是刘国钧和蒋盘发却镇定自若，信心很强。他们商讨认为，责怪机器不好，是没有根据的，人家是由新的做成了旧的，并非报废设备。他们的最终结论，是人的问题和技术问题。

当时，英国人办的上海怡和纱厂出品的“算盘”牌斜纹布质量很好。于是，刘国钧就提议到怡和纱厂去探探情况。在征得蒋盘发同意后，刘国钧只身赴沪。他买通怡和纱厂浆纱车间的工人，穿上他的号衣，潜入车间，现场观察了解浆纱的工艺过程及配方。两天后，被英国人发现，刘国钧在工人的帮助下逃出，可那位借出“号衣”的工人却被打成重伤。后来，刘国钧主动负担其全部医药费和劳务损失。这位工人伤愈后，有感于刘国钧等人的爱国热情，利用星期日，再请上同厂的另一位技术工人，专程来常帮助解决浆纱关键问题。由此，大纶转危为安，斜纹布生产正常了。

当时的大纶年生产能力，令人刮目相看。铁机年织布量 50000 匹，木机年织布量 15000 匹，主要生产棉质细斜纹布及各种棉织丝光、条格布，其斜纹布的商标主要为“飞熊”“太子狮”“蝶球”等，并销往上海和南京等地，深受消费者欢迎。大纶一年后即扭亏为盈，第二年盈余 3000 元，第三年又盈余 10000 余元。

此时，大纶内部的矛盾浮出水面，刘国钧名为协理，实际上掌握了生产大权。蒋盘发是经理，只是对外负责。厂里的内务，往往是刘国钧说了算。其他股东如刘宝森等人，感到大权旁落，心有不甘，从中挑拨中伤，于是权力之争就爆发了。

1918 年春，内部矛盾逐步公开化。刘国钧想请上海一位有名机匠，把厂里所有的手拉织机改装成脚踏织机，以提高产布量。事前刘国钧曾测算过，改机费用虽然大了一些，但改机后产量上去了，收益会大大增加。而刘宝森等却借机发难，说刘国钧随心所欲，大权独揽，挑拨蒋盘发和刘国钧的关系，加之，刘国钧年轻气盛，常常为了管理上的问题，与蒋盘发争执。蒋盘发偏听偏信了刘宝森的挑唆，决计排挤刘国钧。刘国钧当时正是“初生牛犊不怕虎”，自恃熟悉生产，市场亦有门路，萌发另起炉灶之念。矛盾既然公开，于是刘国钧提出拆伙。其他股东见年年有盈利，不愿就此散伙。最终协商结果是，刘国钧单独拆出，收回原投资，其盈利部分 1000 元仍留在大纶纺织公司作股金。

刘国钧与蒋盘发分道扬镳后，次年在新坊桥东下塘旁自立门户，先后自办广益布厂和广益染织厂。蒋盘发继续经营大纶，四年内盈利状况良好。1919 年 10 月集资 62 万元，成立大纶纺织股份有限公司，于常州南门外德安桥堍大校场荒地，背城临河，购地 60 余亩，兴筑厂房，1921 年 8 月建厂完工，易名为大纶纱厂，由蒋盘发任经理。大纶纱厂开工后开始还比较正常，后因资金周转失灵，再加上第一次世界大战结束，外国商品卷土重来，棉纱、白布受到外商排挤，加之内部经营管理不善，又因蒋盘发在上海交易所的棉花交易市场中投机失利，经营数年，亏蚀10余万元。

为此，由董事长刘叔裴和董事等邀集上海各股东组织保大银团，给予贷款20万元。由于条件苛刻，企业不堪忍受。1922年秋，大纶纱厂将资产先后抵款于上海保大、利大两银团。1924年，大纶纱厂生产停顿，无力偿还债务，宣告停闭。

刘国钧有感于当年的金兰之谊，帮助蒋盘发料理债务，蒋盘发仍回梅隆坝经营协源浆纱轧布加工厂。刘国钧说："盘哥本来志同道合，感情很好，两人共同创办大纶布厂，共同克服办厂中的种种困难，使大纶做得很发达，""其实盘哥是位性情爽直、对人没有歪心思、从来不搞阴谋诡计的人，我对他一直是敬重的，""他现在既有为难之处，我绝不能因为中途两人有些隔阂，就不念旧情而置之不顾。"从此，刘国钧与蒋盘发重新携手。

1925年，大纶纺织股份有限公司改组为大纶久记纺织股份有限公司。1929年，因日货大量倾销，纱布销路阻滞，积压现象十分严重。加之经营不善，年有亏损，资金周转不灵，因欠发工人工资而引发罢工。厂方在焦头烂额的情况下，有意出盘。

此时，刘国钧与蒋盘发又一次站到了一起。

刘国钧对接盘大纶久记颇有信心，找蒋盘发一起商讨。因为蒋盘发是该厂的创办人，熟悉情况，刘国钧有意借助蒋的熟门熟路去更好地驾驭可能接手的大纶久记。

蒋盘发亦出于他们之间的情谊，并感念刘国钧给予其协源布厂的资金帮助，答应积极促成，帮助暗中联系并协助未来接盘企业的管理。

刘国钧、蒋盘发两人联手，在大纶久记的大股东顾吉生、吴镜渊和刘叔裴之间游说，最终商定以50万元的代价接盘，紧接着草签协议，并付5万元定金。克服了集资招股上的困难后，宣告接盘成功。

1930年2月，接盘后的大纶久记纱厂，更名为"大成纺织染公司"，刘国钧的大成奇迹从此正式开始。蒋盘发亦兑现原先的承诺，以顾问的名义，在将近一年的时间，坐镇厂内，帮助解决办厂初期的困难，特别是排除地方上的阻挠，扶持大成步入正常轨道。

直到1940年1月，蒋盘发因身体日益衰弱，由上海返常定居，特邀刘国钧等挚友共商协源染织厂继承事宜。次年1月，蒋盘发久病医治无效去世，享年70岁。隔了一个多月，刘国钧方知噩耗，悲痛不已，作《像赞》一文遥祭。

综上所述，刘国钧与蒋盘发均为常州纺织业的开创者，他们之间的分分合合、恩恩怨怨，既是民族工业发展的必然，也是他们的个性冲突使然。这一切，都无损于他们作为爱国实业家的形象。

（作者单位：常州市老年大学。本文选自王亮伟编著《刘国钧研究文集 2014—2016》，凤凰出版社 2017 年版。）

刘国钧与金融奇才陈光甫

王亮伟

刘国钧是实业家，陈光甫是金融家。两人的关系是银企关系，但又胜似银企关系，他们在互相依存、互相扶持中共享共赢。尽管他们的交往发生在民国时期，但他们代表了一种能跨越时代的并可供后人借鉴的银企精神。

陈光甫的起家十分传奇。20世纪，他和人合伙以十万元注册资本成立一家银行，开始创业历程。有如此资金的银行不要说开展业务，就连起码的生存可能也做不到，更何况全国知名，而一家名为上海商业储蓄银行（以下简称上海商储行）恰恰却做到了这一点，确切地说是它的创办者、中国近代金融业的奇才——陈光甫做到了这一点。

陈光甫，名辉德，1881年12月出生于江苏镇江，比刘国钧大6岁。陈光甫认为银行没有必要筹措大笔的资金，自己的银行可为大银行服务，只要服务能力得到认可，便可以利用大银行的资金。银行要树立起良好的服务品牌，这样有助于吸收存款。1915年4月，上海商储行召开第一届股东会，议定银行资本十万元，庄得之凭借2.5万元的出资，成为银行的董事长。庄得之是常州武进人，盛宣怀的远房亲戚，曾担任信义洋行买办，还曾出任中国红十字会理事长，是一位社会知名人士。他的入股，扩大了上海商储行的影响力。陈光甫的两位好友张嘉璈和李铭也成为股东，陈光甫本人认购了5000元股份，其中还有一部分是庄得之垫付的，他被推举为银行的总经理。1915年6月2日，上海商储行在上海宁波路开业，几乎与刘国钧合股创办大纶织布股份有限公司是同一年代的事。开业当天，几位股东和朋友们在一起吃了一顿便饭。银行创建之初，规模很小，工作人员只有十来人，在同行业内起步低、实力弱。但是第二年，银行的资本增至20万元，到1919年已增至100万元，1931年更是增资到500万元，16年间增加了50倍，分支机构遍布全国三十多个城市。抗战爆发前，银行的存款总额比开业时增加了

350倍，达到了20194万元，放款总额增加了250倍，公积金和盈余有900万元之巨。短短的二十年时间，上海商储行由一家不起眼的“小小银行”，一跃成为中国第一大私人储蓄银行，陈光甫和上海商储行缔造了中国近代金融史上的奇迹。

刘国钧与陈光甫及上海商储行的最初交往是从1929年开始的。那时，刘国钧正酝酿接盘大纶久记纺织股份有限公司，并于1930年正式更名为大成纺织染股份有限公司。当时，大成公司注册资金是50万元，因筹集不足，实收40万元。但以万枚纱锭、250台织机为规模的企业测算，流动资金至少需要50万元。开工不久，大成公司遂与上海商储行签订合同，以厂基为抵押，借到贷款40万元。陈光甫还派员驻厂监督。至此，大成公司生产经营得以正常运转。

后来，大成纺织染股份有限公司在资金周转、向国外订购纱锭等方面，得到了上海商储行在结汇和贷款方面的大力支持。至1937年常州沦陷时，大成欠上海商储行贷款250万元。其贷款是以机器做抵押的，因部分机器已毁，厂亦停止生产，抵押品已失去价值。当时，东南沿海一带工厂纷纷迁往内地。在重庆的中国银行、交通银行无奈之下，对清理欠款拟定了“还本无利”的办法，上海商储行亦对部分厂商采用“折扣归还”的办法。

大成公司欠陈光甫上海商储行的250万元，是由于1936年向瑞士订购3万枚“利妥”纱锭，请上海商储行做担保，所有外汇亦由商储行结汇支出。另外，还有一笔借款100多万元，是以机器为抵押。如果机器损坏，这笔账也就变成了一笔糊涂账；或者成了呆账，可以不了了之。在非常时期，拖欠、延宕的现象亦属正常。用现在的话说，叫“不可抗力”。对此，刘国钧也矛盾过：如果把欠款一起还掉，以后可能借不到，那么将来恢复大成就成了问题；如果不还的话，事关企业信誉。

陈光甫借道镇江，也到了汉口。陈光甫请刘国钧吃饭，席间，陈光甫问：“常州沦陷了，你有何打算？”刘国钧说：“物质虽然遭到了极大的损失，我的精神不死，我是一定要把大成恢复起来的！”陈光甫说：“我们银行总归是做生意，你们实业家有这样的志气，可敬可佩。中国要能这样，才有前途。”陈光甫的言下之意是，今后你刘国钧若能矢志恢复事业，我们上海商储行仍会一如既往地支持你的。刘国钧思忖：人家的态度友好而真诚，大成岂能做以怨报德的事呢！最终，刘国钧兑现诺言，将欠款不打折扣地如数还清。当时，大成公司从武昌大成四厂分拆时得到一笔现金，经与上海商储行协议，欠款分别在上海、重庆两地陆续还清，多余的款项也存入上海商储行。

陈光甫感到大成公司守信用，卓有远见，遂与刘国钧结为知己。陈光甫的一位高级助手曾感慨地说：“刘总经理，你凶是凶的（注：“凶”，方言。这里指精明、厉害），但那个时候，有决心如数还款，本息全清，信用卓著，除了你刘国钧，是没有第二个人能做到这样的。今天，能东山复起，厂又做到这样发达，也是没有第二个人有如此本领。”从此，刘国钧与陈光甫的关系也就更近了一层。这层关系与其说是一种私人关系，倒不如说是一种健康的银企关系。

抗战胜利后，大成在恢复常州三个厂的过程中，上海商储行陆续放款予以支持，款额常达百万元以上。从1946年复工到1948年，大成公司的库存原棉、机物料、成品以及流动资金，都已超过抗战前。为了应付当时的复杂环境和资金运用的便利，刘国钧将自己名下的股额划出一部分给陈光甫等人，并提议聘请陈光甫担任董事长。

陈光甫自1946年担任大成公司董事长后，竭力为公司购买官价美钞和廉价美棉，当时，中央银行美元兑率，一般低于市场价格1倍，能购买到官价外汇，即可获得1倍利润。因此，在美货的倾销冲击下，虽有威胁，大成公司尚能在市场缝隙中获取微利。另外，陈光甫对国民政府推行的经济政策如垄断原棉、动力和燃料以及任意侵占民族工业市场等，进行强力抵制，也在一定程度上保护了大成公司的利益。

刘国钧与陈光甫所建立的深厚的银企关系，已过去70多年了。反观当下，银行和企业之间的关系扭曲，银行和企业之间不再信任，互相哄瞒，互相躲避，甚至欺诈、赖账等失信行为泛滥，这种不正常的现象如同一把“双刃剑”，极大地伤害了银行和企业双方的利益。我们不妨去学习借鉴一下刘国钧和陈光甫所建立的银企关系：既是“锦上添花”，更是“雪中送炭”，这样的银企关系，才是真正的双赢关系。

（本文选自王亮伟编著《刘国钧研究文集2014—2016》，凤凰出版社2017年版。）

刘国钧生命中三位重要的女性

李梅香

杰出的实业家刘国钧，在近代中国工业史上创造了罕见的奇迹，他的创业精神和工业理念为研究者所津津乐道，对当下也不无启迪意义。然而从一个小镇的贫儿成长为名闻中外的工商巨子，不得不提给予刘国钧生命滋养的三位重要女性。

她为他点亮困苦微暗少年路

她是刘国钧的母亲，丁氏。

刘母出生于耕读之家，闺阁之中谨守“女子无才便是德”的古训，摇纱，织布，做女红，虽只字不识，然私塾之家的耳濡目染，使她也能口述半部《大学》。十九岁嫁给刘国钧的父亲刘黼堂，当时刘家在靖江生祠镇尚属小康之家，刘黼堂书生意气，汲汲于功名，然屡试不第，加上其父中年早逝，因一心只读圣贤书，不谙持家之道，家中所余全作了应试的资费，终致家道中落。

科考无望的刘黼堂抑郁生病，足不出户，家中完全断绝了经济来源，刘母靠一架旧纺车日夜纺纱赚取微薄收入维持全家生活，却难以为继。迫于生计，刘母白天外出帮佣，晚上纺纱兼帮人家浆洗衣服，天刚麻麻亮就起床烧一锅元麦糊粥，留作丈夫儿子一日三餐，然后匆匆出去上工，没日没夜，备尝艰辛。

目睹母亲为了撑起这个艰难竭蹶的家受尽苦难，刘国钧内心感激万分。为帮母亲分忧，他小小年纪在家料理父亲吃饭，外出拾柴，贩卖瓜果，叫卖酒酿，加工锡箔元宝，全家相依为命，生活穷困之极，但母亲给了刘国钧一个完整的家，给了他一片明朗的天空。

后来刘国钧想入塾读书，虽然家中一日三餐都难以为继，刘母内心还是非常高兴，她去央求本家的私塾先生，收刘国钧入学。刘国钧这才有了八个月正式入塾读书的经历，学了其他同学两年的书，补交学费八百文钱，虽然辍学，这段入学的经历让刘国钧终生受益，终生难忘。

刘母对刘国钧慈爱关怀又期望殷切，当十一二岁的刘国钧入道士行混饭吃，看到道士这个行当既无技术又无前途，刘母积极赞同他改行，并想方设法托人介绍刘国钧到糟坊当学徒。当刘国钧发现糟坊学生意一辈子也没什么出息时，刘母得知儿子的想法，立刻去央告邻居柳三奶奶，设法说动柳三奶奶的宗亲柳秀方带刘国钧到江南当学徒谋生。她说："金生（刘国钧乳名），你的心思和志向，为娘的哪能不知道。但是，你才 15 岁不到，人又瘦小，家里这么穷，连拜师的钱也拿不出，就算人家柳三叔答应荐你，又有哪一家店的老板肯收你做徒弟呀？娘的头发都愁白了。"终于得到柳秀方的同意，可行李、盘缠又让刘母忧心如焚，想到街坊赵先生乐于助人，母亲带着刘国钧去找赵先生告借十元洋钱，赵先生爽快答应了。

正是母亲无怨无悔的付出与支持，刘国钧从童年苦难的泥泞中摸爬过了一道又一道沟壑，走到了一条新的路途上，虽然前程未卜，毕竟母亲用尽自己的全部给了他希望和力量。

刘国钧到奔牛学生意，三年满师后，带着十八块银洋回生祠镇，把钱交到母亲手里。刘母握着铮亮的银元，淌着热泪说："我这一生，到今朝还没有拿到过这许多银洋钱。现在我儿子给我了，心里真是欢喜。"随后，刘母拿着银洋钱出门而去。原来，她是去还三年前向赵先生借的十块银元。赵先生说什么也不肯收，他说："三年来，你没少帮我们家做事，我也没给你工钱，这不等于还了钱了。"刘母说："那只能算作利息，这本钱可不能不还啊！"

母亲的举动让刘国钧百感交集，多年后，他在回忆中这样写道：我母亲为了我，为了这个家，受了这么多的苦，穷了这半辈子，要是换了其他有些女太太，见了银洋钱，说不定要赶快藏起来了，而我的母亲，她首先想到的却是还债。

真是了不起的正直、贤淑。

她和他相濡以沫七十载。

她是刘国钧的夫人，姓鞠，名秀英，五十年代后改夫姓，叫刘鞠秀。

鞠秀英与刘国钧是同乡，父母都是老实本分的农民，21 岁那年，刘国钧从奔牛回到靖江老家，与年方二八的鞠秀英相亲。在刘国钧当时看来，因为母亲在他心目中的地位是至高无上的，不是自己要讨老婆，而是替母亲娶媳妇，自己将来的妻子只要能孝敬公婆就满足了。刘国钧甚至对母亲说，就不用去看了，只要你觉得好，我就一定会同意的。

就这样，刘、鞠于1907年订婚，1908年结婚，他们的婚事完全奉父母之命、秉媒妁之言，婚前无恋爱磨合过程，他们感情的基础就是门当户对，双方都老实可靠。

鞠秀英端庄贤淑，心地善良，手脚勤快。她不但不嫌刘国钧无家产，还鼓励他在外面努力做事。她说，钱财都是靠人十个指头忙出来的，只要勤俭刻苦，家庭总有一天会兴旺起来的。新婚第二天鞠秀英就煮茶、烧饭、做家务，街坊邻居交口称赞，说刘家娶了位贤德的好媳妇。

从结婚那一天起，鞠秀英就把一生的幸福交给了刘国钧，和许多传统的中国女性一样，从此生命中只有这个男人，以及与这个男人有关的一切，无论穷困与富贵，都忠贞不渝。刘国钧是幸运的，月下老人的红头绳让他牵到了贤淑的她。鞠秀英是幸运的，她托付终身的男人是个有大志向的可靠人，他带她一起打拼出一个完全崭新的天地，他让她经历了一个普通家庭妇女难以企及的荣光与风云。

婚后第十天，刘国钧就告别新婚的鞠秀英回到奔牛。鞠秀英在生祠镇老家侍奉公婆，操持家务。当刘国钧觅得“辫须”商机，鞠秀英和婆母在老家将刘国钧运回来的各色丝线编织成辫须，一年不到，盈利二百大洋，这“第一桶金”为日后刘国钧开办布号打下了基础。

家有贤妻，刘国钧无累赘羁绊，一心开店闯事业，及至后来办厂，鞠秀英都默默地站在刘国钧身边，给予他鼓励和温情。鞠秀英共生育了16个孩子，活下来的只有三子一女。儿女们回忆：父亲很忙，母亲管家，对孩子们管教很严，那时靖江老家有许多年轻女孩来大成厂做工，女工们都住在厂里，母亲一天三顿管着她们的伙食和生活，老家的人都十分放心，说在大成厂比在家里还要安全。

鞠秀英的孝行也给予刘国钧莫大安慰。1936年，刘国钧准备前往汉口筹备大成四厂，面对古稀老母，犹豫再三不忍远行，刘母让儿子放心离家，说有媳妇在，她便享福。那年秋后，刘母无疾而终，弥留之际，拉住鞠秀英的手只说了一句话：“秀，你比女儿都好，我就是掉不了你啊！”

鞠秀英与婆母的感情超越母女之情，她代刘国钧尽了最后的孝道，刘国钧感念万分。他曾这样深情地评价自己的爱妻：半个多世纪中，她和我风雨同舟，以沫相濡；她相夫教子，齐我家庭，助我创业，辅我事业，我认为我与她是人世间最美满、最幸福的一对夫妻。

她如他所愿白璧无瑕耀光华

她是刘国钧的爱女，名璧如。

刘国钧有三子一女。1912 年得长子汉堃，1919 年 6 月女儿出生，取名璧如，视如珍宝。

璧如 10 岁那年，刘国钧让女儿向孔子牌位和老师行礼，入刘家私塾读书，后在江南大儒钱名山的寄园学习儒家经典和古典诗词。在寄园的熏陶下，聪慧灵秀的璧如成了一个“爱争对仗比新词”的诗童，对联、写诗都受到先生嘉许。

岁月如梭，璧如出落成美丽娴静的大姑娘，男大当婚女大当嫁，璧如的婚事成为刘家的大事。刘国钧当年是奉母命找媳妇，如今轮到他为女儿选女婿。从刘国钧的经历看来，父母之命、媒妁之言或许并不都是坏事。

1933 年，一个年轻技师从上海来到大成二厂，他叫查济民，浙江海宁人。刘国钧看上了这个年轻有为、品行正派的小伙子，共同的诗词爱好，也让刘璧如芳心萌动。

1936 年，17 岁的刘璧如与查济民结为秦晋之好，从此，璧如谨遵父亲“勤俭”的教诲，不再依靠家财万贯的娘家，而是靠查济民的工资过日子。在颠沛流离中，刘璧如相夫教子，精心持家，清苦自律，用柔弱的肩膀担当起家庭的责任，也磨炼了自己的意志。

1948 年，她和查济民来到香港，创办中国染厂，开始实际参与企业管理，并展露管理才能，呈现包容宽广的大视野。在刘璧如的襄理和支持下，中国染厂发展成为东南亚最大的印染厂，并在多个国家开设染厂二十余家，查、刘伉俪在香港和内地都具有很大的影响力。

刘璧如远在香江，一刻也没有忘记父亲的教诲，她秉承庭训：能受天磨真铁汉，不遭人忌是庸才。处处认真做事，简朴低调生活，她尊长爱幼，克己复礼，七个子女，都接受良好的高等教育，个个成才立业。

1977 年，香港大屿岛愉景湾尚是一片荒山，一位商人在此欲办养牛场，投资失败，因债权关系，此地行将为设在新加坡的一家苏联银行接管。时任《大公报》社长费彝民发乎爱国之情，动员查、刘夫妇投资购置。时查济民不在香港，电话征得查济民同意后，刘璧如果断决策，投资 3000 万元港币买下愉景湾。

刘璧如的这一大手笔，既出于对祖国的责任，更不乏对愉景湾开发价值的远见。此举传为奇闻美谈，璧如只淡淡说了一句：“济民说，办好了这件事，总算对得起周总理了。”

后来，长子查懋声为表达对母亲的敬意和爱，特地将愉景湾一小区命名为“璧如台”。

1999 年，经国际小行星中心和国家小行星命名委员会批准，由中国科学院紫金山天文台发现的、国际编号为 3960 号小行星被正式命名为“查刘璧如星”。

（本文选自王亮伟编著《刘国钧研究文集 2014—2016》，凤凰出版社 2017 年版。）

刘国钧，不仅仅是历史的

王亮伟

刘国钧出生在19世纪后叶，从历史角度看，其人其事已成为一段远去的记忆。笔者从童年起就听到邻里街坊的传说：刘国钧幼时卖过烧饼油条等。笔者那时很纳闷——刘国钧作为资本家怎么会沿街叫卖呢？他后来怎么成为大实业家呢？ 20世纪50、60年代的常州人，大凡在刘国钧创办的大成纺织企业工作的，一般是很令人羡慕的，因为旧中国并没有给常州这座城市留下像样的工业遗产，唯有刘国钧的大成企业。所以，当人们聊起刘国钧的发家史，总要给他抹上种种神秘色彩……

刘国钧，是历史的

刘国钧幼年所处的时代也是中华民族最黑暗、最艰难的时候，家境窘迫。经过半个世纪自强不息的奋斗，到1949年，他已拥有3家公司、十多家工厂，遍及常州、上海、武汉、重庆等地以及台湾、香港地区。13万枚纱锭，4000台织机，加上厂房设备和其他产业的投资，以及海外的资产，确实证明他是一位名副其实的大实业家。难怪著名的经济学家马寅初先生曾评价刘国钧的大成企业——在“民族工商业中实在是一个罕见的奇迹”。

读过刘国钧传记文集的人都会深切体会“自古雄才多磨难，从来纨绔少伟男”的真谛。刘国钧7岁那年，父亲突患重病，一家人生活无着，他也被迫流落街头；10岁时就贩卖水果、酒酿，11岁时曾进私塾，因家境贫困，半年多就被迫辍学，继续小贩生涯，难得温饱；13岁后分别进道观打杂和到糟坊做苦工；15岁借了10块银元到常州奔牛镇京货店当学徒。可以说，刘国钧在童年、少年时代饱受艰难困苦，这些艰难困苦也成了他人生的巨大财富基础。

刘国钧幼年失学，识字甚少，按一般常规，似乎很难成就大事业。然而，他聪慧过人，并以开拓者的敏锐眼光和果断气魄跻身于中国纺织实业界进行了艰难困苦的创业活动。他善于学习，善于吸取国内外先进经验。他自己四访日本，亲赴诸国考察，将外国经营管理的先进经验融合到自己的企业中来，并形成了独特的管理风格。同时，他经常走访国内有名的纺织企业，吸收全国著名实业家的成功经验和失败教训，集国人半个世纪经营之精华，进行有益的改革创新。

刘国钧是一位民族实业家，但他同时又是一位杰出的爱国者，对祖国怀有深厚情感。他创办纺织企业，为的是“土纱救国”，发展民族工业，抵御列强对中华民族的侵略；他对祖国统一、民族团结的强烈期盼，体现在对祖国发展前途的坚定信念，对祖国主权和尊严的坚决捍卫，对卖国求荣的无比鄙视，对爱国志士的无比崇敬上。

刘国钧虽是地方首富，却崇尚简朴、慈善济世。他时常教育后辈不要忘本，日子好了也要勤俭朴素。他个人从不随便花钱，但对社会公益事业却慷慨捐资，捐资开办学校、铺路修桥、疏浚河道和修缮寺庙古迹，并捐钱捐物支持抗美援朝和抢险救灾等。

他具有独特的人格，有别于其他实业家。他没有背景没有祖传遗产，但他以意志坚定著称，是一位锋芒毕露、叱咤风云的人物。他在创业中大刀阔斧，全力以赴，雷厉风行，毫不妥协，不管世人对他如何褒贬，依然努力前行。正如他常说的：“我无其他嗜好，只爱办厂。”

刘国钧，又不仅仅是历史的

刘国钧又不仅仅是历史的，其精神永存。对于刘国钧，后人不能仅限于了解其大概的传奇经历。他的精神影响了一个社会，因为他的思想认知经历了艰难曲折和波澜壮阔，凝聚了历史发展的客观规律，是民族、国家的精神财富，是无价的精神财富。

对于刘国钧，后人应从历史的视角阅读，站在现在的社会角度吸收。

也许是历史原因，刘国钧的一些事迹并不为所有人了解和理解，但是他在社会民众心目中永远作为一种精神而存在。这种精神力量，促使着人们追梦、担当、有所作为。刘国钧作为一种精神力量，是历史创造的，又在引导历史。在充满历史机遇和挑战面前的今天，我们更需要精神，更需要刘国钧精神文化，需要刘国钧精神文化价值。

刘国钧的女儿刘璧如女士曾说：“我父亲的创业经验，是用之不竭的宝库。

我们自己海外的企业，至今还沿用他的宝贵经验，屡用屡灵，经久不衰。”刘国钧的创业经验，早为国内经济学术界所推崇和肯定。新中国成立后，中央、省市等媒体报刊和研究机构或大篇报道，或论文宣传，或著文研讨。因为，他的经营之道早为境内外许多企业所吸收和运用，效果显著。

企业如此，学校也不例外。常州刘国钧高等职业技术学校（以下简称刘国钧高职校）从以刘国钧的名字命名开始，就将刘国钧精神及其大成企业文化作为创设学校文化的源点，并在人才培养模式构建中予以充分借鉴和传承。

爱国主义教育是学校教育的主题，但从何处入手呢？刘国钧的故事告诉我们，他的爱国情怀是从算一笔“洋布账”开始的：当年中国进口一匹洋布要多损失一匹布，于是刘国钧萌发了发展中国民族纺织业的雄心壮志。在抗战前，他就拟定了“土纱救国计划书”，当时他的广益企业和后来的大成企业商标是“征东”牌（意为征伐“东洋货”）和“蝶球”牌（谐音为“无敌于全球”）。从刘国钧的身上，我们分明感悟到，爱国主义不是抽象的，应从具体的、身边的、细微处做起。

刘国钧在童年、少年时代饱尝艰辛和困苦，正如他所描述的那样“日食三餐元麦糊，夜卧一张竹编床”。艰难困苦的生活磨砺了刘国钧，日后形成了他的家训：能受天磨真铁汉，不遭人忌是庸才。他从 15 岁出门闯天下，最终成就了事业，这不正是职业院校需要培养学生的艰苦创业精神么？

刘国钧自小聪慧，做事善动脑筋，尤其在经商理财方面潜心研究，胜人一筹。他创办的第一家京货店取名“和丰”，第二家取名“同丰”，实际上取意于一副对联：“和以为贵，同而不流。”由此可见，“和而不同”是刘国钧先生的经营之道，更是其处世哲学。这恰恰是职业院校学生应具备的职业素养。

刘国钧的人才观很独特，他说：“单会技术是三等人才，单会管理是二等人才，又会管理又会技术才是一等人才。”刘国钧从他的实践中总结和提炼了“人才要义”，确实值得职业院校在制定人才培养方案和帮助学生提升核心能力等方面予以充分学习借鉴。

当然，刘国钧高职校还从多方面引导学生学习传承刘国钧精神，如他获取的“第一桶金”所显示的创业精神和创业能力；他第一次“跨洋留学”所展示的“学洋不媚洋、学洋要超洋”的民族精神 ；他出品的第一批“土纱布”所反映的敢想敢闯、永不言弃的实业家风格；他面对第一次“质量问题”所显露的严肃认真、一丝不苟的诚信态度等。这一切都充分说明，刘国钧真是一本读不完的教科书。为此，刘国钧高职校将刘国钧精神及大成企业不可多得的文化遗产通过成立刘国钧研究组织、编印刘国钧书籍、建立刘国钧纪念馆、命名国钧校园道路、设立大成系列景观和开设国钧讲堂等多种形式融入并渗透到现在的学校文化建设中，形成了学校固有的文化渊源和办学理念，使其在新的条件下得到传承和发展。

刘国钧精神文化在学校得到传承固然重要，但使其在社会上更大范围内得到弘扬就更重要，因为社会是青少年学生成长发展的广阔天地。我们同样高兴地看到：靖江生祠镇刘国钧故居记录了刘国钧从小艰苦创业、晚年荣归故里的全过程，这激励着当代人以国钧为楷模，再接再厉、勇攀高峰；刘国钧青果巷故居扬唐氏八桂遗风、承革命先烈遗志、展爱国立业风貌，给人们许多启迪，激励大家承先启后，完成先辈们未竟的事业；在刘国钧高职校校园里，刘国钧纪念馆已成为开放的爱国主义教育基地，一批批校内外青少年学子从他的经历里汲取人生前行的营养；在常州信息职业技术学院等院校广场上，分别雕刻了刘国钧先生不同时代的铜像，这让那双坚毅而睿智的眼睛见证了学校育人事业的不断跨越，也激励着当代师生不断追求新的高度；中华纺织博览园正崛起在常州的东部，它正保护着大成纺织遗存，弘扬传承历史文化，建设具有国内外影响力的纺织文化创意产业基地……

刘国钧，不仅仅是历史的。

刘国钧精神永存！

（作者简介：常州刘国钧文化中心主任，主要研究方向为职业院校文化建设管理。本文选自王亮伟编著《刘国钧研究文集 2014—2016》，凤凰出版社 2017 年版。）

刘国钧的人生悲悯

李筱纲

刘国钧的一生，50 岁是分水岭。50 岁前，他精力充沛，活力张扬，人生得意，事业辉煌；大成的发展到达巅峰状态，办一事，成一事，事事顺心，桩桩如意。他是纺织大王，代表财富，代表希望，代表成功与未来。但在 50 岁之后，刘国钧的人生开始走下坡路，刘国钧的人生悲悯大致包括以下六个方面：

一是家国之恨。刘国钧 50 岁生日过后不久，抗日战争全面爆发。战事迅速从上海蔓延到常州，他与家人也被迫加入流民的队伍，逃亡至武汉与重庆。他仇恨日本侵略者，对抗战充满必胜的信心。他说："日本鬼子侵略中国是蛇吞象，迟早会被撑死。"

二是企业之毁。一场突如其来的战争彻底改变了刘国钧的命运，也改变了大成公司的命运。1937 年 11 月 18 日，日机对大成各厂进行轰炸。此次轰炸，大成一厂纺部新车间、货栈、工人宿舍以及机器、原辅材料全部焚毁，大成二厂成为废墟，大成三厂支离破碎，后沦为日军的马厩。按照 1937 年市值计算，此次轰炸造成大成公司直接经济损失 513.9 万元，间接经济损失 1277.6 万元，累计经济损失 1791.5 万元。

三是人事之争。刘国钧逃到武汉之后，转道大半个中国，回到上海，在租界创办安达公司。因意见相左，刘国钧与刘靖基产生矛盾，后来不断加剧，直至分庭抗礼。1947 年，安达公司与大成公司一分为二，分开核算。刘国钧任大成总经理，刘靖基任大成副总经理；刘靖基任安达总经理，刘国钧任安达副总经理。刘国钧的股份 60% 在大成，40% 在安达；刘靖基股份 60% 在安达，40% 在大成。虽然安达仍属大成，但他对安达实际已经失去了控制力，这是刘国钧一生中最虐心的事情。

四是生存之屈。和众多的民族资本家一样，刘国钧在解放后饱受政治磨难。先是"三反""五反"，后是"反右"，再是史无前例的"十年浩劫"。在接二连三的政治运动下，刘国钧忍辱负重，委曲求全。在此期间，刘国钧积极响应号召，不错过任何一个政治节点：公私合营，他勇夺全省第一；征收互助金，他率先全员征缴；发行国家公债，刘国钧超额完成数倍；三年困难时期，主动要求将自己的工资从 800 元降到 300 元；将自己珍藏的 395 幅书画捐赠给博物馆；将上海、苏州、常州等地的园林私宅捐赠给国家；与张允溪联手创办常州纺织学院……幼子刘汉良有一次问他："您做了那么多的好事，图啥？"刘国钧道："图心安！"也就是说，刘国钧一直认为自己是有原罪的。他所做的一切事情仿佛都是在赎罪，都是在寻求安全感。从另一个层面来说，那个时代从没有赋予民族资本家安全感。

五是亲子之悲。1956 年，刘国钧的长子刘汉堃在香港因心肌梗死去世，晚年丧子是人生三大悲之一（少年丧母、中年丧偶、晚年丧子）。他曾经对刘璧如说过："有朝一日，我也将跨鹤而去，与汉堃为伴，不让他过于孤单。"可见刘国钧之悲伤。幼子刘汉良在"文革"中遭遇惨痛的折磨与屈辱，整他的"红卫兵"恰恰是刘国钧一手创办的大成公司厂校的学生。他们将刘汉良劫持到常州大成，拳打脚踢，逼其向毛主席认罪，次日又在烈日炎炎下举行批判大会。刘汉良被放回南京后，刘国钧抱着伤痕累累的儿子哀痛不已，说："为父不应该让你回来啊！"

六是故乡之痛。1919 年，刘国钧在生祠堂创办公裕布厂，因用人失察，导致工厂管理者王某吃里扒外，扣减花农花衣中饱私囊。而生祠堂的摇纱户居然在花衣中洒水充斤两，待运至上海，件内的棉纱早已霉烂，客户退货，还加倍索赔。公裕布厂不到一年便宣告倒闭，三万大洋投资打了水漂。刘国钧追悔莫及，有一次对陶振熙说，生祠堂人人心叵测，有时授人以渔，还真不如授人以鱼。

尽管这么说，刘国钧并没有停止对家乡的奉献，1932 年，刘国钧又捐资修建大靖港。这本是一件利乡利民的大善事，但在工程施工时，却遭到本地劣绅王济川的作梗与敲诈，刘国钧无奈，只得将一半工程交由王济川负责。

1972 年，刘国钧回乡祭祖。看到在"文革"中被毁的岳庙痛心疾首，向大兴公社（"文革"中生祠堂易名为大兴）领导请求重修岳庙，遭到拒绝；又郑重提出向家乡捐赠 10 台拖拉机，又遭拒绝。两次被拒绝，伤透了这位游子的心。尽管如此，刘国钧心灰而意不冷，他写信给周恩来总理，责成江苏省委，再由江苏省委责成靖江县委、大兴公社，接受那 10 台拖拉机。1978 年，刘国钧弥留之际，仍然嘱咐儿女，一定要重修生祠堂岳庙。

（本文选自王亮伟编著《刘国钧研究文集 2014—2016》，凤凰出版社 2017 年版。）

刘国钧家世及与刘靖基的矛盾

高　峰

民国十九年（1930），刘国钧接盘大纶久记纱厂，后改名“大成纺织染公司”。刘国钧自任经理，并聘刘靖基任协理，负责经营。刘国钧在选中刘靖基之初，便特意派人回靖江查阅家谱，弄清了刘靖基不但与他同宗，还长一辈。故而，刘国钧虽然比刘靖基大了十五岁，依然恭敬地称刘靖基为“靖叔”。

一、迁靖始末

元朝末年，天下大乱，狼烟四起。崛起于淮北的朱元璋部东讨西征，占据了长江中下游广大地区。元至正十七年（1357）六月，朱元璋派大将赵继祖、郭天禄、吴良夺取江阴，八月，攻占马驮沙（靖江的前身）。此后，朱元璋全力对付盘踞在江西的陈友谅部，派手下大将吴良、吴桢兄弟驻守江阴，监视东面的另一支割据武装张士诚部。

至正十九年（1359）二月，张士诚部攻打江阴。吴良命令部将王子明率几十名壮士冲出江阴南门，从背面迂回夹击张士诚军，张军大败。这群壮士中有兄弟俩，一个叫刘旺，一个叫刘兴，安徽庐州府六安州人。此役后，刘旺、刘兴追随吴良不断攻城拔寨，立下赫赫战功。

明朝建立后，论功行赏，刘旺被授予陕西延安卫百户，刘兴被授予千户，占籍江阴。明洪武二十六年（1393），刘兴又被册封为威武卫指挥佥事，进同知副指挥使，擢大都督。刘兴住在江阴城西青山里泰山坊，生有二子，长曰伯聪，次曰叔完。叔完又生有四子，分别为海、洪、浩、清。

刘海字仲海，号鹤轩，才识超群，克振家声。自明初，马驮沙就已经全部划给江阴县管辖。刘海带领族人到马驮沙开荒种地。明成化七年（1471），马驮沙从江阴划出，设立靖江县。刘海年已耄耋，慨然捐资二万金建城，被朝廷授予五品职衔。刘海也成为这支刘氏的靖江始迁祖。

这一支刘姓最早出自江西南昌府梓溪村（今江西省南昌县向塘镇剑霞村），故称“梓溪刘”。

清咸丰七年（1857）修纂的《靖江县志稿》曾对梓溪刘氏的先祖刘兴、刘旺进行考证：

各旧志载，刘兴、刘旺为兄弟二人，即刘氏家乘亦晰言之，独《明史稿·江阴侯吴桢传》有金兴旺者，桢之偏裨。又平蜀时为中山王徐达前锋，其姓则分偏旁之下，金字其名，则并两人为一人，殆史家传闻之误。

意思是说，《明史稿》并无刘兴、刘旺的记载，只是有一个叫金兴旺的，是吴桢的偏将，在平定四川时曾担任徐达的前锋，或许是史学家弄错了，把刘氏兄弟的姓名合为一人了。

查《明史·金兴旺传》，金兴旺的籍贯不详，但生平事迹、职衔与刘兴十分接近。他的名字又包含了刘兴、刘旺的名字，极有可能真是史家的误记。

二、璘安位

当初，迁靖始祖刘海生有四子：瑞、璘、瑄、瑭。瑄、瑭的后人今已无寻，靖江的梓溪刘氏多是瑞、璘的子孙。是故，梓溪刘氏又由此二人分出许多支。

所谓“璘安位”，是指迁靖始祖刘海第二子刘璘，刘璘第二子叫刘安，刘安第二子叫刘位。刘位的后代统称“璘安位”支。其他支族还有瑞震作、瑞震仕、璘安偃、璘安便、璘华伍、璘华仟等。但是以璘安位这一支成就最大，人才最众。

从清代初年开始，“璘安位”代有才人，独领靖江风骚数百年。科举时代，靖江本土总共出了二十二名进士，梓溪刘氏一族出了五人，而“璘安位”一支就占了三位，分别是清顺治四年（1647）进士刘帱、乾隆六十年（1795）进士刘重、光绪九年（1883）进士刘庭璟。这是相当了不起的成就。

此外“璘安位”出的人才还有担任过河南巩县知县的刘铭（著有《梅隅集》），诗人刘枝蔚（著有《管窥集》），藏书家刘枝茂（著有《萃春轩集》），堪舆家刘鸣义（著有《燕游草》），曾供职于四库馆的刘章雅（著有《淡明斋集》），曾领导道光时期靖江抗英斗争的著名士绅刘泰詹，开垦刘闻沙的大富豪刘香，顺天乡试举人、诗人刘和。延至近代则有靖江“刘氏三兄弟”——刘述周、蒋天佐、刘拜山。

“璘安位”除了在文学、政治上取得相当的成就，也有一些人生财有道，擅长经营，积累起巨大财富。故而，这个家族诞生出刘国钧、刘靖基这样的工商巨子也有一定的渊源。

比如，刘国钧的七世祖刘作“家赀丰厚，为吾宗巨富”。刘作的妻子朱氏“治家严肃，亲自书算，克掌家业”。九世祖元滕，家谱说他“温良，乐贸易”。同样属于九世的元泓“善治家产，赀累逾万，仆婢百余口，会岁歉出赈千钟，邑侯奖之，举乡钦”等。

刘国钧与刘靖基的共祖即是上文提到的刘畴，属第十二世。

刘畴字尚中，号弘伯，别号江舟。明万历三十四年（1606）生，明崇祯十二年（1639）拔贡，清顺治四年（1647）三甲一百八十六名进士，授福建建安知县。时清兵南下，烽火遍地，畴招农归田，安定民心，又修黄华山书院，与诸生讲习其中。生平抱负多见于诗歌。康熙九年（1670）卒，年六十五。著有《松云斋集》。

刘畴在明末清初的靖江颇有文名。当时的靖江知县，后来贵为南明鲁王兵部尚书的陈函辉曾把他与萧松龄（字公木，号亦园）、侯溥（字公叔）并称靖江文坛的“鼎之三足”。邑人蒋中和在《祭到翼言先生文》中也说：亦园先生其白眉兮，复脱颖而有尚中。

刘畴生有五子。原配朱氏，生子鉴、铭、鎏。

刘国钧即是刘铭之后。

刘畴在福建建安知县任上，纳妾黄氏，生两子如金、若金。

刘靖基即是若金之后。

靖江梓溪刘氏尊刘兴、刘旺的父亲刘重义为第一世祖。刘国钧属于梓溪刘氏第二十三世。世系如下：

重义—兴—叔完—海—璘—安—位—鑰—元滕（9）—文楫—熙学—畴（12）—铭—方溥—枝荃—炳朝—善长—起芬—德源—正芳（20）—品荣—达孝（黼堂）—国钧（23）

刘靖基属梓溪刘氏第二十二世。世系如下：

重义—兴—叔完—海—璘—安—位—鑰—元滕（9）—文楫—熙学—畴（12）—若金—方灏—枝玉—人鲲—重—鉽—福康—权—炽昌—靖基（22）

因此，刘国钧比刘靖基晚了一辈。

三、家世

“璘安位”这一支到第十世刘文楫时还住在生祠堂。清代初年，十二世刘畴考取进士，授福建建安知县，致仕后即定居靖城，住石皮弄。刘畴共有五子，靖城地方狭小，无法居住，第二子刘铭又回迁生祠堂。

刘铭，字武勤，号晓沧，畴二子。初居东水关之西。“少明敏沉默，有经济。父畴宦闽中，代综家政，与人交，和蔼可亲，接之者如饮醇醪。”（光绪《靖江县志》卷十三）

除了善治家外，刘铭读书也不错，是岁贡生，后来出去做官，任安徽合肥县教谕，后升河南巩县知县。

刘铭的儿子方溥，也是岁贡生，候选教谕。

方溥的儿子枝荃，邑庠生，只是一名秀才。一生平平，几无可说。

枝荃之后是炳朝，炳朝生子善长，这对父子都是国学生，也就是国子监读书肄业的学生。那个时代，国学生也是相当荣耀的。国子监学生一则是通过选拔，也可捐纳。刘氏父子资质平平，捐纳的可能性比较大。

到了善长的儿子起芬一代，已是十八世，家道日趋衰弱。起芬生活于清乾隆年间。家谱中只记其名讳生卒，足见没有读过什么书。所谓君子之泽，五世而斩。从刘铭到善长，恰好五世。

起芬之后是德源，家谱只留下名字，没有生卒年也没有安葬地，可见生活更是艰辛。德源之后是正芳，也就是刘国钧的曾祖刘功良。

刘功良，生于清嘉庆二十年（1815）。正芳曾在靖城学医，出师后即回生祠堂行医，还开了一家小小的药铺，惨淡经营，仅能维持温饱。这位寂寂无名的乡间医生死于光绪十三年（1893），活了78岁，在当时也算是高寿了。

功良之后是刘品荣，也就是刘国钧祖父，关于他以及刘国钧的父亲刘黼堂，后世研究者记述很多，本文不再赘述。

刘畴娶建安黄氏，生子如金、若金。单从这个取名上也可以看出刘畴对这位如夫人爱如掌上明珠。

刘若金是廪膳生，也就是享受财政补贴的秀才。

刘若金的儿子方灏是增广生，也就是扩招生，没有伙食补贴，地位比廪膳生低了一个档次。

方灏之后是枝玉，也是增广生。

枝玉之后是人鲲。人鲲是个小有名气的文人，《靖江县志》收录有他为表弟朱士麟的《彭城诗集》所作的一篇序。乾隆六十年（1795），朝廷开恩科，刘人鲲成为这一年的恩贡生，他的儿子刘重考中这一年的恩科进士，真是双喜临门。

但这只是刘若金这一支的短暂中兴。道光四年（1824）夏，刘重任郓城知县，到任一个月发生蝗灾，刘重下乡捕蝗，不幸中暑而死。

刘重的儿子刘鉽，资质平平。刘鉽之后是福康，即刘靖基的曾祖父，也是个普通人。家谱上除了名讳生卒，什么也没有。福康之后是刘权，也就是刘靖基的祖父，读过书，是名国学生。刘权之后便是刘靖基的父亲刘炽昌。

由于市面上未见有《刘靖基传记》，一般人关于他的家族情况知之甚少。不妨引录部分。

刘靖基父亲叫刘炽昌，字士秀，清国学生，早年在常州学习商贸。后来到安徽蚌埠、亳州、蒙城、凤阳等地经商，“颇具声誉，从食者千余人，乡党受提携者甚夥”（《靖江梓溪刘氏宗谱》卷三十三《世系》）。刘炽昌卒于民国六年（1917），年四十五。

刘靖基的叔父叫刘燃昌，任亚细亚火油公司总经理，开办有舜耕山煤矿，并在蚌埠购地设立义冢。历任安徽督军公署顾问、蚌埠总商会董事、蚌埠转运工会及盐粮公司董事等职。

我们引述的这部《靖江梓溪刘氏宗谱》修于民国三十年（1941），时值抗战，刘国钧、刘靖基都是出资人。家谱中还帮他们起了个名称，叫特别赞助人。

四、合作之初

人在生活和事业中，会碰到各种各样的事和各式各样的人。事有顺遂曲折，人分贤愚忠奸。处世难，任人更难。在我的人生道路之一，创业历史之中，我是尝遍了处世、任人的酸甜苦辣的，而令我难以从记忆中抹去的则莫过于刘靖基其人其事了。

这是刘国钧在《自叙》中的一段独白，抑郁、沉痛且感伤！

刘国钧与刘靖基的矛盾一直是刘国钧研究中一个令人头痛的问题。由于两人在中国纺织界，乃至政治上都有特殊的地位。一般研究者均采取回避的态度，即便绕不过去时，也只是轻描淡写。

其实大可不必。

二刘之争已成为历史，缺少这段历史，刘国钧的研究就不是完整的，甚至也不是真实的。

应该说，刘靖基加盟大成公司之初，刘国钧对这位“靖叔”的品行与能力是十分欣赏的，两人的合作也是默契与愉快的。即使是在《自叙》中，他也不吝褒赞之辞。

他在自叙中说：我看他这人年轻诚实，第一不赌钱，第二不逛窑子，没有必要不单身出外看戏，这种青年在当时环境里是少见的。（以下未注明出处者皆引自《刘国钧自叙》）

又说：刘靖基到大成公司后，“工作是长驻上海主持公司营销，买进花衣，卖出布匹，工作称职，做得很好。他每星期由上海回常州一趟，报告上海的业务情况与市场情况，了解厂内的生产情况，以便使上海的经营与厂内的生产联系紧密。因此，刘靖基在大成前期的表现，还是应当加以肯定的”。

刘国钧清楚刘靖基的家庭状况，作为同宗，他也诚心想扶持他。

刘靖基加入大成，起初只有二千元股本。刘国钧曾建议他借助吴镜渊的资金增加股本。刘靖基苦笑着说：宗台，不能开口呀，我底子穷，攀吴家这门亲事是仰攀的，他们是做官的，对我们是不大看得起的。当初，他们看我这个人诚实，做事负责，才结了这门亲。对这一点我心里是一直有数的。不过，我自参加大成后，工作成绩很好，他们对我的看法总算比以前转变多了。但要是开口向他们借钱来买进股票，我觉得总不太好。

于是，刘国钧便把自己在公司的存款借了一部分给刘靖基。

常州沦陷前，大成各厂被日机轰炸，损失惨重。刘靖基对刘国钧说：“宗台，以前承你的情，借钱给我买进股票，我很感激，但是现在厂被日本人炸成这样子，损失这么重，这样，我反倒变成负你的债了。”

刘国钧听出弦外之音，就宽慰他说：“当时借钱给你的时候，并没有要你立字据。我如果不借给你，也是放在厂里做了增资股票。现在也等于没有。我绝不要你负责，你放心好了。”

抗战胜利前夕，大成一厂与安达公司发起增资，最后还有一百六十万余额。照比计算，刘国钧可以增一百万，刘靖基只能增六十万。刘国钧考虑到刘靖基在上海负责，自己在各地跑，一内一外，相得益彰，对公司将来恢复很有利，又放弃自己的额度，全部让给了刘靖基。由于两个厂的生产形势很好，股票升值不少。刘国钧的目的是“让他多增加一些股权，可以更加安心在沪把企业事务办好，对公司有利，同时也可以使他与我的感情更靠拢一点”。

但是，事与愿违，随着刘靖基在大成公司的股本增加，话语权不断扩大，他与刘国钧在经营理念方面的分歧就日益凸显出来。

五、分歧

二刘矛盾第一次出现是在抗战初期，当时刘国钧竭力主张大成四厂内迁，但是“吴镜渊、刘靖基等人却是竭力反对。因为他们是上海主持业务的，怕大成四厂的力量迁到内地而减少了在上海方面的力量”。

最终由于大成公司与震寰公司解除合作协议，大成四厂内迁还是迁往上海之争不了了之。这次分歧产生时，吴镜渊还健在，刘靖基的反对只是附议。

民国三十二年（1943）11月20日，吴镜渊在上海病卒，享年69岁。随着吴镜渊的去世，刘靖基逐渐挺直了腰板，他不再在刘国钧面前表现得温良恭俭让，而更多地开始与刘国钧分庭抗礼。

第二次冲突出现在上海安达纱厂的盈利安排上。

安达纱厂当时做得很发达，赚钱很多。当时担心这些盈余让日本人眼红，于是就买房，甚至到苏州去买田地。这个方案刘国钧最初是首肯的。但是有一天他“回想到，我在日本的时候碰到几个朝鲜人和中国人，与他们谈谈。他们在日本做苦工，被日本人压迫得很厉害，深受亡国奴的痛苦，因此我想到亡国奴不能做。同时，我认为在沦陷区买房子、买田地是做日本侵略者的‘良民顺臣’的一种表现。于是我就中止了买房购地的念头”。

刘国钧要求刘靖基把上海的资金逐步转移到内地。一来可以向国外订购机器，二来可以申请外汇。刘靖基不同意，两人甚至有了争执。后来，刘国钧“硬做主，汇了九百万元（储备券）至重庆”。

这时，刘国钧已经感觉到对刘靖基难以掌控，所以他曾经与刘靖基商量，想把两人的工作调换一下，让刘靖基出去跑跑，刘国钧管理企业。刘靖基一口拒绝。刘国钧无奈，只好与之约定，上海的一切事情由刘靖基负责，重大问题，通信协商解决。“我这样做仍然是委曲求全，为了公司着想。”

就这样，刘靖基逐渐掌握了上海安达所有权力，“他在上海棉纺业中很为活跃，主意又多，故大家替他起了一个外号‘智多星’……”刘国钧耳闻刘靖基在上海的“兴趣和交游有些已经超出了工商界的范围”，觉得有些担心，专程回了一趟上海。他到了上海后，“明显地感觉到刘靖基对我已经没有以前那种热情与尊重，架子也大了。同业很多人也反映他在上海纺织界有‘唯我独尊’的架势，屡次开会，他的态度也自傲自大”。

但是此时，刘靖基的股权在大成公司已经仅次于刘国钧，刘国钧想要撤换刘靖基已经不可能。他只有往好处想，认为自己一手创办了大成，大多数股东还是支持自己的，刘靖基纵使要做什么不利于己的事情，也不会获得全体员工职员的支持的。

抗战胜利后，刘国钧到上海与刘靖基商量、研究扩展企业的计划。刘国钧想利用在美国订了九万纱锭和其他设备另设新厂，另招50%新股。刘靖基始终不赞成。刘国钧又提出折中方案，新锭子一部分给大成老公司，其余一部分投资新公司。这个方案依然遭到刘靖基的反对，两人谈了一个星期，也没有结果。刘国钧渐渐觉察，原来是刘靖基怕有了新厂，刘国钧的儿子也长大成人能够独立工作，会逐渐取代他的地位。刘国钧大光其火，拍桌子把刘靖基骂了一顿，自此两人由内心的不睦上升为当面的冲突。

事后，公司同仁出面调和，刘国钧为了大局也向刘靖基打了招呼，但是双方的不和已经公开化，彼此心里的疙瘩已经难以解开。

不久，在美国买的机器设备与棉花也陆续运到，刘国钧全力以赴着手恢复大成三爿厂。刘国钧对新企业要求很高，新造厂房一律钢筋水泥结构。基建日夜施工，其他各项工作也紧锣密鼓开展着。一年之内，二厂与三厂相继恢复生产。华笃安本来是二厂的负责人，比较得力，刘靖基却把他挖走了。不管刘国钧如何恳求，华笃安还是递上了辞呈。这样，刘国钧身边只剩下朱希武、张一飞、何乃扬等人。刘国钧将他们重新作了分工，大家同心协力，应付时艰。

大成三个厂正常运转后，产销两旺，利润可观，但是资金与原料都有一些紧张。此时，刘靖基突然提出安达公司与大成分家。当时的情况是，安达在上海，原材料采购比常州便利，安达的流动资金也比大成宽裕，现款多六七百万，黄金多四百多条，美金多几十万元。安达的棉花库存比大成多八千担。而大成百废待兴，一切都很艰难。刘国钧起初坚决不同意拆分。刘靖基一方面在董事中活动，争取一部分人支持，自己则以罢工不做事相要挟。刘国钧则以拖字诀，迟迟不同意。

这样一直拖到民国三十六年（1947），刘国钧见一切已无可挽回，最终同意分开。

刘国钧认为，既然一定要分，就分个清楚，两人各自退出在对方公司的股份。刘靖基经过反复考虑后不同意。但刘国钧留了一手，不退股也可以，但是刘靖基只能做普通董事，不能做常务董事。安达公司与大成公司最终拆分，各自独立核算。刘国钧任大成总经理兼安达副总经理，刘靖基任安达总经理兼大成副总经理，华笃安任安达副总经理。

1950 年 8 月，刘国钧在香港接到公司召开股东会的来信，于 9 月偕夫人启程回到内地。刘国钧到上海后与在沪的董、监事接触，才明白这次股东会原来是由刘靖基发起，主题是要求将安达与大成合并，由刘靖基出任董事长。

刘国钧约了一班高级职员在安达召开了一个会议，提出：过去分开，我是坚决不同意，但是不得已。今天又要合并，最好把这个问题说说明白。他建议一步步地来，先从营业方面合并起来。但是刘靖基没有同意，于是董事会不欢而散。

10 月 16 日，大成、安达两公司股东（联席）大会在南京西路美华酒家召开。会议开始，要推主持会议的主席，按照公司的章程，主席由董事长担任，如董事长缺席，在常务董事中推选。但是那一天，常务董事除刘国钧外，一个都没有出席。按理说只有刘国钧有这个资格。正在推选时，中华书局的一批人，包括刘靖基的妻弟吴沛然、吴明然等，提高了嗓子喊：“刘靖基做主席！”乱哄哄的声音很大，吵起来了。闹了半天，就有人喊道：“还是请两位刘先生自己说说看。”

刘靖基上台说：“刘国钧把资金弄到香港、台湾去开厂，把公司的实力都抽出去了。”

吴沛然接着说：“这是讨好帝国主义！”

有的股东就反驳吴沛然说：“你把中华书局的资金弄到香港去算什么？”

有人说：“刘国钧把东西弄到香港、台湾是有账可稽的。”这样又吵了一阵，刘国钧就上台讲话了。刘国钧这篇讲话比较长，大致可分为几个部分：

一、大成公司的发展简史。

二、安达公司与大成公司的关系及拆分的经过。

三、刘靖基是普通董事，按公司章程规定不能担任大会主席。

四、刘靖基出任董事长，并未得到民意支持，一个重要的理由是，常务董事除刘国钧外一个也没有出席。

股东大会最后没有形成任何决议，刘靖基出任董事长的梦想落空了。

六、中央调停

二刘之间的矛盾显然引起了中央的重视。黄炎培先生是二刘的好友，曾受毛泽东主席的委托，充当“向实业家们传递、解释共产党政策的‘中介’”（黄方毅《黄炎培与毛泽东》，《百年潮》2002 年第 4 期），他当仁不让地介入了这场矛盾的调处。

据《黄炎培日记》（华文出版社 2008 年版）记载：

1950年11月8日夜，人事部副部长孙起孟、轻工业部副部长杨卫玉、政务院参事王艮仲到黄炎培家共进晚餐，商谈事宜。共有八条。

其中第七条是：招待刘国钧事，决星期一在社邀餐。

第八条：国钧与其侄靖基纠纷事。

这里，黄炎培把二刘之间的辈分弄反了，可能是因为刘靖基比刘国钧小得多。记载很简略，但可见，当时二刘之间的矛盾已经引起了中央的重视，中央才派人事部、轻工业部各一名副部长找黄炎培调处此事。

同月20日，即星期一，日记中又记：

公邀刘国钧、何北衡、查季明（国钧女婿）、张知辛、俞寰澄餐谈。

这里，黄炎培把查济民的名字也搞错了。

12月2日，刘靖基到黄炎培办公室，“长谈纺织业近况，大成、安达两厂纠纷问题”。

4日夜，刘国钧又到黄炎培府上长谈，杨卫玉在座。这次商谈的内容有四点：

1. 大成、安达纠纷问题。

2. 纺织中心区问题。

3. 苏南要人介绍问题。

4. 染料问题。

可见，大成与安达的矛盾依然是他们谈话的要点。

可能是黄炎培的调解发挥了作用，嗣后，武进人、股东之一的蒋君辉召集了一个董、监座谈会。会上刘国钧又把是非曲直说了一遍，但也承认两点：一、刘靖基很好，对公司有功，他的功劳仅次于我，没有他帮助，公司也不可能这样；二、自己嘴臭，会骂人，气量小，会发火，愿意就态度问题向刘靖基赔罪。

刘国钧表态后，刘靖基面红耳赤，低头不语。谢钟豪出来打圆场：靖兄是向来不肯认错的，今天他不响，就算是认错了。

至此，大成与安达公司分家风波暂告一段落。

七、如何看待

刘靖基的安达公司从刘国钧的企业集团中分出后，把解放前留在香港和海外的资金、原料和机器先后调回上海，为安达纺织厂在浦东北蔡镇建造了新厂，扩建了上海的安达纺织新厂和化纤厂。中共十一届三中全会后，刘靖基以开拓的精神，带头以民间集资方式创办了大陆首家民营企业——上海市工商界爱国建设公司，积极推动上海经济发展与对外联系。在他的领导下，经过多年经营探索，爱建公司逐步壮大成为集房地产、金融信托、实业投资、对外经贸四大主营业务于一体的外向型、综合性企业。

在这期间，刘靖基也获得了巨大的社会声誉，先后担任了中华全国工商联第四届副主委、第五届副主席，民建中央常委，上海市人大常委会副主任，上海市政协副主席，中国国际信托公司董事，上海市投资信托公司董事长，中国和平统一促进会顾问等职。刘靖基还是第一届至第四届全国人大代表，第五届、第六届全国人大常委，第一届全国政协全体会议代表，第二届至第五届全国政协委员，第六届至第八届全国政协常委，1984 年被增选为全国政协副主席。

刘靖基与刘国钧分道扬镳之后，为人十分低调，未见他写过任何材料，回忆他早期的创业历史。贵为副国级领导人，却连一本传记也未见面世。

如今刘国钧、刘靖基这两位 20 世纪的工商巨擘都已作古。作为后人，我们如何来看待他们之间的纷争呢？

毋庸置疑，在公司的决策方面，无论是企业的合并与分拆，资金的调度与运用，公司的前瞻性布局，刘国钧无疑是高屋建瓴，一切从大成公司的发展大业出发，殚精竭虑，呕心沥血，他珍惜他从零起点一点一滴建立起来的大成纺织企业。他愈挫愈坚，总是以长远的目光，为他的企业找到一些顺应时势的生存发展之路。

他把发展企业当成自己唯一的爱好，在这一点上，他是无私的，是热忱的，是激情澎湃的。他无法理解震寰公司的拆出，无法理解安达公司的分离，当然更不能容忍任何他认为的有损大成利益的行为，虽然他也曾妥协，曾退让，但那都是为了发展。

作为刘靖基，最初被刘国钧聘到大成公司担任协理时，还是个无名之辈。他是吴镜渊的女婿，这门婚事不管是在他自己，还是在别人的眼里都是攀高枝，他需要证明自己。况且，他确实是聪明、能干又自律的一个人。

当年，他从苏纶公司出来，苏纶纺织有限公司监察人严庆禧，也即是严裕棠的第七子，同时也是他姨子吴舜文的小叔子对刘靖基有个评价，说："（刘靖基）是一个不安现状的人，脑子非常活。在光裕公司当营业部主任有点大材小用他了。他处事是非常果断的。"（《上下而求索：严庆禧先生的甲子沧桑》第二章《回国实践》，糜佳乐著，天地图书有限公司 1998 年版）

这样一个人中之龙岂甘久居人下。刘国钧没有想到这一点，没有做过刘靖基自立门户的打算。如果刘国钧能够意识到这一点，与刘靖基和平分手，各奔前程，也许就没有后面日益严重的龃龉。他的目标就是做大做强，时不我待，他成天在外奔走，尤其是抗战之后，重庆、上海、香港、东南亚城市之间，马不停蹄，他在为心中的宏伟蓝图拼搏，却忽略了有着不凡才干、志向远大的刘靖基。

偏偏刘靖基始终没有直截了当向刘国钧表明这一点。刘靖基虽然八面玲珑，但是内心极度自卑。因为刘国钧成就了刘靖基，所以刘靖基可以在刘国钧面前据理力争，但就是说不出“分手”两个字。他也许是希望这两个字从刘国钧的嘴里说出来。

总之，一个没想到，一个不愿说，不谐就此种下，冲突不可避免。

（作者简介：靖江文化学者，著有《拾荻马沙：靖江历史研究》《望岳：历史深处的生祠》等多部著作。本文选自王亮伟编著《刘国钧研究文集 2014—2016》，凤凰出版社 2017 年版。）

刘国钧大成工业遗产调查保护记

陈伟堂

2006年元月的一天，恰逢丙戌年春节前夕，人们正忙着过年，又遇数九寒冬，龙城常州正处于世纪之交的体制转换、资产重组的关键时期，许多老厂纷纷改制，工厂面临搬迁，老厂房处于无人管理或被随意拆除破坏，有的事态还较严重，常州一些有识之士非常焦急，但一时又无计可施。我当时在常州市文物管理委员会工作，看到这些常州人曾引以为豪的老厂面临的尴尬处境，尤其是著名实业家刘国钧先生的大成一、二、三厂及大明厂这些老厂，在中华人民共和国成立初期曾经为社会主义新常州的经济发展，为新中国国家大厦添砖加瓦，提供了大量的资金积累，为解放初期常州的工业发展和市民就业，都做出了巨大的贡献。我的妻子所在的东风印染厂（原大成二厂）在20世纪80年代初曾是全国纺织工业的样板，当时生产蒸蒸日上，每年仅上缴国家的利税就有1亿多元，每年中国外交部都要组织中国驻外使节到常州东风印染厂参观学习。就常州来说，巨大成绩的取得，如果没有刘国钧先生当初的睿智决断和艰苦创业，奠定厚实的工业基础，并大胆把大成一、二、三厂交给政府共同管理，常州就不会取得如此巨大的成就。长期以来，常州人对刘国钧先生深怀感激之情，刘国钧对常州人有大恩，在常州几乎每家都有在大成厂工作的家人或亲属，常州人都以能进大成厂工作为荣。大约在1959年，我当时在常州实验小学读书，学校曾邀请到苏联莫斯科红场参加世界各国工人代表团庆祝“五一”国际劳动节联欢会的中国劳模、常州大成一厂女工季来娣来校作报告，这是我第一次看到“大成一厂”工人的英姿，更加深了我对大成一厂的崇敬之情。刘国钧工业遗产是常州人宝贵的物质和精神遗产，是无价之宝，是不能用金钱来衡量的，常州人都有责任保护它。为了保护刘国钧先生的工业遗产，我们首先必须对刘国钧工业遗产的现状进行一番调查，而且是刻不容缓，我们一行在《常州日报》社钱月航、李洪涛两位记者的带领下，开始了调查之旅。

我们一行首先来到大成一厂，这时只见昔日繁忙的工厂已变得冷清，一些车间已停产，工厂已重组并正在搬迁，听说新组建的公司在武进，映入眼帘的是常州人引以为豪的大成厂标志——一幢气势雄伟、体量宏大的两层青砖假三楼，这是刘国钧先生创办大成纺织企业的地标，也是常州工业发展的里程碑，更是常州人的光荣和骄傲，可以说在常州是人尽皆知的。这是一幢典型的民国建筑，建筑质量一流。据曾担任过刘国钧先生秘书、国内知名刘国钧研究专家高进勇介绍：这幢楼是当年刘国钧先生创办的职工子弟小学的原址，解放后成为大成一厂的办公大楼。接待我们的是原厂办主任，待我们在办公室坐定后，主任简单向我们介绍了大成一厂的现状，接着他带领我们来到大楼的南窗，指着前面一片郁郁葱葱的树林，只见树林中还有一座亭子和一排假山，更有一湾池塘，池水碧清，金鱼悠闲地在池中戏水，园中树木葱茏，鸟雀啁啾，好一派私人园林风光。主任说，那就是“求实园”。求实园位于大成一厂旧址中心偏西，原为大成一厂的内部园林，占地面积约 3582 平方米，南北长约 60 米，东西宽约 50 米，内有亭台楼阁、小桥流水，是典型的江南园林布局。园内中部偏北有六角亭一座，亭旁辟有池塘，池塘周围有太湖石假山环绕，园内景色秀美。园林北部为民国时期所建的二层砖木混合结构建筑，青砖红瓦，外形和结构为西洋风格。求实园曾是刘国钧先生休息和工作过的地方，解放后曾作为大成一厂职工保健站。刘国钧一生提倡“敬业”“求实”，“敬业”和“求实”也是刘国钧先生创办工厂的企业精神，刘国钧先生非常喜欢这个地方。

接着厂办主任又引导我们参观了“刘国钧先生纪念室”。我们怀着极其崇敬的心情走进了纪念室，纪念室有三个房间，只见微笑着的刘国钧雕塑像安置在纪念室前言展板边，纪念室有很多图片和实物，介绍了刘国钧从靖江到常州奔牛学徒，后又自办商号，在赚到第一桶金后，毅然进常州城与蒋盘发联手在东下塘三将军弄创办大纶机器织布厂，1918 年又在新坊桥独资创办广益布厂，1930 年 2 月，刘国钧接盘的大纶久记纱厂更名为“大成纺织染公司”，从此刘国钧的“大成梦”开始实现，这也是常州走上工业近代化的主要标志。纪念室展出了刘国钧创办企业各个时期的照片和产品商标，如“征东”“蝶球”“六鹤”等。最引人注目的是 1950 年大成一厂工人欢迎民族资本家刘国钧从香港回到常州大成厂的照片；最珍贵的是中华人民共和国成立初期毛主席在江苏视察时与刘国钧、姚伯方等省内工商业者在南京的合影（有这回事，但合影照存不存，还有待考证，或是记忆有误）；还有毛泽东主席签署任命刘国钧为江苏省副省长以及刘国钧为全国人大代表的任命书，令人肃然起敬。“刘国钧先生纪念室”精致、简朴、客观、全面地反映了刘国钧先生智慧、坚定、刻苦、踏实、顽强创业的伟大一生。

随后我们一行来到了常州东门大运河畔延陵东路65号的东风印染厂（原大成二厂），此时工厂已资产重组，改名为“常州华源东方实业有限公司”，只见一座庞大的机器站立在公司大门的铁栅栏后的乱草丛中，机器的北面是公司的办公大楼。据介绍，那是刘国钧先生当年靠它发家用过的功勋母机——滚动印花机，足有七八十年的历史了，它为刘国钧的“大成纺织王国”立下赫赫战功，如今它功成身退，在风雨中忍受着日晒雨淋的摧残。我们一行站在机器前向它行注目礼，深表由衷的敬意，我想所有的常州人都应该向它致敬，因为它是常州走向工业现代化的标志。笔者今天还要讲一句题外话，在《常州日报》2006年2月9日第一版首次发表这次保护刘国钧工业遗产调查记《留下城市永恒的“特殊风景”》一文后，引起常州有关各方和市民的高度重视，“工业遗产”这个专业词汇第一次在媒体出现，市民开始认识到原来老厂房、老机器也是文化。前几年，有识之士已将这台机器放在三堡街141号“运河五号”（原第五毛纺厂），并且已被肢解为两部分，分别在两处露天展出，并作了详细介绍，这是目前对这台机器较好的处理方式了。我认为这台旧机器展出总比作为废铁卖给废品处理站好，但最好要放在室内，不能再让它受风雨侵蚀而消亡。

沿着厂门大道向里看，工厂还在维持着生产，主要厂房还都保存着，离厂门约150米往右拐，我们就走进了竞园的范围，只见一座中国式园林映入眼帘。竞园有围墙，围墙呈波浪状，有小青瓦覆盖，墙上有各式花窗，南墙中部有精美砖雕门楼，门两侧置石狮一对，砖雕“竞园”二字是行书体，倒也写得秀丽规范。但园门紧闭，铁将军把门，门前乱草丛生，看来是久已无人居住管理了，这时听工人说，园内因长期无人居住，蛇虫和黄鼠狼时常出没，说得阴森可怕。园内有三开间硬山式房屋两进，东、西山墙均为观音兜形制。第一进前后有轩，一、二进间有天井，进深5.2米，周有围廊，除主体建筑房屋外，园内配设有水榭、曲桥、凉亭、假山、瀑布等景观。竞园名称取自大成二厂建于1924年的敬业厅。《常州东风印染厂厂志》记载：敬业厅“宇广堂宽，巍峨挺拔，沧桑几迭，经年兀立”，敬业厅曾是刘国钧先生全家的生活居住用房。我们沿着“竞园”的围墙走了一圈，这时天色已晚，于是结束了对大成二厂的调查。

2006年2月9日是农历丙戌年正月十二，《常州日报》第一版几乎整版首次发表了这次调查记《留下城市永恒的“特殊风景”》一文（钱月航、陈伟堂文，李洪涛摄影），副标题是："保护我市民族工商业遗存迫在眉睫。"文章指出：近代民族工商业的萌芽，孕育了常州经济今天的繁荣。有识之士呼吁，重视民族工商业遗存的保护，特别是在工厂整体搬迁的过程中做好抢救性保护，对于传承城市历史、丰富城市文化、研究区域经济具有重要意义。近年来，兄弟城市在打造文化品牌的过程中，十分重视对民族工商业遗存的保护、开发与利用。无锡把市区范围内一批老厂房完整保留，特别是荣氏家族的产业——面粉厂、缫丝厂等，都进行了抢救性保护，有的改建成工商业博物馆，有的作为陈列展馆；南通把民族工商业代表人物张謇创办的学校、酒店、工厂都加以保护，在濠河边建成中国纺织博物馆；上海沿黄浦江边的旧厂房在拆迁过程中都有意识保留，成为沪上一道独特的景观。

随着我市大批老厂迁出市区，保护民族工商业遗存这一议题日益升温。政协学习与文史委委员提出：古运河边近代民族工商业鼎盛时期存留下来的厂房设施，应该进行保护和利用，可以改建成民族工商业发展的博物馆，在博物馆中展示生产实景和生产流水线，形成常州古运河的特色旅游项目。市旅游局正在积极筹划"工业旅游"新概念……刚从国外考察回来的科协副主席王翼飞说，他们在美国参观了一座富有特色的博物馆，里面全部是废弃的工业设施，管道、机器、厂房，博物馆庞大而又"原始"，给各国参观者留下了深刻印象。

1927年至1937年，是常州工业出现奇迹的十年，纺织染近代工业一枝独秀，是常州走上近代化的主要标志。1932年，著名实业家刘国钧先生把他的广益纺织厂即后来的大成二厂并入大成，大成一厂专事纺织，两厂合并，使纺织染联营的基本模式建立起来，成为"一条龙"的联合企业，在20世纪30年代具有首创意义。1930年至1937年，刘国钧无论设备和资金，都增长了8倍，被著名经济学家马寅初称为工业中"罕见的奇迹"。纺织工业带动了机器制造业，常州纺织染业的全部布机，属于厚生厂制造的有一半左右。到抗战爆发前，常州已初步形成了以纺织工业为中心，包括机械、碾米、油、毛巾厂等在内的准工业城市。有研究者把常州近代化之路称为"常州道路"，是一条不同于条约通商口岸城市的近代化道路，由土生土长的民族资产阶级在本地传统手工业、商业的基础上，走出传统，变商为工，建立起近代工业，实现了地区的初步工业化。刘国钧先生在常州初步实现工业化的伟大实践中起了关键作用，将永垂常州史册。

2007年9月30日起，第三次全国文物普查开始，我们又对刘国钧故居、大成一厂、二厂、三厂、大明厂以及戚机厂、第五毛纺厂等工业遗产进行了普查。

2008年2月26日常州市人民政府公布了第四批文物保护单位68处。3月15日《常州日报》第一版刊载了市政府的批文及瞿小佩、陈伟堂、沈芸撰写的《常州公布第四批文物保护单位》，文章说：解放后，我市曾先后公布了三次市级文物保护单位，公布时间分别为1964年、1987年和2003年，此次公布的市级文物保护单位数量最多……工业遗产首次列入“文保”单位……解放前后，我市民族工业繁荣，大实业家刘国钧等人遗留下了不少老厂房，它们逐渐被人遗忘。近年，保护工业遗产日益引起人们的注意，此次有不少人见证了常州民族工业辉煌历史的老厂房受到格外“照顾”，第一次进入文物保护单位名单：大成一厂老厂房、求实园、刘国钧办公楼，大成二厂竞园、老厂房，大成三厂民国建筑群，大明厂民国建筑群，恒源畅厂办公楼、老厂房，戚机厂民国建筑群等。2011年12月19日“大成三厂旧址”和“恒源畅厂旧址”被江苏省人民政府公布为省级文物保护单位。今天，可以告慰刘国钧先生的是：大成系列工业遗产都得到政府的保护，大成一厂老厂房已建成“大诚客栈”（“九号客栈”）接待来宾，“求实园”已修复，大成二厂“竞园”已经修复，环境优美，堪称名园，现归“天宁大饭店”管理，常州福建商会创办的“常州妈祖文化交流会”筹备会等重要会议都是在这里举行，只是“大成三厂”旧址拟建的“中华纺织博览园”还在建设中。

（本文选自《刘国钧研究》2016年第1期。）

刘国钧：传统纺织业现代化的代表性人物

（西班牙）卡洛斯·布拉索·布洛基

宁波的达丰和无锡的丽新虽早在1920年就注册为私营公司，常州大成集团的整合相对来说却是由刘国钧有规划地推动的。事实上，这三家公司（达丰、丽新和大成）都是从半传统半工业化的作坊转型成为大型工业集团的。然而，即使大型工业工厂完全投入运营后，原有作坊却仍继续按照传统方式生产。一般而言，每家公司都会有两个场地，一是负责整理工艺的“老厂”，二是拥有各种新技术的“新厂”。“新厂”以某种方式取代了仍需要在发运给终端零售商前进行最后加工润色的舶来品。与其他工业公司相比，达丰、丽新和大成并不是依托大量初期投资的纺织工艺起步的，而是逐渐从老作坊转型发展而来。与大型纺织公司相比，这种经营模式始于传统方式，较好地满足中西风格需求的终端消费者。因此，以刘国钧为代表的企业家相较于其他中国纺织企业家，对中国的纺织传统和消费习惯的认识更为深入。

刘国钧离开靖江，到交通便利、铁路和大运河贯穿其中的常州重镇奔牛谋生。刘国钧先后在几家布店当学徒。通过一位普通朋友，他结识了传统染坊的布商蒋盘发（1871—1941），蒋盘发决定与刘国钧合作。

1911年辛亥革命爆发，由于害怕革命和战乱，布店纷纷关闭，而刘国钧抓住了发展的契机。那一年，收税员来到小镇收税，因此当地人手头有大量的闲钱，与此同时，外国人持续需求蚕丝和其他产品使得农村经济繁盛。刘国钧敢于将存货带到常州，在那里优价卖出。由于销售额的增长，他变得富有，以至于不得不在钱庄以铜币兑换银两。这是刘国钧辉煌事业的开始，随着大成的创办，其事业达到了顶峰。与无锡唐氏事业相比，刘国钧白手起家，逐步积累了属于自己的资本。但与他们相同的是，刘国钧也是从传统前店后坊的手工作坊起步，并使得其逐渐发展成为现代化企业。

1918年，除大纶外，刘国钧开办了广益布厂，配有80台木制织布机，下设染坊。染坊由刘国钧的母亲管理。一战后纺纱价格下跌，刘国钧非常清楚市场趋势，出售按照传统方法制成的各种印花布，从中获益，因而运营状况相当好。广益的特色产品是蓝布（在人工靛蓝染料中染色，一种传统的靛蓝布）、绒布（一种棉织法兰绒）和绉布（一种绉织物）。由于刘国钧熟知中国市场的喜好，相较于舶来品和仿制洋布——本土改良布，其产品销量非常高。1922 年，刘国钧增资，新添更多的木制和铁制纺织机，最终整合了第一批自动化织布机投入广益生产中。1924 年，刘国钧游历日本，调查新式纺织技术，并购买了几台印染机。1930 年，广益的资本从创办时的 6000 元增至 30 万元，与大纶效益不佳的状况相比，刘国钧经营的纺织企业大获全胜。1930 年，刘国钧改组了两家公司，创办了大成。

（本文摘译于《改革开放前中国纺织业的贸易和技术网络》中《达丰、丽新和大成的起源》一章。）

（本文选自《刘国钧研究》2016 年第 1 期。）

刘国钧与黄炎培的交往研究

赵贤德

刘国钧在创业过程中，遇到了许多知己，在刘国钧遇到困难时，这些知己，总会帮助他走出困境，其中比较有代表性的主要有陈光甫、黄炎培、卢作孚等。本文重点谈的是刘国钧和黄炎培之间的交往。

一、初识黄炎培

黄炎培号楚南，字任之，笔名抱一。黄炎培是中国近现代著名的爱国主义和民主主义教育家，是我国近代职业教育的创始人和理论家，他以毕生的精力奉献于中国的职业教育事业，为改革脱离社会生活和生产的传统教育，建设中国的职业教育，做出过重要贡献。1915 年，黄炎培发起成立了中华职业教育社，将提高职业教育作为挽救国家和社会的唯一方法。他们的口号是："为个人谋生之准备，为个人服务社会之准备，为国家及世界增进生产能力准备。"

刘国钧与黄炎培是经陈光甫的介绍在上海认识的。刚刚认识黄炎培，刘国钧就被黄炎培的"教育救国"理念所感染。后来应黄炎培之邀，他来到了中华职业教育社的徐公桥实验区参观。进入徐公桥实验区，扑面而来的是一种与社会上沉闷、压抑不一样的清新气象：路边有标语牌，村头有乡民公约，田间有歌声。他们借鉴国外乡村的一些成功的组织形式，开办了良种场、学校、村民俱乐部。刘国钧参加了乘凉晚会、演说会和耕牛比赛大会，到处都充满了笑声和歌声。

刘国钧回到厂里之后，立即开办了厂校，进行职业教育。由本厂的技术人员任教，新入厂的工人作为学员。学员一律住校，供给饮食、统一着装、统一发式。同时，对在职职员和技术人员也开办了夜校，设纺织知识、数学、机械、绘图、外语、美术等科目。不久，进一步扩大为全体职工的互助互学运动，借鉴当时影响很大的陶行知教育法，实行"工管工互助化、工教工自治化"。在进行培训教育的过程中，灌输和培养一种“大成精神”，是刘国钧的目标。

二、心生敬佩

广交朋友的刘国钧，虽然不断有新朋友加入，但他还是不忘老友，常与黄炎培、杨卫玉、潘仰尧、冷御秋等中华职业教育社的诸友晤谈，取经受益。有一次，刘国钧参加中华职业教育社的茶话会，主题是每个人讲一次进入四川的深刻感受。

轮到黄炎培说话的时候，刘国钧很佩服黄炎培的洞察力。1931 年，黄炎培在日本考察，发现日本军人加紧侵华备战，忧心如焚，搜购了三本鼓吹侵华战争的书籍，立刻返回祖国。他一方面在《申报》连续发表自撰的《黄海环游记》系列文章，揭露日本军国主义的侵华阴谋，号召消除恐慌，团结一致，抵抗侵略。一方面赶往南京见国民政府领导人，告诉国民政府领导人有关日本侵华的野心。几个月之后，九一八事变爆发了，日本侵略军突然出兵占领沈阳，致使东北三省全部沦陷。

黄炎培带着日军占领沈阳的噩耗，连夜赶到《申报》总编辑史量才家里，见屋里几个人正在打麻将，他讲到九一八事变的情况，希望大家讨论救国大计。但是却受到了冷落，有的人不冷不热、若无其事地说风凉话，手里继续打着麻将。看到这一幕，黄炎培十分气愤地将拳头打在了麻将桌上，狠狠地训斥了这些人。说着说着，黄炎培已经泣不成声，失声痛哭。大义凛然的爱国之情，把那些麻木不仁的友人羞得无地自容。

在黄炎培任政务院副总理时，刘国钧与黄炎培已经是几十年友情了。刘国钧对黄炎培事业执着的追求、为人处世的内外方圆、殚精竭虑的敬业精神，十分敬仰称颂。他曾称赞黄炎培胜似高洁的荷花，“出淤泥而不染”。刘国钧常常对工商界的友人说，黄任老是清王朝的秀才、举人，他却能够打破当局者迷的局限，紧跟时代的脚步前进，参加同盟会。救国兴邦是他的理想，他把个人的命运同祖国的命运联系在一起了。刘国钧认识到黄炎培确实是追求真理的民主斗士。刘国钧说，在黄炎培任川沙小学校长时，就向学生们灌输进步思想，常应四乡邀请，前去演讲。他从国家前途讲到外国列强侵略中国的罪恶，以及吸鸦片、赌钱、女子缠足的孽行，使民众听了耳目一新。与这位叱咤风云的人物结交成知己，刘国钧深感荣幸。

三、以民主建国为己任

1949年以后，黄炎培曾提出要介绍刘国钧参加民主建国会，可是接近半年的时间，刘国钧都没有答复。有一次，潘仰尧直截了当地问刘国钧为何没有答复，刘国钧说他对参加党派实在是不感兴趣，他觉得他是办实业的人，参加党派没有什么意思。但是，刘国钧的回答却遭到了在场人的批评，刘国钧便认真严肃地跟黄炎培说："我不是不相信，黄任老，而是还没有想通，办实业的人何必参加党派呢？我想，参加党派要耗费精力和时间，不如老老实实地抓生产，正正当当赚钱。"

黄炎培听到刘国钧话后，并没有责怪他，反而对他刚正直率的个性，十分理解。黄炎培对刘国钧说："你是工商界有头有面、有影响的人物，几十年来，你有满腔爱国之情。再说你能从香港回来，证明你是有觉悟的，证明你是愿意与共产党合作的，你有千条理由参加民主建国会，没有半条理由不参加民主建国会。"刘国钧听后就说出了自己的顾虑，原来他一直认为，各位朋友在解放之前参加民主建国会，为推翻"三座大山"，冒着生命危险，与国民党作坚决斗争，解放之后，全心全意与共产党合作，参政议政，为人民服务。他觉得他现在参加民主建国会，就成了摘桃子派，投机取巧，坐享其成。但是黄炎培却诚挚地说："我认为，革命不分先后，关键是我们要在共产党和毛泽东的领导下，共同把新中国建设好。"终于，在黄炎培的劝说下，刘国钧想通了，决定参加民主建国会。1951年，刘国钧由黄炎培介绍加入中国民主建国会。5月，他被中国民主建国会总会指定为常州市民主建国会筹备委员会及召集人。后来根据中国民主建国会总会组字103号函指示，于同年5月10日在常州西瀛里86号原益丰昌染厂办事处，成立民主建国会常州分会筹备委员会，指定刘国钧、李晓春、张允溪等人为筹备委员，刘国钧和李晓春为召集人。刘国钧也从此正式步入政坛，开始在共产党的领导下，参政议政，发展爱国统一战线，为发展多党合作和政治协商制度，做出自己的贡献。

四、关怀倍深

身为民族资产阶级进步分子的代表人物，黄炎培参加中央人民政府工作，经常能及时听到中共中央的声音并传达给工商业者，沟通了党和他们的联系。因此身为黄炎培挚友的刘国钧，当然"近水楼台先得月"。

有一次，黄炎培参加苏南区代表团的小组讨论会，在议论共产党对工商业者团结改造的政策时，就诚挚地问黄炎培：“黄任老，你能不能告诉我们，共产党要把我们资本家改造成什么样子？”黄炎培引用了周恩来总理的话，说就是要使他们按照《中国人民政治协商会议共同纲领》（以下简称《共同纲领》）的规定办事，以适应新民主主义文化的需求，适合于新民主主义的要求。所谓改造，在经济上，就是要使他们的经济发展受到限制，但是要使他们有利可图，有适当地发展；在政治上，要吸收他们的代表参加政府工作，并使他们在政治上受到影响；在文化上，要对他们加强思想政治教育，逐步地改造他们的思想，然后改造他们的家庭。改造的结果就是使他们走上《共同纲领》的轨道。周总理的讲话，给民族资产阶级分子指出了光明的前程，刘国钧深受鼓舞。

黄炎培为了让刘国钧更加明确共产党对民族资产阶级的看法和态度，特地找出周恩来总理在全国政协第一届三十四次常委会上讲话的要点，让他阅读。

五、公私合营表心意

刘国钧为了大成公司争取能够早日实现公私合营，不顾自己年老体衰，不顾疲惫乏力，穿梭于上海和常州之间，与大成公司的每位董事、监察人进行磋商。他因人制宜，依据自己友情的深浅，地位的高低，性格的差异，或简或繁，或细或粗，或含蓄或袒露，苦口婆心地阐述自己的观点。经过刘国钧诚挚的交谈，使大成公司的董事、监察人很快与刘国钧达成了共识，一致支持他，争取大成公司早日实行公私合营，并全权委托他承办这件攸关公司发展前途的大事。为了彻底消除依赖人民政府的思想，免得在公私合营后，给人民政府增加包袱，刘国钧决定把三个厂办得更好，亲自到各厂指挥进行改革，试行建立和健全各项规章制度，厉行节约，增加设备，创建良好的条件，争取早日实行公私合营。后来刘国钧还亲自主持，起草了公私合营书，呈送常州市人民政府。虽然报告被呈送了上去，但是刘国钧还是心急如焚，他期待能够早日得到批准。

而此时的黄炎培正带领民主建国会总会干部在上海帮助工商界改造，黄炎培在工商界找人谈心，在各种场合发表讲话和演说，通过民主建国会关系和老朋友广泛开展宣传教育工作。刘国钧在得知黄炎培的行踪之后，立即赶往了上海，向黄炎培报告了申请公私合营的情况，请求这位政务院副总理，向中央有关部门催批。黄炎培及时得到了中共中央转批的文件，并向刘国钧宣传了“需要、可能与自愿”的公私合营原则。后来刘国钧去见了省委书记，省委书记也表达了自己的看法，在他们看来，刘国钧的大成公司是符合“需要、可能与自愿”原则的。有计划地开展公私合营，对大家来说，是一项缺乏经验的工作，因此必须要慎重。他们还对刘国钧身为江苏省人民政府委员能带头申请公私合营，表示欣慰和赏识。

六、病中探望

十月，秋菊佳色，菊花将北京装扮得分外美丽。一天，刘国钧请了半天假直奔北京医院探望因病住院的黄炎培。黄炎培由于过度劳累，工作量大，得了前列腺疾病，虽然没有什么大碍，但还是影响到了正常的休息。而且还要面临手术的问题，对黄炎培这个年龄的人来说，的确是一个不小的挑战，刘国钧见状后，连连嘱托黄炎培一定要照顾好自己的身体，不能太过于劳累。

黄炎培动完手术后，刘国钧又来医院探望他。得知手术非常成功，大家也都安了心。生病期间，黄炎培不仅感受到了领导对他的关心，医院医护人员对他的关怀，并且还说等到恢复之后，一定会发挥新精神，重新投入战斗中去。黄炎培感谢刘国钧对自己的牵挂，黄炎培紧握着刘国钧的手，是表态也是嘱咐，深情地说："我们要忠心赤胆，为国家，为人民多做事情！"

七、回忆挚友

天有不测风云，人有旦夕祸福，刘国钧 1964 年在北京参加全国人民代表大会时，与挚友黄炎培，有过多次亲密交谈，但是，万万没有想到的是，这却成了永别，次年，黄炎培就去世了。黄炎培的离世，对于刘国钧来说，无疑是非常痛心的，他失去了一个曾经与自己一起奋斗的战友。

黄炎培患病后，北京不断有消息传给刘国钧，他对挚友十分惦念，曾几次三番想赴京探望，可是每当要动身时，又被重要的事务或省里的会议所耽搁，没想到这却成了遗憾终身的事。刘国钧到北京后，参加了中山公园中山堂举行的公祭黄炎培大会。刘国钧在痛悼的同时，平心静气地聆听着对黄炎培一生的评述。听完对黄炎培的评价，刘国钧认为这些评价是正确的。但是，他细细想来，好像悼词言犹未尽。黄炎培作为新中国德高望重的国家领导人之一，作为著名的政治活动家，作为中国共产党的亲密朋友，他为争取民主革命的胜利，建设新中国，并为社会主义革命和社会主义建设事业做出的重要贡献，没有给予应有的评价。他的高尚思想和革命情操，博得广大人民群众和各界人士的赞扬，也没有给予应有的肯定。他从一个科举出身的举人成为一位杰出的民主主义战士和真诚的爱国主义者，走过的光辉道路，没有给予应有的赞扬。

刘国钧钦佩黄炎培的人格魅力。刘国钧和黄炎培交往在20年代。刘国钧是中华职业教育社的资助者，他在职业学校看到黄炎培亲笔书写的“劳工神圣”四个大字。当时在人们还不理解和支持中华职业教育社的时候，刘国钧信赖黄炎培。踊跃认购债券和资助职业教育事业，他们之间的友谊也是从此牢固地建立起来的。30年代，黄炎培大力提倡农业教育，刘国钧曾亲临徐公桥乡村改进试验区参观。抗日战争时期，徐公桥乡村试验区为前线做了很大的贡献。

刘国钧还佩服黄炎培不畏强权的政治胆识。在抗战的前夕，黄炎培为了国共两党谈判，商组联合政府，从重庆飞往延安，受到中共中央领导人的热烈欢迎。从延安回来，黄炎培在大家的要求和催促下，集中精力，全力以赴地将这次延安之行的见闻写成《延安归来》，该书出版后几天内就被抢购一空了。在黄炎培看来，共产党是实实在在的为人民做事情，为人民谋幸福。

人生得一知己足矣，斯世当以同怀视之！

刘国钧和黄炎培可谓一对知己，共同进步，相得益彰。

（作者单位：江苏理工学院。本文选自《刘国钧研究》2019年第1期。）

刘国钧与靖江岳飞生祠堂

岳祖瑞

岳飞与靖江的交集

宋靖康元年（1126）八月，金军南下，一举攻破东京汴梁。靖康二年四月，金军俘获徽、钦二帝及后妃、皇子、宗室贵戚3000余人北撤，自此，北宋灭亡。五月，钦宗之弟康王赵构在南京应天府（今河南商丘）称帝，改元建炎，史称南宋。赵构登基后，一路南行，欲退避襄阳、维扬（今扬州）、南京等地。十月二十七日，东京留守、知开封府宗泽率军与金军打响了艰苦卓绝的东京保卫战。赵构却率六部大臣、御史中丞、翰林学士等文武官员，从应天府乘船南下，抵达扬州。建炎三年（1129）正月，金军以5000铁骑奔袭扬州，赵构仓皇逃往江南。《三朝北盟会编》卷一百六十一载，赵构逃走后，扬州城内一片惊慌，淮南东路最高行政长官安抚使紧急下令，扬州官员迁往阴沙办公。《建炎以来系年要录》卷八十一同样也记载，自金军南下，扬州官吏退保阴沙。阴沙，就是今天的靖江，当时还是浩瀚长江口的沙洲，属江阴军，明成化七年（1471）设靖江县。

《中兴小纪》卷九记载："建炎四年（1130）八月，承州（今高邮）失陷后，金人攻扬州急，镇抚使郭仲威求援邻镇，（薛）庆救之，战败而死，楚（今淮安）势亦危，赵立遣人告急，佥书院事赵鼎遣神武右军统制张俊往救之……俊复力辞。乃诏通泰镇抚使岳飞率兵腹背掩击。"岳飞刚接到任命，正屯兵在宜兴张渚镇，火速提兵经江阴军渡长江赴泰州。《读史方舆纪要》卷二十三记载："金人攻楚，诏通泰镇抚使岳飞救之，飞屯军三垛镇，为楚州声援，寇至，三战三捷。"岳飞在进援楚州的一路上收容了大批难民，此刻面临艰难局面：前有兵锋极盛的金军，后有大批跟随的难民，一旦朝廷同意后撤，这批难民该如何安置？"冬十一月，有旨：'泰州可战即战，可守即守，如其不可，且于近便沙洲保护百姓，伺便掩击。'"《鄂国金佗稡编续编校注》记载："顾虏势盛，泰无可恃之险，初三日，全军保柴墟（今泰州境内），战于南埧塘，金人大败，拥入河流者，不可胜计，相持累日，初五日，乃下令渡百姓于阴沙。飞以精骑二百殿，金人望之，不敢进，遂屯江阴军。”这就是《宋史》和散见于宋代的其他一些史料中岳飞与阴沙的交集。

涌泉相报的靖江人

岳飞渡难民于阴沙，在正史中仅寥寥数语，然而，890余年来，在靖江民间的传说中，却活跃衍生出一个个更为生动的故事。相传，岳飞安顿好百姓后，带领官兵从现在的生祠堂往东走，老百姓送了一程又一程，岳飞不断回头致意，可是百姓还是跟在后面。岳飞便下马脱下白色战袍赠予百姓，希望他们不要忘记国家有难。老百姓为了纪念他，在赠战袍处建了“白衣堂”。岳家军渡江南去，老百姓云集江边，焚香跪送。岳飞率军远去后，百姓仍站在桥上眺望，为了纪念岳飞，人们把这座桥命名为“望岳桥”。岳飞走后，百姓感恩戴德，便盖了一座“生祠堂”，里面供奉着岳飞画像，春秋祭祀。这座祠堂建于岳飞生前，故叫“生祠堂”。清末靖江秀才朱淑伊在《生祠堂之沿革》一文中称：“生祠堂先有祠后有镇。”即先有生祠堂后有生祠镇。岳飞被害后，百姓恸哭流涕，日夜思念，“望岳桥”改称“思岳桥”，保留至今。

据传，靖江大地上的朱、刘、陈、范、马、陆、郑、祁八大姓便是随岳飞来阴沙安置留下的。在孤山镇石桥村、勇进村、小营地、东大营三地构成“品”字形布局，相传因岳家军在靖江扎营驻军而得名。据《江氏宗谱》载，江氏祖籍江西婺源。南宋初年，始迁祖江秉铎追随岳飞抗金，屡立战功，被擢升金枪校尉。岳飞奉召撤回江南时，令江暂居阴沙，以待后命。岳飞遇害后，江秉铎定居西沙，并“绘岳飞神像，朝夕哭奠”。临终前，“切嘱子孙，惟事耕读，毋失祭祀”。为纪念岳飞，为九个儿子分别取名“孝悌忠信礼义廉耻德”。明崇祯十一年（1638），江氏迁靖第二十一世孙江呈文，为遵祖训，在焦山永济港边建永甸庵祭祀岳飞。据考证，永甸庵是靖江可考证的第一座以家族为单位祭祀岳飞的祠庙，它一直保存到新中国成立后，最终毁于“文革”。祠庙虽不复存在，但江氏后人对岳飞的追思与祭奠却从未停歇。靖江民间至今还流传着脍炙人口的童谣：“栀子花，门前开，老百姓最爱岳元帅，捐资建造生祠堂，一直流传到现在。”讲经艺人王国良、薄玉兰等遍访岳飞传说流传的村镇，整理出三卷五万多字的《岳飞宝卷》，每年坚持讲唱，以传后人。

靖江人民对岳飞渡难民于阴沙，始终铭记在心，口口相传，永世不忘。他们追忆岳飞在靖江，追溯靖江之起源，学习岳飞，传承弘扬岳飞精神，让岳飞精神永远“活”在靖江人民心中，并自豪地称：“我们虽然不是岳飞的后裔，但我们是岳飞精神的后裔。”一位哲人曾言：“慎终追远，民德归厚，不懂得历史，就谈不上把握现在，也就没有未来，这种民族是没有希望的。”这块土地上的人民尊重历史，感恩岳飞，感恩之心，涌泉相报，这种品德多么令人敬佩啊！

近几年来，靖江大地对岳飞遗风的追慕又有了新的发展，生祠堂小学培育了多批“小岳飞讲解员”。2007 年在民间艺人的搜集整理和文化部门的积极申报下，“岳飞生祠”（今岳庙）与“白衣堂”的传说被列入泰州市非物质文化遗产。《靖江文史资料》《靖江风情》《马洲印记》等文献资料，将散落在民间的岳飞传说搜集整理，用文字留下了印记。文史工作者高峰所著《望岳》一书，第一次全面向世人展示岳飞与靖江的历史渊源。在靖江这块土地上长大的江苏神龙海洋工程集团有限公司总经理倪福生，被岳飞“忠孝仁义信”的优秀品格感动，出资 3000 万元，建成“白衣堂岳家军主题园”，院内铸造了目前国内室外最高 5.99 米岳飞戎装黄铜像；建成“满江红”碑墙、岳飞文化长廊、聚福阁、读书楼等景观，致力于岳飞文化的传承。数十位涵盖靖江教育、文化、民族、社会科学工作者、企业有识之士，倡议发起成立靖江市岳飞文化研究会，2017 年农历二月十五日，在岳飞诞辰 914 周年时，靖江举行首届岳飞文化节。以此为契机，靖江把学习岳飞、传承岳飞文化、弘扬岳飞精神，打造靖江新的文化名片，让岳飞精神深植在靖江人民心中，代代相传。

靖江对岳飞文化的研究，不仅仅是资料的搜集与整理，更多的是作为契合当今社会主义核心价值观的一种实践，使之服务于实现中华民族伟大复兴的中国梦。岳飞虽已远去，当年他以“义”将追随的难民安置于此，繁衍生息，孕育一方鱼米之乡。如今，靖江人民报之以“情”，对他的追思、凝望如长江之水，奔流不息。

刘国钧三修岳庙

一修岳庙

刘国钧（1887—1978），亦名金生，实业家，生于靖江生祠镇，后迁居武进。自幼家境贫寒，15 岁那年离开生祠镇，跟随柳秀方到江南学做生意，临行前，母亲丁氏领他到“岳庙拜谒”，这是生祠人传统习俗，每遇大事请岳王决断或者占卜未来，这种祈祷叫作“请岳王”。在岳庙，他抽中一支上上签“文武双班齐，平地一声雷”。刘国钧承诺，一旦事业有成，将为岳王重塑金身像。正是这支上上签，安抚了刘国钧年幼而不安的心灵，让他自信地从家乡迈出了第一步。

1932年清明前夕，已是大成纺织染股份有限公司经理的刘国钧回家乡生祠镇扫墓祭祖。他有个习惯，每次回乡，都要到岳庙烧香参拜。当他见到当初离乡时金碧辉煌的岳庙已经破败不堪时，倍感痛心，决定重修岳王庙。刘国钧觉得各地岳庙众多，作为全国唯一一家生祠堂，自应有特色。他留意与岳飞有关的书法、画像、雕刻，一旦发现，不惜重金购买。先后收集到的珍贵文物有：岳飞手书的砖刻墨宝“纠合四方精锐咨之群贤然后施行”，上有“静逸所藏，文徵明印”；盱眙吴氏珍藏的韩世忠手迹，上面有文徵明的题款；江都朱琨作于清乾隆年间的“岳武王真像”。他还派人专程赴成都武侯祠拓岳飞手书的诸葛亮《前出师表》，聘请刻石高手，刻成碑刻，一一嵌入重修岳庙后殿堂中，让岳庙多了一条碑刻艺术长廊。刘国钧又登门请“江南大儒”钱振锽赐墨宝。钱听说生祠堂的始末后，让人送来四个斗方大字“精忠报国”，还有一条“岳忠武穆生祠堂”横额，另加八张条幅，上书《靖江县生祠堂镇岳忠武王祠碑》（以下简称《祠碑》），洋洋千言，落款：前清进士阳湖钱振锽撰并书。刘请同宗刘宗汉出面，重修岳庙。建有五间正殿，塑岳飞全身像于其中，旁边有岳云、张宪等八员武将。殿内设有香案、香鼎，钱振锽所撰《祠碑》用八块乳白色、含有山水云天影画的名贵矾石刻成，嵌入墙内，正门围墙两侧砌有“精忠报国”方块石刻，是钱振锽用秃笔书写，苍劲豪放。修竣后的岳庙，香火更加旺盛，四方客人慕名而来观瞻参拜。

二修岳庙

日寇侵华，生祠堂一夜成为日寇据点，岳庙毁于战火，成为废墟。1960年已任江苏省副省长的刘国钧，受“大跃进”冲击和儿子刘汉堃去世的影响，带妻子回生祠镇散散心。想到家乡，他感慨良多，自己与故乡已经疏远了多年，想当初，自己从这里出发，幸得岳武穆王保佑，走上实业兴邦之路，如今，心中迷茫，多么想跪在岳武穆王的脚下，无所顾忌地诉说心中的悲凉！此次行程，没有安排岳王庙。岳庙是他心中的灯塔，以往他每次回靖江，第一行程便是去岳庙还愿。于是他提出能不能去岳庙，接待人员只能据实回答，岳庙早已经没有了。刘国钧听到岳庙没有了，顿感晴天霹雳，拉着妻子向东街疾走而去。到了东街，呈现在刘国钧眼前的岳庙旧址是一片废墟，杂草丛生。

回到南京后，他上书省委，请求允许自己出资重建岳庙。省委同意了他的请求。随后，他派自己的管家唐瑞生负责，同时邀请西街蒋德培、东街徐太二人帮助收集老岳庙的古迹和文物，并重新选择庙址，开启了第二次重建。重建的岳庙分前后两进。前厅为正厅，立岳飞石刻碑像。碑身正面所刻石像为栖霞岭祠所藏之真传岳武穆遗像。碑身反面刻黄炎培所题七绝二首：

忠邪倒置史奇闻，浩气危襟自不群。
祠宇废兴遗爱在，江城长念岳家军。

八百年来兴灭惨，几番争鼎沸中华。
相携社会光明道，民族于今合一家。

后进厅屋设有神龛和岳飞全身瓷像。龛上横匾书“还我河山”四个遒劲大字。后进内堂，置有红木太师椅、沙发、香案等，供观瞻者休息。正门的修复亦如旧观。

三修岳庙

岳庙建成不久，“文化大革命”开始了。岳庙被作为“四旧”破除。1972 年，刘国钧和妻子鞠秀英再次回到生祠堂祭祖，并拜祭岳王。当两位老人来到岳王庙时，眼前的景象让他五内俱焚：断壁残垣，满目疮痍；岳王的塑像仅见底座，不见了身首；那些精心雕刻的石碑有的断裂，有的不知去向……刘国钧喃喃，没有了岳庙，还怎么叫生祠堂呢？是呀，他的家乡，喊了数百年的生祠堂，已经改名叫大兴公社了。刘国钧恳切地问道：“能否让我再出资重建？”公社的同志为难了，刘国钧能够理解，再说眼下的局势也不允许重修岳庙。他怀着失望的心情离开了靖江，他自己也没有想到，此次竟是他最后一次回到生祠堂。在临终时刻，他向女儿刘璧如交代的最后一件事，也是他生前的最后一句话“岳、庙、重、建”。刘国钧子女一直牢记父亲的遗愿。

1982 年，刘国钧儿子汉良回靖江联络能否重建岳庙。后来女婿查济民送印染设备给靖江时，又提此事，后经扬州、靖江有关领导同意，重修岳庙工作启动。当时的岳庙除了两进房屋没被破坏，已被公社改作招待所，原来庙里的文物一件也不见了。时任公社宣传科长兼办公室主任的蔡兴荣，想起承包招待所改建的陈裕初，陈告诉他“岳庙的物件应该没有动，招待所改建时被他砌到墙内了”。公社组织人员将改建招待所的房屋拆除，经检查，大多数石碑均已找到，岳飞像也基本完整，只缺岳飞石像帽子头。说来也巧，大靖港桥西侧的丁翠英家埋自来水管时挖到一块石头，一看竟然就是岳飞石像上的帽子头。这次修建岳庙，靖江县政府很重视，请生祠镇喻维国（时在同济大学古典园林系任教授），喻又邀请同事陈永洲一起设计方案，送县委审议通过后实施。

1985 年岳庙和刘国钧故居同时动工重建，1986 年 4 月 27 日，刘国钧先生诞辰 98 周年时同时落成。刘国钧的儿子、儿媳、女儿、女婿、孙子、孙女、外甥等全部聚到靖江，出席落成剪彩典礼。剪彩结束后，刘璧如拿出 40 万元交给刘汉良，让他转交生祠镇，作为修建岳庙的资金。现在我们看到的岳庙为宋式建筑，庙前两座石狮建于宋绍兴年间（1131—1162），距今已有 800 多年的历史了。据考证，这对石狮是靖江市现存地面文物中最古老的。山门正中是吴作人题写的“岳庙”两个大字，两侧墙壁上嵌入了石刻“精忠报国”四个大字。而在门口居中的地面上有一块宋绍兴年间的“双龙璧”，长 1.35 米，宽 1.3 米，雕有双龙戏珠图案，雕刻技艺精湛之至，是靖江市现存地面文物中的一块精品。推开大门，见到的是“思岳殿”，由周谷城题写匾额。岳飞坐像置于大殿正中，头戴红缨帅盔，身披紫色蟒袍，肩露金甲，足履武靴，手拿《武穆遗书》，神态英武逼人。塑像上方是岳飞手书的“精忠报国”四个大字，抱柱楹联“三十功名尘与土，八千里路云和月”字体端庄秀逸，高度概括了岳飞的思想境界和精神风貌。两边是八大将的立像，栩栩如生。塑像后面是钱振锽写的《满江红》。四周的壁画分别是：岳母刺字、少年习武、镇守上流、恢复中原。后殿为思岳轩，岳飞像碑立于正中，李纲、韩世忠的诗文镶于外壁，这些碑文都是刘国钧先生花重金买回来的，全是真迹。回廊环抱二殿，嵌有词碑、诗碑和岳飞手书《前出师表》之石刻等。

岳庙对于生祠，生祠对于岳庙，是融为一体的，岳庙是生祠的灵魂，是生祠人的精神家园。

（本文选自《刘国钧研究》2019 年第 1 期。）

四桥一巷：刘国钧兴业的“运河路线”

王亮伟

刘国钧在常州，基本上走的是“运河路线”。

如果将列入世界文化遗产名录的常州段古运河，与刘国钧息息相关的几个地方聚焦一下，落点可以定格在“四桥一巷”的轨迹上：

乌衣桥畔（属古运河青果巷漕渠段），1915 年，刘国钧与蒋盘发等创立大纶机器织布厂；

新坊桥旁（属古运河青果巷漕渠段），1915 年举家迁居此地椿桂坊；1918 年，刘国钧独资创办广益布厂；

德安桥西（属古运河旧城南渠段），1930 年，刘国钧接盘大纶久记纱厂，组建大成纺织染股份有限公司，企业改为大成纱厂；1932 年原大成纱厂改名为大成一厂；

白家桥西首（属运河出城东段），1922 年，刘国钧独资创立广益二厂；1927 年收歇广益一厂，并入广益二厂，更名为广益染织厂；1932 年，将广益染织厂并入大成纺织染股份有限公司，改名为大成二厂；1936 年，创建大成三厂。

青果巷 82 号（属古运河青果巷漕渠段），1948 年以其子名义购下唐氏八宅之一的八桂堂，新中国成立后迁居此地，后称刘国钧故居。

不见乌衣桥

乌衣桥又名臧桥，位于南市河与原乌衣浜的交汇处，即现东下塘的河堤上。桥始建于唐永徽三年（652），为单孔石拱桥，呈东西向，至今已有 1361 年的历史。其间，经过多次修缮。清末，东下塘道路改造时，乌衣桥由拱形改为平板石桥。解放初期，常州拆除老城墙，城墙废土及砖石填进了乌衣浜，臧桥随之废弃。

据当地老人讲，乌衣桥是平桥，用三块花岗岩大条石架起桥面，2011 年挖掘时只见其中已断裂的一块，其他桥板尚未发现。

怎么不见“平板”乌衣桥？实际上前面所述：“清末，东下塘道路改造时已将拱桥改为平桥。”

乌衣桥的发现对我们来说十分重要，追溯到民国四年（1915），刘国钧与蒋盘发联手在乌衣桥西侧创建大纶厂。

1915 年，刘国钧离开奔牛，登陆常州，创办纺织实业，他既选对了时机，也选对了合伙人。

从时机上说，正逢第一次世界大战爆发，帝国主义列强忙于战事，暂时放松对中国的侵掠，使得昔日倾销中国市场的洋货价格猛跌，数量锐减，尤其是纱布影响最甚，饱受外货排挤和打击的中国民族资本，由此进入一个短暂的“黄金时代”，民族棉纺业得到了喘息和发展的机会。

从资本合作、创办实业的合伙人来说，刘国钧看好并选中了常州本土人士蒋盘发先生。

当时南大街上有爿由浦前镇人蒋荣荣开办的“永丰协庄”，业务主要为接待本埠和外地经营纱、布和京广洋货的客户，代理买卖与运输。因业务关系，刘国钧经常到永丰协庄，其间认识了蒋盘发。为与蒋盘发发展关系，刘国钧常向裕纶布厂多进货，后来发展到只要进城办货，两人就会在蒋荣荣处碰头、聊天。经过一段时间相处，两人交谈十分投机，关系日渐融洽。

蒋盘发年长刘国钧 16 岁，二人交往中，俨然是一位阅历丰富的兄长，刘国钧有意与他结为异姓兄弟。当他把想法“和盘托出”时，蒋盘发欣然接受。从此，刘国钧称蒋盘发为“盘哥”，蒋称呼他为“国钧老弟”。

不久，蒋盘发向他推荐了陆友仁、谢桂生、唐伍全等，于是，二人亲自登门拜访诸位，大家赞同共签“金兰之契”。接着又由蒋盘发牵头，大家在裕纶布厂聚首，一致同意义结金兰，并换了帖。蒋盘发年龄居长，大家尊他为大哥，刘国钧年纪最小，大家呼他为小弟。一下子结识了这么多仁义之友，二人对发展纺织业的信心更足了。

当时，蒋盘发的企业用木机织布，毕竟是效率和效益低下，难以与洋货竞争。1915 年，蒋盘发便与人东渡日本，考察六个月之久。回国后痛下决心，立志创办常州第一家机器织布厂。此动议恰与刘国钧不谋而合。

蒋盘发邀集刘国钧、刘宝森等人多次会商，于 1916 年 3 月集资 9 万元，在东下塘乌衣桥西将军弄内设立大纶机器织布厂。工厂创立了，又在日本购买动力布机 110 台，另有铁木机 10 台，并用水汀引擎做动力总传动，开创了常州用动力织布的先河。时由蒋盘发任经理，刘国钧任协理。

刘国钧在大纶的经历，在他一生中是十分重要的。作为企业家的刘国钧，由此开始了步伐惊人的发展。这不仅在常州地区，在全国也是极少见的。他不仅完成了从商人到工业企业家的转变，同时完成了从组织手工作坊式小生产到组织机械化大生产的转变，为他日后的稳步高速发展定下了基调，这就是要用先进的生产手段、科学的经营管理去培植厚利，这几乎成为刘国钧办企业的终身守则。

刘国钧自己对在大纶期间的经历有这样的评价：在大纶两年，等于留学两年。学到了一套办厂的本领……未花一分钱学费而学到了许多东西，我很知足了。

独立新坊桥

刘国钧离开大纶后并没有走远。

1918 年春，他退出大纶之后，另起炉灶，在乌衣桥往东行 200 米处的新坊桥畔，独资开办了广益布厂。

这是一个典型的夫妻老妈企业。因退出大纶过于仓促，他自任经理，母亲管理摇纱，妻子管理布机兼烧饭。这是一个生产手段落后、管理原始的工厂，仅有脚踏手拉木织机 80 台。

工厂业绩却令人刮目相看：当年开工生产，当年获利 3000 余元。

这就是被大家习惯称作广益一厂的企业，它在新坊桥畔独自存在 4 年多，为广益后来的产业结构调整和接盘大纶久记纱厂积聚了能量，产生了“静悄悄”的惊人之举，这有点像现实中的千年新坊桥。

步出东下塘，就见新坊桥。不过，要说新坊桥，必说琢初桥。两座桥紧挨在一起，新坊桥是拱桥，琢初桥是平桥。前者孤傲独立，冷冷清清；后者车水马龙，川流不息。

新坊桥，坐落于观子巷口与麻巷转弯处。跨东市河，单孔石拱桥。桥北通观子巷，桥南接椿桂坊、升仙弄。两岸又与青果巷、东下塘相连。该桥始建于梁大同元年（535），元皇庆年间重建，明弘治十一年重修，是市内最古老的石拱桥，1982 年拓建和平北路时重新整修。

琢初桥，坐落于青果巷东端，与新坊桥并行，横跨东市河上。从观子巷（和平路）、青果巷至大南门，要往东绕道新坊桥，加上桥两边台阶既高又陡，不方便行人车辆通行，民国十七年（1928）由邑人伍琢初捐款建造钢筋混凝土平桥，并以其名字命名。

我们从新坊桥桥北拾级而上，再朝桥南走下，如此往返两次。南坡台阶 29 级，北坡台阶 23 级，据说原来南坡 41 级，北坡 39 级，落差还是有点“悬殊”。难道古人也追求“不对称”设计？

从美学上来说，视觉交流最重要的方面就是有两种类型的平衡：对称和不对称。对称的平衡以垂直轴为中心。不对称的平衡两边看上去并不相同，但不相似的两边也处于一种统一和谐的状态，或是“协调的不对称”。由此看来，新坊桥还是有看头的。

反观琢初桥，它是平坦的、对称的，我曾无数次走过，但从未刻意去留意它、关注它、琢磨它，留下的印象也极其平淡。

新坊桥却不然，因为孤立而傲然，静寂却内秀，“不对称”则求协调……

刘国钧的广益，不就如此吗？

新坊桥，刘国钧在此创业，又在此安家，运河边真正成为他安居乐业之所。

1915 年，刘国钧随着创办广益，举家迁居新坊桥南椿桂坊。值得一提的是，其长女刘璧如、次子刘汉栋、幼子刘汉良均出生于此。

椿桂坊为北宋太傅张彦直所居。

何谓“椿桂”？灵椿丹桂也。灵椿者，传说为长寿之树，后喻年高德劭者。五代时，后晋窦燕山有诗云：“灵椿一株老，丹桂五枝芳。”而太傅张彦直，生有七子，其中有四子中进士，三子亦为士子，其年逾八十三，寿比灵椿，子如丹桂。

刘国钧居此，可比当年张太傅，刘国钧虽非豪绅，却被尊称“国老”。“国老”三子一女，上寿九十又一，已属灵椿株老，丹桂枝芳。刘汉堃、刘汉栋、刘汉良与刘璧如皆成栋梁之才，如加上贤婿查济民，也算“丹桂五枝芳”了。

白家桥视线

离开新坊桥，汽车沿古运河北岸的麻巷向东行至牌楼弄，驶过平桥，再有分把钟车程即达白家桥。

站在白家桥往西望去，其北岸是广益二厂（后叫大成二厂）原址，由蝶球大厦改建而成的欧式建筑掩映在绿树丛中；其南岸是大成三厂原址，此地工业遗存最多，旧时厂门、民国厂房、原有水塔依稀可见。中华纺织博览园建设工地与旧厂原址一墙之隔。

据《常州东风印染厂厂志》（其前身为大成二厂）记载：

广益二厂择址在白家桥西首镇西街。此地前临京杭大运河，后靠沪宁铁路线，东至无锡、苏州，西达丹阳、镇江，驳船可直接停靠于工厂门口，货物可直接运往外地，更有运河的支流辐射至四周农村，是东乡农民上城的必经之路，水陆交通十分方便；而且这里地处市郊，较为荒僻，地价便宜，发展余地很大。

果然，刘国钧在将广益二厂重组为广益布厂和大成二厂后，很快在运河南岸建成大成三厂。

刘国钧旧时名片标示的常州厂址为：

大成二厂 东门外平桥

大成三厂 东门外平桥东下塘

更多的常州人知道大成二厂、三厂在东门外白家桥。道理很简单，白家桥比平桥更有名气，况且两厂正好介于平桥和白家桥之间。

文化学者薛焕炳认为：这是常州城东第一桥。

所谓第一：一是所处的位置在东门外直街（又称政成街）的东端，过了此桥，已为乡间；二是城东单孔石拱桥梁，此桥最大，可数第一。

现在看到的白家桥是2014年拆除重建的。站在白家桥上往西瞭望，直观视角上形成两条“大成”视线，但从形象思维上却形成两条令人难忘的大成记忆链。

原先在新坊桥塊的广益一厂，其实在刘国钧心目中仅仅是个过渡性产物，在他脚跟稍稍站稳之后，他就着手筹建足以与大纶纱厂匹敌的机器织布厂。他把这个过程安排得相当紧凑，广益二厂设在东门外白家桥西首，规模颇大，1922年就开工生产斜纹布等产品。

在不到4年的时间里，刘国钧独资连办两厂，这在常州工业史上是创纪录的。人们正在猜度他下一步会在哪里办广益三厂，他却出人意料地下了一着妙棋，以日货为竞争对手，围绕产品开发，对工厂实行全面的技术改造，更新设备。他把自己千辛万苦聚拢来的232台木机全部淘汰，把一度代表先进水平的铁木机全部换成以日本丰田为主的电动布机，并把广益一厂、二厂合并成一个企业。

自己一手砸碎千辛万苦创造出来的东西，又一手铲除自己视为命宝的“老广益”全部痕迹，并在广益二厂的厂基上，建立起一家崭新的、在国内可以与最先进的染织厂媲美的、与日本企业比较也毫不逊色的现代化工厂，这是何等的气魄。

这还不够，在此基础上，刘国钧完成了广益布厂的竞争构思：从市场出发，改变产品结构，从管理入手，降低生产成本；货色要换代，机器先换代；并逐步形成了他那“三个一点点”的著名口号：“货色好一点点，成本低一点点，价格高一点点。三个一点点，好赚大铜钱。”当刘国钧将此构想付诸实施后，使得广益布厂在三四年的光景中发生了脱胎换骨的变化。

与大成二厂一河之隔的是大成三厂，原先的厂门就在运河边，进门就有工厂花园和喷水景观池。1984 年，拓宽运河时，厂门按原有风格向西移动 20 米，并按缩小的比例重新建造，两侧围墙改为通透栅栏，待红花绿叶爬满围栏时，确有花园式工厂的感觉。

那时联系大成二厂、三厂的唯一通道是运河水道。运河边，设有自备船坞码头，可停靠 60 吨船舶并自行装卸作业。工人上下班有的也经二厂渡至对岸。后来，三厂南面建成采菱路，工厂开设南门，工人自此多由南门进出。自从有了南门，运河边的大门称作北门，不知不觉中完成历史使命，紧紧关闭了。

仿建的北门，为重檐歇山顶，具有典型的民族建筑风格，说是厂门，却似牌楼，屋面之间饰有斗拱，上层半拱与下层斗恰好构成一个完美的图案，檐口是有字纹图案的瓦当和滴水，起到很好的装饰作用。

大成三厂旧址内尚存一批民国时期的重要建筑，早期建筑虽有变动，但一些陈旧标牌仍保留在厂房门额上。这些厂房具有民族风格，门窗上部为拱形青砖法圈，清水墙面，坚固宽敞。特别是原料库（仓库）墙面的青砖上，还留着制砖人的名字，诸如：朱泳记、顾合兵、二洪、亚发等字样。这些民国时期的厂房、办公楼、原料库（仓库）等直到 2011 年仍在使用。特别有价值的是建于 1936 年的厂房，这是一组建筑群，建设时吸收了国外建筑经验，又保持民族建筑风格，可谓独领风骚。

车间门楼采用重檐歇山顶式，并加以发展创新，形成独特风格。而门楼上不同年代的门灯亦具有历史感，传递出不同时代的气息。

车间建筑群呈东西向分布，东面为纺部，西面为织部，并分别通往锅炉、水塔、食堂、宿舍和浴室等不同区域。两部之间有一贯通南北近百米的通道，间隔约 8 米，把整个车间群串联在一起，车间门对门，户对户，实行互通，既满足了各自相对独立的要求，同时也使前纺后织之间有机地联系起来，起到了纺部、织部连成一个大厂房的作用。

这样的设计既体现科学性又具人性化，即使遇上倾盆大雨，各种转运也能安然无恙；即使时逢寒冬腊月，车间余热可保证各通道、各场所的基本温度。各种运输车可从南北直接进入，通道可到达车间群中任何地方，为人员流动、纱布转运、车辆行驶等提供了便利，不失为一种既经济又科学的工业建筑设计方法。

大成三厂旧址保存的民国建筑群，较为典型地反映了近代中国工业建筑的特点，有其一定的历史研究价值，可谓一批活的近代文物，大成三厂旧址完全有理由塑造为近代纺织业的展示厅，大成工业文化的陈列馆。

德安桥变迁

我们仍然循着刘国钧及其大成演变的历史轨迹，重新回到新坊桥，因为在新坊桥的南面不远处，就有德安桥的旧址，这是刘国钧将企业正式冠名“大成”的发源地。

刘国钧与蒋盘发分道扬镳后，蒋继续经营大纶布厂，四年内盈利状况良好。于是，在1919年10月集资62万元，在大南门外德安桥堍大校场荒地，购地60余亩，兴筑厂房，成立大纶纺织股份有限公司。建立新厂并非一帆风顺，先是当地人设置障碍，后是内部人有所分歧，蒋盘发冲破阻力，几经奋斗，终于在1921年8月建厂完工，易名为大纶纱厂，蒋盘发任经理。

大纶纱厂开工后，开始还比较正常，后因资金周转失灵，再加上第一次世界大战结束，西方列强们卷土重来，棉纱、白布受到外商排挤，加之内部经营管理不善，又因蒋盘发在上海交易所的棉花交易市场中失利，经营数年，就亏蚀10余万元。

为支撑企业，由董事长刘叔裴和董事等邀集上海各股东组织保大银团贷款20万元。由于条件苛刻，企业不堪忍受。1922年秋，大纶纱厂将资产先后抵款于上海保大、利大两银团。1924年，国内战火不断，严重影响市场，致使大纶纱厂生产停顿，所有债务无力偿还，工厂不得不宣告停闭。

反观此时刘国钧，却是“风景这边独好”。他有感于当年的金兰之谊，帮助蒋盘发料理债务，而蒋盘发仍回梅龙坝经营协源厂的浆纱轧布加工。

雪中送其炭，患难见真情，蒋盘发见刘国钧真心实意帮助他，非常感激，自此，二人关系完好如初。

1925年，大纶纺织股份有限公司改组为大纶久记纺织股份有限公司。1929年，因日货大量倾销，纱布销路阻滞，积压现象十分严重。加之经营不善，年有亏损，资金周转不灵，因欠发工人工资而引发罢工。厂方感到焦头烂额，无奈之下，有意出盘转手。

此时，刘国钧与蒋盘发又一次站到了一起。

刘国钧有意接盘大纶久记，而且颇有信心，于是找蒋盘发一起商讨接盘方案。蒋盘发是该厂的创办人，熟悉情况，刘国钧有意借助蒋的“熟门熟路”，去更好驾驭可能接手的大纶久记。

蒋盘发亦出于他们之间的情谊，并有赖于刘国钧给予其协源布厂的资金帮助，答应积极促成，并暗中协助未来接盘企业的管理。

刘国钧、蒋盘发二人联手在大纶久记大股东顾吉生、吴镜渊和刘叔裴之间游说，最终商定以 50 万元的代价接盘，紧接着草签协议，并付上 5 万元定金。最终，又克服了集资招股上的困难后，宣告接盘成功。

1930 年 2 月，大纶久记纱厂更名为“大成纺织染公司”，刘国钧的大成奇迹从此正式开始。

刘国钧在这片热土上，编演了中国近代工业史上令人瞩目的一幕：

1930 年夏季改组后的大成纺织厂正式生产，当年获利 10 万元；

1931 年，除去股息红利等，净利 50 余万元，就是说，一年赚回了一个厂；

1932 年冬，改组董事会，刘国钧力主两年盈利作为增资，扩大再生产，增资为 100 万元；

1932 年又获利 50 万元，同年，刘国钧独资经营的广益染织厂以 24 万元作为股金，并入大成公司，作为大成二厂，大成纺织股份有限公司也相应改为大成纺织染股份有限公司，注册资本增为 140 万元；

1935 年，注册资本增为 200 万元；

1936 年，注册资本增为 400 万元。

据刘国钧自己评估，实际资本比登记资本高出 50%以上。当时用压低存货、资产价格的办法来对付税收。另外，7 年中股东的红利及职工分红亦支付 100 余万元。

大成公司拥有纱锭从 1 万枚增至 46500 枚，布机从 260 台增至 1735 台，印染能力从零增加到日产 5000 匹左右。大成公司拥有的纺锭，占当时全国华商纱厂纺锭的 2%左右，织机占 7%左右，印染能力居首位。

当年的这些大数据，再次让刘国钧蒙上神秘色彩，使他成为 20 世纪 30 年代中国工业企业界迅速升起的新星。

青果巷82号

青果巷 82 号是刘国钧在常州的故居。在刘国钧住进去以前，它就有个颇有名气的名字叫八桂堂。

八桂堂是一个建筑群落的总称，也是刘国钧在青果巷故居的总称，它包括现存的门楼、大厅、客堂、经楼（即天香楼）两路四进，其中天香楼被列为全国重点文物保护单位。

刘国钧住进八桂堂是在 1948 年。

此前，刘国钧早就相中了青果巷，此地不仅住着达官贵人，是财富与地位的象征，更有一批仁人志士，是常州文化的窗口与缩影。刘国钧是很有志向的人，他 15 岁刚到常州湟里欲去柳永丰京货店当学徒，因身材瘦小，被老板拒之门外。少年刘国钧在一阵彷徨后愤然涌出一个强烈的念头："总有一天，我刘国钧飞黄腾达后，一定要把这店铺盘下，不换字号换主人，以解我心头之气。"

他作为外乡人，进入常州城，首先选择了在靠近青果巷的运河边创业。他盯住了这块"风水宝地"，并时刻关注着青果巷里发生的一切。于是，他在青果巷河对面的"近水楼台"东下塘"屯兵扎寨"，从乌衣桥到新坊桥，再由白家桥回到德安桥，始终围绕着数平方公里的青果巷"打转"。就在他"功垂名就"时，他正式购置并入住青果巷的八桂堂，这也是顺理成章的事了。

机会总是青睐有准备的人。不过，从 1915 年算起，到 1948 年止，刘国钧为此整整准备了 33 个头年。

72 岁的华颖代是与刘国钧共创和丰京货店的华渭川后人，他回忆道：自己 15 岁那年，去青果巷给刘国钧拜年，见到正厅里挂了个篮子，这是当年刘国钧学生意时用过的。在大雅之堂怎么会挂一个"不协调"的篮子？来后才知道其用意：不要忘记过去的艰苦岁月。

高进勇先生是撰写刘国钧生平的传记作家。他于 1965 年转业至市委统战部当秘书，当年 8 月份，刘国钧由南京回常避暑，住青果巷 82 号。组织上安排他去火车站接站并全程陪同。当时市里只有 3 辆车，其中一辆"伏尔加"算最好的车，"伏尔加"直接开到站台上。尽管天气热，但老人家精神很好，大家都管他叫"国老"，解放前就这样称呼了。

时任市委书记的章德提出为国老接风。国老说，"这次市里请，下次我请！"宴请地点在小营前的"小白楼"。

记得他与老红军池道生坐在一起，他向池提出一个问题，这些红军长征走二万五千里是怎样计算出来的？一句话，引发池道生的"娓娓道来"，国老听得津津有味。一场宴请演变成了红军故事专场，后来又演变为"刘国钧听老红军讲故事"的传闻。

李玉先生曾经担任过市委统战部副部长，他在 26 岁从山东解放区南下，1949

年 4 月 23 日进入常州，主要是代表国有企业从事经济工作，这样有机会接触刘国钧。

据他介绍，解放初期有两个市场：一是粮食市场，是政府说了算；一是纺织市场，是刘国钧说了算。

李玉当时在“建中贸易公司”。1956 年经市委同意，他加入民建，并以此身份加入常州商会，后来叫工商联，代表公方负责搞公私合营。刘国钧任第一任会长，他当副会长。

商会地点在双桂坊，刘国钧与他同在一个办公室。“不过，他来的时间比较少。刘国钧住青果巷，一般是乘旧式黄包车进出。”李老如是说。1954 年刘国钧带头响应公私合营，“他是当时全省最大的工商业者，他这样的民主人士进入省政府，是唯一的一位副省长。当时报纸上宣传得很厉害，是典型。当了副省长后，常州商会会长就换人了。”

“刘国钧带头实行公私合营，其地位没有变，高薪没有变，但在纺织市场上不能说了算了。”李老说道。

我问李老，你对刘国钧最深的印象是什么？他只说了一句：“与刘国钧打交道并不难。”

为什么仅说这一句？我未追问。

李老长期从事统战工作，他在自己的切身体验中，感受了刘国钧身上最本质的东西。原来，世间的一切都是能融合的。

（作者简介：常州刘国钧文化中心主任，原常州刘国钧高职校校长。长期从事刘国钧研究，著有《国钧纪行》等。本文选自《刘国钧研究》2019 年第 1 期。）

青果巷刘国钧宅邸考

李梅香

熟悉青果巷的人都知道，巷子里有座很有名的八桂堂，瞿秋白就出生在八桂堂的天香楼上，后来著名的民族工商业家刘国钧买下此宅，八桂堂成为刘国钧故居，是青果巷门面最气派的宅邸。如今的八桂堂大门紧闭，平日由刘家的一位老管事看管，刘家后人回常州总要到青果巷走走看看，找寻、回味那一缕悠远绵长的乡愁。

近日，刘国钧之孙刘学进先生托我一件事，他想打听一下青果巷松健堂后面那栋红砖小楼的情况，据说是刘国钧建造的女工宿舍。那栋红楼我见过，在青砖乌瓦的青果古巷特别醒目，不同寻常。我游走青果巷的时候就曾想：怎么会有这么一栋风格迥异的红楼矗立于此？红楼的主人是谁？历史曾在这里上演过怎样的故事？

常州研究历史文化的贤达人士很多，一个偶然的机会，我遇到姓氏文化研究会的苏慎会长，谈及青果巷，他热情地为我介绍常州市文物保护管理中心的陈伟堂先生。我曾多次拜读过陈伟堂的文章，字里行间充满浓浓的人文情怀，可惜一直无缘相见。接通电话，陈伟堂为我讲述了松健堂红楼的始末。他对青果巷情有独钟，研究颇多，特地提到贞和堂以及贞和堂内精美的楠木厅，说这座保存下来的老宅与刘国钧家族也有关系。松健堂、八桂堂、贞和堂都属常州先贤唐荆川家族的唐氏八宅，又都与刘国钧有关，这里有着怎样的联系呢？我决定去拜访陈伟堂先生。

一个冬日暖阳的午后，青山路著名的临清会馆，常州市文管中心就在此办公。这是一组中西合璧式的清代建筑群，我曾无数次从晋陵路走过，每一次都要回望那典雅的门楼，还有门楼砖雕上那苍劲端庄的楷书“临清公所”字样。穿过深深的庭院，我来到第三进主楼，回形转楼气势不凡，左右楼道相接，阳光洒照在木格窗棂和回廊栏杆上，从繁华的大街走进这老屋，令人迷离恍惚。陈伟堂是一位年逾花甲的长者，博学严谨，他预先复印了好几份资料让我留作详查。经过梳理，松健堂后花园红楼历史以及八桂堂、贞和堂与刘国钧家族的关系在我面前有了一个轮廓。

据《毗陵唐氏家谱》记载，毗陵唐氏自明代开始落户青果巷，在巷内建有八桂、贞和、易书、筠星、四并、复始、松健、礼和等八堂，合称“唐氏八宅”，常州城素有“青果巷唐家半条街”之说。著名的文学家、抗倭英雄唐荆川就出生在唐氏八宅的易书堂。

唐氏八宅之一的松健堂原为唐荆川曾叔祖、明代书法家唐世英居所，后归清代浙江兵备道恽祖贻、其子安庆府知府恽毓龄及其孙恽公樾居住，南临青果巷，北邻古村，坐北朝南，占地面积达 3. 12 亩。现存房屋四进，硬山造木结构楼厅一座，厅屋为明代建筑，其余系清代改建。

至于松健堂后面那栋让刘国钧后人无法详知的红楼，那是 1950 年代初，刘国钧自香港回常州后，买下了松健堂的一部分，于 1958 年拆除部分松健堂，在松健堂后花园建造两层苏联风格的红砖筒子楼，用作大成厂高级管理人员的宿舍。几十年过去，居住在松健堂前面几进的恽氏族人早已搬离，这座红楼历经沧桑，依然矗立，如今被常州市规划局列入历史建筑予以保留。

青果巷 82-84 号的八桂堂因堂前种植的八棵桂花树而得名，八桂堂在清代后期为湖北布政使瞿赓甫所得，东院第四进的天香楼是著名革命家、文学家瞿秋白的衣胞之地。

刘国钧创办的大成一厂与青果巷相距不远，1930 年他以 50 万元起家兴办大成厂，八年增资至 400 万元，被著名经济学家马寅初赞誉为民族工商业中“罕见的奇迹”，可谓家大业大。刘国钧看中了青果巷这块人文荟萃的风水宝地，于 1947—1948 年，以长子刘汉堃的名义买下八桂堂。1950 年代，刘国钧从香港回到内地后，和幼子刘汉良一家曾在此居住。1953 年底，刘国钧曾召集大成公司所属常州三个厂的全体在职私方人员和代理人商讨公私合营事宜，地点就在八桂堂。后来刘国钧把个人在大成公司的私股换成南通大生纱厂的股票，“曲线”增加了大成公司的公股比例，为早日争取公私合营创造条件，终于在 1954 年大成厂成为苏南第一个顺利实现公私合营的企业。刘国钧曾经说过，“我愿意为企业而做到底，苦到死，我下决心从香港回来，就是为了企业，回来后就等于把生命交给了国家。”八桂堂见证了这段特定的历史，也见证了刘国钧沉郁浓厚的爱国情怀。

1956 年 8 月，刘国钧任江苏省政府副省长，携夫人鞠秀英迁居南京，搬离八桂堂。为了关心常州的工业发展，刘国钧仍然往返于宁常之间，时常到八桂堂小住。1966 年 8 月，“文革”肇始，刘国钧在常州、上海、南京的住宅被“红卫兵”查抄，八桂堂被占用。在江苏省委的保护下，刘国钧全家搬进南京福昌饭店暂住，后又迁至南京文昌巷的一个陋室居住。直到 1973 年，青果巷八桂堂旧居发还，耄耋之年的刘国钧着手整修千疮百孔的老屋。正是在这一年 6 月，幼子刘汉良一家五口迁居香港。1975 年，刘国钧将八桂堂内 96 件高档红木家具和部分书画精品，分赠常州博物馆和南京博物院。现在，八桂堂整体布局上依然保留着刘国钧居住时的原貌，刘氏后人将其与后来拆迁改造并入的其他部分总称为刘敬修堂（靖江生祠镇刘国钧故居内建有“敬修堂”，寓“敬业修身”之意）。据说，当年刘国钧在八桂堂门前悬挂竹篮，以纪念他少年时代走街串巷经商的艰难岁月。

青果巷 86 号是贞和堂，原名保合堂，唐荆川在世时是一个书房。明万历四十五年，唐荆川的外孙，明朝著名政治家、礼部尚书孙慎行特撰写《保合堂记》，祝贺舅父唐鹤徵八十大寿。后因唐氏后人忠于明室，不愿降清，八桂、贞和两堂遭到查收抄没。清地方官署将没收之宅发卖，贞和堂一截为二，前六进为康熙年间进士庄楷所得，后宅及半园一半归状元钱维城之弟钱维乔。后庄氏所得贞和堂前几进，晚清为萍乡煤矿总办张赞宸所有，张赞宸与张太雷的父亲为堂兄弟，幼年张太雷也曾在此读过书。后来刘国钧购得贞和堂前二进（包括楠木厅），遂和隔壁的八桂堂连屋成一气，作为刘氏住宅。

1958 年，为支援国家建设，刘国钧在此兴办手工工场，招募社会上的纺织女工，为她们提供就业机会，帮助解决社会问题。为支持地方工业，刘国钧大仁大义，又将贞和堂原屋送给了利民割绒厂。1970 年，割绒厂归并，此屋遂成为纺工、防疫等单位的职工住宅。根据东南大学对青果巷老宅的测绘，贞和堂是青果巷的精华所在，里面有保存较好的明代楠木厅。

回望青果巷，这里是可以触摸的历史。无论是青白典雅的八桂堂、贞和堂，还是那迷离的松健堂后花园红楼，刘国钧家族与青果巷的深情厚谊都融入了这座城市的历史。

（作者单位：常州市委统战部。本文选自《档案与建设》2017 年第 2 期。）

青果巷杰出的织梦人

——纪念爱国实业家刘国钧诞辰130周年

王雷宇　瞿　超

一、寻梦常州，艰苦创业

1887 年 4 月，刘国钧出生于江苏省常州府靖江县生祠镇，原名金生。父亲因科场失意精神痴癫，坐塾不成，生计无着，仅靠母亲外出帮佣和纺土纱勉强维生，从小家境贫寒、仅上过半年多私塾的刘国钧早早萌生外出谋生念头。1901 年，15 岁的他在邻居的推荐下离开老家，到常州西门外交通方便、商业发达的奔牛镇自谋生路，很快明确了做生意赚钱之生活目标。他从学徒做起，无论是走街串巷肩挑货郎担，还是留在店内当跑街伙计，都是积极主动干活、细心琢磨经营之道，由此赢得雇主的信任和客户的信赖。他善抓机遇，集资办布店和染坊，一步一个脚印，苦心创业。1911 年辛亥革命爆发，战火波及常州，商铺大都关门逃难，他仍坚持冒险独家经营。“苍天不负有心人”，在奔牛镇摸爬滚打 13 年，凭借机敏、勤勉与守信，1913 年，27 岁的刘国钧成为拥有“和丰”和“同丰”（意为“和而不同”）两家京货店、资本积累达 2 万多元的奔牛首富，迎来人生第一次转机。

好学上进的刘国钧在经商实践中注重思考、总结、提升，追寻着下一步发展目标。他订阅《民立报》，及时了解辛亥革命时期国内外形势，分析市场变化。他研究进口洋布，发现英日洋纱洋布充斥中国九成市场。尤其得知日本提出的“二十一条”时，他震惊、愤怒了。如何有效抵制日货、用实际行动反对“二十一条”？他意识到“中国纯粹靠农业，没有工业，国家不能富强，一定要工农业兼而有之，才能富强”。他又看到清末状元、爱国实业家张謇在报刊载文呼吁：“制且未成，抵于何有？”这句话，更坚定他办工业之信心，提出“实业救国是对症下药”主张。

二、工业救国，织梦青果巷

1914 年刘金生改名为国钧，意为国之钧器，开始把个人与国家命运紧紧联系起来。他与常州城裕纶布厂 6 位纺织界人士义结金兰，把奔牛两爿商店全部盘出，举家迁居到青果巷新坊桥，开启工业救国的人生旅程。1915 年，他与结拜义兄蒋盘发等 10 多人，集资 9 万元，创建常州首家蒸汽机动力织布厂——大纶纺织染有限公司，厂址在青果巷南岸东下塘乌衣浜。蒋盘发任经理，刘国钧任协理，负责工厂生产技术。他开始认真阅读企业管理书籍和纺工杂志，一心钻研生产业务。他不顾生命危险，冒名潜入上海英商怡和纱厂车间，只为偷学斜纹布技术，却被工头识破，险遭毒手，在其他工友的帮助下越墙逃脱。最终打动该纱厂职工，帮助解决织斜纹布技术问题。刘国钧又虚心去上海盛宣怀开设的友新纱厂参观取经，重金聘请工程师来常州大纶布厂指导，自己在车间废寝忘食地反复试验，最终顺利解决浆纱配方技术问题。浆纱、斜纹布等关键技艺使得大纶布厂效益大幅提高。1916 年，他为大纶白斜纹布设计出"蝶球牌"商标，图案新颖，创意是"无敌于全球"，此后该商标一直为大纶沿用。连续几年产销两旺、盈利丰厚的"蝶球牌"大纶产品能与外商竞争，此时的大纶布厂协理刘国钧在常州工商业界崭露头角。

刘国钧满腔热情，继续向董事会提出改进生产设备——"手拉织机改换脚踏织机"的建议，但公司内部意见分歧较大。他从大纶辞职，于 1918 年在青果巷新坊桥南岸东下塘独资创办广益布厂，开启独立创建纺工企业生涯。1921 年广益布厂全部改换脚踏布机，实现更新设备之梦想，生产效率和质量全面提高。次年在常州东门外白家桥西创办广益机器染织厂——广益二厂。他首先把日本确立为竞争对手，曾四次赴日本考察。1924 年偕好友首渡日本，向对手学习纺织技术。同年回国后，在国内首创使用筒子纱和盘头纱，这一技术很快在常州和京沪线推广。1925 年，义兄蒋盘发创办五年的大纶纱厂因军阀连年混战而停产，刘国钧协助其料理债务，由上海保大银团接收大纶纱厂并更名为大纶久记纱厂。面对日货大量倾销的纺织市场，纺织行业连年不景气，常州地区连续八家布厂倒闭。刘国钧希望自己能在逆境中奋起，他把广益二厂手动机设备全部改为电动布车，以提高产量和质量；不断添置织布机，扩大生产规模；通过注重管理、精简工序、节约物料等办法降低成本，竭力善谋对策，摆脱市场困境；专心致志提升产品竞争力，通过勤做市场调研、勤翻花色品种，生产适销对路品种。他把广益染织产品商标煞费苦心命名为"征东牌"，图标设计别出心裁，意味"征服东洋（日本）"。

1929年，广益染织厂自主研发的“征东牌”“蝶球牌”系列产品在南京中华国货展览会均获优等奖，刘国钧在全省乃至全国纺织行业声名鹊起。同年他被推举为武进商会国货推广委员会调查股长并即席演讲，提出“必须以科学求进化，方能在与世界竞争中取胜”的重要思想。

三、创新大成，屡建奇功

1930年春节刚过，刘国钧偶知大纶久记纱厂因受日货倾销冲击，经营日陷困境，有意盘出。刘国钧对大纶久记布厂有着特殊感情，他果断出手接盘。同年2月15日，通过多方集资和抵押贷款筹资50万元，成功盘下大纶久记纱厂，并更名组建大成纺织染股份有限公司（以下简称大成公司）。从此，他全身心投入大成公司发展。

初创大成，刘国钧任人唯贤，革故鼎新，企业管理规范化、制度化。首先，改革人事制度，废除工头制。所有员工按照“择优录用”原则，由人事部门考核、登记定编。其次，精心检修器械、添置空调等附属设备，改善生产硬件设施和环境。再次，改进工序，降低成本，提出“货色比别人好一点点，成本比别人低一点点，价格比别人高一点点”的经营之道，且始终坚持这“三个一点点”的经营宗旨不放松，审时度势，产品准确定位于占国人绝大多数的中低档消费群体，不断研发新产品投放市场，为广大普通百姓服务，使得大成公司日益兴旺。大成注重企业文化建设，不断凝心聚力。刘国钧亲自拟定“忠信笃敬”的厂训，编写厂歌：“提倡国货，对外竞争。出品力求精，成本力求轻。挽回利权，富国裕民。凡我职工，勤慎耐劳，振作精神，言忠信，行笃敬。群策群力，一心一德，努力，各负责任。前进，集其大成。”还亲自议定了“爱护团体，敬业乐群”“精诚亲爱，谦和合作”“从善绝恶，革故更新”“锻炼身体，修养品性”等八条厂规标语。厂训逢会必讲，厂歌人人必唱，标语烧成蓝底白字的搪瓷标牌，悬挂在车间、走廊、餐厅、写字间和公共场所。同时，公司出版《励进月刊》，发行全国。为全方位提高职工文化素质，他亲自撰写《停工期间内经理告同仁书》，编辑《格言联璧》，人手一册，以古人警言教育员工。还编写《养生保命》一书，提高员工健身意识。高薪聘请常州著名教育家顾峤若担任训育主任，开办员工夜校，轮训在职员工，招收养成工、艺徒、练习生，长期培训，作为大成公司发展之后备力量。

1931年九一八事变突发，刘国钧连夜奋笔写下《土纱救国计划书》，发出“工业不振，国必衰弱，救国之道，匹夫有责”之抗日救国呼喊。为振兴民族纺织工业，知己知彼，是年深秋，他带队二渡日本，在饱尝冷遇中他悟出重要结论：“在纺织方面与日商竞争，非其敌手，其中重要原因是大成公司未能发展为纺织染全能企业，故不能与其抗衡。织而不纺，染而不织，一遇交通阻碍，或市场波动，原物料即有中断可能，生产势必停顿。必需建成纺织染全能企业，彼此衔接，一气呵成。这能减轻成本，增加求业，造福社会。”翌年初，他毅然将自己独资经营、收益十分可观的广益染织厂以50万元资产作为股额正式并入大成公司。原大成纺织染公司改名为大成一厂，广益染织厂改名为大成二厂。改组后的大成企业利润更加丰厚，刘国钧就用盈利大幅度提高员工薪水福利，让员工持股，办好食堂，扩建宿舍，新建子弟小学、保健站、小商店、休养所，甚至要为员工建功德堂，不断改善美化职工生产、生活环境。他希望民族纺织工业能在自己的手中发展壮大。

1934年和1935年，刘国钧率团三访、四访日本，参观、学习日本平绒、灯芯绒生产过程，机器印花技术，并购回机械设备以备试制。通过连续七个月没日没夜的试验，最终首创国内灯芯绒割绒技术、机器印花技术，大成公司成为全国名副其实的纺、织、染、印全能企业。割绒、印花技术也成了大成公司的“摇钱树”。为做大做强纺工企业，刘国钧在1936年7月与汉口震寰纱厂实行5年合营，改建扩建为大成四厂。同年底，纱锭32000枚、布机1008台的大成三厂在常州东门外拔地而起。此时大成公司，从一个发展到四个，纱锭从10000枚扩充为78863枚，织机由200台添置为2707台，注册资金由50万元增至为400万元，8年翻了8倍。其时，大成公司固定资产、流动资产已逾1000万元。经济学家纷纷著文研究刘国钧成功的经验，著名人口经济学家马寅初高度赞誉大成的成就为“罕见的奇迹”。

1937年七七事变爆发，日本发动全面侵华战争，8月底日机轰炸常州火车站。刘国钧迅速作出应变决策，成品尽快出售，收回现金，组织员工日夜抢拆精品纺织机，分批装箱，由卢作孚民生轮船公司运往武昌、重庆，以保存精华。同年11月底，常州沦陷，大成成为日军集中轰炸的目标，三个厂70%被毁。1938年6月，大成董事会决定租借上海公共租界中华书局印刷厂创设安达纱厂，坚持生产。同年底，与民生公司、隆昌染厂合作筹建重庆大明染织厂，次年2月全面开工生产，并在香港设大孚建业公司，在沪、港、昆、渝设办事处，在仰光、河内、曼谷等海外多地设联络站。刘国钧则于上述多地奔波穿梭，指挥生产和经营。大成的纺织染事业在战火中坚守着，他始终坚持着原大成公司成熟的管理制度，用质量第一位的生产理念，使得大明公司的“大明蓝”系列棉布产品在西南地区乃至全国市场畅销。1942年刘国钧辗转渝、沪、港多地，回到常州视察大成公司近况，要求员工找准机会恢复生产。次年底，由于经营得当，大成公司总资产升值达2500

万元。1944年7月，在黄炎培等友人提议下，刘国钧悉心所著《扩充纱锭计划刍议》公开发表。他设想在抗战胜利后15年内，全国纺织工业发展规模达到1500万枚纱锭，且对资本筹集、制造纺机、原料供应、工厂布局与管理、人才培养等各方面作了详尽规划和建议。对大成公司，计划15年内发展到50万枚纱锭，并提出向毛、麻纺织业技术发展的构想。刘国钧这一气势宏伟的民族纺织业规划，在工商界、经济界引起强烈反响，读者无不认同称赞。1945年抗战胜利，大成公司迅猛重建、扩建，且据市场变化不断调整和增加大成一、二、三厂花色品种，短短两年时间，企业年利润以超过30%增长率提升，产品旺销海内外。

然而好景不长，因国民党独裁统治，再掀内战，刘国钧纺织事业屡遭创伤。1948年国民党政府败局已定，大肆摧残民族工商业，关押敲诈一批著名工商企业家，工商人士惶惶不可终日，大成公司董事会劝刘国钧去香港暂避风头。是年底，刘国钧果断搬迁部分企业资产到香港九龙荃湾，东南纱厂开张，使纺织企业生产连续不断。国民党逼其迁厂去台，并不断去信警告恐吓，刘国钧则用送布匹和金条作缓兵之计。与此同时，共产党地下组织写信给刘国钧，宣传新民主主义经济政策，要求他保护好工厂，搞好生产，迎接解放，不能停工。此时刘国钧内心充满矛盾，纠结万分，再三考虑，决定暂避香港，令大成公司管理层把“大成公司在沪、常两地所有现金、存货、原料、物料、机器一律不动，各人坚守岗位，照常生产，并编造清册，不要隐瞒”。1949年春节后，刘国钧携家眷由沪赴港。刘国钧去港后仍沿用大成的独特管理方式和先进生产技术，使其香港东南纱厂经营效益名列前茅，产品远销南洋和欧美。1949年4月，刘国钧赴台湾视察十多天，所到之处国民党宪兵如洪水涌至，税收敲诈勒索之事频发，民怨四起，他立断台湾非他能投资立足之地，于是悄然离台回港。很快上海、常州解放的消息传来，沪港通邮，常州大成三企业生产正常。刘国钧决定回内地继续发展纺织事业，不顾自身胆结石突发、大手术后的体虚，1950年秋，刘国钧偕夫人毅然踏上返回内地的归途。

四、赤子情怀，肝胆相照

1950年9月30日，常州大成公司职工代表扛着大红横幅，开着汽车，敲锣打鼓欢迎刘国钧回大成。刘国钧精神抖擞，发表热情洋溢的讲话。同年11月，受邀去北京会晤政务院副总理黄炎培、中共中央统战部部长李维汉，晋见周恩来总理。同月出席全国纺织工业会议，提出很多建议均被采纳。翌年，改组大成、安达公司董事会及领导班子，加强企业管理和技术力量。1952年2月，由黄炎培介绍加入中国民主建国会，并被总会指定为常州市民主建国会分会筹委会委员及召集人。同年6月，常州市民建筹委会成立，并推选刘国钧为筹委会主任。从此，刘国钧步入政坛，又一次实现了华丽转身。

1951年7月，刘国钧积极响应党的号召，带头支持抗美援朝战争，公司和个人先后捐款达52.65亿元，可买3.5架战斗机。在“三反”“五反”运动中心胸坦荡，经反复调查核实，大成公司被评为守法户。1952年6月，被推选为全国工商联筹委会委员。1952年10月25日，由周恩来总理提名、经毛泽东主席签发，任命刘国钧为江苏省人民政府委员。1953年初，参加江苏省人民政府委员会第一次会议。同时，江苏省工商联筹委会成立，刘国钧成为筹委会委员。紧接着，常州市第一届工商联大会推举刘国钧为主任委员，他带领常州市工商业界开展爱国守法增产节约运动。同年6月，撰写《重视棉纺织工业，来配合重工业建设的建议》，向国家建言献策。

1953年10月，刘国钧参加全国工商联代表大会并发言，表示大成公司要积极争取公私合营。他被选为全国工商联执行委员，并不断撰写《工商业者必须接受社会主义改造》《消灭资产阶级有利》等文章，宣传过渡时期总路线，表明自己的政治立场，以实际行动积极带头申请公私合营。1954年6月顺利完成常州大成、上海安达公司公私合营，成为江苏省乃至华东地区最早完成公私合营的先进代表。1955年在全国民建首次代表大会作公私合营典型发言，同时当选为民建中央委员。他在《我要真心诚意地干到社会主义》等系列文章中发自内心提出“脱胎换骨，洗心涤肺，接受改造”“要全心全意地追随共产党干”的思想观念，在社会主义改造过程中起着表率作用，对社会主义改造顺利完成贡献很大。

刘国钧先后被选为全国人大第一至五届代表，全国政协第五届委员，江苏省人大第一至五届代表，江苏省政协第一至三届常务委员和第四届副主席。1956年8月，刘国钧出席江苏省人大一届四次会议，当选为副省长，随后由常州迁居南京。虽年事渐高，仍然精神抖擞，他为常州、江苏乃至全国工业发展奔波忙碌，在省人大、全国人大及各种政府会议上多次提出“多生产色布、印花布和灯芯绒，打入国际市场，发挥农村优势，多养兔增加农民收入，改善肉食供应，以兔毛出口增加外贸收入”等建议，先后被政府采纳。为加强常州纺织业发展，他动员留学海外的三子刘汉良学成回常州支援纺织业事业建设。1957年刘国钧负责筹建南京毛纺厂，并捐赠全套新型毛纺织机器设备，当年就投产，并声明放弃全部投资和应得定息归国家所有。他不断呼吁大力研发常州灯芯绒新产品，并自担试制费用，1958年，常州灯芯绒产品数量跃居全国第一，日产量达3000匹，花色品种超过日本，在全国首创提花灯芯绒技术，为常州日后成为全国轻纺工业明星城市立下汗马功劳。

刘国钧热心各种慈善活动事业。1959年5月，将珍藏的395幅书画作品捐赠给常州博物馆。同年捐资创建镇江团结中学，资助建造镇江新华剧场，出资创办常州勤业机电学校（今常州信息职业技术学院前身），捐资重修靖江县生祠镇岳王庙。1962年11月携夫人访港探亲，向在港亲友大力宣传社会主义建设大好形势，动员子女资助35万元外汇加入华侨投资公司，支援国家建设，并购回120万港元化肥200吨支持农业发展。1965年秋提议捐资修缮常州天宁寺、文笔塔等古迹，后因“文革”未果。1981年由其遗孀和子女完成了生前夙愿。“文革”期间，刘国钧晚年正常工作生活均受到冲击，仍临危挺身而出，机智保护身边文物字画，集中封存送往省市文管会妥善保存。即使全家被遣散至句容山村监护，也没有失去相信中国共产党的信念，1970年3月挥笔书写“人老心不老，永远跟党跑”的巨幅对联悬挂于客厅，表达自己坚定的社会主义信仰。1972年经周恩来批准，刘国钧以60万港元进口一台瑞士恒温度标机床赠送给武进农机厂，由该厂回赠10台东风-12型手扶拖拉机，转赠其祖籍地靖江以支持农业生产。1975年，将96件珍贵红木家具捐赠给常州博物馆，部分字画捐赠给常州博物馆和南京博物院。

“文革”一结束，年逾九旬的刘国钧仍热爱家乡建设，经常往返于宁常之间，出资赞助家乡公益事业。他时刻言传身教引导子女爱国爱乡，反复叮嘱亲人们“要为祖国四化多做贡献”。1978年1月29日晨，刘国钧因座椅脱空、胫骨折断，后又引发肺炎等并发症，经抢救无效，于3月8日离世。

参考文献：

[1] 李文瑞．刘国钧文集（传记卷）[M]. 南京：南京师范大学出版社，2001.

[2] 李文瑞．刘国钧文集（论著卷）[M]. 南京：南京师范大学出版社，2001.

[3] 施宪章．民族工商业界的一面旗帜——刘国钧挚爱祖国、艰苦创业的一生（上）[J]. 钟山风雨，2002(2)：50-54.

（作者单位：王雷宇，江苏理工学院马克思主义学院；瞿超，江苏省委统战部。
本文选自《档案与建设》2017年第7期。）

纺织巨子刘国钧

孔 卓

刘国钧是中国纺织业巨子。他白手起家，秉承着实业救国的宏愿，创办了大成纺织染公司。该厂发展迅速，其产量和规模很快在业界独占鳌头，被经济学家马寅初称为“罕见的奇迹”。

白手起家

1887 年，刘国钧出生在江苏靖江生祠镇。他的父亲是一位读书人，一边在私塾教书，一边参加科举，由于参加科举考试屡试不第，受到刺激，患上精神疾病，家庭日益贫困。为维持生计，刘国钧当起了小贩，赚取生活费。15 岁时，同乡柳秀方带着刘国钧离开靖江，到常州谋生。刘国钧在埠头镇贩卖麻糕、布匹并结识了陆友仁和蒋盘发。随后，刘国钧经柳秀方介绍到奔牛镇刘吉升京广洋货店当学徒。刘国钧头脑灵活，勤劳肯干，将店里滞销积压的布匹挑到乡村去卖，赚的钱都如数交给刘老板。刘老板对刘国钧的人品和工作能力大加赞赏。不料刘老板做黄金生意亏了本，无法还清钱庄欠款，迫不得已将京广洋货店关门歇业的同时为刘国钧在元泰京货店谋了差事。刘国钧在元泰京货店担任跑街伙计期间，经常和蒋盘发交流做生意的心得并结识了很多从事布匹生意的老板，逐渐萌生了自己开布店的念头。

1908 年，刘国钧和华渭川合资在奔牛镇开设和丰京广洋货店，经营土布、绸缎等，兼办染坊，生意兴隆。辛亥革命爆发后，奔牛镇的各商户都害怕受到战争的迫害，纷纷关门歇业。刘国钧分析当时形势，认为奔牛镇各商号都关门歇业，此时若和丰京广洋货店开业必定生意兴隆。即使不幸毁于兵灾，自己年纪尚轻还可以东山再起。为以防不测，刘国钧将 500 银元藏起来并让家眷带 300 银元回老家。虽然当时战局混乱，但是常州地区农民收成很好，很多人家都将婚事提前准备，置办嫁妆等结婚用品。和丰京广洋货店顾客盈门，络绎不绝。刘国钧通过这次险中求胜，大赚一笔，成为奔牛镇的首富。

由商入工

1915年，刘国钧与蒋盘发、陆友仁等人集资9万元银洋，创办常州大纶纺织股份有限公司。蒋盘发任经理，刘国钧任协理，总管全厂工作。为了解决白色斜纹布布面粗糙、瑕疵多等问题，刘国钧亲自到上海，穿上怡和纱厂的厂服进入浆纱车间学习浆料调配，不料被英国领班识破，幸亏工友帮助才得以翻墙逃走。但是帮助刘国钧进入怡和纱厂的工友被英国领班打成重伤。刘国钧主动承担了工友的医药费和全家的生活费并邀请其康复后到常州工作。后来，该工友康复后，主动到常州大纶机器织布厂帮忙解决了浆纱问题。1917年，大纶织布厂扭亏为盈。

因大纶织布厂股东之间的纠纷，刘国钧从大纶织布厂拆股。1918年，筹资开设了广丰布厂，恰逢一战，各国不但减少了对中国的商品输出，而且从中国收购大量棉纺织品，获利丰厚。1923年，刘国钧又在常州东门外直街创办广益染织厂，购置了柴油发电机、铁木混合机，成为当时常州最大的一家染织厂。为了提高棉布质量，1924年，刘国钧赴日本学习先进的管理经验。

大成奇迹

1930年，刘国钧以50万元接盘大纶久记纱厂，更名为大成纺织染公司，吴镜渊任董事长，刘国钧任经理，负责工厂的生产，刘靖基任协理，分管产品销售。1931年，刘国钧再次东渡日本考察学习，认识到降低成本、减少工序是增加产量的关键，萌生将广益染织厂并入大成公司的意图。1932年，广益染织厂并入大成公司。原大成纺织染公司改为大成一厂，广益染织厂改为大成二厂。1934年和1935年，刘国钧两次东渡日本，学习灯芯绒生产技术和科学的管理经验。1936年，刘国钧接办汉口的震寰公司，命名为大成四厂。为了供应大成二厂生产所用的坯布，刘国钧选择在大成二厂对面筹设大成三厂，于1936年向瑞士订购纱锭3万枚、自动布机500台。1937年先行进口纱锭1万枚，安装未竟，抗战军兴，即拆内迁。

大成纺织染公司废除了封建工头制，实行工程师制，颁布了各项管理约则。工人们全部穿厂服，背厂训，唱厂歌，创办《励进月刊》。刘国钧聘用专业技术人员担任管理人员，公开招聘工人，同时制定考核方案，评定员工等级，按等级发放薪酬，采取“本事要大，人员要少，工资要高，部门要精”的人事管理方法，注重大成纺织染公司工人的福利，在厂里建立了食堂、宿舍、小学、医院等机构，还举办工人集体婚礼，购置公墓。这些举措增加了工人工作的积极性和热情，提高了生产效率。刘国钧办厂坚持四个要点：一、生产精良；二、清洁卫生；三、废物利用；四、物美价廉。1937年，大成纺织染公司已经有4个厂，8万枚纱锭，注册资本从1932年的50万元增加到400万元。经济学家马寅初称赞大成纺织染公司在民族工商业中，实在是一个罕见的奇迹。

惨遭浩劫

1937年，日本占领常州，大成一厂、二厂、三厂遭到沉重打击。大成公司所受损失，分三类：一为建筑物的毁伤；二为机器和工具的毁伤；三为原料及制成品的被抢劫。这三项损失，依1937年的市值在500余万元以上。刘国钧密切关注战争的形势，抢占先机将部分设备和物资运到了上海，开设了安达纱厂。同时还将设备和物资运到汉口大成四厂。这些未雨绸缪的措施在战争中挽救了大成公司。武汉失守后，刘国钧再次将设备和物资内迁至重庆，与民生公司的卢作孚合作创建了“大明染织厂”。

重获新生

抗战胜利后，位于常州的大成一厂与三厂恢复生产。二厂在抗战中遭到日本轰炸几乎全毁，战后重建。1949年，常州三个厂已有5万枚纱锭、1000余台布机。1954年，大成公司在江苏省私营纺织业中第一个实行公私合营。刘国钧任副董事长和总经理，后任江苏省人民政府副省长、江苏省政协副主席等职。

参考文献：

[1] 常州市纺织工业公司编史修志办公室．常州纺织史料（第一辑）[M]．常州：常州市纺织工业公司编志修史办公室，1982.

[2] 常州市纺织工业公司编史修志办公室．常州纺织史料（第九辑）[M]．常州：常州市纺织工业公司编志修史办公室，1986.

（作者简介：常州工学院马克思主义学院讲师，博士，研究方向：城市史。
本文选自《文学教育（下）》2019年第4期。）

第三编　刘国钧经营管理的研究资料

“征东图”商标[1]与抗日救国

左旭初

1914年，第一次世界大战爆发后，原来主要由英德等国洋布输入我国的局面，被后来居上的东洋日本所打破。日商将机制细布、印染布大肆倾销到整个江南地区。江苏常州市场上的棉纱、棉布等几乎全被日商所垄断。所幸的是，日商并未能长期垄断常州纺织品市场。因为此时常州本土出现了一位纺织业的奇才，后来成为纺织业巨擘的刘国钧。刘国钧设立的广益织布厂，生产的优质细布，尤其是他创立的“征东图”商标，为常州人赢得了荣誉，更为国人夺回了被日商强占的纺织品市场。由此，我国著名经济学家马寅初先生曾在重庆称赞道，刘国钧先生经营的公司及创立的“征东图”商标，在我国三四十年代民族工商业中，“实在是一个罕见的奇迹”。

一、为了抵制日货，取名“征东图”商标

刘国钧是江苏常州府靖江县生祠镇人。

1918年，刘国钧在常州新坊桥独资开办了一家广益织布厂，专门生产各种细布，供应市场。当时使用的商标有“蝶球”“红鹤”等。而“蝶球”商标图样是大小蝴蝶在地球上飞舞。因“蝴蝶”两字在吴语方言包括常州话中与“无敌”两字发音很相似，“蝶球”商标名称，即寓意将来广益厂产品一定是“无敌于全球”。这“蝶球”也完全表达了刘国钧先生提倡国货、抵制外货的决心和信心。

在20年代初，由于当时我国民族纺织企业包括沿海地区的上海、青岛、天津等地区生产技术不高，普遍只能生产技术含量较低的平纹、斜纹白布。而很少能制造技术含量较高的印染色布。为此，日商等故意在我国市场上抬高色布价格，

---

[1] 编者注：此商标为一张图片，上有“征东图”三个字，也称为“征东”牌商标。

压低白布价格。刘国钧看到生产白布只能在民族织布厂之间竞争，造成自相残杀，给日商获得更大利润创造了机会。要发展，必须与日商竞争，这样才能摆脱完全被动的局面。1924 他对广益厂进行重大技术改革，在国内率先使用筒子纱代替盘头纱，将铁木机改成电动机，同时引进先进的染整设备。这样使广益厂一举成为纺织印染齐全、较为现代化的工厂，不仅在国内可与最先进的染织厂媲美，就是与日商厂家相比也毫不逊色。生产的色布逐渐远近闻名，并成为能与日商色布相抗衡的精品国货。其间，刘国钧又给自己的色布产品商标取了一个很有挑战性的名称叫“征东图”。寓意是“征服东洋（日本）货”。

根据商标史料介绍：刘国钧取“征东图”商标名称，主要是受历史小说《隋唐演义》及评弹说书《说唐》里的一段“薛仁贵征东”故事的启发和影响而得来的。从“征东图”商标图样看，全副戎装的薛仁贵，威风凛凛，气宇轩昂，大将军双手紧握锋利长戟，腰插锐箭，站立马背。五位将士分别手持长矛、大刀和“薛”字战旗等，正将来犯之敌杀入一望无际、白浪滔滔的江中。

二、为了爱国抗日，使用“征东图”商标

20 年代末，刘国钧看到全国各地纷纷掀起抵制日货的爱国运动，国货棉纱、棉布行业出现一个难得的发展良机。为此，他经过市场调查，毅然决定投资 20 万元，招股 20 万元，向钱庄借款 20 万元，以 50 万元接下他原先与他人合伙创办的大纶织布厂，以 10 万元维修机器和补充附属设备。1930 年夏，他将大纶织布厂与广益织布厂合并，改名为中国大成纺织染公司。同时将在市场上已小有名气的“征东图”商标，沿用到大成公司，以进一步发挥“征东图”商标更大的品牌效益。半年过去，至 1930 年底大成公司的“征东图”牌各种色布、绒布销售已获利 10 万元。1931 年大成公司的“征东图”牌各种产品继续全面畅销。除去各项开支，公司净利达 50 万元，收回了接盘的全部投资。

1931 年九一八事变爆发，我国东三省被日军侵占。1932 年“一•二八”事变爆发，日军又进攻上海，即再次引发“淞沪抗战”。当时全国上下广大民众抗日救国情绪高涨，积极开展抵制日货的爱国运动。在纺织行业中，日货棉纱、棉布等同样受到国人的抵制。由于大成公司的“征东图”色布、绒布质量精良，价格公道，很快赢得常州地区乃至整个江南地区广大消费者的青睐。据商标史料介绍：除了当时“征东图”色布、绒布和条子漂布等产品价廉物美外，更多消费者的购买心理，都是冲着大成公司“征东图”这个商标名称来选购大成公司的产品。在这期间，“征

东图”这个充分反映时代特征的商标，确实为推销大成公司的产品起了很大作用。

三、为了民族工业，确保“征东图”商标

1937 年 7 月，卢沟桥事变拉开中国全民族抗战的序幕。在常州沦陷前夕，大成公司的生产厂房、设备已遭日军破坏。“征东图”牌各种色布、绒布等成品，则被日军抢劫一空。沦陷期间，大成公司的一个分厂由日军军事管制，另一分厂则被日军用作养马房。而刘国钧先生为了减少损失，保存部分生产设备，无奈之下只能将一些机器远迁西南重庆北碚。后在重庆与民生实业公司总经理卢作孚合作创办了大明纺织染公司，为确保生产和继续使用“征东图”商标创造了条件。在渝期间，刘国钧为了加大“征东图”各类产品的销售力度及扩大“征东图”商标在西南地区的社会影响，他先后在重庆、云南昆明等地增加“征东图”色布、绒布销售点，同时还在越南河内、缅甸仰光等地区设立国外代销点。由于刘国钧充分掌握昆明、河内等地区消费者对产品的需求信息，因此在40年代初，“征东图”牌各类细布、色布等源源不断地销往西南、南洋地区。那时“征东图”牌各种纺织品在南洋地区始终是当地华人首选的产品之一。

另外在抗战期间，刘国钧在生产和经营“征东图”牌各类产品中，还有一个很大的特点，即他不是如其他内迁企业那样仅仅停留在小规模的维持生产状态。他要不断采用新技术，开发新产品，来和英日等外商展开竞争。如他在国内率先使用精元染色机等新设备、新工艺。他在国内最早开发研制成功印染花布、丝绒布、灯芯绒布等新产品。在日常经营中，刘国钧也独辟蹊径。如在“征东图”印花布销售中，他首先采用和国内主要外贸出口基地上海布商联系，让布商一有进口花布的样品，就尽快寄给他。而他再从中选择我国消费者喜欢的花色抓紧赶印，往往抢在进口新花布在我国上市之前就推向市场。这样，“征东图”产品在与英日等外商竞争中，一直处于领先地位。另外，他还注意研究外国名牌产品质量、规格等，细心揣摩。如英商怡和纱厂在我国各地畅销的条子漂布，有部分花色不受欢迎，大成公司马上研制“征东图”条子漂布，取洋货长处，舍洋货短处，极受消费者欢迎，销路大增。既获利丰厚，又收到抵制外货倾销的效果。那时，“征东图”品牌，几乎成了新花式、新产品的代名词。

1944 年，刘国钧看到日军在战场中节节败退，感到胜利已经在望。而恢复常州工厂的全面生产必须早做准备。为此，他转道印度等国再赴美国，了解世界纺织品的最新动态，并洽谈订购新式机器设备等。1945 年 8 月抗战一结束，他即

束装回国，恢复大成公司两个分厂的生产。至解放前夕，大成公司由一个厂发展到四个厂，纱锭由一万增至七万，布机由260台扩增至1780台，再加上有日产5000匹印染设备。这样的生产规模，在全国私营纺织行业中也占有相当高的地位。而“征东图”商标，也同样一跃成为响当当的名牌。

（作者单位：上海市工商局。本文选自《中华商标》2001年第8期。）

屡创奇迹的棉纺巨子刘国钧

李秋发

刘国钧是30年代初我国纺织业中崛起的一位富有传奇色彩的著名实业家。在资本主义世界性经济危机的冲击下，在我国纺织业处于全面萧条之际，刘国钧知难而进，从1930年创办大成纺织厂始，到抗日战争全面爆发的1937年止，从1个厂发展到4个厂，资本总额从40万元（注册为50万元）发展到400万元，纱锭从1万枚发展到8万枚，从只纺织发展到纺、印、染全能化生产，产品质量和品牌享誉全国及南洋地区。有些产品质量甚至超过日本和英国厂商生产的产品。大成公司的成功使刘国钧蜚声全国和南洋一带。

从学徒到布商

刘国钧原名刘金生，1887年出生于江苏省靖江县生祠镇。刘国钧7岁时，其父因科举考试屡试不中而患了精神错乱症，待在家中干不成事。全家几口人的生活全仗母亲给别人打短工和在家纺土纱维持。由于家境贫困，1900年，14岁的刘国钧肩负着母亲的嘱托和全家人的希望，带着他那颗不安分又急切企盼成功的心，跟随村里跑单帮的外出拜师学艺（做生意）。

刘国钧学艺所在的奔牛镇是一座著名古镇，是武进地区三大重镇之一，当时，全镇棉布店有10多家。刘国钧受环境熏陶，眼界大开，对市场行情了如指掌。在经营中，他发现外国进口布之所以畅销国内，是由于它们都染了色。一染色，不仅比国内白坯布好销，而且利润翻倍。他心里计划着，一旦自己学业期满，有条件去开纺织厂，一定要同时开染坊。

1906年，刘国钧作为过堂生在元泰绸布店学习了两年。期满后回家省亲，与同村姑娘鞠秀英成婚，后回元泰绸布店当伙计。在此期间，刘国钧从奔牛镇买些丝线捎回家，让母亲和妻子在家中织些“辫须”（清代男人辫梢上的装饰品），

然后自己拿去卖。1908 年 11 月，光绪皇帝和慈禧太后相继驾崩。消息传来，刘国钧敏锐的商业神经立刻被打动。他意识到：皇帝、太后驾崩必定举国致哀。奔丧用品，如白布等，必定会供不应求。于是，刘国钧立刻给元泰店抢购进大批白布。同时购进大批白丝线，匆匆送回家，让母亲和妻子编织成白辫须。果然，没几天，官衙贴出布告，举国致哀期间，辫须一律改用白色。刘家婆媳编织的白辫须被抢购一空，几天内赚了 200 多元。

1909 年初，刘国钧用这 200 多元加上自己几年来的积蓄，并向朋友借了 200 元，共 600 元，与靖江县城一位朋友合伙（出资 600 元）办起了和丰京货店，实现了几年来一直梦寐以求的自己开店的梦想。凭借几年在布店当学徒和伙计时练就的精明的商业头脑，凭他与各布庄结下的深厚的业务关系，凭他诚实可靠的信誉和视顾客为衣食父母的经营原则，加上他没日没夜地干，别人不做的生意，他去做，别人休息，他做工，和丰京货店成立几个月后，就有了一定的知名度，慢慢地在商贾云集、竞争激烈的奔牛镇站住了脚跟。一年下来竟获利 2000 元。与他合伙的朋友因耽于吸食鸦片而债务缠身。到年终，主动要求退出股金。这样，刘国钧就完全拥有了和丰京货店，实现了从学徒到老板的转变。

在和丰京货店开张一年后，刘国钧在店的后院开了一座染坊，实行前店后厂经营。他把进来的白坯布加工染成青、元等颜色出售，不仅销路好，而且利润倍增。一时间，和丰京货店生意兴隆，三年不到便盈利 6000 元以上，成为奔牛镇布号中的佼佼者。刘国钧因此也很快成为镇上的首富。

弃商从工

刘国钧在经销布匹的商业活动中逐渐发现，中国市场上的纺织品大多来自日本和英国。五颜六色的洋布倾销到中国，经核算，除去其原料、工缴、整理、染色等各种成本费用，其利润高得惊人，有的高达 100% 以上。刘国钧在经销过程中只分得一点点残羹而已。他认为，只有弃商从工发展中国人自己的纺织业，自己造出比洋货更好的中国货，才能挽回中国的利权。

1916 年，刘国钧出资 2 万元，与他人一起组建了大纶纺织股份有限公司，总资本 9 万元。公司首先从日本购置旧的铁木合织布机 120 台，用河水引擎做传动，开设了大纶机器织布厂，仿造日本产斜纹布。刘国钧力主运用现代技术，追赶洋人的步伐，生产高质量的布匹。因此，大纶机器织布厂尽管采用的是日本旧机器，但却是常州第一家采用机器织布的工厂。

刘国钧身为负责工厂生产事务的协理，带着自己的理想，从工厂一开工便一头扎在厂里。他既当协理，又当学徒，虚心向工厂师傅学习讨教有关纺织的技术、生产流程及生产管理制度。很快，刘国钧就掌握了纺织的基本生产程序和技术，并结合工厂实际，制定了一些新的管理制度。据他后来回忆说，在大纶厂的几年，他完成了从商人到工厂管理者、从组织手工小染坊生产到组织机械化大生产的转变，为他以后单独从事实业、创办大工厂打下了基础。

万事开头难。大纶厂开始生产出来的斜纹布疵点多、线路稀密不匀、歇梭多。质量不过关，产品自然卖不出去，工厂债务日增。危难之时，刘国钧不气馁。他认为质量不行关键在于技术不过关。如何改进技术呢？刘国钧想去上海洋人工厂讨教。于是，他主动请缨，只身前往上海，到英商怡和纺织厂求助。他先是与怡和厂商量，能否派人去学习，然后又提出能否出钱买怡和的技术，结果都被对方拒绝。无奈之下，刘国钧想了一条极富冒险意味的妙计。他买通了怡和纺织厂一位中国师傅，向他借了工厂的号衣，化装成怡和厂工人，混进工厂。一连几天，刘国钧仔细观察了几道生产程序和工艺，并熟记于心。但有一天，终被厂方发觉，在工人的保护下他翻过工厂围墙，落荒而逃。但那位借工厂号衣的师傅却被痛打一顿，赶出了工厂。刘国钧第二天买了礼品，登门拜访，慰问这位师傅，终于感动了这位师傅，两人结下了深厚友谊。这位师傅为大纶厂介绍了几位技术人员。在这些技术人员的帮助下，加上后来刘国钧又几度到上海其他纱厂参观学习，带来了一些新技术，终于使大纶厂的生产技术得到全面提高，产品质量得到全面改善。工厂当年就转亏为盈，赚了 1 万多元。从这件事中刘国钧悟出一个道理，工厂效益来自技术，来自人才，这成为他一生办厂的宗旨。

1918 年春，刘国钧另起炉灶。他先是在家乡生祠镇办了一个公裕土纱布厂。随后不久，又在常州青果巷办了一个广丰布厂。后又在常州新坊桥边办了一个广益布厂。这些厂都靠手工操作，连最先进的广益布厂也只有 80 台手拉织布机。刘国钧放弃大纶厂，重新祭起夫妻老婆店，自有其道理。他认为在大纶厂，自己成了替董事们赚钱的工具，赚了钱却不讨好，难以施展自己的抱负。开这些小厂目的是以小积大，为自己进行资本积累和经验积累。千里之行，始于足下，抱定这一目标刘国钧苦心经营着广丰布厂和广益布厂。

刘国钧意识到，仅靠广丰、广益（公裕土纱布厂因请人管理，管理不善，于当年关闭）两个小厂滚动来积累资金，离自己的奋斗目标显然差得太远。于是，他利用自己多年经销土纱土布建立的业务关系，采用借别人作嫁衣的办法，使他

人为己所用。他组织民间织户，把广益布厂生产的畅销斜纹布延伸到民间织户中，在方圆几百里之内，物色10多个布庄，由这些布庄向民间织户发配棉纱，按照广益厂斜纹布的质量标准约束各织户，进行生产。各布庄按照广益布厂的质量标准和约定价格收购斜纹布。这样遍及民间的织户成了刘国钧的编外工人，各布庄成了刘国钧的代理商，刘国钧本人则成了他们的总老板。织户赚取工资，代理布庄获得佣金，刘国钧则赚取利润，从而形成了一个庞大的生产销售网络。几年下来，刘国钧手中积累了一笔可观的资本。

刘国钧并未因此满足，他要朝生产染色布的目标努力。1924年7月，刘国钧邀集上海两家工厂的同行前往日本考察。日本科学的管理、先进的设备和技术工艺、极高的劳动生产率给刘国钧留下了深刻的印象，使他眼界大开，获益匪浅。这次日本之行尽管日本人处处设防，只卖机器，不传技术，但是，细心的刘国钧在参观多家纺织厂后，还是发现一个重要的技术秘密，即日本织布厂直接采用筒子纱织布，与国内布厂惯用的盘头纱不同。回国后，刘国钧把直接用筒子纱的技术在广益布厂进行试验，结果获得成功，从而减少了纺纱和织布的工序，生产流程大大加快，劳动生产率自然大大提高。刘国钧因此成了国内以筒子纱代替盘头纱织布的首创者。

1925年初，刘国钧把广益布厂的竞争思路付诸实践。当时，国内纺织业处于风雨飘摇之中。而创立仅两年的广益二厂由于技术设备先进，生产蒸蒸日上，正是创效益的时候。可是，就在这时，刘国钧又作出了一个令常人震惊的举动。为了与日本厂商竞争，刘国钧把自己几年来辛苦积攒下来的积蓄拿出来购买日本先进设备，把广益一厂和二厂合二为一，更名为广益染织厂，并对两厂机器设备进行大换血，淘汰了两厂232台木机，对在国内尚处领先地位的铁木机也弃之不用，全部改换成日本的丰田电动布机。这样，5年内，刘国钧对广益两厂进行了两次设备改造更新，一次比一次水平高。被他弃用的机器设备，最多的只用了8年，最少的只用了1年。改造后的广益染织厂成了一个融纺、织、染于一体的全能染织厂。自己纺纱，自己织白坯布，自己染色。它所具备的技术水平不仅在国内属于一流，与同期的日本、英国厂商相比，也毫不逊色，达到了同期国际先进水平。

大笔写“大成”

1930年的一天，刘国钧在去上海出差途中，偶然得知位于常州的大纶纱厂有意出让。刘国钧紧紧抓住了这一机会。

刘国钧在得知大纶纱厂愿以原资本额50万元的低价出盘后，当即找到上海的股东，表示愿意盘下该厂，并把当时在上海收得的5万元布款作为定金，与对方签订了合同，余款约期缴齐。

上海的股东们原想急于甩掉包袱，才出价50万元。当刘国钧真的如期带足款子来履约时，他们后悔出价太低了。于是，横生一计以刁难刘国钧。他们故意以不接收常州钱庄汇票、只收上海银行汇票为由，拒不履约。正当刘国钧绝望之时，正好遇上了曾在上海一家银行工作过的常州同乡。谈及此事，该同乡立即答应，可以帮助刘国钧把常州钱庄汇票换成上海银行汇票。就这样，刘国钧带着上海银行汇票再次找到那位上海股东。上海股东再也无话可说，只好同意出让大纶纱厂。

刘国钧盘下大纶纱厂后，终于找到了一个施展自己抱负的新舞台。1930年，他与人合资正式组建了大成纺织染股份有限公司，注册资本50万元，实际资本40万元。刘国钧任总经理。可是，这时大成厂面临的形势却不乐观。1929年爆发的西方世界性经济危机使西方列强不断地向中国市场倾销商品，以转嫁经济危机，致使国内纺织业处于一片哀乐声中，市场极不景气，许多大厂家纷纷倒闭。刚刚组建的大成公司仍是原大纶纱厂的烂摊子，机器年久失修，只能开开停停，处于半工作状态。众股东对大成厂信心不足，不愿扩股增资，令刘国钧手足无措。

明知山有虎，偏向虎山行。向来胆识过人的刘国钧永不言败。组建大成厂后，他立即提出增资25万元，用于技术设备的改造。在众股东反对之下，刘国钧寻觅蹊径。经人引荐，刘国钧找到了上海商业储蓄银行总经理、著名银行家陈光甫，以大成厂做抵押，向上海商业储蓄银行贷款40万元。然后，利用这笔资金对大成厂的机器设备进行了全面改造和更新。不久，原来大纶纱厂的陈痕烂迹不见了，出现在人们眼前的是井井有条、焕然一新的纺织厂。

刘国钧在全国纺织业不景气的形势下，从1930年以50万元盘下大纶纱厂、创办大成纺织厂开始，到1937年抗日战争全面爆发的8年中，创办的大成厂从一家发展到四家，资本总额从40万元增加到400万元，年纯利从10万元增加到200万元。农民出身的刘国钧取得如此巨大的成绩，令世人惊叹，被我国经济学界叹为罕见的奇迹。刘国钧从1930年一跃而成为江浙一带乃至全国知名的民族企业家。特别是1935年，刘国钧接管武汉震寰纱厂后（当时该厂总资产为200万元，负债却高达300多万元），使负债累累、面临倒闭的工厂在一年内扭亏为盈，两年中获利100多万元，令世人惊奇，人们称他为“妙手神医”，其威名因此远播中西部，成为我国纺织界的传奇人物。

刘国钧之所以能在“大成”大笔写下自己人生的辉煌，主要原因是他大力推行自己的“向人才要技术、向技术要质量、向质量要利润、向管理要效益”的经营策略，占领市场制高点，试与洋人比高低。具体表现为：

第一，广泛招贤纳才，注重培训和合理使用人才。

刘国钧创办大成厂后，广泛招贤纳才，组成了一个强有力的管理班子。他身边的“左丞右相”，个个都是国内纺织界响当当的知名人物，精明强干，独当一面。

尤其不同凡俗的是，大成厂成立不久，在资金极为紧张的情况下，刘国钧得知日本东京工业大学纺织专业毕业的陆绍云（后来出任中国最大的官僚资本纺织企业——中国纺织建设公司总工程师）赋闲在家时，亲自派华笃安等人，千里迢迢赶赴山东，许以5000元的高额年薪，聘他为大成厂总工程师，专门负责生产技术和厂务。当时5000元的高薪在全国也极为少见，相当于60个熟练工人的工资，大成厂注册资本的1%。此举曾引起一些股东不满，但刘国钧坚持己见。他说：“5000元不算多，他一个人抵得上一个车间。”果然如此，陆绍云加盟大成厂后，他被刘国钧的经营策略和雄心壮志所感动，不辞辛劳，尽心尽力地为大成厂的技术改造、产品开发研制、工人培训和工厂管理制度改革等做出了巨大贡献，提出了一系列颇富创意的建议和设想，为大成厂处处走在全国乃至外商之首立下了汗马功劳。

不仅对高级人才如此，刘国钧对中下层管理人员和一般工人也以礼相待，处处替手下人着想。大成草创时职员既有聘任的，也有经人介绍来的，还有原大纶纱厂留用的，为了公平竞争，刘国钧建立了严格的考评制度。

对工人的培训是刘国钧成功的一大奥秘。他还不惜重金，选派优秀人员赴国外留学，供技术人员出国参观考察，了解掌握国外行情和信息。此外刘国钧还特别重视对新办厂的人才和工人的培训，刘国钧认为治厂之本在于人才。他主张少用人，用本事大的人。

第二，改革管理制度，推行现代化管理。

刘国钧决定在大成厂推行日本厂的管理模式。他首先废除了陈旧落后、遭到工人普遍反对的工头制。然后，用自己培养的一批懂技术、懂管理的青年员工取而代之。

刘国钧在注重制度管理的同时，增加职工福利，注重物质刺激，以使大家以厂为家，积极为工厂工作。大成厂规定，职工子女中学毕业，可进厂当练习生，小学毕业可来厂做工，“若干年后，工厂就成了工人子女的厂了”。大成厂设有食堂、宿舍、学校，并有一定的医疗保险制度，职员小病可免费就诊。其子女上小学可免学费，上中学补贴部分学费。职员还有住房补贴。职工死亡可葬于大成厂出资兴建的大成公墓。当时的大成厂工人工资比同行业略高，年终奖金也高于同行业。健全、优厚的福利制度使大成厂员工上下一条心，视厂为家，一心一意为大成厂出力献策。

第三，讲求投资效益，注重设备的改造更新。

大成公司初创时，资金短缺，刘国钧坚持集资进行设备改造，在众股东反对之下，仍投入了 13 万元进行了第一期机器设备的改造、检修，并从日本引进日本厂商淘汰不用的旧机器。刘国钧认为，这些旧机器尽管在国外已弃之不用，但经过修理改造，可变废为宝，而且价廉物美。1934 年，刘国钧第三次东渡日本参观考察时，花了 3000 元买回了一台旧的八色印花机（新的一台需要 6 万元）。回国后，刘国钧专门在大成二厂成立了一间印花工场。但是，这台旧的八色印花机安装好后试车时却运转不灵，并屡试屡败。许多人说刘经理从日本买回了一堆废铁。但刘国钧不甘心，他亲自去上海纶昌印染厂请来工程师刘绅第到厂攻关，自己为其当助手，但折腾了几个月，仍不见印花机转起来。随后，刘国钧又请来日本、德国的工程师组织攻关，也一个个无功而返。刘国钧在日本时亲眼看见该印花机运转自如，他不相信到了中国就转不起来。在遍请名师不灵的情况下，他亲自动手检修，一遍又一遍，不停地试车。为此，他日夜吃住在车间，每天油污满面，像个乞丐。工人们怀疑刘经理是不是得了精神病，老伴疑他发了狂。真是功夫不负有心人。经过几个月的不断检修、调试，这台八色印花机终于正常运转了。就此一下，刘国钧为大成厂节省了 5 万多元。有了这台印花机的技术，为扩大生产，刘国钧又买了一台新的六色印花机，从而使大成二厂的印染能力得到了大大提高。

为了生产发展需要，在机器设备的改造更新上，刘国钧是舍得花钱的。短短几年中，他把大成纺织厂 1 万锭“道勃生”细纱机由普通牵伸改装成了“日东式”的皮圈大牵伸，同时把双滚筒的单锭传动改为单滚筒的四锭传动。为了控制纺纱车间的温度，刘国钧耗资 1 万元，请日本厂家来装配了一套空调设备，这在 30 年代初的国内是很少见的。在筹建大成三厂时，他不惜高价从瑞士引进世界上最先进的“里透”（利妥）纱锭，价格高出一般纱锭 1/3 以上。为了提高工效和产

品质量，大成公司添购了无链式丝光机和浆拉联合机；为了大量生产洗晒不褪色的元色布，又添置了精元染色机。

第四，注重产品开发，保证和不断提高产品质量。

刘国钧认为一个工厂要靠“出货色，出好货色，出比别人便宜的货色”才能发达。为此，他密切注意观察和分析国内外市场行情，善于把握行情，及时推陈出新，领先他人。当时，日本厂家生产的“铁路牌”绒布是国内市场上的畅销货，但它也有底版绒疏的缺点。刘国钧及时仿造，并改正缺点，自产“双兔”牌绒布，质量高于日本货。大成厂还在英国厂商生产的条子漂布的基础上，经过改造更新，自创了细洁紧密、质地柔软的“英雄”牌条子漂布，同样是当时国内的名牌产品。大成公司生产的“大成兰”、“阴丹士林”、“蝶球”细布、“元色斜纹羽绸”、“六鹤纱”、提花明星呢、健美呢、征东沙贡呢等几十种产品都是当时国内市场上的畅销货，成了名牌。特别是“大成兰”，成为家喻户晓的品牌。刘国钧凭借他独特的经营管理思想，在短短的 8 年中，创造了中国纺织界一个又一个奇迹，一个又一个知名品牌。

1954 年 6 月，大成公司正式实行公私合营，成为江苏省第一个响应党的号召实行公私合营的企业。

1956 年 8 月，在江苏省人民代表大会第一届四次会议上，刘国钧当选为江苏省副省长，从而登上了他人生的另一个顶峰。

……

1978 年 3 月 8 日，刘国钧在把自己的一切献给纺织事业后，在南京病逝，享年 91 岁。

（本文选自《中国经贸导刊》2001 年第 20 期。）

民族工商业界的一面旗帜

——刘国钧挚爱祖国、艰苦创业的一生

施宪章

刘国钧（1887.4—1978.3），江苏省靖江市人。幼时家贫，读书甚少，青少年时期目睹帝国主义对旧中国的侵略，即以振兴民族工业为己任，在常州创办了大纶机器织布厂、广益染织厂、大成纺织染厂，抗战期间创办了上海安达厂、重庆大明及香港东南纺织厂等纺织工厂。新中国成立后，历任中华全国工商联副主委、民建江苏省工委会主委、江苏省工商联主委、江苏省副省长、第一至五届全国人大代表、第五届全国政协委员、第一至五届省人大代表、第一至三届江苏省政协常委和第四届江苏省政协副主席。是我国近现代杰出的实业家，著名爱国民族工商业家。他在腐朽的清政府和帝国主义列强经济掠夺的缝隙中，白手起家，惨淡经营，艰苦创业，最后成为全国民族工商业界有名望的巨子。他挚爱祖国和艰苦创业的精神将长留人间，为后人称誉，为后人学习。

刘国钧先生是江苏省民建、省工商联的领导。他为人直爽，使我深受教益。我与他是 1952 年 7 月在北京召开民建会第二次全国扩大会议和中华全国工商联合会筹备会议期间同住在远东饭店时认识的。1956 年他任江苏省人民政府副省长和省工商联、省民建主委，由于工作的关系，我俩之间有频繁接触和交往，经常坦诚交谈，结下了深挚的情谊，使我永远难以忘怀。

苏北乡童　江南闯荡

1887 年 4 月 2 日，刘国钧出生于江苏省苏北靖江县生祠镇。曾祖刘功良，开设小药铺兼行医；祖父刘品荣在生祠镇经营土布庄；父亲刘鷭堂为塾师以糊口，因热衷于科举，落榜而患精神病。

刘国钧 7 岁那年父亲突患重病，一家人生活无着，母亲被迫外出帮佣，刘国

钧一度流落街头。10 岁时肩挑水果、酒酿贩卖。13 岁时曾进私塾，因家境贫寒，读书半年多即辍学，继续小贩生涯，他是在“日食三餐元麦糊，夜卧一张竹编床”的悲苦童年中成长的。穷人家的孩子早当家，他在 8 岁时就折冥锱、纸钱出卖，获取微利，补贴家用。经商买卖的意识，已深深地烙在他童年的脑海里。

1901 年春天，刘国钧 15 岁时，借了 10 元银洋，跟随邻居柳秀方，背井离乡，闯荡江南。来到武进县埠头镇（湟里镇）后，柳秀方将刘国钧暂时单独留在埠头。刘国钧便贩卖麻糕（即烧饼），帮当铺撑船，为油坊喂牛，帮染坊晒布，空时自己摆水果摊。历经 3 个月，刘国钧挣到 6 元多银元，非常高兴。此后，柳秀方又把刘国钧带到奔牛镇，落脚在刘吉升布店。刘国钧身材矮小但精灵、勤快，主动帮布店老板娘劈柴烧火、担水；傍晚，又主动帮着店铺打烊，收遮阳篷，打扫铺前，在街面泼上凉水，为乘凉做好准备。这一切深深打动了刘老板夫妇的心，执意要刘国钧留下当学徒，使刘国钧的命运有了一个新转折。

天有不测风云。刘国钧在刘吉升布店过了一年多的舒心日子，不料刘吉升因做投机生意而破产。刘老板夫妇把他推荐给本镇元泰京货店做过堂学徒，使他得以继续立足江南。刘国钧学徒满师后，便留在元泰京货店当进销货物的跑街伙计。

他利用穿梭来往于奔牛、常州、上海办货之际，经常联络已在常州武进地区独资经营洋纱土布生意的蒋盘发。在蒋盘发的提携下，结交了常州西瀛里几十家专营土布、洋布的老板们。蒋盘发又从中为他担保，刘国钧开始做赊批的放账生意。放账可以论月论季，俗称“端阳看，中秋算，过年还一半”；牵前搭后，有欠有还，经常不息。这样，小本钱可以做大生意。在这期间，刘国钧萌发了自己开店的打算。经过几年的努力，1909 年正月，刘国钧与同乡华渭川合资在奔牛镇姚家弄口租赁铺面，开办了和丰京广洋货店，并附设土染布匹。由于刘国钧熟谙商业，货品繁多，花色齐全，适销对路，生意越做越大。华渭川是染色老手，当过会计，进价低，出价高，技术高超，把坯布染成色布出售，利润更厚。故此，和丰成了同行中的佼佼者，营业额居全镇同行之首。树大招风，刘国钧发家致富后，开始受到同业的妒忌和暗算。接着，又遭到地方势力的敲诈；并屡次被奔牛厘卡以走私名义罚税勒索。但他牢记父训：“能受天磨真铁汉，不遭人忌是庸才。”全家一合计，为求安宁，决定搬离奔牛镇，到常州城去闯天下。

刘国钧赶到常州东郊梅陇坝，拜访了他的好友裕纶布厂老板蒋盘发，蒋盛情相待，陪他参观织布厂，并悄声告诉他：裕纶布厂投资 1500 元，现已积累资本达 4.5 万元，经营四年，获利 30 倍之多。

高额的利润，吸引了刘国钧。他到上海、无锡等地参观布厂，并特别注意与管理人员、技术人员交往，向他们请教。经过参观、交往，他对办布厂的把握越来越大。同时，他感到办布厂还可抵御日货。

刘国钧决心已下，就向蒋盘发正式提出合资办厂的倡议。蒋盘发与刘国钧、刘宝森等人集资 9 万元，于 1915 年创立大纶纺织公司，在常州开设大纶机器织布厂，1916 年 3 月正式开业，共有织机 300 台，员工 600 余人。由蒋盘发任经理，刘国钧任协理。这是常州地区第一家机器织布厂。

身为协理的刘国钧，掌握着生产管理大权。但他毕竟还没有经验，为了取得指挥生产的实权，坚持在实践中刻苦学习，他说："要吃龙肉自下海。"他请了技术员讲解用电力带动大英铁机织布工序，请各道工序的司务讲述操作要领。他还专程到上海锦昌铁工厂请人解释手拉织机改成脚踏织机的原理。渐渐地，他成了机器织布生产的行家。

当时的市场上，国内外纺织品的竞争十分激烈。大纶布厂与英商怡和纱厂两家的产品相比较，差距很大，外商的产品质量好，价格低；而大纶布厂的产品疵点多，布面粗糙，这就严重影响了销路。但刘国钧不甘落后，决心赶上英商怡和纱厂的产品质量。

他去上海参观考察时结交了英商怡和纱厂的一位工友，他穿上怡和纱厂的"号衣"（工作服）混进车间，实地了解浆纱的操作方法，觅求浆纱配方。去了两天，不慎被英国领班发觉，他虽在工友们帮助下翻墙逃出，但这位工友却被英国人打成重伤。

刘国钧主动承担了这位工友的全部医药费用和工薪，安排了这位工友全家的生活费用。他待人厚道，赢得了怡和纱厂华籍员工们的信任。一个月后，这位工友伤愈。在星期日，他约了另一位技术高的工友，专程从上海来到常州大纶布厂，主动向刘国钧提出，利用休假日帮助其解决浆纱问题。爱国之心，人皆有之，大纶布厂在这两位工友的尽心帮助下，生产的白色斜纹布质量超过了怡和纱厂，成了市场上的抢手货。1917 年大纶布厂不仅弥补了上年亏损，还盈余 1 万多元。但因大纶布厂董事会的种种矛盾，刘国钧拆资退出大纶厂。事后，刘国钧对友人说："我在大纶布厂学到一套办布厂的本领，本金如数收回，学费一文未花，是我生平最便宜的一笔交易。"

第一次世界大战爆发后，外货渐稀，国内民族工业出现振兴之机。刘国钧与人合资的广丰布厂生产蒸蒸日上，一年之间，盈利万元之多。有了实力的刘国钧，开始运筹独资办厂。

1922年，刘国钧在常州东门外直街创办广益染织厂。先添置手拉织机180台，以后陆续增加铁木混合动力织机36台，浆纱机1台，以及锅炉、柴油发电机等设备，广益染织厂成了常州当时最大的一家染织厂。

与时俱进　事业大成

第一次世界大战结束以后，各国竞相争夺中国市场，整个中国纱布业受日货倾销挤压，很多国产布被挤垮，常州市场也不例外。全国人民抵制日货，风起云涌。刘国钧看到日本人提出的“二十一条”，决心与外商竞争，特别要与日商竞争。1924年7月，他与友人结伴东渡日本进行实地考察，先后参观了十多家纺织厂。发现日本布厂已在安装新式自动织机，将拆下等于废铁的旧机出售给中国厂商。刘国钧以为，日本用新式机织布，中国用旧式机织布，在市场竞争中当然不能取胜。于是，他下定决心，逐渐淘汰旧机，购买日本丰田式电机，增加染整设备，扩大花色品种，与日货抗衡。

在考察日本纺织业时，刘国钧特别注意吸收其管理经验，并摸索科学管理、注意实效、精简工序、节约物料等四项主要经验。以其之矛，攻其之盾，增强了与外商竞争的雄心。

1927年，刘国钧着手将广丰布厂收歇，又将广益布厂让给别人，自己集中精力，集中资金，办好广益染织厂。由于广益染织厂已全部使用自动织机，针对日商，大翻花色品种，提高产品质量。为赋予产品商标深刻的寓意，他绞尽脑汁，日夜苦想，设计出“蝶球”牌和“征东”牌两种商标，“蝶球”牌包含两层意思：无敌于全球，仇视敌人。“征东”牌商标图案是唐朝名将薛仁贵全副戎装，横刀立马，寓意“征服东洋（日本）”。

1930年春节后的一天，刘国钧偶然与顾吉生同车赴上海。路上，顾吉生谈及大纶久记纱厂因日货大量倾销，纱布销路阻滞，尽皆积压厂中。加之经营不善，年有亏损，资金周转困难，有意出盘。

刘国钧却不以为然，他以为“华商之所以竞争不过外商，是不懂如何竞争所致”。他与蒋盘发一起，到处游说：“如果不振兴工业，就不能抵制外货。常州有土布业基础，不能不发展纱厂，否则，即使现有土布业亦难以生存。”刘国钧出资50万元接盘了大纶久记纱厂，扩大了广益染织厂的经营范围。要与外商的纱厂竞争必须要扩大规模，增强竞争力，很快股东增资扩大到90万元。

2 月 16 日，刘国钧接盘大纶久记纱厂，更名为大成纺织染公司。他以此为基业，有志为经营纺织业而奋斗终身。

在创建大成公司之初，刘国钧结识了上海商业储蓄银行总经理陈光甫，获得 40 万元的厂基抵押款，使大成公司得以扩大厂房，添置新设备，购买原料，开机生产。他们萍水相逢，通过发展实业的交往，成了莫逆之交。陈光甫是江浙财团的代表人物，他对刘国钧的事业发展，起到了十分重要的作用。陈光甫声称，他一生最钦佩的有四位实业家，他们是张謇、卢作孚、范旭东和刘国钧。

刘国钧创立大成公司后，自任经理，聘任刘靖基为协理。他鼎新革故，抓了三件大事：一是废除工头制，改革人事制度，凡员工进厂全需由人事部门登记、测验，择优录用。二是精心检修机械，添置附属设备。花费 1 万元，由日商承包，在厂内开深井，在细纱间安装空调设备，控制车间温湿度，这在当时国内的纱厂是少见的。三个月共花去机修费用 20 余万元，使产品质量有了保证。三是剔除积弊，降低成本。同时，力主挖掘潜力，减少每件纱的用工量；各道工序值车改为计件工资制，做到多劳多得。

在新产品开发上，他根据消费者生活水平，生产低档产品为主，不断满足广大顾客的需要。大成公司仅有万枚纱锭，但最多时能纺八个品种，并且在最短的时间内拿出样品来，使大成公司不断有新产品面市。

刘国钧为确保更新设备所需的资金，采用了比较高的设备折旧率。当时的纺织企业大多是先确定红利和公积金，再提折旧率。因此，在亏损的年头，就无折旧资金可言。但是，刘国钧首先考虑保证折旧资金的提取，再考虑红利的分配，有时甚至为更新设备，可以不分红利。大成公司的折旧率高达 7.9%（而当时一般纺织企业的折旧率不足 5%），这就保证了投入再生产的资金需要。

经过总结经验，刘国钧在经营上提出了“三个一点点”的口号：“货色要比别人好一点点，成本要比别人低一点点，价钱要比别人高一点点。”大成公司自开创起，就以此为三大目标，始终坚持质量好、成本低、卖价高的宗旨，从不放松，使得大成公司日益兴旺。

刘国钧非常重视提高大成公司员工的整体素质，多次派出科技人员、工程师至美国学习他们先进的机械、纺织、经营管理的技术和经验，他认为一定要有高于日本的技术管理水平的员工，才能与日本竞争。同时，为激励员工的积极性，增强员工的凝聚力，他十分重视企业的文化建设。他拟订了“忠信笃敬”的厂训，编写了“提倡国货，对外竞争。出品力求精，成本力求轻。挽回利权，富国裕民。

凡我职工，勤慎耐劳，振作精神，言忠信，行笃敬，群策群力，一心一德，努力，各负责任”的厂歌，还亲自议定了“遵守厂规，服从领导”“爱护团体，敬业乐群”“精诚亲爱，谦和合作”“锻炼身体，修养品性”“自励励人，立己立人”“从善绝恶，革故更新”“厉行节约，爱护物力”“刻苦耐劳，向前迈进”八句口号。厂训逢会必讲，厂歌人人必唱，口号烧成蓝底白字的搪瓷标牌，悬挂在车间、走廊、餐厅、写字间和公共场所。同时，公司出版《励进月刊》，发行全国。他亲自撰写《停工期间内经理告同仁书》，编辑《格言联璧》，人手一册，以古人警言教育员工。还编写《养生保命》一书，提高员工健身意识。

为使企业管理规范化，他组织从美国学习回来的专家、工程师、管理人员和工务长、总稽查、教育家等，整理了《部分工种工作约则》《部门工作规划》《管理教育》《等级工资方案》等规章制度。

刘国钧提出：“我们大成公司就是个社会，工人进了厂，要让他们安心工作，要食于斯，居于斯，生活于斯，老于斯，葬于斯。我们办食堂，建宿舍；开办子弟小学、保健站、小商店、休养所；还要建造功德堂，有贡献的员工死了可以立碑入堂；老年员工死了，开追悼会，购地置办大成公墓；还要办集体婚礼，改革婚嫁陋习；对于员工子弟中的优秀人员，可以由公司直接吸收当练习生。”由于他重视职工的福利和文化思想教育，所以其他纱厂经常发生工潮，而大成纱厂从未发生过工潮。这是刘国钧经营管理的一大成功经验。

1931 年秋天，刘国钧偕朱希武、女婿查济民、长子刘汉堃等再次东渡日本考察。他认为：“这次赴日考察，最大的启示是：在纺织方面与日商竞争，非其敌手，其中重要原因是大成公司未能发展为纺织染全能企业，故不能与其抗衡。织而不纺，染而不织，一遇交通阻碍，或市场波动，原物料即有中断可能，生产势必停顿。必须建成纺织染全能企业，彼此衔接，一气呵成。这能减轻成本，增加就业，造福社会。”因此，刘国钧毅然决定将自己独资经营、收益十分可观的广益染织厂并入大成公司，扩大大成厂的规模范围，向纺织染一条龙发展。

翌年初，广益染织厂以 50 万元资产作为刘国钧的股额正式并入大成公司，成立大成纺织染股份有限公司。原大成纺织染公司改名为大成一厂，广益染织厂改名为大成二厂。

大成二厂陆续添置了整染设备，生产量大增，日需坯布 5000 匹。大成一厂增添纱锭 10500 枚、线锭 4800 枚、织机 200 台，增加坯布生产，满足大成二厂的需求，从而使大成公司的产量、质量大有提高。当年，净盈利 45 万元，资本为 100 万元。

刘国钧为进一步与国外厂商竞争，决定在花色品种上制胜。特地与上海进口商取得协作，及时将外货新颖花色样品供给大成公司，加以研究仿制，使外货在市场上受到遏止。

同时，刘国钧细心揣度，研究外货名牌产品在质量上与规格上的特点，予以吸收，改进自己的产品质量。他将大成一厂出口的“双兔”牌绒布与日货“铁路”牌绒布比较，加以改进，最后在质量上超过日产“铁路牌”绒布；将大成二厂出品的“英雄”牌、“征东”牌条子漂布与英商怡和纱厂的条子漂布以及“蝶球”牌士林兰与英商士林兰相比较，取其所长，舍其所短，占领市场份额，成为名牌，销路大增。这样，既达到获利的目的，又收到抵制外货倾销的效果。这一年，大成公司又增资 80 万元，注册资本达 220 万元。

当刘国钧接到上海进口商寄来的日本平绒、灯芯绒样品后，颇感兴趣。于是，他决定又偕查济民、刘汉堃等人第三次东渡日本，探索其生产技术。他在日本参观了生产平绒、灯芯绒的主要生产基地——静冈县滨松工业试验场，在参观考察的过程中常遭到冷遇被逐客，每学到一点技术，回到旅馆，每天写日记记下来。

通过详细考察，刘国钧以为大成公司完全有条件生产平绒、灯芯绒，关键是技术和设备。于是，决心在日本购置机器设备。为了节约费用，他买了一部旧烧毛车和上油机。同时，请来技师。经过工程技术人员和工人的刻苦努力，平绒和灯芯绒终于试制成功。至抗战前夕，生产了几千匹，全部包装成盒，投放市场，不仅开创了我国生产平绒、灯芯绒的先例，而且大成公司也从中获取了丰厚利润。

为弥补印花的空缺，使大成公司更上一层楼，办成“自纺、自织、自印”的全新企业，他在日本购进一部旧的八色印花车，经反复试验，终于成功。在常州地区首创机器印花技术。试产成功的当年，印花车间就赚取了 5 万元利润。翌年的盈利高达 20 万元，成了大成公司的“摇钱树”。

刘国钧扩展印花布、色布、平绒、灯芯绒的生产后，由于坯布需求量日增，他着手筹建新厂。1937 年与已经亏本停产 3 年的武昌震寰纱厂正式签署合营章程。由大成公司出资 36 万元，震寰纱厂以机器折价 24 万元，工厂交予大成公司经营，改名大成四厂，定期 6 年，刘国钧任总经理。

在大成四厂开工期间，刘国钧从常州带去全套人马参加生产和管理工作，他把大成一厂整套管理方法和操作规程全面推行到大成四厂。从此，大成四厂面貌大为改变，产量、质量均可与大成一厂相媲美，盈利额平均每月达 10 万元之多，也不亚于大成一厂。至 1937 年，仅开工生产 9 个月，大成四厂的利润已逾 100 万元。

接着，刘国钧在常州筹建新厂，把主要精力集中到创办大成三厂上。为将大成三厂建成第一流纺织厂，他向瑞士订购当时国际上最先进的纱锭 3.2 万枚，装备企业。同时，订购了自动织机 1008 台。

当时，在国内大部分纺织厂倒闭、改组的颓败状况下，唯独刘国钧的企业欣欣向荣。从 1930 年至 1937 年，他的企业由一个厂发展到四个厂；10000 枚纱锭发展到 78863 枚纱锭；200 台织机发展到 2707 台织机；印染设备从零发展到日产 5000 匹色布的全套漂染设备；注册资金从 50 万元发展到 400 万元，8 年翻了 8 倍。

这时的刘国钧已在全国纺织业声誉鹊起，许多经济学家对其刮目相看，纷纷著文研究探讨他的成功之道，著名经济学家马寅初赞誉大成的成就为“罕见的奇迹”。

战乱迭起　暂避香港

1937 年 7 月 7 日，日军进攻卢沟桥，侵华战争全面爆发。后又在 8 月 13 日发动上海淞沪战争，全国人民奋起抗战，京沪沿线遭到日机轰炸，常州火车站一片断垣残壁。刘国钧看到这场战争将是持久的，京沪沿线将会沦陷，急着准备内迁。他指示大成一厂速将库存原棉生产完毕，成品尽快出售，换取现金，机器容后拆迁。大成二厂也按刘国钧的应变计划，回收现金，以保实力。组织人员日夜拆卸大成三厂的瑞士“利妥”纺纱机，分两批装箱，通过卢作孚的民生轮船公司运至武昌大成四厂，而后全部运往重庆以保存纺织机器的精华。

战火日益逼近常州。11 月 18 日，日机有目标地对大成一厂投掷 18 枚炸弹，大成二厂是日机重点轰炸目标，致使工厂损失惨重。

刘国钧面对大成一厂被炸，大成二厂全毁，大成三厂已成空房的局面，目睹半生呕心沥血所创事业，竟然毁于一旦，他心如刀割。他忍着悲痛，作出应变部署。大成公司的全部员工分三处疏散处置，伺机再图复工生产。

11 月 27 日午后，日军占领戚墅堰。刘国钧这时才决定携带眷属和账册，乘民生轮船溯江而上，转道汉口。到了汉口，刘国钧把眷属妥善安排在租界暂住，自己就忙于武昌大成四厂的扩建工作。先将在常州厚生机器厂订购的 250 台织机安装开工生产，又将运来的 18 万匹坯布，从速转手，换取现金。同时，把从常州撤来武汉的员工安排进厂工作，并调拨纺机资助冷御秋在湖南创办的江苏难民纺织厂。

由于上海存有大成公司的巨额资财，需要刘国钧亲自去处理。他独自从汉口到衡阳，再过曲江至湘州，在汕头乘轮船，辗转万里，到达上海。

迎候他的是吴镜渊和刘靖基翁婿两人，经过商榷，决定在公共租界开办纺织厂。机器设备是现成的；流动资金用常州运来的布匹，变换现金；一部分从常州撤来的员工已待命多时；厂房租赁中华书局印刷厂印钞旧工厂。为适应上海的生存环境，工厂向公共租界当局注册登记，资本 150 万元，为掩人耳目，挂英商的牌子，聘请英商买办、印度人安诺任经理，英商马歇尔任董事长。厂名定为“安达纱厂”。由刘国钧任总经理，刘靖基任经理，朱如堂、蒋尉仙、谢钟豪等担任董事，刘靖基掌管全厂业务，袁敬庄任厂长。1938 年 8 月 1 日，安达纱厂着手规划设计、添建和改建厂房。9 月 20 日，陆续安装纱锭 10800 枚，开工生产。每月生产“飞虎牌”棉纱约千件，远销南洋群岛和粤、闽、川、黔诸省及长江一带。

由于日军疯狂占领我国大片领土，武汉十分危急，大成四厂于 1938 年 8 月 30 日在香港解除合营合同。至此，合营了 23 个月的大成四厂宣告解散。刘国钧的大成公司在合营的大成四厂获利达 200 多万元。

刘国钧从武汉撤出，登上民生公司的江轮，押运从常州运来的织机、设备和纱布，逆水上行重庆。到重庆后，刘国钧客居他乡，无所事事，开了一个批发字号，就将运来重庆的纱布出售，小规模经营，以维持众多人员的日常生活，伺机重振事业。

此时，国民党当局经济部对迁来重庆的工厂，朝夕催促开工，“逾期不能开工，将予征用”。刘国钧非常着急，踌躇之际，恰巧卢作孚派人前来商谈民生公司与大成公司和武汉隆昌染厂三家合营开办“大明染织厂”一事，刘国钧非常高兴，三方一拍即合。当年年底，卢作孚、刘国钧、倪麒时三人负责筹建工作，工厂利用重庆北碚文星湾的原三峡染织厂旧址。由卢作孚任董事长，刘国钧任经理，查济民任厂长。刘国钧、查济民翁婿两人配合默契，全权负责大明染织厂的生产经营。他们以大成公司老员工为骨干，充实大明染织厂的车间、部门、班组，实施大成公司一整套的管理制度和操作方法，深受卢作孚的赞赏。

他们抓住提高产品质量这一重要环节，“大明蓝”在四川市场十分畅销。其他产品，如海昌蓝布、阴丹布、元昌布、鸟花斜纹布，均受到消费者的好评。年销售量达 67200 匹。翌年，盈利达 35 万元。

1942 年他从重庆回常州视察大成公司生产情况，百感交集，他说我是劫后余生，今天仍能看到自己手创的基业，心中万分高兴。晚上住在大成一厂宿舍中，睡得很香。却在第二天的深夜，被匪徒绑架，同时他的两位高级职员张一飞、谢承祜也被绑。他身处逆境，不考虑自身安危，舌战群匪，匪徒不得不降低要价，当匪徒目的达到后，刘国钧始脱离了险境。

刘国钧回到上海，将上海事务作了安排，从上海取道蚌埠、界首、洛阳、西安等地，历尽艰险第二次回到重庆。在黄炎培、潘仰尧等友人的提议下，他悉心著作了《扩充纱锭计划刍议》，发表在 1944 年 7 月 7 日《西南实业周刊》和中华职教社的《国讯》382 期和《中国纺织年鉴》上，设想在抗战胜利以后的 15 年内，全国纺织工业发展至 1500 万枚纱锭，并对筹集资本、织机制造、人才培训、原料供应、工厂布局和管理等，都一一作了全面规划和设想。对于大成公司，他计划 15 年内发展至 50 万枚纱锭，并向毛、麻纺织品发展。刘国钧宏伟的设想，在工商界、经济界引起强烈反响，读者无不交口称赞。

抗日战争胜利后，大成公司大兴土木，重建工厂，迅速恢复规模生产。为了重振昔日雄风，刘国钧决定调整注册资本为 1500 万元，大成一厂、三厂为纺织厂，大成二厂为印染厂。

1946 年是中国纺织业恢复繁荣的一年。战争刚停，国外纺织厂尚未恢复，无人竞争；战后人们迫切需要衣着；纺织产品供不应求，利润丰厚，达到 30% 以上。大成一厂生产 20 支“六鹤牌”棉纱 2 万件，生产 12 磅“蝶球牌”棉布 20 万匹，全年产值达 350 亿元。大成二厂的丝绒车间、老阿尼林车间也局部开工，每天可产各种色布 800 匹。

翌年，大成二厂建了新厂房，把原有织机全部调至大成三厂，专营棉布印染，产量从日产 800 匹，逐步增至 3000 匹。产品除畅销华南地区外，还销往印度、荷兰。

但好景不长，国民党政府为了维护其独裁统治，一面加紧进攻解放区，一面加紧在国统区掠夺社会财富。大成公司面临重重困难，原材料采购艰难，美棉供应时断时续，器材难以补充，货币贬值，成本增高，销售困难。企业日陷困境，奄奄一息。刘国钧见此情形，向当局提出为政府代纺代织，以维持生产。

1948 年国民党政府军事上辽沈和平津战役相继失败，淮海战役即将开始，经济全面崩溃，国民党政权在中国即将瓦解，蒋经国为挽救残局，于 8 月 19 日以整理财政并加强管制为名大肆摧残民族工商业，将一些著名企业家关押敲诈，国民党政府败局已定，工商界人士惶惶不可终日，很多人离沪去香港，大成董事会劝刘国钧去香港避避风头。与此同时刘国钧接到中共地下党组织写的信，讲清整个形势和共产党“发展生产，繁荣经济，公私兼顾，劳资两利”的新民主主义经济政策，要他保护好工厂，搞好生产迎接解放，不能停工。同时，刘国钧又接到国民党的警告信。他处于矛盾之中，内心既恨国民党，又怕共产党。考虑再三，决定三十六计走为上计。他决定将10万匹棉布运往广州，售款转汇香港。应付宋子文逼他搬迁工厂，送去1000匹布和50根金条，作缓兵之计；原打算把常州的大明纺织厂、意诚布厂、大成三厂搬到中国香港的九龙地区和新加坡，现决定不再搬迁，坚持原地生产。

刘在离开之前，对大成厂的高层职员作交代："大成公司所有在上海、常州两地的现金、存款、元件、物资、机器一律不动，各人按各人负责的范围，尽力坚守企业的责任，把各种东西点清造册，一律公开，勿隐藏任何东西，共产党渡江过来，见我们有这种表现，绝不会为难我们，各位可以安心。假如真的不行，各位可以到香港、台湾去，那里有我的企业，饭总有的吃，绝不会亏待你们。"他与员工临别时老泪纵横，依依不舍。1949年春节后，刘国钧偕家属由沪赴港。

热爱祖国　回归祖国

1949年，刘国钧的香港东南纱厂，除管理和操作沿袭大成公司的一整套做法之外，又从常州调去一部分得力的职员和技术精湛的工人。因此，经营状况很好，名列香港纺织厂的前茅，企业已成稳定的基石。

由于香港纺织业的竞争加剧，刘国钧建立了海外经营销售网络；保持与国际纺织品市场的密切联系与协作，运用最快的交通和通信工具，迅速传递行情信息；采取灵活的经营方法，按照客户要求的品种、规模、质量和数量、交货期，千方百计，组织生产，保证满足要求；力求取得更高的经济效益，购进近地的原料及初级产品，加工后转销南洋各地以及欧美各国。

香港的东南纱厂生产经营已上轨道，刘国钧略作安排，于1949年4月13日赴台湾考察。他踏上台湾的土地，所见所闻，与一年前大不相同。从大陆败退的国民党军政宪警如洪水涌至，税收敲诈频繁，群众怨声载道。通过十多天的市场调查，他感到台湾的投资环境远不如香港，不是立足之地。他迅速作出决定：200台织机暂且延搁，听候调遣。他认为台湾不是久留之地，悄然离开。

刘国钧从台湾返回香港时，终于传来了上海解放的消息。此时的他，内心矛盾重重。如果让他跟随着失去民心的国民党政府跑，不仅政治上没有出路，经济上难免要被官僚资本吞并，这是他绝对不会走的路；如果让他长期流落在外，这也不是他的意愿。他想到的是，自己的事业毕竟在内地，我终究要回家。但是，何时回去？这就有一个时机的问题。因为，在香港聚集着许多与自己相处几十年的挚友、同行和同乡，他们相互吸引，相互影响，使他徘徊于十字路口，不得果断而行。

此后，香港有关报纸不断传来内地的好消息，他的老朋友黄炎培、章乃器、孙起孟、胡厥文等人，已从香港辗转去北平，参加 6 月 15 日开幕的新政协筹备会全体会议。冷御秋、杨卫玉等几位朋友，也于 9 月赴北平参加中国人民政治协商会议第一届全体会议。

这时刘国钧经常掩卷自问：“朋友们都为新中国的建设出力了，我难道还该在香港徘徊？”转念一想：“何况，名望比自己大、资产比自己多的申新公司荣德生，非但安危无事，还担任苏南行署副主任。刘靖基在上海生活得很好，政治上也得到安排。自己的下属何乃扬被推选为常州市工商联筹委会主任委员，大成公司的大股东和代理人也都有政治安排，参加各种社会活动。自己该想一想何去何从了！”

当他获悉好友黄炎培被任命为中央人民政府政务院副总理、轻工业部部长，章乃器被任命为政务委员，杨卫玉被任命为轻工业部副部长后，十分欣喜。他决定在新中国成立的当月启程，到北京去会见老友们。不料，他的胆结石突然复发，住院开刀，卧病在床，未能成行。

10 月 20 日，他收到他派去上海察看情况的长子汉堃的来信。信中说道：“我们一行抵达上海后，略事休息，13 日到达常州，16 日返回上海。在常州期间，看到人民政府协助民族资本企业搞好生产，成绩斐然。”读完信，刘国钧感到：共产党来了，大成公司的生产管理反而比自己在时还要正规。他为自己的事业在内地可以继续发展欣喜不已。信上还说，他们将很快返回香港，再作详报。这时的刘国钧已相信共产党允许来去自由，是句真话。

过了 1950 年元旦，刘国钧的病体大有好转，更加关注着时局的发展。他很敬佩香港《大公报》社经理费彝民先生，因为他的爱国风范是闻名遐迩的，是一位抗日救亡英雄。刘国钧抱着病体，多次乘车到利源东街 15 号《大公报》社，参加时局的研究和讨论。听到一片歌颂中国共产党之声，使他对共产党的疑惧、戒备转变为尊敬和信服。

有一次，他去拜访在港老友卢作孚，恰巧遇见刚从内地到香港的何北衡，他们也是好朋友。何北衡很自然地谈到他在北京见到周恩来总理时的情况，并带来周恩来总理的口信：“欢迎在香港的朋友回去办实业！”何北衡还为他们带来了毛泽东著的《新民主主义论》。

刘国钧回到家中，捧读《新民主主义论》，使他眼界大开，对中国共产党有了更深的了解。他去《大公报》社找费彝民，讲自己的感受，讲自己回内地的决心，谈吐十分真诚。

费彝民见刘国钧真心实意要回内地，就秘密介绍他与中共香港工委书记、政务院特派接收港九国民党政府机构专员办事处副专员张铁生晤面。

张铁生接待刘国钧十分热忱，对他愿意回内地表示热烈欢迎，并说："刘总经理想回内地看看，我们保证来去自由！"

刘国钧坚定地表示："我是认定一条路走到底的人，这次回内地，是叶落归根，安度晚年了。"

"那我们欢迎啰！刘总经理何时启程，请告具体日期，以便沿途有个照应。"

刘国钧临行前，还有个友人说国内太苦，关切地劝他留在香港。他回答说："我顾不得这些了，我的骨肉是中国的，死也死到中国去！"

1950 年 9 月 16 日，刘国钧偕夫人鞠秀英和内侄女叶月珍，乘上九龙开往广州的火车，匆匆踏上返回内地的归途。

大成公司职工得知刘国钧要回常州，特地派出代表，打着"欢迎民族资本家刘国钧总经理回来主持公司业务"的大红横幅，敲锣打鼓，开着汽车到火车站将他接回大成一厂。

9 月 30 日，大成一厂召开"建国一周年庆祝大会"。刘国钧身着一袭长衫，脚穿布鞋，精神抖擞，在会上发表了热情洋溢的讲话。

接着，他被政务院副总理黄炎培邀请赴北京晤谈。黄炎培对刘回来参加新中国建设表示热烈欢迎。当黄炎培、杨卫玉问及刘国钧回来后目击新中国情况有何观感时，刘国钧很有感触地说："我一到上海，就感觉到有件极不平常的事情。从前到黄浦江边总会看到江中停着大大小小的兵舰，挂着各国五颜六色的旗帜。烂醉的外国水手们，横行在马路上。现在的黄浦江，清清爽爽，只有商船，没有一艘外国军舰，亦没有戴白帽、穿制服的外国水手。即使是外国人，也再没有从前那样骄横恣肆了。新中国成立后，中华民族的国际地位提高了，上海已是人民的上海，这意义极不平常！"

在京期间，中共中央统战部部长李维汉代表周恩来总理接见了刘国钧，并设宴招待，欢迎他从香港回来参加祖国建设。李维汉虚怀若谷、不耻下问的鲜明个性，深受刘国钧的敬佩。同时，他向李维汉请教了关于民族资产阶级的两面性问题。李维汉的答复朴实无华，思想深邃，严谨而有魄力，使他疑虑冰释。接着，李维汉赠送刘国钧一本《中国人民政治协商会议共同纲领》单行本，并语重心长地勉励道：“生活在新中国的工商界朋友，是有光明前途的。”

1952 年，刘国钧由黄炎培介绍加入了中国民主建国会。5 月，他被总会指定为常州市民主建国会分会筹委会委员及召集人。在 6 月 24 日成立大会上，他被选举为筹备委员会主任委员。从此，他正式步入了政坛，开始在中国共产党的领导下，热心参加社会主义建设的各项事业，做出颇多贡献。

1978 年 2 月底刘国钧开始咳嗽，而后高烧，转化为肺炎。病重期间，政府领导都来看望，并组织强有力的医疗队伍全力抢救，经过一个多星期，医治无效。3 月 8 日上午 6 时，一位爱国的民族工商业家溘然长逝。我们失去了一位慈祥的长者，十分怀念。

（本文选自《钟山风雨》2002 年第 2、3 期。）

大成之道，创新为本

——刘国钧与大成奇迹研究

张宇杰

刘国钧（1887—1978），江苏省靖江县生祠镇人，是近代中国纺织史上著名的企业家，是常州经济奇迹的创造者。他白手起家，始终以振兴民族工业为己任，艰苦创业，依靠卓越的经营理念和创新举措缔造了大成纺织集团。刘国钧从默默无闻到名震天下，最终成为全国民族工商界的骄子。“日食三餐元麦糊，半世事业万人功”是他传奇一生的真实写照。

一、大成奇迹的出现

近代中国经济发展环境恶劣，国内关卡林立，外国资本又不断渗入，内外交困下的民族企业举步维艰。一战期间的短暂繁荣之后，世界性经济大危机的到来，国外产品对中国市场的倾销加剧，民族企业再度陷入低谷，棉纺织业在 1930 年以后的发展也归于沉寂。但是，就在这经济大萧条的年代，刘国钧经营的大成纺织染股份有限公司却能长时期保持兴盛的状态。大成公司的前身是常州大纶纱厂，由蒋盘发和刘国钧集资创办于 1916 年，当时采用蒸汽机传动，为常州最早的动力织布厂和近代纺织厂。大纶厂自刘国钧离开后，因管理不善，年年亏损，负债累累。1930 年刘国钧筹资 50 万元盘下大纶纱厂，更名为大成纺织公司，以厂房做抵押，向上海商业储蓄银行贷款 40 万元作为流动资金，以 12 万元用于检修和更新设备，工厂很快就出现转机，生产、销售逐渐步入正轨，到 1931 年底，“除去分红、股息和一切开支，又获得净盈余 50 多万元”（《常州文史资料·第十辑》68 页，1992）。1932 年，广益染织厂并入大成公司，更名为大成二厂，并添置丝光车、轧光机、印花车等印染设备，使其迅速成为 20 世纪 30 年代常州染织业中规模最大的厂家，也为大成成为纺织染全能企业做了必要准备。四年后，在大成二厂的大运河对面又建起了大成三厂，不久，刘国钧还与武汉震寰纱厂合股，改办大成四厂，将大成一厂的整套管理方法与操作方法全面推行到四厂，迅速扭亏为盈。至1937年短短八年之间，大成公司已经从一家扩展到四家，资本总额从50万元猛增至400万元，累计分发红利100多万元，纱锭从1万枚增加到4.65万枚，织机从200台增加到1130台，日产布5000匹，印染能力从无到有。大成迅速发展，产值八年翻了八倍，为常州轻纺工业企业之冠。著名经济学家马寅初颇为感慨地说："像大成这样8年增长8倍的速度，在民族工业中实在是一个罕见的奇迹。"

大成公司之所以能保持良好的发展态势，与刘国钧在企业经营上极富创造力的经营手法和策略密切相关。

二、刘国钧创业理念

刘国钧在商业上的禀赋，在早年已经有所表现。1887年刘国钧出生在江苏省常州府靖江县生祠镇。幼时生活穷困，曾一度流落街头。15岁时，刘国钧携带借来的10块银元，随邻居闯荡苏南，依靠贩卖麻糕，帮染坊晒布，为油坊喂牛等为生计。后经人介绍，刘国钧到奔牛镇的刘吉升布店帮工，因其聪明好学，深得老板赏识，被收为学徒。布店破产后，刘国钧又到元泰京货店继续做学徒生涯，这段时间，刘国钧充分利用往返奔牛、常州、上海等地办货之便，广结商户老板，潜心于经营为商之道。而在合办大纶纱厂以及创建广丰布厂、广益染织厂的过程中，刘国钧又积极学习日本、欧美等国先进的印染技术和现代生产管理办法，以为己用。即便是在大纶纱厂拆伙之后，刘国钧仍坦然道："我在大纶厂学到一套办厂的本领，本金如数收回，学费一文未花，是我生平最便宜的一笔交易。"（《江苏文史资料集粹·经济卷》6页，1995）此外，刘国钧本人锲而不舍、执着的个性也是成就其在大成业绩的重要因素。刘国钧曾言："心之所至，无坚不入；意之所至，无远不届。""日日行，不怕千万里；常常做，不怕千万事。"这也是他一生创办实业的写照。兴办工厂企业从来不会一帆风顺，当刘国钧还在大纶厂之时，布厂的布面糙疵点多，浆纱技术差，为了学习先进配方方法，刘国钧进入英商怡和纱厂，一边实际操作，一边学技术，后来由工厂的工人帮助刘国钧解决了技术难题。盘下大纶后，因资金和技术上的不足，刘国钧曾从日本购入了一台旧的八色印花机，可是试验了近半年仍然不能投产，日德技师都认为机器只能报废，但刘国钧亲自带领技师工人在车间苦战一个多月，终于攻克难关，机器投入运行。

刘国钧白手起家，能够有大成纱厂的成绩，很大程度上得益于他善于把握机遇，敢于冒险的精神。一战爆发后，国人反日和抵制日货的情绪高涨。刘国钧认为此时办工业前途远大于商业，于是果断盘出两家京货店，入股大纶纱厂，对这次机遇的把握，又使刘国钧获益良多。即便是在一战后，列强卷土重来，民族纺织业极度不景气的情况下，经营者纷纷退出之时，刘国钧依然能冷静地分析现状，预测纺织业的前景，毅然筹集 50 万元，盘下濒临倒闭的大纶厂。刘国钧所具备的准确判断力是他经营成功的决定性因素之一。

三、生产管理的创新

大成能有骄人的成绩还得益于刘国钧的审时度势和开拓创新精神。1930 年，刘国钧盘下大纶纱厂后，果断地针对生产技术与人事管理两方面进行改革。在生产技术方面，提高生产能力，加强产品的更新换代以及新市场的开辟。人事管理方面，改革传统人事制度，尊重人才，建立企业职工培训机制，完善企业福利设施，注重营造良好的企业氛围。

首先，行之有效的发展战略。“要以纺织业带头，以纺织工业来振兴其他工业，以工业来发展工业。”在大成公司建立之前，刘国钧就看准了苏南地区的市场潜力，选择了常州这个棉纺织业薄弱地带，收购大纶纱厂，投资机织布，后又将大成公司定位在纺纱、织布、印染的综合性棉纺企业。这有效地提升了大成的竞争能力，他曾言，“如果不振兴工业，就不能抵制外货”，“在纺织方面与日商竞争，非其敌手，其中重要原因是大成公司未能发展为纺织染全能企业，故不能与其抗衡。织而不纺，染而不织，一遇交通阻碍，或市场波动，原物料即有中断可能，生产势必停顿。必须建成纺织染全能企业，彼此衔接，一气呵成。这能减轻成本，增加就业，造福社会”。在当时同业者中，这种纺织染全能的民族企业屈指可数。这不仅降低了生产成本，同时也有利于提高产品质量，提升企业市场竞争力。仅一年多时间，大成的产品就在市场上独占鳌头，很好地遏制了外商对中国市场的倾销。

其次，生产技术上的创新，生产能力的提升。刘国钧不断突破生产上的各种难题，运用科学技术，研发先进装备，提高生产效率。大成创建之初，刘国钧就斥资十多万元精心检修机械，添置生产设备，进行设备更新和技术改造，甚至在细纱间安装空调设备，控制车间温湿度，以保证产品生产质量。使用筒子纱代替盘头纱织布的做法在国内就是大成的首创，节约了大量人力成本。通过多次东渡日本考察，刘国钧为大成公司生产平绒、灯芯绒引进了关键的生产技术与机器设备，并最终试产成功，开创了中国企业采用生产平绒、灯芯绒技术的先河。他从日本引进的八色印花车，也填补了企业印花能力的空白，而漂染工艺的应用更使大成的印花布供不应求。为提升大成的生产能力，刘国钧重金向瑞士订购最先进的纱锭，大成厂所引进的精元染色机也是国内最早的，这些革新举措保持了大成公司蓬勃的生产能力，保证了企业的持续发展。

再次，注重产品的创新，新市场的开辟。早在广益染织厂之时，刘国钧就注重产品质量的提高，产品品种的翻新，注重名牌产品的建设，先后设计出“蝶球”牌和“征东”牌，深受欢迎。最初大成公司只生产无色布，经过刘国钧潜心研究国内外产品特点，并结合自身优势加以改良，数年间大成已能生产色布、印花布以及平绒、灯芯绒等产品，其中大成出品的“双兔”牌绒布汲取众家之长，在质量上更胜一筹，销路极好。同时，他还针对不同的消费群体，在产品的品种、花色进行不断改良以保证销量，刘国钧说：“由于我是布店出身的，知道市场上对花色的需要，我翻了花色，事前不公开，待上市后，别人仿制，我已经走在前面了。”在产品种类上的创新以及对产品质量的不断追求上，为大成公司开辟新市场提供了可能。刘国钧依据多年的从商经验以及对市场正确的分析比较，不断发现和开拓新的市场，根据当时色布和印花布市场多为洋货所充斥的情况，他及时引进技术设备，调整产品结构，将色布和印花布作为主产品，并严把质量关，使大成的产品在国内迅速打开销路，在国内外的同业中迅速赢得一席之地。除了在生产方面的创新，刘国钧在大成的人事管理方面也有其独到之处。20世纪30年代，科学管理思潮在中国初兴，但本土企业仍一味强调家族血缘。刘国钧敢于进行组织和制度上的革新，在大成创建之初，他做的第一件事情就是改革传统人事制度，废除工头制。“凡事业之盛衰，多系于人之善善能用，恶恶能去，此为办理工业之关键。”（《常州文史资料·第八辑》35页，1981）这是大成的基本用人策略。刘国钧说：“懂经营管理，又懂技术，是第一等人才；懂经营管理，不懂技术，是第二等人才；懂技术，不懂经营管理，是第三等人才。”按此标准，各取所长，量才任用。大成厂的总工程师陆绍云，毕业于日本东京工业大学纺织专业，在治理企业方面有杰出的才能，刘国钧以年5000元的罕见高薪聘其出任总工程师。刘国钧的得力助手刘靖基，因其出色的管理才能而被任为大成经理。另外如查济民、华笃安、张一飞等皆是刘国钧办厂过程中发现并培养起来的中坚力量，他们对于大成发展有着举足轻重的作用。

最后，大成建立了相应的企业职工培训机制。刘国钧一贯重视大成员工整体素质的提高，经常将公司技术人员、工程师、管理者外派至欧美深造，学习先进的生产技术与管理经验。对于普通员工、练习生，大成还专门开办厂夜校，由工程师授课，学习文化技术，提高工人文化素质和技术能力。

完善企业福利设施也是大成的特色之一。对员工福利的注重，无形中提高了工人工作的积极性和对企业的认同感。除去工资与分红外，一些能力突出，办事勤恳、工作绩效斐然的员工年终考勤时还有优厚的奖励。每逢佳节，一些高级职员还会收到刘国钧额外奖励的“暗贴”。公司还设有相应的“房贴”，并建成职工宿舍、食堂、学校，员工子女上小学可以免费，上中学补贴部分学费。大成公司在各厂都设有保健所，员工的小病可以免费治疗。公司甚至还为青年工人举办集体婚礼，给死亡职工开追悼会，职工死后可葬于大成出资兴建的大成公墓。

注重企业氛围营造和企业文化建设也是大成的高明之举。刘国钧在创办经营大成公司的过程中，对于流行一时的现代科学管理进行了创造性的模仿。刘国钧始终注意营造“公司大家庭”，时刻激励员工的生产积极性，增加效益。大成公司不仅有“忠信笃敬”的厂训，而且还编有大成厂歌：“武进大成，纺织染兼营。提倡国货，对外竞争。出品力求精，成本力求轻。挽回利权，富国裕民。凡我职工，勤慎耐劳，振作精神，言忠信，行笃敬。群策群力，一心一德，努力，各负责任，前进，集其大成。”在公司的车间、走廊的墙壁上随处可见张贴的励志口号。《格言联璧》，人手一册，以古人警言教育员工。公司还创办了《励进月刊》，增强相互间的交流，“以此之长，补彼之短，他山之石，可以攻玉，似此互相策励，庶可图其进展”，“鞭策我们的前进”（《常州纺织史料·第八辑》215 页，1986）。这种将文化贯穿于企业管理中的方式在当时是鲜有所见的，这也是大成能够创造出奇迹的因素之一。

20 世纪 30 年代大成公司创造的经济奇迹主要得益于刘国钧对西方科学管理的大胆创新运用，这些企业经营理念与方法，赋予了大成鲜明的个性，使其能在当时的纺织业界赢得一席之地。大成的崛起带动了常州地区的工业发展，加快常州城市的近代化步伐，对近代长三角地区经济发展也有相当的促进作用。回顾刘国钧和大成公司的发展史，这些成功的经验对于我们今天弘扬创新精神，兴办现代民族企业，建设企业文化都有着积极的借鉴意义。

参考文献：

[1] 常州市地方志编纂委员会. 常州市志（第一册）[M]. 北京：中国社会科学出版社，1995.

[2] 常州市地方志编纂委员会. 常州市志（第三册）[M]. 北京：中国社会科学出版社，1995.

[3] 李文瑞. 刘国钧文集（卷首）[M]. 南京：南京师范大学出版社，2001.

[4] 李文瑞. 刘国钧文集（传记卷）[M]. 南京：南京师范大学出版社，2001.

[5] 施宪章. 爱国老人刘国钧 [M]// 文史资料研究委员会. 文史资料选辑（第一百四十九辑）. 北京：中国文史出版社，2002.

（作者单位：南京大学历史系。本文选自《江苏工业学院学报（社会科学版）》2008 年第 4 期。）

民国企业家刘国钧人力资源管理研究

葛吉霞

一、刘国钧其人

刘国钧（1887—1978），江苏省靖江县生祠镇人，中国近现代著名企业家，新中国成立后曾任江苏省副省长、江苏省政协副主席等职务。刘国钧创办常州大成纺织染有限公司，为江苏常州工业近代化做出不可磨灭的贡献。

1929—1933 年席卷全球的世界经济危机也影响着中国棉纺织业，自 1931 年下半年起，中国棉纺织业开始陷入逆境；1932 年后，演化成危机；直到 1936 年下半年，才稍稍复苏。九一八事变后，因东北三省沦陷，日本的势力进一步深入华北，日货走私盛行，“我国的布匹市场，几全部见夺”。虽有地区抵制日货，但日本布匹在强权倾销下充斥中国市场，民族棉纺织企业经营惨淡。

在民族棉纺织业危难之际，刘国钧于 1930 年筹资兴办常州大成纺织染有限公司，担任总经理。到 1937 年 11 月常州沦陷，在不到 8 年时间内，由大成一厂，扩展为大成二厂、大成三厂、大成四厂，注册资金从 50 万银元增至 400 万银元。“一个纺织企业，在 8 年中，增资 8 倍，设备增加 8 倍，这在中国近代工业史上是罕见的，我国的经济学家们叹为奇迹。特别是武汉震寰纱厂在大成公司经营下起死回生的事实，使刘国钧更添神秘色彩，使他成为 20 世纪 30 年代中国工业企业界迅速升起的新星”。刘国钧出身贫寒，既无强有力的政治资本，也无充足的经济资本，仅读过 8 个多月私塾、“一生学费钱八百”的教育经历，却创造了中国近代企业史的奇迹，这与刘国钧重视人力资源管理是分不开的。

二、刘国钧重视人力资源管理

在近代中国民族企业的发展过程中，实业发展缓慢的一大原因，在于缺乏人才。马寅初曾言，近代中国“工厂工人皆来自乡村，其平日所见所闻，不过牛、

锄头等农具，皆简单而易御者。若一往工厂，所见者则为庞大的机器，机声轧轧，力大无朋，竟不知如何管理。故农村农人一到工厂，不但不知用机器，反为机器所用，自身俨如机器之奴隶。若熟练工人，则比较有驾驭机器之能力。我国新式工厂之历史甚短，所训练之工人为数不多。故不但专门人才缺乏，即普通之熟练工人亦不易得，大规模的工厂生产，又安可能？”马寅初先生生动形象地道出近代中国企业发展的人才问题，由于工业化时间仓促，工业人才匮乏成为束缚民族工业发展的一大难题。有鉴于此，刘国钧深深认识到人才缺乏，不能知人善用、忽视人才的培养，是近代中国不少民族企业破产、倒闭的重要因素。在《扩充纱锭计划刍议》一书中，曾言“凡事业之盛衰，多系于人之善善能用，恶恶能去，此为办理工业之关键，亦为知人善任最难处理之问题。吾国纺织教育不甚发达，人才缺乏，对已有者，应如何罗致重用，俾各展所长；其新进人员，应如何培养以增加纺织界之生力军，均须积极进行，免感人才恐慌，影响工作”。据此，刘国钧在企业管理中把人才看作最为重要的资源，把员工视为企业管理主体。

三、刘国钧的人力资源管理思想

刘国钧人力资源管理思想主要来源于中国传统文化和日本先进的现代企业管理理念。在企业的厂训中，刘国钧运用传统儒家经典加以阐释。厂训“忠信笃敬”，源于《论语·卫灵公》“言忠信，行笃敬，虽蛮貊之邦，行矣。言不忠信，行不笃敬，虽州里，行乎哉？”忠信笃敬一直是中国传统儒家行为准则。言，要忠信讲究诚信，行，要笃敬讲究忠实可靠，刘国钧旨在用传统文化对企业员工进行道德品行与人生修养的熏陶，告诫全厂职工恪守。

在管理中，刘国钧运用传统道家思想，道家思想管理的核心是“有为—无为—无不为”三段辩证法原理，有为是第一阶段，无为是第二阶段，有为和无为被统一在无不为的第三阶段，有为和无为相辅相成。刘国钧曾总结自己的管理理念：“我在大成虽然是担任总经理职务，我不担任实际工作，各方面的工作我都问，但是在各方面又不专门负责，我做到‘有我不多，无我不少’，对厂内的人都作了分工安排，做到‘事事有人负责，人人对事负责’，各方面都有专人负责。”道家主张管理中不越俎代庖，分层负责，避免出现人浮于事、事浮于人的现象。刘国钧在企业管理中非常注意分层管理，正如其所言，工务方面，“陆绍云责成纺织两部之主任、考工，主任、考工责成领班，领班责成机匠、宕管，机匠、宕管责成男女各工友，所谓锤吃凿，凿吃木，一级吃一级”。

刘国钧转战工业后，前后 4 次赴日本考察，探寻日本企业管理的先进理念。刘国钧在比较中日两国的棉纺织业后，指出“我国天时、地利皆比日本好上几倍，只有人事不及他，弄得如此糟糕，真正可惜”。有鉴于此，在企业管理中，刘国钧注重学习日本先进的人力资源管理制度并运用到企业管理中，如养成工制度，工资等级化制度，职工补习学校，在企业中推行日本企业维系宗法关系的子女顶替制，推行日本企业管理的忠诚制，工作年限越长，福利也相应增加。其中 1931 年考察日本的纺织厂管理和技术，刘国钧确立“五化”方针，即“工管工自治化、工教工互助化、工资等级化、华厂日厂化、出品日货化”，结合中国传统文化，学习日本的企业管理制度，推行民族企业的管理之道。

关于人才的标准，刘国钧明确提出“懂经营管理，又懂技术，是一等人才；懂经营管理，不懂技术，是二等人才；懂技术，不懂经营管理是三等人才”，刘国钧深刻厘定了人才内涵，明确不同层次的人才。管理与技术对于一个企业来说是非常重要的，作为人才应根据自身条件结合企业需要，争当企业需要的人才。

刘国钧人力资源管理的准则源于中国儒家思想，管理理念显现了道家思想与日本先进的人力资源管理理念的结合。在管理中，刘国钧遵循“宽严相济，赏罚分明”的原则，反映了近代民族企业家在工业化过程中艰难探索一条适合本国国情人力资源管理的尝试。

四、刘国钧的人力资源管理实践

（一）甄选员工，建立精于管理的人力资源团队

刘国钧把拥有人才、人才的开发和使用，看作决定企业兴盛的关键，在企业管理过程中，刘国钧不惜重金延用人才，并给予施展的平台。

1. 揽用人才、任人唯贤。招募与甄选是企业人力资源活动的起点，两者是双向选择与沟通的过程，因此雇主应以互惠互利的期望为基础，才可为企业招募到企业所需要的雇工。1930 年刘国钧在接办大成纺织染有限公司不久，就不惜重金聘用日本东京工业大学纺织专业毕业的上海川沙人陆绍云，聘任其为工务长兼总工程师，年俸 5000 元，而刘国钧担任总经理每月月薪是 240 元，年薪 3000 元左右，一般职工的工资，月薪 3 元至 9 元。正是感于刘国钧的知遇之恩，陆绍云跟随刘国钧来常州创业。刘国钧在人才的使用上不论亲疏，知人善用，量才录用，对于亲戚故旧，一律一视同仁。基于刘国钧重视人才的气魄，一批代表国内较高水平的技术和管理人才集聚其旗下，如陆绍云、刘靖基、查济民、缪甲三、朱希武、

陈钧、张一飞等，为其事业的成功奠定坚实基础。

2．推行养成工制度，基层员工培养体制的转型。工头制是近代中国民族企业通行的管理制度，生产技术被少数工头垄断，封锁技术，不许别人插手，工人的聘用由工头推荐，工头往往能从中获得私利。为加强生产、调动工人劳动热情，刘国钧认识到必须改变工头制，直接培养一批不受工头把持的基本挡车工，建立养成工制度。他招收一批15～18岁的青年女工进厂培训，养成期6个月，培训期间提高膳食和基本的生活费，白天进车间上班，晚上学习文化课，培训期满，分派机台挡车，给予正式工资，养成工制度直接改变了挡车女工对工头的依赖，工头也不得不从事劳动。养成工制度为大成纺织染公司培养了一批有上进心、有技术的基层纺织工人，领导层与基层的信息互动可以畅通无阻。值得一提的是刘国钧开办练习生班、艺徒班和值车工养成所，由新式教育的人才对工人进行培训，培养一支精于生产、忠于企业的基层员工队伍。

（二）科学管理，挖掘人力资源的潜力

人力资源开发是组织对员工学习的投资，人力资源开发的主要作用就是使员工摆脱束缚，将其潜力全部发挥出来，从而使员工能够为组织战略做出贡献甚至改变组织战略。

1．选派人才出国深造。为吸取国外先进科学管理和技术，刘国钧选派南通纺织学院毕业的陈钧，到英国学习染色；练习生的优秀生缪甲三，到美国学习纺织，学成回国后，均委为厂长。因感于刘国钧的信任和培养，陈钧、缪甲三勤恳工作，尽其所长，企业生产井井有条。为学习日本先进的漂染工艺，刘国钧选派查济民赴日本。回国后，漂染工艺显著提高，大成出产的“征东”牌色布畅销全国。大成系统各级领导干部都是由刘国钧亲自选拔出来的，都能一心一意，勤勤恳恳。

2．加强组织学习，完善组织机构。刘国钧个人非常重视学习，编撰了《格言联璧》和《养生保命》两本小册子勉励员工，要“心之所至，无坚不入；意之所至，无远不届。日日行，不怕千万里；常常做，不怕千万事”，保持持之以恒的决心。在精神上勉励员工，积极倡导儒家的行为准则。同时刘国钧出版了《扩充纱锭计划刍议》一书，此书在民国时期重印两次。正是在刘国钧的感召下，1933年2月公司员工创刊《励进月刊》，设特刊论坛、纺织染世界、工余俱乐部、厂内问题等专栏，旨在宣传“实业救国”等爱国思想，寻求富国强民的道路，促进职工思想进步，探究民族纺织生产管理科学，交流科学技术和文化知识。在组织机构方面，大成纺织染有限公司“经理下设工务长及事务长各一人，工务长主持原动部、纺部、织部等事。事务长主持会计股、稽核股、工账股、文书股、认识股、物财股、营业股、栈务股等事。厂内管理，尚称完善”。通过完善的组织，刘国钧充分发挥人力资源在企业管理中的作用。

（三）激励与惩罚并举，发挥人力资源的积极性

绩效评价是将组织引向竞争优势地位的一个关键因素，促进了员工工作绩效的不断改进和发展。

1．绩效评价。从德勤廉能考核员工，凡能革除陋习、廉洁自守、遵守厂规者，年终考核从优奖励。对于高级职员，大成纺织染有限公司给予其额外“暗贴”。同时刘国钧每年春节期间均会找高级职员贴心谈话，勉励一番，并送额外酬劳，嘱守秘密，笼络高级员工，因感于优待，员工都尽力全心为厂做贡献。对于基层员工的考核，刘国钧采取“工管工自治化、工教工互助化、工资等级化”的方针，质量与效率并举把职工的“工资分为三等，第一等是坏布少，出数多；第二等是坏布多，出数多；第三等是坏布多，出数少”。整个生产线上职工的工资以工作的优劣来定等级，而管理职工的宕管工资由职工的成绩来定。整个基层生产线上的员工，利益是统一的，形成了相互制约、相互监督、相互帮助，自治自律的氛围。工人每天生产的产量质量挂牌公布，相互促进，工资差别化充分调动工人的积极性，由于各方面配合得宜，生产发展迅速。

2．杜绝贪污腐化。在员工的选拔中，品质作为非常重要的考量条件。公司章程明确规定，“办事职员概须觅有殷实保人”，担保人和职员必须在公司的保证书上签字。保证书明确规定，职员必须“操行廉洁，恪守规则，不致有违背厂规、发生越轨行为，及侵渔厂中货物银钱工款并错误情事”，倘有发生，保证人必须要负赔偿及追缴责任。对于担保人的资质情况，刘国钧派专人调查，经调查认可，保证书才可生效。保证书的推行有利于规避职员贪污腐化的风险。在管理中，严格处分员工在厂内赌博的行为，若发现，立马责令其停工反省，若再次发生赌博现象，立刻开除。一旦发现有假公济私现象，刘国钧立马开除责任人，端正了厂风。刘国钧严抓基层员工的素质，有助于堵塞管理存在的漏洞，保证基层员工的素质，同时笼络了一批踏实工作的基层纺织工人。

（四）推行福利制度，发挥人力资源的主体性

大成厂歌的歌词这样写道，“武进大成，纺织染兼营。提倡国货，对外竞争。出品力求精，成本力求轻。挽回利权，富国裕民。凡我职工，勤慎耐劳，振作精神，言忠信，行笃敬。群策群力，一心一德，努力，各负责任，前进，集其大成”。

可见，厂歌的一半篇幅强调员工的主体性，在每次开职工大会时，都要唱“厂歌”，营造团结奋进、积极向上、齐心协力的企业氛围。刘国钧常说“工厂工厂，乃工人的厂，只有大家努力，才能办好工厂”，他经常深入基层，关心基层工人的生活情况，平易近人，乐与工友交谈，不仅能够获得生产一线的情况，也能笼络基层员工。

刘国钧创立一系列的职工福利制度：职工子弟学校、突出贡献员工子女顶替制、职工训练班、单身女子宿舍，图书室、娱乐室、公墓等。为此，他常说：“我们厂就是个社会，进了厂就要安心工作，要食于斯，居于斯，生活于斯，老于斯，葬于斯。”福利制度的推行无形中拉近工人与企业的关系，工人意识到自己的利益离不开企业的利益。20 世纪 30 年代，由于种种原因，许多工厂工潮迭起，但大成公司鲜少出现罢工情况，劳资关系比较融洽。

五、刘国钧协助解决南通大生纱厂工潮事件

1927 年国民政府取得关税自主权之后，外资纷纷在华设立工厂，就地产销，如日本除了“旧设各工厂之大事扩充”外，1931 年“日本于最近一年间，在吾国新设工厂五百余所，长江流域一带共三百七十所”。基于资本主义国家在华大肆倾销商品，中国民族企业由于技术薄弱，管理落后，濒临破产危机。南通大生纱厂遭受到前所未有的危机，管理混乱，工人业务不精是亟须解决的问题。大生纱厂工人主要来自农村，他们平时兼做农活，每年春耕秋收秋种大忙季节，甚至厂里要停工，企业生产效率低下。为此，大生纱厂开始大裁员，实行厂务改革，引发了 1933 年南通大生纱厂工潮事件。

基于刘国钧人事管理的经验，1933 年南通市邀请刘国钧调解南通大生纱厂工潮事件，刘国钧提出了积极有效的建议。刘国钧从企业、个人、政府诸方面着手，指出：首先，“际此纱厂危急存亡之秋，工作管理非求合理化，减轻成本，万不足其图存”，表明了大生纱厂迫不得已裁员的原因，企业的生存必须要解决大生纱厂长期存在管理低下、人事混乱的问题，坚定了裁员的决心；其次，刘国钧指出大规模的裁员有引发工潮的隐患，于地方社会安定有一定的矛盾，“地方实业系社会基础，而南通地方一切建设在在与实业攸关，贵邑党政军商教育界对于实业，尤无不竭诚维护，而为各地所不能及”；再次，20 多年的从工经验，刘国钧从分化工人的角度指出“吾国工友常有不规行动，皆系缺少教育所致。虽教育未能普及工人，平心而论，工人非尽不肖，而工潮之激起，实无一次不受人煽惑，

被人愚弄，结果所至，吃亏者多属良工。缘真正之良工，绝不靠人帮忙，亦不强人录用，即在资方，对此良工求之不得，断无妄加开除之理”。在1929—1933年世界经济危机下，大生纱厂原来低层次的员工已不能适应棉纺织业发展的需要，为了企业的生产，厂务改革成为企业生存的必需。最后，刘国钧进一步强调工人的利益应与企业的利益统一，“所谓工厂者，社会公共之事业，亦即工人谋生之场所，无异工人第二之家庭也”。上述建议刊登在1933年4月30日南通各大报纸上，沟通了政府、企业、个人之间的关系。最终大生纱厂裁减了1200名工人，部分解决了长期存在的历史包袱，裁减的工人也由于“工耕结合”特殊劳动形态，裁员之后，仍回家耕织，绝大多数并未流落街头，大生一厂扭转了危机的局面，但有的纱厂没有进行厂务改革，最终破产，被拍卖转让。

六、余论

人力资源是一个企业第一宝贵的资源，从一定意义上说，企业的竞争就是人才的竞争。正如管理学大师彼得·德鲁克所言，“人力资源是所有资源中最有生产力、最多才多艺、也最丰富的资源”。人力资源管理有两大目标：首要目标是用科学方法使人与事做适当的配合，发挥最有效的人力作用，取得最大的使用价值；其次是激发人才活力，发挥人的最大主观能动性。刘国钧在企业管理中首先不惜重金，沿用一批代表国内较先进的纺织技术人才，并给予重任，积极培养各类人才，为企业发展注入活力。加强组织的学习，挖掘企业人力资源的潜力；再次，激励与惩罚并举，提高员工生产的积极性，杜绝贪污腐化现象；最后，推行福利制度，发挥人力资源的主体作用。刘国钧的人力资源管理思想是结合中国传统文化和日本先进管理理念的产物，在实践中不断创新与探索，在企业管理中利用危机加强企业的改革与发展、加强企业生产的更新换代，推行积极的人才管理政策，使得企业转危为机。

20世纪30年代的“大成奇迹”与刘国钧卓越的人力资源管理是分不开的。大成纺织染有限公司迅速崛起，令国人瞩目，成为南京国民政府时期民族企业发展的典范。探索“大成奇迹”，有助于认识民国企业发展的艰难历程，能够认识民族企业在危机中求生存和发展的经验和教训，或许能为当今中小企业的发展提供有益镜鉴。

参考文献：

[1] 严中平. 中国棉纺织史稿 [M]. 北京：科学出版社，1955.

[2] 江苏省社会科学院经济史课题组. 江苏省工业调查统计资料（1927—1937）[M]. 南京：南京工学院出版社，1987.

[3] 李文瑞. 刘国钧文集（函电与其他卷）[M]. 南京：南京师范大学出版社，2001.

[4] 李文瑞. 刘国钧文集（附录）[M]. 南京：南京师范大学出版社，2001.

[5] 李文瑞. 刘国钧文集（传记卷）[M]. 南京：南京师范大学出版社，2001.

[6] 马寅初. 马寅初全集（第九卷）[M]. 杭州：浙江人民出版社，1999.

[7] 李文瑞. 刘国钧文集（论著卷）[M]. 南京：南京师范大学出版社，2001.

[8] 孔子. 论语 [M]. 北京：外语教学与研究出版社，1998.

[9] 文史资料研究委员会. 工商经济史料丛刊：第三辑 [M]. 北京：文史资料出版社，1984.

[10]（美）张绪通. 道学的管理要旨：人生的智慧与成功的大道 [M]. 王虎，王金顺，译. 成都：四川大学出版社，1992.

[11] 李文瑞. 刘国钧文集（讲演卷）[M]. 南京：南京师范大学出版社，2001.

[12] 李文瑞. 刘国钧文集（卷首）[M]. 南京：南京师范大学出版社，2001.

[13]（英）约翰·布里顿，杰弗里·高德. 人力资源管理——理论与实践 [M]. 徐芬丽，吴晓卿，孙涛，等译. 北京：经济管理出版社，2005.

[14] 常州市纺织工业公司编史修志办公室. 常州纺织史料（第一辑）[M]. 常州：常州市纺织工业公司编史修志办公室，1982.

[15] 高进勇. 常州国棉一厂志（1916—1990）[M]. 南京：江苏人民出版社，1995.

[16] 大成公司. 大成纺织染股份有限公司章程（第四次股东会修正）[Z]. 常州市档案馆藏，E9-1-1932-1-4.

[17] 张宇杰. 大成之道，创新为本——刘国钧与大成奇迹研究 [J]. 江苏工

业学院学报（社会科学版），2008（4）：55-57+86.

[18] 中国第二历史档案馆. 中华民国史档案资料汇编：第五辑第一编（九）[M]. 南京：江苏古籍出版社，1994.

[19] 穆烜，严学熙. 大生纱厂（1899—1949）工人生活的调查 [M]. 南京：江苏人民出版社，1994.

[20] 姜平. 1933 年南通大生纱厂大裁员始末 [J]. 中国经济史研究，2005(3)：88-95.

[21]（美）彼得·德鲁克. 管理的实践 [M]. 齐若兰，译. 北京：机械工业出版社，2010.

[22] 于秀芝. 人力资源管理 [M]. 北京：中国社会科学出版社，2006.

（作者单位：常州大学经济管理学院。本文选自《常州大学学报（社会科学版）》2011 年第 4 期。）

简析近代“纺织巨子”刘国钧成功的原因

卢　晶

在近代，江苏靖江出现过一位著名的“纺织巨子”，他就是常州大成纺织染公司的创始人——刘国钧。马寅初先生曾给予高度的评价：“像大成企业这样八年增长八倍的速度，在民族工商业中，实在是一个罕见的奇迹。”本文试对其成功的原因进行分析，以期对当前工商企业的发展有所启迪。

一、视风险为机遇，胆识过人

刘国钧最初靠经商起家，其在常州奔牛镇独资开了“和丰京货店”。辛亥革命爆发后，一时间人心惶惶，奔牛很多店铺关门歇业。但风险常与机遇相伴。精明的刘国钧选择了照常营业，乱世中不少农民怕打仗，都把子女的婚嫁期提前，他们纷纷来刘国钧店里买衣料，一时间，全镇的生意都集中于他一家。刘国钧抓住机遇，灵活经营，很快便成为奔牛的首富。

当刘国钧经商小有成就时，时局再变——第一次世界大战爆发。此时欧洲列强正忙于相互厮杀，无暇东顾，刘国钧审时度势，决定弃商从工，专攻纺织业。不过，刘国钧并非一般的冒失之人，他为了顺利地转行，早已预先做了一系列的准备，譬如在人事上，他有意识地结识经营织布业的人，了解织布厂所需的原料、机器、厂房、工种、产品，以及销路等情况。同时，他还亲自到纺织业较发达的上海、无锡等地参观考察，通过与管理、技术人员的交往，深入地了解了纺织业的经营管理及其技术等一系列问题。经过充分的前期准备，他才决定筹建纺织公司，并又一次取得了成功。由此可见，刘国钧并不只是一个心存侥幸的冒险家，而是一位眼光锐利、判断准确的实业精英；他既能看到复杂时势中的困难与风险，也能从这些不利中发现有利因素，而成功往往就垂青于这种胆大心细、沉稳持重之人。

二、善抢行业先机，精明过人

刘国钧的过人之处还在于他能不断掌握新技术，制造新产品，寻找、引领新市场，并巧用新战略来和“洋货”展开有力竞争，以谋求企业更快更好的发展。

其一，在国内首先采用“盘头纱”和“筒子纱”。为了公司的长久之计，刘国钧于 1924 年赴日考察，日本纺织厂的管理对他启发很大。当时日本人只出售机器，对于具体的生产技术却守口如瓶。刘国钧便特别留心其生产流程。回国后，他立即对陈旧设备进行改造，并成功设计出用于生产“筒子纱”的辊筒设备，从而大大降低了成本，提高了效益。

其二，在国内较早转向色布生产和印染生产。第一次世界大战结束后，外国资本和商品又大量涌入中国，民族工商业再次面临严峻局面。为了与“洋货”竞争，也为了企业发展，刘国钧从日本购回了一台旧八色印花机和一台闪花机，成功投产后，又购进了先进的六色印花机。为支持印花生产，他还设立花样设计室，自刻印花滚筒，从此大大丰富了产品的种类，赢得了更多的顾客，占据了更广阔的市场。

其三，在我国纺织界率先生产出“灯芯绒”和“平绒”布。为使国产花布打入国际市场，并打破外商尤其是日商对平绒和灯芯绒布料市场的垄断，刘国钧乔装东渡日本，刺探相关的生产技术，想尽办法在我国纺织界率先生产出“灯芯绒”和“平绒”布，使“大成一厂成为国内最早生产平绒、灯芯绒的工厂，奠定日后常州灯芯绒发展的基础，新中国成立后常州灯芯绒生产在全国首屈一指，在国际市场占有较多份额”。

其四，首创纺、织、染联营模式，巧用一体化规模经营战略。早期的中国民族纺织业，由于缺少染色和印花，日本厂家便抓住这一“短板”，来挤压中国的民族纺织业，致使国内纺织业处境日艰。1932 年，刘国钧果断决定进行产业调整，将其独资经营的广益染织厂并入大成公司，使大成成为纺织染全能公司，实现纺、织、染生产流程一体化，不仅节省了开支，提高了效益，而且一体化经营还适应了多变的市场经济，增强了抵抗危机的能力。九一八事变之后，在华日本纱厂及欧美各国均跌价倾销，沉重打击了华商，但大成凭借一体化生产的优势，立即进行企业内部调整，因此效益大增。正因为有此防御效应，大成才能“抵御日籍纱厂的倾轧，渡过 1932 年到 1936 年棉纺织业的危机，并求得自身的迅速发展”。（胡毓奇：《民族纺织业中一个成功企业——大成纺织染公司的分析》，收于《常州纺织史料·第十一辑》，1987 年油印本。）

其五，首创“公司大家庭”管理模式。在企业经营过程中，刘国钧非常注重厂风建设，他用儒家伦理思想来引导工人热爱工厂，树立“公司大家庭”的思想。他以“忠信笃敬”作为厂训，并编出厂歌，其中唱道：“凡我职工，勤慎耐劳，振作精神，言忠信，行笃敬。群策群力，一心一德，努力，各负责任，前进，集其大成。”他努力为职工建设一个从摇篮到坟墓的终身福利机制：建造宿舍，办食堂、商店、保健站、小学，组织青年集体婚礼，甚至购地搞公墓等，通过这些，既丰富了企业文化，又凝聚了人心，鼓舞了士气，营造了团结奋进的企业氛围。20世纪30年代，国内工潮迭起，给生产造成较大影响，但大成公司的工人鲜少罢工。

其六，抢抓机遇，积极开辟国际市场。抗日战争全面爆发后，刘国钧多次前往香港考察，并将其作为联络海外业务的窗口。此外，他还到东南亚一些国家进行实地考察，为大成的商业活动开辟出了新途径。因此也为积累资本、重整实业找到了新财源。

三、为事业不惧生死，勇气过人

近代的民族企业家大多事业心极强，但像刘国钧那样为企业常置性命于不顾的实在少见。创业早期，为攻克技术难关，他不仅曾冒死去英国商人办的怡和纱厂“偷技”，还曾在九一八事变后冒不测赴日本“偷艺”。他有一种不达目的誓不罢休的意志和决心。比如“淞沪会战”后，刘国钧曾冒险在上海利用租界继续创办企业。当日军进攻徐州时，上海和苏南暂呈真空局面，且战争导致商品奇缺，物价飞涨。刘国钧看到了这一危机中的商机，便大胆利用租界的特殊条件，重办企业，从而在日寇的眼皮底下创造出他事业的繁荣。

参考文献：

[1] 马寅初．马寅初演讲集：第三集 [M]．山西：山西人民出版社，2014.

[2] 葛吉霞．民国企业家刘国钧人力资源管理研究 [J]．常州大学学报（社会科学版），2011（4）：103-107.

[3] 常州市地方志编纂委员会．常州市志：第一册 [M]．北京：中国社会科学出版社，1995.

[4] 李文瑞．刘国钧文集 [M]．南京：南京师范大学出版社，2001.

（作者单位：泰州师范高等专科学校旅游与管理学院。本文选自《苏州教育学院学报》2012 年第 5 期。）

论刘国钧的经营理念

史全生

刘国钧（1887—1978），江苏靖江人，继1917年创办广益布厂以后，1930年集资50万元接办大纶久记纺织厂，改名大成纺织染公司，由于经营得法，当年即盈余50万元，次年增资达100万元，1932年增至140万元，1935年增至200万元，1936年增至400万元，1945年抗战胜利后已达1500万元，1949年全国解放时更达3000余万元资金。在旧中国经济很不景气的情况下，大成纺织染公司为什么能在这短短的一二十年间取得如此骄人的成绩呢？我认为这与刘国钧的经营得法不无关系。本文拟从刘国钧办厂的指导思想，经营方式和对技术、设备、人才追求的特点上，对之进行一番探讨和总结。

一

首先是“实业救国”的指导思想。

“实业救国”本是19世纪末南通张謇提出的。当时正值甲午战争失败和《马关条约》签订以后，西方列强凭借从《马关条约》中攫取的特权，纷纷向中国输出资本，企图控制中国经济命脉，扼杀中国民族经济。张謇为了维护中国民族经济，提出了“实业救国”口号。“实业救国”口号虽然最终拯救不了旧中国的悲惨命运，却鼓舞了广大爱国实业家纷纷投资创业，维护民族经济利益，对中国民族经济发展发挥了积极作用。刘国钧就是在“实业救国”口号的感召下走上实业道路的，并以此作为创办实业的奋斗目标。

清末民初，刘国钧在武进奔牛镇开设了一家京货店，并附设一织布印染作坊。在第一次世界大战期间，西方列强忙于战争，暂时放松了对中国的经济压制。爱国实业家们便趁势兴起了一场“实业救国”运动，发展民族资本主义。同时日本帝国主义也趁袁世凯图谋复辟帝制，强迫袁世凯与之签订了“二十一条”。这一

消息一经传出，立即引起全国人民的反对。各地纷纷兴起罢工、罢课、罢市的“三罢”和广泛的“抵货”运动，抵制日货。刘国钧在“实业救国”运动的感召和“抵货”运动期间利好的刺激下，与蒋盘发等合资 9 万元，在常州开办了大纶机器织布厂。1917 年，他退出大纶厂，在常州独自开办了广益织布厂，拥有木机 80 台，1922 年又开办了广益二厂，拥有木机 180 台、铁帽子布机 36 台，成为当时常州最大的一家民族织布企业。

然而，西方列强在 1918 年结束了第一次世界大战以后，经过三年的休养生息，恢复了元气，1921 年开始卷土重来，加紧了对中国的经济侵略，尤其是日本，早在第一次世界大战期间就利用欧洲列强忙于战争、无暇东顾的机会，锐意扩大对华侵略，这时利用它已攫取的在华优势地位，变本加厉地肆意劫掠。1914 年日本在华投资包括台湾在内，总计 72438.2 万日元，至 1930 年已激增至 436131.8 万日元，16 年间猛增了 6 倍以上。棉纺织业是西方列强对中国掠夺的重要领域之一，因为中国人口众多、市场广阔，纺织工业又是当时中国最发达的民族工业，摧毁了中国的棉纺织工业，就等于摧毁了中国民族工业的支柱，因此纷纷在华开办棉纺织工厂，大量倾销其棉纺织品，妄图占领中国的纺织品市场。1914 年日本在中国棉纺织工业的投资才 780 万日元，至 1930 年则猛增至 19565.3 万日元，16 年中增长了 25 倍，其中尤以上海为重点，当时日本在上海棉纺织工业的投资即达 14400 万日元，占其在华棉纺织投资的 2/3 以上。

外资棉纺织势力的疯狂入侵，给中国本土的棉纺织企业带来了严重灾难，因为外资企业具有资金雄厚、规模大、技术力量强、设备先进的优势，华资竞争不过外资企业。虽然这时也多次兴起民众爱国运动，不断抵制外货，给西方列强以沉重打击，然而由于旧中国政府软弱无能，不能保护本国的民族工商企业，加之海关控制在外国人之手，仍无法挽回华资企业亏损破产的困境，纷纷减产、停产、破产倒闭。据《华商纱厂联合会季刊》1923 年第 4 卷第 1 期载，1922 年底，华商纱厂联合会不得不作出全体减产的决议，规定“自 1921 年 12 月 18 日起，停止（生产）工作四分之一，以三个月为限，届时若市面仍无起色，续停四分之一”。然而即使如此，仍有许多相继破产，上海的华丰、宝成第一第二两厂、天津宝成三厂等多家纱厂被外商并吞，大中华、德大、利民等纱厂登报拍卖，福成、久安、鼎新等完全关闭歇业。

刘国钧目睹此状，深为忧虑，“感到华商纺织业之所以得不到发展，主要是日、英商之排挤压迫”，华商要谋求自身的发展，只有奋起抗争。同时他也指出：

中国的棉纺织业发展极不平衡，大都集中在较易开发的纺纱业，而印染方面则十分薄弱，外商“抓住华商缺少染色与印花之弱点，用棉纱、坯布抑价，色布抬价之恶毒办法，变本加厉，肆意排挤华商，因而华商纺织工业濒于摇摇欲坠之境地”。他认为华商若要谋求独立发展，与之抗衡，“必须在印染方面着手，才能与之抗衡”。为此，刘国钧在 1927 年停歇了设备陈旧的广益一厂，全力经营二厂，并淘汰了旧式木机和铁帽子布机，购置了 180 台电动式布机，改进技术，先在织染领域站稳脚跟，与外商尤其是日商展开竞争，以谋求华资纺织业的独立发展。

为与外商竞争，他专门组织力量对外商品牌进行研究，分析外商品牌的优缺点，然后有针对性地开创新产品，克服外商品牌的缺点，发扬自身优点，将其击败。当时日商的“铁路”牌绒布，由于质地柔软、穿着舒适，市场上十分畅销。刘国钧的“双兔”牌绒布竞争不过日商“铁路”牌，便对之进行研究，发现“铁路”牌虽然具有柔软的优点，但也有底版绒稀太薄的缺点，不牢固，保暖性差。他立即改进“双兔”牌的设计方案，在原料和规格上大大提高，使“双兔”牌新产品既具有“铁路”牌质地柔软的优点，又克服了其绒稀太薄的缺点，绒毛丰满厚实，深受消费者的青睐，从而夺回了被“铁路”牌占据的市场。为此他与上海的进口商取得联系，约定“一旦有外货新花式样品寄来”，便高价售与刘国钧。刘即进行研究，然后发扬其优点，克服其缺点，“择消费者的喜爱”，生产一种质量上乘的同类产品的新品牌，将其击败。其“英雄”“征东”牌漂布就是这样创制出来的，很受市场欢迎。由此他一生中创造了一系列名牌，除上述各品牌外，还有“六鹤纱”和“蝶球”牌漂布、“大成蓝”色布等，都深受消费者的喜爱，从而有力地挽回了利权，堵塞了“漏卮”，也为他自己取得了高额利润。

刘国钧在染整业取得成功后，便向纺纱业发展，以挽回当时很不景气的纺纱业。1930 年，他集资 50 万元（实收 40 万元），接盘了顾吉生的大纶久记纺织厂。这原是蒋盘发 1921 年集资创办的大纶纱厂，拥有纱锭 1 万枚、布机 260 台，开车未久，即遭纱市败坏，亏损累累，1925 年盘给沪商顾吉生，改名大纶久记纱厂，可在外商的摧残下，仍免不了亏损的命运，1930 年拍卖与刘国钧，刘国钧将之改为大成纺织染公司。1932 年刘国钧将自己营业兴旺的广益布厂并入大成公司，改名大成二厂。1936 年，刘国钧见汉口的震寰纱厂受外商掠夺，已亏损停产三年，深感其机械设备搁置可惜，乃商定由大成公司租用震寰，大成出资 36 万元，震寰以厂房机械设备折抵 24 万元，改名大成三厂。随后他又向瑞士订购了 32000 枚“利妥”牌纱锭、1008 台布机，在常州建造了大成三厂，将汉口的大成三厂改

名为大成四厂。

然而，正当刘国钧为民族棉纺织工业的崛起而大显身手时，1937 年抗日战争全面爆发了。他响应国民政府的号召，将刚刚运到安装在大成三厂的 1 万枚纱锭和 300 台布机拆迁到武汉，随后因上海沦陷，大批难民进入租界，无所依靠，他即将拆迁到武汉的纱锭布机转运至上海租界，招收难民，在租界开办了安达纺织染公司，后续运到的瑞士纱锭布机也都暂时存于上海。1938 年武汉会战前，他提前结束了与震寰的合作，将分得的 200 余万元物资运抵重庆北碚，与卢作孚合作，开办了大明纺织染公司。1944 年抗战胜利前，他转道赴美国、加拿大，考察棉毛纺织工业，并向美国订购了 2 万枚纱锭、3 万担棉花，抗战胜利后回国积极恢复生产。至 1949 年，除上海的安达和重庆北碚的大明外，光常州大成的三个工厂，已拥有 5 万枚纱锭、1180 台布机和日产 5000 匹花色布的印染设备。至此刘国钧“实业救国”的理想虽成泡影，却为中国民族棉纺织工业的发展立下了汗马功劳，其“实业救国”的爱国思想亦永放光芒。

二

在经营方式上，刘国钧所创建的以大成纺织染公司为核心的一系列新式企业，都是现代企业，因此也和当时所有的其他现代企业一样，实行专家管理，废除了封建工头制度，制定了新的文明厂规，各部门、各车间也都制定了各自的工作制度，如作息时间和操作章程，等等。但除了这些，刘国钧还建立了一些自己所特有的经营管理体制。这些独特的经营管理体制主要有：

1. 融纺、织、染于一体，实行自纺自织自染“一贯”之工程。现代纺织工业都是实行专业化生产，即纺纱、织布、印染分别成为上游、中游、下游，各自独立而又相互紧密联系的生产部门，只有少数纱厂兼营织布，或部分布厂兼营印染。1927 年全国 72 家纱厂中，只有 24 家兼营织布，仅占全国纱厂的 1/3，而且布机只有 12109 台，平均每厂只有 500 台布机，而纱锭却有 2019588 枚，平均每厂拥有 28313 枚，可见当时中国的纺纱业已经取得了相当发展。这种专业化的经营模式完全符合经济发展规律，经济愈发展，分工愈精细。这样有利于专业化的管理和技术上的改进提高，对提高产品产量和质量具有积极意义。西方列强为了侵占中国的棉纺织市场，摧毁中国民族纺织业，便集中力量打击当时中国比较发达的纺纱业和织布业，破坏中国棉纺织业的产业链，压低棉纱和坯布价格，抬高棉花价格，致使各纱厂亏损累累，纷纷倒闭破产。刘国钧目睹这一形势，便专营织染，以避免外商在纱市和坯布市场的打击，而在花色布市场与之竞争。大成纺织染公司成立以后，虽然经营范围扩大了，进入了纺纱行业，但实行一体化工程，其所纺之纱和所织之坯布不进入市场，而是进行自纺、自织、自染，以所纺之纱自行织布，以所织之布自行印染，其进入市场的终端产品依然是花色布。这在当时中国的棉纺织界是一个特有的经营模式。这一方面既避免了外商在纱市和坯布市场操纵压价的打击，同时也确保其所需棉纱和坯布原料的供应，减少了从棉纱到坯布再到印染的流动环节，缩短了流转时间。其所纺棉纱和所织坯布的利润不与纱市与坯布市场分享，使肥水不流外人田，从而也节省了开支，降低了坯布和成品花色布的成本，大大增强了其花色布的竞争力，有力地维护了中国民族棉纺织工业的发展，而且也壮大了自己。大成公司之所以连年盈余，而且盈余额度相当大，其中有相当部分是截留了本应由纱市和坯布市场分享的利润和佣金，将其转化成为大成公司的盈余。

当然，从表面看来，其纺织染一体的经营模式与现代专业化管理是不相符的，但实际上并不矛盾，因为这只是从总体而言，实行了纺织染一体，而各厂仍实行自己独立的专业化管理，单独核算，只是总公司必须对所属各厂有一个综合性的全面控制和管理，与现代化的管理并不矛盾。

2. 提高职工的福利待遇。这在其他企业是极为罕见的，也是大成纺织染公司与其他各企业公司很大不同的一个特点。旧中国许多企业甚至现在的一些企业，为了降低成本、获取更多利润，尽量压低工人工资，降低职工待遇，加强劳动强度，简化劳动环境设施，结果适得其反，而是造成尖锐的劳资对立，工潮迭起，严重干扰了企业的生产，影响了企业效益。刘国钧则相反，他主张提高职工工资福利，以鼓舞职工的生产热情和工作积极性。他常对工人说：“工厂工厂，乃工人的厂，只有大家努力，才能办好工厂。你们的子女中学毕业，即可进厂当练习生，小学毕业可来厂做工，若干年后，全厂都是你们的子女，你们可以享福了。”他还对大成一厂的职工说：“大成一厂不是我刘某的厂，是江苏武进县大南门的厂，是地方事业。”在制定职工工资时，他提出了三个“一些”的主张，即“将工资定得比同业略高一些，发福利略好一些，年奖多一些”。他认为这样熟练工人就不会跳槽，就会在大成长期工作下去。虽然这样看起来工厂增加了开支，但是工人积极性提高了，热情高涨，生产提高的收益，将远远超过此数，“甚至有数倍、数十倍之收益”。因此，大成公司职工工资一般都比其他同类企业要高一些，而且每年都可加薪。在大成工作年数较长的老职员，一般工资都有二三百元。这在当时已相当于大学教授的工资了。此外还有“分红酬劳”“暗贴”等奖金。工作越勤奋，“酬劳”奖金越多，最多的一年甚至可拿到二三十个月的工资。每到春节，公司都要宴请职员、机工、“宕工”等主要职工，刘国钧向他们逐一敬酒，感谢他们一年来为大成公司的发展所做出的贡献。

此外，工厂设有保健所，职工小病可免费治疗。职员住房有“房贴”，子女上小学学费可向厂里报销，中学学费亦可补贴一部分。对有培养前途的年轻技术员，可由公司出资出国深造。而且，厂里办有食堂，建造了宿舍，办有大成小学，还建有大成公墓和公德堂。老年职工去世，厂里要为其开追悼会，有贡献的老职工去世，厂里为其在公德堂树碑立传。

过去在极左的年代里，总以阶级斗争的观念看待刘国钧提高职工工资待遇的问题，说这是他对广大职工的怀柔和笼络。我认为这些说法都是不妥的，应该把这看作一种观念文化，企业的经营理念。其实刘国钧自己出身就非常贫穷，他父亲刘黼堂原是晚清的一名穷秀才，以坐塾为业，因屡次乡试不第，精神失常，不能坐馆当塾师，靠其母亲给人家帮佣度日。所以他很小就开始拾柴和贩卖水果补贴家用，稍长即到靖江一家糟坊当学徒，由于人小承受不了强体力劳动，转至武进奔牛镇的一家京货店当学徒，满师后即在京货店当伙计。所以他也是工人出身，对工人的苦难有切身体会。他给职工较高的福利待遇，应该是他对广大职工的同情和爱护。所以在他创办实业的30余年里，正是全国工人运动最高涨的时期，可在他的厂里，从未发生过工人运动，可见其与职工关系的融洽。当然他在提高职工工资的同时，对职工生产工作也是有要求的，要求他们生产的产品“质量好一点，产量高一点，成本低一点”，我认为这也是应该的。

3. 广泛开展市场调查，了解消费者的爱好，生产适销产品，提高产品质量，增加消费者的满意度，不断开拓商品市场。刘国钧系经商出身，与消费者有过多年的直接接触，深知消费者是商家的衣食父母，市场才是企业家广阔的天地，走上实业道路以后，他一直将市场作为另一个战场，不断开拓商品市场。为此他每到周末，就到各布店考察，看顾客喜欢什么样的花色品种，这些品牌的花色图案如何，以了解市场行情。开办大成公司以后，他在上海设立了办事处，因上海当年为远东第一大都会、全国工商业中心，市场信息最为灵通，由精明强干的刘靖基任主任。同时在西南、西北各省设立销售处，进行直销，开拓内地各省市场，同时也免除了经销商的中间利润。抗战期间，在重庆设立了批发字号和办事处，以经销产品，了解市场行情；在香港开设大孚商行，经销原料；在中国昆明、越南河内、缅甸仰光等地设立办事处，调查市场行情。因而大成的市场十分广阔，其“蝶球”牌细布畅销东南亚各国。其“大成蓝”色布，由于“坯布好和颜色坚牢度好”，“畅销全国，订货有应接不暇之势”，在江浙、湖南、湖北和四川尤受欢迎。“元色斜羽绸”和“条子漂布”等，在湖南、天津、河南、广东、广西等地也非常畅销。

4. “稳扎稳打”的发展观念。刘国钧出身贫寒，他在第一次世界大战期间，以 1200 元资金的小京货店和家庭作坊起家，因此他经营企业十分小心谨慎。当时企业界许多人都参与交易所的证券物品买卖，有的也的确因此而一夜暴富，可他从不参与这些投机买卖。他认为，发财致富要靠自己的智慧和勤劳，而不靠侥幸，因此他脚踏实地，一心扑在企业上，挖掘潜力，提高产品产量和质量，向社会提供更多价廉物美的商品，以获取社会的回报，赚取正当利润。他获取利润后，也从不大手大脚，随意挥霍，“对各厂的用料、用物，以至运输、水电等精打细算，决不允许多用一分料，多花一分钱”。工厂的盈余，除了拿出一部分用于职工奖励和股东红利外，大都用于资金积累。所以大成公司资金积累迅速增长，规模不断扩大，主要是依靠利润的积累。对此，开始时一些股东有不同意见，主张盈余应“按股分拆”，刘国钧则“力主增资”，用于扩大再生产。许多股东见刘国钧主持企业顺手内行，“公司前途大有可为”，也都“同意增资”，原先主张“按股分拆”、扩大分红的股东们见此情景，也都改变了意见，同意增资。

三

在生产管理上，刘国钧也和其他许多企业家一样，重视人才和新技术新设备，高薪聘用了一批当时纺织界的精英人物，如刘靖基、陆绍云、朱希武、张一飞等，其中刘任副总经理兼驻上海办事处主任，陆任总技师，朱和张也均担任高级职务。在机械设备方面，他深知“工欲善其事，必先利其器”，为此在 1927 年淘汰了广益布厂的老式木机和铁帽子布机，安置了 180 台电动织布机。1930 年创办大成公司时，发现此前的大纶久记厂对各机件维护保养不够，造成各机件严重损坏，许多附属设备都不完善。虽然这时大成公司刚刚起步，资金十分短缺，他仍毅然对各机件进行大检修，添置了全部必要的附属设备。资金不够，他就自己垫款。到工厂开工时，已垫款 40 万元，连他的广益布厂都做了贷款抵押。当大成公司取得新的进展后，又订购了当时世界一流的“利妥”纱锭和新式布机，准备开办大成三厂，扩大生产。但刘国钧在重视技术、人才方面，也有自己的特点。这主要表现在如下三个方面：

1. 在进口外国先进设备时，不放弃先进国家的二手设备。他认为，外国的最新技术设备固然很好，然其价格昂贵，对于规模大、资金雄厚的大企业来说，当然没有问题，但对于如广益这样的中小企业和刚刚起步、一开始即已垫借40万元的大成公司来说，未免令人望而生畏，力不从心，不得不着眼于二手设备。二手设备虽然比不上最新设备，但对于经济技术落后的中国来说，依然具有其先进性和较大的使用价值。因为西方先进国家竞争激烈，工人工资高，科技发展快，机械设备更新快，许多机械设备半新不旧，即被更换。而中国贫穷落后，各工厂企业大都资本少、规模小、技术落后、工人工资低。西方国家的二手设备在西方是被用旧了，可对中国来说仍具有其先进性，特别是其价格便宜，只相当于最新设备的1/20，这对于资金短缺的中国企业来说，是很实用的。所以刘国钧除在1936年大成公司发展到鼎盛时期，订购了一批西方最先进的“利妥”纱锭和布机外，其在初期和抗战胜利后恢复生产时，也先后从日本、美国进口了许多二手设备。这些二手设备同样被用来为大成公司创造了巨额财富。

2. 在技术观念上，刘国钧特别重视应用科学和实用技术，以及有经验的技术人员。刘国钧高薪聘用的陆绍云、朱希武等人，都是富有经验的技术人才。因为企业是生产实践，创造财富的单位，最讲实际，只有经过实践证明、行之有效的科学技术，才会被接受应用，否则将影响生产。科技人才也是这样，光有理论还不够，还必须有经验，懂生产。在西方先进国家中，他比较看重日本的纺织技术。因为日本是西方资本主义国家中的后进国家，通过学习西方先进的纺织技术，建立了自己的现代纺织工业，是中国学习西方的榜样。而且日本是当时在华外资棉纺织工业势力最强的国家，对中国棉纺织工业的威胁也最大，是中国棉纺织工业的主要竞争对手。因此，中国必须首先学习日本的纺织技术和经营模式，发展壮大自己，亦即所谓的“师夷长技以制夷”。他说：“日本纺织业有许多资本主义经营方法”，“日本厂商的经营管理讲求实效，节减工序，费用少，成本低。”这些都是值得我们学习仿效的地方。为此，他在抗战前曾三次赴日本考察，甚至深入盛产灯芯绒和丝绒的滨松县农村，考察该县农民的割丝技术，还从日本买回了一套绉绒和灯芯绒的二手生产设备，聘请了一位日本技师来安装调试，开始了灯芯绒的纺织。

刘国钧重视实用技术，不光是口头上号召提倡，而且带头刻苦钻研。他为了发展花色布纺织，从日本进口了一套二手八色印花车，并以重金聘请了日本技师和上海某印花厂工程师前来安装校验，可校验了很长时间，屡试不灵。德国的德孚洋行为了兜揽其颜料生意，也派技师来帮助校验，亦未奏效。一些职工开始泄气，认为是从日本买回了一堆废铁，不能用，不用校了。可他仍不死心，认为这不是废铁，“日本人已将新车用旧，绝不是废物”，没有校验成功，主要是没有掌握其性能。因他参加了之前的历次校验，了解了校验的全过程，掌握了基本技术，便决定亲自动手，主持校验，并抱定必成的信念，从上海请来了两位熟练工人，亦从厂里选派了一名技术员做助手，可接连数月还是没有成功。厂里的一些领导和工人不理解，开始出现闲言闲语，说人家工程师和高级技师都校验不好，花几十元一个月的工资请两个工人来就能校好（当时一般工人工资只有七八元），真是奇谈。还有的在背后说他发了神经病。可他不顾这些嘲笑和谩骂，仍信心十足地坚持校验，苦心钻研，废寝忘食，有时半夜里想起某个环节没有做好，就立即起身，在日记本上记下，然后翻阅资料，或到车间实地查验，有时搞得浑身上下五颜六色的，甚至经常擦破烫伤，他都不顾。如此一连数月，最后终于把八色印花车校验成功，投入生产，大大增加花色品种，为大成公司创造了巨额利润。大成公司也是第一家应用“盘头纱”技术的纺织企业，节减了纺织工序，降低了成本。

3．重视技术，不仅重视专业技术人员，高薪聘用，还十分重视对普通工人技术文化的提高。这也是他与其他企业家不同的一个很大的特点。刘国钧认为，办好工厂企业，专业技术人员固然十分重要，对解决生产中的难题、提高产品质量，具有十分重要的意义，但提高广大普通职工技术文化的水平，同样十分重要。因为职工生产工作在第一线，对生产工作效率的提高具有决定性意义。而且工人人数众多，全公司有好几千人，如果每人通过技术文化学习，提高1%的生产工作效率，全公司就提高了好几千个1%，其总和便十分可观。为此他在厂里设立了夜校，规定青年员工都必须隔日到夜校学习2个小时，由本厂工程师担任教师。课程有语文、数学、英语和“打图样”的制图课，尤其是“打图样”的制图课，与语、数、外一样，都是必修课，绘制了各种机械装置图例，学习了“打图样”课以后，一旦生产中出现机械故障，工人们即能自行排除，不致影响生产。青年女工每周也须上两次夜校，学习文化和技术知识，每次学习2小时。

刘国钧为了培养技术员工的后备力量，还分别创办了练习生班、艺徒班和值车工养成所，先后招收练习生四五十人，艺徒班百数十人，值车工养成工1000余人。其中练习生班主要招收初中毕业及以上的知识青年，由厂里的工程师任教，学习生产管理知识，学习期限二至三年，毕业后充任各车间的副职管理员。艺徒班招

收小学毕业及以上的青年学生，由厂里的技术员和老师傅授课，学习各机械技术和文化知识，主要培养车工技术人员。值车工养成所则招收常州城郊的一些略有文化、勤劳朴实的女青年，学习一个季度以后，即充任挡车工人。

此外，刘国钧还出资自行培养高级管理人员，先后选派由南通纺织学院毕业的技术员陈钧到英国留学，学习染色技术；练习生班毕业的优秀技术员缪甲三到美国留学，学习纺织技术。他们回国以后也都得到重用，被委以厂长职务。

随着职工技术的提高，大成公司的劳动生产率也大大提高。细纱车工由原来的一人管 25 木杆提高到管 50 木杆。并条工由原来的一人看 7 眼提高到看 21 眼，梳棉工由原来的一人看 10 台机器提高到看 18 台。效率普遍提高了 2 ～ 3 倍。

刘国钧租办震寰纱厂，将之改组为大成四厂后，为提高大成四厂的生产率，抽调了一批大成四厂工人到常州大成两厂进行培训；同时也派遣了一批大成两厂的熟练工人到汉口大成四厂参加生产，完全按照大成一厂的管理体制组织生产。由此，大成四厂职工的精神面貌为之一变，生产效率大大提高，到 1938 年武汉战争吃紧时，刘国钧提前与之解除合约，在短短不到两年的时间内，已盈余 400 余万元。刘国钧分得了 200 余万元物资，到重庆与卢作孚合办了大明纺织染公司。可见职工素质的提高，对企业发展所具有的重大意义。

参考文献：

[1] 朱希武．大成纺织染公司与刘国钧先生 [M]// 文史资料研究委员会．文史资料选辑：第三十一辑．北京：文史资料出版社，1962.

[2] 史全生．刘国钧 [M]// 严如平，宗志文．民国人物传：第五卷．北京：中华书局，1986.

[3] 杜恂诚．日本在旧中国的投资 [M]．上海：上海社会科学院出版社，1986.

[4] 汪敬虞．中国近代经济史（1895—1927）：下册 [M]．北京：人民出版社，2000.

[5] 刘寿生，刘梅生．震寰纱厂遭受帝国主义掠夺记 [M]// 文史资料研究委员会．文史资料选辑：第四十四辑．北京：文史资料出版社，1964.

[6] 民主建国会常州市委员会，常州市工商联．刘国钧经营大成纺织染公司的经验 [M]// 文史资料研究委员会．工商经济史资料丛刊：第三辑．北京：文史资料出版社，1983.

[7] 史全生,张士杰.刘国钧经营大成纺织染公司的特点[J].南京大学学报(哲学·人文科学·社会科学版),1987(2):184-189.

(作者单位:南京大学历史系。本文选自《扬州大学学报(人文社会科学版)》2012年第5期。)

刘国钧的三个“一点点”

文泰州

刘国钧——一位土生土长的泰州人。他经受了一次次磨难、种种困扰，也抓住了一些机遇，终于成为现代中国纺织工业的翘楚。

艰难的起点

1887 年春天，刘国钧出生在靖江县祠堂镇（现在的生祠镇）的一个读书人家，父亲科场不顺，一直考不上举人，只好在家当个私塾先生，靠微薄的收入养家糊口，日子过得很清苦。刘国钧 7 岁那年，他父亲精神失常，书也不能继续教下去了。家庭的重担落到了母亲肩上，她要小国钧照顾好父亲，自己到外面给人家当佣人去了。

家境的贫寒使刘国钧早早就懂得了生活的艰辛。1901 年，15 岁的刘国钧向别人借了 10 块银元，随邻居到常州奔牛镇上的刘吉升京货店当学徒。看到刘国钧勤快能干，京货店经营不善倒闭后，老板将他介绍到元泰京货店当学徒。长期生意场上的摸爬滚打，刘国钧积累了不少做生意的经验。20 岁那年，刘国钧结了婚，肩上的担子更重了。

1909 年，雄心勃勃的刘国钧与人合开了和丰京货店。由于品种多、花色全，生意越做越大，逐渐成了镇上最大的一家京货店。生意越来越好，与他合资的老板为偿还赌债，便把自己的股金卖给了刘国钧，和丰京货店就成了刘国钧独资的店铺。辛亥革命爆发后，常州一带的局势不稳，店铺纷纷关门。精明的刘国钧明白机会总与风险相随，他决心冒一回险。他先将 500 银元埋在地下，给自己留条后路，然后照常营业。一时间全镇的生意都集中到了他一家店中。常州批发商害怕战乱，也将部分存货寄存到刘国钧的店中。因为怕打仗，不少农民都把子女的婚嫁日期提前，纷纷找到刘国钧的店里买衣料，“和丰”的布匹供不应求。刘国钧又去劝说常州的批发商，要他们将存货折价卖给“和丰”。批发商要现钱，买布的农民只有稻子，刘国钧就以稻子做抵押，先把货弄到手，待卖掉稻子再还钱。当时秋收刚过，粮贱银贵，到了第二年春天，粮价大幅上涨，刘国钧不但顺利卖掉了稻子，还了贷款，还从中赚取了巨大的差价，净利高达五千银元。不久，他又买下了一家倒闭的京货店。这时，刘国钧已成为奔牛镇上闻名一方的富户了。

1914 年，第一次世界大战爆发。战乱成就了中国民族工业，江浙一带成了中国民族工业发展的中心，刘国钧看准了这个千载难逢的机会，他决定放弃生意，改办企业。

工业的路途

1916 年，欧战方酣，刘国钧与人合办的大纶机器织布厂开工投产。当年即盈利，第二年盈利过万。

1918 年，刘国钧受到排挤撤出大纶投资，独资创办了广益布厂。开工不到一年就盈利 3000 余元。

1923 年，利用广益布厂的利润，创办了广益二厂。它是当时常州最大的染织厂。

1930 年，集资 40 万元，盘下大纶织布厂，改名为大成纺织染股份有限公司。当年即盈利 10 余万元，第二年除去股红利息，尚余 50 万元。

1933 年，将独资经营的广益布厂并入大成纺织染股份有限公司。拥有布机 640 台，染织设备齐全，资本 140 万元，年产值 450 多万元，随后，大成公司的规模不断扩大，由一个厂扩展到四个厂。到 1936 年，资本增至 400 万元。

1937 年，抗日战争全面爆发，大成一厂被抢，二厂被炸，三厂被日军用作马厩，大成公司受到严重破坏。

1938 年，将贮藏在上海的资金和设备，以英商的名义注册，开办了安达纺织公司，又与民生实业公司总经理卢作孚合作，在重庆创办大明纺织印染公司。至此，大成公司被迫分散在汉口、上海、常州等地分散经营。还在重庆、昆明、越南河内、缅甸仰光等地设立办事机构。

抗战胜利后，在最短时间内，恢复了常州三个工厂的生产，到 1948 年，三个厂的生产已超过战前水平。

1948 年底，在香港开办东南纱厂，并到此定居。

1950 年春，冲破重重阻力返回内地，继任大成公司总经理兼董事长、安达公司副经理兼副董事长。

大纶机器织布厂是刘国钧走上工业路途的第一站。大纶厂开办以后，技术力量非常薄弱，一碰到难题就无法解决。刘国钧决定亲自到上海去，设法学习一些新技术回来。当时上海的纺织厂不少，但都十分保守，根本不允许别人进厂学习。上下班的工人，都穿着厂里统一的号衣。刘国钧急中生智，找到了英国人开的怡和纱厂的一个工人，坦率地告诉了自己的想法，要借他的号衣用。那个工人与刘国钧谈得很投机，便答应下来。第二天，刘国钧就穿上号衣，代替那个工人进厂上班。他一边操作，一边用心偷学技术。后来借给他衣服的这位工人，基于爱国热情，主动邀请另一位技术工人，利用星期天来到常州，帮助大纶厂解决技术难题。

信用是生意人最宝贵的品质和招牌。抗战爆发前，大成公司在资金周转上，主要取贷于上海商业储蓄银行，以机器、厂房和物资做担保。战时，常州厂房和机器遭到严重损毁，积欠的250万元贷款实际已无着落，其他各厂也大抵如此。鉴于此，许多银行在清理欠贷时拟定了归本无息结账，上海商业储蓄银行更作出了折扣归还的规定。既有定规，行之当然。但刘国钧却执意全部归还。他说："'人而无信，不知其可也。'仁者先难而后获，要看将来。"他找到银行总经理陈光甫，把欠贷全部还清。陈光甫深受感动。战后，正是因上海商业储蓄银行的鼎力相助，大成公司才得以在困难之中快速向前发展。

管理的诀窍

刘国钧办厂的诀窍，是著名的"三个一点点"："质量好一点点，成本低一点点，价格高一点点。"为了提高产品质量，他十分重视学习外国的先进技术，将日本纺织业作为自己赶超的对象。1932年和1934年，他先后两次到日本考察，甚至亲自偷学丝绒和灯芯绒的生产窍门，终于开创了民族工业中成功生产丝绒和灯芯绒的先例。同时，他十分注意提高工人的劳动积极性。他深知先进的管理方法对企业发展的作用，所以坚决废除了传统的封建工头制度，聘请专家管理工厂，建立了一套科学的管理制度。他定期召开管理会议，每次都请各厂厂长和工程师参加，鼓励大家反映问题，发表意见，集思广益，使整个公司的工作能很好地协调起来。

在对工人工作严格要求的同时，刘国钧也能关心工人的福利。大成公司不但工资比同行要高，而且积极改善工人的生活。他建造职工宿舍，办起职工食堂、商店、保健站、小学，工人看病免费，职工子女上学可以领到补贴；厂里还举办青年集体婚礼，甚至购地建公墓，建造"功德堂"，为亡故职工举行追悼会，将对企业有功者的骨灰送入功德堂，立碑纪念；每逢年节，刘国钧都要宴请职工，并挨桌给大家敬酒。刘国钧常对工人说：“我们厂就是整个社会，进了厂就要安心在厂里，吃在厂里，住在厂里，生活在厂里，老在厂里，安葬在厂里。”

解放前夕，因为缺少对政权的了解，刘国钧去了香港，在香港开办东南纱厂，并定居下来。随着时间的推移，新中国让刘国钧看到了民族发展的希望。1950年春，他毅然从香港返回内地。他感慨地对夫人说：“离开了这片土地，再大的事业又有什么价值？”回到内地的那一刻，他禁不住热泪盈眶，朝着罗湖桥上飘扬的五星红旗深深一鞠躬。之后，他继任大成公司总经理兼董事长。除了从事经济工作外，他还积极参与国家的政治活动，曾当选一至五届全国人大代表，1976年当选为全国政协委员，历任中华全国工商联副主任委员、民建副主席、江苏省副省长、省政协副主席、工商联江苏省副主任委员等职。他一生生活简朴，乐善好施，热心公益事业。1978年病逝，享年91岁。

（本文选自《中国市场》2012年第51期。）

刘国钧人力资源管理思想理论与实践

叶　迎

在20世纪20年代末至30年代初，整个世界爆发了严重的经济危机，这也使得当时中国的棉纺织业陷入十分困难的境地。中国这场棉纺织业危机从1931年开始，一直到1936年才结束。与此同时，当时伴随着日本势力不断对中国的深入，日货充斥着整个中国市场，更加使得中国的棉纺织业步履维艰。正是在这样的大背景下，刘国钧于1930年创办了大成纺织染有限公司，并自己担任总经理。从创建之初到1937年常州沦陷，短短几年时间，该公司就从一个厂扩大到四个厂，注册资金增加8倍之多。刘国钧在当时没有雄厚的资本，却能在当时的历史条件下创造如此奇迹，这样的企业发展速度是极为罕见的，这也是为什么刘国钧的创办企业历程成为现代经济学家和企业家研究焦点的重要原因。究其根本，在于刘国钧重视人力资源。

一、刘国钧重视人力资源管理的缘由

人才的缺乏是导致近代中国民族企业发展缓慢的一个重要原因。著名经济学家、教育家、人口学家马寅初曾有言："工厂工人皆来自乡村……大规模的工厂生产，又安可能？"在马寅初看来，中国的工人都是来自农村，平时基本与牛、锄头打交道，到了工厂面对庞大陌生的机器不知道如何操作，最后还是成为机器的奴隶。只有个人熟练才能驾驭机器，然而我国新式工厂的历史由于过短，受到训练的个人亦不多。因此，专门人才的缺乏，少量的普通的熟练个人使得规模生产无法进行。工业化的仓促发展造成工业人才的大量缺乏，严重阻碍了民族工业的发展。正是在这种背景下，刘国钧深刻认识到，人才的缺乏是阻碍近代企业发展最重要的因素，只有人才是企业管理最重要的资源。由此，唯有重视企业的人力资源管理才能使民族企业在困境中生存。

二、刘国钧人力资源管理思想的形成

思想形成上注重吸收中外文化。刘国钧将日本先进的企业管理理念与中国传统文化相结合，形成了自己独特的人力资源管理思想。刘国钧曾经四次到日本考察，以获取日本企业管理的方式与经验。通过比较，他指出：我国的天时、地利都不比日本差，就是在人才方面比不上日本，才使得我国的棉纺织业如此落后。刘国钧将日本的工资等级制度、养成工制度、福利制度都积极地借鉴过来，确立了公司人力资源管理的思路。在学习到日本先进的人力资源管理理念之后，他结合中国当时的国情，将儒家“忠信笃敬”作为厂训，意在要求企业讲诚信，要求员工忠诚可靠，通过传统的儒家文化，他将品德修养教育贯穿到了所有企业员工之中。

管理思想中注重融入道家思想。道家在管理思想中的核心是“有为—无为—无不为”，称之为三个阶段，三个阶段辩证统一。刘国钧以此为基础，在管理中强调该思想的运用。作为企业的总经理，刘国钧强调：“总经理要负责过问各方面的工作，但总经理并不实际参与工作，对各种具体的工作并不了解和熟悉，因此，注重工作中的分工与协作使得‘事事有人负责，人人对事负责’。”这将道家三段思想体现得淋漓尽致，基于此，他提出了分层管理的策略，如“陆绍云责成纺织两部之主任、考工，主任、考工责成领班”等。

确定人才的标准。刘国钧将人才分为了三个等级：第一等，既懂技术又懂管理；第二等，只懂管理不懂技术；第三等，只懂技术而不懂管理。他对人才含义作了深刻阐述，从而明确了企业选拔人才的标准，并指出了管理与技术对于一个企业的重要性。因此，作为企业，都要结合自身的实际情况，选择合适企业发展的人才。

三、刘国钧人力资源管理的实践

1．筛选员工。在筛选员工方面，刘国钧从不吝惜用高薪来留住人才，重用人才，并给予一定的才能施展空间，这主要是致力于建立一个善于管理的企业团队。在招揽人才方面，任人唯贤。招募是人力资源管理的首要环节，这是雇工与企业相互沟通和选择的过程，因此坚持一个重要方针就是双方互惠互利，这样才有可能使得双方达成一致。在刘国钧创办大成纺织染有限公司初期，就高薪聘请了陆绍云，作为毕业于日本东京工业大学纺织专业的学生，陆绍云在棉纺织企业管理方面有着丰富的经验。刘国钧给他的工资是年俸 5000 元，而他自己每年年俸才 3000 元左右，这是他任人唯贤的表现。这也容易理解陆绍云后来始终愿意与刘国钧一起面对企业的困难，共同承担起发展企业的重任。正是在刘国钧如此重视人才的前提下，他后来将一批当时国内管理和技术水平颇高的人都收在麾下，如刘靖基、查济民、张一飞、缪甲三等，这为大成纺织染有限公司最后的成功奠定了基础性条件。在稳定员工方面，推行养成工制度。在中国近代民族工业发展过程中，工头制一直占据着重要的地位，工头通过对技术的垄断，不轻易让别人插手相关方面的技术，从而达到获取私利的目的。刘国钧深刻认识到，如果不打破这种传统的工头制，那么工人工作的热情始终无法调动起来，企业的发展就难以为继。为了稳定基本员工，刘国钧建立养成工制度，直接培养一批工人，这些工人不再受工头的把持，从而打破了近代时期占主导地位的工头制。他选取一大批 15 ～ 18 岁的女工进厂，培训六个月，在培训期间，注重女工的膳食保证，不仅白天学习技术，晚上还加强文化课学习，培训结束后，成为正式工人，给予工资。通过这种制度，培养了一大批有技术的基层纺织工人。

2. 科学管理，挖掘人力资源的潜力。人力资源的开发需要长期而有序地挖掘员工的潜力，使得员工能够在工作中不断进步，提高技术能力，刘国钧也深刻认识到了此点，选派专门人才出国深造。对当时整个中国大环境来说，国内的纺织技术远远落后于国外，为了不断提高员工的技术水平，刘国钧选派专门人才到各国学习。如选派陈钧到英国学习染色方面的技术，选派缪甲三到美国学习纺织技术。他们学成归国后，将国外技术运用到了纺织生产过程中，大大提高了大成纺织产品的质量，使得品牌在全国畅销起来。不断完善组织机构，加强组织学习。在组织结构方面，刘国钧采取“经理下设工务长及事务长各一人”的组织结构形式，不断实现层级管理。为了提高企业管理组织的战斗力，刘国钧非常注重组织的学习，并通过多种方式组织工人学习。刘国钧有着良好的学习习惯，亲自编纂了《养生保命》和《格言联璧》两本小册子激励员工，告诫员工要“心之所至，无坚不入”，要有坚持的决心。不仅如此，他还出版了《扩充纱锭计划刍议》，这书在当时引起广泛的影响。1933 年企业创办了《励进月刊》，宣传“实业救国”的思想，员工很受影响，积极学习和接纳先进的思想。

3. 注重绩效，提高人力资源的积极性。加强绩效考核。刘国钧对于大成纺织染公司员工采取了严格的绩效考核制度，将员工德、勤、廉、能四个方面作为重要依据。针对服务企业有一定年限的高级员工，还给与一定数额的“暗贴”。对于基层员工，也仍然注重绩效考核，刘国钧主要采取“工管工自治化、工教工互助化、工资等级化”的策略，以效率和质量为重要导向，将工资确定为三个等级：第一等级，坏布较少，而且生产数量较多；第二等级，坏布较多，但生产数量较多；第三等级，坏布较多，而且生产数量较少。工人每天生产布匹的数量和质量决定了自身的工资水平，这种差别化的工资考核制度，提高了员工生产的积极性，促进了企业的快速发展。严厉杜绝企业内部腐败。在企业内部选拔的过程中，刘国钧非常注重员工的品质，他明确指出，职员必须“操行廉洁恪守规则”。企业内严禁赌博和假公济私，一旦发现，将予以开除处理。通过这些杜绝内部腐败的措施，刘国钧将企业员工很好地团结在了一起。

4．完善以员工为主体的福利制度。在刘国钧看来，只有以员工为主体，不断完善福利制度，才能留住人，尽可能地发挥员工的积极性。他强调：“凡我职工，群策群力，一心一德。努力，各负责任，前进，集其大成。”从这点可以看出，刘国钧将员工的积极性放在了重要位置。他还告诫员工：“工厂是工人的厂，只有依靠大家一起努力，才能最终实现工厂的繁荣和发展。”正是在这种思想的指引下，刘国钧经常深入基层，与一线员工进行交流，了解他们的生活状况，关心员工。由此，刘国钧逐渐构建起以员工为主体的福利制度，如建立职工子弟学校，对于企业有突出贡献的职工，允许子女顶替工作；建立单身的女职工宿舍，保障女职工权益，建立娱乐室、图书室等文化活动设施。在这种福利制度下，员工与企业关系融洽，即使在罢工频繁的 20 世纪 30 年代，大成纺织染公司也很少发生员工罢工现象，这与刘国钧完善的福利制度实践密不可分。

刘国钧在近代中国环境如此复杂的情况之下，能够使得大成纺织染有限公司迅速发展，成为那个时代的企业发展奇迹，这与他的人力资源管理思想密不可分。总结刘国钧的人力资源管理思想，了解民族企业在困境下的出路，对我国当前中小企业的发展大有裨益，这也是研究刘国钧思想最重要的出发点。

参考文献：

[1] 严中平．中国棉纺织史稿 [M]．北京：科学出版社，1955.

[2] 李文瑞．刘国钧文集（函电及其他卷）[M]．南京：南京师范大学出版社，2001.

[3] 马寅初．马寅初全集（第九卷）[M]．杭州：浙江人民出版社，1999.

[4]（美）张绪通．道学的管理要旨：人生的智慧与成功的大道 [M]．王虎，王金顺，译．成都：四川大学出版社，1992.

[5] 李文瑞．刘国钧文集（传记卷）[M]．南京：南京师范大学出版社，2001.

[6] 李文瑞．刘国钧文集（卷首）[M]．南京：南京师范大学出版社，2001.

[7]（英）约翰·布里顿，杰帮里·高德．人力资源管理——理论与实践[M]．徐芬丽，吴晓卿，孙涛，等译．北京：经济管理出版社，2001.

[8] 李文瑞．刘国钧文集（附录）[M]．南京：南京师范大学出版社，2001.

[9] 江苏省社会科学院经济史课题组．江苏省工业调查统计资料（1927—1937）[M]．南京：南京工学院出版社，1987.

（作者单位：中国劳动关系学院劳动关系系。本文选自《兰台世界》2013 年第 30 期。）

浅议刘国钧创业过程中的市场意识

戴卫银

作为中国纺织业先驱、工商业界著名人物刘国钧先生生于清末民初，身跨清末、民国和新中国三个阶段，一生经历过经商、办厂和从政几次华丽转身。从旧中国到新中国，从半殖民地半封建社会到社会主义社会，一个无争的事实是，在中国商品经济一直是客观存在着的。刘国钧在其从经商到办厂的艰苦创业的过程中也一直把控着市场经济的关键要素，才使他成为“镇上首富”和“增长八倍”的传奇。本文拟就对刘国钧先生在创业过程中的市场意识进行一番探讨和总结。

一、把握市场的关键要素：信息、人才、技术和管理，其中人才是核心元素

（一）获取信息，即得财富

刘国钧在奔牛镇上做元泰京货店跑街时经常往返于常州与奔牛之间，常州男人有打辫须的习惯，很神气。刘国钧考虑“奔牛镇上还没有卖的，人人有辫，人人要买，本轻利重”。于是就买了丝线送回生祠镇让母亲和秀英编制送来卖，有了一笔进账。一天，忽地传来光绪皇帝驾崩的消息，紧接着，慈禧太后又驾崩。这一消息触动了刘国钧敏感的商业神经：皇帝和太后驾崩必要举国致哀，而国丧必不可少的就是白布和白辫须。于是，他给元泰和其他布庄抢进了一大批白布，同时，连夜购进了市上所有的白丝线，匆匆送往生祠镇。母亲和秀英遵照刘国钧信上所嘱，连夜加工成白辫须。果然，官衙前贴出布告：慈禧太后和光绪皇帝晏驾，举国致哀，凡辫须一律要用白色。这时，刘国钧家的白辫须已在市上销售。等到人们想到编制白辫须时，发现市上的白丝线已缺货，等白丝线到货时，国丧已接近尾声。刘国钧家净赚200多元，为日后声名显著的大企业家开始了资本原始积累。

（二）核心元素，人才第一

刘国钧接管大成久记纱厂以来，虽使出浑身解数，可是，仍有许多不如意的

环节。公司老厂设备陈旧，棉纱质量不过关，自己织布用纱，还要出高价向上海买进；而自己厂所纺出的棉纱，却要降价出售，一来一去，吃亏很大。刘国钧愁容满脸，求贤若渴，感到千军易得一将难求。他富有自制力，丢下烦心事，读《纱厂标准工作方法》，作者为陆绍云。随即他安排刘丕基寻找陆绍云，安排华笃安赴上海接回陆绍云，答应给予年薪5000元，占大成公司注册资金的1%，比刘国钧年薪还高出40%。他说："宁可以一百块月薪用一个能人，不愿以二十五块用四个庸人。"他深感人是企业中最关键的因素（劳动者的素质）。于是，大成公司每个员工均发工装，春夏秋冬各不一样，着装整齐划一，精神抖擞；提出"忠信笃敬"厂训；创作"厂歌"；创办企业刊物《励进月刊》；他还致力于提倡职业教育，既有黄炎培、陈光甫的启示，又有自己的苦衷，刘国钧以高薪聘任教育家顾峤若为大成公司培训主任。南通纺织学院派人来实习，其中包括缪甲三，后来缪甲三通过刘国钧的面试，刘认为缪甲三是一个好苗子，决心加以培育，之后缪甲三担任大成三厂厂长，成为刘的得力助手。

（三）技术公关，用心良苦

当初，大纶机器织布厂生产的白色斜纹布疵点多，布面粗糙，稀密、歇梭多，与洋布比较，天上地下，毛病在浆纱上，配方不如外国人。上海英商怡和纱厂浆纱最佳。虎口拔牙，为了工厂的成败，与外商竞争，上刀山下火海，刘国钧赴上海怡和纱厂，穿着号衣，混进纱厂，后被监工发现，只能翻墙跑掉，六道工序只会两道。帮助他的该厂工人阿根被英国监工打得遍体鳞伤，刘国钧去看望阿根，从此二人结下友情。最终又通过李司务和阿根认识英商怡和纱厂的翻译，大纶纱厂花了1000元从翻译手里得到浆纱配方。

（四）改革管理，力控成本

刘国钧再次接手大纶久记纱厂后，打破了原先大纶久记纱厂的"工头制"（地头蛇，大多不懂技术，没有文化，设备保养很差，利用率低）。"工头制"限制了新的生产技术和先进管理方法的采用，阻碍企业生产力的发展。第一步，人事改革计划，进工厂须有人事部门登记、测验，择优录用，不再由工头说了算，废除工头制。第二步，检修原厂的机器，添置附属设备，包括空调。第三步，针对大纶久记纱厂的经营腐败和管理不善，他要剔除积弊，改革管理制度。抓住成本核算，亲自下车间抓三个方面的"老虎"（白老虎——棉花、花老虎——花色、黑老虎——煤炭），提倡"三个一点点"：成本低一点点、质量好一点点、价格高一点点。

二、极具市场风险意识，敢于把握市场脉搏

1911 年武昌起义，因辛亥革命影响，农民拒交田赋，手有存粮，但无银两，购买货品以稻抵银，稻贱银贵（100：1.5），时局平定后，稻贵银贱（100：2.5），所以，大量收进稻谷，堆满染坊工厂。刘手存稻谷，欠批发商银两，稻贵银贱，售稻还银，得到巨大差价利润，又如期归还批发商货款，树立信誉，一举两得，1912 年终结算，净赚 5000 元，后又盘下镇上另一家京广洋货店，命名为同丰京广洋货店，刘父手书“和以为贵，同而不流”，两年后，已累计 20000 余元，一跃成为奔牛首富。

三、既谋市场大势，也算企业小账

袁世凯和日本签订丧权辱国的“二十一条”，学潮爆发，抵制日货；他和秀英对话改名，由金生改为国钧，国家千钧之器，要成为对国家有用之人。刘国钧随蒋盘发合股开厂，并认为只有办实业，才能报效国家，改名就是表示要弃商从工，报效国家；只有自己造出洋货来，才能真正抵制洋货。刘国钧算了一笔账：棉花每担 22 ～ 24 元，1 匹平布重 12 磅，用 10 斤原棉已够，只要 2.4 元；而售价却要 6.2 元。外国人到中国收棉花，织成布后倾销到中国，要赚回近 2 倍的利润。中国人自办布厂，既有利可得，又可抵制外货，挽回利权，名利双收。

四、重视商品的品牌意识，赢得市场，拓展市场

譬如创设自己的“蝶球”牌、“征东”牌、“大成蓝”等，这些富有市场寓意的品牌名字，从更高的层面上反映了刘国钧非同一般的品牌意识和爱国之心，也表露了他从容大气的市场征战决心。抗战时期及抗战后，刘国钧考察全国不少地方棉花市场和纺织品市场，后来前往武汉、重庆、成都，又考察印度、泰国、缅甸、越南、美国、加拿大，拓展香港市场。

五、结论

市场意识在人的创业过程中是非常重要的，他是一个企业家走向成功的关键。中国内地富豪、杭州娃哈哈集团有限公司董事长兼总经理宗庆后曾说：“我认为做企业要有这些素质，特别在中国市场上，那就是：诗人的想象力、科学家的敏锐、哲学家的头脑、战略家的本领。”刘国钧先生是一位传奇人物，一生中历经坎坷，

由一个学徒成为富甲一方的实业家，之所以能实现这样的华丽转身与他在创业过程中具有的市场意识密不可分。在市场经济发达的今天，刘国钧先生的市场意识仍然对我们具有借鉴意义。

参考文献：

[1] 史全生．刘国钧 [M]// 严如平，宗志文．民国人物传（第五卷）．北京：中华书局，1986.

[2] 高进勇．爱国实业家刘国钧 [M]．南京：江苏人民出版社，1999.

[3] 高进勇．从乡童到富豪——刘国钧发家之路 [M]．南京：江苏人民出版社，1994.

[4] 陈光明．纺织大王刘国钧 [M]．北京：解放军出版社，1995.

（作者单位：常州刘国钧高等职业技术学校。本文选自《管理观察》2014 年第 19 期。）

民国纺织大王刘国钧的管人之道

仝群旺

刘国钧生于靖江生祠镇，自幼家境贫寒，备尝艰辛。1930年集资创办了常州大成纺织染公司，惨淡经营，艰苦创业，8年间使大成企业由1个厂发展到4个厂，纱锭由1万枚发展到8万枚，资金由50万元发展到400万元，马寅初曾感慨地说："像大成这样的企业，八年增长八倍的速度，在民族工业中，实在是一个罕见的奇迹。"

刘国钧是近代罕有的未尝败绩的企业家，傲人的经营业绩和其重视人力资源管理是分不开的。在人力资源规划方面，刘国钧寻求既懂经营管理又懂技术的一等人才；在人力资源考核与评价方面，实行等级化工资制和层级管理制度；在人力资源培训与开发方面，提倡"工厂学校化"；他提出工人自理自治，达到工管工、工教工的目的；在人力资源薪酬与福利管理方面，实行工资等级制，按照职员和工人的绩效发放酬劳；在企业文化建设方面，制定了厂训、厂歌、口号，创办了厂刊。

宁可以一百块月薪用一个能人，不愿以二十五块用四个庸人

刘国钧把人才分为三等：懂经营管理，又懂技术，是一等人才；懂经营管理，不懂技术，是二等人才；懂技术，不懂经营管理，是三等人才。同时，在用人方面，刘国钧坚持知人善任的原则，他认为"全才难得，人才各有长短，要用其长，避其短。牛拉的重，用在田里；马跑得快，用在车上"。刘国钧深知用人的关键在于识人，由此他总结出识才"六看"：一起议论大事，看他的志气；共同评论得失，看他的是非标准；委他做工作，看他的办事能力；约他做事情，看他守信用的程度；付给他钱财，看他的贪、廉；投其所好，看他的自制能力。

大成对人才规划的重视是在大成二厂建立、大成公司成为纺织染印全能厂以

后提上日程的。当时 2000 多人的大成厂没有一个工程师，只有一个来自日本纱厂的老师傅。因此，刘国钧格外重视对人才的训练和引入。为解决技术问题，刘国钧每年花 5000 元（刘国钧本人的工资只有月薪 240 元）的代价聘请毕业于日本东京工业大学纺织专业的陆绍云担任常州大成纱厂厂长兼总工程师。这是和他“宁可以一百块月薪用一个能人，不愿以二十五块用四个庸人”的用人原则相符的。陆绍云的引入解决了技术难题，产品质量迅速提高。

要精密地考选，要知道每个工人的性情能力

在对工人的招聘和管理方面，刘国钧坚持慎重的原则，所谓考之严，用之宽，考工对于新进的工人，“要精密地考选，要知道每个工人的性情能力，实行名副其实的考工责任”。为改变工头把持招工的弊端，刘国钧实行养成工制，直接招收基本挡车工，大成招聘了大批 15 ～ 18 岁的姑娘作为养成工进厂培训，养成期 6 个月，供给膳食、住宿和少量津贴，这些养成工学成后摆脱了工头的限制，提高了职工的工作热情。

管理人员方面，首先要以身作则，“要想管好别人，先得把自己管好”。管理人员要从修身做起，树立良好的榜样。

管理人员的资格有以下三项：“1. 有好的道德，能以身作则，一秉至公；2. 有智慧，识验充足，精明干练；3. 有判断能力，凡事能判断清楚，不受欺骗，使别人不敢蒙蔽。”根本在于明辨是非，公平处理，不以人废言，不瞻徇情面，夫妇姐妹不准在同一厂工作，处理工人争执，应立即解决。刘国钧曾对一个部门负责人说：“你们对所属员工，只能按其能力分配工作；做不出成绩，即使是与我有关系的人，也不能例外，我只能介绍给你们，至于他们的前途是由他们自己选择的。”刘国钧认为，管理人员要时时刻刻观察和调查工人的行为、能力、经济状况和有无不良嗜好等项，减少或避免工人走上坏的道路。在工人中间可以选择可靠的人担任情报工作，便于发现问题。

工厂学校化

对员工知识和技能的培训与提高是大成优于其他大部分棉纺织企业的地方。刘国钧对管理人员和普通工人的培训是不遗余力的，“对于职工的教育训练向来极重视，极力推行”。他认为中国人的教育应是终身教育，提倡“工厂学校化”，要养成职工的研究风气，必须首先从职员做起。练习生的课程，如机械学、纺织

学等，各职员也要有相当的了解，可以参加听讲。

对于高级管理人才的培养，刘国钧建议教育部在纱厂中心和邻近地区的大学中设立纺织系或者由各纱厂捐款及政府拨款设立纺织专门学校，由纱厂选择学有所长的学校毕业生进厂实习并加以训练，实习后可派往国外做高深研究，这是大成造就经理、厂长等高级管理人员的一个重要方法。南通纺院毕业的陈钧和练习生的优秀生缪甲三在大成实习后，由大成送到国外深造，陈钧到英国专攻印染技术，缪甲三到美国专攻纺织技术，学成归国后，分别被任命为大成二厂和三厂的厂长。刘国钧的次子刘汉栋也到美国学习纺织技术，学成后回国继承父业。查济民担任染部主任时年仅 20 岁，为了使他成为印染专家，1936 年送他到日本京都染织厂实习一年，回国后改进了染织技术，使“征东牌”商标畅销全国。

对于一般管理人才的培养，由于这种人才需求量比较大，可由班里成绩优秀的工人担任训练的职责，可选择初中或高中毕业生进行训练。一部分随旧职员在厂担任工务或事务方面的实际工作；一部分进入本厂所设的训练所受训，学习纺织技术、工厂管理、会计（注意成本会计）、商业知识、工厂组织系统等课程。两部分每隔相当时间调班一次，学习全面的管理知识。

对于纺织工人培训而言，又分为技术工人培训和普通工人培训两种。技术工人历来是纺织业最缺乏的。各厂联合建立技工养成所，教给工人管理和修理机械的知识。对于熟练技工，可以由他教练工人自理自治，达到工管工、工教工的目的，可以减少用人，节省开支。对于普通工人，可采取多招工人，减少其工作时间用来训练，每天训练 2 小时，经过 3 个月就可以上岗了。刘国钧规定工人必须上晨课和夜课，课程除国语、算数、公民外，还包括工厂法和厂规。课程的讲解多以列举事实作为例证为主，避免工人感觉枯燥。组织练习生和艺徒学习，除学习各个工作的业务知识，还要学习打样，学会打样就会懂得机器，从而会使用和改良机器。

业绩良好的工厂，首重管理，并不是简单的增加工资

大成实行工资等级制，按照工人工作的绩效发放酬劳。由于大成用人认真，出货要好，所以刘国钧认为，大成的工资一定要符合一般水准，绝不比棉纺织业的平均水平低，同时参酌实际情形加以调整，决不能等到工人要求时才开始增加，但增加工资应当适当，业绩良好的工厂，首重管理，并不是简单的增加工资。

从安定工人职员的生活着手，大成的酬劳一般是逐年增加的，这和大成年年

赚钱有关，职工每年的酬劳、奖金较高，分红也充足，样样公开，并大力宣传分红分到钱、工作勤俭得到奖励是光荣的。通过制定奖罚制度，使员工的积极性都调动起来，许多工人全年没有休息过一天，终年全勤，刘国钧给予他们特别奖。

刘国钧在厂内开办食堂，只收饭菜成本费，修建了宿舍，举办了大成小学，以及医疗保健站和小商店，还为去世的有贡献的职工建造了功德堂，职工去世开追悼会，置办大成公墓以及举办集体婚礼等，使职工能够安居乐业，以厂为家，融洽劳资关系。为职工提供了自摇篮到坟墓的综合保障，因此大成纱厂从未出现过工人罢工事件，这在同期的其他纱厂是不可想象的。

刘国钧之所以将工资定得比同业高一点，福利和年终奖多一些，是要达到两个目的：一是熟练工人不跳槽；二是提高生产效率和效益，取得的效益会远远大于福利和奖金的支出。资深的职员，很多可以拿到每月二三百元，这在当时是很高的工资。一般的职员每年可以领到 20 ～ 30 个月的薪水。对于高级职员，刘国钧采取“暗贴”的方式额外送一些酬劳，并嘱咐其保密，这是保持大成职员凝聚力的重要手段。

如能处处以诚意待工人，人非木石，当然能有好的反应

企业文化具有导向功能、约束功能、凝聚功能，激励功能、调适功能和辐射功能。刘国钧向来重视企业文化建设。他提出了“忠信笃敬”的厂训，命人撰写了厂歌：“武进大成，纺织染兼营。提倡国货，对外竞争。出品力求精，成本力求轻。挽回利权，富国裕民。凡我职工，勤慎耐劳，振作精神，言忠信，行笃敬。群策群力，一心一德，努力，各负责任，前进，集其大成。”并亲自拟定了“遵守厂规，服从领导”“爱护团体，敬业乐群”“精诚亲爱，谦和合作”“锻炼身体，修养品性”“自励励人，立己立人”“从善绝恶，革故更新”“厉行节约，爱护物力”“刻苦耐劳，向前迈进”八句口号，并悬挂在车间、走廊、餐厅、写字间和公共场所。为宣传企业理念和经营思想，刘国钧还和陆绍云、刘丕基、孙启仁、胡逸飞等成立励进月刊社，创办《励进月刊》，并经常撰文发表。《励进月刊》成了大成进行企业文化建设，凝聚员工力量的重要工具。

刘国钧大力宣传“以厂为家”的观念，并采取种种措施使个人感到家的温暖，增强职工的凝聚力。刘国钧宣称，“工厂工厂，是工人的厂”，凡是职工的子弟都可以进厂做工，初中毕业的可以进厂做练习生，并可进入纺织专门学校。

对于管理工人，刘国钧认为不过“怀德畏威”四个字。“如能处处以诚意待工人，

人非木石，当然能有好的反应。”管理工人一方面要严，令出必行，必须对于全体工人一律看待，不能因亲戚或朋友关系而有所偏袒，这是管理的大忌，违反的人就要离开管理岗位；而要待之以德，平时给予合理待遇，工人遇到困难时竭力帮其解决困难。“担任管理的人，要是都能恩威并施，自然没有不敬服的。”

刘国钧的人力资源管理思想在今天依然很有启发意义。能够在乱世中白手起家，创出一番事业，正是和其人力资源管理思想分不开的，他的人力资源思想和企业文化思想是其留给后人的宝贵财富。

（作者单位：江苏理工学院。本文选自《企业管理》2015 年第 8 期。）

因时而为：民国企业家刘国钧的企业管理之道

葛吉霞　郁爱华　吴云俏

20 世纪初“中国人要用中国货”的呼声响彻中华大地，反映了实业救国和民族自尊自强的主张。国货运动以“国货”品牌观念向国人宣传“民族国家”的观念，以期寻求把消费与民族主义联系起来。民族企业是在近代中国特殊环境下形成的，相较于西方列强对中国的经济侵略而言，民族企业是由民族资本所办的企业，是指由中国国籍的国人、法人或政府所有或控股、拥有品牌的企业，也即拥有民族品牌，一般看作中国民族企业。民族企业家刘国钧早年经商，感于国货市场日趋低迷，虽国货运动兴起，然而国货的质量和口碑却不能获得公认，商人处于两难境遇，愤而从事工业，立志于振兴国货，推动民族工业的发展。民族企业家刘国钧以实业救国为己任，顺势而为，重视民族品牌的建立，以国货运动为契机，推动民族棉纺织业的发展和创新，进而实现民族企业的经营奇迹。

一、国货运动下近代民族企业的境遇

近代中国经济民族主义运动经历了由“实业救国”“商战”“收回利权运动”到 20 世纪早期的“反美货运动”、20 世纪初和二三十年代“反日货运动”和“国货运动”同时并行的历程。19 世纪末，郑观应等人提出了与列强进行“商战”的口号，“实业救国”“收回利权运动”在 20 世纪初的中国各地普遍发起。进化论，优胜劣汰等理论使得民族资本奋进，实业救国心的驱使和利益的刺激，促使民族资产阶级跃跃欲试投资民族实业。一批从事商业贸易的商人开始了转商为工的历程。一些爱国商人一方面看到店里经营的货品大多是日货、英货、美货，国货都是低品质的象征，另一方面，基于工业利润的刺激，民族资本开始纷纷投资民族工业。

民国成立后，无论是北京政府还是南京国民政府，在国货运动等民众运动的推动下，顺应潮流支持工商业的发展，积极扶植国货企业，实施不少积极的经济措施。工商总长刘揆一采取支持民族资本的政策，指出“本部有维持国货、振兴商业之职”。甚至连南京国民政府的领导者蒋介石都呼吁，“中国关税一天不能自主，中国人的经济就一天不能发展，外国货源源而来，比中国货价钱便宜，中国的工商业就一天天的衰落，中国的金钱的损失就一天天的增加。有了不平等条约的束缚，关税不能自主，中国人不知饿死冻死多少了。我们革命是要救国救民，要一切百姓的生活都能得到良好的结果，要中华民族能自由独立，不受外国人欺侮，要一般民众不受官僚政客的压迫，所以我们革命要先打倒军阀，使那帝国主义者没有拥护的人，没有工具，然后再谋废除不平等条约”。而关于民族工业或民族企业、民族资本讨论，最多的当在南京国民政府时期。南京国民政府时期完成国家统一，促使社会对于民族工业的发展更趋关注，特别是关税自主，改订新约运动，为我国民族工业提供了较为有利的条件。

从1933年开始，至1937年国货运动发展为“国货年运动”，由《申报》的《国货周刊》为主要宣传阵地。然而“国货年运动”的结果却不甚理想，时人曾言：“过去的一年是国货年，论理民族工业多少总应该有一点进步，不说完全代替洋货的销售，至少也要挽回一部分的漏卮。但可恨的是实际上一点也没有做到，这一年来，不仅仍然有着巨额的入超，且反较之过去有如无已。天下最不快的事殆莫过于此的了！”由此，国货运动对于国货产品的销售却并未起到立竿见影的效果，国货品牌自身的完善才是根本，物美价廉，适合消费需求，才能赢得市场。

在一定程度上，国货运动推动了近代中国民族国家的认同，国货运动的参与者们忽视价格和质量作为选择商品的优先标准，而把产品的国籍作为选择的唯一因素，并质疑销售或消费舶来品的人的爱国精神。国货运动促使消费话语权的转换，国货展览会、国货奖进会、公职人员要用国货、国耻纪念，反日货运动或反美货运动、国货年运动，使得消费话语转换为国货即爱国，对于不忠商人和消费者的诋毁和斗争，使得民族主义话语占据主导地位。

二、刘国钧的企业管理理念确立

在近代中国特殊的环境下，民族企业纷纷打起民族品牌的旗号，民族企业家奋起反抗西方列强的经济侵略。美国著名营销学者菲利普·科特勒指出，品牌是企业建立核心竞争力，摆脱价格竞争的关键。民族品牌应依托独特的文化优势、特殊的自然资源、特有的市场环境，才可培育民族品牌竞争力。刘国钧故居邻近岳飞生祠，岳飞是刘国钧非常敬仰的先贤，曾三次捐资修葺岳王祠，以岳飞的爱国精神为典范，以实业救国为己任，以民族工业振兴国家，以抵御外国资本主义的经济侵略。

刘国钧在从工之前，习商从商共 15 年，一方面，在商海中刘国钧获得了创业资本，另一方面从商的经历也为其实业的发展提供市场洞察的能力。刘国钧感于近代工业国家，莫不以纺织工业为工业化之前驱，“我国棉布输入，常占海关进口货的第一位”，商为分利、工为创利，若从事工业生产，与外商竞争，可以挽回利权。由此刘国钧在企业生产中选择纺织业作为从业的起点，在企业品牌建设中勇打民族品牌，精于质量管理，使得大成纺织染有限公司的产品在国内迅速崛起，甚至连外商也来参观访问。

特别值得关注的是，在 1929 年 8 月 12 日至 1930 年 7 月 21 日，武进县商会在国民党县党部的指导下先后举行了五十次的总理纪念周，目的当为通过总理纪念周的形式，以期让“三民主义”的思想引导工商群体，树立民族、民生、民权之理念，推行国货运动，提高民族自觉、自省、自立，以期增强民族国家的认同。武进县商会总理纪念周，一方面提高了工商群体的政治觉悟，另一方面，国货运动的推广促进了民族工业的发展，也促动了近代常州商业资本转向工业资本，推进了近代常州兴办实业的新高峰。其中刘国钧所创办的大成纺织染有限公司整合产业机制，逐步形成纺织染印为一体的棉纺织业纵向一体化的集团公司。大成纺织染有限公司的前身为蒋盘发所创办的大纶纱厂，因经营不善，后盘给上海财团，改组成大纶久记，罢工迭起，营业艰难，1930 年出盘于刘国钧，刘国钧改组为大成纺织染有限公司。据 1930 年 10 月 18 日《武进商报》记载，在国货运动的推动下，大成纺织染有限公司明确在该报上发表国货运动宣言：

在这热烈欢腾的提倡国货大会声中，以提倡国货为职责的本厂，觉得职务上、责任上，有几句话，要向我亲爱的同胞们、同志们贡献一下。没有哪个不晓得，我们大中华民国应该要积极地提倡国货，方能打倒帝国主义的经济侵略。但是晓得而不去实行工作，非但帝国主义的经济侵略，永没有打到他的一日，恐怕他的侵略政策，总有给他功成圆满的一天。总理民生主义，以“衣食住行”为四大要素，四大要素中，衣又列居第一，足见衣的重要，是社会所公认的。现在国货中失败最惨的，洋货中行销最广的，我们的金钱飞到帝国主义者袋里去最多的，要算衣的问题了。你看市上洋货触目皆是，国货销声匿迹，这种损失，何等重大，这种现象，何等痛心。凡属中华国民，还好再不提起精神去实行提倡国货么。本厂真切已认识这一点，抱着大的精神，本着提倡国货的宗旨，努力实行工作从这利权外溢最重大的衣的问题上着手，来做纺纱织布染色的事业。现在出品有六鹤商标的，十二支、十四支、十六支、二十支、二十二支、二十四支、三十二支纱，有金八益、鹤鼎、蝶球、蝠鼎、蝠鹿、飞熊等商标的细斜、条斜、细布、织布及各种染的永不褪色的布，一方面力求出品的精良，与洋货来竞争，一方面求价格的低廉，以供社会的需要。同时希望同胞们、同志们加以严格的批评和充分的爱护，更希望同胞们、同志们，大家联合起来，实行提倡国货事业。我们的口号是：凡我民众一致团结起来，提倡国货，要挽回利权就要提倡国货，救国要提倡国货，实行三民主义要提倡国货，打倒帝国主义要提倡国货，取消不平等条约要提倡国货、拥护国货，拥护国货事业。

大成纺织染有限公司的国货宣言书，阐述了大成公司的创办以提倡国货为职责，表达了民族工业的爱国情怀，体现了敢于与洋货竞争的民族爱国精神，更好地表达了民族企业家高度的政治觉悟，同时也进一步宣传大成纱厂企业和产品，起到了推销的作用。有基于此，大成纺织染有限公司实现了纺织染印联营，推动民族工业的发展，受到了国人的欢迎和喜爱，进一步推动了企业的发展。可以说大成纺织染有限公司是因时而为的典型，一方面推动了企业的行业分工，另一方面推销了民族国货产品。正是如此，“大成出品的宣传商标，为自纺、自织、自染、自印为号召，益得各路客帮之赞美称誉，乐于采购”。

然而国货商品的推行，仅依靠国货宣传是不够的，生产的发展和提供消费者所需要的物美价廉的国货产品才是国货运动最应解决的问题。正如武进县商会主席查秉初所言，虽然工商群体的政治觉悟有所提升，由国民党所领导的“抵制日货运动，仅在本市，着重于绸布业，糖栈南货业，华洋什货业，从禁进日货入手，并无根本办法，故亦收效甚寡”。在进行国货宣传的同时，刘国钧更为重视产品的质量创新。关于企业管理的理念，刘国钧认为与竞争对手相比，产品务必要“质量好一点点，成本低一点点，卖价高一点点，三个一点点，好赚大铜钱”。通俗的语言道出了刘国钧的生意经。低价固然会多销，但也可能会牺牲质量，降低净利，在保证质量、确立品牌优势的基础上，实施适当的超价策略既可显示品牌价值，也可保证高额利润。刘国钧把产品质量和企业利润并举，树立了民族企业的质量品牌意识，体现了刘国钧以品牌、效益和利润率作为企业优先目标的发展思路。

刘国钧分析国货问题的所在，认为国货与洋货比较起来，关键是做到精工生产，节约化管理，重视质量，坚定信心，国货是完全可以超越洋货的。他指出，企业应“将眼光放大，到外国去调查”，调查回来，进行仿造，制造精良，成本减轻，不偷工减料，如“我们现在所制造的洋袜毛巾，请看这两种出品，外国人见我们有成绩，已多年没有外国的毛巾，照这样看起来，中国是有能力与外货竞争的明证”。因此，刘国钧在振兴民族企业之路中，首先重视学习国外先进管理经验，不盲目排外，重视企业管理的创新和节约化管理，其次重视国货品牌的塑造，重视产品质量，从而使得国货产品真正成为民族企业高品质的象征，成为民族的骄傲。

三、刘国钧的企业管理之道

品牌是持有人的一种无形资产，以识别企业产品或服务的名称及标志。刘国钧勇打国货牌，学习国外先进管理经验，一方面，在产品的名称上标明国货品牌；另一方面，高度重视产品质量，并根据国人的消费喜好，加以产品的创新和改良，彰显国人的爱国情，树立企业的品牌意识，使得大成纺织染有限公司的自纺、自织、自染、自印的国货产品受到国人的喜爱。

（一）打造国货品牌，塑造爱国精神

打造国货品牌，符合国人的爱国情感的需要，突出民族实业家以工业救国的爱国情怀，既能产生经济效益，又可突出政治效益。一方面，在民族主义下，国货品牌可以扩大产品市场占有量，发挥品牌效应，从而推动产品创新，成为国人公认的名牌产品；另一方面，国货品牌产品成为国人诉诸民族主义和爱国主义的感情寄托。

1931 年九一八事变爆发，只读过 8 个多月私塾的刘国钧以实业救国为理念，发出实业家的救国呼声——《土纱救国计划书》，于事变后两个月即 1931 年 11 月 18 日刊登在武进地区销量最广的《武进商报》上，提出要用织出更多更好的国产布来抵御日本的经济侵略，大成纺织染有限公司更成为国人心目中的民族爱国企业。

1931 年大成纺织染有限公司注册商标有征东、六鹤、红鹤、蝶球、飞熊、双兔、猫雀、金八益、彩八益、鹤鼎、英雄、师生图等二十多种，在诸多商标中，蝶球和征东图是大成纺织染有限公司最为重要的商标。在产品商标上，刘国钧也选择富有爱国精神和故事的图案，如著名商标“征东”牌，图片上横刀立马的名将薛仁贵，爱国之情溢于言表，表明大成纺织染的产品“征服东洋货”的决心。国货商标品牌，特别契合 20 世纪二三十年代国人的爱国精神，刘国钧意在商战中彰显国人的志气。“征东图”牌产品对洋货加以研究，采取取长补短的方针，积极研制，推陈出新，

“征东”牌商标，几乎成为国货新花式、新产品的代名词，“征东”品牌产品比较畅销，甚至远销到东南亚，成为民族纺织品的杰出代表。

（二）不盲目排外，学习其他国家先进的管理经验

由工业化理论分析，中国近代工业化是后发工业化，发展工业化，需要学习其他先进国家工业化的经验。刘国钧以实业救国为理念，却不盲目排外，而是非常重视学习国外先进的管理经验，把学习工业化的目标选择为日本，明确提出“华厂日厂化，出品日货化”。“师夷长技以制夷”，刘国钧曾四次东渡日本，每次都携技术人员同行，对日本棉纺织业市场进行情报调研，学习日本棉纺织业先进的生产经验，汲取日本纺织业产品更新换代的经验。刘国钧对工厂的管理，诸多方面取法于日本。如表 1 所示，刘国钧分别于 1924 年、1931 年、1934 年、1935 年前往日本，探寻日本的企业管理经验。日本企业管理综合了中国传统儒家之道和西方先进的管理方法，更适合我国民族工业的企业管理，因而刘国钧在企业管理中，既重视企业效率管理，也重视管理培训、工人品德训育。

1924—1935年刘国钧赴日本考察后进行的管理创新

时间	企业发展阶段	刘国钧结合日本经验对企业进行的改革
1924年	独资经营广益布厂和广益二厂	看到日本精于管理，生产成本较低，首创筒子纱、盘头纱，并改以生产色布为主
1931年	1930年接手大成纺织染有限公司	考察日本纱厂的管理经验，制定管理的“五化”思想，具体为“工管工自治化、工教工互助化、工资等级化、华厂日厂化、出品日货化”
1934年	大成一厂、大成二厂	参观平绒、灯芯绒生产过程，并购回机械设备，进行试制；另购回二手八色印花机，专攻印染技术，首创常州机器印花技术
1935年	大成一厂、二厂日趋发展的时期，筹建大成三厂，纺纱不能满足生产需要	在常州发表《赴日考察印象及感想》讲演，秋赴川考察，筹备内地设厂，与武汉震寰纱厂商谈合作事宜，即为大成四厂

1936年刘国钧在《大成公司第六届股东会营业报告书》中言，全国纱厂危机，大部分出现停工现象，而本公司却能实现企业发展，在于学习日本管理经验，“得以稍具成绩者，固在原料购进时，得益于出口售价之良善，而工作进步，成本减低，实为主因焉。至其他有裨于减轻成本、改良出品之设施，亦莫不积极进行。如细纱机改为大牵伸、纬纱机改为直接纺及单独马达之计划、冷气装置之设备、工人福利之事业、工人训育事宜等，均在1936年度中次第完成”。

（三）“工欲善其事，必先利其器”，完善企业生产设备

“工欲善其事，必先利其器。”对于机器的重要性，刘国钧深有体会，曾言：“机器是工业之母，假定中国要十个人工做完的东西，日本人只要一个人工就可做完。我们中国造的布机，一个人只能管两张，日本人造的新式布机，一个人可管四十张。中国人的纱厂，一万锭子要用五百个人，日本人的纱厂，只要用二百多人，新式的只要用七十多人，照这样比较起来，我们中国工业实在不是他的对手。我们工厂业，要想解除这个困难，就要维持机器厂来仿造外国式的新式机器。”机械是企业生产的第一要素，机器的更新和技术的创新显得尤为重要。

刘国钧在参观日本的棉纺织业时，发现日本纺织企业进步速度之快，足令人感到忧虑和钦佩。日本企业非常重视各种新纺织机器的效用，提高工作效率，降低成本，我国与日本的企业两相比较，“尤觉望尘莫及”，而究其原因，在于日本非常重视对企业的培养，重视机械折旧。

有基于此，在企业收益分配上，刘国钧把日本棉纺织业注重培育、限制红利分派，多增加生产投入的做法运用到企业的管理中。1931年，大成公司两年以来获利五六十万元，股东们对盈利如何处理持两种意见：一种要求按股分拆，一种要求留在公司以作增资，扩大再生产。刘国钧则力主增资，经过多次协商，持按股分拆意见的股东，见公司大有发展前途，亦同意作为增资。

据吴景超的研究，大成纺织染有限公司折旧率高达7.9%，而当时一般纺织企业的折旧率不足5%，这就确保了再生产的资金需要。到1937年3月，大成纺织染有限公司企业注册资金400万元，八年内翻了八倍。1930年为提高棉纱品质，控制细纱间温湿度，刘国钧以万元重金，设计安装了一套深井空调设备，用于精密化生产，为当时国内纱厂所仅有。折旧率的提存，确保了企业运营的机械设备的更新和维护，有利于技术的更新和产品的创新。

时人曾言，大成纺织染有限公司技术方面“欲发展技术之功效”，机械实为首要问题，所谓“大成即能于此处努力，其机械不细，莫不先明，焕然如新，传动无磔咯之声，车身无震动之弊，即此已足表现其技术之良好矣”。

（四）重视产品质量，塑造品牌效用的理念

在产品质量和种类的创新上，刘国钧主要采用两种方式：一是调查国际国内纺织行业概况；二是调查市场行情，然后再有针对性地进行产品研发和市场策略调整。

首先，刘国钧每次出访均偕同技术人员，对国外棉纺织业市场进行情报调研，学习其他国家棉纺织业先进的生产经验。为了学习国外的先进技术和经营管理经验，刘国钧曾四次东渡日本，亲赴印度、加拿大、美国等国参观考察。英国的斜纹布在中国市场非常畅销，刘国钧为学习斜纹布制作的浆纱工艺，解决技术难题，他装扮成英商上海怡和纱厂工人，不久即被发现，悄然离开，险遭虎口。

知己知彼才可百战百胜，刘国钧有早年从商经历，与上海洋货经销商熟识，因而两者之间建立了合作关系。若洋布新产品的样品一旦运到，刘国钧都能拿着新样品加以研究，结合技术人员和管理人员的经验，分析洋货新产品的优点和缺点，推陈出新，研发出更胜一筹的国货产品。在洋货新产品面世之后，制定相应的营销策略，从而使得大成国货产品与洋货相比毫无逊色。如大成把生产的“双兔”牌绒布，同日货名牌“铁路”牌绒布比较。经过细心研究，技术人员找出“铁路”牌绒布优点和缺点，有针对性地在原料和质量上进行改进，提高后的“双兔”牌绒布，质地厚软，保暖性好，民族品牌“双兔”牌绒布更受消费者欢迎。

其次，刘国钧通过调查国际国内市场，发现民族棉纺织业因生产技术不高，普遍只能生产技术含量低的产品，诸如棉纱、白布、元色布等，民族纺织业之间低层竞争严重，两败俱伤，甚至出现棉花比棉纱贵的现象，而民族棉纺织业在印染、花色布方面比较薄弱，市场往往为日本、英国所占据，于是刘国钧决定大力发展机器印花产品，并以大成二厂为核心生产色花布，满足国内市场的需要，同时与外国资本竞争，从而摆脱在市场上处于被动的局面。正是凭着高度重视质量、深入一线钻研的精神，才使得大成纺织染有限公司产品的质量赢得国人认可。经市场调查，刘国钧认为我国棉纺织品产品过于单一，向国内棉纺织业提出产品创新的意见，“吾常专织斜纹，实非久计，宜往南洋调查改织阔格子等布为有利”。有鉴于此，在市场上，大成纺织染公司形成“花色繁多，不胜缕述，其最著者为条子漂布、各色府绸、哔叽、真贡呢、洋纱、绒布、法绒、花绒、竹布斜纹、平布、番布等，国内外行销甚畅”的良好局面。

（五）突破市场围剿，开拓民族企业广阔市场

鉴于供产销之间的关系，刘国钧采取了工商经营一体化方针，实行供产销联

营，即在原料产区广设棉花收购行庄，并派专人负责，在主要销售市场区设立棉布推销处，从而实现民族企业的供产销“一条龙”。工商联合对于企业的生产来说非常重要，一是保障了原料来源，企业可以根据市场价格的涨落情况，选择时机购进原料，并及时调整产品的价格，协调供销关系。二是棉布推销处的设立，有利于掌握市场行情，以销定产，同时有利于减少流通环节，降低流通费用，实现产销见面。

上海作为紧邻常州的通商大埠，外商云集，为全国商业最为发达的城市，因而在上海设办事处，为营业总枢，由刘靖基管理，沟通市场状况、产品信息、技术前沿，指导企业原料来源、生产和销售。西南、西北重要省府推销处的设置，直接沟通了与经销商的关系，减少了流通环节，从而使得大成出产的产品更符合广大腹地市场的需要。

基于上海、常州等沿海地区棉纺业发达，外资企业云集沪上。然而偏安一隅的西南四川，外资企业尚未渗入，纱厂匮乏，为大宗纱布销场，就地设厂，就地产销，一方面同行之间竞争较少，另一方面甚少外商排挤，发展前景广阔。1935年刘国钧探访四川等地，后在湖北接手亏损严重的武汉震寰纱厂，于1936年秋生产，盈利颇丰，进一步扩大了产品的华南地区市场。

概而述之，民族企业家刘国钧的企业管理之道，在于研究国外先进的管理经验，力求民族企业管理和民族产品的创新，以国货运动为契机，塑造民族企业爱国的社会形象，最终大成纺织染有限公司以“自纺、自织、自染、自印”高品质的国货产品，获得国人的推崇，迅速赢得“长江流域，甘、陕、川、滇，无远弗届”，甚至畅销于东南亚地区。有的产品销量已居国内前茅，甚至超过了外货名牌产品，成为南京国民政府时期民族棉纺织企业发展的典范。

参考文献：

[1] 葛凯. 制造中国：消费文化与民族国家的创建 [M]. 黄振萍，译. 北京：北京大学出版社，2007.

[2] 郝云宏. 中国大型企业国际竞争力研究 [M]. 北京：中国财政经济出版社，2002.

[3] 提倡国货感言 [N]. 商报，1921-05-02（4）.

[4] 饶怀民. 刘揆一集 [M]. 武汉：华中师范大学出版社，2011.

[5] 罗家伦. 革命文献第 22 辑 [M]. 台北：正中书局，1960.

[6] 鲁庸. 一九三三年的民族工业 [N]. 申报，1934-03-25（21）.

[7] 徐泰. 刘国钧先生与生祠堂二三事 [Z]. 靖江文史资料，1985（5）：83-87.

[8] 严中平. 中国棉纺织史稿 [M]. 北京：商务印书馆，2011.

[9] 大成纱厂为国货运动之宣言 [N]. 武进商报，1930-10-18（3）.

[10] 查秉初. 清末至解放常州工商业略述 [M]// 常州市地方志办. 常州地方史料选编 .1982（1）.

[11] 武进工业联合会. 中华工业总联合会武进分会成立纪念、工业展览会合刊 [Z]. 1934：25.

[12] 殷博益. 市场营销学 [M]. 南京：东南大学出版社，2012.

[13] 秦其文. 近代中国企业的广告促销技巧研究 [J]. 中国经济史研究，2005（1）：59-68.

[14] 李文瑞. 刘国钧文集（传记卷）[M]. 南京：南京师范大学出版社，2001.

[15] 左旭初. 民国纺织品商标 [M]. 上海：东华大学出版社，2006.

[16] 李文瑞. 刘国钧文集（讲演卷）[M]. 南京：南京师范大学出版社，2001.

[17] 李文瑞. 刘国钧文集（附录）[M]. 南京：南京师范大学出版社，2001.

[18] 文史资料研究委员会. 文史资料选辑（第一四九辑）[M]. 北京：中国文史出版社，2002.

[19] 李文瑞. 偷闲集 [M]. 北京：中国文联出版社，2008.

[20] 张三立. 中国纺织学会参观大成纺织染厂记略（十八幅）[J]. 美术生活，1935.

[21] 葛吉霞. 民国企业家刘国钧人力资源管理研究 [J]. 常州大学学报（社会科学版），2011（4）：103-107.

[22] 万灵. 常州的近代化道路——江南非条约口岸城市近代化的个案研究 [M]. 合肥：安徽教育出版社，2002.

（作者简介：葛吉霞，常州大学商学院讲师，历史学博士，主要从事中国近代经济史研究；郁爱华、吴云俏，常州大学商学院学生，主要从事企业管理研究。本文选自《西安文理学院学报（社会科学版）》2016 年第 4 期。）

刘国钧的市场竞争策略十例

高进勇

刘国钧是市场经济拼搏中的强者和胜利者。他的市场经济理念十分单纯，即“适者生存”。

关于人才观，刘国钧认为，“懂经营管理，又懂技术是一等人才；懂经营管理，不懂技术是二等人才；懂技术，不懂经营管理是三等人才”。他把经营管理放在技术之上是符合市场经济规律的。他还形象地说：“死店活人开，棺材劈开卖。那些有雄厚资金，有好条件的事业，不能赚钱，睁着眼睛说运气不好，坐着拿工资，等饭吃的，是活店死人开，大家进棺材。”

在市场经济的大环境下，刘国钧的竞争意识非常明晰。他的“适者生存”的实践活动，是值得我们借鉴的精神财富，下面举出十个重要例子。

11 岁那年，刘国钧在私塾辍学后，为争得杂货店赵老板的折纸轿的活计（当地农历十二月二十四，有买纸轿送灶神菩萨上天的习俗），他以低廉价格、及时交货、保证质量为承诺，接到 100 只折纸轿的活计。结果，提前 2 天交货，纸轿糊得有棱有角，成了精致的工艺品。赵老板不仅给了工资，还给了赏钱。刘国钧的能力，使赵老板对他有了很大的信任感。在刘国钧要到常、武地区学徒缺乏盘缠时，他欣然借了 10 块银元，而这成为刘国钧成就纺织事业的第一步。

15 岁那年，刘国钧随着柳秀方到埠头柳永丰布店当学徒。因为老板嫌刘国钧身材矮小，没有录用。在这进退两难的情势下，刘国钧毅然向柳秀方提出：自己在埠头等他办完了事再来带自己回靖江。他在埠头举目无亲，刘国钧卖过麻糕、“五毒布”（端午节前）、杨梅、嘉庆子，撑过船，做过晒布杂工、喂过牛。整整四个月，他不仅自己活了下来，而且活得很好，挣了五六块银元，特别是结识蒋盘发、陆友仁，为他日后事业的发展打下了基础。

清宣统三年（1911）八月十九日，武昌起义爆发。当时，清政府的江苏总督府驻在南京，巡抚程德全的抚院在苏州。程德全响应武昌起义，而南京的总督府却分庭抗礼，常州夹击于其间，形势极其危险。此时，刘国钧正在奔牛开设“和丰京广洋货店”。镇上几家殷实店铺，害怕风云变幻，纷纷收歇，将银货转移偏僻乡间。而刘国钧将母、妻、子送回靖江，带去300银元；又将500银元埋在地下，与父亲一起冒着兵荒马乱的风险经营商店。结果，镇上的京广洋货和染色土布生意全涌到他的店内。加之战事频繁，老百姓都提前娶媳妇、嫁女办喜事，于是刘国钧的商店生意更加红火。在市场经济的竞争中，机遇与风险共存，刘国钧抓住机遇，又把风险降到最低，取得了竞争的胜利。

1916年，刘国钧与蒋盘发等人合资开办常州第一家机器织布厂——大纶机器织布厂，因为生产的斜纹布质量不及英商怡和纱厂，刘国钧就借穿该厂工人的号衣，只身冒险入厂，偷学浆纱技术。后遭到英国领班追查，幸在工人的帮助下，跳墙逃出。后来，终于得其保密的浆料配方，使大纶织布厂的斜纹布质量大大提高。大纶厂的产品争夺到了外商占有的市场，为中国民族工业争了光。

1930年2月，刘国钧接盘大纶久记纱厂，创建大成纺织染公司后，他将市场经济竞争的目标对准日本厂商。他说：“要保持我们的信誉，就要和日本纱厂竞争。”“日商纱厂的接头非常经济，每次接头所损回丝限制不过三寸，本厂经车所经盘头，长短松紧，不能齐一，此亦回丝损失之一。”“我厂浆纱绞车时，空留纱头长长的一大段，每一车盘头又多损失数磅，一个月损失一件纱，一年则损失3000元。日商纱厂上浆盘头的结打得很多很细，在到了盘头时可以织到近绞棒处，如此各盘头又可多织布半码，一年又可以节约许多。”“还有一种回丝纱头的损失，在日商纱厂是千分之四五，我厂须千分之十五，全年10万匹计，损失纱头回丝约900担，则全年损失在3万元以上。梭杼在做8支纱时损失最多，现在我厂仍在千分之十左右，未达日商纱厂千分之五的标准。”可见，刘国钧对竞争对手非常了解，对症下药，使竞争目标明确。

1934年，市场上的印花色布大部分系进口货，即使是国内产品，亦大多是外商纱厂所制造，华商纱厂出品极少。为了使大成公司能与外货抗衡，刘国钧决定搞印花染色，使大成公司真正成为“自纺、自织、自染、自印”的“四自全能企业”。目标确定后，刘国钧在步骤上十分谨慎，他先在日本花3000元买了一台旧的八色印花车（新的要60000元），又以2000元买了一部闪花机和其他必要的设备，共花去20000多元，就建成一个印花工场。刘国钧先后请了日本的、德国的和上海的技术人员来试车，却没能投产。于是，他就和几个工人一起参加试车，经过七个月的艰苦努力，终于使印花车试车成功，在常州开创了机器印花技术的先河。当年就获得 5 万元利润，第二年利润达到 20 万元，成了公司的“摇钱树”。

1934 年，刘国钧收到上海进出口商给他寄来的日本出品的平绒、灯芯绒样布，他决定赴日考察，后试制成功，与日商争夺市场份额。1956 年 9 月，常州市政府在经济改组中，决定撤销生产灯芯绒的九丰染厂，并入恒丰盛染织厂。结果，造成职工思想混乱，给灯芯绒生产带来危机。这时，刘国钧刚刚当选副省长一个月，他在南京接待九丰染厂的代表，认真听取他们关于请求撤销合并的建议。凭着对社会主义建设事业的热爱、对灯芯绒生产的执着感情，刘国钧及时与时任省长的惠浴宇、副省长的管文蔚交换看法，并到常州市委、市政府做说服工作。最终，10 月 30 日，中共常州市委重新作出决定：尊重刘国钧的意见，撤销合并命令，并指定九丰染厂为继续发展灯芯绒生产的专业厂，打入国际市场，成了常州对外贸易一枝花，后取得了骄人的成绩。因此，许多灯芯绒厂的老职工都把刘国钧尊称为“救厂恩人”。

1938 年，刘国钧从常州撤退到武汉，后又潜入被日军占领的上海，利用大成三厂留在上海的设备，创办安达纱厂。刘国钧亲自将生产的“飞虎”牌棉纱运到香港销售。当时，香港九龙地区各织造厂所用的棉纱大多是从印度运来的，对国产的棉纱使用不多，性能不熟悉，刘国钧就自己到各家织造厂深入宣传推销“飞虎”牌棉纱。经过多次试用，各织造厂均认为用“飞虎”牌棉纱织造的布匹，产品质量上乘，比印度的棉纱条干均匀。他还对技术上的问题进行指导，大大密切了与各织造厂的关系。同时，刘国钧还大力阐述自办织厂应该尽可能应用国产棉纱的道理，激发香港九龙地区织造厂老板们的爱国热情，大家无不乐意接受。

1948 年，抗日战争胜利后，蒋介石倒行逆施，使中国命运的大决战到了白热化的程度，中国民族工业到了危急的关头。刘国钧为大成纺织染公司的生存，决定向海外发展，他派出得力助手朱希武、次子刘汉栋、香港大孚商行经理吴达机三人，专程到南洋考察，在新加坡、马来西亚、泰国详细了解商情后，为参与国际市场的竞争，刘国钧决定在香港创办东南纱厂，进则可在南洋群岛大做生意，退则可与祖国密切联系。东南纱厂很快立住了脚跟，港英当局给东南纱厂的出口配额越来越多，厂子经营得也越来越发达。1962 年困难时期，刘国钧的东南纱厂为祖国先后提供了近 100 万元港币现汇和 120 万港元的化肥等物资，有力地支援了社会主义建设事业。

1959 年，国家经济发生困难，刘国钧多次在全国人大以及政府会议上提议：

要发挥江苏农村优势，多养兔以增加农民收入，改善肉食供应，以兔毛出口增加外贸收入。这个建议很快被政府采纳。

仅从以上十个事例可以看出：刘国钧紧紧抓住了以市场为中心的产品营销、以效益为中心的资金资本快速运作、以质量为中心的企业管理、以效率为中心的企业组织，积极参与市场竞争，为大成纺织染公司创造了“罕见的奇迹”。

（作者简介：高进勇，常州武进人，1936 年生，长期从事刘国钧研究，编撰多部刘国钧研究专著。本文选自《刘国钧研究》2016 年第 1 期。）

向刘国钧学习“工匠精神”

戴卫银

考察“工匠精神”内涵，无外几点标准：一是精益求精，注重细节，追求完美和极致；二是严谨，一丝不苟，不投机取巧，确保产品质量；三是耐心、专注、坚持，在专业领域绝对不会停止追求进步；四是专业、敬业，目标是打造本行业最优质的产品，同行无法匹敌的卓越产品。工匠精神落在企业家层面，可以是一种企业家精神。刘国钧不仅给常州留下了丰富的工业遗产，也给后人留下了宝贵的“工匠精神”。笔者认为，刘国钧身上的工匠精神具有以下特质：

第一，不断学习钻研的品质。因为家庭原因，刘国钧一生只上过 8 个多月的私塾，但是刘国钧一生学习不断。在奔牛，他把患有间歇性精神病的父亲接至店里，利用晚上时间向父亲学习“四书五经”“经史子集”。后来到常州，弃商从工，创办纺织企业，融资不懂，生产不会，管理不在行，但刘国钧善于学习，比如向陈光甫学习融资，向蒋盘发学习纺织技术和企业管理。刘国钧创办企业时，中国正处于半殖民地半封建社会，市场被垄断，技术被封锁，国内的纺织染技术赶不上国外。于是刘国钧便混入上海英国人创办的怡和纱厂偷学技术。刘国钧还四渡日本学习纺织染技术以及纺织企业的管理，提出科学管理、注意实效、精简工序、节约物料等四项重要经验。为了破解印染技术以及割绒技术，刘国钧打发走了守口如瓶的日本工程师，自己吃住在车间里，带着工友一道钻研，终于破解了掌握在外国人手上的技术。在当年那个战乱频仍的年代里，刘国钧行走于大江南北，也曾远赴东南亚、欧洲、美洲学习调研。

第二，勇于创新变革的品质。刘国钧生命中有一个特别的“基因”，就是创新变革。他一生能够经历四次华丽转身，即江北孩童到江南伙计的转变、店铺伙计到店铺老板的转变、弃商从工的转变、弃工从政的转变，就是这种体现。刘国钧深知技术革新和管理改革的重要性。他创办的大成厂在 1930—1937 年规模扩大八倍，资产扩大八倍，利润增长八倍，原因就在于不断创新和变革。在接盘大纶，创办大成后，他大刀阔斧地改革了用人制度。他深知先进的管理方法对企业发展的作用，坚决废除了传统的封建工头制度，聘请专家管理工厂，建立了一套科学的管理制度，定期召开管理会议，每次都请各厂厂长和工程师参加，鼓励大家反映问题、发表意见，集思广益，使整个公司的工作能很好地协调起来。

第三，坚守精细管理的品质。刘国钧在企业管理中强调精细管理，强调“事事有人做，人人有事做”，有“刚性管理八句”。刘国钧在常州率先使用各类先进设备，用于精密化生产。从日本考察回来，就提出企业管理“五化思想”：工管工自治化、工教工互助化、工资等级化、华厂日厂化、出品日货化。刘国钧分析国货与洋货的一个重要区别在于是否能做到精工生产。他认为只要国货制造精良、减轻成本、不偷工减料、有自己的品牌，那肯定能够超过洋货。刘国钧精细管理的品质可通过他“质量好一点点、成本低一点点、卖价高一点点，三个一点点，好赚大铜钱”的企业经营理念中体现出来。为了提升企业精细管理品质，他提出“工厂学校化”，加大员工业务能力和品德教育。

第四，执着如痴的品质。刘国钧在家乡中学的一次演讲中讲道：“我一生最大的爱好，就是办厂，我的钱稍微多一点点，就想再办一个厂。”从最早和蒋盘发合股创办大纶纱厂，到创办广益布厂，接盘大纶久记纱厂，创办大成纺织染公司，再到创办安达纺织厂、震寰纺织厂、大明纺织厂，乃至到香港创办中国染厂，还曾打算到中国台湾和巴西等地办厂，刘国钧一直没有停下脚步。他为我们留下了办企业执着专一、执着如痴的经典形象。

参考文献：

[1] 高进勇．刘国钧创业奇迹 [M]．南京：江苏人民出版社，1999.

[2] 葛吉霞，郁爱华，吴云俏．因时而为：民国企业家刘国钧企业管理之道 [J]．西安文理学院学报（社会科学版），2016（4）：111-116.

（本文选自《刘国钧研究》2016 年第 2 期。）

新史料、新契机、新视野：《刘国钧日记1945》与刘国钧及大成企业史研究

赵 伟

企业家研究是企业史领域的重要内容。纵观既往，曾有过繁荣，近几年则总体趋冷，研究成果的分量及深度也不平衡，张謇和卢作孚的研究受到突出关注，刘国钧、荣氏兄弟、范旭东、刘鸿生等企业家的研究也有较多成果。

究其缘由，与企业家相关史料的整理出版有很大关系。之前的繁荣是由于改革开放后为民营企业发展借鉴需要，近代企业家研究刚刚被重视起来，表层史料唾手可得。当研究向纵深推进时，缺少对深层史料的挖掘和整理，使许多企业家的研究停滞不前。张謇和卢作孚研究得以持续，且研究面向较广，质量也较高，与多年扎实的史料挖掘整理功夫有关，其丰富程度毋庸发凡举例。21 世纪初，对于荣氏兄弟，尤其是对荣德生的研究成果斐然，也是得益于“乐农史料”系列的出版。

刘国钧先生是近代中国企业家的杰出代表，从学徒到店主，再由工厂主成为企业家。抗战前，他所创办的大成企业拥有 4 家大型工厂，注册资本从最初的 50 万元增至 400 万元，成为一个纺织染联营的企业集团。著名经济学家马寅初曾称赞道：“大成这样八年增长八倍的速度，在民族工商业中，实在是一个罕见的奇迹。”刘先生成为白手起家、艰苦创业、鹤立商界的近代企业家典型。不过，其重要的历史地位与单薄的研究现状不甚相符。如今，《刘国钧日记 1945》的出版将成为逐步打破这种尴尬局面的开始。

一、新史料：《刘国钧日记 1945》述评

《刘国钧日记 1945》是根据刘国钧嫡孙刘学进先生所藏日记手稿原件的 1945 年内容，经常州大学葛吉霞和江苏科技大学钟树杰两位老师点校，今年 3 月由凤

凰出版社出版。该书分点校和影印前后两部分，以方便对照阅读。从影印页可以看出，日记的部分字体较为难认，且有许多地方以苏州码计数，还夹杂着一些方言习惯用词，点校难度可见一斑。日记点校部分对于刘先生记录的人名作了详细介绍，为进一步研究提供了线索，此外还对机器、单位、地名等用词的旧称作了今解，可见功夫扎实。这本日记是刘先生在美国考察时记录的，内容非常丰富，主要涉及以下几个方面。

第一，参观纺织企业。

这是刘国钧先生赴美考察的主要任务。据不完全统计，日记中记录参观的纱厂至少有十五六家。刘先生每到一处纱厂，并不是走马观花。日记记录显示，他把所参观的车间内的机器布置、用工人数、运行状况、生产流程等情况都作了详细记录，可见认真细致程度之高。其他如印染、毛纺、针织、织绸等纺织行业的生产，甚至美国的棉花种植情况，他都有关注。

在美参观时，不仅是生产细节，关于企业战略，刘先生也有注意和思考。他看到美国人很少买零剪布，“均买做成衣”，认为企业发展应该“工商兼营联贸到底”，“从买花至做成衣服，使直接到人民身上为止”。这实际上是有意将大成的纺织染联营再前向整合，直至服装制造业。关于美国企业界此类一体化战略，如“工商联合工商”、“制造厂统制”、商业“统制工厂”等现象，刘先生颇为在意，并深感赞叹。

第二，会面谈话交际。

在美国参观企业的同时，刘国钧也多次与各方面人士会面交流。如与当时中国商界巨擘陈光甫会面，后者在美国成立的世界公司掌握着中美交易的信息和资源；与化工之父范旭东会谈，双方交流了经营企业的心得；与加拿大掮客谈购买纱厂机器事宜，同时与中国纺织建设公司代表张文潜博弈竞购，交谈要点内容都有记录。此外，他还与在银行界和政界都有经历的张嘉璈、原无锡永泰丝厂企业家薛寿萱、荣氏集团代表荣德馨、青帮头目杜月笙的儿子杜维屏等诸多人士会面。

第三，运筹战后计划。

在当时世界经济最发达的国家频繁地参观和社交，其实是在学习经验，看清方向，寻找商机，并购纱厂，订购机器，而这一切都是为了战后“扩展企业的计划”。事实上，刘国钧在日记中的多处地方，大篇幅地记录了他对于战后自身企业发展的规划，内容十分详细，涉及工厂规模、设厂地点、机构设置、人事安排、资本筹措等诸多方面。这应该是刘先生在参观和交流之后，随即思考，然后形成的想法。

第四，考察社会生活。

考察之余，刘国钧还在日记中多处地方记录了美国社会生活的情况。

最多的是关于美国工人及职员的工作时间、工资待遇、家庭生活、社会教育等方面的话题，由此还谈到了他对于劳资关系的一些看法。还有一些地方则记录了他对美国百姓衣、食、住、行及文化生活的观感。

此外，日记中还记载了刘先生所关注的二战进展及国际国内政治的信息。

研究近代企业家很难深入探讨其思想内理的一个重要原因，是缺少企业家真实原始想法的记录文字。近代企业家有写日记习惯的原本就不多，现已出版的张謇（张季直）《柳西草堂日记》文字较为简略，无法形成对主人公的丰满刻画；荣德生的《乐农自订行年纪事》及其续编则是每年一记，皆为事后补记，内容是否有遗漏，或记忆偏差，或不够完整，尚未可知，也无法反映当事人即时的思考和想法。《刘国钧日记 1945》则“原生态性明显”，它的出版可谓在企业家史料方面的一项突破。

二、新契机：刘国钧及大成企业史研究

就目前已有成果的数量及质量而言，刘国钧及大成企业史的研究水平在整个企业史领域处在中等层次，还有很大的提升空间。在现有的研究中，学者们已经发现，对于刘国钧及大成企业史的研究应该转换角度，放在更大的范围内去考察。这就需要有雄厚的史料做基础，而在刘国钧先生诞辰 130 周年之际，《刘国钧日记 1945》的出版完全可以成为此项研究获得更大发展的重要机缘。

首先是启动全面系统的史料整理出版工作。

现有已整理的刘国钧及大成企业史料主要集中于2001年出版的《刘国钧文集》（6 册，70 万字）和 2011 年出版的《大成公司档案史料文献》（1 册，影印），而张謇及大生企业已整理出版的资料，主要有《张謇全集》（8 册，400 万字）和《大生集团档案资料选编》（点校，7 册，280 万字），荣氏兄弟及企业的已整理史料主要有《荣家企业史料》（2 册，110 万字）、《荣德生文集》（5 册，170 万字）及《中国民族工业先驱荣宗敬生平史料选编》（1 册，40 万字），规模相去甚远。

这并非由于留存资料数量少，实际情况恰恰相反。此次出版的《刘国钧日记 1945》仅仅是 1945 年的内容，据刘氏后人介绍，保存的日记总共有数十本，并且还有大量信函等其他资料。常州档案馆藏有大批大成印染公司档案资料，包括会议记录、书信函札、规章制度等，已出版的只是一小部分，且是影印，非点校。抗战时期，大成企业主要分成两部分，重庆的大明染织厂和上海租界的安达公司，

相关的档案资料还需要挖掘搜集。此外，报刊方面，大成公司创办的《励进月刊》，以及民国旧报刊中相关的文字内容都可作为整理的来源。

全面的史料整理是提升刘国钧及大成企业研究水平的先决条件，《刘国钧日记 1945》的顺利出版是坚实的第一步。

其次是多面向地深入研究刘国钧。

企业家不仅是企业经营者，更是历史时代社会的突出个体。企业家的研究不可囿于单纯的企业经营历史，应注重全面的思想观念、行为功绩、社会关系、个性特点等内容的考察。《刘国钧日记 1945》的多样化内容，为我们展现了一个丰满的企业家形象，刘国钧研究可以有多种面向。同时，以往对企业家的论述很少做有效的比较研究，进行特征分析。从日记反映的情况来看，刘国钧的企业家风格与张謇、荣氏兄弟等大相径庭。他作为一个大企业的经营者，不仅思考战略性的大问题，还非常关注与生产有关的技术性问题，我们可以称之为工匠型企业家，这与刘先生的成长经历是有关系的，可以作深入研究。这也正符合当下国家所提倡的工匠精神，具有十分重要的现实意义。

再次是重新认识大成企业的历史地位。

大成企业最引人注目的成绩便是实现了纺织染联营，在当时“为数甚少”。在美考察的日记中，刘国钧曾多次表现出对纵向一体化的关注和认同，想必战后大成依旧会继续向产业链的纵深扩张。对此，以往的研究也多有论述，却仅止于此。从近代中国棉纺织业发展的整个进程来看，如果说荣氏申新系统是第一阶段横向扩张的最大成功者，那么大成集团则是第二阶段实施纵向一体化战略的典范，8 年 8 倍的资本增长也预示着第二代新兴企业集团的出现。大成在战略发展上的成功给企业组织结构、管理制度等方面带来了怎样的变革，相关的问题还有待进一步探讨。

最后是发现纺织科技史研究的线索。

作为工匠型企业家的刘国钧对生产机械有着独特的偏好。在日记中，他经常会记录纺织机器的价格、数量、种类、结构、功能、性能等，甚至是零件的尺寸，有些地方还特地画了草图以明示。近代中国纺织科技史是研究薄弱的领域，这样细致的材料为此项研究提供了很多有价值的信息。

三、新视野：中国近代工业文明研究

20 世纪是工业化的时代，是工业文明逐渐形成，并成为世界主流的时代。以往把工业文明理解为西方主导下的文明形态，也主要以西方话语体系来表述，其实世界工业文明的表现形式是多样化的，有共性，也有特性。中国近代工业文明之路具有自己的独特性，从当前经济社会发展的成就来看，我国实际上已经逐步形成了自己的工业文明。而在这一过程中，中国近代企业家及企业是开拓者。刘国钧及大成企业作为其中的佼佼者，做出了重要的贡献，在工业文明的新视域下对此进行研究将会有新的认识。

从刘国钧及大成企业看中国近代工业文明中的人文关怀。

工业文明的主角是工人，对工人的人文关怀是工业文明一个重要方面。据大成企业高管朱希武回忆，大成工人的工资待遇较同业略高，职员年终还有分红，企业有保健所，职员住房有“房贴”，子女学费可以报销。这使得员工对大成企业很有归属感。与西方残酷的资本积累不同，中国近代工业文明的一个特点是民族企业在积累阶段对工人的福利待遇有所重视。刘国钧在日记中称：“我办工厂视为社会事业，向重工人福利，深怕不能得人谅解。”其原因是否源于中国传统的儒家思想，以及家族和地缘观念，还有待进一步探讨。

从刘国钧及大成企业看中国近代工业文明中的工匠精神。

工业时代表现出的是专业性、技术性、实干性、严谨性的社会风貌，以及对工作和事业精益求精、一丝不苟、踏实耐心、坚持不懈的精神。这些内涵在刘国钧身上都有具体的体现。1934年，他去日本考察，购回旧的八色印花机，一开始无法运转，他自己上阵，与两个从上海日商内外棉厂挖来的印花挡车工和调浆工，以及本厂几个工人，经过七个多月的努力，终于试产成功。刘先生是近代中国工匠型企业家的代表。在中国近代工业文明的宏大视野下，在工业生产中形成的企业家个性风格，作为一种时代的先声精神，通过企业成功的影响力，潜移默化地改变着中国近代社会观念和行为习惯，成为塑造工业文明的力量之一。

从刘国钧及大成企业看中国近代工业文明中的民族责任。

近代中国的工业化与西方工业化的最大不同之处在于民族主义。企业界的经济思想往往会“从企业经营的个体层面提升到国家及民族的整体高度”。这反映了近代中国企业家对时代境遇的应对，也是民族责任的体现。刘国钧始终把日本企业作为大成纺织染公司的榜样和对手。他认为“日本人用贬低纱价、抬高布价的办法，是欺侮中国厂没有染色设备”，这不仅仅是企业竞争，更是中日之间的经济利权之争。这种强烈的民族责任感推动了刘国钧加快实施纺织染联营的步伐。结果，“外人对着这个管理得法，基础稳固的大成，还不是眼看着他繁荣吗？”近代中国民族企业的这份责任与担当，促进了中国工业文明的形成，也内化为其重要的内涵之一。

综上所述，《刘国钧日记 1945》内容真实原始，信息量丰富，是研究企业史不可多得的文献资料。以此为基础，我们期待刘国钧日记的全套整理出版，进而对刘国钧及大成企业史料进行全面的整理。如果可以成行，将极大地拓展刘国钧及大成企业研究的广度和深度，对中国近代工业史，乃至近代经济史的研究都会有不可估量的积极作用，也将会有助于充实中国近代工业文明的研究。

参考文献：

[1] 著作方面有分量的成果：张謇研究有章开沅《张謇与近代社会》（华中师范大学出版社，2001），虞和平《张謇——中国早期现代化的前驱》（吉林文史出版社，2004），严翅君《伟大的失败的英雄——张謇与南通区域早期现代化研究》（社会科学文献出版社，2006），马斌主编《张謇实业与教育思想概论》（苏州大学出版社，2006）等；卢作孚研究有凌耀伦《卢作孚与民生公司》（四川大学出版社，1987），周凝华、田海蓝《卢作孚和民生公司》（河南人民出版社，1998），吴洪成《教育开发西南：卢作孚的事业与思想》（重庆出版社，2006），刘重来《卢作孚与民国乡村建设研究》（人民出版社，2007），张守广《卢作孚年谱长编》（中国社会科学出版社，2017）等。

[2] 胡毓奇．民族纺织业中一个成功企业——大成纺织染公司的分析 [M].// 常州市纺织工业公司编史修志办公室．常州纺织史料（第十一辑），1987 年油印本，第 48 页。

[3] 刘国钧及大成企业研究成果主要有：史全生《刘国钧经营大成纺织染公司的特点》[《刘国钧文集（附录）》，南京师范大学出版社，2001] 和《论刘国钧的经营理念》[《扬州大学学报（人文社会科学版）》2012 年第 5 期]，赵伟《纵向一体化：近代中国后发小资本进入棉纺织业的成功战略——以大成纺织印染集团为例》（《兰州学刊》2011 年第 2 期）、《论近代中国后发棉纺织小企业的纵向一体化战略——以常州广益布厂为例》（《贵州文史丛刊》2011 年第 1 期）和《往返延伸与单向推进：拓展纵向链条的两种战略路径——近代常州大成厂和无锡庆丰厂纺织染联营的比较》（《上海经济研究》2013 年第 10 期），葛吉霞《民国企业家刘国钧人力资源管理研究》[《常州大学学报（社会科学版）》2011 年第 4 期]、《1929—1933 年世界经济危机下民国“大成奇迹”研究》（《兰州学刊》2011 年第 7 期）和《外融内生：对民国时期大成纺织染集团的融资模式考察》（《上

海经济研究》2015 年第 12 期），仝群旺《民国纺织大王刘国钧的管人之道》（《企业管理》2015 年第 8 期），司马周《刘国钧的大成纺织染公司商标文化内涵深析》（《档案与建设》2017 年第 5 期）等；另有 3 篇硕士学位论文，钟树杰《主导行业与区域经济发展——大成集团研究》（苏州大学，2004）、金明《近代大成企业集团职工培训研究》（苏州大学，2012）和庄旭《抗战期间的大成纺织染公司》（南京师范大学，2013）。迄今尚无有分量的学术专著出版。

[4] 刘国钧著，葛吉霞、钟树杰点校．刘国钧日记 1945[M]. 南京：凤凰出版社，2017.

[5] 李文瑞．刘国钧文集（传记卷）[M]. 南京：南京师范大学出版社，2001.

[6] 李玉．《刘国钧日记》值得重视 [N]. 团结报 ,2017-06-01（7）.

[7] 实业部国际贸易局．中国实业志·江苏省（第 8 编工业）[M]. 1933，第 39 页 .

[8] 朱希武．大成纺织染公司与刘国钧先生 [M]// 文史资料研究委员会．文史资料选辑：第三十一辑．北京：文史资料出版社，1962.

[9] 巢福偕．实业家刘国钧 [M]// 文史资料研究委员会．文史资料选辑：第一百辑．北京：文史资料出版社，1985.

[10] 赵伟．论近代中国民族企业“事业集合”思想 [J]. 江海学刊 ,2016(6):184-191+239.

[11] 吴景超．中国经济建设之路 [M]. 北京：商务印书馆，1943.

（作者单位：苏州科技大学人文学院。本文选自《民国研究》2017 年第 2 期。）

浅谈刘国钧的企业家精神

秦 军

企业家精神最早是由弗兰克·H. 奈特（Frank H.Knight）正式提出来的，本意为企业家的才能、才华。但是，随着生产力的不断提高，社会经济飞速发展，对企业家精神这一概念的认识也不断地深入，企业家精神也被赋予越来越多的含义。近十年来，随着对企业理论认识的不断深入，人们越来越认识到企业家精神对于企业乃至整个社会的重要意义。因此，企业家精神逐渐成为研究热点。但是，由于企业家精神的含义具有广泛性以及与时俱进的特点，同时受到研究者文化背景和制度背景不同的限制，对于企业家精神的研究至今仍然没有达成共识，学术界依然存在很多不同观点。如 20 世纪经济学大师熊彼特及被誉为现代企业管理之父的德鲁克认为企业家精神即是“创新精神”；马克斯·韦伯认为企业家精神则是“敬业精神”；美国学者鲁宾和戴斯则在广泛研究企业家精神文献和总结美国组织经验的基础上，提出了企业家精神的五大构成要素：“冒险、创新、独立性、变革、竞争性进攻”；台湾经济学家高希均认为企业家精神有四个特质：“具创意、有胆识、敢投资、担风险”；著名经济学家汪丁丁在总结前人的基础上把企业家精神概括为三个方面：“第一是熊彼特所说的‘创新精神’，第二是韦伯所说的‘敬业精神’，第三是诺斯从新制度经济学里提出来的‘合作精神’。”在此基础上，我们基本可以把握企业家精神的基本内涵，亦即：擅创新、敢冒险、尚合作、重敬业、善学习、讲诚信、倡服务等。

一代纺织巨子刘国钧先生的创业历程生动诠释了这一企业家精神。

一、擅创新。创新是企业家精神的灵魂。熊彼特关于企业家是从事“创造性破坏”（creative destruction）的创新者观点，凸显了企业家精神的实质和特征。刘国钧正是由于其开拓创新的精神才将大成打造成了纺织界的一个奇迹。创办企业的实践使刘国钧认识到：他人先走一步，我们不能亦步亦趋；只有高层面、

高起点起步，大力度、大手笔运作，才能比肩同行，甚至走到他们前头。因此在接盘大纶不久，刘国钧便在人事制度上，废除工头制，改由人事部门择优录用；管理制度上则剔除积弊，降低生产成本，提高生产效率。之后他又在生产实践中不断进行技术革新，率先在我国纺织界中试制成功灯芯绒、丝绒，其品质远超美国与日本品牌。

二、敢冒险。冒险是企业家精神的天性。坎迪隆（Richard Cantillion）和奈特（Frank H.Knight）两位经济学家，将企业家精神与风险（risk）或不确定性（uncertainty）联系在一起。没有甘冒风险和承担风险的魄力，就不可能成为企业家。1911 年，辛亥革命爆发后，奔牛街上谣言纷纭，说太平天国时，奔牛街被夷为平地，这次闹革命恐怕奔牛也免不了“浩劫”。于是街上较殷实的 7 家京货店，看到“时局不好”，故意倒闭，把货抽掉，半年内就关了 5 家。而刘国钧则未轻信谣传，甘冒风险，继续经营和丰。结果“门市生意特别好，街上 5 家讲了倒账，没有货营业，奔牛街上的京货店就‘惟我独尊’，价钱听我喊，利润特别厚”。当然，刘国钧也并非没有防备，而是把部分存款“换了现洋，窖藏在家里”，以防不测。

三、尚合作。合作是企业家精神的精华。正如艾伯特·赫希曼所言：企业家在重大决策中实行集体行为而非个人行为。尽管伟大的企业家表面上常常是一个人的表演（One-ManShow），但真正的企业家其实是崇尚合作的，而且这种合作精神需要扩展到企业的每个员工。企业家既不可能也没有必要成为一个超人（superman），但企业家应努力成为蜘蛛人（spiderman），要有非常强的“结网”的能力和意识。刘国钧的成功离不开他用心编织的一张人脉关系网。在决心发展工业之初，他“联想到在奔牛这地方办企业并不好，发不开，自己又是外行，于是就想结交朋友”，便与裕纶布厂的蒋盘发义结金兰，意欲共创机器织布厂。为此，他“每逢到上海一次，必定参观上海的纺织染工厂一次，留心观察并且广泛地结识许多纺织染业中的同志，虚心向他们讨教，特别注重结交办工业会技术、会管理的同业”。这些人脉资源为刘国钧日后的发展奠定了坚实基础。此外，在实业界及教育界亦有一批影响刘国钧至大的人物，如上海商业储蓄银行的陈光甫、民生公司的卢作孚、中华职教社的黄炎培等，对刘国钧事业的成败甚至人生走向都产生了深远影响。

四、重敬业。敬业是企业家精神的动力。马克斯·韦伯在《新教伦理与资本主义精神》中写道：“这种需要人们不停地工作的事业，成为他们生活中不可或缺的组成部分。事实上，这是唯一可能的动机。但与此同时，从个人幸福的观点来看，它表述了这类生活是如此的不合理：在生活中，一个人为了他的事业才生存，而不是为了他的生存才经营事业。”货币只是成功的标志之一，对事业的忠诚和责任，才是企业家的“顶峰体验”和不竭动力。刘国钧则很好地诠释了这种敬业精神。在事业的初创期，为了解决某些技术难题，刘国钧经常“夜以继日地苦干，即使外出应酬，在路上车上也是钻研样子，半夜里睡在床上，想到一点心得，立刻开了电灯记在日记簿上，或者立即到车间里去，等于得了神经病一样”，功夫不负有心人，各种难题最终无不一一化解。在事业发展壮大起来后，未想日寇大举侵华，“企业遭到敌人的轰炸破坏，铁一样的事业，几乎毁于一旦”。常州沦陷前夕，刘国钧“拭拭眼泪，由镇江上船，辗转到了重庆，千方百计各方面奔走，兢兢业业，全心全意恢复企业”。日本投降以后，又“经过艰苦困难的斗争，在瓦砾中把企业恢复起来，而且超过了沦陷以前的范围”。解放战争胜利后，避居香港的刘国钧了解到共产党对企业的政策，决心回到内地，重创事业，并对亲人讲道：“我回去是为了企业，是预备吃苦的。我对企业准备做到底，苦到死。”“我抱着这种决心回来，不应再有什么顾虑。我生命都不顾，交给了国家，还有什么可以顾虑的呢？身外之物更不必说了。”正是这种对于事业的忠诚与责任，刘国钧才一次次在危难与重大关头，毫不畏葸，勇于面对，挽救并发展了企业。

五、善学习。学习是企业家精神的关键。荀子曰：“学不可以已。”彼得·圣吉在其名著《第五项修炼》中说道：“真正的学习，涉及人之所以为人此一意义的核心。”以系统思考的角度来看，从企业家到整个企业必须是持续学习、全员学习和团队学习。刘国钧无论在事业初创期还是发展壮大期，都坚持不懈学习其他企业的先进生产技术与管理经验。在大纶创办之前，刘国钧就“留意摆脱奔牛商业的机会”，“开始看有关工业管理的书籍和有关纺织工业的杂志，专心研究”。大纶创办后，为了学习上海怡和纱厂“算盘”牌斜纹布的织布技术，刘国钧甚至冒着被打的风险，进厂做了两天小工。为学习国外先进的生产管理经验，刘国钧还不辞劳苦，远赴印度、美国、加拿大等国参观考察，仅棉织厂就参观了50余个。对于近邻日本，刘国钧并未因两国之间的特殊紧张关系而放弃向其学习，而是暗下决心，仿制超越。为此，他前后四次东渡日本，每次皆携技术人员一同出行，调研其棉纺市场，学习其先进经验，并成功将所学所得转化、运用到自己企业的生产管理实践中。刘国钧不仅自己善于学习，同时还加强团队学习，安排“职员、艺徒、学生、工人每天上课，教文化、教技术。女工也分早晚集中讲课，

提高他们的文化。”这些举措都起到了很好的效果，使工人生产技术水平大大提高，有的到了其他企业，还做起了师傅，当上了工程师。

六、讲诚信。诚信是企业家精神的基石。诚信是企业家的立身之本。凡勃伦在其名著《企业论》中指出：有远见的企业家非常重视包括诚信在内的商誉。诺贝尔经济学奖得主弗利曼更是明确指出：“企业家只有一个责任，就是在符合游戏规则下，运用生产资源从事利润的活动。亦即须从事公开和自由的竞争，不能有欺瞒和诈欺。”大成的厂训即为“忠信笃敬”，可见刘国钧对诚信精神的重视。经营和丰时，本来“按照商场上的规矩，要逢节算账（端午、中秋、冬至、年节）”，结果刘国钧“未到冬至，就去还账”，从而“在钱庄及城里的批发店中树立了很好的信誉”，为以后事业的发展奠定了良好基础。抗日战争全面爆发后，很多企业厂房被炸，机器被毁，之前向银行的借款大多无力归还。面临此种情境，中国银行等出具办法，可以“归本无利”，即便如此，“债户还的也有，但不还的居多”。当时，大成亦欠上海商业储蓄银行二百四五十万款子，但刘国钧却说“我们大成不要占这个便宜，本利如数照算”，“除非我刘国钧讨饭，只要我健在，事业还是要恢复的，一个钱也不会少”。刘国钧说到做到，欠款最终如数归还。因此，上海商业储蓄银行的朱如堂特地备酒请他吃饭，并说“那时有决心如数还款，是没有第二个人能这样的”。正是对于诚信的重视，刘国钧“今天厂做到这样发达，也是没有第二个人”。

七、倡服务。做一个服务者也是一个企业家应有的精神。长松咨询的贾长松曾说过：“头顶着天，脸贴着地。”意思是要服务好你的每一个客户。“如果你不好好服务你的客户，别人会愿意代劳。”刘国钧特别注重服务精神，尽力满足不同客户需求。在做学徒时，就“很会巴结客户”，因此老板就不再叫其烧饭，而是专门上柜台做生意。主持大纶时，刘国钧根据客户需求，改革织布之制，受到消费者广泛欢迎。大成时期，刘国钧又依据普通消费者的生活水平，大量生产中低档产品，并且“产品每匹30码的，放长1码以上；40码的放长2码；幅阔比市场一般色布放阔1寸左右”，产品虽属中档，质量却是上乘。因此，这种“加阔加长，洗晒不褪”的新品，使经销商很受实惠，亦大受消费者欢迎。同时，刘国钧经过市场调研，还特地为广大农民生产蝠鼎元布，这种面料做棉衣裤、单衣裤十分合适，从而赢得了农民朋友的普遍好感。刘国钧不仅重视服务自己的消费者，满足客户的多种需求，而且还特别注重服务好自己企业的员工。为使员工安心工作，忠于职守，大成在经济实力壮大后，施行了惠及广大职工的福利制度。

办食堂、俱乐部，建宿舍、保健站、幼儿园、功德堂等，以使工人“居于斯，食于斯，生活于斯，老于斯，葬于斯”，故而强化了职工对企业的认可度与归属感。

刘国钧正是具备了这诸种企业家精神，才使大成“在8年中，增资8倍，设备增加8倍”，于近代民族工业中，创造了一个罕见的奇迹。现今，在实现全面建成小康社会奋斗目标的征程中，我们更应弘扬这一精神，更好地发挥企业家作用，为实现中华民族伟大复兴的中国梦做出更大贡献。

（作者简介：常州大学教师，南京大学博士研究生，主要从事抗日战争史研究。本文选自《刘国钧研究》2017年第2期。）

刘国钧的大成纺织染公司商标文化内涵探析

司马周

刘国钧是中国近现代经济发展史上的一位风云人物，早在20世纪30年代初，就作为一位成熟的企业家，登上中国民族工业的历史舞台。在这个大舞台上，他有声有色地编演了纺织印染工业光彩夺目的场景，令世人瞩目，被誉为中国现代杰出的实业家。刘国钧这些成绩的取得，除了其科学的管理、技术的创新、设备的先进外，商标的命名以及商标所隐含的文化内涵也是刘国钧在实业方面取得佳绩的一个很重要原因。他在商标命名上费了不少心思，正如巢福偕在《实业家刘国钧》（《刘国钧文集·附录》）一文中所写：“刘国钧对广益厂生产的成品商标，也费尽心机研究。”

一、大成纺织染公司商标考述

大成公司，全名是大成纺织染股份有限公司，创设于1930年。公司前身为大纶纱厂，系上海商人管理，有纱锭万枚、布机260台，但因生产经营不善，有意出售。1929年底，刘国钧盘下该厂，更名为“大成纺织染公司”，于1930年夏季开始生产。1932年，广益并入大成，改成“大成二厂”。后来刘国钧在大成二厂对面筹设大成三厂。1935年，刘国钧与汉口震寰纱厂合作，使其成为“大成纺织染公司第四厂”。1937年，全面抗战开始后，常州于11月沦陷，刘国钧将大成三厂部分设备迁入上海租界，以英商名义登记，定名为“英商安达公司”，实际仍是大成公司的分厂，直到1947年独立出去。抗战胜利后，大成公司在常州的三个厂全部恢复（一厂、二厂、三厂）。1949年4月23日，常州解放，大成公司的三个厂一天也没有停止生产。1953年，大成实现公私合营，成为江苏省私营纺织工业中第一个实行公私合营的企业。

高进勇，一位致力于研究刘国钧的专家，与刘国钧相识相知，发表多篇（部）

研究刘国钧的论文、论著，尤其以《刘国钧研究资料丛书》（中国文史出版社2015年版）为代表。他在《刘国钧和大成纺织染公司的创建与发展》一文中，多次提到大成纺织染公司的商标。翻阅文献资料，朱希武在《大成纺织染公司与刘国钧先生》这篇回忆文章中，也提到有关大成纺织染有限公司的商标。

查阅常州市档案局李传奇主编的《大成公司档案史料文献》一书，内有“第三章 大成公司执照、股票、商标”，其中影印文献“大成公司注册商标”里面收录了大成公司相关的商标。

纵览《大成公司档案史料文献》和上述文章，通过比较与罗列，发现刘国钧的大成纺织染公司使用过的商标多达32种：

金八益	双兔	蝠鼎	猫雀	齿轮工人
彩八益	英雄	鹤鼎	飞熊	精忠报国
蓝八益	六鹤	红鹤	蝶球	双童聚宝
大成蓝	红六鹤	双燕	无牌	恭喜发财
大成殿	太少狮	征东（图）	飞虎	江山美人
五老图	五道图	双云	象船	缙云山
温泉	猴戏			

二、大成纺织染公司商标的内涵解读

纵览大成公司的商标名称，其命名很多都暗含或直接受到中国传统文化的影响。下面选择部分商标，对其内涵和典故出处一一进行解读。

1．金八益、彩八益、蓝八益

“八”者，中国传统文化中的吉祥数字，老百姓视为财富的象征，谐音同发财的发。八益，针对房事交合中对人体有害的七种做法，古人又提出了房事生活中对人体有益的八种做法，即“八益”，是指：“一曰治气，二曰致沫，三曰智（知）时，四曰畜气，五曰和沫，六曰窃气，七曰寺（待）赢，八曰定顷（倾）。”刘国钧用“八益”的商标，一方面是指布匹用于床上用品，另一方面也是对人们身体、房事等的祝福，带有浓烈的吉庆色彩。

2．飞熊

姜太公典故。姜太公姓姜，名尚，字子牙，道号飞熊。据《武王伐纣平话》中描述：“西伯侯夜梦一虎肋生双翼，来至殿下，周公解梦谓‘虎生双翼为飞熊’必得贤人，后果得贤人姜尚，当时姜尚正在渭水之滨垂钓。”后因以“飞熊”指君主得贤的征兆。用飞熊做商标，既有盖此被褥睡个好觉的味道，也有很强烈的象征寓意。

3. 双兔

典出《木兰辞》，其文曰：“雄兔脚扑朔，雌兔眼迷离；双兔傍地走，安能辨我是雄雌？”寓指夫妻和睦相处，家和万事兴。

4. 六鹤

六鹤，谐音“六合”。明代嘉万年间以六鹤谐音六合，“六合”泛指天地四方，六合同春象征天下太平，如春天一样繁荣昌盛。寓意非常好，暗含人丁兴旺之意。

5. 鹤鼎

犹鹄鼎。比喻皇家佳肴，犹指山珍山味。唐代崔融《代百官贺明堂成上礼表》：“滋疏鹤鼎，味劣鲜庖。”唐崔融《为百官贺雨请复膳表》：“陛下凝神保和，颐情养寿，复鲜庖之旧膳，进鹤鼎之常羞。”鹤鼎在这里主要是形容美好的食物。

6. 太少狮

“大狮小狮”的谐音，“太少狮”嬉戏图是中国绘画、工艺品当中常见的景物，在民间其寓意很丰富，暗含世世代代高官厚禄，步步高升，官运亨通的美好祝愿。如果是作为家庭的镇宅守门狮摆放，能起到镇宅守门驱邪、消灾解祸、祈求阖家平安的作用。因此，布匹用“太少狮”商标，其丰富内涵自是不言而喻。

7. 猫雀

袁泉在《宋金墓葬“猫雀”题材考》（《考古与文物》2008 年第 4 期）一文中，通过翔实的文献和丰富的考古材料考证了“猫雀”图像含义。他指出该图像在墓葬中具有“福寿延长”的寓意，进而作者还结合“寿堂”“庆堂”等书刻题记，认为两者与其他祥瑞图像共同构成了墓室作为“安魂奉常”的永久空间，同时也承载了“奉先荫嗣”的丧葬理念。猫雀图虽然反映强者对弱者的欺凌，但在当时是非常流行的一幅图，确实表达了民间对逝者的美好祝愿。

8. 征东（图）

它沿用民间流传的唐二主征东或薛仁贵征东的故事。而且“征东（图）”寓意深远，当时日货盛行，布匹也占有很大市场份额。刘国钧取名“征东（图）”商标，实际也含有“打败日本”的意义，民族自强的味道。

9. 精忠报国

典出岳飞故事。《北史·颜之仪传》：“公等备受朝恩，当尽忠报国。”《宋史·岳飞传》：“初命何铸鞫之，飞裂裳以背示铸，有‘尽忠报国’四大字，深入肤理。”岳飞（1103—1142），南宋军事家、抗金名将。1126年金兵大举南下进攻中原，岳飞率部抗击金军，保家卫国。传说岳飞临走时，其母姚氏在他背上刺了“尽忠报国”四个大字，这成为岳飞终生遵奉的信条。

10. 恭喜发财

“恭喜发财”原本是在广东和港澳地区广为使用的春节贺语（其他地区也有不同程度的使用），典故出处是清代吴趼人《二十年目睹之怪现状》第八回：“我说道：‘恭喜发财呢！’”现在商铺开业或春节人们相互祝福时亦常用，并非有的学者所理解的那样，这个祝福语只有本意（希望多赚钱）。毋庸置疑，人们表达这个祝福语时带有本意，但更多的是表达一种美好的祈盼和人生的祝福，就如同我们常说的其他祝福语“一切安好”“事事顺利”“阖家幸福安康”一样。因此大成在采用这个商标时，即带有浓厚的祝福色彩，也有对本企业生意兴隆的期盼。

11. 大成殿

大成殿，是文庙的主要建筑，位于文庙内。文庙又称孔庙，是供奉和祭祀孔子的地方。此处用大成殿代指孔庙，也包含大成公司兴学、兴教、尊孔、祭孔，以此弘扬中华民族文化。后来刘国钧对教育的重视，兴办学堂等也表明了这一点。

12. 双燕

典出杜甫《双燕》诗：“旅食惊双燕，衔泥入此堂。应同避燥湿，且复过炎凉。养子风尘际，来时道路长。今秋天地在，吾亦离殊方。”

13. 飞熊飞虎

典出西汉司马迁的《史记·齐太公世家》：“西伯将出猎，卜之，曰‘所获非龙非螭，非虎非罴；所获霸王之辅’。”罴，熊的一种，也叫马熊或人熊。后来为了神话统治者，应贤臣入梦之类的迷信，民间渐渐地把“非虎非罴”传成“飞虎飞熊”。在中国古老的传说里，有一只长着翅膀的老虎，也就是既能上天也能入地，在天上也行在地上也可以，即我们常说的“如虎添翼”。

14. 双童聚宝

聚宝盆作为自古以来老百姓们最喜欢的风水用品，其形状为凹形，像碗状或盆状，可招财聚气，摆放在家中可旺家宅风水，摆放在办公的地方可招财旺业。双童聚宝，“双”，好事成双。本商标的喜庆、吉祥的寓意溢于言表。

15. 五老图／五道图

此图以清代汪圻的《五老图》为蓝本。五老指宋代苏东坡等五学士，此画即表现五学士在一起品评诗文的场景。后因其商标与其他商家的商标名称相似，改称为五道图，但图案不变。

从上述商标的内涵解析来看，刘国钧对商标的命名不是随意而为之，其很多商标具有中国传统文化色彩，有深厚的文化意蕴，是他深思熟虑的结果。其商标名称的历史厚重感，商品质量的过硬，在老百姓当中赢得口碑，赢得市场。这或许是促成他在近现代纺织史上取得辉煌成就的原因之一。

三、大成纺织染公司商标的文化意蕴

商标除了是企业产品的有形标志，还传达企业的文化精神。大成纺织染公司商标具有深厚的寓意和内涵。

1．中国传统文化的浸润

刘国钧其父、其母均受过传统儒学教育。“祖父母见我父亲既是‘可造之材’，就不再要其继承父业，弃贾就儒，延师就读。”“母亲未出阁时，一面摇纱，一面听父教读，能背诵《大学》小半部……”刘国钧本人自小也是接受四书五经的熏陶，其塾师是前清秀才。刘国钧原名刘金生，他的塾师认为“金生”名字太俗，还帮他改成“国钧”，取自白居易的诗《去岁罢杭州今春领吴郡惭无善政聊写鄙怀兼寄三相公》：“为问三丞相，如何秉国钧。”“我原来读过《百家姓》和一部分《大学》，……开始就读《中庸》《论语》，一直读到《诗经》第二本，还读《千家诗》，学对‘对联’。白天在老师那里读，晚上在家由父亲教读。”刘国钧非常聪明，而且很用功地学习，“我读一年书，抵上其他学生两年的进度”。据说，因为读书多，他还不得不比别人多付学费，“别人只送600钱，因为我读的书多，所以送800钱”。由于家境贫困，他读了不到一年书后不得不放弃学业去经商。“家中经济困难，维持不了我的学费，同时我也喜欢做生意，就决心不再读书。”（《刘国钧文集·自述》）但学习古代经典著作以及对书的喜欢，影响其一生，乃至经商后，他还常常抽时间阅读古代名著，受益匪浅。“我每年回家两次，回去有两个月，我在家时，就把有关三国、东汉、西汉的书熟读，得到不少好处，并且得到父亲的很多教益。”家庭的环境，小时的教育，老师以及父亲的教诲，对刘国钧产生深远影响。他文集中的几首古体诗以及讲演中所引用的经典名言，亦可反映中国传统文化对他的影响。传统文化的精髓浸润其心，故上述商标命名中，不少蕴含中国传统文化的因素就不难理解。

2. 符合消费心理的需求

符合消费者心理特征的商品名称有助于激发消费者对商品本身的积极情感，使商品为消费者所信赖和喜爱。从消费心理来看，越是符合消费者心理需求的商标，越容易被消费者所认同；越是远离消费者心理需求，越不容易得到消费者的认可。刘国钧在给商品命名上，充分考虑消费者的心理需求和审美接受。商品很多时候是面向消费者，商标除了注重文化、朗朗上口、易读易记等因素外，很多时候是需要考虑消费者的接受心理。比如上面所提的商标“双童聚宝”“恭喜发财”“江山美人”等，就都是老百姓所喜闻乐见，易于接受的。史全生、张士杰撰写的《刘国钧经营大成纺织染公司的特点》（《刘国钧文集·附录》）一文，总结刘国钧的大成公司成功经验之一是：“创立名牌产品，翻新品种，增强竞争能力。”特别列举他在推出“英雄”“征东”两个品牌方面进行不少创新，从而深受消费者的欢迎。同时谈到他又先后生产出“六鹤纱”、“蝶球”细布、“大成蓝”等名牌产品。不可否认，大成公司一方面致力于提高产品质量，另一方面让商标的命名获得消费者的认可，所以大成公司的商品非常畅销。如“大成蓝”在染色上既有海昌蓝的朴素，又具有士林蓝的蓝翠鲜艳而色泽坚牢，美观大方，产品不仅畅销苏浙地区，还远销四川和西北地区，为公司带来丰厚的利润。他所创立的品牌商品也获得同行的认可，得到赞誉。“（1929 年，民国十八年，43 岁）广益染织厂的‘蝶球’‘征东’等七个品种，参加在南京举办的中华国货展览会，均获优等奖。”（《刘国钧文集·传记卷》）

3. 爱国主义精神的传递

刘国钧命名的商标还充满爱国主义情怀。从刘国钧的《自述》来看，其一生对祖国满怀热爱，青少年时期即以振兴民族工业为己任，以此抵御帝国主义的侵略。新中国成立后，即从香港回到内地，直接参加新中国的建设事业。他慷慨支援抗美援朝战争，率先在自己企业实行公私合营，并多次调回在香港的设备和资金，支援社会主义建设。他还热心公益，捐资办学，在经济困难时期想方设法为国分忧。其爱国情怀，不仅仅体现在上述行动方面，也表现在商标命名上。

刘国钧为表达爱国心志，在商标命名上也是费尽心思，暗含寓意。如“征东（图）”牌商标，图案是全副戎装的薛仁贵，威风凛凛，气宇轩昂。大将军双手紧握锋利长戟，腰插锐箭，站立马背，五位将士分别手持长矛、大刀和“薛”字战旗等，正将来犯之敌杀入一望无际、白浪滔滔的江中。寓意是征服东洋（日本），因为当时日本人提出“二十一条”。“这时，全国人民为了反对‘二十一条’，风起云涌地抵制日货，日本棉织品受到抵制……”（《刘国钧文集·自述》）。当时日本纺织业很发达，大量布匹倾销到中国，中国很多纺织厂难以为继。在这种背景下，刘国钧广益布厂（大成公司的前身）通过改进技术，降低成本，不仅没有被日本纺织商人挤垮，反而成为日本商人的一个劲敌，而且逐渐占据上风，最后在与日本商战中打了一个漂亮的胜仗。因此“征东（图）”希望振兴民族工商业，战胜日本厂商的寓意就非常明显。新中国成立之后的 1951 年，大成公司商标重新登记注册，此商标一直沿用，可见刘国钧对这一商标的喜爱。还有如“精忠报国”等商标，借用岳飞杀敌的故事，一方面唤醒民众抵御外国列强的入侵，另一方面也表现其在国难当头之时，誓死报国的决心。这些商标名称都体现刘国钧强烈的爱国情怀。

4. 绝不服输斗志的呈现

大成公司的商标也体现刘国钧绝不服输的昂扬斗志。1914 年第一次世界大战爆发后，原来主要是英德等国洋布输入我国的局面，被后来居上的日本布商所打破。日商将机织细布、印染布大肆倾销到整个江南地区。虽然日货受到国人的抵制，由于国民政府不支持，再加上当时中国海关不能自主，日货仍然充斥市场。日商抓住当时中国缺少染色与印花的弱点，用棉纱、坯布抑价，色布抬价等手段，排挤压垮中国商人。据史料记载，“1921 年至 1922 年两年内，日本在上海新设纺织公司六个，在青岛新设三个……1919 年，日本在华纱厂的纱锭数为 332922 枚，1922 年增至 621828 枚，1925 年更增至 1268176 枚。江苏常州市场上的棉纱、棉布等几乎全被日商所垄断”。面对这一现状，刘国钧迎难而上，以开办纺织厂的实际行动对抗日本商人。当时很多国内纱厂如申新纱厂、大生纱厂、宝成纱厂等在日本商人的打压下年年亏损，甚至有人主张在修《武进县志》时加上一句“常州人不要搭纱厂股子”，刘国钧对此大加反对，认为常州是土布棉织业的基地，不能没有纱厂。当时他所命名的商标就集中反映这一精神。如“蝶球”牌商标，图案是大小蝴蝶在地球上方飞舞，因“蝴蝶”两字在吴方言中与“无敌”两字发音很相似，“蝶球”这个商标的含意是“无敌于全球”，希望大成公司的商品在全球首屈一指，无货能敌。这个“蝶球”商标就鲜明地体现了刘国钧提倡国货，抵制外货的决心和信心。正如刘国钧在《自述》中所言：“我把出产的斜纹布定名为‘蝶球’牌，意思就是‘无敌（蝴蝶）于全球’，就要与外国人敌一敌，看看中国人行不行。”他的广益织布厂生产的优质细布，一举抢占国内市场，“绒布的品质赛过美国的‘铁路’牌绒布，日本货的‘鬼头’牌绒布也显得落后了。

在国货的绒布中我们厂就独占了鳌头。”他这种绝不服输的精神不仅为常州人赢得声誉，更为国人夺回了被日商强占的纺织品市场。

刘国钧在创办企业过程中，不仅重视企业的科学管理，也重视企业的创新经营，还重视职工的培训与福利，更重视企业的文化。商标的命名就是其企业文化的物化表现，商标内涵是其传统文化熏陶的体现，商标理念是其内在精神的显现。也正因如此，他的企业在中国纺织市场上创造了一个又一个的奇迹，被经济学家马寅初赞誉为“罕见的奇迹”。

（作者单位：江苏理工学院。本文选自《档案建设》2017 年第 5 期。）

儒家思想在刘国钧创业实践中的运用

李　琳　　赵贤德

以齐家治国、顺乎伦理、强调和谐、追求中庸为主要内容的儒家思想精华属于中华民族的优秀传统文化，有很强的实践性，在历史的长河中影响着社会的发展。古今中外，许多企业从中汲取营养，形成了自己独具特色的企业文化。近代著名的“纺织巨子、民族骄子、中华赤子”刘国钧，“一无富贵出生门第，二无满腹经纶的文化，三无经营的资本，四无亲朋可依的外力，是典型的白手起家，勤劳致富的创业者”。他一生实业救国，振兴民族工业，造福桑梓，取得了辉煌成就。以儒家思想为创业实践的指导思想，是刘国钧企业走向成功的重要原因之一。

一、企业名称体现了“以和为贵”“集思广益”的儒家中庸思想

企业名称是企业的标志性固定称谓，刘国钧在给企业取名时，重视儒家思想对企业潜移默化的熏陶。

1. 店名“和丰”“同丰”

1909年，刘国钧与朋友各出资600元银洋，在常州市奔牛镇开办布庄，其父为店取名号“和丰京广洋货店”。两三年后，刘国钧又盘买下一家京广洋货店，取名“同丰京广洋货店”。其父写了一副春联“和以为贵，同而不流”贴在门上，把“和丰”“同丰”的“和”“同”两字嵌在里面，又警示处世之道，真是意味深长。

“和”的思想是儒家思想的重要组成部分。“和为贵”出自《论语·学而》：“礼之用，和为贵。先王之道，斯为美；小大由之，有所不行，知和而和，不以礼节之，亦不可行也。”其意思是：“礼的作用，在于使人的关系和谐为可贵。先王治国，就以这样为‘美’；大小事情都这样，有行不通的时候，单纯地为和谐而去和谐，不用礼来节制，也是不可行的。”“和”是儒家所特别倡导的伦理、政治和社会原则，“和气”就是心胸博大，能容纳一些表面看起来不可接纳之事。它不仅是一种胸怀、

雅量，更是一种人生的境界与智慧。万事和为贵，和气能使人少生气，还能使人免去灾祸。和气为贵，和气生财，这就是长久之道。

2. 厂名“广益”“大成”

1918年，刘国钧在常州新坊桥东下塘开办广益布厂。1923年，刘国钧又在常州东门外直街创办广益机器染织厂。1930年，刘国钧勉强凑足50万元盘买下大纶纱厂，改名为“大成纺织染公司”。到1937年，大成注册资金达400万元，8年增长了8倍，被我国著名的经济学家马寅初赞为“罕见的奇迹”。1949年，大成已拥有3000万元资金，在实业界享有盛名。1954年，大成公司成为江苏省第一家实现公私合营的企业，也是国内最早实现公私合营的几个企业之一，在工商界产生了极大的影响。

“广益”出自诸葛亮《前出师表》：“愚以为宫中之事，事无大小，悉以咨之，然后施行，必能裨补阙漏，有所广益。”由此引申的“集思广益”出于诸葛亮《教与军师长史参军掾属》：“夫参署者，集众思，广忠益也。”特指集聚众人的智慧，广泛吸收有益的东西。“大成”来源于《孟子·万章下》：“孔子之谓集大成也者，金声而玉振也。”孟子称赞孔子才德兼备，学识渊博，正如奏乐，以钟发声，以磬奏乐，集众音之大成，用以赞誉孔子思想集古圣贤之大成。后来，“大成”用以形容在某方面精通，或集中某类事物的各方面达到相当完备的程度。刘国钧将自己独资的纺织公司命名为“大成”，显示其远大的理想。

广益厂、大成公司创办于20世纪二三十年代，那时我国的民族工业基础非常薄弱，发展非常缓慢，只有集思广益，博采众长，企业才能生存与成长。“一个好汉三个帮，一个篱笆三个桩”，刘国钧积极汲取他人智慧，汇集可用的人脉资源，重视众人才干，艰难创业，克服一个个困难，最终使企业发展壮大，创造了我国纺织工业史上的奇迹。

二、企业精神体现了“修养之道”“立身之本”的儒家慎独思想

企业精神是现代意识与企业个性相结合的一种群体意识，它往往以简洁而富有哲理的语言形式加以概括，通常通过厂歌、厂训、厂规等形式形象地表达出来。作为企业内部员工群体心理定势的主导意识，它是企业经营宗旨、价值准则、管理信条的集中体现，构成了企业文化的基石。刘国钧企业的厂歌、厂训、口号、标语、格言、训育等，都体现着儒家思想的精华。

1．大成公司厂歌

国家有国歌，学校有校歌，工厂也有厂歌，刘国钧为大成制定了厂歌。这种做法在当时的中国是不多见的。刘国钧明白，精神的注入是润物细无声的。大成厂歌："武进大成，纺织染兼营。提倡国货，对外竞争，出品力求精，成本力求轻。挽回利权，富国裕民。凡我职工，勤慎耐劳，振作精神，言忠信，行笃敬。群策群力，一心一德。努力，各负责任，前进，集其大成。"其歌词雄壮激昂，将大成企业的精气神都蕴含其中。对内可以振奋精神，鼓舞斗志，增强企业凝聚力，为企业的发展指明方向；对外可以显示企业的活力，提升企业的形象。这是企业文化建设不可忽视的重要组成部分。一个企业，必须有这样的文化精髓，这也是企业发展的内在动力。

2．大成公司厂训

刘国钧对儒家思想的理解和应用，集中体现在"大成"的厂训"忠信笃敬"上。"忠信笃敬"出自《论语·卫灵公》："言忠信，行笃敬，虽蛮貊之邦，行矣。言不忠信，行不笃敬，虽州里，行乎哉？"意思是说："言语忠诚老实，行为敦厚严肃，即使到了别的国家，也行得通。言语欺诈虚伪，行为轻浮狂妄，即使在本乡本土，难道行得通吗？"其内容包括了"言"和"行"两个方面，是一个人立身行事的全部内容。"忠信笃敬"是高度概括的道德观念，也是数千年历史文化的积淀：忠，有忠诚、不二、尽心、无私等意义；信，有诚实、不欺、道义、真确等意义；笃，有厚实、真诚、牢固、专一等意义；敬，有恭敬、严肃、尊重、谨慎等意义。"忠信笃敬一直是中国传统儒家行为准则，言，要忠信，讲究诚信，行，要笃敬，讲究忠实可靠，刘国钧旨在用传统文化对企业员工进行道德品行与人生修养的熏陶，告诫全厂职工恪守。"

3．大成公司口号、标语、格言

刘国钧为了训导大成公司职工，亲自拟就八句口号，制成蓝底白字的醒目标牌，悬挂在车间、走廊、餐厅、写字间和公共场所。八句口号是："遵守厂规，服从领导；爱护团体，敬业乐群；精诚亲爱，谦和合作；锻炼身体，修养品行；自励励人，立己立人；从善绝恶，革故更新；厉行节约，爱护物力；刻苦耐劳，向前迈进。"这些口号将儒家的思想具体化、形象化了，可操作性较强。

标语、格言对于工人亦很有影响。大成厂管理职工的政策是"以天理、人情、国法处事，真心诚意待人"。所悬贴的格言有"成人不得自在，自在不得成人"，"日日行，不怕千万里；常常做，不怕千万事"。并在工场中悬有"四要"："一要提防危险，二要废物利用，三要增产精良，四要清洁卫生。”

为了把“厂歌”“厂训”等深入人心，刘国钧召集高级职员、管理人员和工友三个层次的会议，反复讲，长篇大论，引经据典，非让深入人心不可。他说：今人手一册“厂训”，希望诸位放在心头，常常看看；发放“厂歌”一首，希望公司上下都能歌唱。厂训“忠信笃敬”，上至我刘国钧，下至养成工、学徒，都要把它铭刻在心，时时刻刻。“忠厚老实，忠诚严肃”八个字仿佛在眼前。公司上下，人人做到，大成公司前途无量。为了使“口号”“标语”“格言”入心入脑，刘国钧将这些警句展示在公司的醒目之处，并制定了职工服务信条，润物细无声地影响着职工的言行。

4. 《格言联璧》训育

每逢新年放假前夕，刘国钧都不忘对员工进行修身养性的教育。他利用业余时间编写《格言联璧》，发放给员工学习。《停工期间内经理告同仁书》（原载《励进月刊》1934 年 2 月第 13 期）写道：“兹有《格言联璧》一书，于修养之道，立身之本，阐论精详，足奉圭臬，可称句句真言，字字珠玉。深愿诸君人手一编，用心朗读，加意体会，不独学问身心大有裨益，且于工作管理，亦可得其助力也。切戒招摇于游戏场中，呼喝于赌博台上。实所厚望，此启。”

《格言联璧》中，有范仲淹“先天下之忧而忧，后天下之乐而乐”；有《论语》“君子有三戒：少之时，血气未定，戒之在色；及其壮也，血气方刚，戒之在斗；及其老也，血气既衰，戒之在得”；有《老子》“知足常足，终身不辱；知止常止，终身不耻”等。凡有教育意义的名言名句，刘国钧都有针对性地对职工进行训育，尤其注重对外勤员工的品格教育，使职工人人自重自爱，进一步端正厂风。

三、企业管理体现了“修齐治平”“自强不息”的儒家仁政思想

刘国钧大成企业在职工管理、职工教育、职工福利方面都受到了儒家思想的影响。

1. 职工管理

刘国钧作为公司的创始人和管理者，少不了大小场合的开会演讲。刘国钧口才很好，思路清晰，逻辑严密，引经据典，传情达意，名言警句脱口而出，妙语连珠语惊四座，所引用都没有脱离中国传统文化，儒家思想活学活用。

例如 1935 年，刘国钧在大成厂慰劳会上提出“工管工自治化、工教工互助化、工资等级化、华厂日厂化、出品日货化”。1942 年 5 月，刘国钧对安达纱厂职工的

演讲就体现了儒家思想："关于管理工人，本人以为不外'怀德畏威'四个字……古语所谓'父慈子孝'，'兄友弟恭'，这两句话很能表现这种真理。为人父兄者，不但要有威严，还要用道德感化子弟，那么，子弟便没有不服从的道理。同样，我们管工的人，如能处处以诚意待工人，人非木石，当然能有好的反应。管理工人一方面要严，令出必行，必须对于全体工人一律看待，不能因为亲戚或友谊关系有所偏袒，这最是大忌。如果违犯，就要丧失管工资格。另一方面是德，平时予以合理待遇，在工人有困难的时期，更竭力帮其解决。"

刘国钧认为：担任管理的人，要是能威德兼施，自然没有不敬服的。同时，要想管理别人，先得把自己管好，己正而后可以正人。一个家庭只有数人尚且如此，一个工厂至少有成百上千人，怎能不如此呢？《大学》说："欲治其国者，先齐其家；欲齐其家者，先修其身……身修而后家齐，家齐而后国治，国治而后天下平。"管理人员要从修身做起，树立良好榜样。假使我们善善而不能用，恶恶而不能去，那将造就何等景象。厂如此，治家、治国、治天下亦莫不如此……

在管理人员应具的资格方面，刘国钧认为可分三项：一是有好的道德，能以身作则，一秉至公；二是有智慧，识验充足，精明干练；三是有判断能力，凡事能判断清楚，不受欺骗，使别人不敢蒙蔽。对于职工的教育训练一向极重视，极力推行。中国向来公认学问是无止境的，做到老，学不了。就如孔子所说："学而时习之，不亦说乎。"又说："三十而立，四十而不惑，五十而知天命，六十而耳顺，七十而从心所欲，不逾矩。"所以中国人的教育是一生一世的教育，每个人都要时时刻刻地不断地用心研究，自强不息……刘国钧在演讲中大量引用儒家经典名句，传播儒家思想的核心精华，用儒家思想指导自己的管理和对员工的教育。

2. 职工教育

刘国钧的大成企业，是在当时国弱民贫的背景下，为改善民生、抵制日货而创办的，其宗旨是"精制国货，与日竞争，换回利权"，把生产质优价廉的国货当作企业应自觉承担的民族责任。要实现这一理想，离不开高素质的职工。在研究了著名教育家、实业家黄炎培"大职业教育主义"思想的论述后，刘国钧登门拜访，在黄炎培的陪同下参观了中华职业学校和实习工厂、中华职业教育社的试验区，认为黄炎培"办职业教育的目的是为个人谋生之预备，为个人服务社会之预备，为世界及国家增进生产能力之预备，是为国为民之良策也"。之后，刘国钧在大成企业开始了全新的职业教育，以提高职工的管理水平和文化技术水平。

刘国钧非常重视对人才的培养，早在经营广益厂时就提出自己的人才观："懂经营管理，又懂技术，是一等人才；懂经营管理，不懂技术，是二等人才；懂技术，不懂经营管理，是三等人才。"刘国钧始终把重用、培养优秀管理人才和技术人才视为企业发展的重要因素，主张少用人、用本事大的人。大成企业的一部分高级管理人员被安排外出进修，有的还出国留学，学成归国后继续为大成企业效力。

刘国钧重视对工人的教育培训，分期开办练习生班、艺徒班、值车工养成所。"练习生均为初中毕业及以上青年，由场内工程师担任教师，传授生产管理知识，培训二到三年，充任副管理员。艺徒为机工后备，均为小学文化，由厂内技术员和老师傅上文化和技术课。养成工为值车工后备，大多数来自常州四乡的农村女青年，一般三个月培训，然后独立上车。"工厂夜校设语文、数学、外语等文化课，除了夜课，又恢复了晨课，在课程上除了国语、算术、公民外，也讲解工作法、厂规等。练习生班自由报考，优秀毕业生可由厂里保送出国留学，有效地调动了广大青年学文化、钻技术的劲头。1944 年刘国钧提出《扩充纱锭计划刍议》，从八个方面对扩大中国纺织工业进行了建议，其中一条专门论述了纺织工人的培养教育。以上这些做法，无不体现着儒家思想提倡的学而时习之、温故而知新、因材施教、诲人不倦、日新又新的教育理念。

3. 职工福利

刘国钧出身贫寒，深知穷人的生活困苦，又做过几年帮工和学徒，对工人的困难有切身体验。他为自己写过一首诗："问我平生少时苦，一生学费钱八百。夜卧一张竹编床，日食三餐元麦糊。半世事业万人功，富就安乐不忘贫。"因此，刘国钧在考察日本和欧美国家的企业时，不仅关注先进的管理经验和纺织技术，而且重视福利政策的学习。

刘国钧重视培养员工的主人翁意识，把员工看作大成企业的主体。一次与工人聚餐时，刘国钧对工人说："我们的厂是个社会，进工厂就是要安心工作，要食于斯，居于斯，生活于斯，老于斯，葬于斯。"希望员工踏踏实实在大成工作。刘国钧还提出"将工资定得比同业略高一些，发福利略好一些，年奖多一些"，并从膳食、穿衣、住宿等方面解决员工的生存需求，保障职工权益；建立员工培训机制，解决员工的发展需求，对新员工培训以适应工作，出资选送技术人员和管理者到国外深造，学成归国后挑大梁；从医疗、子女教育、养老、丧葬四个方面解决员工的后顾之忧，让大成的事业成为员工终生的依靠。此外，刘国钧经常深入基层，对困难职工给予帮助，对高级职工发放"暗贴"等额外酬劳。通过以上政策，增强了大成企业的员工对企业的认同感、归属感、使命感，员工均以在大成企业工作为荣，企业的发展蒸蒸日上，使中国民族纺织印染业光彩耀目。

总之，综观刘国钧艰苦奋斗、筚路蓝缕、精彩传奇的一生，我们发现在他身上时时处处闪耀着儒家思想的光辉，他将个人的命运与民族的命运结合在一起，经历了风风雨雨的严峻考验，为国家和社会做出了不可磨灭的贡献。儒家思想贯穿着刘国钧事业的全部，成为刘国钧创业之路和人生之路的指导思想和行为准则。

参考文献：

[1] 陈维新 . 白手起家的爱国实业家 [J]. 刘国钧研究，2015（1）：31.

[2] 李文瑞 . 刘国钧文集（传记卷）[M]. 南京：南京师范大学出版社，2001.

[3] 王亮伟 . 刘国钧的英雄情结 [M]// 王亮伟 . 刘国钧研究文集 2014—2016. 南京：凤凰出版社，2017.

[4] 文史资料研究委员会 . 工商经济史料丛刊第三辑 [M]. 北京：文史资料出版社，1984.

[5] 高进勇 . 刘国钧创业奇迹 [M]. 北京：中国文史出版社，2015.

[6] 李文瑞 . 刘国钧文集（讲演卷）[M]. 南京：南京师范大学出版社，2001.

[7] 毕鉴忠 . 刘国钧职业教育思想解读 [J]. 江苏教育研究，2014（33）：55-57.

[8] 陈敏 . 刘国钧重视员工福利研究 [J]. 刘国钧研究，2015（2）：40-41.

（作者单位：江苏理工学院。本文选自《档案与建设》2017 年第 12 期。）

刘国钧与张謇、荣氏兄弟的比较研究

王亮伟

谈起江苏近现代历史上著名的民族实业家，不能忘却三个杰出代表，他们分别是：南通的张謇先生及其创立的“大生集团”，无锡荣氏家族的荣德生、荣宗敬兄弟及其创立的“荣氏集团”，常州的刘国钧先生及其创立的“大成集团”。如果把他们放在一起，做个比较研究，这对我们进一步认识苏商杰出代表的历史地位及其影响，借鉴著名民族实业家的企业精神和企业思想，是具有现实意义的。

一、刘国钧与张謇、荣氏家族的历史地位与影响

刘国钧与张謇、荣氏家族的荣宗敬、荣德生都出生在晚清时期。张謇 1853 年生于海门市，荣宗敬、荣德生分别出生在 1873 年和 1875 年的无锡荣巷，刘国钧则出生在 1887 年的靖江生祠镇。他们在年龄上、在民族实业界的起步上尽管有早晚之别，但都曾经为近现代民族工业的兴起和科教文化事业的发展做出了重要贡献，是中国近代直接影响工业历史进程的杰出人物，是“苏商精神”的创造者和传承者。

（一）张謇：状元实业家、一代绅商

张謇，是清末状元，中国近代实业家、政治家、教育家，主张“实业救国”。中国棉纺织领域早期的开拓者，上海海洋大学创始人。张謇创办中国第一所纺织专业学校，开中国纺织高等教育之先河；首次建立棉纺织原料供应基地，进行棉花改良和推广种植工作；以家乡为基地，努力进行发展近代纺织工业的实践，为中国民族纺织业的发展壮大做出了重要贡献。他一生创办了 20 多个企业，370 多所学校，为中国近代民族工业的兴起、教育事业的发展做出了宝贵贡献，被称为“状元实业家”。

但很少有人简单地把张謇称为“商人”，他似官而非官，似商而非商，既无大权，

也非巨富，但政治和社会声望极高，所以被称为“绅商”。用今天的视角来看，他是一个具有强烈社会责任感和理想主义色彩的职业经理人兼公益家。

1952 年 2 月，毛泽东主席在谈到中国民族工业时曾说，“轻工业不能忘记海门的张謇”。当代学者章开沅先生也指出，“在中国近代史上，我们很难发现另外一个人在另外一个县办成这么多事业，产生这么深远的影响”。由于张謇在南通的特殊地位，他的名字与南通已经紧紧联系在一起。

（二）荣氏兄弟：面粉大王、棉纱大王

荣氏企业，是旧中国资力最雄厚、规模最宏大的民族企业集团，是中国民族工业发展史上一个极令人注目的家族。因当时在面粉业和棉纺业雄居首位，而有“面粉大王”“棉纱大王”之称。

荣氏企业创办初期，适逢中国民族工业的“黄金时代”，荣氏兄弟经过艰苦奋斗，创建了庞大的家族企业。但在后来的发展中，他们却屡遭挫折。九一八事变后，北方面粉市场被日本侵占，日本的棉纱也在中国大量倾销，荣氏企业陷入困境。荣氏兄弟勉强维持，好不容易渡过了难关，但紧接而来的日本全面侵华战争，使他们经营多年的心血毁于一旦，许多工厂被日军炸毁或占有，损失总计约三千五百万元，相当于战前总资产的 35%。荣宗敬忧愤交加而死，企业处于四分五裂的状态。抗战胜利后，荣氏家族企业虽然有所恢复，但远未达到战前水平。

百年来，“面粉大王”“棉纱大王”“红色资本家”“中国的洛克菲勒”，这样的王牌称号一直围绕着荣氏家族。毛泽东曾评价说：“荣家是中国民族资本家的首户，中国在世界上真正称得上是财团的，就只有他们一家。”

（三）刘国钧：中国纺织大王

刘国钧，出生在靖江生祠镇，15 岁就跨过长江到常州打拼，经过半个世纪自强不息之奋斗，到 1949 年他已拥有三家公司、十多家工厂，遍及常州、上海、武汉、重庆等地以及台湾、香港地区，十三万枚纱锭，四千台织机，加上厂房设备和其他产业的投资，以及海外的资产，确实是一位名副其实的大实业家。著名的经济学家马寅初先生曾评价刘国钧的大成企业，在“民族工商业中，实在是一个罕见的奇迹”。新中国成立后，刘国钧较快地投身社会主义建设，主动实行公私合营，先后担任江苏省副省长、省政协副主席、省工商联主席等。

刘国钧有别于其他的民族资本家。他没有后台，没有背景，甚至没有祖传遗产；他精力充沛，心直口快，以意志坚定著称，是一位锋芒毕露、叱咤风云的人物。他在创业中大刀阔斧，全力以赴、雷厉风行，毫不妥协，不管世人对他如何褒贬，

依然我行我素。他有一句口头禅："我无其他嗜好，只爱办厂。"

江苏的三位民族实业家，都受到毛泽东主席等中央高层的重视。1949 年 3 月 25 日，毛泽东率中共中央从河北西柏坡来到北京西郊，抵京次日，在众多等待接见晤谈的老友新朋中，选择了黄炎培作为香山双清别墅的第一位客人。当日谈话，毛泽东有个重要嘱托交给黄炎培，因为他很清楚黄在民族实业家中的威望。其中，毛泽东就谈到江苏三个民族实业家，一是南通张謇，一是无锡荣家兄弟，一是武进（常州）刘国钧，毛泽东深知他们都有着长年的交情，希望新中国成立后，由黄炎培这个教育家来牵包括张謇、荣氏和刘国钧在内的中国实业家的"头儿"。

二、刘国钧与张謇的比较

（一）大生催生大成

刘国钧与张謇从年龄上相差 34 年。其实，张謇先生是刘国钧先生最早的"老师"，大生是大成的"师傅"。

理由很简单。刘国钧在 1914 年，离开奔牛"弃商从工"，促使他最后下决心的是两个因素：一是他当年订阅的进步报纸《民立报》。《民立报》告诉刘国钧，中国纯粹靠农业，是不能强国富民的；一定要工农业兼而有之，才能富强。二是南通的张謇先生。张謇先生创办大生实业的行动实践，对刘国钧产生较大影响。刘国钧曾回忆说，"全国人民奋起反对'二十一条'，同仇敌忾地抵制日货，日本棉织品受到抵制，英国的棉织品就乘机提高价格，中国商人也把存货提价出售，这就出现了一面抵制一面涨价。因此，南通张季直（张謇，字季直）说：'制且未成，抵于何有？'这句话就更掀动了我要办纺织的决心。"

张謇在列强横行、国势衰微之际，为实现"实业救国"的理念，放弃有望飞黄腾达的仕途，转向布满荆棘的荒地去开辟实业之路。其大生纱厂创建于 1895 年（光绪二十一年），此时的刘国钧年仅 8 岁，还在生祠镇，艰苦的家境逼得年幼的他走上社会做苦工。时间过去 20 年后的 1915 年，刘国钧才开始与人合办大纶机器织布厂，又过 15 年，才创办大成纺织染股份有限公司。大生的创建及其发展过程，对刘国钧的创业之路是有指导意义的。

大生的厂址选在通州（今南通市），内近运河外濒长江，厂区周围是产棉区，原料价廉质优，劳力工资较低，正、杂各税较轻。当地发达的土法织布业，为棉纱提供了市场。可见，交通、资源、劳力、市场等基本要素的选择和确定，对刘国钧及其大成沿运河的整体规划布局极有启发，确有异曲同工之感。

张謇在发展纺织工业的同时，相应地在南通兴办其他工厂，进行城市建设，发展交通、贸易、金融等事业，又集资组成垦殖公司，开垦江苏北部沿海滩地，推广植棉。该垦区后来成为中国重要的产棉区。他还在南通创办了一整套教育事业，包括中国最早的师范学校之一——通州师范学校，第一所中国人自己办的私人博物馆——南通博物苑，以及纺织、农业、医学专科学校，中学，小学，直至女工传习所、伶工学社、盲哑学校等；还创设了各种文化设施和社会公益机构。大生纱厂是这一切事业的中心；大生纱厂的利润，是教育和公益事业的主要经费来源。这些事业，在当时的中国起了引领社会风气的作用。同样，刘国钧及其大成企业承继了大生精神，亦有大生事业的影子。

（二）大成成全大生

从 1922 年以后，大生各纺织厂开始走下坡路。外部原因是第一次世界大战结束后，帝国主义卷土重来，特别是日、美、英等国加紧向中国倾销商品和输入资本，利用中国丰富的资源和廉价劳动力开办工厂，占领市场，使刚刚建起的大生各纺织厂受到严重打击。内部原因主要是资金短缺。由于天灾，军阀混战和经营规模过大，大生纱厂于 1922 年开始转盈为亏，资金周转不灵。1922 年后开始被上海银团监管，1925 年江浙财团接办大生各厂。此后，大生纱厂不再有新的发展，其中大生二厂于 1935 年倒闭。张謇所办的其他事业，也处于停滞以致衰落状态。

当时的纺织、盐垦、农垦等公司一哄而上，大生的摊子过大，资金严重不足。例如，张謇依靠实业办教育，形成的是完整的教育体系，如婴儿堂、小学、职业教育、特殊教育、社会教育，无所不及。某种意义上说，大生是被创办的社会事业拖垮了。

就在张謇和他的大生实业处在内外交困的 1926 年，已 73 岁高龄的他，在奔走的路途中“累”死了。张謇生前曾说，“生已悉到死，既死愁不休。”张謇功不可没，值得后人纪念。

大生的困难一直延续到抗战全面爆发。它曾被列入内迁企业，但因内部思想不统一而放弃，后被日军军管，遭受的破坏更大。直至新中国成立初期大生还是十分困难的。

1933 年，作为纺织工业中后起之秀的刘国钧，正处在 47 岁壮年时期。是年，大成公司已成为拥有纱锭 20500 枚，线锭 4800 枚，布机 640 台，染整设备齐全，职工人数达 2500 人之大型企业，全年产值达 450 万余元。可谓“风景这边独好”。

该年四月，刘国钧至南通大生纺织厂参观。准确地说，是去帮助“救火”的。这时，大生已是困难重重，且工潮迭起。他应邀向南通教育界作“工管工，工教工，开展小先生运动”的报告，其间对大生厂工潮事进行斡旋和调解，并发表《为大生厂工潮事致南通教育局管局长书》。

刘国钧对大生是有感情的，关键时候，他总是想到南通大生。

1953 年，刘国钧当时主动要求公私合营，报告呈上后，两三个月过去了，还没有得到批准的消息。刘国钧每次到南京开会，总要向省领导催促，希望早日获得批准。其实，当时的刘国钧心急了点，对全面实行公私合营，中央还未颁布具体政策。但刘国钧听人说，要公私合营，企业起码要有百分之十五左右的公股才行，当时大成公司只有少量的代管股，即使算作公股也太少了。怎么办？刘国钧此时想到了南通大生纱厂，它的公股足有百分之四十以上，如果能从大生拉些公股到大成来，不是很好吗？

当时大生的掌门人是张敬礼先生，他是张謇先生的侄子。1936 年张謇之子张孝若不幸遇害，张敬礼成为张氏家业的继承人。于是，刘国钧就找张敬礼先生商量，准备把刘国钧自己私人的大成公司股票，调换大生公司的公股，这样，大生就在大成有了投资，而大成的公股成分就增加了。张敬礼同意这个办法，并积极办理互调手续，大成公司资金本来就是充足的，当时有四五百亿元（旧币）的流动资金，公股增加了，政府就不必拿钱出来投资了。当时，大成在大生调换到了约百分之十五的公股数额，并及时向政府部门作了汇报。刘国钧也屡赴南京，拜会江苏省委统战部宫维桢部长、吕炳奎副部长，催促、要求早日批准大成公司公私合营。

1954 年 3 月，宫维桢部长（同时兼任江苏省工业厅厅长）在省工业会议上说，“刘国钧先生为积极争取公私合营，自愿把自己私人的大成公司股票，调换了大生纱厂的股票来增加大成公司的公股比例，为早日公私合营创造条件，这个办法我们很同意。我们不能辜负刘国钧先生的好意，现在我代表省政府宣布，同意批准大成公司的申请，实行公私合营。”大成公司终于成了国家宣布总路线以后，江苏省第一个实行公私合营的企业。

刘国钧主动提出用自己大成的私股与南通大生公股对换，一方面弥补大成公股比例的不足，另一方面亦减轻了大生因私股少而公股负担重的矛盾。这与其说是刘国钧对大生的感情，倒不如说是刘国钧对张謇的仰慕和赞赏，更是大成、大生在国家意志面前的统一和趋同。

（三）大成与大生比较

说起常州大成与南通大生比较，其实是刘国钧先生与张謇先生的比较。

两人出于对国家和民族命运的共同关注，先后都提出了实业救国的思想主张。

而且，两者思想的相同点大大超过不同点。发展实业、振兴经济是救国救民之途，这是张謇和刘国钧的共识，并且在具体主张上还有着惊人的相似之处。

1．在创办实业的动机和目的上是高度一致的。张謇称其办厂目的，一是振兴实业，抵御外国经济侵略；二是以纱厂赢利，兴办教育事业。刘国钧创办纺织实业，同样为的是“土纱救国”，发展民族工业，抵御列强对中华民族的侵略；刘国钧兴办其他社会事业，目的是造福于社会。

2．张謇与刘国钧都善于从中国古代智慧的典故中捕捉文化符号，足以反映他们扎根中华文化的理想追求和超越的思想境界。张謇为大生命名的典故出自《周易》“天地之大德曰生”，取名为“大生纱厂”。刘国钧的大成命名出自《孟子·万章下》“孔子之谓集大成也者，金声而玉振也”，故取名为“大成”公司。

3．在民族精神和人格气节上，两人又十分相似。1903 年，张謇东渡日本，有计划地写了《东游日记》，他的近代实业思想和教育思想，较多地吸取日本的经验，但他不崇洋。刘国钧曾四渡日本，赴日本取经，回来又撰文章又作观感报告，但他有言在先，学洋不媚洋，学洋要超洋。他在自己产品的商标上明确标明“自纺、自织、自染、自印”八个字。

4．在工业发展的思路和布局上面，两者极其相近和相似。大生在企业布局和选址上，坚持审时度势，将交通、资源、劳力、市场等基本要素统筹兼顾，精心选择并确定；大成在初创时期就有所借鉴，规划、布局均考虑得比较周全、细致。

当然，从历史角度看，张謇作为清末状元，弃官从商，他的实业思想更多得益于他官商结合管理企业的丰富经验。而刘国钧出身贫寒，仅有 8 个多月的私塾经历，他从社会最底层做起，弃农经商，弃商从工，他的实业更多得益于从市场实践中获取经验和做法。比较而言，两人的实业思想各具特色。在有关大成和大生“生死存亡”的企业融资上，他们两人却有着不同的选择和作为。

贫穷和落后是近代中国的基本国情，中国民族建设资金严重短缺使得实业发展步履维艰。两人都认为多方融资和利用外资是振兴实业的重要途径，但在方式方法上却不尽相同。

张謇的大生纱厂最终走入困境，与中国早期股份制企业的特点有关：

其一，是招股难。有人认为非官非商亦非买办的身份是张謇招股集资屡遭挫折的根源。

其二，是对大生纱厂实行的“官利”分配制度。有人认为“官利”制度的实行，受当时整个社会高利贷环境的影响和制约，有其合理性，但官利分配性质也导致在企业筹办期和发展期，加重了企业负担，加剧了资金紧张状况。

这是大生失利的一面，但从这一面，也让我们看到了张謇性格中难得的一面，即百折不挠的意志，如无这种坚强的意志和决心，大生纱厂及其大生事业是不可能在此种情况下办起来的。

张謇曾感言道："农工商业之能否发展，视乎资金之能否通融。近十年来，商场之困顿，不可言喻。盖以国家金融基础不立，而民间钱庄票号等金融事业，索索无生气，重以倒闭频仍，信用坠地。于是一国现金，非游荡而无所于归，即窖藏而不敢或出。"

张謇一语道破实业发展的问题所在，资金缺乏和信用缺失是困扰近代中国实业发展的主要问题。

面对近代产业资本的短缺，企业融资艰难，刘国钧在企业经营中，深有认识，他非常重视资本的积累，重视对资金链的控制，并建立了独特的民族资本融资体系，实现了企业的规模化发展。

刘国钧的方式方法是，多渠道、全方位筹集资金，立体化管理企业资金，注重信用管理，融资渠道既有募集股金，也有自有资金，金融资本与工业资本相融通，优势互补，形成了一套民族资本融资体系，使得大成企业资金供应链补给充足，为企业规模化经营提供了资本保证。

不无遗憾的是，由于当时中国对外没有民族独立，对内没有民主自由，根本不存在实现宏伟计划的条件和环境，两人的实业救国思想及其实业发展最终都陷入过困境。

然而，两人的关于实业救国中的合理内涵和企业管理经验，不仅对同时代的人们乃至对今天的人们同样具有教育意义。大生让我们记住了张謇，大成让我们记住了刘国钧。

三、刘国钧与荣氏兄弟的比较

刘国钧及其大成集团与荣氏家族及其荣氏集团曾在 20 世纪 30 年代商定，无锡纺织业向西边洛社方向发展，常州纺织业则向东边横林方向发展，两地纺织业连成一片，建成东亚最大的纺织基地。后来，因为日军侵华，宏伟计划搁浅，此事成了两家的遗憾。尽管刘国钧及其大成集团和荣氏家族及其荣氏集团均产生在中国近现代，却走出了两条不同的发展道路，属于具有典型代表意义的不同类型的民营企业集团。

（一）家族背景及资本积累之路

据《乐农纪事》记载，荣氏兄弟在无锡荣巷故居占地4亩，建有二层楼二进19间和照墙、披屋、围墙等，1907年春动工，次年初落成，3月迁入，购地、建房共耗资8000银元。

荣家的祖父荣熙泰，曾入铁铺习业，为人忠厚，办事勤勉，为重振家业，他远出谋生，十多年的司账生涯，使他有了6000元的积蓄。这便是日后他的两个儿子创办荣氏企业时原始资本的一个重要来源。荣家的祖母石氏是锡山的农家女儿，种桑养蚕，缫丝纺织，毕生勤苦，哺育两个儿子两个女儿，母亲的勤劳恭俭精神，给荣家后代以深刻影响。

荣德生出生于1875年，比他哥荣宗敬小两岁。荣家祖父荣熙泰临终前，谆谆嘱咐两个儿子要手拉手、心连心，合力创办事业。荣氏兄弟没有忘记父亲的教诲，在几十年漫长岁月里，不管是风和日丽、春色满园之际，还是险象环生、惊涛澎湃之日，兄弟俩总是相依为命，这构成了荣氏家族的一大特色。荣氏企业的发轫、兴旺，和荣氏两兄弟的紧密团结是分不开的。荣家有家训“戒欺”，即不要欺负人，要做老实人。荣德生的书斋即叫“戒欺室”，专门做了一块匾挂着。这对荣家后代颇具影响。

而刘国钧1887年4月出生在江苏省靖江县生祠镇，与荣家的无锡仅一江之隔。曾祖父刘功良开小药铺兼行医，祖父刘品荣经营小土布庄，父亲刘黼堂读书应试科举，因科场黑暗腐败而屡试不第。祖父中年早逝，家道中落。父亲坐塾收入微薄。刘国钧7岁那年，父亲因种种刺激而抑郁成病，全家生活无着，母亲被迫外出帮佣，刘国钧侍父度日，“日食三餐元麦糊，夜卧一张竹编床”。其母亲丁氏孺人，勤劳、善良、坚强、正直，20多岁的时候，就以异乎寻常的刻苦耐劳，支撑着一个艰难竭蹶的家庭。

刘国钧10岁即流浪街头，贩卖水果、酒酿。晴天拾柴弄草，阴雨天折冥镪、糊锭缎以补家用，13岁进私塾读书8个多月，因经济困难而辍学，后在道观打杂，到糟坊做苦工。1901年，15岁时随同邻居去江南奔牛谋求发展。

在奔牛的13年，其父仍不忘教他读书，除了教读经史子集，还讲许多有教育意义的故事，教他做人处世的道理，这对刘国钧后来创办和发展实业影响很大，他始终牢记着父母的教诲，走正路，办正事，做堂堂正正的人。刘家有庭训，叫“能受天磨真铁汉，不遭人忌是庸才”。这副对联让刘国钧一生受用无穷，后来，他又把这两句话传给了儿女，教他们不忘祖训，在生活和创业中，要具备不怕困难、克服困难的坚强意志，一旦认定了正确的道路，就要不惧流言蜚语、嫉妒攻讦，而应勇敢、坚定地走自己的路。

如对荣、刘两家族背景及其原始资本积累加以分析比较，我们可以清楚地看到，两者具有许多相似之处。诸如：两个家庭的祖父辈都为人正直、勤劳勇敢，重视传统文化传授，均有家教和家训，对子女要求十分严格，其祖父辈从事的职业对后代均产生影响，如荣氏祖父司账、母亲养蚕的经历对荣氏兄弟创办钱庄和茧行，刘国钧的曾祖父开小药铺、祖父经营过小土布庄的经历对刘国钧从商和创办纺织企业等，都或多或少地产生了职业指向。

然而，两者也具有一些不同之处。诸如：两者都搞实业，但荣家是以家族名义，刘国钧则是个人名义，分别登上经济社会舞台的。从资本来说，荣家的祖辈积累的原始资本较丰厚，家境和创业条件较好；但对刘国钧来说，他是穷苦出身，家庭一无所有，去闯荡社会完全是白手起家。而两家都有家训，但由于家境处境不同，荣家侧重道义和做人，刘家侧重创业和奋斗，等等。

（二）创业起点及实业救国之路

荣宗敬、荣德生两兄弟十多岁时，都曾在上海钱庄学过做生意，熟悉存款、放款、贴现、汇兑、记账、打算盘等钱庄业务。他们对这三年学徒生涯印象很深。1896 年初，荣家就决计开钱庄，开设在上海鸿升码头，资本 3000 元，荣家出资一半，另一半招股，取名广生钱庄。开钱庄对他们来说，可谓轻车熟路。因此，荣家钱庄由荣宗敬任经理，荣德生管正账，经营上海、无锡、常州、常熟等地汇兑业务，获利颇丰。荣家开设的广生钱庄除经营汇兑业务外，还兼收蚕茧，在荣氏住宅后面，开设了公鼎昌茧行。钱庄和茧行赚的钱，成为荣氏兄弟以后创办更大实业的资本来源。

面对帝国主义列强对华的侵略，荣氏兄弟也受了当时掀起的“维新图强”“实业救国”“设厂自救”浪潮的影响，对兴办实业怦然心动。经过一番筹备，他们买进了法国链石磨子 4 部，在无锡西门外购地 17 亩，于 1902 年办起了保兴面粉厂。这就是有名的“4 部石磨起家”的故事。1905 年他们以分期付款方式，购进英国钢磨设备；1910 年用同样的方式向美国购进机器，并改进包装，第一次打出“兵船牌”商标，销路不错。

1907 年投产的无锡振新纱厂是荣氏兄弟涉足纺织业的开端。可是由于股东之间在添设备、分红利等问题上意见不一，1915 年荣氏兄弟决定退出振新，踏上独创新业的征途。最早在上海开设的钱庄，因受投机风潮牵连，在 1908 年歇业。

从此荣氏兄弟专心致志发展实业了。

1914年到1918年第一次世界大战期间，中国民族工商业大都是在这个时期发展起来的，也正是荣氏企业春风得意之际。“兵船”牌面粉十分抢手。1915年退出振新，并不后退，决定在上海创办纱厂，一个个申新纺织厂破土而出。其中上海申新六厂，1925年还租办了常州大成企业的前身——常州纱厂，6年后租办期满退还原主。

而刘国钧15岁到奔牛镇两家京货店当学徒，三年满师后即有意积攒资本，谋求自己经营。1909年与人合资开办“和丰”京货店，并设土染坊，出售青、元布。次年，刘国钧便独资经营“和丰”，后获利甚丰，盘下一店，称“同丰”京货店。经营二店致富，为他日后于中国纺织界大展宏图初步奠定了经济基础。

当袁世凯窃国称帝、日本胁迫签订“二十一条”、举国抵制日货之际，刘国钧萌发了涉足工业的设想。于是盘出两店，弃商从工。1915年与蒋盘发等合资9万元，在常州开设大纶机器织布厂，蒋盘发任经理，刘国钧任协理。从工厂的筹建到生产，刘国钧发挥了积极的作用，表现出公认的才干，两年时间内，使大纶盈利巨万。后来由于内部发生了矛盾，刘国钧即毅然辞职拆出，单独创业。刘国钧在大纶两年多的经历，在他一生中是个十分重要的契机，从此以后，他步入了民族工业企业家的行列，开始了步伐惊人的发展。一年之内，他办起了设备虽不先进、规模却不算小的广益布厂（广益一厂）。又四年，添办了一家规模、设备堪居常州之冠的机器织布厂即广益二厂。又四年，广益两厂合一，机器设备全部更新，产品由白坯布转为色布为主，建成了当时国内具有先进水平的织造染整企业。为了振兴民族纺织业，与日商竞争，他曾四次东渡日本，考察日本纺织业务和借鉴管理经验，回来后致力于经营管理、技术改革，在中国首先使用筒子纱。1930年盘买大纶久记纱厂，创建大成纺织染股份有限公司，成为国内崭露头角的民族实业家，从离开大纶布厂到接盘大纶久记纱厂，中间仅隔11年，他的资本额增加了数十倍，实为国内罕见。应该说，刘国钧在大成公司时代的事业，实际上在他办广益时期就开始了。他经营大成的格局，也是在广益时期就形成了框架。到他接盘大纶久记纱厂时，他已经是作为一个成熟的工业企业家，登上了中国民族工业的历史舞台。

两者的相似之处主要反映在，刘国钧与荣宗敬、荣德生都当过学徒，都是从社会最底层、最基础的工作做起；他们开办实业都是受“实业救国”的影响，并从切身之处表示对外来侵略者的痛恨和抵制。税吏、钱庄、茧行的这些经历，使荣氏父子、兄弟在半殖民地半封建的中国，初步懂得一些资本主义运作方式，既积累了一定资本，又增加了不少阅历和经验，为创建更大的事业打下了良好基础。同样，刘国钧的“和丰”京货店是典型的“前店后坊”。从中，刘国钧琢磨到了资本、市场和工商关系，形成了他最早的经营理念。因为，他从“土染坊”中发现了工业利润的“秘密”。

两者的不同之处是：尽管两者都做过学徒，刘国钧从商业做起，荣家兄弟从钱庄做起，因此，两者最初从事的实业与他们各自的学徒经历有关，刘国钧开办了京货店，荣家兄弟开办了钱庄。而荣家兄弟在1896年起开办的钱庄，比刘国钧1909年开办京货店要早13年；但刘国钧的年龄比荣宗敬小14岁，比荣德生小12岁，平均年龄恰好小了13岁。

两者的不同还反映在发展的鼎盛时期，尽管鼎盛时期都发生在20世纪30年代，但还是有差异的。

荣氏家族到1932年，申新系统9个厂共有纱锭52.15万多枚，线锭4万多枚，布机5300多台，固定资产4180多万元，职工3.17万人，年产棉纱占全国民族资本棉纺织厂总产量的18%以上，棉布产量占29%以上。因而，荣氏兄弟又被称为“棉纱大王”，成为中国最大的民族资本棉纺织集团。同时面粉约占除东北以外的全国机械面粉产量的30%以上，又被称为“面粉大王”。茂新、福新、申新三大系统21个厂，成为扬名中外的“三新财团”。

应该说，从规模上、品种上，荣氏家族及其荣氏集团超过了刘国钧及其大成集团。

刘国钧鼎盛时期是他在1930年以大成纺织染公司总经理的身份时开始的。该年夏季，由大纶久记改组而成的大成纺织厂正式开工生产，注册登记资金50万元。其间的1932年，刘国钧将独资经营的广益染织厂折价24万元作为股金，并入大成公司，建立大成二厂，大成纺织股份有限公司也相应改为大成纺织染公司。到1936年，复增资本180万元，注册资本达400万元。大成公司拥有的设备，纱锭从1万枚，增加到4.65万枚；布机从260台，增加到1735台；印染能力从零开始增加到日产5000匹左右。大成公司拥有的纺锭，占当时全国华商纱厂纺锭的百分之二左右，织机占全国华商纱厂附设织机的百分之七左右，印染能力居全国华商印染厂之首。尽管在经济总量上比不上荣氏家族，但大成企业在不到八年时间，增资八倍，设备增加亦约八倍，这在中国近代工业史上是罕见的。

如从发展的速度上、效益上说，刘国钧及其大成集团超过了荣氏家族及其荣

氏集团。

（三）企业教育及人才培养之路

荣氏家族最早创办的两所高级小学，一所是公益第一小学，另一所是竞化女子小学。当四部石磨起家的保兴面粉厂改组为茂新面粉厂时，厂内职工文盲多，适应不了工厂更新设备的要求，荣德生决心兴学育才。1906 年，他就把荣家私塾改建成荣氏私立第一公益小学，两年后又创办了竞化女子小学。到 1915 年，荣德生已先后办起了用“公益”命名的有四所小学，命名“竞化”的也有四所小学。1917 年，上海申新一厂又首先创办了职工子弟小学，吸收职工子弟上学。以后又陆续办起各级各类学校以及养成所、训练班等，为发展很快的企业输送了一批批有文化的工人、技术人员和管理人员。1919 年起又创办中等职业教育，开办了公益工商中学和江南大学，等等。

而刘国钧在大成企业公司，推行新的教育制度，提高员工的文化技术水平，分期开办练习生班、艺徒班和值车工养成所，并分层次进行教育培训。企业夜校设语文、数学、外语等文化课，还把“打图样”列为必修课。刘国钧在企业中提倡“工管工自治化、工教工互助化”，用企业内部的“小先生”来普及教育。企业除了夜课，还设立晨读，以免工人因调班而停课。并且十分重视企业文化的培育，有自己的厂训、厂歌，办有企业报纸《励进月刊》，还印发《格言联璧》作为大家的座右铭等。

荣氏家族和刘国钧在重视教育和培养人才方面具有许多相似之处。例如：就企业教育培养人才的目的宗旨而言，两者都具有高度的深刻认识，都把培养大批具有文化科学和技术管理知识的人才，视为富国强民的国策，都有高度的社会责任感和时代使命感；就如何解决企业人才的问题而言，两者一方面都立足于兴教办学依靠自己的力量来培养，一方面都坚持以诚相待，知人善任，广开才路，广揽人才；就怎样培养人才、培养什么样的人才而言，两者都坚决反对空疏、无实、无用之学，主张以实用为主，学以致用，提倡理论联系实际，重视实践教学；就实业和教育的关系而言，两者都将实业与教育融为一体，以实业支持教育，以教育促进实业；就如何培养人才而言，两者都采取了多种多样的形式和灵活多样的方法，即兴办初级、中级基础教育，也兴办或支持高等专业教育，也办职业教育；既致力于自己办学培养人才，也积极选派员工出国留学深造，等等。

当然，两者也有不同之处。例如：两者虽然都兴办了初、中、高等教育，但两者兴办的规模、数量不同，特别是普及文化知识的初等教育，荣氏家族所兴办的数量远比刘国钧多；两者虽然都选派人员出国留学深造，但选拔的对象却很不一样，刘国钧从大成职员和工人中培养的居多，而荣氏主要是从自己亲属子弟中选拔较多；两者虽然都培养了数量众多的各类人才，但荣氏所培养的人才大多为荣氏企业所用，而刘国钧所培养的人才除部分为大成企业所用外，还有许多为地方派生出去的企业需要所用；两者虽都实施了职业技术教育，但职业技术教育的规模、培训人员的数量、培训形式的多样性、培训内容的针对性，大成企业集团都要超过荣氏企业集团。

（作者简介：王亮伟，常州刘国钧文化中心主任、常州老年大学常务副校长。本文选自《刘国钧研究》2021 年第 1 期。）

大成纺织染股份有限公司抗战胜利后复产情形

张步东

实现国家的工业化是近代以来中国人不懈的追求，洋务运动推动了中国民族工业的兴起。位于江苏南部的常州，凭借得天独厚的地理条件和高度发达的水道交通，在我国近代工业发展史上占有独特的地位，成为中国近代工业发祥地之一。但日本帝国主义发动的侵略战争，使中国民族工业遭受沉重打击，损失惨重，导致战后的中国满目疮痍，百废待兴，国家重建随之成为一项十分艰巨的任务。本文试以常州大成纺织染公司的有关情况为例，就抗战前后中国民族工业发展情况作一简单的探析，以便增进对这一历史进程的了解和认识。

异军突起，发展神速

1920 年代到 1937 年，常州的大成纺织染公司以惊人的发展速度、生产的产品品种繁多、式样新颖、远销东南亚地区而著称于世、为世人称道。

1915 年，常州大成公司的创始人刘国钧弃商从工，与常州裕纶织布厂经理蒋盘发结为金兰之交，留心观察蒋办厂经验。1916 年 3 月，蒋盘发等人集资 9 万元在常州东下塘创办大纶机器织布厂，刘国钧入股 1 万元，任协理，负责生产。1918 年，刘国钧在常州新坊桥独资创办广丰布厂、公裕土纱布厂和广益布厂，自任经理，母亲管摇纱，妻子管布机兼烧饭。生产手段落后、管理原始的工厂，仅有脚踏手拉木织机 80 台，当年盈利却有 3000 余元。

1922 年刘国钧又建广益二厂。1924 年，他东渡日本考察纺织后，在国内首创使用筒子纱和盘头纱，并改以生产色布为主。其后，广益二厂的手动筒子、纡子车改为电动车，产量、质量均大有提高。

1927 年到 1930 年，刘国钧将广益布厂并入广益二厂，更名为广益染织厂；1930 年 2 月，刘国钧克服种种困难，与沪、常友人集股，接盘大纶久记纱厂，组建大成纺织染公司，刘担任经理；将广益染织厂并入后，更名大成纺织染股份有限公司，并成立大成一厂、大成二厂，为自己毕生经营纺织业奠定了基础。

大成公司组建初始，各种困难接踵而至，因原大纶久记纱厂经营时，对机器维护保养较差，许多必要的附属设备和配件也残缺不全，对纱布生产的质量和产量都有影响。刘国钧认为“工欲善其事，必先利其器”，决定边生产，边检修，增添必要的附属设备，半年内用去检修费用和添置配件达 20 余万元，一度影响资金周转，引起股东非议。刘国钧力排众议，在一次董事会上表示：“各位如果对公司前途担心，可将股款改作垫款，国钧有信心于一年到两年之后还本。”听罢此话，董事们遂打消了顾虑。

大成公司内刘国钧总其成，外有刘靖基负责经营，还有华笃安、刘丕基、陆绍云等人协助，建立健全了必要的规章制度，工人的产量质量每天挂牌公布，相互促进。由于各方面配合得宜，化解了种种难题，生产纱锭扯由原来的 0.8 磅提高到 1 磅以上，织机台扯亦比原来提高 20%。1930 年夏季正式投产，当年年底结算就获利 10 万元左右，到 1936 年向政府注册增资的资本额，增加了八倍，相当于每年增加一个始建工厂，大成公司以超常速度发展，在当时的中国纺织界一枝独秀，缔造了中国近代工业史上的奇迹：

1930 年 11 月，大成公司成立之初，有工人 1200 人，纱锭 15000 枚，注册登记资本 50 万元（实收 40 万元）；

1931 年，产品精良，价廉物美，获利甚丰，增资 90 万元，注册登记资本 140 万元；

1933 年广益染织厂并入，加上盈利，增资 80 万元，注册登记资本 220 万元；

1936 年，大成四厂盈利颇丰，增资 180 万元，注册登记资本 400 万元。

据刘国钧自己估计，实际资本比注册登记资本要高 50% 以上，因存货、资产价格已被压低。另外，在八年中，股东的红利及职工分红，支出约为 100 多万元。1936 年 12 月，设大成三厂于常州东门。到 1937 年，大成公司已有运转纱锭 46500 枚，织机 1730 台及日产 5000 匹的全套印染设备，其拥有的纱锭占当时全国华商纱厂纱锭 2% 左右，织机占 7% 左右，印染能力居首位。刘国钧实业发展进入鼎盛时期。

其间，刘国钧三渡日本，考察欧美，引进技术、管理，结合工厂实践，提出“工管工自治化、工教工互助化、工资等级化、华厂日厂化、出品日货化”的口号，全面提高工厂管理素质。并率先在我国纺织界中试制成功灯芯绒、丝绒。就在刘国钧踌躇满志欲再展宏图之时，七七事变爆发，日本发动全面侵华战争。

遭遇战乱，损失惨重

1937 年八一三事变爆发后，日机经常空袭常州，大成一、二、三厂均中敌弹。大成二厂更是成为日机的重点目标，屡遭狂炸。11 月，大成一厂遭敌机投弹十八枚，全场一片瓦砾，不久又波及二厂。11 月 21、22 日两天，日军侵占常州前夕，轰炸更为肆虐。日军铁蹄踏入常州之后，战祸愈益深重，大成二厂近于全毁，大成三厂沦为日军马厩，大成一厂未及内迁的成品、半成品及原物料，被洗劫一空。

在日军侵华的十四年间，大成公司蒙受的经济损失，厂房建筑、机械设备、原料成品、物料等直接损失为 513.987 万元，间接损失则更为巨大。按战前三年的平均年纯利、每年生产额 1000 万元计算，总的损失达 9277.6 万元。

在直接损失中，大成一厂被全毁的建筑有：纺部楼上新车间 132 方（旧的建筑计算单位，下同），织部新车间 500 方，货栈 221 方，工人家属宿舍等 160 间。部分毁坏的建筑物有：纺部车间 388 方，织部车间 210 方，女工宿舍、膳厅等 117 间。

大成二厂的染、织两部车间厂房 1720 方又 64 间，全部被毁。全厂仅留砖砌的炉子间、栈房各一所。

大成三厂被炸三处，损失较轻。

机器设备损失，主要是大成一、二厂。因为大成三厂的机器设备尚在装运途中。大成一厂的损失情况：建筑焚毁的有纺部楼上新车间 132 方，织部新车间 500 方，货栈 221 方，工人家属宿舍 160 间；部分被毁的建筑有纺部车间 388 方，织部车间 210 方，女工宿舍、膳厅等 117 间。机器设备损坏的有织机 604 台，梳棉机 8 台，粗纱机 5 台；电气动力设备大、小马达 602 匹，600 马力水汀引擎一台，等等；原材料损失的有 20 支纱用棉 11160 担，30 支棉纱 1133 件，12 磅细坯布 115778 匹，等等。大成二厂的机器设备损失更为惨重，日产 5000 色布的全套漂染设备统统被毁，同时被毁的还有 732 台布机，以及准备、整理设备和机上制品，总功率为 839 马力的大小马达、内外线路、照明、传动设备等。

依照 1937 年的市值，大成公司三个厂直接毁于战火的厂房、设备和物资达 510 万元，间接损失 1277.6 万元。由此可见在日军侵华战争期间，大成公司遭到摧残的严重程度。

1938 年初，刘国钧被迫将大成公司内迁，分散于汉口、上海（租界）、常州三处惨淡经营，他本人坚持到常州沦陷前两日避往汉口。

1938 年 2 月，大成一厂被日军“军管理”，移交给日本丰田株式会社代为经营。10 月，日军占领武汉后，提出“以战养战”的口号，从中国大量掠夺物质资源。1940 年，由于军费开支庞大，资金缺乏，经营工厂困难重重，加之国际形势变化，日军为了收买沦陷区的人心，破坏抗日统一战线，以巩固在华军事、政治统治，决定“发还军管理工厂”。大成一厂解除“军管理”后，考虑到如不开工生产，所有机器设备将由日军作废铁处理，搜去制作枪炮，于是，随即着手修复工作。到 1941 年 5 月，修好部分厂房，整修好 2000 枚纱锭，即先行开工生产，之后生产规模逐步恢复到 10000 枚纱锭，150 台织机，但由于日军大肆掠夺纺织品物资和对原棉统制的日趋严密，加之电力严重不足，大成一厂的生产时停时续，惨淡经营，勉强维持。

未雨绸缪，有的放矢

大成公司内迁后，为战后迅速复业考虑，刘国钧将手里的现金着重于资金周转灵活的商业领域，除在上海、香港、昆明、重庆设有办事处外，比如在香港开设大孚建业公司，为购买原料、机器做准备，还在缅甸仰光、越南河内、泰国曼谷等地派驻人员，一心一意积累外汇、亦步亦趋积蓄力量，以备战后随时重整旗鼓。

密切关注时局变化。1944 年，中国棉纺织学会成立，刘国钧被推举为候补监事，这时，由于欧洲战场攻守转换，国内抗战也由相持阶段转入反攻阶段，刘国钧洞察国际国内形势，认为世界反法西斯战争胜利在望，感到恢复常州之企业必须早日准备，如待胜利后再具体筹划复厂则为时已晚。为此，一方面，他积极行动，认真思考，发表《扩充纱锭计划刍议》明确指出战后可用 15 年时间将全国纱锭扩展到 1500 万枚，并对筹集资本、机械制造、人才培养、原料供应、工厂布局、管理经营、组织设置等作了规划和设想，进而提出以纺织业为桥梁促进农业、其他工业的发展。另一方面，针对当时大成公司已有百余万元外汇存在美国的情况，刘国钧把国内事务作了安排：沦陷区工作交由刘靖基总负责，常州由华笃安、何乃扬负责，中国重庆、香港及缅甸仰光等地区事务由刘汉堃负责。安排妥帖后，他于 1944 年 12 月，偕同缪甲三等人取道印度赴美国、加拿大，谋求战后实业发展。

在美国一年多期间，刘国钧通过各方面的关系，多方参观，“白天对（参观的）每个厂生产过程和产品特色都很仔细用心观察，每晚回到旅馆都要记录笔记，看不懂的，记不清的都要打破砂锅问到底”。其间，他积极订购纺织和毛纺设备，为战后大成公司的恢复和发展未雨绸缪、做好准备。几经周折，随着时间的推移和战局的好转，终于与美国萨克洛威尔纺机制造厂签订了一份 20000 枚旧纱锭、再加发电机的订货合同，订单列于该厂之首，交货期定在战争结束后一年。

迅速启动战后重建。1945年9月30日，还在美国考察的他在日记中写道：“创办工业宜量力而行。创办工业是人生天职，宜应作社会事业。观发财是国家社会者，不能视为私有，欲持久则经济不宜过紧，不可为利所累。须知生命有限，享受不常，倘不量力而行，必受财政压迫，老年人何堪受此压制。若不量力，勉强扩充，是自寻烦恼、自取痛苦。当知少做不犯罪，事事留余地，处处有精神，样样做过头，各方感不及，欲罢不能，乐趣好无。心乱神衰短寿之道也。谨慎少做心宽体胖，不是求长生做老贼，正是求事业稳固，徐徐下手，则量力有成事可久矣！”

刘国钧在美国获知抗战胜利后归心似箭，将余款就地又购进棉花30000担。1946年初结束在美一年多的考察，只身乘坐货轮返回祖国，立即办理后方事务的结束工作，留渝人员分批或乘轮船返回常州，或乘飞机返沪，积极筹备大成公司复工复产事宜。他诚挚地向大成公司全体员工表示：“我万分感谢守厂的同仁们，尽职尽力，始得有今日复兴之基础。负有盛名的上海三友实业社，因沦陷时无人留守，被一抢而光终于倒闭。浙江萧山一家工厂因无人管理，连机器的底脚螺丝都被人挖走。我公司是不幸中大幸，全靠诸位同仁的忠诚不渝。”

随着战后长江航运的畅通，大成纺织染股份有限公司常州三爿老厂的生产逐步得到恢复，并将在丁堰接盘的通成纱厂，改名为大明纺织厂。刘国钧在谈到大成公司的前景时说：“就全国的纺织产业前景说，发展黯淡。国际市场每匹布价为5美元，以汇率计不过合法币1万余元。可是，国内市场每匹布价达5万元法币。故我刘某要是只求不义之财，尽可关厂做进口生意。但是，一个人总有嗜好，国钧别无嗜好，只爱豁出命去办工厂。大成公司现今有纱锭6万枚，计划在十年内达到50万枚。”他再次提出拓展大成公司的宏伟计划与目标。

在恢复生产过程中，面临很多的困难：一是动力供给受到很大的限制。沦陷时使用的是小型木材引擎拖动，动力严重不足，而当时的戚墅堰发电厂和武进电气厂两个厂虽然恢复了发电，但发电量仅一万余千瓦，远远不能适应常州地区的动力需要，幸亏刘国钧预见性地提前在美国订购的原棉及发电机的陆续运到和安装到位，自行发电，自给有余，在大成三爿厂生产恢复中发挥了极大的促进作用。有了原棉，有了电力，大成一厂生产日趋正常。二是复工所需资金巨大、缺口严重。为此，刘国钧瞄准国府委员、上海商业储蓄银行董事长陈光甫和经济部次长何淬廉，忍痛从自己名下的股额中，划出135万股，赠送给陈光甫、何淬廉各675000股，并于11月28日改组了大成公司董事会，聘请陈光甫为大成公司董事长，何淬廉为董事。同时，为应付地方上的复杂环境，聘请国民党江苏监察使程沧波为董事。在刘国钧看来，送股额是大有讲究的：一则，对方收了大成公司的股额，就成了大成公司的股东，公司的利益与股东的利益是息息相关的，他就会关切公司的利益。二则，从两人的私交来说，以前托办件事，只是宴请一餐或是口头说声“谢谢”。馈赠或接受股额均是银钱出进，数额尤巨，是双方友情的升华。再则，金融界常常运用手段，通过以饵诱鱼的办法，先放之予大量贷款，待其积欠过多，无力偿还时，再以最大债权人身份，按最低价收购股票，从中获得厚利，甚至收购或代管工厂。当他们接受了大成公司的股额，不论贷款多少，于公于私都不会采用此种毒辣的手段。刘国钧深知“蝮蛇螫手，壮士解其腕”的道理。在政治腐败、尔虞我诈、巧取豪夺的社会里，要求其生存，保其平安，关键时刻不割肉献佛，是难逃厄运的。如此，上海商业储蓄银行给大成公司贷款的几百万美元很快落实到位，而且陈光甫还为大成公司购回美棉 1500 担，解了燃眉之急。

成为纺织印染全能企业。大成公司在抗战胜利后，大成一、二、三厂的生产迅速恢复。1945 年底，大成一厂完成新建筑 463 平方米，修建房屋 1449 平方米，开车纱锭 25102 枚，织机 356 台，印染能力很快达到战前水平，并盘进了意诚布厂。又于 1946 年秋，重建了被日机炸毁的布机间和楼上纺部车间，并新盖库房和生产用房，确保了原有 500 余台织机和 29000 多枚纱锭得以全部顺利开车。当年资本总额调整为 7.5 亿元，设总公司于上海，注册资本调整为 1500 万元。大成二厂被遣散回乡的员工陆续回厂，积极准备复工，清理场地，整修机器，并委托建筑师设计，由上海国泰营造厂承建印花、染色车间，迅速在废墟上重建工厂。眼见大成公司上下齐心重建企业，一派龙腾虎跃的局面，刘国钧大为振奋。6 月 19 日，他召开董事会，商讨重振大成公司的方针大略，定大成一厂、三厂为纺织厂，大成二厂为印染厂。对干部也作了调整：华笃安仍任大成一厂厂长，何乃扬、张一飞为副厂长；委任从英国学成回国的陈钧为大成二厂厂长；选拔从美国考察归来的缪甲三为大成三厂厂长；朱希武担任厂务部经理；在常州庙沿河 9 号成立常州办事处，何乃扬兼任主任。刘汉堃为大成公司副总经理，负责工厂恢复事宜。1947 年起，大成公司资本总额调整为 225 亿元。

1946 年是中国纺织业恢复繁荣的一年。战争刚停，外国纺织厂尚未恢复，无人竞争；战后人们迫切需要改善衣着，纺织业适逢其时，产品供不应求，利润丰厚，达到 30% 以上。此种情形下，大成一厂的生产很有起色，当年全年生产 20 支“六鹤牌”棉纱 2 万件，生产 12 磅“蝶球牌”棉布 20 万匹。产品销往汉口、天津、广州及南洋群岛等地，全年产值达法币350亿元。使用来自中国、美国、印度的原棉，年需求量为70000多担，由美国产的625匹马力发电机1台；英国、瑞士纱锭32100枚，英国线锭4800枚，中国、日本织机756台；占地面积85亩，建有厂房600间；有职员53人，男工467人，女工445人，技术工约占20%；男工最高工资2.2元、最低工资0.65元，女工最高工资1.6元、最低工资0.7元，再按生活指数计算；每班工作12小时，但以每天10小时工作为标准，其余2小时另给加班工资20%。1946年11月，大成一厂向国民政府经济部呈报的登记表中，刘国钧为总经理，华笃安为厂长，纺织工程师蔡柱澜、机械工程师谢承祜。大成二厂的丝绒车间、老阿尼林车间也局部开工，锅炉间、机修间、原动间等先后修建，每日可产各种色布800匹。大成三厂的修复工作也加快进行。至1947年，大成二厂建造了新厂房，把原有织机全部调至大成三厂，专营棉布印染，产量从日产800匹，逐步增至3000匹。产品除畅销华南地区外，还销往印度、荷兰和美国，出口产品占总产量的30%。这一年，大成公司以重估固定资产增资办法，将资本总额调整为法币225亿元。

刘国钧在其《扩充纱锭计划刍议》中，以全国4亿人口计划，在胜利后十五年内，全国发展为1500万枚纱锭，进而对国内外市场的安排，亦提出建议。对大成公司的发展，他亦有缜密的计划与安排，计划在胜利之后十年内，大成公司发展拥有50万枚纱锭之企业，并准备配套成龙，从棉花进厂，直至加工服装成品出厂，以及对纺织机械、配件、印染之染料等，逐步建立自己的加工制造厂，使大成公司成为一家大而全的纺、织、染、印、衣各种门类齐全的联合企业。还计划筹建毛纺厂，进一步向多元化企业集团发展。

1948年，大成公司库存原棉、机物料、成品以及流动资金，都超过了战前，并首创常州机器印花技术，真正成为纺、织、印、染全能企业。当年，在十分动荡的局势下，刘国钧力挽狂澜，千方百计，在生产上力求稳健，纯益金圆券1200万元；11月，投资港币500万元，在香港九龙荃湾开办东南纱厂，有纱锭5000枚、织机200台，同时投资香港永生布厂12万港元，购买住房和其他投资港币68万元、美金4万元，还购买美国公债10万美金，储蓄美金20万元。到1949年4月，大成公司在中国内地资产共有两家纺织厂、一家印染厂，纱锭49860枚（其中大成三厂5440锭机件残缺未开），织机1322台，日产5000匹全套印染设备。年底该公司账面上有固定资产156.9万元，各项投资45.56万元，流动资产64.88万元，各项存货404.73万元，总资产为672.07万元，成为当时常州最大的私营工业。

刘国钧在抗战前后有声有色地编演了纺织印染工业光彩耀目的场景，为中国现代民族纺织染业的建立和发展做出了重要贡献，令世人瞩目，被誉为中国现代杰出的实业家，著名的爱国民族工商业者，人们称他为“民族工业的骄子”。抗战胜利后，大成公司和中国民族工商业本来可以有一次全面振兴的机会，但全面内战的爆发和随之而来的通货膨胀彻底毁掉了这一历史机遇。新中国的建立，特别是经过公私合营后的大成公司才真正进入了一个新的辉煌发展时期。

参考文献：

[1] 高进勇．爱国实业家刘国钧 [M]. 南京：江苏人民出版社，1999.

[2] 李文瑞．刘国钧文集 [M]. 南京：南京师范大学出版社，2001.

[3] 李传奇．大成公司档案史料文献 [M]. 南京：南京大学出版社，2011.

[4] 高进勇．刘国钧研究资料丛书（1—4）[M]. 北京：中国文史出版社，2015.

[5] 刘国钧著，葛吉霞、钟树杰点校．刘国钧日记 1945[M]. 南京：凤凰出版社，2017.

（作者简介：张步东，男，常州市档案馆副馆长，《蔡旭纪念文集》主编，文史研究专家。本文选自《刘国钧研究》2021 年第 1 期。）

刘国钧员工健康管理理念实践与启示

包 云 陈志艳

刘国钧（1887—1978），江苏靖江人，著名民族工商业者、爱国实业家。曾任江苏省副省长、江苏省政协副主席等职。刘国钧自幼家境贫寒，目睹帝国主义对旧中国的侵略，他以振兴民族工业为己任，艰苦创业，提倡“机器革命”“土纱救国”，率先在我国纺织界成功试制灯芯绒、丝绒，为民族工业的开拓和发展做出了不可磨灭的贡献，被誉为“中国纺织大王”。

刘国钧所创办的大成纺织染公司（简称大成公司）创设于1930年。1930年至1937年，不到8年的时间，大成公司纱锭由1万枚增至8万枚，由1个工厂扩展为4个工厂，被经济学家马寅初誉为“罕见的奇迹”。1937年9月，大成二厂毁于日机轰炸，一厂、三厂也损失惨重。1945年8月日本无条件投降后，刘国钧迅速筹集物资，使常州3个工厂在短期内恢复生产。经过两年努力，库存原棉、机物料、成品、流动资金均超过日机轰炸前水平。

大成公司的辉煌与成功与刘国钧广揽人才，废除工头制；引进先进机器，更新设备；重视提高产品质量，不断创新；重视经营管理，降低成本；重视提高员工素质，开展职业教育等因素息息相关。然而深入研究大成公司厂史、章程、管理教育纲要、部门工作规则等史料，发现员工健康管理理念与实践自始至终伴随着企业的发展壮大，是其成功的重要隐形“法宝”。

一、刘国钧员工健康管理理念的源起

刘国钧一生善于学习、喜交朋友。其中，黄炎培的影响至关重要。黄炎培是中国近现代著名爱国主义者和民主主义教育家，是我国近代职业教育创始人和理论家。

大成公司成立之初，刘国钧即提出“货色要比别人好一点点，成本要比别人低一点点，价钱要比别人高一点点”的口号，以生产中低档、质量却是上乘的“加阔加长，洗晒不褪”的新产品为主，给经销商带来了很大的实惠，消费者也很满意，市场前景十分广阔。与此同时，刘国钧应黄炎培之邀参观中华职业教育社在昆山徐公桥乡村改进试验区。试验区在黄炎培、姚惠泉等人的指导经营下，达到了“野无旷土，村无游民，人无不学，事无不举，康乐、和亲、安平”的境界。试验区的教育部设有公立、私立小学、民校，入学者有千余人。教育部的阅报处、民众演讲厅、民众体育场、民众公园、民众改良茶园则经常举办各种移风易俗活动，提倡废除买卖婚姻，敬老携幼。

通过实地参观徐公桥试验区，刘国钧茅塞顿开，心悦诚服。更重要的是，一幅效法试验区的蓝图已在他心中产生。回到大成公司，他把在徐公桥试验区看到、听到的东西加以消化，着手公司管理制度建设，“提倡用教育工人代替压力管理，提高工人人格，使工人以厂为家”的公司管理教育理念孕育而生，为员工健康管理理念的树立与实践埋下重要伏笔。

二、大成公司员工健康管理理念的实践

大成公司员工健康管理以增强全体员工身体健康和心理健康水平为主要目的，通过严格招聘、系统训导、便捷就医和文化熏陶等环节，建立多维度、广覆盖、全过程的员工健康管理体系。

（一）严格招聘为员工健康管理打基础

大成公司成立之初，刘国钧即废除工头制，推行新的管理制度，树立新的企业风尚。刘国钧提出：“凡是新招收的员工都经过严格的体格检查和文化考试，择优录取。”当时公布的《招收养成工简章》中，在“资格”和“考验”等方面对养成工的年龄、身体、品性、智力等方面提出具体要求：“1. 宗旨：为增进工作技能，提高工作效率，故招收养成女工。2. 资格：凡年龄在 16 岁以上、20 岁以下之女子，如身体强壮，品性驯良，自愿来厂学习者，经考试及格，均可为本厂养成工（识字者更好）。3. 考验：A. 目力，B. 智力，C. 口试，D. 体格。……”大成公司面向社会先后招收养成工两千余人，而养成工良好的身体状况，为大成公司员工健康管理打下坚实的基础。通过严格选拔，最大限度地预防和降低了员工患病率，减少了员工流失。此举也为养成工日后逐步成为公司生产骨干力量做出了重要贡献。

（二）系统训导为员工健康管理明方法

在严把员工身体健康“进口关”之外，在日常管理过程中，公司还特别重视

对员工的健康指导和心理建设。如针对男工的“精神训话”，“各部男工招自外方，品性言语各异，使之相处工作，非加以精神训话不可，故每星期须由最高级工务员训话一次。训导纲要：……9. 健康：谚云，病从口入。病乃健康对象，人所共知。要有健康身体的先决条件，不吸烟，不喝酒，饮食不饱，寒暖当心，睡眠充足，心意纯正，此皆足以使身体健康。身体健康，则精神饱满，事业亦随之发达矣。如工人而无健康身体，则工作不良。经营者而无健康身体，则事业不得进展。俗云，精神乃事业之母。又云，一分精神，一分财，良不虚也，如不自珍摄，由健康而衰弱，由衰弱而病魔缠绕，精神萎靡，则是自作孽也，其有何尤，惜哉”。在训话的具体内容中，特别教导如何形成健康的生活习惯及健康对于个人和工作的重要意义。通过周而复始的训话，使员工在日常饮食起居中即建立健康意识，养成良好习惯，以此维持员工的整体健康水平。

（三）便捷就医为员工健康管理强保障

刘国钧曾三渡日本学习纺织厂先进经验。他整顿公司管理，注重培育人才，建立各项制度，并不断增设福利设施。同时，刘国钧清醒地认识到工人是工厂的主体，是发展生产的原动力，处理好与工人的关系是办好工厂的关键所在。

在大成公司《医药室办法》中有记录，“本厂为便利疾病工人，随时诊治，解除病魔苦痛，特设医药室。凡各部工友，均可于医药室规定时间诊治。……兹为工人谋福利，所配给医药，由厂方供给，概不收费。须休养者，凭医师诊断书，进本厂疗养室或其他医院。……”此外，大成公司厂医每年定期对员工进行一次体格检查。较为完善的医疗体系和制度，解决了员工患病的后顾之忧，增强了员工健康保障水平，也在很大程度上预防了工潮的发生。

（四）文化熏陶为员工健康管理增实效

在培育新的企业文化过程中，刘国钧提出了“忠信笃敬”的厂训，请人编写了“提倡国货，对外竞争。出品力求精，成本力求轻。挽回利权，富国裕民。凡我职工，勤慎耐劳，振作精神，言忠信，行笃敬。群策群力，一心一德，努力，各负责任”的厂歌，亲拟了“遵守厂规，服从领导；爱护团体，敬业乐群；精诚亲爱，谦和合作；锻炼身体，修养品性；自励励人，立己立人；从善绝恶，革故更新；厉行节约，爱护物力；刻苦耐劳，向前迈进”等八句口号，用搪瓷烧成蓝底白字的标牌，悬挂在车间、走廊、餐厅、写字间和公共场所。

贯穿于大成公司生产经营全过程的企业文化，逐步培育出认真工作、严守纪律、团结一致和朝气蓬勃的优良厂风，激发全体员工始终保持着“为国货代言”

的使命感和以工厂为家的集体荣誉感，积极向上的心理状态，形成大成公司独有的精气神。加之公司在生产生活中对于身心健康的指导和实践，员工即使在强度较高的工作状态下，仍能自觉进行健康管理。

三、大成公司员工健康管理对当今企业的启示

（一）企业员工健康管理现状

员工健康管理的研究源于美国，Evington 博士认为“90% 的个人和企业通过健康管理，医疗费用降到了原来的 10%，10% 的个人和企业未做健康管理，医疗费用比原来上升了 90%”。21 世纪初，员工健康管理逐步从美国、加拿大等发达国家企业引入我国，得到了企业人力资源管理者、医疗卫生界人士及有关公益性组织的重视，2008—2009 第四届中国人力资源管理大奖（CEHRA 赛拉）首次设立专项奖——“企业健康管理奖”，这些都为企业健康管理在我国推广创造了良好的氛围。

然而，随着我国工业化进程的加快，企业员工工作、生活压力加大，企业员工身心健康问题也随之增加，如职业病及员工心理健康问题（焦虑症、抑郁症、神经衰弱，等等），加之慢性疾病的普遍存在，造成了员工医疗支出方面的经济负担。根据平安健康险 2015 年进行的中国企业员工健康状况调查发现，工作压力是健康风险的首要诱因，颈椎病、失眠等与工作相关的疾病成为员工的首要困扰；同时，近 54% 的企业没有定期提醒员工注意身体健康状况，24% 的企业在员工体检后没有任何跟踪举措，53% 的企业没有为员工提供锻炼场所和时间。员工健康管理面临的迫切性和重要性尚未引起企业足够重视，多数企业没有制定健康管理策略及建立健全相关制度。

健康是员工最重要的资本，员工的健康是保证其工作成效的前提和基础。因此，员工健康管理问题是工业化社会中需要企业界普遍关注的问题。当今企业应充分重视员工健康管理，健康管理对于员工个人而言，可以及时预测健康风险，降低患病概率，及时改善健康状况，提高工作绩效；对于企业而言，可以有效减少员工因健康问题（如长期受慢性病困扰、休病假甚至离职）给工作绩效带来的影响，提升员工的企业忠诚度，增强企业凝聚力，有利于打造企业文化和品牌形象。总之，员工健康管理有利于构建和谐劳动关系，使员工和企业实现双赢。

（二）逐步完善符合国情的企业健康管理模式

在 20 世纪 30 年代，大成公司之所以能够独树一帜，取得巨大成功，固然与

刘国钧的经营管理密不可分，而通过严格招聘、系统训导、便捷就医和文化熏陶等方面系统构建员工健康管理体系，也为大成公司的成功打下了坚实基础。

在刘国钧推动下，八十余年前的大成公司就形成了员工健康管理的雏形。大成公司高度关注全体员工的身心健康，并且不断增加投入，提高员工福利，形成融洽的劳资关系，持续助力企业发展壮大。

借鉴大成公司员工健康管理理念与实践，当今企业在实施健康管理的过程中，应有所作为。首先，要建立健全严谨、科学的健康管理制度，确保健康管理工作有章可循、有据可依；其次，要定期组织体检，搭建健康管理预警防线，建立员工健康信息数据库，及时发现隐患；再次，要培养员工健康的行为习惯，使其保持、养成健康的心理状态，把先进的健康管理理念融入员工日常生活工作之中，使其建立自我保健意识；最后，要建立医疗服务保障体系，根据员工健康需求，主动利用地方医疗资源，积极开展就医指导。

从人力资源角度看，员工的健康与企业生产效率密切相关，健康的员工是重要的人力资源。国外员工健康管理已经延伸到疾病管理、生活方式管理、需求管理等领域。而对比我国企业员工健康管理现状，我们更加需要完善的健康管理体系，采用合适的健康管理方式，注重健康管理策略，逐步完善符合国情的企业健康管理模式。

参考文献：

[1] 高进勇．刘国钧创业奇迹 [M]. 北京：中国文史出版社，2015.

[2] 李文瑞．刘国钧文集（附录）[M]. 南京：南京师范大学出版社，2001.

[3] 沈晨光．员工健康管理问题研究的文献述评 [J]. 商业经济研究，2017（24）:128-129.

（作者单位：包云，江苏联合职业技术学院；陈志艳，扬州大学。本文选自《企业管理》2021 年第 5 期。）

苏商刘国钧成功的理论分析及对创业者的启示

孙卫东

作为白手起家的中国纺织业巨子，刘国钧是优秀苏商企业家的一个代表性人物。他从 15 岁开始艰苦创业，1930 年集资创办常州大成纺织染公司，8 年间使大成企业由 1 个厂发展到 4 个厂，纱锭由 1 万枚发展到 8 万枚，资金由 50 万元发展到 400 万元，其产量和规模很快在业界独占鳌头，被经济学家马寅初称为“罕见的奇迹”。新中国成立后，刘国钧爱党爱国，1950 年在江苏省私营棉纺业中率先实行公私合营，1956 年当选为江苏省副省长；在三年困难时期，他出谋划策，捐资捐物；“文革”期间，他亲笔书写“人老心不老，永远跟党跑”的对联；还积极创办刘国钧职教中心，进行各种职业培训。

一、刘国钧创业史及其特征

（一）刘国钧的创业过程

1887 年，刘国钧出生于江苏靖江，自幼家境贫寒。1901 年，15 岁的刘国钧随同邻居到常州西门外奔牛镇刘吉升京货店做学徒。

1909 年，23 岁的刘国钧在奔牛镇与人合开和丰京货店，这是刘国钧由打工者转向创业者的第一次试水，是“经销商品”“前店后厂”模式。1915 年，29 岁的刘国钧出资一万元，与蒋盘发、刘宝森等人合资，在常州建立一百台木机的大纶机器织布厂，自此开启“由商转工”模式。

1918 年春，31 岁的刘国钧收回大纶投资，独资创办广益布厂，1922 年再建广益二厂，成为当时常州最大的布厂。这是刘国钧复制办厂模式规模扩张的开始。

1927 年到 1930 年，40 岁出头的刘国钧将广益厂、广益二厂合并，又与沪、常友人集股，接盘大纶久记纺织厂，改名大成纺织染股份有限公司，并在上海设立办事处。1933 年，刘国钧将独资经办的广益布厂并入大成公司，定名为大成二厂。

这是刘国钧再次借助资本力量，壮大企业实力和完善公司治理结构的一次飞跃。

1937 年抗日战争全面爆发后，日军对常州的刘国钧企业（大成一厂、二厂、三厂）狂轰滥炸，为避免被日军破坏，刘国钧决定在上海建厂，并且借用英商名义，定名英商安达纺织有限公司。为了降低时局对于企业经营的影响，刘国钧还先后在武汉、重庆、香港、台湾和东南亚一带建立工厂。

新中国成立前后，刘国钧义无反顾从香港回到常州，全身心投入新中国的经济建设大潮中。

（二）刘国钧创业的特征及其成功秘籍

刘国钧创业可分为几个阶段：第一阶段是学徒期，这是了解职场、熟悉业务，为自己创业打基础。后来他创业始终秉持做自己熟悉的行业和业务，始终坚持专业化的企业战略，这是他创业成功的一大秘籍。第二阶段是与人合伙开店，采用的是“前店后厂”的经营模式。第三阶段是建立织布厂，“由商转工”。刘国钧认为只有实业掌握在自己手上，才能保证产品质量和保证产品定价权，他当年绝不触碰期货的原则使其规避了很多资金风险，即使在经营过程中也遇到一些风险，但总是在自己的承受范围之内，企业不至于遭受灭顶之灾。第四阶段是独资经营广益布厂和急速扩大企业规模。虽说合资经营能够集聚多方资本、资源、人脉、才智等，但如果理念不同，对于企业的伤害就是致命的，所以当刘国钧有了一定的资本实力，不再必须仰仗于别人的力量后，便毅然选择与已经对企业发展产生羁绊作用的合伙人分手，从而保证企业在自己掌握之下继续前行，并且成功地复制了广益厂，成立广益二厂，企业规模和实力得以进一步提高，生产成本和经营成本得到大幅度削减，充分彰显了企业规模经营的经济性。第五阶段是成立具有现代企业制度的大成纺织染股份有限公司，企业的组织结构、产权结构、治理结构、管理制度等更加科学和规范，因此，尽管遭受重大的社会变故，企业仍能在艰难中发展，直到新中国成立，并响应国家号召实行公私合营，为国家经济建设做出了贡献。

二、刘国钧创业成功的理论分析以及对创业者的启示

（一）创业领域不熟悉不做

创业项目的选择是决定创业能否成功的第一步，这可以运用波士顿矩阵（BCG Matrix）法。波士顿矩阵由美国著名的管理学家、波士顿咨询公司创始人布鲁斯·亨德森于 1970 年提出。该矩阵认为决定项目是否采用的基本因素有两个：市场引

力与企业实力。反映市场引力的综合指标是整个市场的销售增长率，显示企业竞争实力的重要指标是市场占有率。销售增长率与市场占有率既相互影响又互为条件：市场引力大，市场占有率高，可以显示项目发展的良好前景，企业也具备相应的适应能力，实力较强；如果仅有市场引力大，而没有相应的高市场占有率，则说明企业尚无足够实力，则该项目也无法顺利发展。相反，企业实力强，而市场引力小的项目也预示了该项目的市场前景不佳。

通过以上两个因素相互作用，会出现四种不同性质的项目类型，形成不同的项目发展前景：① 销售增长率和市场占有率“双高”项目（明星类项目）；② 销售增长率和市场占有率“双低”的项目（瘦狗类项目）；③ 销售增长率高、市场占有率低的项目（问题类项目）；④ 销售增长率低、市场占有率高的项目（金牛类项目）。（如图 1 所示）

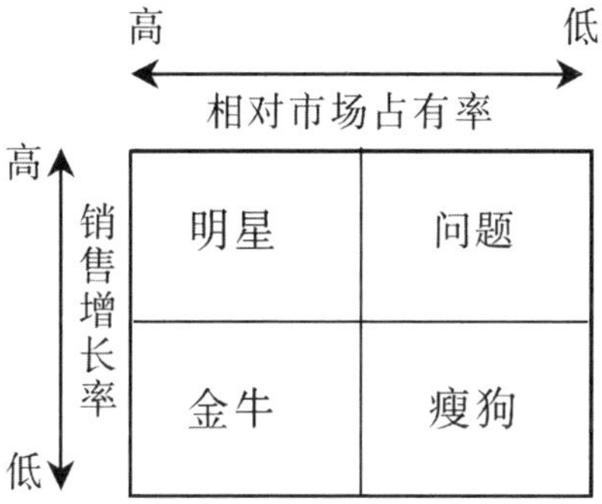

图1　波士顿矩阵

虽然刘国钧只上过几个月的私塾，他也根本不知道什么波士顿矩阵，但是凭借自身的悟性，一生在遵循着波士顿矩阵所揭示的原理。他终生坚守纺织业，这个行业是个既古老又永远不可或缺的行业。他开始创业时，因为刚起步，还是做的瘦狗类项目，但很快就在行业中脱颖而出，市场占有率节节攀升，创业项目转变为金牛类项目，越做越好，最后成为业界王者，创业项目名副其实地成为波士顿矩阵中的明星类项目。

很多创业者在选择项目时，往往会犯两个错误：一个是只看到项目的发展潜力，却没有结合自身条件，过高地估计了自己的能力，干着自己不擅长的事情，结果是人家干得风生水起，自己却总吃败仗；另一个是过于迷恋产品、技术，忽视市场需求、市场容量、市场节奏等。好项目不代表有好市场，没有市场的项目注定是要失败的。这就是为什么很多发明创造、创新创意不能转化为市场产品的原因。市场是需要培育的，这不是一二家企业在短时间内可以完成的。所以，对于初创者，要避免选择没有市场或者市场容量很低的项目，要想清楚你有没有实力等候到市场需求足够大的时候你的企业还没有倒闭，很多时候不是项目不好，而是市场还没有准备好，切入市场的创业时间不对。

（二）创业起点遵循“轻资产”战略

企业生命周期理论是经济与管理学理论中最普遍的假设之一。美国学者伊查克·艾迪思（Ichak Adizes）博士把企业生命周期形象地比作人的成长与老化过程，认为企业的生命周期包括四个阶段：诞生阶段、成长阶段、成熟阶段、衰退阶段，这四个阶段沿着时间轴线，其产品销售额由低到高到稳定再到下降。（如图2所示）

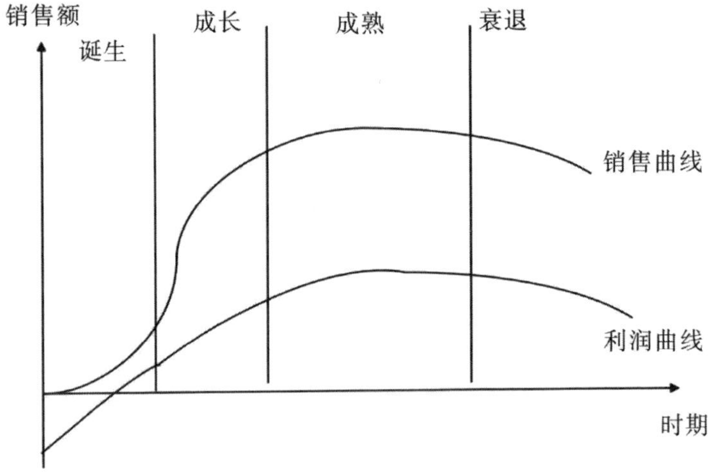

图2　企业生命周期理论的销售和利润曲线图

企业的诞生来自创业的行动，因此，企业家的创业精神与创业企图是企业诞生的原动力。一般而言，无论是从事新开发产品项目，还是从事模仿跟进产品项目，在诞生期阶段营业额很难快速打开，所以在诞生期往往只有投入而营业产出较少，如果企业投入过多的话，企业将可能因为现金流回笼不畅而夭折，许多新创项目往往是在这个阶段夭折的。所以，“轻资产”“低负债”“回款快”通常是初创者所遵循的一条稳健的原则。

刘国钧初次创业就严格遵守了以上原则，他开始创业于合伙开店，采用的是“前店后厂”的经营模式。合伙开店，有很多益处：一是降低了自己的资金投入，降低了投入风险；二是利用了他人的智慧、人脉和其他资源。同时，通过购进面料然后自己染色再卖出去的“前店后厂”经营模式，一方面可以大幅度降低进货成本，另一方面可以提高产品出售价格，增加企业利润水平。所以，初次创业，应尽量避免投入大、回报期长、收款困难的项目，商业模式尽量采用“先商业贸易后投资建厂”的方式，这样，不仅投资少、资金回笼快，而且打开了市场通路和创立了品牌，将为后续的产品生产奠定坚实基础，这样的创业路径更加可靠。

（三）恪守专业化发展路径

进入陌生的领域，多元化经营是个很迷人的目标，也经常成为创业者突破困境的选择。几乎所有的企业经营者，都希望自己的企业能够实现跨领域的经营，以避免鸡蛋放在同一个篮子里。然而，进入陌生的领域已经被实践证明是一项危险的选择。如果企业在资金供应、市场合作关系、专业性人力资源等方面准备不足的话，一旦扩大规模就很容易失败。曾经的空调之王“春兰”集团因为多元化经营退出行业领先地位，曾经的零售巨头“苏宁”集团因为多元化扩张遭受重创，曾经的微波炉之王“格兰仕”公司因为坚守“微波炉”专业化之路而仍屹立于竞争大潮之中。

刘国钧创业时期是一个商品严重短缺的时代，虽然说政治、经济等风险很高，但各行各业的市场机会还是很大的，但刘国钧都不为所动，始终坚守纺织业，这种专业化经营的执着精神，非常值得创业者借鉴和效仿。况且，通常开展多元化经营的主角应该是大企业，除科技创新等特殊领域，一般而言，初创者如果为大企业提供配套经营，成功的概率会相对高一些。

（四）注意内外资源整合，设计科学的公司治理结构

刘国钧创办的企业，先后经历了合伙、独资、合资、股份制等阶段，这样的产权制度安排完全是基于公司的实际经营需要和科学的公司治理需要。

因为初创者的资本实力和工作经验还比较缺乏，选择合伙制作为创业起点，借助外力发展非常必要。但是，很多时候会遇到这样的情况：创业伙伴只能共苦不能同甘，事业做大了，创业伙伴因为理念的不同、视野的不同、利益的冲突而选择分手，否则，硬要凑合在一起，反而会相互掣肘，影响企业的可持续发展。刘国钧由合伙办企业转向独资办企业，就是为了使自己的经营理念与发展战略得到彻底贯彻，而且他经过前期的历练已经有能力在大风大浪的市场搏击中独当一面了。

无论是合伙制还是独资制，都不可能把企业做得很大，而没有规模经济，企业则很难与大企业进行成本、质量、品牌、市场等方面的竞争，民营企业、家族企业之所以往往长不大，就是因为它们的规模不够大，或者规模超出了企业家的

掌控能力，所以，刘国钧为了与跨国企业竞争，就再次采用合资的形式，利用众多股东的资本和其他资源，成立更多的工厂，研发更多的产品，拓展更大的市场，而如果他因循守旧，则很难做到这些事。

实践证明，股份公司具有科学的公司治理结构，它是利用别人的钱和职业经理人的智慧为自己和股东获取利润的经营之道。刘国钧在创业后期就采用了这一组织形式，从而使企业步入了一条稳定的发展通道。“创业难，守业更难”，怎样做到基业长青和企业长寿？首先，要有长远的愿景和目标；其次，创业成功了，引入股份制和现代企业制度，不失为一个好的选择。

（五）开阔眼界，提高“政商”，顺势而为

创业是一件艰难的事，创业者需要具备多种能力。首先，需要有一定的智商与情商，但是，智商不仅仅包括书本知识，还包括社会知识、商业知识、企业经营管理之道等。刘国钧因为当时的社会和家境原因，只读了几个月的私塾，但这并不影响他的创业，因为他很早就接触了社会，真正体现了“穷人家的孩子早当家”，是彻底的草根创业者。他的成功创业，对于已经掌握很多书本知识但仍缺少资金和经验的当代大学生而言，无疑具有极大的启示作用。这就是，当代大学生，不仅需要学好书本知识，会读书，会考试，会写论文，还需要积极参加社会实践活动，比如参加学校社团活动、志愿者活动和勤工俭学、创新创业类的技能竞赛等，学会与人沟通、合作，善于从他人的角度考虑问题等，从而不断地提高情商。

其次，创业者还需要具有一定的“政商”。所谓政商，即对于政治环境、政治情势的理解、适应与利用，虽然经商的目标是盈利，但如果忽视政治和只注重物质利益，则很容易患上营销近视症，即企业只能够赢得短期利润而难以长远发展。纵观刘国钧的创业史，在其创业的每个阶段，他都把自己企业的发展，与国家的命运和民族的兴旺紧紧地联系在一起。在旧中国，他提出了实业救国的主张，“由商转工”而一举成功，既打破了日本等发达国家对于我国纺织业的垄断，也成功地开创了自己的新事业。新中国成立以后，刘国钧积极响应国家号召，使自己的企业第一批成为公私合营企业，将自己的事业与国家、民族、人民的利益紧密联系在一起。

（作者单位：常州信息职业技术学院。本文选自《江南论坛》2021 年第 11 期。）

第四编　刘国钧思想品格的研究资料

刘国钧的社会责任观

王运奇

时下，企业家的社会责任已成为学术界与企业界关注的理论研究焦点与热门话题。南京冠生园的“月饼馅事件”、三鹿的“毒奶粉事件”、富士康的“员工跳楼事件”、云南南盘江“江中排污事件”，以及“地沟油”“瘦肉精”等丑闻被频繁曝光，使企业家的社会责任这一问题备受关注。笔者发现，研究当代企业家的社会责任时，往往多以国外企业家为参照对象，以我国企业家为研究对象的甚少，这就使我们不得不产生疑问：是中国缺乏有社会责任感的企业家而不得不把目光投向异域呢？还是我们过去有社会责任感的企业家现在已经被世人遗忘？事实上，在我们身边就有很多优秀的企业家，他们在践行社会责任方面为我们做出了榜样，刘国钧就是其中的一位。刘国钧的一生不仅给后人留下了宝贵的经营管理经验和精神财富，更为我们树立了一个高尚企业家的形象。他主动践行实业家的社会责任为世人所称誉，对当代的企业家而言，依然具有学习和借鉴意义。

一、刘国钧社会责任观产生的背景

刘国钧强烈的社会责任观产生有其深刻的社会历史背景。1962 年刘国钧在《自叙》中为我们描述了当时常州奔牛镇的社会现实：“奔牛镇是常州西门外最大的一个市镇，街道有 3 里路长，居民很多。近镇的村庄很稠密，田地种得很好，虽然没有像苏北那样有几千亩的大地主，然而有几十亩田的地主也不少。奔牛又在铁路和运河线上，交通便利，以致镇上的商业很发达。奔牛街上有赌场，夜以继日，押宝、牌九都有，是制造地痞、流氓的渊薮。地方上的流氓、地痞强赊硬欠，敲诈勒索的事屡见不鲜。当地居民的子弟，由于环境关系，能洁身自好、勤俭朴实的并不多见。有很多的年轻子弟，不走正路，即使出去学生意，往往也是半途而废，中途回来的很多。因为回来之后，可以到赌场里去混，做小流氓能弄些吃用，因此奔牛镇赌风甚炽。由于我是苏北人，异乡客地，没有‘靠山’，于是就有很多人经常向我敲诈，甚至动手打人。这样一类事情，在奔牛的十几年中，是时常碰到的。”看到很多家庭由于赌博而妻离子散，甚至家破人亡，刘国钧触动非常大，以至于使他产生了离开此地的想法。

从刘国钧的《自叙》我们可以看出，奔牛镇的民风之坏使刘国钧产生了离开此地的想法，他在后来办实业中严禁厂内赌博，始终把改变厂风民风、重视科教和教育放在首位。刘国钧开始寻找出路，萌发了“实业救国”的打算。

对刘国钧产生实业救国思想的主要因素是《民立报》。当在《民立报》中看到日本人提出的“二十一条”，刘国钧义愤填膺，更增强了他的爱国观念。1915年，“二十一条”签订后全国掀起了抵制日货运动，民族工业迅速发展，国货畅销，工业利润优厚。睿智的刘国钧审时度势，决定弃商从工，后来与蒋盘发合作创建了大纶纺织公司，走上了“实业救国”的道路。

二、刘国钧社会责任观的社会实践

1. 忧国忧民，实业救国

中国第一代实业家创办实业，赚取利润固然排在首位，研究一下他们的创业史就会发现，他们大多忧国忧民，具有“实业救国”的思想。张謇、汤震、荣德生如此，刘国钧也不例外。

在奔牛期间，刘国钧发现经营色布远比白坯布利厚，若自行加工则利润更丰。不久他便在自己经营的京货店中附设染坊，把白坯布加工成青布、元色布出售，利润倍增。

刘国钧曾言：“如果不振兴工业，就不能抵制外货。”他创办纺织企业，为的是“实业救国”，发展民族工业，抵御列强对中华民族的经济侵略。正是有这样的思想境界，刘国钧在办企业时才会高瞻远瞩。

2. 质量至上，诚实守信

刘国钧非常重视信誉，他深知良好的企业形象源自信誉。要树立良好的企业信誉，就必须狠抓产品质量，质量好坏是产品能否立足市场的根本，也是富于竞争力的主要因素。为了与外商竞争，他多次对机器进行升级换代，还组织人员对外商品牌进行研究，分析外商品牌的优缺点，然后有针对性地开发新产品，克服外商品牌的缺点，扬长避短。当时日商的“铁路”牌绒布，质地柔软，穿着舒适，在市场上十分畅销。刘国钧的“双兔”牌绒布竞争不过“铁路”牌绒布，于是他细心研究，发现“铁路”牌虽然具有柔软的优点，但也有底板绒太稀太薄的缺点，且绒毛不牢固，保暖性较差。于是他立即改进“双兔”牌的设计方案，在原料和工艺上改进，使“双兔”牌新产品既具有“铁路”牌质地柔软的优点，又克服了其绒太薄的缺点，“双兔”牌绒布绒毛丰满厚实，深受消费者的青睐，一举夺回了被“铁路”牌占据的市场。

刘国钧从事过多年商业，作为商人他深知产品质量的重要性。靠质量创名牌，成为其企业经营的重要内容。刘国钧精心打造的“征东”牌色布远销海外，成为名牌产品，获利颇丰。还有“六鹤”纱和“蝶球”牌漂布、“大成蓝”色布等，都深受消费者的喜爱。为了提高质量，超越日货，他曾三访日本，学习纺织技术。刘国钧有三句著名的经营理念：“货色要比别人好一点点，成本要比别人低一点点，价格要比别人高一点点。”这三句话是他在竞争中立于不败之地的诀窍。一方面，他的产品质量比别人的好，虽然价格比别人高一点，消费者还是乐意买他的商品；另一方面，由于他非常重视经营管理，成本又比别人的稍低，所以企业的利润就更多。他谱写的大成厂歌“武进大成，纺织染兼营。提倡国货，对外竞争。出品力求精，成本力求轻”集中体现了他的这一经营理念。

刘国钧是我国近代史上富有传奇色彩的人物，从 1930 年创办大成公司并担任总经理到抗战前，资金总量比大成初期增长了八倍，这种发展速度不多见。刘国钧的发迹过程，既无权贵富亲可攀附，又未曾碰上暴富之奇遇，根本在于他的企业经营理念。刘国钧的经营理念，早为国内经济学界所推崇和肯定。

3．重视教育，改造国民

刘国钧认为：“开厂不是为了少数人的安富尊荣，而是为了多数人的生活。”大纶厂刚成立时厂风不好，弊端很多。刘国钧采取了很多措施。他要求职员、艺徒、学生、工人每天上课，学文化，学技术。针对女工大部分文化水平低的情况，他要求女工也分早晚集中上课，提高文化水平。同时，他采取多项措施提高工人福利：实行包饭，只按成本收费，不加任何费用；改良宿舍，设法消灭臭虫、蚊子和苍蝇；对本厂职工子弟优先录用到厂做工，学习好的送到纺织学校进修学习。

由于各种管理措施到位，工资奖励标准和待遇比其他厂好，大成各厂呈现了一片新气象。工人职员基本做到厂内外不赌钱，因为赌钱是要受到处分的。职工的生产情绪高，思想稳定，很少有流动现象。每届年终，工人带回去的钱总比别的厂多。由于大成工人工资高、厂风好，所以很多家庭都希望把自己的孩子送到大成做工，那时候靖江、泰兴两县有这样的风气：如果要到苏南做工，几乎非大成不可。否则父母妻子不答应，因为到大成钱带回去的多，规矩又好，人坏不掉，家长也就放心了。据说，当时的人们能进大成做工，就好比现在进入国企或者外企一样自豪，这种现象在旧中国不能不说是个奇迹，创造这个奇迹的人就是刘国钧。

刘国钧是个伟大的企业家，他的伟大之处就在于，他通过改变厂风也间接地改变了当地的民风，改善了当地的社会生态。

4. 苦心经营，抗战图存

1937 年 11 月 13 日，常州沦陷之后，大成一厂所有物资被洗劫一空，二厂几乎全部被炸毁，三厂被日军用作马厩。刘国钧将储存在上海的资金设备，以英商的名义注册，开办了安达纺织公司，自任经理。其后，又与民生实业公司总经理卢作孚合作，在重庆北碚创办了大明纺织染公司，在中国重庆、昆明、香港和越南河内、缅甸仰光等地设立办事机构，逐步把事业向海外拓展。整个抗战期间，他苦心经营，不但没有被摧垮，反而获得迅猛发展，保存了实力，纺织企业为支援抗战做出了贡献。

5. 慈善济世，热心公益

刘国钧一生自奉俭朴，为公益事业却慷慨解囊。1933 年他出资 3000 大洋，疏浚生祠镇东首的大靖港，使其成为家乡的水运要道。后又出资开挖横贯生祠镇东西的团河和修建生祠镇的主要街道，并多次出资支援家乡的教育事业。1932 年和 1962 年两次出资修建岳王庙。

在抗美援朝战争中，大成共捐献 50 亿元（旧币），刘国钧个人捐献 2.65 亿元，并主动将留存于上海和香港的毛纺工业献给国家。

1972 年他特地从瑞士进口一台价值 60 万元的恒温度标镗床，赠送给武进农机厂。请该厂工人加班加点，多生产 10 台东风 -12 型手扶拖拉机，转赠给靖江县大兴人民公社，支援农业生产。

三、结语

刘国钧践行企业家的社会责任，不仅使大成纺织染公司的业务蒸蒸日上，企业实力不断增强，而且也为自己塑造了良好的企业家形象。刘国钧把企业的命运同国家的命运结合起来，把个人创业同救国兴邦结合起来，以国家富强、民族复兴作为追求个人财富的前提。他创业的根本动机在于“为社会造福，非为自己享福”。从这一点来讲，刘国钧的社会责任观值得我们学习和借鉴。

（作者简介：王运奇，硕士研究生，主要研究方向为区域经济。本文选自王亮伟主编《刘国钧研究文集 2014—2016》，凤凰出版社 2017 年版。）

试论刘国钧的“德”与“威”

管仲华

美国学者罗伯特·李·卡茨（Robert·L.Katz）于20世纪70年代提出了著名的管理技能模型，即技术技能、人事技能（人际关系技能）和概念技能，不同层级的管理者，掌握这三项技能的侧重点不尽相同，然而，人事技能（人际关系技能）是组织各层管理人员都应具备的技能，无论管理岗位处于哪个层次，作为管理者都必须与周围的人进行有效沟通，这样才能共同完成制定的目标。近读刘国钧《在安达纱厂职员会上的讲话》（1942年5月28日，以下简称《讲话》），在《讲话》中，他提到管理工人不外乎“怀德畏威”四个字。“德”与“威”并施，这是刘国钧在人事技能中施展的人格魅力。

“怀德畏威”出自《国语·晋语八》：“民畏其威，而怀其德，莫能勿从。”指老百姓畏惧于君主的声威，同时又感念于君主的德惠，从而服从君主。笔者认为，从现代管理学的角度考量，刘国钧这种“德”“威”并施的人事管理理念先进，是一个非常优秀的领导人才。这四个字也是对管理者素质提出的高要求。

“德”

道德对人心凝聚的作用是不容小觑的，刘国钧自身之“德”，主要有两点：

一、于己，有强烈的自我管理意识

他说，一个管理者看似管理别人，其实，“我的名誉、事业都在管理着我，无形中给我的行动以限制”，纵观他的一生，他对自我的管理是非常严格的。他的自我管理表现有二：其一，勤奋学习，不断进取。北宋欧阳修有句名言：“立身以立学为先。”刘国钧仅读了八个多月私塾，在1929年武进商会上他强调：“中国各工厂，应以科学之头脑，工人之身手，与世界竞争。”为了达到“科学之头脑，工人之身手”的目标，他在技术学习上从无懈怠，1916年大纶机器织布厂正式开工，刘国钧虚心向原裕纶布厂的张机长请教电力带动的大英铁机织布程序，自己成天穿着工装深入车间熟悉技术，四次去日本考察，将先进科技和经营管理经验带到自己的工厂里，使大成公司成为集纺、织、染、印于一体的全能企业。高进勇先生有这样一段评价刘国钧的话：“刘国钧之所以能成为一位创业的胜利者，一位杰出的企业家……在广泛的社会活动中，时时学，处处问，博取众人之长，兼收并蓄，使这个只上了八个多月私塾的学子不仅腰缠万贯，同时也成为知识的富有者。”其二，刘国钧还非常重视自我道德的培养，他在《讲话》中有这样一段话：“管理人员要从修身做起，树立良好榜样。”他重视自身一言一行，厌恶赌博等恶习，有人因业务往来送礼给他，他把礼物送至秘书处。

在对自我严格要求的同时，他在管理上也对员工的“德行”加以要求，例如，1934年在大成一厂因机器故障停工期间，他在《停工期间内经理告同仁书》中，希望大家利用停工时间读一读他推荐的《格言联璧》，因为本书“于修养之道，立身之本，阐论甚详”，当然，作为一个企业管理者，一方面希望员工以此“修身”，更重要的是提高自身素质之后，能够在工作上提升自我能力，因此他说，读完之后“不独学问身心大有裨益，且于工作管理，亦可得其助力也”。他曾亲见好友因赌博而困顿潦倒，对赌博深恶痛绝，在《停工期间内经理告同仁书》中，他叮嘱：“切戒招摇于游戏场中，呼喝于赌博台上。”他还将中国传统文化中的忠言良句编订成八卷，教育员工，他用自己良好的言行去影响、感染周围的人，在刘国钧的言传身教之下，大成厂的员工少有陋习。

二、于人，有宽厚仁义的情怀

中国传统文化中，儒家仁爱思想是核心，强调“仁者爱人”，刘国钧的“德”集中体现在“仁”与“义”上。1915年，刘国钧弃商从工，不少人都想盘下他的和丰京货店，有人甚至开价3万银洋，而需要资金的刘国钧将自己的店以6000银洋盘给了曾经的合作伙伴华渭川，此人用股金过户给刘国钧抵债，现在不仅能以低价盘下和丰重振旧业，而且这6000大洋还分期付款，华渭川对刘国钧的感激之情难以言表。刘国钧对华渭川的帮助，可以说完全符合儒家所提倡的朋友关系，成全他人，也是成全自己。1916年大纶机器布厂浆纱配方有问题，导致白色斜纹布质量不佳，英商怡和纱厂工人帮助刘国钧偷学浆纱配方被发现，遭到领班毒打，刘国钧承担了全部医药费，还安排这位工人在乡下全家的生活费用，此举令工人倍感温暖，通过各种办法解决了大纶厂的技术难题。《论语》有“恭则不悔，宽则得众，信则人任焉”之语，刘国钧处世待人的智慧，正是一个优秀的管理者应具备的品质。

正是因为他拥有这种宽厚仁义之心，在企业管理上才能处处体现人文情怀。他在《讲话》中说，他不仅站在管理者的角度处理问题，也站在他人的角度思考问题，他说道：“管工的人，如能处处以诚意待工人，人非木石，当然能有好的反应。”管理人员要“将女工当姐妹，男工当兄弟，以良心诚意对待他们，不占便宜，不加压迫”。大成厂的福利有口皆碑，也是大成人的骄傲，在这里，工厂就是一个小型社会、社区，有食堂、宿舍、子弟小学、保健站、小商店、休养所，甚至功德堂，“食于斯，居于斯，生活于斯，老于斯，葬于斯”，有这样的管理者，何愁员工不全力以赴呢？《论语·雍也》曰：“己欲立而立人，己欲达而达人。”用现在的话来说：“赠人玫瑰，手有余香。”在管理上，大成公司以优厚的福利待遇回馈员工，也是“德”的体现。除了以上福利，年底发红包，还有股票，这样一来，员工有了主人翁意识，“工厂是我家，工厂靠大家”的责任感油然而生。

“威”

对于“威”，要与“凶”区别开来，在《论语·尧曰》中有这样一句话：“君子正其衣冠，尊其瞻视，俨然人望而畏之，斯不亦威而不猛乎？”意思是君子衣冠整齐，目不斜视，使人见了就让人生敬畏之心，这不也是威严而不凶猛吗？刘国钧的“威”，建立在他“其身正”的“德”之上。

一、“威”是“德”的延续

刘国钧严于律己，对狗苟蝇营之事深恶痛绝，早在他1908年进入商行起，便是如此。当时刘国钧担任源昌布庄经理，安排一位管事赴江阴采办土布，这位管事玩物丧志，贻误商机，刘国钧公事公办，以“威”示之，这位管事自觉惭愧，走人了。在大成厂，他也绝不容许工厂有丑陋恶劣之事发生，一经发现，必加以严惩，以儆效尤。例如，一个员工在赴靖江收购棉花时宿奸嫖娼，棉花质次价高，刘国钧坚持予以开除，全厂为之肃然。这种“威”，是源自对“德”的要求，与“德”相背者必弃之！

二、“威”是管理的必要态度

刘国钧一生苦心经营，从小小的和丰京货店起家，弃商从工，开始大纶厂的经营，再发展到大成公司，每一步都呕心沥血，实属不易。管理的概念是管理者为了实现预期的目标，以人为中心进行的协调活动，对人进行管理是重中之重。俗话说：“没有规矩，不成方圆。”刘国钧的“威”，在于管理中立规矩，成方圆。不妨看一下《讲话》中他对管理的要求：“管理工人一方面要严，令出必行，必须对于全体工人一律看待，不能因为亲戚或友谊关系有所偏袒，这最是大忌。如果违犯，就要丧失管工资格。”有恶习的人“简直就是败类，害群之马，一定加以解雇”；“公司向来不许分别党派，行政方面不能成阀，工务方面不能成党”。如果说，《讲话》还仅仅是职员会上与大家分享自己的经验，提出要求，《大成公司档案史料文献》，就不能不惊叹于大成厂完善的制度——这里有《大成纺织有限公司工厂法》共 77 条，从工人的使用到工会的职责方方面面一一列出，这里有《大成公司章程》共 33 条，从经营范围到股票转让事宜也一一列出，等等。虽然这些文本不是刘国钧一人所为，但足以说明，作为企业发展的领头人，刘国钧在经营管理方面，是非常严谨、非常细致的一个人，这种“威”，不仅体现对员工的严格要求，也体现在对企业的精细管理上。

可以说，刘国钧的“德”是生“威”的根本，而他的“威”又彰显了“德”的力量，我们再来看罗伯特·李·卡茨的管理技能模型，人事技能的应用极为重要，它是有关与人共事、理解别人、激励别人各方面的能力，一个人能力再强，缺乏团队合作必然难以施展才能，具备良好的人际关系才能实现有效的沟通、激励。管理者自身端正，做出表率，不用下命令，被管理者也会跟着行动起来；相反，如果管理者自身不端正，而要求被管理者端正，纵然三令五申，被管理者也不会服从。刘国钧以“德”服众，又能够以“威”成事，周围的人才会“唯马首是瞻”，与他一起在纺织业共同打拼天下，成就大成厂的辉煌。

（作者简介：管仲华，常州刘国钧高等职业技术学校高级教师。研究方向：学校文化管理。本文选自王亮伟主编《刘国钧研究文集 2014—2016》，凤凰出版社 2017 年版。）

简论刘国钧著作的语言特色

王亮伟

由李文瑞主编的《刘国钧文集（论著卷）》共收集了刘国钧28篇著作，这是目前能见到的有关刘国钧最全的一本著作选集。

对刘国钧著作早有人做过实事求是的评价。1949年刘国钧《扩充纱锭计划刍议》一书在香港再版刊印时，中华职教社人士潘仰尧专门为此书作序。《序》中写道：刘国钧所著此书，“目光远大，条理井然，陪都人士，交口称之，佥认此书于抗战大业，极有贡献，尤为心折，促其付刊，不数月而告罄。今时隔数年，而此书所述，仍无变动”。

本文就刘国钧著作的语言特色，谈点浅见。从总体上说，刘国钧文风朴实，不讲空话，在简明扼要的论述中，蕴含着深刻的思想内容。

一、简朴务实的个性色彩

刘国钧出生在清末，他所处的时代是中华民族最黑暗、最艰难的时候。从乡童到富豪，从学徒到老板，从经商到从政，再从著名实业家到忠诚爱国者的传奇经历，铸就了他坚定而朴实的人格和独具魅力的气质。他简朴务实，精明睿智，正是这种独特的性格特征，才使其著作语言呈现出个性化的色彩。

主要表现在三个方面：

1．表达观点的方式颇具个人特征，即习惯用质朴的、简洁的语句来表达见解。有的直接探讨社会问题、经济问题或民生问题，有的则是通过谈论形势和具体事件，间接地涉及一系列重大问题。1939年发表在《武进商报》的《土纱救国计划书》，针对日本侵占东北三省的现状，他以简洁明快的语言，号召国人积极“纺土纱”。他写道：“此次暴日甘冒不韪，突以重兵占我东北，缴我军械，杀我军民，夺我财产，凶横暴悍，无所不用其极。如吾国应付不周，非惟亡国，实有灭种之虞。窃思国家兴亡，匹夫有责，经济绝交，义无反顾。”但一旦与日绝交，对国计民生影响极大，于是要“未雨绸缪”。他主张：“国钧在工言工，深觉欲谋补救，非恢复土纱，崇俭黜奢不为功。”他的结论是：“惟有请中央党部与政府通饬各省党部及地方长官，普遍宣传，指导民众，恢复40年以前自纺自织之工作，以为御日绝交之后盾，亦救济民生之根本办法。”抗战即将胜利时，刘国钧又发表《建设纺织公司计划书》，分析抗战前后形势，向国民政府谏言：“发展纺织工业已到最亟迫与最有利之时期。”“近代工业国家，莫不以纺织工业为工业化之前驱。我国土地宜棉，藉发展纺织工业以巩固国家社会经济基础。”纺织业是国民经济的“母亲工业”，刘国钧从理论和实践的角度，积极倡导民族纺织工业的建设和发展。

2. 著作善于用数字说话，较多地运用比较手法。在《土纱救国计划书》中为了强调发展土纱的重要性，他通过数字对比，分析国内纺纱机锭分属本国的、英国的和日本的，其分别所占的数字和比例，说明一旦对日宣战，那时“全仗土纱也”。他写道：“查吾国纺纱机锭，共计421万枚，英商占17.7万余枚，在华日厂竟占163万余枚，完全华股纱锭，只240.2万余枚。”华股纱锭“按吾国4万万人口，推核每200人中，只占纺织纱锭子1枚，其不敷应用也远甚。”从数字对比，道出了国家工业力量的强弱，强调了发展民族纺织工业的重要性。抗战胜利，刘国钧发表《扩充纱锭计划刍议》一文，通篇是翔实的数字，例如计划的目标、资金、原棉、厂区、纺机、人才、组织及利益，用数字说明，具有较强的说服力。刘国钧的文章中，几乎每篇都涉及各类数字报表，说明他对国情民情和行业企业的深度了解。

3. 著作善于运用简洁朴素，为时人喜闻乐见的语言。他在发表见解时，常常是寥寥数语，却给人留下深刻的印象，他用极普通、极平实的字眼，表达出十分完整的观点。《土纱救国计划书》中的小标题言简意赅，通俗易懂，句句不离“土纱救国”：“纺土纱为御日绝交之后盾”“纺土纱为灾民贫民谋生计”“纺土纱为谋免工人失业”“纺土纱为经营外货者改业之门径”等。

二、以理服人的思辨色彩

刘国钧的文章思辨色彩很重。善于分析概括，严于判断推理，他的讲话和报告也具有很强的说服力和感染力。

简要严密，“立片言而居要”，让人有顿悟之感。1953年6月发表的《重视棉纺织工业来配合重工业建设的建议》中，他分析了国际国内发展的经验和教训后指出：“轻工业当中，关系人民生活需要最大者，就要算棉纺织工业，它的重要性仅次于粮食。”短短一句话，精辟透彻。在谈到扩充纱锭资金来源时，他提出“鼓励私人资本，尤其是华侨的资本问题”，他说：“我们的新民主主义经济是要向社会主义经济发展的，因此，今后鼓励私人资本投资于纺织业，应以公私合营为主要形式。”由于有些私人资本家“还存在着若干顾虑”，他建议采取“宣传鼓动”和“采取优先股的办法，给予保本保息，来吸收入民游资以及海外华侨的投资”等。这些建言献策，不仅前后相承，言简意丰，而且概括性强，说理透彻，从不同侧面、不同角度概括了对社会主义建设的态度；后面建议的一项政策，是在说理的前提下，提出解决问题的办法，可操作性强，在当时的历史背景下，可谓“语重心长”。

刘国钧不仅善于分析问题，而且严于判断推理。他在分析中有综合，在综合中有分析，语言令人信服，而且具有创造力。

他还善于将抽象而深奥的道理寓于生动具体的举例之中，将很难讲透的道理讲得深入浅出。刘国钧在《土纱救国计划书》中专门列举“印度甘地救国工作之重心，端在纺纱”，并单列一章，他介绍道：“此伟大人格，全世界崇为无冠王的甘地先生，日能纺纱 7 两，使全印民众，都随之做纺纱救国之工作，为抵制外布之后盾，已有美满成绩。”随之，他笔锋一转，指出：“今吾国大难临头，自问吾中华民国之全国民众，较之印度民众之人格，扪心较量，以为何如？”“国家兴亡，在此一举。如人人具有爱国之真心，应不嫌国货之粗笨，且以着此土纱成真正国货之土布为荣，并以用外货为奇耻，救国之道，庶有希望。”当年印度与我国国情有许多相似之处，通过列举，对比强烈，读者便于接受。

三、严谨犀利的文言色彩

刘国钧只读了八个多月的私塾，文字功底来源于父亲亲授。

刘国钧 1933 年发表的《利用棉麦借款于生产之意见》，针对国民政府向美国借进棉麦救济市场时，不注重发展民族工业和提高生产技术，而是单纯应允三年后用钱款抵还。刘国钧开篇直言：“吾国素以农业著称于世，借人棉麦，救我之急者，不得已之举，亦耻辱之事也。若引以为喜，而不亟谋根本之救济，真利害之不辨矣。夫物腐虫生，理有必然，所惧者，腐而不能知也。”用尖锐泼辣的文言句式，显示其态度鲜明。

刘国钧十几岁就从商创业，长期生活在最底层，了解民众疾苦，善于吸取民间口语。他善于运用新鲜活泼的口语表达理论见解。在《扩充纱锭计划刍议》的《重刊自序》中说："政府要税，提倡于上；商人要利，拥护其中；人民受累，消耗于下。"

四、与时俱进的时代色彩

语言的时代性，突出地表现在词语的运用上，一些反映特定社会经济生活的词语，成为一个时代的标志。抗战时期提出"土纱""纱锭"等词语，新中国成立初期提出"棉纺织工业"与"重工业"建设关系，一看便知是何年代的语言。

语言的时代性，还表现在语言是表现社会政治生活，不同的时代就有不同的社会政治生活内容，语言贴近生活，呈现出不同的时代特色。刘国钧的《土纱救国计划书》、《赴日考察印象及感想》和《扩充纱锭计划刍议》等深深打上了"抗战"的烙印，体现了抗日救亡、实业救国的时代主旋律。新中国成立后，他的《消灭资产阶级有利》《工商业者必须接受社会主义改造》《为贯彻"利用、限制和改造"的政策而努力》《谈大成公司公私合营的经过和体会》等，体现了实行社会主义改造的时代特征。

刘国钧是以一个爱国实业家而著称于民族工商业界的，他的著述，包括经济、政治和生活各个方面，但大部分是经济论著。刘国钧毕竟是一位爱国实业家，而不是一个经济理论家，其经济著述不够系统全面，较多是根据形势所感所悟，以及他办实业的经验总结，有局限性。

（本文选自王亮伟主编《刘国钧研究文集 2014—2016》，凤凰出版社 2017 年版。）

刘国钧先生职业教育思想渊源探究

顾　勇　　米海燕

刘国钧先生是近代中国纺织史上著名的企业家，全国民族工商界的骄子，常州经济奇迹的创造者。他白手起家，艰苦创业，依靠先进的经营理念和创新举措不仅缔造了大成纺织集团，还以他卓越的管理才能抒写了中国近代民族企业家的百年辉煌。目前学界对刘国钧先生的研究，大多围绕着大成纺织集团的发展史展开，其他方面可见成果甚少，关于他的思想研究，更是微乎其微。然而我们知道，刘国钧先生不仅是一位实业家，而且还是经济学家、教育家、政治家，他先进的经营管理思想、与时俱进的职业教育思想以及与党肝胆相照、荣辱与共的执政思想，都对当时社会产生了重大的影响，所以对刘国钧先生的思想研究意义深远。本文只就刘国钧先生的职业教育思想进行研究探索。

一、刘国钧先生职教思想形成的历史背景

刘国钧（1887—1978），出生于江苏省常州府靖江县生祠镇，是常州经济奇迹的创造者。他从一个默默无闻的小学徒成长为名扬天下的纺织巨子，“日食三餐元麦糊，半世事业万人功”是他传奇一生的真实写照。刘国钧先生以其坚韧不拔、锲而不舍的创业精神和创新意识，不仅创造了“大成”的奇迹，也成就了他作为中国民族爱国实业家开创的纺织大业及取得的辉煌成就。著名经济学家马寅初先生曾赞叹道：“像大成这样，八年增长八倍的速度，在民族工商业中实在是一个罕见的奇迹！”刘国钧先生在他的创业过程中，充分认识到先进的生产技术和优秀的管理人才对企业的发展至关重要，他在做大做强企业的同时，也在不断研究探索职业培训及职业教育的多种途径，并逐渐形成他的职业教育思想。

（一）艰苦创业的经历积淀而成

刘国钧先生艰苦创业之初来自家庭生活的压力，最早可以追溯到他的学徒生

涯。幼年的刘国钧生活穷困潦倒，最艰难的时候曾一度流落街头。7 岁的刘国钧已经读懂了生活的艰辛，他学着大人的样子，做起街头叫卖的小生意。母亲不忍心让这么小的孩子就背负起生活的重担，在邻居的资助下，把他送进了私塾。可是一年没读完，刘国钧先生就因为家境贫寒不得不辍学。后经人介绍到常州西门外奔牛镇刘吉升京货店做学徒。刘国钧先生脑子活络，手脚勤快，做事认真，深得老板的赏识。学徒中也学到了做生意的诀窍和一些经营之道，继而萌发了自主经商的想法，并很快就付诸实践。

刘国钧先生自主创业始于他的早期经商活动。经过学徒期的磨炼，他已经逐渐掌握了京货店的经营窍门，与常州等地的批发商也有了较深的交往。他善于观察和揣摩顾客的心理，所以进的货总能销售出去，很少积压。这可以证明他拥有了独立开店的能力。于是他就筹集资金与同乡合伙开了一家和丰京货店，开始了披荆斩棘的奋斗历程。由此可见，刘国钧先生在商业上的禀赋，在他青少年时期已经崭露出来。

刘国钧先生在其经商过程中，不断地学习探索，使他认识上又有了飞跃，那就是经商不如办实业。1918 年，精明强干的刘国钧先生决意独资办厂。他购买了 80 台布机，自己任经理，让家人参与管理，办起了“广益布厂”。虽然设备落后，资本微薄，但他在干中学，在学中干，注重设备的保养和维修，通过技术培训和严格的管理，来提高工人的技术水平和产品质量，第一年就获得了盈利。到 1923 年，他凭广益布厂积累的利润，创办了广益二厂，一下成为当时常州最大的染织厂。

刘国钧先生办工厂的诀窍，是著名的“三个一点点”：“质量好一点点，成本低一点点，价格高一点点。”他在点点滴滴上下功夫，绝不放过经营管理中的任何一个环节；而且十分重视学习外国的先进技术。他前三次访问日本，研究日本的纺织技术，每次回国后，立即召集高级职员开会，把自己的学习经验介绍给他们，发扬民主，集思广益，提出改进措施和意见，责成有关负责人分头进行研究，逐步实施，确保整个公司良好的发展态势。访日期间，他私下学习了丝绒和灯芯绒的生产窍门，终于开创了民族资本工业中成功生产丝绒和灯芯绒的先例。他善于钻研，经常对棉纱的棉量、棉布的用纱量、棉布的花色品种、纱布成本、销路、利润等问题进行仔细调查和研究，即使在抗战期间，在重庆、昆明等地，当其他人去娱乐时，他却腾出时间，观看绸布橱窗，调查市场，探询销路。可见他时刻不忘学习先进的东西。从 20 世纪 30 年代开始，在中国内地、香港以至整个东南亚的工商界，提起刘国钧先生，几乎无人不知。他为中国现代民族纺织印染业的建立和发展做出了重要贡献，人们称他为“实业苏民思广益，经纶裕国志大成”，他成就了一个爱国实业家的伟大传奇。

刘国钧先生从学徒到自主经商，以至后来创办实业，成为中国纺织巨子，在他艰苦创业的经历中逐渐积淀了对职业学习的朦胧意识。刘国钧先生本人读书并不多，他虽然没有机会系统学习文化知识，接受通识教育和专门的职业培训，但他没有放过任何一个可以学习的机会，无论是先进的生产技术，还是西方的管理方法，他都积极学习，致使对他的赞誉之词比比皆是。当然这些都源于他对中国纺织业的巨大贡献，也因其强烈的创业精神和杰出的经营管理能力，抒写了中国纺织史上的百年辉煌。他在艰苦创业的经历中不仅认识到先进的生产技术和应用技术人才的重要性，也为他初期的职业教育理念的形成奠定了坚实的基础。

（二）生产实践的经验凝聚而成

成功人士始终用最积极的思考、最乐观的精神和最现实的经验支配和控制自己的人生，刘国钧先生就是如此，他富有远见卓识，从“广益布厂”办起，时隔五年，广益布厂即成为常州第一大染织厂。这不仅得益于他坚定的办实业的决心，还有他前瞻的思想和丰富的经验做保障。他为自己设计一个又一个目标，并把这些目标建立在人才立厂、技术强厂的战略基础之上。刘国钧先生认为，先进的生产技术对企业发展至关重要，而掌握技术的科技人才对企业的发展创新更为重要，经验告诉他，通过职业教育获取人才是可行之举。

刘国钧先生在他的实践中得出这样的一个经验，一个公司要生产出比别人成本更低、质量更好的商品，关键就是要有一流的人才。他常说：“既懂经营管理，又懂技术，是一等人才；懂管理不懂技术，是二等人才；懂技术不懂管理，是三等人才。”他出任大成厂经理后的第一件事，就是不惜重金，礼聘人才。在全国纺织行业中声名卓著的陆绍云、刘靖基、刘丕基兄弟等人，先后都被刘国钧先生聘到大成工作。他重金诚聘留日纺织专家陆绍云是在大成创建之初资金紧张、众人质疑的情况下，刘国钧先生力排众议，果断决策，他说：“宁可以一百块月薪用一个能人，不愿以二十五块用四个庸人。像陆总这样的专家，一个人就抵得上我们所有的人。”

刘国钧先生将大成纺织染公司的产品商标定名为“蝶球”和“征东”，就寓意着无敌于全球和征服东洋，彰显出他的远大志向和抱负。1935 年 7 月，刘国钧先生赴日本考察回常州之后，有人曾问他中国纺织业是否有希望，他回答说：“不要问别人，只要问自己。成本减得轻否？紧缩能达到目的否？制造的货物合标准否？为大局计，对用人不重情面，以人才为主，岂有不可生存之量也。”当任何一个企业面临困境时，首先要追问的或许正是这些最基本的问题。

在长期的生产实践中，刘国钧先生总结出了人才对于企业的重要性。他在长期的经营管理实践中始终坚持以人才为本，并身体力行，广泛招贤纳才，网罗和培养人才，重用人才。他本人就善于学习，勤于思考，富于钻研，不断突破生产上的各种难题，运用科学技术，研发先进装备，提高生产效率。技术上遇到疑难问题，他都亲力亲为，动手解决。刘国钧先生的卧室里挂着这样的条幅“心之所至，无坚不入；意之所至，无远不届”。他常常以这样一句话鞭策自己“日日行，不怕千万里；常常做，不怕千万事”。这也是他的人生经验吧！刘国钧先生就是以这种脚踏实地的精神，不断追求更新更高的目标。他作为一个备受尊敬、载入中国民族工商业史册的实业家，对人才的重视，对职业教育的重视，应该说源自他的积极思考和多年的实践经验。

（三）经营管理的措施汇集而成

作为实业家，刘国钧先生在企业经营管理上极富创造力，所以出现了大成奇迹。正如有句话说的：一种思想可以改变一个时代。同样，一种新的经营管理思想可以改变一个企业的命运。刘国钧先生一生辉煌的成就得益于他的审时度势和开拓创新精神，他对流行一时的现代科学管理进行了创造性的模仿。他善于把握机遇，敢于冒险。他的创新之举包含着不惜重金聘用人才，广开门路培养人才。如果说刘国钧先生准确的判断力是他经营成功的决定性因素之一，那么他重视人才，重用人才，通过各种途径选拔培养人才则是他最准确的判断。他的职教思想是他经营管理思想的重要组成部分，是他事业成功不可或缺的因素之一。

刘国钧先生创办大成厂就积极实施他的这一举措，诚邀国内纺织界的知名人物、技术专家、业务精英，组成了一个强有力的管理团队。他超前的经营理念付诸实践的一件事就是大成厂成立不久，重金招聘英才参与企业管理。并以他们为核心开展技术改造、产品研发，进行工厂管理制度改革；同时还让他们给工人进行技术培训，开展职业教育。他们为企业发展提出了一系列颇富创意的建议和设想，为大成厂在同行业竞争中始终处于不败之地做出了巨大贡献。实时对员工进行技术培训是刘国钧先生成功的秘诀之一。他一方面选派优秀人员赴国外留学进修，选送技术人员出国参观考察，了解掌握国外同行的生产情况和技术信息；另一方面开展对企业新老员工进行各种培训教育，要求他们学文化，学技术，提高自身素质，并建有相应的管理制度进行考核。

刘国钧先生摒弃传统观念，唯才是用，礼贤下士，高薪聘请高级技术人才，形成一个规模庞大的技术人才库。他投资办学校，开展职工教育，培训人才，甚至资助技术人员出国深造，这充分显示了民族企业家的魄力和眼光。这一切都和他艰苦创业的经历、自主创业的经验，以及长期参与经营管理所实施的各项措施分不开，也逐渐形成和完善了他的职教思想。

二、刘国钧先生职教思想的实施措施

职业教育是对受教育者施以从事某种职业或生产劳动所必需的职业知识、技能和职业道德的教育，亦称职业技术教育或实业教育。职业教育的目的是培养应用人才和具有一定文化水平的专业技术人才。职业教育具有适应性、中介性和产业性，所以更适用于企业的用人需求，也为大多数群体提供了接受教育保障乃至就业保障。

作为职业教育家的刘国钧先生在他的创业生涯中就已经意识到了，“工学结合、校企合作、顶岗实习”这一学习模式是可行的。他的教育思想不仅体现在大成公司的基本用人策略中，还在后来他坚持办学、捐资助学等一系列活动中得到充实和升华。刘国钧先生从经营“广益”的时候起，就认识到人才的重要性，职业教育的必要性。那时他把企业人才分为三个档次：一、懂经营管理，懂技术；二、懂管理不懂技术；三、懂技术不懂管理。并以此为标准，量才录用。他把技术工人视为人才，企业的发展进步则离不开他们；所以要采取多种形式广泛开展职业教育培训，建立相应的学习机制，培养一支有素质、有技术的劳动者团队。

（一）建立企业职工培训机制

对于人才，刘国钧先生把选拔和培养结合起来，他一方面外派技术人员、工程师、管理人员去欧洲学习深造；另一方面招收有一定文化基础的练习生给予相应的培训；他还自己开办夜校培养员工，使他们成为企业所需要的人才。当时大成公司各工厂都设有职工文化教育设施，这在20世纪30年代是很少见的。为了获取更多的技术、管理人才，刘国钧先生还积极与高校、职专牵手协作，设计培养目标，共谋发展大略。

刘国钧先生职业教育思想实施策略之一是职业培训。刘国钧先生始终把重用、培养优秀的管理人才和技术人才视为企业发展的重要因素。他认为治厂之本在于人才。他主张少用人，用本事大的人。所以他选择一条引进人才和培养人才相结合的道路。他曾高薪礼聘陆绍云工程师，负责生产管理、技术改进，以提高棉纱质量。同时还在企业中广泛开展职工的教育培训。刘国钧先生认为要想在市场竞争中立于不败之地，就必须有一支自己的强大的技术队伍。因此，他非常重视对人才的培养。为了培养技术力量，他不惜高价从外地招募职工，开办练习班、艺徒班和值车工养成所。厂里定期对艺徒和值车工进行文化考核，所有的学员全部是考试录取，不徇私情，凡成绩优秀者均给予物质奖励。工厂还办了夜校，开设语文、数学、绘图、外语等课程，招收学员一律要求住厂，没有特殊事情不许请假。白天跟班实习，晚上读书，学习纺织、数学、绘图、外语、语文、算术、机械维修等知识。他还要求职员不能光待在“写字间”，要去车间熟悉情况，学习掌握一些生产管理技术。经过几年培训，一支年轻的、素质较高的职工队伍活跃在大成纺织公司，使大成在同行竞争中能够处于领先优势，不被击垮。刘国钧先生还规定，练习生班可以自由报考，优秀的毕业生可以由厂里保送出国留学，因此有效地调动了广大青年学文化、钻技术的劲头。通过培养人才来提高企业生产效率，也为企业带来了丰厚的经济效益。这足以见证刘国钧先生的远见卓识，他的职教思想不仅在当时对企业的发展有着强有力的推动作用和重要的指导意义，以至对后来的职业教育事业也有着一定的影响。常州刘国钧高等职业技术学校就是以先生的名字命名的。

（二）建立公共职业教育机构——学校

刘国钧先生创办大成厂后，广泛招贤纳才，组成了一个强有力的管理班子。他高薪诚聘日本东京工业大学纺织专业毕业的陆绍云为大成厂总工程师后，得到了他在生产上、技术上的大力支持。陆绍云加盟大成厂后，被刘国钧先生的经营策略和雄心壮志所感动，不辞辛劳，尽心尽力地为大成厂的技术改造、产品开发研制、工人培训和工厂管理制度改革等努力工作，提出了一系列颇富创意的建议和设想，为大成厂处处走在全国乃至外商之首立下了汗马功劳。因此刘国钧对高级专业人才非常赏识，也尤为重用。他自己开办学校，聘用老师，对员工进行教育培训。在他严格的考评制度中，职业教育的成绩列入其中并给予重视。对工人的培训是刘国钧先生成功的一大秘诀。

刘国钧先生在选拔人才过程中非常重视职业教育学校的学生，他的公司积极和高校挂钩，先后与苏州工专、南通纺院进行沟通联系，从毕业生中选拔学习优异者，由大成公司出资直接送国外学习，学成后回公司委以重任。经过一段时间的实践，进行考绩，再根据表现、能力和业绩，分别予以升职或调职，不胜任者则降级使用。个别优异者经一至二年培养，便让其独当一面成为企业中层管理者。

刘国钧先生还十分重视教育的连续性，不仅对进厂的员工进行职业培训、开展文化教育，他还在大成厂规定，职工子女中学毕业，可进厂当练习生，小学毕业可来厂做工，大成厂设有学校，其子女上小学可免学费，上中学补贴部分学费。由此可见刘国钧先生前瞻的教育思想。

新中国成立后，中国发展1500万纱锭的计划即将实现，借助这一契机，他强烈建议创办常州纺织工业学院，培养专业人才。这个时期他的职教思想已经完全成熟，并有了全面系统的计划纲领。在国家经济发生困难的50年代末，他个人出资30万元进行社会办学，以培养更多的人才服务社会。之后，他还多次捐资助学，积极倡导和推动我国职业教育事业的发展。刘国钧先生曾写下这样的名言："积缕成布，业勤则精，学以致用，衣被苍生。"来勉励上海纺织工业专科学校的毕业生，足见老先生把远大理想和抱负又寄托给了后代。

（三）寓教于营造企业文化中

刘国钧先生一贯重视员工整体素质的提高，通过学习文化技术，提高工人文化素质和技术能力。他认为员工整体素质的提高无疑能推动企业文化建设、营造出良好的企业文化氛围，以此来提高工作效率，推动企业发展。所以他投入大量资金办学校，开展职工教育，甚至外派公司技术人员、工程师、管理者远赴欧美国家进行深造，学习先进的生产技术与管理经验。

刘国钧先生在创办和经营大成公司的过程中，对于流行一时的现代科学管理进行了创造性的模仿。他把公司办成了工人的"大家庭"，让职工在大成有家的感觉，有安全感，有归属感。他还时刻激励员工的生产积极性，增加效益。大成公司不仅有"忠信笃敬"的厂训，而且还编有大成厂歌来增加职工的凝聚力。"武进大成，纺织染兼营。提倡国货，对外竞争。出品力求精，成本力求轻。挽回利权，富国裕民。凡我职工，勤慎耐劳，振作精神，言忠信，行笃敬。群策群力，一心一德，努力，各负责任，前进，集其大成。"刘国钧先生在公司的车间、走廊的墙壁上，张贴各种励志口号；人手一册《格言联璧》，以古人警言教育员工。公司还创办了《励进月刊》，增强相互间的交流，"似此互相策励，庶可图其进展"，这种将文化贯穿于企业管理中，寓教于营造企业文化中的方式在当时是鲜有所见的，无形中提高了工人工作的积极性和对企业的认同感，这也是大成能够创造出奇迹的因素之一。这些企业精神成为一种无声、无形的信念、行为准则和凝聚力量，是民族企业家精神在企业内部的体现。

三、结语

中国近代企业发展史表明，民族企业家精神时时可见，处处闪光。他们抱着“实业救国”的理想，艰苦创业，百折不挠。范旭东曾说：“创业难，带有革命性的创业尤难！”这是民族企业家创办新企业的内心写照。刘国钧先生少年时代历经磨难，家境贫寒，却铸造了他坚强刚毅、不屈不挠的性格和精神。这种精神对他以后创业的成功是一个很重要的内在因素。晚年他回忆这段往事写诗自娱：“一生学费钱八百，夜卧一张竹编床。日食三餐元麦糊，半世事业万人功。”他为中国现代民族纺织染业的建立和发展做出了重要贡献，人们称他为“民族工业的骄子”。回顾大成公司创造的经济奇迹，其中蕴含着刘国钧先生先进的职教思想和实施措施，这一思想融合在企业经营理念与方法中，赋予了大成鲜明的个性，使其能在当时的纺织业界赢得一席之地。这些成功的经验对于我们今天兴办职业教育、开展职业培训、建设企业文化都有着积极的借鉴意义。

职业教育是社会发展的产物，是人类文明发展的产物，也可以说是人自身发展的产物，而且是发展到某个特殊时期的产物。职业教育受益于社会，社会也可受益于职业教育，促进社会发展是职业教育的应有之义和神圣职责。刘国钧先生在创办实业的经历中形成了他的职教思想，又在他的经营管理中进行实施和应用，事实证明：这一思想是他一生成功不可或缺的重要因素之一。企业的发展、进步离不开高素质的劳动者，离不开懂管理、懂技术的专门人才，而这些人才的获得离不开教育，尤其是职业教育，我们应该给予职业教育足够的重视。

职业教育一般都是根据本地区社会实际需要而设立专业，目标明确，专业对口，量体裁衣，学以致用，所以受社会欢迎，为企业所用。我们今天探讨刘国钧先生的职教思想，探究其形成原因及实施措施，就是为了借鉴他的思想，更好地开展适合社会需要的职业教育。当前，职业教育正经历从工业社会到信息与服务社会的深刻转变。在这样的形势下，职业教育一方面要对已有的劳动力加强继续教育，使他们能够适应社会的进步和工作性质的变化；另一方面要改革教育，以培养新一代的劳动力。职业教育对于高等教育走向大众化起着不可替代的重要作用，发展职业教育对提高劳动者素质，提升企业就业率，营造先进的企业文化，都有着非常重要的意义。这也是我们今天研究刘国钧先生职业教育思想的意义所在。

参考文献：

[1] 张宇杰．大成之道，创新为本——刘国钧与大成奇迹研究 [J]. 江苏工业学院学报（社会科学版），2008（4）：55-57+86.

[2] 老亨，朱华．刘国钧：由学徒到实业巨子 [J]. 中国高新区，2003（11）：59-61.

[3] 魏文享．刘国钧的“大成”[J]. 竞争力，2008（6）：72-74.

[4] 钟树杰．主导行业与区域经济发展——大成集团研究 [D]. 苏州：苏州大学，2004.

[5] 一个人的抗战 [J]. 财经界（管理学家），2009（1）：74-76.

[6] 毕家驹．外国高等职业教育的特点和发展趋势 [J]. 高教发展与评估，2006（2）：77-81.

[7] 李文瑞．刘国钧文集 [M]. 南京：南京师范大学出版社，2001.

（作者简介：顾勇，常州工学院图书馆馆员；米海燕，常州工学院图书馆副研究馆员。本文选自《赤峰学院学报（汉文哲学社会科学版）》2014 年第 7 期。）

刘国钧与他的职工教育

岳煜群

刘国钧（1887—1978），江苏靖江人，我国著名的爱国实业家。他出身贫寒，少年时代生活坎坷。14 岁起外出做学徒，22 岁创办和丰京货店暨土染坊，28 岁弃商从工，创办大纶织布股份有限公司、广益布厂。1930 年，43 岁的刘国钧创办大成纺织染股份有限公司，自任经理。此后不到八年的时间，资金由五十万元增到四百万元，纱锭由一万枚增至八万枚，一个厂扩建为四个厂，将公司建成为融纺、织、印、染于一体的全能企业，成绩斐然，被经济学界誉为“罕见的奇迹”。

刘国钧一生从事纺织业，一心想要发展我国自己的纺织工业，打破日本、欧美列强垄断我国纺织品市场的企图。他非常善于学习，对市场信息及情报调研工作非常重视。他曾三次东渡日本，并赴美国、加拿大和印度考察纺织工业，积极学习和引进先进技术。

他十分热爱自己的事业。他常说：“一个人总有嗜好，我别的嗜好没有，唯一的嗜好是办工厂。”不管环境如何不利，他总能勇往直前寻找新路子。大成纺织染股份有限公司在 20 世纪 30 年代的经营管理之道，如果隐去它的年代，很容易被误认为是当今的管理经验，这种现象在中国近代工业史上是鲜见的。尤其是他在职工人才培养方面的成就至今仍具有借鉴价值。

大成纺织染股份有限公司建立初期，刘国钧就着手配备职工文化教育设施，招收青年职工加以培训，建立的职工队伍。培训对象分三类：第一类练习生，即管理人员的后备力量；第二类学徒，为机工的后备力量；第三类养成工，为各类值车工的后备力量。练习生必须具有初中以上文化程度，学徒须有小学毕业以上文化程度，养成工也须初具文化。这些职工都经过严格的体格检查和文化考试，择优录取。

这三类人员进行短期课堂教学后，分别给予实际培训，练习生跟随管理人员；

学徒跟随老司务做助理工作；养成工因人数、工种众多，各工种都选派技术优秀者任教工。培训期限：养成工一般经过三个月培训即可单独上车；练习生必须经过二至三年才能充当一个副职管理员；学徒成为一个独当一面的老司务，时间要更长些。其待遇除养成工上车后即按计件能力与一般熟练工同等取酬外，练习生和学徒由厂里供膳，开始只管月费，视其能力以及技术进步快慢，逐步增加。新生队伍的进步成长很快，逐步成为大成公司的生产骨干力量。

刘国钧对原有职工的教育也不松懈，举办夜校，借以提高老职工的技术、业务和文化知识。管理人员由厂里的工程师，或具有较高文化水平的高级职员，或延聘厂外学有所长的人士担任，讲解传授绘图、机械构造与机械检修等纺织常识，开办习字、珠算、数学、英语、日语等课程。此外，还宣讲厂规、车间制度以及工厂规则、工作方法等。任何人不得无故缺席。教与学都十分认真，年终进行考试，成绩在前三名者，给予物质奖励，在加薪时亦列为参考因素。

刘国钧知人善任，任人唯贤。他很重视用人之道，一经选定，委以重任并深信不疑。青年职工凡是素质好、有才能的，不问亲疏，都能得到提拔重用。个别优秀的职工他还会出资送往国外深造。这种为企业着想的远大目光和宏伟气魄，也是其他企业难得一见的。他的这些措施极大地鼓舞了青年职工的上进心和工作积极性。

他不仅重视职工的业务技术训练，而且也非常重视企业文化的熏陶教育。比如，他提出“忠信笃敬”的厂训，告诫全体职工恪守。他命人编写“厂歌”：“提倡国货，对外竞争。出品力求精，成本力求轻。挽回利权，富国裕民……”在每次开职工大会时都要唱“厂歌”，鼓励大家努力生产，为厂争光。他组织“研究会”，鼓励职工发表有关管理及技术上的心得和建议，等等。这一系列的措施对提高职工的业务以及加强职工间的凝聚力起到了推动作用。

刘国钧的心血没有白费，通过以上举措，管理人员基本上具备了设备和工艺知识；艺徒逐步替代机工，管理人员可以直接指挥他们；养成工队伍壮大，从上而下，贯彻实施，推行工作，畅行无阻。在企业内部培训职工，虽然花费了时间和财力，但是从企业的长远利益看是值得的。它不仅建立了一支懂技术、有文化的职工队伍，而且使企业的产量和质量得到了明显的提高。

（作者单位：江苏省昆山第一中等专业学校。本文选自《江苏教育》2014 年第 28 期。）

刘国钧职业教育思想解读

毕鉴忠

一、刘国钧职业教育思想形成的主要影响因素

对刘国钧起重要影响作用的人物是中国教育家、实业家、政治家，中国民主同盟主要发起人之一，将毕生精力奉献于中国职业教育事业的黄炎培先生。最初，刘国钧是从《教育与职业》杂志上被黄炎培的“大职业教育主义”的论述所折服，于是登门拜见。黄炎培陪同他参观中华职业学校的珐琅科、机械科、商科、土木科和实习工厂。刘国钧参观后感慨地说：“任之（黄炎培）先生办职业教育的目的是，为个人谋生之预备，为个人服务社会之预备，为世界及国家增进生产能力之预备，是为国为民之良策也。”这段话，就是在今天，依然适用对职业教育的基本定位，可见刘国钧职业教育思想境界之深远大气。黄炎培邀请刘国钧参观中华职业教育社在昆山徐公桥乡村的试验区。黄炎培等人在试验区的教育实践，达到了“野无旷土，村无游民，人无不学，事无不举，康乐、和亲、安平”的境界，这使得刘国钧深受感动。回到大成公司后，他把徐公桥乡村试验区的一些做法加以引用、模仿，开始了全新的职工教育。他推行新的管理制度，提高工人的文化技术水平，分期开办练习生班、艺徒班、值车工养成所。练习生均为初中文化以上青年，由厂内工程师担任教师，传授生产管理知识，培训 2 ～ 3 年，充任副职管理员。艺徒为机工后备，均为小学文化，由厂内技术员及老师傅上文化与技术课。养成工为值车工后备，大多数来自常州四乡的农村女青年，一般 3 个月培训，然后独立上车。工厂夜校设语文、数学、外语等文化课，而把“打图样”列为必修课，因打图样的基础知识有利于工人熟悉机械构造及维修。在企业内培训员工，当然要花费钱，但是从企业长远利益看是值得的。大成公司不仅建立了一支新的职工队伍，摆脱了落后的“工头制”，而且使企业产品的产量质量得到明显提高。刘国钧雇专人给工人倒马桶、扫房间，开食堂，建功德堂。刘国钧提出大成的职

工要“衣于斯”：大成的工人可以6折购买染厂的零头布；“学于斯”：读到小学毕业不收学费，上初中厂内补助学费；“老于斯”：葬于大成公墓。

人民教育家陶行知先生对刘国钧也有较大影响作用。1935年元旦在大成厂慰劳大会上，刘国钧解释“工管工自治化、工教工互助化”时说，陶行知先生提倡小先生制度，他用小先生来普及教育，所以我们要“工管工自治化、工教工互助化”。如一个孙子每天教奶奶识字，过了一段时间，奶奶能读儿子写回来的信了，这是何等的快乐。现在我们的年龄都大于孙子、小于奶奶，因此我们完全可以学得更好。

二、刘国钧职业教育思想的主要观点及实践

1942年5月，刘国钧视察安达纱厂，并在职工会上讲话。《在安达纱厂职员会上的讲话》也是刘国钧阐述职业教育比较多的一篇文献。“中国人的教育是一生一世的教育”就是在这个讲话中提出来的。他说：“本人对职工的教育训练向来极重视，极力推行。中国向来公认学问是无止境的，做到老，学不了。所以中国人的教育是一生一世的教育。”

（一）培训管理人员。他始终把管理者的教育放在职工教育的首要地位。他认为，管理人员应具备的资格如下：有好的道德，能以身作则，一秉至公；有智慧，识验充足，精明干练；有判断能力，凡事能判断清楚，不受欺骗，使别人不敢蒙蔽。后来发展为：懂经营管理，又懂技术，是一等人才；懂经营管理，不懂技术，是二等人才；懂技术，不懂经营管理，是三等人才。所以，高级管理人员大部分都被他送出去进修或者留学。

（二）“工厂学校化”。“我们希望本公司的各个工厂，都能做到学校化：厂长如同校长，人事科长如同教导主任，考工主任如同主任教员，领班如同一班一级的教员，每月成绩考察表等于学生成绩单。唯能如此办法，本公司将来才可以有一点希望。”

（三）讲究职工教育的内容、方法。刘国钧提出，关于工人教育，以前本厂只有夜课，以后需再恢复晨课，以免工人因调班而停课。课程方面，除国语、算术、公民等外，关于工作法、厂规等项也应经常加以讲解，劝令遵守。此项材料似不甚多，但可常常更换说法，多多列举事实作为例证，便不至感觉枯燥无味，缺乏资料。至于练习生的课程，如机械学、纺织学等均为专门技术，各职员亦须有相当理解，可以参加听讲。针对上海厂环境不佳，刘国钧具体提出解决方法：本厂对于工人、生徒的教育，应较常州更加注意，严格办理。工人艺徒的教育程度本

来较浅，易受外界引诱，所以必须使其业余时间能善为利用，并勤于教导，所谓“日闻善言，日司善事，其人必善”，确是事实。要在厂内营造良好环境，减少工人和生徒与外界的接触，以教育去陶冶他们的性情，改善他们的气质，责任颇为重大。

（四）十分重视职业教育中企业文化的培育。刘国钧认为“标语、格言，对于工人的精神亦很有影响，应时常悬贴”。因此在他的工厂里，“以天理人情国法处事，真心诚意待人”“日日行，不怕千万里；常常做，不怕千万事”“厂家厂家，厂既是家，家既是厂”“每天勤学一小时，积五年虽愚亦智”等标语、格言随处可见，许多是刘国钧亲自拟定。在企业文化上，刘国钧提出以“忠信笃敬”为厂训，带头唱“提倡国货，对外竞争。出品力求精，成本力求轻”的厂歌，鼓励工人努力生产，为厂争光，创办《励进月刊》，并亲自写文章。印发《格言联璧》，要大家奉为座右铭。他组织研究会，每月一次，鼓励大家发表心得体会建议。此外，建“功德堂”、子女顶替等都是刘国钧匠心独具的企业文化创举。

（五）注重职业教育前瞻性的战略思考。写于1944年的《扩充纱锭计划刍议》，在全国引起巨大反响。刘国钧从八个方面对扩大中国纺织工业提出建设性建议，其中第六个方面，刘国钧专门论述了纺织人才的教育培养。他指出：“凡事业之盛衰，多系于人之善善能用，恶恶能去，此为办理工业之关键，亦为知人善任最难处理之问题。吾国纺织教育不甚发达，人才缺乏，对已有者，应如何罗致重用，俾各展所长；其新进人员，应如何培养以增加纺织界之生力军，均须积极进行，免感人才恐慌，影响工作。查千万纱锭所需事务、工务、会计等部职员，照现在的办事能力，约需一万一二千人。现时国内纺织学校，每年毕业者，仅仅百余人，相差甚巨。再加织布、染色方面所需人才尚不在内，则培养人才之不可轻视也，明甚。”对高级技术管理人才培养，刘国钧提出：“教育部宜于纱厂中心及临近地区之著名大学中，设纺织系，或由各大纱厂捐资，及政府拨款，设立纺织专门学校；由同业就专门学校毕业，及学有专长者，加以训练，派至工厂实习，并往其他各厂参观，以收相互观摩之效；实习后，再选派至国外留学考察，作高深研究，此为造就经理厂长及重要职员方法之一。”对技术工人培养，刘国钧提出：“技工之训练异常重要。本业技术工友，历来最感缺乏，纱厂中最复杂最难管理者为钢丝车，应任曾受机工教育者为最适宜。其他清花及粗纱间之机匠，对机械知识亦极需要，亦应令受机工教育。各厂宜联合设立技工养成所，教以管理及修理机械之知识能力，以备各厂应用；如能将技工训练成熟，为工厂保全机械，使用活跃，生活好做，不特增加产量，且可由他教练工人自理自治。管教既得其当，便可达工管工、工教工之目的。”刘国钧主张实行轮训，并具体为：“如工厂需用 100 工人者，可多用 25 人，分为 5 班。每日工作抽出 25 人，少做 2 小时，轮流休息，训练 2 小时，名为休闲训练。”刘国钧减少工作时间，加长训练时间的主张，以及储备人才强制培训的方法，现代企业依然适用。

（六）重视职业教育经验的学习借鉴。刘国钧多次远赴他国考察纺织工业，每次都关心他国的职业教育。1946 年《访美报告纲要》中，刘国钧特别注意到：“有职业学校，设于厂址所在地，训练工人。工人工余可入学读书受训，不收费用，或由厂方代付，但须成绩合格。”1935 年《赴日考察印象及感想》中，他对日本的职业教育印象深刻：闻均中学出身居多，都在学校受过相当教育，因商务学校专教就这等人才，以备各商店之选择，所谓学其所用，用其所学也。他感慨道：“我国天时、地利皆比日本好上几倍，只有人事不及他，弄得如此糟糕，真正可惜。如将政治改好，人事整理，大家觉悟，一致对外，既知人超，应提倡国货，努力生产，养精蓄锐，复仇雪耻，易如反掌。此刻所不能一心一德者，谅教育之未能普及，人心尚未完全觉悟也，再不觉悟，后患不可思议矣。”刘国钧进而呼吁：“查吾国所缺者，工业中技术人才。讵知留学日本学生近 4000 名，其习工业者不满 400 人，确实太少。望有责任者，加意提倡，则中国工业方有希望。”刘国钧从日本买回来的旧印花机，横也开不出，竖也印不好，为了这部印花机，刘国钧废寝忘食几乎发了疯。历经数月才把机器调试好投入运行。所以，刘国钧对职工教育决心非常坚定，他说：“在训练人才进展过程中，须能不惜牺牲，努力推进，以应需要。”

（七）重视延揽人才。刘国钧曾重金聘请当时国内著名的纺织专家陆绍云担任工程师等。应届生到厂后，有时还出资送往国外深造，这种远大的目光，是其他企业罕见的。针对练习生、艺徒，加强他们的道德品质教育与义务技术训练，几年后，终于培养出大成公司的一支技术管理力量雄厚的职工队伍。

三、刘国钧职业教育思想的光芒

刘国钧一生关注教育，并怀有举办职业教育的强烈心愿。1956 年，刘国钧回老家江苏省靖江县视察，同年 9 月 3 日《人民日报》发表了他的考察报告《岁岁年年人不同》。其中，关于教育他是这样说的：“靖江教育的发展，使我这个幼年遭受过失学痛苦的人，特别感到兴奋。农村扫盲运动的开展，成绩也是惊人的。以八圩区一个地方为例，全区 15 岁到 50 岁的文盲半文盲共有 2662 人，入学的

就有 2423 人，达 90%。”团结乡一位教师盛应北，在乡里办一个初中补习班并担负扫盲工作，成绩很好，群众要求他添办一个班，但是没有教室，刘国钧当即捐 500 元造教室。“我认为有这样好的人民教师是难能可贵的，这种方法很好，离市较远的小乡镇学生，一面可以补习文化，一面也不减少当地的劳动力，而且是轻而易举，容易普及，是值得表扬和提倡的。”这次视察，刘国钧还捐 5000 元，用于改造生祠镇初中校学生宿舍。刘国钧倾心职工教育，他担任南通学院（前身是中国第一所纺织技术教育的南通纺织专门学校）的校董，大成公司成为该校纺织科实习基地，并成功引进张一飞、缪甲三等人才。担任上海纺织工业专科学校校董，出钱出力，十分热心，并为该校毕业生题词：“积缕成布，业勤则精，学以致用，衣被苍生。”新中国成立初，刘国钧积极倡议筹建常州纺织学院，并进行了大量的前期准备，但因种种原因没有办成。1962 年捐 10 万元创立民办常州勤业机电学校，即后来的常州无线电工业学校。刘国钧办职业学校的梦想在其身后由其子女实现，女儿刘璧如、女婿查济民、幼子刘汉良等亲属捐赠 100 万美元做基金，每年的利息资助办常州刘国钧职业教育中心（常州刘国钧高等职业技术学校）。

（作者单位：常州市教育科学研究院。本文选自《江苏教育研究》2014 年第 33 期。）

刘国钧的创业思想及其当代启示

鲁永进

刘国钧的女儿刘璧如女士曾说：“我父亲的创业经验，是用之不竭的宝库。我们海外的自己企业，至今还沿用他的宝贵经验，屡用屡灵，经久不衰。”刘国钧的创业思想在当时无疑具有先进性，即使在当今，企业家及社会大众仍可从中汲取经验，这是刘国钧创业思想的当代价值。刘国钧的创业思想内涵丰厚，仅从中撷取些微加以阐述。

一、“穷则思变”到“富而思进”的进取精神

“穷则思变”反映了人们不甘落后，与命运抗争的精神，但也包含了人处困境中被逼的无奈。刘国钧就是在苦难童年开始谋生并逐步走上创业之路的。他 10 岁时就贩卖水果、酒酿，后到常州奔牛镇京货店当学徒，再自办洋货店，到 27 岁时，资本达 2 万多元，成为奔牛镇首富。

按理说，刘国钧这个穷人家的孩子能做出这样的成绩，已是“翻了身”，改变了命运，但他的可贵之处在于并未就此止步。他“看到棉织品的前途很广，无限制，发展大”，“利润非常高”，又能“实业救国”，就想发展工业。从此，他弃商转工，直至成为中国现代杰出的实业家。

当今中国，经过改革开放后 30 多年的努力，已摆脱贫穷，基本实现了小康。一些家境优越的年轻人耽于享乐，缺乏奋斗的动力。有人曾对常州科教城五所高职院校毕业生做了跟踪调查，结果表明，真正走上自主创业道路的仅占 5.2%。曾经被认为“肯吃苦”的农村孩子，随着家庭经济状况的改善，他们现在也未必比城里孩子更能吃苦；一些毕业生就业时把“舒适度”放在首位考虑。百年前的刘国钧先生在人生之路上不懈追求，永不满足。正因如此，他的人生和事业始终保持良好的“成长性”，这种“富而思进”的进取精神尤其值得当今逐渐富裕起来的中国人学习。

二、“兴家立业”到“富国裕民”的责任意识

童年的艰辛、家境的困窘和父母的期盼使刘国钧产生了要创出一番事业，改变全家人命运的强烈意识。他在《自叙》中说：“一次，父亲眼里含着泪花抚摸着我的头说：‘金生，爹爹有病，没本事出去赚钱，害苦了你和你娘了，你读了书，将来出去能干一番事业，有个出头之日，也让你娘过过好日子……’对父亲的话，后来我在创业、奋斗的过程中，一直念念不忘。”辛亥革命爆发时，刘国钧未雨绸缪，第一步把五百元银洋送回生祠镇老家窖藏起来，作为安家养命之本。由此可见，这一时期刘国钧具有鲜明的“兴家立业”的意识。

但是，他没有把人生的价值追求局限于自己的小家庭幸福上，而是推己及人，由家到国，表现出关注民生、实业救国的强烈意识。弃商转工，是刘国钧创业过程中的一次重要转型，其中有深刻的国家利益考量。他通过订阅《民立报》认识到，中国纯粹靠农业是不能强国富民的，一定要工农业兼而有之，才能富强。他认为自己开店再卖外国布，是做可耻之事，不如自办纺织。这种为国家争利益的想法，是他责任意识的跃升。他甚至想到了改名，他对父亲说：“我不能再名金生，岂能够为‘金’而‘生’！”父亲经过慎重推敲，为他题名为“国钧”，勖勉他今后要为国家担负起重任。

刘国钧的责任意识从“兴家立业”到“富国裕民”的转变升级轨迹是很明显的。反观当今，热心公益，造福乡民，为国争利的企业家固然不少，但也有一些企业家社会责任感缺失，甚至为追求经济效益而不择手段：有些国企搞垄断经营，长期牟取暴利；有的制假售假，致使山寨产品充斥市场；有的非法排污，大肆破坏生态环境……在这些人心中，哪里还有国家利益，民众福祉！他们亟须补上社会责任意识这一课，而刘国钧在这方面就是一本生动的教材。

三、“顺势而为”与“危中求机”的非凡胆识

“顺势而为”就是顺应时势，乘势而上。刘国钧由商向工转进，并选择纺织业，这是“顺势而为”，因为他认识到纺纱织布，利润厚，市场大，又为国争利。在后来办厂过程中，刘国钧抢抓机遇，迅速扩张。他获知大纶久记纱厂有出盘之意，立即主动试探，迅速筹资，并击退竞买同行，成立了“大成纺织染公司”。从此，他作为一个成熟的工业企业家，登上了中国民族工业的历史舞台。

如果说“顺势而为”是一个实业家大展宏图的气魄，那“危中求机”显出的

则是企业家的非凡智慧和胆识。“危中求机”是指即便在逆势之下，也能化险为夷，甚至变不利为有利，乘机发展。刘国钧在奔牛镇经商期间，传来辛亥革命爆发的消息，奔牛镇上商家纷纷歇业，刘国钧选择留守，照常营业。兵荒马乱，许多人家将婚事提前，所以生意好得出乎意料。刘国钧在这次危机中抓住机遇，为他人生赚得“第一桶金”，这是刘国钧逆势而上，“危中求机”的精彩之作。

当代企业家有发展事业的大好机遇，又面临市场的激烈竞争。既要“顺势而为”，更要“危中求机”。特别是在世界经济呈现疲态，国内劳动力成本、环境压力上升的背景下，传统制造业必须转型升级，这是困难，也是机遇，因为能克服困难就赢得了先机。广大创业者应在这种充满困难的环境下，坚定信念，寻觅机会，创新发展。

四、谋划全局与精细管理的统筹能力

事业要成功，谋划全局很重要。刘国钧在处理大事上往往能审时度势，英明果断，把握住发展良机。如刘国钧动荡时局中留守经营，接盘大成公司，抗战期间公司内迁、转沪等。

值得注意的是，刘国钧既有统揽全局的能力，又善于精打细算。他研究日本纺织业发达的原因后，有一个重要发现，日本人精于管理。于是他在生产经营中，着力降低成本，提高质量，提高工效。他提出“三个一点点”的经营观：货色要比别人好一点点，成本要比别人低一点点，价格要比别人高一点点。他自身也非常重视学习技术，常下车间，亲自试车搞技术改造，因此对企业的生产情况了如指掌，使精细管理落到实处。在现代企业生产经营中，应充分重视发展战略和规划，企业家要有全局眼光，要有大视野，这样决策上才不会有大失误，企业才会有大发展。同时应意识到“细节决定成败”，要立足于向管理要效益，务求精细，力戒粗放。企业管理者既要“仰望星空”，又要脚踏实地，唯其如此，企业方能走得远，走得稳。

五、企业制度到企业文化的管理创新

刘国钧先生在经营中不仅注重产品创新，也注重管理创新。大成公司成立之初沿袭的是“工头制”，工头霸占着工厂的相当权力。大成开工未久，原厂内的一帮修机工头，反对企业人事制度改革，欲掀工潮。刘国钧就乘机明令废除工头制，把用人大权收归企业人事部门，对所有新旧人员皆登记考核，择能而用，择优而用。

用人制度的改革，为大成以后的发展铺平了道路。

刘国钧不仅仅以“制度”管理企业，更难能可贵的是，刘国钧在那个时代就开始建立现在所谓的“企业文化”，用“文化”管理企业。刘国钧重视对员工的精神训育。他为大成制定了厂训：“忠信笃敬。”他还要求大成员工，人人会唱“厂歌”。他着力改善职工待遇，让他们做到“食于斯，居于斯，生活于斯，老于斯，葬于斯”，职工子弟可以进厂学习、工作。这样就使大家没有后顾之忧，一心一意地为企业服务，大大增强了职工的归属感。

刘国钧的企业文化建设，融入了中国传统的儒家文化，也吸收了日企管理之经验，在实践中得到广大职工的认同，不仅提高了企业的经济效益，也产生了良好的社会效益。当时靖江、泰兴两县的乡民们争先恐后地把孩子送到大成公司上班，成为当时民族工商企业中独特的风景。当下，越来越多的企业认识到，仅靠战略设计和技术创新，缺少文化建设，企业的增长将面临极限。为突破成长的极限，很多企业开始建设属于自己的企业文化，但总体来看，企业文化研究多，实践少。如何把这件虚事做实，并行之有效，刘国钧先生的经验值得借鉴。

六、注重实业、远离投机的稳健作风

在刘国钧那个时代，上海的金融投机盛行，不少厂注重投机，做交易所，结果陷入泥沼，难以自拔。刘国钧的义兄蒋盘发在经营困难时也跑到上海交易所，做抛空棉花的投机生意，想赚一笔钱来维持纱厂，然而事与愿违，他反而亏蚀了十万余元，导致他的大纶纱厂生产陷于停顿，最终纱厂因无力偿还债务而被宣告停闭。刘国钧从身边的这些惨痛教训中深深意识到投机的危害。他的大成纱厂在经营上有一个特点，就是任何情况下都不参与投机买卖，而是稳扎稳打，专心致志在生产上谋发展。回望一个世纪前的刘国钧先生，他那种注重实业、远离投机的稳健作风仍可为当代企业家带来有益的启示。

七、“取之有道”“用之有道”的财富观念

刘国钧先生从乡童到富豪，人们往往对他的经营之“才”津津乐道，其实，他在创造财富过程中“德”的表现亦是可圈可点，做到了“君子爱财，取之有道”。

“道”的核心在于“诚信”二字。他曾说：“我体会到一个从事工商业的人，应该要在事业上、生产上去获取利润，积累资金，才是正道，才算光荣，如果走歪门邪道，靠假装倒闭破产而赖账害人，实为可耻。”抗战期间，大成公司欠着

上海商业储蓄银行的巨款，其中有一百多万元的借款是以机器抵押的，当时机器因战争损坏了，这笔账可以不了了之，但刘国钧决心如数还款，并且本息全清。他信用卓著，在当时金融界已传为美谈。

财富的使用和财富的创造同样重要。“用之有道”首先体现在节俭戒奢上。刘国钧的座右铭是：“日月倘随天地在，勤俭终疗子孙贫。”他在个人享受上有“三不”原则：不纳妾，不置洋房，不买汽车。不该花钱处一分不花，该花钱时一掷千金，他曾以年薪5000元的高薪聘请纺织专家陆绍云，这相当于60个熟练工人的工资，比刘国钧自己的年工资还高40%。可见，为了企业发展，刘国钧是舍得投入的。另外，他厚待员工，改善福利，热心公益，造福桑梓，在慈善事业上常常慷慨解囊。

刘国钧以诚信为核心的取财之“道”，符合现在提倡的社会主义核心价值观，因而仍具有时代气息，应大力提倡，“用财”路径也值得现代人借鉴。据统计，目前中国企业有过捐赠记录的尚未达到总数的十分之一，绝大多数企业没有履行慈善义务，没有尽到社会责任，但经常在媒体上看到“炫富”的报道。中国首富王健林之子王思聪曾豪言：“我交朋友不看他有没有钱，反正都没我有钱。”光伏首富施正荣在尚德破产前给自己买了十辆顶级豪车……看看身边，“不差钱”的人越来越多，但在如何处置财富问题上，许多人表现得很盲目，如享乐、攀比、放纵，对孩子的物质需求缺少节制，比较之下，刘国钧先生克己戒奢，扩大经营，热心慈善的用财之“道”仍值得今人学习。

知识会新陈代谢，智慧可历久弥新。刘国钧先生的“术”（方法）值得效仿，“道”（思想）更应受到关注。特别是刘国钧的创业思想，无论是对当今企业家素养的提升，还是对学校的创业教育都有一定的启示意义，尤其在今天大力提倡“草根创业”“大众创业”“万众创新”的背景下，更具普遍的社会价值。

（作者简介：鲁永进，常州刘国钧高等职业技术学校，讲师，主要研究方向为职业教育及汉语言文学教学。本文选自《江苏教育研究》2015年第18期。）

试论刘国钧民族精神形成的三个阶段及当下青年学生民族精神的培育路径

魏　平

数千年来，伟大的中华民族精神，植根于民族历史的土壤之中，在绵延亘古的文明史上显得光彩夺目、普照人间。诸如“锲而不舍，金石可镂”的刚健有为和自强不息，“穷则变，变则通，通则久”的励精图治和勇于变革，“路漫漫其修远兮，吾将上下而求索”的不懈追求和积极进取精神等，都是中华民族精神宝库中的财富。在研究刘国钧生平事迹时，我们不难发现，民族精神在刘国钧身上得到了集中体现。

从发展的视角来审视刘国钧的民族精神，它不是偶然的、孤立的、片面的，而是刘国钧在长期实业打拼、生活磨砺的实践中，经过不断学习、思考、领悟、化育而逐渐积累起来的，并随着社会历史的发展不断进行自我否定和自我更新，在逐步提升过程中与时俱进。刘国钧的民族精神形成大致可分为三个阶段，以下略作分析。

一、刘国钧民族精神形成的三个阶段

（一）以个人奋斗为标志的自发的民族精神

第一阶段，主要指刘国钧从出生的 1887 年至 1914 年 27 年间，基本是刘国钧的少年和青年时代，也是刘国钧从靖江生祠镇跨过长江到常州奔牛镇“弃农从商”阶段。这个阶段以刘国钧的个人奋斗为标志，显示的是刘国钧自发的民族精神，集中体现的是刘国钧刻苦耐劳、自强不息的民族精神。

刘国钧出生在清末，当时因为清朝丧失了民族气节，导致中华民族一度陷入半殖民地半封建的苦难深渊和丧权辱国的危亡之中，也是中华民族最黑暗、最痛苦的时期。童年、少年时期的刘国钧家庭贫困、生活无着，读了 8 个月的私塾被迫辍学，从小就以贩卖果品、到道观打杂、在糟坊做苦力为生，以稚嫩的肩膀承担起养家糊口的重大责任。1901 年，15 岁的他带着借来的 10 元银洋，到常州西南的湟里埠头做了大半年的苦工，然后到西门外奔牛镇的京货店当了 3 年学徒，后经营了他人转让的当地京货店，几经风霜，九死一生，最终成为当时当地的“首富”。

显然，刘国钧的发家不是偶然的。在晚年时，刘国钧曾写过一首描写他幼年时代生活情境的诗：“一生学费钱八百，夜卧一张竹编床。日食三餐元麦糊，半世事业万人功。”该诗当属刘国钧早年生活的真实写照，并清楚表明：事业的成功，与长期的辛苦耐劳是分不开的。其实，他的家训“能受天磨真铁汉，不遭人忌是庸才”也反映了同样的道理。刘国钧说，家训“对我有很大的启发，坚定了我的意志”。他父亲还给他手书一句座右铭：“义者不饮盗泉之水，廉者不得无道之金。”要求他清清白白做人，明明白白做事。刘国钧亲身体验到：要吃，就要自己赚钱，自己做出来吃。即使在生意场上“摸爬滚打”，饱受挫折时，他还鼓励自己“靠人都是假，跌倒自己爬”，一切都要靠自己努力。特别令人称道的是，刘国钧最早在奔牛镇经营的两家京货店，第一家称为“和丰”京货店，第二家称为“同丰”京货店，“和丰”和“同丰”中的“和”与“同”，出自他信奉的一副对联：“和以为贵，同而不流。”原来，“和而不同”的儒家思想早已成为刘国钧的经营之道，更是刘国钧的处世经典。

由此可见，刘国钧早年经历充满了个人奋斗色彩，他的成功映射了几千年传统的思想文化光芒，较充分地反映了他刻苦耐劳、自强不息的民族精神。

（二）以“实业救国”为标志的自觉的民族精神

第二阶段，主要指刘国钧从 1915 年开始分别创办大纶、广益和大成企业至 1945 年抗战胜利的 30 年间，这一阶段以刘国钧“实业救国”为标志，显示的是刘国钧自觉的民族精神，集中体现的是抗衡列强、不屈不挠的民族精神。

在近现代历史上，当遭到帝国主义列强的疯狂侵略出现了亡国灭族的危机时，中华儿女的民族精神就会愈加激发而不可动摇，越发显示出它的锋芒和力量。刘国钧继承了中华民族“以天下为己任”“敢为天下先”的精神传统，将忧国忧民、振兴中华的责任置于肩上。

1915 年，刘国钧“弃商从工”较早地跻身于中国纺织界，促其转身的却是源自他算了一笔民族的“良心账”。刘国钧原先的京货店里所经营布匹就占了十分之九，而布匹来源均为“舶来品”。细心的他经过调查研究算了一笔账，一算账，他的心情愈加沉重起来。他说：“当时的棉花每担仅 22 ～ 24 元，1 匹平布 12 磅重，用 10 斤棉花够了，只要 2 元 4 角，但是售价是四两五钱银子，折合 6 元 2 角多，竟有双倍以上的巨额利润；另外还未计运费、工资。实际上，进口一匹布，等于我们损失一匹布。反过来说，我们把棉花纺织成一支纱、一匹布，就能抵制帝国主义倾销的一支纱、一匹布。”刘国钧自责并自省道：“回想起我经营的京货店，有十分之九的营业是棉布，这不是变成‘为虎作伥’了吗？”刘国钧坚定地表示：“我就念念不忘地想发展工业”，否则，“一定会亡国”，我们必须闹“实业救国”。并且，刘国钧觉悟很高，他说道：“只有办好事业，才是有了基础；应先有事业，家在其次。有了事业，有了基础，不怕无家。”在中华民族精神的感召下，刘国钧已能正确地处理和协调个人与民族、家庭和事业的关系，并在“实业救国”的道路上走得更为坚定。

1915 年，刘国钧与人合伙创办大纶机器织布厂，当时缺资金、缺人才、缺技术和缺设备，困难重重，他自学技术，冒风险潜入上海英租界的怡和纱厂“偷学”；1918 年开办广益布厂，就敢与日本人竞争，广益打出的民族品牌就是“蝶球”牌和“征东”牌，并标明是“自纺、自织、自染、自印”，表现了“无敌于全球”和“征伐东洋”的崇高的民族气节。他四访日本，目标很明确，学习日本是为了抵制日货、超越日货。1931 年他发表著名的《土纱救国计划书》，学习印度甘地的民族精神中适合本民族所处时代、所处环境的观念和做法，就“实业救国”向国民政府献计献策。1937 年，刘国钧苦心经营的大成企业毁于日机的连续轰炸，他不甘亡国亡企，敢冒生命危险，奔波于上海租界、陪都重庆和香港地区创建新的纺织企业，以备“东山再起”。

刘国钧“实业救国”的民族精神，在当时就为国人树立了敢于抗衡列强、不屈不挠的榜样，显示了中华民族精神极强的凝聚力、感召力，形成了刘国钧大成企业生生不息、创造“罕见的奇迹”的不竭动力。

（三）以“实业立国”为标志的能动的民族精神

第三阶段，主要指刘国钧从 1945 年到新中国成立后至 1978 年去世的 33 年间，这个阶段以“实业立国”为标志，显示刘国钧主动的能动的民族精神，集中体现了他爱国爱家、奋发有为的民族精神。

民族精神的核心是爱国主义。刘国钧虽是一位实业家、民主人士，但他同时又是一位杰出的爱国者，对自己的祖国怀有深厚情感。具体表现为他对祖国和家乡的热爱和眷恋，对祖国统一、民族团结的强烈期盼，对祖国繁荣昌盛的坚定信念，对祖国主权和尊严的坚决捍卫，对卖国求荣的无比鄙视，对爱国志士的无比崇敬等。

在抗战即将取得胜利的1944年7月，刘国钧在《西南实业月刊》上发表论著《扩充纱锭计划刍议》，富有前瞻性地做好了为抗战胜利后发展纺织业、建设富强国家的充分准备。他的第一个行动，就是选派骨干赴美英留学，为未来企业储备人才。他用不到两年的时间全部恢复大成三个厂的生产，且生产总值超过战前。新中国成立后，他返回内地，着手改组常州大成公司和上海安达公司并在1954年先后率先参加“公私合营”，还在1955年发表《逐步放弃剥削，坚决干到社会主义》等文章。1951年6月，刘国钧带头响应抗美援朝号召，大成公司捐献（旧人民币）50亿元，他个人捐献2.65亿元，折算可购战斗机3.5架。他进入政界以后，关心“三农”，为农村和家乡捐钱捐物；从事公益事业，为教育事业捐资助学，并将收藏的部分字画和红木家具赠送给省市博物馆。就是身居高位在“文革”中遭冲击时，他仍矢志不移，撰写对联“人老心不老，永远跟党跑”，以表爱国爱党的拳拳之心。特别是在生命的最后时刻，仍致信老友，念念不忘为祖国“再做出一次贡献，可死无遗憾矣”。可见，刘国钧的民族精神，是主动的能动的并且是至高无上的，只要生命不息，就要奋斗不止。

民族精神孕育刘国钧精神，刘国钧精神光大民族精神。刘国钧那种坚定地爱党、爱国、爱社会主义的政治信念，是“天下兴亡，匹夫有责”传统美德的体现和升华；刘国钧那种慷慨解囊、无私奉献的高尚风格，是“仁者爱人，天下为公”传统美德的体现和升华；刘国钧那种“唯一嗜好”办实业的优秀品质，是“业精于勤”传统美德的体现和升华；刘国钧那种勤俭节约、艰苦奋斗的优良作风，是“艰难困苦，玉汝于成”传统美德的体现和升华。可以说，刘国钧精神既继承了中华民族传统美德的精华，并赋予其深刻的时代内涵，又充分体现了爱国实业家的崇高追求和高尚境界，丰富和升华了民族精神。她如同血液，在我们民族的躯体内不息地流动；如同乳汁，哺育着千千万万的后来者。

刘国钧民族精神形成过程使我们认识到，培育当下青年学生的民族精神有规律可循。

二、当下青年学生民族精神的培育路径

（一）循序渐进

刘国钧的民族精神贯穿于他一生，熔炼于清末民初、玉成于抗战时期、彰显

于新中国新时代，从自发到自觉，再由自觉到能动，这三个阶段既相互区分又一脉相承，成为他历经沧桑而锐气不减、千锤百炼而斗志更坚的重要原因。

当下学生所处的时代不能与刘国钧所处的时代同日而语。但是，我们从刘国钧成长的经历中得到一个重要启示，即学生处在不同学段、不同专业的时候，其身心发展特点、规律和认知水平存在较大差异，必须分阶段、分层次、有针对性地实施民族精神教育和培养，必须遵循由浅入深、由具体到抽象、由感性到理性，分层递进、螺旋式上升的原则设置具体教育内容。

以五年制高职学生为例，学校教育应突出民族精神的内涵，将其纳入学校教育的全过程，结合学生的实际情况，对学生进行多层次多方面的教育。如在一、二年级，充分发挥课堂教学的主渠道作用，通过充分挖掘各专业和各学科课程，特别是人文学科及有关自然学科中所具有的教育因素，根据不同课程的性质与特点，将民族精神有机地渗透到教学的全过程。在三、四年级，应充分发挥社团组织的作用，让学生通过自我教育、自我服务、自我创新的活动，体验集体生活中的个人作用及其相互关系，为将来能创造社会价值而提高自信心。在五年级，应充分发挥校企合作基地的作用，让学生走向社会，在参与专业实习过程中体验社会生活，提高为祖国建设事业而刻苦学习的责任感和自觉性，注重培养社会最需要的那种勤劳勇敢、自强不息的民族精神。

（二）文化育人

刘国钧的民族精神是令人敬佩的，主要因为他身上所体现的民族精神时时刻刻都闪耀着民族文化的光辉。刘国钧识字不多，但受民族文化的影响极大，这是他走向成功之路的根本所在。民族文化是民族的根，民族精神是民族的魂，民族精神植根于民族文化，才会富有强有力的生命力。

因此，校园物质文化、制度文化、精神文化、行为文化等方面要融入民族精神的内容。如在常州刘国钧高等职业技术学校里，校园网开辟多种弘扬和培育民族精神的栏目，设计学校文化景观轴线和系列“教学工厂”线，建设校园文化长廊，制作体现刘国钧民族精神的“大成”系列雕塑和中外能工巧匠雕塑等，以营造弘扬和培育民族精神的浓厚氛围。并开展以刘国钧命名的“钢琴赛”“创新大赛”，举行校园“男生女生节”、“校园游行节”和“国钧技能节”，建设“华夏艺术馆”等，宣传中华民族的优秀文化和民族精神，挖掘民族精神教育的资源，潜移默化地引导学生传承和弘扬民族精神。

（三）实践锤炼

社会是大课堂。刘国钧读书不多，但广阔的社会为他提供了生动的课堂，让他在实践中体验到民族精神的意义与价值，逐步将民族精神内化为自身的精神品格。

现在的学生缺少实践性活动，缺少现实生活的体验，民族精神教育极容易流于形式和“假大空”。学校应注重开设活动课程，让青少年学生喜闻乐见，并作为课堂教学的重要补充。

1. 利用重大节日、纪念日开展教育活动。各种重要节日、纪念日，蕴藏着宝贵的民族精神教育资源，学校可利用重要的节假日以及民间传统节日和重大历史事件、历史人物纪念日等，举行形式多样的学生庆祝、纪念活动；利用校外活动场所和实践基地，开展丰富多彩的教育活动，从而有效增强学生的民族自豪感和自信心。

2. 开展丰富多彩的读书活动。读书是丰富学生课外活动、获得人文知识的最好的形式。从某种意义上说，一个人精神发育史就是他的阅读史，而一个民族的精神境界主要取决于这个民族的社会成员学习和阅读的水平。中华民族的文化精粹在很多诗文中都能得到体现，这些读物凝聚着深厚的民族精神，只要读书，就会逐步受到民族精神的熏陶。

3. 举办主题班会活动。班级召开主题班会，同样是弘扬和培养民族精神的重要途径。如通过“寻找一个人”“挖掘一件事”“做好一件事”等三个阶段，以小见大，领悟民族精神是一个国家、一个民族兴旺发达的精神支柱，是维系一个国家、一个民族生存发展的根基。

4. 开展有意义的社会实践活动。开展社会实践教育活动，让学生们参与到鲜活的社会生活中，亲身体验民族精神丰富的时代内涵和巨大力量，从而创新弘扬民族精神。

（作者单位：常州市老年大学。本文选自《江苏教育研究》2015年第18期。）

论刘国钧的讲演艺术

司马周　黄晓赟

刘国钧（1887—1978），江苏靖江人。乳名金生，学名丽川。自幼家境贫寒，备尝艰辛，在帝国主义列强和官僚资本的倾轧下，惨淡经营，艰苦创业。早年在常州提倡“机器革命”“土纱救国”，1930年果断集资创办常州大成纺织染公司。至1949年，大成公司由原来的20万元资金、1万枚纱锭、20台布机，发展为3000余万元资金、5000余枚纱锭、1180台布机和日产5000匹布的印染大厂。他以坚韧不拔、锲而不舍的精神摘取了“中国纺织大王”的桂冠。在江苏省私营棉纺业中首先实行公私合营。1958年当选为江苏省副省长，1976年当选为全国政协委员，历任中华全国工商联副主任委员等职，为祖国的社会主义建设做出巨大贡献。

翻阅《刘国钧文集》，专门有一卷收录其讲话和讲演稿，共65篇。这些稿子不一定都是其亲力亲为，亲自所写，但多数稿子应该是他过目或者事先阅读、修改和确认过的，基本符合他的讲话风格。本文从《刘国钧文集》所收刘国钧讲演稿入手，拟分析其讲演的艺术特点，以飨同好。

一、讲演内容丰富多彩，涉及经济社会领域的方方面面

文集所收刘国钧的讲演稿，内容较为庞杂，涵盖许多方面。具体包括：

1. 有关企业管理方面的讲演。刘国钧作为我国著名的民族工商业者、实业家，一直致力于“实业救国”，他创办的常州大成纺织染股份有限公司等企业，在他的不懈努力下，率先在民族工业中生产出丝绒、灯芯绒，并吸收国外企业的先进经验，把公司发展成为集纺、织、染、印于一体的全能企业，为发展我国民族工业做出巨大贡献。所以在其讲演中，有不少内容与企业管理有关。如写于1935年元旦的《在大成厂慰劳会上的演说词（1935年元旦）》（《刘国钧文集·讲演卷》，第1页），这篇演说词发表在新年伊始。所谓慰劳会，就是领导对公司员工的慰

问和答谢，感谢他们在过去一年的辛勤努力，以及对未来的期盼，旨在总结过去的成就，反思厂部存在的诸多不良问题。刘国钧希望在新的一年里能够有新的措施，新的改进，正如他在文章开头所言："俗话说：一年之计在于春，一日之计在于晨。那么，过去一年的成绩如何，有待我们来反省，来检讨。将来应该怎样努力，也该从此研究，从此改进。"文章类似于我们现在的新年致辞。其他还有如，《在安达纱厂职员会上的讲话（1942 年 5 月 28 日）》（《刘国钧文集·讲演卷》，第 9 页）就是剖析安达纱厂面对可能随时停工的困境，采取何种办法解决的问题。《组织专业公司符合实际需要——在常州市纺织印染工业公司成立大会上的讲话（1956 年 3 月 5 日）》（《刘国钧文集·讲演卷》，第 172 页）就是畅谈常州市纺织、印染工业合并成立专业公司的问题；《在大成公司公私合营庆祝大会上的献词（1954 年 6 月 1 日）》（《刘国钧文集·讲演卷》，第 90 页）就是谈公私合营问题。这类讲话反映了刘国钧对企业管理、经济方面的方针政策有透彻的认识和丰富的经验。

2．出席各类大会发表的讲演。刘国钧作为企业老总、董事长，尤其是解放后，他当选为全国人大一至五届人民代表，全国政协五届委员，江苏省人大一至五届代表，江苏省政协一、二、三届常务委员和四届副主席，出席会议，一般都会发言，因此这类讲话在其文集中也比较多。如《民主建国会常州市分会第一届会员大会开幕词（1955 年 1 月 14 日）》《在民主建国会常州市地方组织会员大会上的讲话（1955 年 1 月 14 日）》《增产节约是社会主义建设积累资金的源泉——在民主建国会常州市分会第一届会员大会上的发言（1955 年 1 月 16 日）》《在实践中宣传党的政策，在学习中进行自我改造——在江苏省政协一届一次会议上的发言摘要（1955 年 4 月）》。其中以《一个工商业者的切身经历和体会》（原载于 1957 年 7 月《人民日报》，《刘国钧文集·论著卷》，第 146 页）为代表。这篇讲演稿是刘国钧先生在全国人代会一届四次会议上的发言，他结合自己的切身经历和体会，就公股代表领导生产、公私共事关系、资产阶级的两面性、赎买政策和定息、思想改造等五个问题谈了自己的看法。这类发言以解放后的讲演居多，大多是刘国钧出席各种会议上的讲话，比较政治化，多是配合时代需要、动员他人、宣讲政策为主，内容多与当时的政治形势联系紧密。

3．响应党的政策号召的表态。这类型讲演主要是针对当时国家出台的方针、政策，国家大的行动举措、决策和言论，刘国钧有感而发的讲话。这一类讲话极具时代氛围，很多讲话都带有解放初期和"反右"时期的典型特征，讲话具有强烈的宣誓成分和政治色彩，一方面可以从中读到刘国钧赤诚的爱国情怀，另一方面也符合当时时代和政治的需要。如《响应“六一号召”，支持抗美援朝——在常州市第二次各界人民抗美援朝代表会议上的发言（1951 年 7 月 13 日）》（《刘国钧文集·讲演卷》，第 39 页）。抗美援朝战争序幕拉开后，1951 年 6 月 1 日，“中国人民抗美援朝总会”为了进一步提高人民的政治觉悟和爱国热忱，解决一部分财政上的困难，使抗美援朝运动更加深入的发展，发出“关于推行爱国公约，捐献飞机大炮和优待烈属军属”的号召（时称“六一号召”）。这篇文章就是写于“六一号召”发出之后。在讲话中，刘国钧代表常州民主建国会积极响应号召，增产节约，完成捐献。同时，他高屋建瓴地指出：“我们不是为捐献而捐献，要在现有基础上，改善经营，增加生产。”体现了一位企业家的真知灼见。除了发表讲话外，刘国钧及其大成公司还带头以实际行动响应号召，1951 年 6 月，大成公司捐献（旧人民币）50 亿元（当时 1 亿元相当于现在的 1 万元），先生个人捐献 2.65 亿元，折算当时可购战斗机 3 架半（《刘国钧文集·传记卷》，第 162 页）。其他还有如《坚决拥护和平改造政策，积极发展我省纺织工业——在江苏省人大一届四次会议上的发言（1956 年 8 月）》《热烈拥护政府发行新币（1955 年 3 月 7 日）》《热烈拥护对反革命罪犯的严正判决——在常州市宣判大会上的发言（1955 年 9 月 18 日）》《坚决拥护并接受社会主义改造——在民主建国会第一次全国代表大会上的讲话（1955 年 4 月）》等。

4. 发表对问题的看法的讲演。这类讲话，刘国钧主要是阐明自己对当时国家层面一些问题的观点，明确自己的态度。这一类型的讲话与表态类讲话有相似之处，都是表明自己对某一问题的立场。其区别主要在于，一是侧重点不一样。表态类讲话重点不在于对问题的认识，而在于对国家政策、中央行动是否理解与支持；而对某一问题的看法的讲话，重点是分析自己的对国家方针政策的理解，以及在今后如何贯彻执行。二是标题不一样。表态类讲话标题中，有明确的“热烈拥护”“坚决拥护”等字眼，而对某一问题看法的讲话，标题一般是陈述观点式的。如刘国钧在苏南各界人民代表会议二届一次会议上所作的《努力改造思想，开展增产节约（1951 年 12 月）》（《刘国钧文集·讲演卷》，第 42 页）的发言，作者首先表明对大会上各位领导的发言表示完全同意，然后结合自己的认识谈如何改造自己的思想和增产节约，以及今后的实际行动。其他还有如《加紧学习苏联，加紧建设祖国（1952 年 11 月 7 日）》《积极认购公债，支援国家建设——在常州市工商界会议上的讲话（1954 年 3 月 11 日）》《参加签名运动，反对原子武器（1955 年 3 月 7 日）》等。

除了上述这几类主题，刘国钧讲演中还包括在荣德生先生追悼会上的致辞《荣德生先生是民族资产阶级的楷模——在荣德生先生追悼会上的讲话（1952 年 8 月）》（《刘国钧文集 · 讲演卷》，第 45 页），《在赴朝慰问团报告会上的欢迎词（1952 年 12 月 17 日）》（《刘国钧文集 · 讲演卷》，第 52 页），当选为省人大代表后的致谢词《被选为省人民代表后的讲话（1954 年 7 月 10 日）》（《刘国钧文集 · 讲演卷》，第 109 页）等，内容非常丰富，由此也能了解刘国钧先生无论是解放前在企业管理方面，还是解放后在从政方面都全身心投入繁忙的工作当中，在社会经济很多领域都留下了他的身影。

二、语言文字平实质朴，不运用过多修饰语和华丽辞藻

刘国钧的讲演中，语言非常朴实，既没有“花间美人”般华丽，也没有“贵妃出浴”般雍容富态，既不过分夸张修饰，也不大量运用虚词套语，他的讲演稿基本上以普通的词语和语汇为主。在阅读他的讲演稿时，无论是讲话稿，还是演说词，抑或致辞，即使是表态性发言，都没有过多的大话、空话和套话，都是依据事实说话，用事实来明理，让人感觉质朴无华，读起来自然真实。以《支援解放台湾，反对美蒋条约（1955 年 1 月 9 日）》（《刘国钧文集 · 讲演卷》，P120）这篇讲话稿为例，在这则讲话中，刘国钧谈了两个问题：一是美国和蒋介石卖国集团为什么要签订所谓的《共同防御条约》，二是我们怎么样来粉碎美蒋条约。针对第一个问题，刘国钧谈了自己的认识，认为他们签订条约基于两个方面的考虑：（一）用条约的“合法化”来掩饰侵略的真实面目，因为美国如果公然霸占台湾，这是侵略行为，就会为全世界所不容，所以签订这个条约可以掩盖其侵略的阴谋，也可以用此来欺骗美国国内人民和国际的伙伴们；（二）美国是一只“纸老虎”，他的各种条约、联盟、协定等，不仅各国人民反对，连美国国内的人民也在反对，再加上蒋介石集团处于一败涂地的颓势，美国害怕失败，所以与国民党政府签订条约，试图挽回失败的局面。刘国钧就是通过分析、说理，摆出自己的观点。当然，这些理论分析和支撑的理论依据是否经得起进一步推敲，另当别论。

刘国钧讲演稿中不喜欢用华丽的辞藻和绚烂的修饰，这一方面与其学识有关。因为他小时候家境贫寒，没有多余的钱去上学。其《自传》中云：“我祖父营商，父亲因读书未能进学而患了神经病，不能生产，以致家贫如洗，言之

痛心……我到 8 岁后，就帮母亲制冥镪；10 岁时贩卖酒酿和水果；13 岁读私塾一年，至岁终扎灶神轿获得 800 文缴清了学费；14 岁初学道士念经拜忏，不到半年改学生意。”（《刘国钧文集·传记卷》，第 125 页）从其自传中，我们可知刘国钧小时候没有受过多少教育，这在一定程度上会限制他语言的运用。他之所以后来能够成为民族资本家，创办企业，完全是天资聪颖和个人努力的结果，“我没有进过学堂，只读私塾一年，其后完全出于自学。”（《刘国钧文集·传记卷·自传》，第 126 页）“我读了一年书，抵上其他学生两年的进度”。（《刘国钧文集·传记卷·自传》，第 3 页）

另一方面，他讲演中语言的质朴也与其人品、个性有很大的关系。刘国钧的讲演风格就和他的生活一样简朴，不讲究享受，正可谓“言为心声”“文如其人”。刘国钧尽管创办企业，资产颇丰，但他在金钱和物质生活上看得比较淡。据其《自述》中回忆：“（“五反”时期）前前后后，我帮助恒丰盛在经济上的款子以及恒丰盛徐铁民被法院拘押时的借款，共有两亿多元旧人民币。”（《刘国钧文集·传记卷》，第 92 页）“其次，在解放以后，我在各方面的投资有 7 亿多元旧人民币，各种捐款也有十几亿元旧人民币。再其次，我购买书画也用了一些钱。”（《刘国钧文集·传记卷·自述》，第 92 页）刘国钧生活上非常简朴，不追求享乐，不讲排场，用他自己的话说：“我在消费方面是谨慎的，个人的生活不轻易浪费，仍旧保持我的节俭生活，主要的用途还是投资于有利的事业与公益方面，为国家尽一分力量。”（《刘国钧文集·传记卷·自述》，第 92 页）刘国钧晚年所作的一首诗生动反映了他的品性：“一生学费钱八百，夜卧一张竹编床。日食三餐元麦糊，半世事业万人功。”

三、修辞手法不断运用，以增加讲演的生动性和说服力

刘国钧讲演中，经常会用到修辞手法，而且他会根据不同类型的讲演使用不同的修辞手法，以使讲演生动，并且具有较强的说服力。当然，其讲演中运用得最多的还是引用和对比手法。

其讲演中多次采用引用的修辞手法。有的是数据的直接引用，像一些财务报告，通篇都是用数字来说话，通过数字清楚地告诉读者事实。如《在大成公司第九次董监联席会议上的报告》《在大成公司董事会上作生产经营报告》等。在一些其他内容的讲演稿中，刘国钧也喜欢用数字来说话，如《支援解放台湾，反对美蒋条约（1955 年 1 月 9 日）》（《刘国钧文集·讲演卷》，第 122 页）中，在

谈到台湾是中国内部事务时，他用一系列数据清晰地表明了台湾在我国经济地位上的重要性：“台湾是我国的最大岛屿，南北长有400公里，人口将近800万。全岛铁路已有4000多公里，公路有17000多公里。矿藏丰富，主要产品有金、铝、铜、硫磺、石油、煤等。渔民有40万，每年能捕鱼12万多吨。森林地占全岛2/3……台南产大米，每年可三熟，台中两熟，全年产米量达50亿斤。糖每年可产120万吨左右。凤梨、香蕉、橘子、龙眼这四种水果全年能产5亿多斤，制成罐头食品出口。”除了数据的引用外，刘国钧在讲演稿中还喜欢引用一些当时政治家的话语，来增强文章的说服力。如在《组织专业公司符合实际需要——在常州市纺织印染工业公司成立大会上的讲话（1956年3月5日）》（《刘国钧文集·讲演卷》，第175页）中，在文章结束时，他引用廖承志同志的一句话：“一个人还有什么比获得人民的信任更幸福的呢？”他用这句话来勉励自己和参会的全体同志。这句话的引用不仅能让大家产生思考，又能让与会同志产生震动和共鸣。在《为我国纺织工业的进一步发展而欢呼——在全国人大一届三次会议上的发言（1956年6月22日）》（《刘国钧文集·讲演卷》，第186页）中，他引用李富春副总理的讲话来说明自己对重工业和轻工业关系的理解，文章是这样说的：“李富春副总理在这次发言中指出：‘优先发展重工业，是实现社会主义工业的一个中心环节，也是我国建设的一个根本问题。’又说：‘如果真正要建设重工业，就必须发展轻工业。’我认为，这完全正确地说明了重工业和轻工业的关系。”时代的缘故，他的讲话中还不时引用毛主席的讲话，如在《团结是不可战胜的力量——在常州市政协一届一次会议上的发言（1956年2月）》（《刘国钧文集·讲演卷》，第169页）中，他就直接引用毛主席的话：“这一次毛主席在最高国务会议上特别指出：‘要继续巩固和扩大人民民主统一战线，团结一切可能团结的力量。’”用毛主席的话来说明统一战线的重要性和毋庸置疑性，极具时代特征。除了直接引用毛主席话语外，有的文章还间接引用毛主席的话，如在《常州市工商联二届一次会员代表大会开幕词（1954年6月3日）》（《刘国钧文集·讲演卷》，第100页）中，刘国钧为了说明实现国家工业化是中国人民百年以来的愿望，引用了毛主席的一句话：“毛主席教导我们：只有中国的工业发展了，中国在经济中不依赖外国了，才有全部的真正的独立。”在《赴广州探亲所见所闻——在江苏省联组学习会上的发言（1974年3月17日）》（《刘国钧文集·讲演卷》，第195页）中，刘国钧提到毛主席的一句名言：“资本主义制度迟早要被社会主义所代替，是不以人们意志为转移的。”主要是为了表明社会主义制度比资本主义制度更加优越，中国走社会主义道路是历史发展的必然要求。刘国钧在讲演中还时不时引用自己创作的诗歌。如在《在革命大团结的光辉旗帜下继续前进——在全国人大四届一次会议上的发言（1975 年 1 月）》（《刘国钧文集 · 讲演卷》，第 213 页）中，他就引用自己创作的诗歌来歌颂解放后农村发生的变化：“前几年我曾参观江南几个专区的人民公社，深深感到我国农村已经发生了翻天覆地的变化。我曾写过四句诗来表示歌颂：‘人人革命化，队队庆丰收。屋屋堆满谷，户户有余粮。’”这几句诗他在后来《实现农业机械化是一场伟大革命——在江苏省联组学习会上的发言（1975 年 10 月 25 日）》（《刘国钧文集 · 讲演卷》，第 220 页）中也曾引用，只是把“屋屋”改成了“仓仓”。在《喜看工业形势好转——在江苏省联组学习会上的发言（1975 年 6 月 25 日）》（《刘国钧文集 · 讲演卷》，第 218 页）中，他在最后附自作诗一首：“中国工业似飞龙，革命工人气势雄。今日欣逢新世界，龙飞远上碧云层。”

刘国钧在讲演中，除了运用引用的修辞手法外，还经常运用对比的修辞手法。通过比较，读者能够明显地感觉到变化，从而增强事实的对比性和文章的可信度。如在《我国纺织工业的回顾与展望——在江苏省联组学习会上的发言（1976 年 10 月 26 日）》（《刘国钧文集 · 讲演卷》，第 222 页）中，他在回顾中国纺织工业的发展时，就将解放前与解放后中国纺织工业的情况，解放前与解放后中国棉花的产量，解放前与解放后南通大生纱厂的生产情况，以及解放前与解放后化学纤维工业的发展情况等一一进行了比较。在比较中，让读者了解纺织工业和整个工农业在新旧社会的不同发展状况，从而爱憎分明。

四、逻辑思维清晰严谨，讲演表达极具条理性和层次性

刘国钧在讲演中，一般逻辑思维相当清晰，逻辑层次较为严谨，条理也十分清晰，无论是听众还是读者，都较为明白，易于接受，达到其讲演的目的。如《一个工商业者的切身经历和体会（1957 年 7 月）》（《刘国钧文集 · 论著卷》，第 146 页）一文，这篇讲演稿是刘国钧在全国人代会一届四次会议上的发言，后刊登在《人民日报》上。刘国钧在讲演的开头，态度就非常鲜明：“我完全同意周总理、李副总理、薄副总理、张检察长、董院长和彭副委员长的报告。”然后他根据自己作为一名工商业者的切身经历和体会，非常清晰明了地谈了五个方面的问题：一是公股代表领导生产是必要的，有成绩的；二是公私共事关系逐步改革和走向正常；三是资产阶级的两面性不可否认；四是大成公司股东收取定息两年

半可以收回股本；五是思想改造是艰苦的，需要洗心涤肺、脱胎换骨。这篇讲演层次分明，要点明确，条理清晰，使人一目了然。

还有如《谈大成公司公私合营的经过和体会》（《刘国钧文集·论著卷》，第 86 页）一文，刘国钧这篇讲演稿是 1954 年 7 月 19 日在华东区公私合营工作座谈会上的发言。公私合营，是解放后中国历史上的一件大事。据《公私合营中的刘国钧》（《常州日报》2009 年 9 月 1 日）一文记载：1953 年 9 月 7 日，毛主席邀请各民主党派和工商界代表人物谈话，说到“实行国家资本主义，不但要根据需要和可能，而且要出于资本家自愿”的问题。刘国钧参加了毛主席召集的座谈会。返回常州后，刘国钧开始在大成公司内部酝酿申请公私合营。10 月，他参加中华全国工商业联合会会员代表大会，在大会发言中，他表示要积极争取大成公司早日实现公私合营［按：发言摘要见《自觉接受社会主义改造，积极争取公私合营——在全国工商联会员代表大会上的讲话（1953 年 10 月 16 日）》］（《刘国钧文集·讲演卷》，第 66 页）。他被大会一致推选为全国工商联执行委员。他为了大成公司争取早日实行公私合营，不顾年老体衰，不顾疲惫乏力，穿梭往来于上海、常州之间，与大成公司每位董事、监察人，进行磋商。最后，公司一致决议：大成公司向人民政府申请公私合营，推选刘国钧、谢钟豪、何乃扬、朱希武四人为代表，具体实施，并在刘国钧亲自主持下，起草了“公私合营书”，呈送常州市人民政府。1954 年 6 月 1 日，在常州市人民政府礼堂，大成公司公私合营协议签订仪式举行。从此，大成公司及三爿工厂正式公私合营。刘国钧担任副董事长兼总经理。这篇讲话就是在这个大背景下进行的。面对国家实施公私合营战略，当时不少私营业主是有顾虑和想法的，也有很多人在犹豫和观望中，刘国钧坚决拥护中央的决策，率先将自己经营的企业实现公私合营。正是面对这些彷徨者、犹豫者，刘国钧从自己的亲身经历出发，结合自己在公私合营过程中的思想和事实历程，从“为什么要公私合营”“公私合营是什么”“公私合营怎么样”这三个方面来谈他对公私合营的理解，这三个问题也是当时众多私营业主最为关心的，三个问题构成非常紧密的逻辑关系和推理关系，把公私合营的问题说得非常清楚，相当透彻，也对许多人的疑惑和不解进行了回答，这无疑大大推动了当时公私合营的进行。这篇发言稿与 1954 年 8 月 9 日《我为什么要争取公私合营——在江苏省人大一届一次会议上的发言摘要》（《刘国钧文集·讲演卷》，第 111 页）互为补充，相得益彰。

当然，不可否认，刘国钧讲演中仍有不少欠缺之处，如有的讲演极具政治色彩，在解放后的讲演中大都引用毛主席的讲话或指示，“毛主席在最高国务会议上特别指出……”[《团结是不可战胜的力量——在常州市政协一届一次会议上的发言（1956 年 2 月）》]（《刘国钧文集・讲演卷》，第 171 页）、“毛主席教导我们……”[《把自己的命运和国家的前途结合起来——在江苏省工商联二届二次（扩大）会议上的发言（1956 年 1 月 10 日）》]（《刘国钧文集・讲演卷》，第 160 页），有少数讲演结束时是口号式的，“团结起来，争取更大的胜利！伟大的中华人民共和国万岁！伟大的中国共产党万岁！伟大的领袖毛主席万岁！万岁！万万岁！”[《在革命大团结的光辉旗帜下继续前进——在全国人大四届一次会议上的发言（1975 年 1 月）》]（《刘国钧文集・讲演卷》，第 217 页），“我在这里要高呼：领导我们的中国共产党和毛泽东主席万岁！”[《坚决拥护并接受社会主义改造——在民主建国会第一次全国代表大会上的讲话（1955 年 4 月）》]（《刘国钧文集・讲演卷》，第 144 页），还有一些关于公司运营情况的报告，类似财务报表一样质木无文，如《在大成公司第九次董监联席会议上的报告（1948 年）》《在大成公司董事会上作生产经营报告（1955 年 1 月 9 日）》《在贸易部招待宴会上的发言（1950 年 11 月）》等。

瑕不掩瑜。综之，刘国钧的讲演较具个性，我们今天读来，既能感受他讲演中的艺术魅力，又能为其人格魅力所倾倒。他的讲演体现一个时代的色彩，在中国讲演史留下浓墨重彩的一笔，值得我们学习，更让我们深思。

（作者简介：司马周，江苏理工学院中文系教授，文学博士，主要从事明代文学与文化研究；黄晓赟，江苏理工学院教育学院副教授。本文选自《刘国钧研究》2016 年第 1 期。）

试论著名企业家刘国钧先生的精神品质

毛加明

刘国钧（1887—1978），江苏省靖江市人，是近代中国著名的企业家，是常州近现代工业发展的先驱。他白手起家，自强不息，艰苦创业，依靠卓越的经营理念和创新举措缔造了大成纺织集团，最终成为全国民族工商界的骄子。他何以有如此成就？究其原因，在于刘国钧身上蕴含着天下兴亡、匹夫有责的家国情怀，仁爱共济、立己达人的社会关爱和正心笃志、崇德弘毅的人格修养。刘国钧所具有的这些优秀品质和精神，既是对中国优秀传统文化基因的继承，又是对中国精神的弘扬和创新。

一、天下兴亡、匹夫有责的家国情怀

中华民族一直注重整体利益、国家利益和民族大义，强调对社会、民族、国家的责任担当和奉献精神。如崇尚“天下兴亡、匹夫有责”的国家大义担当，追求“先天下之忧而忧，后天下之乐而乐”的价值目标。这些精神在刘国钧身上得到充分体现。在近现代历史上，当遭到帝国主义列强的疯狂侵略出现了亡国灭族的危机时，刘国钧继承了中华民族“以天下为己任”“敢为天下先”的中华民族精神传统，将忧国忧民振兴中华的责任置于肩上。

刘国钧自幼就做学徒，成年后开始经营商铺，凭着自己的聪明才智和踏实苦干积累了第一桶金，然后创办工厂企业，一步步成为爱国企业家。1930 年，日商凭借其先进的技术设备，企图垄断我国纺织市场，扼杀我国民族工业，刘国钧为了对付竞争强敌，使国产花布能够打入国际市场，并将垄断在外商尤其是日商手里的丝绒、灯芯绒市场夺回来，他同日商斗智斗勇，掌握了丝绒、灯芯绒生产技术，开创了我国民族工业中生产丝绒、灯芯绒成功的先例，极大增强了民族自尊心、自信心和自豪感。新中国成立后，为了抗美援朝保家卫国，刘国钧怀着爱国、爱民、为国家、为民族舍小家顾大家的社会责任意识和使命感，动员常州工商界积极响应“六一号召”，制定爱国公约，捐献飞机大炮，并亲自主持大成公司捐献大会，捐献旧人民币 50 亿元，另外个人捐献 2.65 亿元。按每架 15 亿元折算，折合捐献战斗机 3 架半之多，在常州工商界乃至全省工商界起了推动作用。在“文革”中遭冲击时，他仍矢志不移，撰写对联“人老心不老，永远跟党跑”，以表爱国爱党的拳拳之心。特别是在生命的最后时刻，仍致信老友，念念不忘为祖国“再做出一次贡献，可死无遗憾矣”。可见，天下兴亡、匹夫有责的家国情怀始终贯穿于刘国钧先生的一生。

二、仁爱共济、立己达人的社会关爱

“仁爱”是中华传统文化的精髓和核心，是中华传统文化最重要的几个价值取向之一。中国传统伦理思想一向“讲仁爱、重民本”，尊重人的尊严和价值，崇尚“仁爱”原则，主张“仁者爱人”，强调要“推己及人”，关心他人。孔子主张“己所不欲，勿施于人”（《论语·卫灵公》），“己欲立而立人，己欲达而达人”（《论语·雍也》）；孟子强调“亲亲而仁民，仁民而爱物”（《孟子·尽心上》）。刘国钧虽然家庭贫困、生活无着，只读过 8 个月的私塾，但自幼受父母的教诲，家庭的熏陶，社会的历练，中华民族传统的“仁爱”思想对刘国钧思想道德品质的形成具有重要影响。刘国钧说，家训“能受天磨真铁汉，不遭人忌是庸才”对我有很大的启发，坚定了我的意志。父亲送给他的一句座右铭：“义者不饮盗泉之水，廉者不得无道之金。”一直激励着他清清白白做人，明明白白做事。

刘国钧在成为著名民族实业家之后，经常资助家乡，热心公益。1933 年，他出资 3000 大洋疏浚生祠镇东首的大靖港，使其成为家乡的水运要道，后又出资开挖横贯生祠镇东西的团河和修建生祠镇的主要街道。1972 年，为了支援家乡发展农业生产，他特地从国外进口一台价值 15 万元的镗床，送给武进一家柴油机厂，请该厂工人加班，多生产 10 台拖拉机送给家乡。同时，刘国钧为了解决国家建设所需资金，多次向政府建议，设立江苏省华侨投资公司吸收国外华侨参与国家建设，此项建议很快为省政府采纳。刘国钧动员在国外的儿女们积极参加投资，以刘国钧儿女的名义，投资 35 万元外汇，是投资最多的一户。刘国钧热心国家的教育事业。国家经历三年困难时期，刘国钧积极响应周总理的号召，捐资助学，从定息中提取 35 万元，又动员其他人出资 15 万元作为江苏省的办学基金，资助社会办学。同时，刘国钧又出资 1 万元支持家乡办学。

刘国钧不仅为农村和家乡捐钱捐物，从事公益事业，为教育事业捐资助学，而且十分关心热爱员工。在大成公司，他始终十分注意营造“公司大家庭”，时刻关心、爱护员工。首先，他从安定工人职员的生活着手，足额发放酬劳并逐年增加，同时发给奖金和分红。其次，刘国钧在厂内开办食堂，只收饭菜成本费，修建了宿舍，创办了大成小学，以及医疗保健站和小商店，还为去世的有贡献的职工建造了功德堂，职工去世开追悼会，置办大成公墓以及举办集体婚礼等，使职工能够安居乐业，以厂为家，融洽劳资关系。最后，打造公司文化，把“忠信笃敬”作为大成公司的厂训，而且还编写大成厂歌：“武进大成，纺织染兼营。提倡国货，对外竞争。出品力求精，成本力求轻。挽回利权，富国裕民。凡我职工，勤慎耐劳，振作精神，言忠信，行笃敬。群策群力，一心一德，努力，各负责任，前进，集其大成。”在公司的车间、走廊的墙壁上随处可见张贴的励志口号。《格言联璧》，人手一册，以古人警言教育员工。刘国钧旨在用传统文化对企业员工进行道德品行与人生修养的熏陶，告诫全厂职工恪守职责。

三、正心笃志、崇德弘毅的人格修养

正心，使人心归向于正；笃志，专心一志，立志不变。崇德，崇尚美德；弘毅，宽宏坚毅、刚强、勇毅，谓抱负远大，意志坚强。出自《论语》“士不可以不弘毅，任重而道远”。刘国钧先生一生中都在践行“正心笃志、崇德弘毅”的人生价值目标。刘国钧在帝国主义列强和官僚资本主义的倾轧下，惨淡经营，艰苦创业。提倡“机器革命”“土纱救国”思想，他三渡日本，考察欧美，引进技术、管理，结合工厂实践，提出“工管工自治化、工教工互助化、工资等级化、华厂日厂化、出品日货化”的口号，全面提高工厂管理人员素质。并率先在我国纺织界中试制成功灯芯绒、丝绒。抗日战争胜利前夕，撰写了《扩充纱锭计划刍议》一书，认为抗战胜利后，可用 15 年时间将全国纱锭扩展到 1500 万枚，与世界纺织业争王座。

中华人民共和国成立后，刘国钧先后担任了江苏省副省长、省政协副主席和民建省委、省工商联主任委员，他以赤诚的爱国之心和爱国热忱，在党的领导下投身于社会主义革命和社会主义建设，与中国共产党肝胆相照，真诚相处，团结两会成员参加社会主义建设事业。即使在“文革”期间，也坚信中国共产党的领导，坚定走社会主义道路的信念，矢志不渝地践行“实业救国”，弘扬“国家富强、民族振兴、人民幸福”之大义。

中国精神孕育刘国钧精神品质，刘国钧精神品质光大中国精神。刘国钧坚定地爱党、爱国、爱社会主义的政治信念，是他天下兴亡、匹夫有责的家国情怀的体现和升华；刘国钧那种慷慨解囊、无私奉献的高尚品格，是他仁爱共济、立己达人的社会关爱的体现和升华；刘国钧那种自强不息、艰苦创业的精神品质是他正心笃志、崇德弘毅的人格修养的体现和升华。可以说，刘国钧的精神品质既继承了中华民族传统美德的精华，并赋予其深刻的时代内涵，又充分体现了爱国实业家的崇高追求和高尚境界，丰富和升华了中国精神。她如同血液，在我们民族的躯体内不息地流动；如同乳汁，哺育着千千万万的后来者。

参考文献：

[1] 施宪章. 爱国民族工商业家刘国钧的赤城之心 [J]. 钟山风雨，2002（5），48-51.

[2] 魏平. 试论刘国钧民族精神形成的三个阶段及当下青年学生民族精神的培育路径 [J]. 江苏教育研究，2015（18），15-18.

[3] 张宇杰. 大成之道，创新为本——刘国钧与大成奇迹研究 [J]. 江苏工业学院学报（社会科学版），2008（4），55-57+86.

[4] 朱艳燕. 爱国实业家刘国钧 [J]. 江苏地方志，2001（2），46-47.

（本文选自《刘国钧研究》2016 年第 2 期。）

建国前后刘国钧思想变化研究

朱 力

一、建国前夕刘国钧出走香港

1944 年，欧洲战场的战事基本结束，德国法西斯败局已定，日本在太平洋战场上也是节节败退，中国人民看到了胜利的希望，坚信日本必败。刘国钧也抱着这样必胜的信念，认为日本败亡只是时间问题，觉得应早做准备筹划复厂事宜。遂于 1944 年 12 月偕同缪甲三等人取道印度赴美考察。此次考察中，刘国钧在见识了美国、加拿大等地纺织工业发达的同时，也在美国购买了一些纺纱机、发电机等设备，用于恢复战争中被炸毁的大成三厂。大成纺织染厂在刘国钧及全体职员的努力下，于 1946 年全部复工，到了 1948 年，库存原棉、物料、流动资金均恢复到甚至超过战前水平。

然而，随着国共内战的全面爆发，国内经济情况也越来越差。为了填补巨大的战争缺口，国民党不断地超发货币导致货币贬值，引起严重的通货膨胀。此时大多民营企业家为了使自己的财产不在无形中“蒸发”，除物资外都纷纷最大限度地持有外汇。刘国钧也不例外，也通过各种方式将财产转移。“我们从 1946 年 3 月起就陆续把钱套汇到香港去，在香港设立了大孚公司，从事为本公司定购各种器材物料，输入内地……1947 年 4 月，从大孚公司拨出资金港币 80 万元，连同本公司以前在儿龙原已购置之房厂作价 100 万元，合成港币 100 万元，改称大孚建业公司，向香港注册。”“从 1947 年 12 月至 1949 年 4 月末，本公司陆续运至广州去的物资共计 20 支棉纱 30 件，各种棉布 79500 余匹。这些纱布到 1949 年为止在广州全部销售完毕。除一部分款项仍以金圆券汇回上海外，其余结到港币 267.3 万元，逃避到了香港。”刘国钧本能地将一部分财富转移到香港，而此时的他也并没有想过离开内地到香港去办企业。

至 1948 年初，国共内战已愈演愈烈，国民党败局渐显，工商界对此甚为担心。

除了部分对共产党有过接触的企业家了解共产党政策外，很多工商界人士和共产党方面完全没有过接触，他们对共产党的了解仅限于国民党在报纸、电台上的丑化宣传。一心办工业的刘国钧当然也在此列。他从来没有加入过任何党派，对共产党政策、宗旨也是一知半解，刘国钧甚至认为共产党的政策就是要“共产”。与此同时，国民党对于台湾地区的美化宣传也使得刘国钧萌生了到台湾办厂的念头，“我们做工厂的人以工厂为第二生命，在彼时受反动派的恶意宣传，说该处电力便宜且没有纺织厂”。一边是毫无了解的共产党，一边是有优厚办厂条件的台湾。在这种情况下，“刘国钧于8月亲自赴台租地设台安兴业公司纺织厂筹备处，运去布机200台和部分纱布，派陶振飞、胡逸飞看守，暂不进行基建，安排妥当，仍回上海”。9月，国民党发行金融券，“大成、安达存的黄金、美钞也被搜刮一空”。并且蒋经国在上海借故传讯工商界，被传讯者总要花费巨资，才能保得暂时“平安”。见此情况，刘国钧不禁对台湾地区的生存状况感到担忧。为了稳妥起见，他让自己的大儿子先到香港考察设厂条件，自己留在上海以观变化。

客观地分析，英国政府对香港的政治庇护和一贯的自由贸易政策，使得香港成为众多颇有资产的企业家首选之地。而大量战争难民的涌入，也为香港提供了相对廉价的劳动力。在这样的背景下，许多企业家纷纷逃往香港避难，在这里他们不仅可以获得政治上的自由，也可以重操旧业继续办厂。1948年底，淮海战役结束，国民党在军事上的失败已成定局。面对这种情况，大成纺织染公司在刘国钧的组织下召开了临时股东会商量对策，研究“应变”事宜。经过和董事会成员的商量，刘国钧决定于香港九龙荃湾地区开设东南纱厂，从大成公司运走200台布机，购买了6600枚纱锭，刘汉栋为厂长；于香港皇后大道设东南纺织公司事务所，由刘汉堃任总经理兼东南纱厂经理。“在未解放前实在料不到解放有这样快。彼时以为战争要拖长的，我们厂内的流动金要被反动政府消耗完的，所以将各埠支店所有的现款集中香港去的。又想到如现款怕贬值吃亏，不如在香港买机器办工厂，因此有东南纱厂的组织。”

不久之后，刘国钧接到来自国共双方的信函，其内容完全相左。中共要求刘国钧保护好工厂，不能停工；而国民党要求他将所有资产运至台湾。面对内容完全不同的信函，刘国钧感受到来自双方的压力。1949年初，刘国钧在上海召开常州代理人会议，决定自己到香港避居，同时令大成公司在沪、常两地的现金、存货、原料、物资、机器一律不动，个人坚守岗位，照常生产，并编造清册，不要隐瞒。安顿好公司后，刘国钧带着家人由沪赴港。

二、建国后刘国钧回归祖国

1949年4月23日，解放军光复常州。“1949年4月28日，中共常州市委派于春开、陈直、李学假等同志率领工作队员20多人驻厂工作，领导全厂职工，团结和教育资方人员，进行恢复生产工作。”此时大成纺织染厂资方代理人朱希武、何乃扬、张一飞等人思想比较混乱，他们一方面表示拥护共产党领导，另一方面也对中共的政策有顾虑，怕职工清算他们在解放前的剥削账，担心企业无利可图、前途渺茫，表现出一种观望、等待的态度。针对这种情况，市委工作组对资方人员进行了细致的思想教育工作，阐明党的“发展经济，保障供给”“公私兼顾，劳资两利”等一系列经济政策，组织资方人员开展政治学习，安排资方的代表人物何乃扬、张一飞分别参加市人民代表会议和市政治协商会议，并发动职工主动帮助资方克服困难，搞好生产，对他们的消极经营思想进行必要的批评，从而逐渐稳定了资方人员的思想情绪。

正是在中共常州市委的帮助下，大成纺织染厂迅速恢复了生产。5月，上海解放，沪港通邮，何乃扬等人将大成纺织染厂的情况告知了远在香港的刘国钧。得知三个厂都迅速地恢复了生产，这让处于忐忑中的刘国钧淡定了不少。由于事先已经做好约定，何乃扬等人每隔三天就会将常州的情况传给刘国钧，这也让刘国钧通过侧面了解到了公司的情况，也让刘国钧对共产党的政策有了新的认识。

此时身在香港的刘国钧也是矛盾的。对于他来说，办事业做工厂就是他的全部。十四年抗战如此艰苦的条件下他依旧能够在逆境中求生，辗转腾挪在后方办工厂，这对许多人来说是不敢想象的。抗战结束后，他多方奔走恢复工厂，付出了太多的心血。一个如此有事业心的人岂会如此轻易地放弃自己辛苦了大半辈子创下的基业？所以当刘国钧在香港安定下来不久，就开始思念故土，怀念上海、常州原有的企业。而此时的中共为了大局考虑，为了国内恢复和发展生产的需要，对迁港的企业家都采取统战政策。中共高层对这批颇具影响力的企业家也高度关注，由周恩来亲自负责统战工作，一大批党内的优秀统战人员赴港做思想工作。许多民主人士在此时也发挥了巨大的作用。

上海解放后沪港通邮，刘国钧在得知工厂恢复生产后就有意回到内地。1949年7月2日，在香港接受《大公报》记者采访时，刘国钧表示“他随时准备回内地，从事和发展新中国的纺织工业，只要沪港航运复通，绝不观望，而且有8000担的棉花，正在转本随时转船运沪”。当然，从这段话中我们可以感受到刘国钧想要回到内地的决心与渴望，然而此时香港是两种声音并存，说共产党好的，说共产党坏的兼而有之。这情况下刘国钧的内心是反复的。“许多香港朋友警告我说：国老，你不要瞎缠，你是有企业的人，对你是不利的。我听了这话又吓住了，一度就与他们失去了联系。”天有不测风云，同年10月刘国钧突发胆结石，住院接受治疗。在这期间，刘国钧经常与《大公报》社的费彝民接触，通过他了解更多的内地消息和共产党的政策。年底，刘国钧接到大成公司的报告，公司在原料不足的情况下，常州三个厂净盈利千余担原棉，这也让刘国钧的思想再一次发生了一些改变。他于1950年春再次赴台，结束了台安公司的所有工作，彻底断了去台湾发展的念头。就在他有心再次了解共产党时，胆结石复发，这次的情况比第一次还要严重，必须要进行手术。这对于年过六十的刘国钧来说，不宜拿生命进行赌博。也正是在这样的人生巨变中，刘国钧觉得要回到内地去，回到他为之奋斗半生的工厂去。他在1950年5月27日致徐致一、朱希武等人的信函中说到“体健即回”，在同一天给公司其他股东发信函时也说“弟病体尚能加速恢复，得任舟车，即回勿念”。在7月11日给张一飞、缪甲三的信函中说“弟待残躯复原，即乃回沪”。刘国钧已经做好了回去的准备，只是身体刚动完手术需要将养一段时间。8月痊愈出院，本来此时按照医生的嘱咐，刘国钧是要在家多休养一段时间才能经历舟车劳顿。此时大成、安达两公司关于联营还是合并问题，刘国钧与董事会成员发生争执。部分董事认为两公司合并比较好，而他认为两个公司没有必要合并，但可以合作联营，会计独立。正是这样争执不下的局面促成了刘国钧尽快回内地的决心。他于8月见了民建委员何北衡，又通过费彝民结识了中共驻港的负责人张铁生。“我在病中听到内地消息很好，决定出院后就回去，并抱着再大干一番的雄心。费彝民见到我真心要回内地，就介绍我去见共产党驻香港的负责人张铁生同志。张铁生同志与我谈了两个小时的话……他的一番谈话，是我有生以来从未听过的，我衷心地感到佩服。因此我就决定回来了，不再有什么犹豫。”在与张铁生交谈完后，刘国钧做好了一切的返回工作，于9月16日偕夫人由香港启程踏上归途。而他的子女此时依旧留在香港，并未回来。

三、经历运动后刘国钧的思想变化

1952年初，中共发动了旨在清除“五毒”的“五反”运动，此运动将矛头直指与干部关系密切的私营工商业资本家。面对轰轰烈烈的群众运动，从来没有经历过群众运动的刘国钧有点不知所措，胆战心惊。他在自述里写道：“因为我未曾经历过运动，开始时感到非常震动。看到有许多经不起考验的人，居然出了意外，就更加震动。这个时候，我的思想就有斗争，我如何安排好呢？我想到离开香港儿女送别我时，我说：'我此番回去，你们不要哭，不要这样凄惨惜别，一个人迟早难免一死，我是贫儿出身，因为创办企业成功，才有了这许多财产，这是靠企业而来的。我回去是为了企业，是预备吃苦的。我对企业准备做到底苦到死。我何日离开香港，就算是我的死日。'我抱着这种决心回来，不应再有什么顾虑。我生命都不顾，交给了国家，还有什么可以顾虑呢？身外之物更不必说了……我没有做过什么重大的违法事情，也没有什么不可告人的囤积居奇，胆子放大一些，大不了我回到 14 岁时的一无所有，连件袍子都没有的时代。"从这段自述中不难看出，刘国钧面对如此浩大的群众运动是非常害怕的。他想到了自己有可能会被没收全部的财产，甚至想到了自己会性命难保。在这样恐惧的环境中，刘国钧交代了他所能交代的所有问题，争取能够达到"过关"的要求。

通过这次"五反"运动，确实查出了大成公司的许多问题，比如说偷工减料和盗取国家资财的行为："纺部，（1）以坏调好，把花纱布公司代纺的好棉花抽出来，掺进自己的坏棉花，或是向花纱布公司报的是好棉花，后来又把坏棉花调进去，根据资方坦白一共六次，值五千二百多万元，譬如 1950 年底代纺中长的美棉（好）275 担被资方调到自纺里去用，而把自纺棉（差）调到代纺织里去。（2）以好调坏，花纱布公司来抽样纱的时候，把预先准备好的长度圈数都标准的好纱调进去，想以低级纱获得高级工缴，一共有五次。（3）公私不分，代纺花衣存在栈房里，是公家的财物，应当到期才可以动用，但资方自己的花衣接不上了，也不到花纱布公司去申请，毫不犹豫地把公家花衣拖来就用，根据资方坦白就有三次，挪用天数在 17 天以上，共计挪用原棉 4143 担，盗窃了利息八千一百十八万零八百六十三元。（4）偷工减料，如小包重量标准是十磅，经营标准上规定只好重不好轻，但是1950年的生产计划上就说小包重量可以轻一盎司，工友们上了资方的当，轻一盎司的也就不回掉重打。又如摇纱圈数不足、圈长不足，也都是偷工减料的行为，这样就盗窃了一亿八千八百八十九万零四百三十五元。"

"织部，（1）以次充好，织出的油渍布、水渍布都是次布，照例当作次布卖给花纱布公司，每匹布要少卖一万三千四百块钱，但是资方却把次布混进好布卖出去，尤其因为二厂是染厂，资方为了多卖钱，一方面想逃避缴纳税款，就把代织的次布送到二厂染了再作为好布。这样一共盗窃了七亿二千四百二十三万一千一百八十五元。（2）以少报多，蝶球细布每匹只要 8.9 单位，资方强调费用大，争取到 9.6 单位一匹，每匹盗窃 0.7 单位。卡真只要 8.4 单位，资方也强调织布困难，虚报成本，争取到9.4单位，每匹盗窃1单位。蝶球共织19万匹，卡真约2万匹，共盗窃八亿五千六百万。”

“常州大成纱厂一二三厂、办事处部分总公司偷税漏税，盗窃国家资财，偷工减料，违法所得共31404051149.50元，又上海总公司检查违法所得共计25077862407元（内容不详），常州、上海两处共计违法所得人民币56481913656.50元。”

从这些数据看，大成纺织染公司是够不上评定守法户资格的，其违法数额已经远远超出上海市制定的守法户标准。按照标准，“基本守法户一般规定以违法所得一千万元以下者”，以大成纺织染厂所犯“五毒”问题来看，列入严重违法户都绰绰有余。刘国钧之所以能够被保护过关是中共从大局出发，基于统战政策的考虑。中共很清楚刘国钧在纺织领域还是有一定地位的私营企业家，对其保护过关能起到树立典型的作用。大成纺织染厂也是江苏比较大的纺织厂，对国计民生有很大影响，快速地使其正常生产也是中共领导人不得不考虑的问题。

保护过关的政策使得刘国钧在庆幸之余，更多的是对中共的感恩戴德之情，也正是通过“五反”运动，才使得刘国钧在思想上有了一个很大的转变。在此之后，他对自己的思想进行了彻底的改造，紧跟中共的大政方针，无论是发表的文章还是在公开场合的讲话都是围绕中共重要精神展开。这一转变从刘国钧“五反”前后两个不同时期的公开讲话就能发现。

从刘国钧回到内地之后到“五反”之前这段时间，刘国钧在公开场合的讲话较多反映的是他本人对新政权的期待，对新思想进步的需求，以及对如何办好工厂的憧憬。比如1950年10月1日，刘国钧在大成一厂国庆上的讲话，再次回厂之后的公开讲话，他更多的是在回忆过去以及强调自身要学习新的思想，“我刚从外面回来，我应该怎样学习，才能把新的思想贯彻到实际工作中，而不犯错，这确实是我最注意的一件事”。1950年11月在贸易部招待宴会上的发言，更多的也是强调如何在缺少棉花和棉纱的情况下搞好生产。1951年12月在苏南各界人民代表会议二届一次会议上的发言，“大力开展增产节约运动、广泛开展思想改造运动的伟大意义……我绝不以为现在年纪大了，难改造就怕改造，为了要更好地为新民主主义建设服务，我要虚心学习理论，学习毛泽东思想，并且在国有经济的领导下，积极改善经营”。

从“五反”之后，刘国钧的公开讲话以及一些发表的文章，不但在内容上有了很大的变化，在思想改造的程度上也更加彻底。1953年发表文章《消灭资产阶级有利》，将问题的矛头直指资本家："要获得这第一利，首先要争取个人改造以至集体改造。因为我们资产阶级都是生长在旧的资本主义时代的人，所见、所学、所作、所为，都浸染在资本主义的一套方式里面，渐渐养成了唯利是图的本质，甚至损人利己，贪得无厌，因而饱暖思淫欲，过着浪漫腐朽的生活，惘然不知人生的伟大意义，日益走向坟墓堆中。如今有了对症的药剂，将转颓废为健康。在毛主席和人民政府领导下，光芒万丈的总路线，已照亮了我们的眼睛，稳步过渡到社会主义的桥梁，已很显著地摆在我们面前。我们求治病症，不能怕医，更要服从医生的指挥，切切实实地从改造着手做去。"1953 年 10 月 16 日在中华全国工商联会员代表大会上的讲话："经过这次会议，我明白了，要真正搞好实业，必须要把实业放在国家的计划轨道上，服从政府和国有经济的领导，在企业中依靠工人阶级并接受其监督，而要更好地把实业搞好，对国家做更大贡献，就必须接受社会主义改造，走上国家资本主义的道路。我不仅自己要这样做，并且还要向工商业者宣传，鼓励他们也这样做。"

通过上述两个前后时期刘国钧的一些公开讲话和发表物，我们可以看出，"五反"前后的两个时期刘国钧的思想发生了巨大的转变。之前虽然也有对中共政策的配合，但都没有过多地涉及自己思想层面的改变，可能本身还保留着一些想法。但经过五反之后，刘国钧给自己来了个思想大改造，不仅对中共的政策积极地宣传和跟进，还主动配合要"消灭""改造"资产阶级。在过渡时期总路线提出后，刘国钧更是积极地要争取公私合营，将他视若第二生命的工厂交给国家来领导。可以说在"五反"之后，刘国钧从思想到行动上已完全和中共趋同，对自己进行了一次彻底的改造。而中共对刘国钧的态度也是投桃报李，不断地给予其政治地位，"1952 年 10 月 25 日刘国钧被任命为江苏省人民政协委员，1953 年当选为全国工商联执行委员，1954 年当选为江苏省工商联副主委，1955 年当选为民建中央委员，1956 年当选为江苏省副省长……"

四、结语

新中国成立初期中共对于资本主义及资本家的认识是在不断变化的，最后提出要"消灭"资产阶级，建立全民所有制的国家资本主义。为了能够实现这一点，中共通过给予一些较大资本家政治地位的方式来换取他们手中的生产资料。刘国钧即是这些人中的一个典型代表。刘国钧也是看到了这一点，才积极地改造自己的思想，主动地要求将大成纺织染厂进行公私合营。

客观地说，新中国成立前后刘国钧对待中共态度的这一系列变化中，既有他主观的积极改造，努力向中共靠拢，也有整个国家大势上的推动。他的这一思想变化对他个人而言，其实也是一件好事，至少让他能够为中国的建设出一份力，让后人能够记住他为新中国建设做出的贡献。从中共的角度来说，他的这一变化正是国家所需要的。为了能够快速地实现既定目标，需要涌现出一些积极的资本家，需要他们做出一些牺牲来实现国家的利益，当然中共也给予他们一定的政治地位。

（作者简介：朱力，男，江苏宿迁人，浙江工商大学专门史专业研三学生。本文选自《刘国钧研究》2016 年第 2 期。）

刘国钧的沟通艺术及其品质

赵贤德 丁芳芳

一、刘国钧的沟通艺术

（一）与普通民众的沟通艺术

刘国钧与普通民众的沟通，以与塾师华云良沟通为例，体现出尊师重道的沟通艺术；以与大学生缪甲三的沟通为例，体现出平易近人的沟通艺术。

1．尊师重道

为学莫重于尊师。学习最重要的是尊敬老师。尊师重道最早出现在《后汉书·孔僖传》：“臣闻明王圣主，莫不尊师贵道。”古往今来，“尊师”充分体现了中华民族的道德观念；“重道”则是我国传统文化的重要特征。尊师重道是中华民族的传统美德，从幼儿教育就开始学习，代代相传。以刘国钧与他的塾师华云良的一段对话为例：

刘国钧见到华云良时敬重地喊了一声“先生”，然后恭恭敬敬地跪在地板上磕了三个头，爬起来把八百文小钱放到桌上，说：“华先生，这是我的八百文束脩，不成敬意，请恩师笑纳。”华云良愣了一下，很和蔼地说：“不必笑纳。年关已临，你家清贫拮据，带回自用吧。”刘国钧摇摇头，说道：“先生大恩，没齿不忘，来日方长，容后图报。”说完，又深深鞠个躬，慌忙退出。

刘国钧幼年只读了八个月的私塾，他的塾师华云良是个富有同情心的人，收留刘国钧上学且不要学费。刘国钧进了私塾，天资聪慧，且日复一日打扫课室。华云良从心底很是喜欢刘国钧，华家把他当作一家人看待。刘国钧和先生、师母和华家儿子华宝宝经常同坐一桌就餐。有次过中秋，华宝宝课后塞给刘国钧半块月饼，刘国钧没多想，三口两口就吃掉了。事后华师母找到刘国钧，问他可曾拿月饼吃，一旁的华宝宝对他挤眉暗示，刘国钧生性耿直，想到之前吃的月饼，毫不掩饰地点点头。

刘国钧哑巴吃黄连，有苦说不出，让华云良以为刘国钧做了偷鸡摸狗之事。刘国钧当时没有直接向老师辩解，正是因为没有与老师沟通，造成了这次误会，刘国钧没脸再次跨进华氏私塾的门槛，只得辍了学。但他幼小的心里念念不忘华塾师治家格言的教诲：施惠无念，受恩莫忘。他暗暗盘算：读私塾一年一千二百文钱，我读了八个月，该给华先生八百文钱。这笔学费一定要偿还。

还钱时，刘国钧谨遵塾师的教诲，满含歉意与谢意，抱着一颗尊师重道的心境与华云良沟通，才使这次误会得以消除，化解了华云良对刘国钧恨铁不成钢的气恼，原谅了刘国钧。此后的刘国钧，与其他人沟通，也一直体现着尊师重道的沟通艺术，为他日后广结能人异士，发展人脉关系起到了重要作用。

2．平易近人

一个人的初步影响力，几乎是视觉上的。在我们真正了解一个人之前，我们早在第一眼看到时，便形成了自己的固定判断思维。如果这个人样子顺眼，我们就会在他身上寻找到其他好的特质，如果这个人样子不讨人喜欢，我们就会倾向于探索他的不良特质，以便支持我们的第一次判断。所以，一个人给人的第一印象十分重要。以刘国钧与大学生缪甲三的一段沟通为例：

刘国钧见来者是一位很年轻的、学生打扮的人，个子高挑，脸庞清秀，富有书卷气，对他第一印象颇佳。他和蔼地说："请坐，请问尊姓大名？""我叫缪甲三。"青年腼腆地答道。助手刘丕基给缪甲三倒了杯茶，低声嘱咐："不要慌，刘经理很平易近人的。"缪甲三定了定神，刘国钧为了冲淡紧张气氛，就先给缪甲三讲述大成公司的沿革和远景，说到得意之处，开怀大笑。缪甲三在与刘国钧的沟通中感到刘经理很亲切，一下子拉近了与刘国钧的距离。

面试时，刘国钧以一个平易近人的沟通姿态，不摆领导架子，让沟通对象缪甲三感受到被平等对待的舒适心情，一下子拉近了彼此之间距离感。沟通透过了人的眼睛和鼻子，是心与心的交流。在沟通中两个人互相了解，刘国钧发现了缪甲三是个有潜力的年轻人，从而达到有效沟通的预期效果：刘国钧招揽到缪甲三这一人才。

通过刘国钧平易近人的沟通之道，缪甲三消除了紧张感，发挥了自己正常的水平，顺利地通过了刘国钧的面试。这不仅是缪甲三进入社会的一次严格考试，更通过沟通让缪甲三了解到刘国钧的为人。当然，缪甲三没有辜负期望，勇挑重担，成了刘国钧得力的助手，这是后话。

（二）与商界同行的沟通艺术

刘国钧与商界同行沟通，以接盘大纶招股演说为例，体现出不卑不亢的沟通艺术；以与陈光甫的沟通为例，体现出真诚相待的沟通艺术；以与陆绍云的沟通为例，体现出虚心求教的沟通艺术；与在港召开董事、监事会议的沟通为例，体现出明辨是非的沟通艺术。

1. 不卑不亢

圣贤自有中正之道，不卑不亢，不骄不谄，何得如此也。不卑不亢，有礼有节，既不低声下气，也不傲慢自大，这是我们为人处世、沟通交流的基本准则。以刘国钧接盘大纶招股演说的一段话为例：

刘国钧会同蒋盘发，与大纶久记纱厂的大股东顾吉生、吴镜渊、刘叔裴商谈接盘事宜，商定以 50 万元的代价，由刘国钧接盘大纶久记纱厂，订了草议，并付了 5 万元定金。当时，刘国钧的全部家产，包括广益染织厂固定资产将近 50 万元，但拿不出 45 万元现钱作接盘之用。怎么办？蒋盘发自顾不暇，无力资助。相商之下，决定公开招股。每股 50 元，招股 1 万份。聚沙成塔，集腋成裘。于是，刘国钧和蒋盘发在德泰恒饭馆摆了三桌酒，召集了同行们聚聚。

刘国钧依次给每个人斟满酒，笑吟吟地说道："承蒙诸位光临，刚才，我兄长已说明敝人要接盘大纶久记纱厂，在座有的朋友一定会骂我刘国钧搭错了神经，是飞蛾扑火，自找死路吧！不错，我们常州人把办纱厂视为畏途，是有道理的。眼下，中外纱厂竞争激烈，无锡人荣宗敬、荣德生办的申新纱厂，常州人盛宣怀、刘伯森办的宝成纱厂都亏蚀甚巨。大纶久记纱厂自接办以来，也是年年亏本。钱琳叔的常州纱厂也因经营失败，出租给申新纺织公司，更名为申新六厂。何况，大纶久记纱厂是由于亏蚀而出盘的。因此，许多朋友对经营纱厂感到寒心，常州贫儿院院长冯晓青先生甚至还说：'如果再修县志，应将劝人勿经营纱厂一语载入。'诸位想一想，倘若我刘国钧不善经营纱厂，将落下个倾家荡产的下场，难道我活了 44 岁，连这点道理都不懂吗？"

刘国钧越说越激动，将皮帽脱下，平顶头上冒着微微热气。继续说道："我以为，华商所以竞争不过外商，是不懂如何竞争所致。如不振兴工业，就不能抵制外货。农商部总长、状元公张謇先生说过：'制且未成，抵于何有？'我受此启发很大，决心从商业转向纺织业，与日货抗衡。常州有土布业的基础，不能不发展纱厂，否则，即使现有的土布业亦难以生存，其中原委，不言自明。至于，能否信任我刘国钧经营纱厂的能力，请诸位相信，没有金刚钻，不揽瓷器活。想当年，我刘国钧借了十元银洋闯荡江南，经 30 年的奋斗，现已有财产 50 万元之巨，我有广益染织厂作为抵押，请诸位老板千万放心，投资我的新纱厂绝不会吃亏！”

刘国钧这一段沟通，站在同行们的角度上，从指出大家心中的顾虑与担心，到打消大家的顾虑，有这样一个说服的过程，沟通从心开始，换位思考，往往更具说服力。

美国作家爱默生说过：“自信是成功的第一秘诀。”在与他人沟通时，你的自我感觉会在很大程度上影响着别人如何看待你。如果你心里都觉得自己不行，那别人怎么能相信你，如果刘国钧都觉得自己开办纱厂不会成功，那同行们怎么会相信刘国钧的纱厂会成功？所以，自信，当然也不能自大，不卑不亢才能正确有效传达自己的思想。

刘国钧这一番铿锵有力、有理有据的演说，使在场同仁听了不得不信服。正是这不卑不亢、以理服人的沟通之道，正确地传达了刘国钧的思想，使得沟通的目的得以实现，其结果必然是公开招股，旗开得胜，这是创办大成的关键一步。

2．真诚相待

古代寓言故事《疑邻偷斧》众所周知，这个故事也可以看作在影射同行之间缺乏交流沟通而引起的猜疑。现实生活中，同行间以邻为壑，缺少知心知肺的交流，因而互相猜疑或者互挖墙脚，因为同行间都过于看重自己的价值，存在着利益的冲突，唯恐别人比自己强，所以很难做到开诚布公。但要想自己得到壮大，就必须通过与他人真诚合作，才能实现共赢。以刘国钧与上海商业储蓄银行总经理陈光甫的沟通为例：

他们并坐在长沙发上，喝着碧螺春。刘国钧开头讲起接盘大纶时遇到的困难，对陈光甫的鼎力相助表示感谢。陈光甫笑道：“刘经理，我们银行历来是亲交商人。我为你的成功接盘而高兴，人在社会有一真正快乐之事，是树立目标，创一事业，达到目的而得到成功，为最快乐。此种快乐从艰危困苦中得来，尤为永久，尤为有纪念价值。”接着，他感慨地说：“中国人嫉妒心甚深，每见他人得意，即加嫉妒，不但不肯相助，且在暗中百般排挤而倾轧之。”

“陈总经理所言极是。”刘国钧把自己的经历略说一二，然后深有感触地说：“要创办一点事业确实不易，今后大成公司还望陈总经理多加提携。”

陈光甫和蔼地说：“你我出身同样清苦，我幼年亦为学徒，添饭斟茶、早晚上卸排门之役，都曾做过。在汉口煤栈当学徒时，且须任打包之事。夜间卧于地板之上，热天则露宿晒台，苟不与厨役联络，常不得饱。”他喝了一口茶：“我们的银行也是从苦中得来，于 1915 年开办时，门面很小，资本只有 7 万元，人员仅有7人，规模是很小的。我自兼营业，拉存款，跑工厂，搞放贷，晚上回行还亲自为青年行员开班教书，相当勤苦。我认定两个字：‘勤俭’。”

刘国钧以50万元接盘大纶久记纱厂，大股东们甚觉便宜，但又已经签了草议，付了定金，不能反悔。交付盘厂价款时，股东之一的蒋雨辰拒绝收常州钱庄的汇票，而要求上海全市通行的大汇划银行本票。就在刘国钧因大股东们的阴谋诡计而愤慨不平、焦急万分之际，路上巧遇了常州阜丰钱庄的经理屠永堂。听了刘国钧的叙述，屠永堂面无难色，去见了上海商业储蓄银行的总经理陈光甫，陈光甫伸出援手，帮助刘国钧解了危机。

因这件事，刘国钧有意结交陈光甫，且因大成公司的需要，想向陈光甫贷款，遂请屠永堂引荐，为刘国钧作了介绍。

刘国钧以真诚相待的沟通姿态，与陈光甫越谈越投机。虽说一个曾是留美学生，一个曾是贫苦乡童，他们有着共同贫苦的经历，有过一样的创业生涯，更有着相同的强烈的事业心，他们有许多共同语言。正是这真诚相待、推心置腹的沟通之道，才让陈光甫了解到刘国钧的精明能干，从而放心地把贷款借给大成。从此，刘国钧与江浙财团拉上了关系，寻找到了强大的靠山，大成公司离成功更近了一步。如果刘国钧沟通时没有敞开心扉，藏着掖着，话到嘴边留一半，那是达不到沟通的效果的。

3．虚心求教

古希腊有一句民谚说：“聪明的人，借助经验说话；而更聪明的人，根据经验不说话。”这就是虚心聆听的作用，每个人都希望受到别人的重视。当我们专心致志地听对方讲话，虚心接受对方的指教，对方感受到你在仔细聆听，并对你听的反应做出反馈，了解你所关心和在意的重点，自然而然便会向你提出中肯的建议。以刘国钧向陆绍云请教的沟通为例：

一位三十七八岁的中年人，一表人才，浑身洋溢着生气和活力，深邃的眼底射出智慧的目光。刘国钧赶紧上前，紧握陆绍云的手，说了许多倾慕的话，话中流露出求教的意思。陆绍云也主动介绍了自己的简历。

从陆绍云的话语中，未露出一点前来就职的意向。刘国钧不知是何道理，富有心计地说：“陆先生，你是纺织专家，我陪你到处看看，请予以指教。”刘国钧与陆绍云边看边谈，华笃安随后。刘国钧诚恳地说：“敝厂不足之处甚多，望陆先生不吝指教。”陆绍云有条不紊地指出了厂里工务上的诸多问题，句句击中弊端。

陆绍云直率地说：“我从小迷恋纺织工程，见莠不语，愧对良心，你我首次讨论，直言不讳，惶恐不已。”“俗话说，忠言逆耳利于行。陆先生指点迷津，我们求之不得呢。”刘国钧发出肺腑之言。

刘国钧以求教的心，问了一些有关厂里的问题要怎样解决的方法。陆绍云都如数家珍般一一作答，把厂里的症结所在说得入木三分。刘国钧抓住时机，恳切地说：“陆先生，实不相瞒，大成公司有股东百人，嘱托鄙人经理此厂，即负全厂之责，对外经营有靖基先生，总稽查有华笃安先生，人事有刘丕基先生，各部均有得力之人。惟独工务总管空缺，此职位非陆先生莫属。”

陆绍云略作思索道：“承蒙刘经理错爱，绍云才疏学浅，恐不胜任。不过，有个遐想，愚毕业于日本工大，对日本的先进纺织业颇有偏爱，愚就业大成公司，须按日厂改革，使其标准化，是否可行？”

刘国钧站起来，以欣慰的心情说：“古人云：‘广开言事之路，故且一切假贷。’你我不约而同，大成公司的目标是：华厂日厂化，出品日货化。此处定为陆先生施展才智的佳境。”“一言为定，我将全力以赴！”陆绍云也站了起来，与刘国钧紧紧握手。

善学者师逸而功倍，又从而庸之；不善学者，师勤而功半，又从而怨之。刘国钧致力于大成的改革，以一个虚心求教的态度高薪聘请专家，善于学习，事半功倍，善于用人，重视真才实学，有他的宏大气魄和远见卓识。正是他诚恳求教的沟通之道，让陆绍云认识到刘国钧对自己器重的心情，又因沟通中发现他们的改革理念一致，从而达到了此次沟通的目的，陆绍云成功加入了大成的队伍，为日后大成的改革做出了重大贡献。

4. 明辨是非

沟通传达的信息有误，一旦发现，就要及时指正，不能拖沓，放手不管，一味忍让，或者默认接受，这是不负责任的表现，其最终可能会因为这个错误而引发更严重的后果。所以，在酿成大祸之前，应赶紧制止当前的错误行为，重新沟通，表达自己的本意，消除因不当沟通带来的疑虑、误解。以刘国钧在港召开董事、监事会议的一段沟通为例：

刘国钧毫不避讳，直率地说：“事情还要从1946年胜利回国到上海讲起。那时，鄙人刚从美国考察回来，预备集中人力、财力发展事业，那时常州厂损坏很重，我算算常州厂恢复不易，但是安达厂一定要分家。现在大成情况，虽然我在香港，赖员工们努力，去年年底赚1000担花衣。今年8万份公债交清，一月至八月底止，赚了20多万，折旧等准备提了二十七八万，差不多有50多万，这是员工们努力的成就。”

他越讲越激动：“听到要合并，（我）情绪非常激烈。大成与安达，由久合分开的。如果那时候依我不分，今天安达的范围要比现在两个这么大也不止。今天情形变了，又主张合并了，还不如先联营合作、会计独立，不要太急。我一千五百万锭子的主张，莫说安达、大成可以合并，我的思想即其他同业亦复欢迎联营。今天为什么不赞成合并，1946年分家，到现在受尽分合的痛苦，还没有搞得清，我是怕极了。而且合并以后，人事组织都要变动。而且合并一定要各厂职工待遇差不多，否则职工又会提出意见。或者两者有依赖性，减少了竞争心。联营不联资，现在先联营，将来再看情形，这是很好的。究竟如何处理，我没有任何成见，请各位股东考虑。”

刘国钧准备启程返回内地之际，收到上海大成公司董事会的来信，信里附了一份大成公司与安达公司商讨合并问题的董事、监事联席会议记录。刘国钧看了会议记录的内容，感到诧异，怀疑自己在病中神志不清，胡言乱语。他百思不得其解，因为依稀记得当时徐致一等人从内地来港探病，说到解放后，内地很多企业进行了合并经营，至于大成与安达本是一体，合久必分，分久必合。合并的形式很多，没有具体谈及。然而，现在把自己说成是合并经营的提案人，其中大有误会本意之处，亟须加以澄清，以免贻误大事。

于是刘国钧发去电报做出解释，但问题并没有得到解决。遂决定在港先召开董事、监事会议，然后亲赴内地解剖事情真相。

正是刘国钧明辨是非曲直、晓以利害的沟通之道，使得董事、监事们权衡利弊得失，一致认为，刘国钧的主张甚合他们的心意，决定：派查济民先行返回上海，向董事会申诉情由。然后，再由刘国钧带病回国，参加董事会的讨论和决定。之后，刘国钧为着自己奋斗几十年的事业，不顾术后身体尚未痊愈，回到上海参加大成公司临时董事会，与刘靖基唇枪舌剑，终于阻止了合并风波，从而稳定了当前大成公司的发展。如果刘国钧当时没有立即在港召开会议，没有以明辨是非的沟通向董事澄清，没有表达自己本意，那大成与安达公司就不会有日后的发展。

（三）与下属员工的沟通艺术

刘国钧与员工下属沟通，以与蒋鸿文的沟通为例，体现出严肃严谨的沟通艺术；以下车间与员工的对话为例，体现尊重平等的沟通艺术；以大会宣讲为例，体现诲人不倦的沟通艺术；以在工潮上训话为例，体现刚柔并济的沟通艺术。

1．严肃严谨

作为管理者，严肃严谨的工作态度是必需的品质。说出去的话，泼出去的水。说到就要做到，言行要一致，这就要求我们对待一切事情都要认真、负责、一丝不苟、精益求精。于细微之处见精神，于细微之处见境界，于细微之处见水平，就是把做好每件事的着力点放在每一个环节、每一个步骤上。抓好每个员工各自岗位上的职责，各个环节都要做精做细。以刘国钧与蒋鸿文的一段沟通为例：

有一回，刘国钧巡查车间，看到地上倒着两只棉条筒，他非常生气，找到领班蒋鸿文，严肃地说："你当领班，是荡马路哟！"蒋鸿文羞得满脸绯红。

刘国钧成立大成后，在正式开工之前，有三个月的准备时间。这期间，刘国钧对原来的大纶久记纱厂进行了改革。第一步是人事改革计划；第二步是检修机器、添置设备；第三步是针对大纶的经营腐败和管理不善，改革管理制度。

第三步中，刘国钧重点抓产品成本这一环，因为产品成本是工厂立足之本，不仅关乎工厂盈利，而且是与同业乃至外商竞争的关键。刘国钧十分关注用棉，每件纱的用量多少，下脚多少，工作严谨细致，每月都亲自到部门查询。在车间，对棉花抽查是否有落白现象。

这次检查到蒋鸿文职责范围内有环节不到位。虽然蒋鸿文是蒋盘发的儿子，也就是刘国钧的义侄，但刘国钧并没有睁一只眼闭一只眼，而是以严肃严谨、公私分明的沟通之道，让蒋鸿文意识到事情的严重性，更让员工知晓，对义侄尚且如此严厉，那他们更不能马虎，从而达到了沟通的目的。事后，大家惜花如金，车间不见皮辊落地，不见筒管落地，扫地扫得雪光，不再有花衣，鼓舞了厂内职工忠于职守，刘国钧的成本管理改革得到了有效的推进。

2．尊重平等

尊重是一种礼貌，更是人们友谊的桥梁。一个懂得去尊重别人的人必定会得到信任，人与人之间依赖沟通来表达，要能有效沟通，必须在尊重的辅助下，事半功倍。平等则是一切交往的基础，任何失去了平等为前提的情感关系都不可能获得正常的沟通方式和沟通效果。所以，我们必须以一颗尊重平等的心，在沟通互动中恰当提出自己的建议。以刘国钧下车间与一个员工的沟通为例：

有天午夜2时，刘国钧悄悄地到大成二厂车间查询，见到领班陶振春，语重心长地说："你所管的烧毛炼漂工程是棉布脱胎换骨的过程，一有失误，即会使纺纱、织布前功尽弃，酿成暴殄天物的损失。一定要牢记'忠信笃敬'的厂训啊！"

刘国钧经常深入车间，与员工对话，了解生产状况。他不会因为自己是领导就摆架子，训斥员工，而是善于以一种尊重平等的态度，用通俗易懂的语言与员工交谈。常用诸葛亮的治蜀名言如“开诚心，布公道，尽忠益时者，虽仇必赏；犯法怠慢者，虽亲必戮”相诫勉，并引用范仲淹的“先天下之忧而忧”相鼓励。

刘国钧就是这样通过言传身教，让员工们理解生产适销对路的产品、降低成本的道理，让他们理解厂训，并规范自己的行为，让他们明白人心齐、泰山移的道理。因为抱着一颗互相尊重的心，从而刘国钧受到员工的爱戴。管理好人力资源，才是一个公司持续欣欣向荣的关键所在。

3．诲人不倦

作为一名企业管理者，要尽可能地与员工们进行交流，使员工能够及时了解管理者的所思所想，领会上级意图，明确责权赏罚，避免推卸责任，彻底放弃“混日子”的想法。而且，员工们知道得越多，理解就越深，对企业也就越关心。一旦他们开始关心，他们就会爆发出数倍于平时的热情和积极性，形成势不可挡的力量，这正是沟通的精髓所在。以刘国钧大会宣讲的沟通为例：

为让“厂训”“厂歌”深入人心，刘国钧命华笃安召集高级职员、管理人员和工友的大会，逢会必讲，长篇大论，引经据典，乐此不疲。

他训话说：“今日人手一篇‘厂训’，希望诸位放在心头，常常看看；发‘厂歌’一首，希望公司上下都能歌唱。‘厂训’是：‘忠信笃敬。’孔子曰：‘言忠信，行笃敬，虽蛮貊之邦，行矣。言不忠信，行不敬笃，虽州里，行乎哉？立则见其参与前也，在舆则见其倚于衡也，夫然后行。’孔子在这里讲的是什么呢？言语忠厚老实，行为忠诚严肃，纵然到了别的部族、国家，也行得通。言语欺诈无信，行为刻薄轻浮，就是在本乡本土，能行得通吗？站立的时候，就仿佛它刻在车辕的横木上。这样，时时刻刻记着它，才能使自己到处行得通。‘厂训’‘忠信笃敬’，上至我刘国钧，下至养成工、学徒，都要把它铭刻在心，时时刻刻‘忠厚老实，忠诚严肃’八个字仿佛在眼前。公司上下，人人做到，大成公司前途无量……”

刘国钧在大会中，诲人不倦，谆谆教导员工们，把改革的理念传达给每一个员工，让员工们深入理解厂训，改革步步实施，落到实处，使整个公司有章可循，面貌一新。正是他诲人不倦的沟通教导，使员工们的凝聚力、向心力增强，人们心往一处想，劲往一处使，工作有了干劲，生产效率自然就得到提高。

4．刚柔并济

作为管理者，在企业管理中，与下属沟通，除了要有亲和力的一面，也要有威严的一面，刚柔并济。如果刚的部分太多，员工会感到畏惧，与员工距离感会加大，管理者不能了解员工的真实想法；如果柔的部分太多，管理力度就会不足，员工对待工作的积极性会下降，甚至因不满工作、聚众闹事等引发严重后果。以刘国钧处理工潮的训话为例：

刘国钧站到讲台上，一字一句地说："工友们，今晚的事，我很难过！大成公司开工五年多，发生工潮今天是第一次。但愿，这是空前绝后的一次！"忽然，窗外传来皮靴的踏步声，窗上晃动着戴大盖帽、全副武装的警察的身影。人们侧目而视。

刘国钧睨了一眼，暗忖："对待工友就是要恩威并重。"他继续提高嗓音说："大成公司不仅是我刘某的厂，是江苏省武进县大南门的厂，是地方事业。我们厂就是个社会，进了厂就是要安心工作，要食于斯，居于斯，生活于斯，老于斯，葬于斯。大成公司……凡此种种，你们目睹的，你们是直接受益者。全国像我们工厂这样的，有几家呢？你们可以打听打听。"

他歇了一口气，刘丕基递上一杯热茶，他饮了几口，继续说："在过去的一年中，虽是年荒，我们常州四乡受了灾荒的影响，无衣无食的不知几万，那困苦的情形，真是不堪言状。而东南附廓的居民，屋宇整洁，人事熙攘，一点没灾荒的样子，比较别的乡，好似两个世界，这无疑是受了工厂的实惠。拿我们大成一厂、二厂来说……所以，我们应该爱护我们的厂，为振兴民族工业努力，为国为民造福！"

他言疾心热，将皮帽摘下，放到台上，以威严、紧迫的口吻说："近来，上海各家纱厂因受不景气影响，有停闭的，有做三日停五日的，内地到上海做工的，不能维持生活，纷纷回到内地来，所以常州工人平添了许多。我们大成公司进用工人，要慎重在先，所谓取之严，用之宽。做考工的，在进用工人时，要精密地考选，要知道每个人的性情和能力，实行名副其实的考工责任。"

停顿片刻，他又不愧不怍地说："我宣布，织布间领班吴国良殴打艺徒，免职，并赔偿被殴打人的全部医药费用。今晚停工 4 小时，事出有因，工资照发。但是下不为例。加油工季顺林、朱阿玉、许焕生要求自退，请到人事部办理自退手续。诸位工友，谁要是觉得在大成公司，吃饱了饭不惬意的，要求自退的，我们绝不挽留！好吧，说得够多了，回去开工吧！"

因织布间领班吴国良横行霸道，毒打艺徒，激怒了厂里几位机匠，他们带头说要自退，于是织布间很多员工停工，引发了大的工潮。刘国钧遇到这种紧急事件，立马连夜赶到车间，与员工们进行深入沟通，"柔"的部分先表示自己对这件事的痛心之情，再给大家传达出工厂提供了安宁稳定的生活，最后"刚"的部分，严厉处理了闹事人员，给大家一个警醒。刘国钧这一系列的沟通，“刚”“柔”相辅相成，有效传达了管理者的意图，达到了沟通的预期效果，平息了这次工潮事件。

所以，管理员工要松紧得宜，无论说话办事，都要有深思熟虑、信守承诺的一面，才能在员工中树立威信。既要叫员工多出力，为公司创造财富，又要防止员工对公司的不满。刘国钧真是一位懂经营管理、又懂技术的一等人才。正是刘国钧的这一番训话，激愤昂扬，刚柔并济，恩威并重，才平安无事地解决了这次闹工潮事件，增强了员工的凝聚力。

二、刘国钧沟通艺术背后的品格

沟通是一种能力，并不是一种本能。它不是天生具备的，而是需要我们后天学习培养的。学习的不仅是沟通艺术，更需要培养的是人的品格与思想。沟通可以练，人的胸怀、人的德行，也必须修。一个人内在的修养，其外在的表现是沟通艺术。同样，刘国钧的品格与思想支撑了他的沟通艺术。

（一）勤劳肯干

刘国钧从小就是一个勤劳肯干的人。幼年上私塾，天天把塾师的夜壶清洗干净，又把课室打扫清爽，将课桌抹得一尘不染，再把塾师的黄铜水烟筒擦得金光锃亮，最后还把几盏煤油灯罩用废纸擦得透亮透亮。日复一日，刘国钧没有间断没有张扬，默默地重复着这一切。在他 15 岁，借了 10 元银洋到江南闯荡三个多月时，柳秀方接他返回靖江，在奔牛镇刘吉升京广洋货店落脚。刘国钧无事可做，就帮着老板娘劈柴烧火，到河边担水，整个下午忙得大汗淋漓。傍晚，又主动帮着打烊，收遮阳篷，打扫店铺前的街道，并在街面上泼上河水，为乘凉场地做好准备。刘国钧勤劳的例子还有很多，体现在处处细节。

（二）谦虚谨慎

刘国钧一直保持谦虚谨慎。从小出去闯荡江南，结识陆友仁和蒋盘发，跟着他们后面谦虚学习，不懂的地方就请教。小到花了几个晚上跟蒋盘发学打算盘和量布，一点就通，从而成功当上奔牛镇刘吉升京广洋货店的学徒；大到跟着蒋盘发学生意经，先当学徒再开布庄，赚了钱办布厂、纱厂。后在大纶纱厂任协理，冒名偷偷闯入英商怡和纱厂学习浆料配方，苦心孤诣振兴大纶。后因矛盾，分道扬镳，而决定自己经营布厂、染织厂。东渡日本考察，比较差距，向日本布厂学习长处，并找出短处，知己知彼，百战百胜。再后，创办大成，致力于改革，因

地制宜，学习昆山徐公桥的管理方法，提倡职业教育，以华厂日厂化为目标。刘国钧的一生都在谦虚谨慎的学习中，每作出一步决定，都有自己的考量。

（三）洁身自好

刘国钧一生洁身自好，品行端正。刘国钧与华渭川一同创办和丰京广洋货店，但华渭川却沾染上鸦片，亏空了千把元银洋。刘国钧看到瘦骨嶙峋、有气无力的华渭川，心里气恨又怜悯。想到柳秀方对他的忠告：“鸦片是害人的东西，富贵人家吃了鸦片烟，弄得七颠八倒，家破人亡；贫贱人家吃了鸦片烟，弄得少米无柴，抛弃妻子。烟瘾越吃越大，烟瘾越陷越深……”对此，刘国钧盘算了整夜，决定独资开店，撤出华渭川的股资。而刘国钧一生生活简朴，洁身自好，一心投入自己的事业。

（四）恪守信用

刘国钧为人笃实厚道、恪守信用。大成公司在战前向国外订购纱锭，在资金方面曾受上海商业储蓄银行陈光甫的贷款支持。至常州沦陷前夕，大成在上海商业储蓄银行的欠款达 250 万余元。贷款以机器做抵押，常州沦陷后，大成所属三个厂遭毁，抵押品失去价值。鉴于此，各家银行都优惠处理贷款。刘国钧把这件事一直记在心头，与同仁商量后，他有自己独特的见解，认为我们做人不能不讲信誉，绝不能因为自己遭了损伤而赖账。而且战事只是暂时的，一旦平息后，我们仍要回常州恢复工厂，还需要陈光甫的银行的支持。正是他的为人笃实，恪守信用，受到陈光甫的十分赞赏，因而两人交往十年，建立起深厚的友谊。他的那种正气凛然的气质，深受人们的敬佩。

（五）博闻强识

刘国钧除了唯一的嗜好——创办事业，也有自己的爱好和追求，那就是收藏字画。刘国钧苦于从小读书甚少，踏上社会，渴求知识，对有真才实学的文人尤为尊重。良师益友中，刘国钧最尊敬常州的钱名山，有关古书画的收藏，常常求教于他。因刘国钧热爱书画，追求艺术，从而对他的事业裨益匪浅，他的艺术构思、得意佳作常常在自己企业推出的花色布上展现。刘国钧之所以能成为一个创业的胜利者，与他广博的知识是分不开的，而他的知识与技能并非来自课堂，而完全得益于学和问。

（六）临危不惧

刘国钧为事业，不顾生死，临危不惧。创业早期，为攻克技术难关，不仅冒死去英商怡和纱厂偷技，还在九一八事变后冒不测赴日本偷艺。日本发动全面侵华战争，刘国钧颠沛流离暂居香港，为扩大东南亚市场，在各路不通的情况下，通过安南的海防这个唯一的通道探路，转运去南洋各地，明知路途有风险，仍冒险去南洋考察。在战事频频的形势下，安达发了一笔巨大的横财，在苏州购买了大量不动产，刘国钧听后决定亲自去实地察看，于是从重庆返回上海，又乘火车到苏州，下榻耦园。夜里睡觉时，劫财的强盗破房门而入，刘国钧与几个高级职员均被土匪绑架。刘国钧临危不惧，镇静地说服土匪，“你们把有权的人都请来，谁在外筹款？”从而土匪放了何乃扬。刘国钧身处险境，处之泰然，与同被绑的谢承祜促膝谈心，在自强不息的气氛中打发时间，直到被安全救出。刘国钧一生经历无数险情，但都以自己临危不惧、沉着冷静的头脑，安全脱身。

（七）远大志向

刘国钧一直胸怀抱负，树立着远大的志向。从小看着父亲突生恶疾，母亲不辞辛苦，外出帮佣，所以懂事的他，在困境中锻炼了自己坚韧的性格，想要自己早点出人头地，撑起家庭的重担。在柳秀方第一次带着刘国钧去江南埠头街柳永丰京货店求徒遭拒时，刘国钧心生一个强烈的念头：总有一天，我刘国钧飞黄腾达后，一定要把这爿店铺盘下来，不换字号换主人，以解我心头之恨。正因如此，刘国钧胸怀抱负，只身闯荡江南，先当学徒，后认识到经商不如办实业，而开办布厂，且也盘下了柳永丰京货店，让柳秀方当主人。但有着远大志向的刘国钧，仍不满足于现状，最后创办大成纺织公司，且把广益染织厂并入大成，实业走向成功。他将终生不渝地在实业界大展宏图。

口者，心之门户也，口是心灵的门户。一个心胸狭隘的人，说不出大格局的话，一个底气不足的人，说不出不卑不亢的话，一个没有使命感的人，说不出有责任感的话。所以，一个有着怎样品格和思想的人，相对应，就有着怎样的沟通艺术。以上笔者探索的刘国钧优秀的品格与思想，支撑了他的高品质沟通艺术。

（本文选自《刘国钧研究》2016 年第 2 期。）

试析刘国钧先生古书画的收藏与捐赠

魏 平

由于材料的特殊性，传统书画的保存成为一件相对困难但又至关重要的事。众所周知，没有实物载体的精心保存和代代相传，文化艺术的传承便无从谈起。所以，从这个意义上说，收藏家既是艺术的传承者，更是艺术发展和繁荣的推动者。

刘国钧先生就是这样一位传承者和推动者。作为中国的纺织巨子，他不仅在纺织实业上倾注了毕生的精力，而且在中国传统书画艺术品收藏和鉴赏方面投入了大量的心血和财力。他不辞劳苦，经多年奔波，花多年积蓄，付多年心血，才使得今人还能鉴赏到品相依然完好的古书画精品。尽管这些精品历经无数次灾难和战乱，但在收藏者的精心呵护下，依然闪耀着艺术的光芒。我们除了赞叹艺术家的妙笔生花，更应该感慨一个收藏家的苦心孤诣，是他们共同完成了一个民族文化和艺术的传承。

刘国钧先生生前收藏了多少古书画？又捐赠了多少古书画？今天已无法做到精准统计了。从目前所能见到的刘国钧先生古书画的藏品看，我们略作以下分析。

一

目前，能见到刘国钧收藏的古书画，大多由国内部分博物院（馆）入藏，其中不乏大中型博物馆，如南京、广东博物院，常州、苏州、无锡和扬州等博物馆（院）；即便是县级博物馆——常熟博物馆，也曾获评首批国家二级博物馆。刘国钧先生的家乡靖江，目前尚未建立博物馆，其捐赠的古书画还被收藏在靖江档案馆里。接收刘国钧捐赠古书画最多的是常州博物馆，数量达 457 件；最少的是无锡博物院，仅 2 件。其余的博物馆（院）分别有十余件或几十件、上百件不等。除此以外，刘氏家族部分成员中亦有家藏，当然在“文革”中被毁或人为散佚的不计其数。无锡博物院就曾经在文物市场回购了一件刘国钧先生原先捐赠的古书画藏品——《五君子》图轴，作者邹一桂为清代官员，著名花鸟画家，晚号“二知老人”，江苏无锡人。

这些古书画藏品，大多是刘国钧先生生前捐赠给国内相关博物馆的，或者是博物馆的前身，如当地的文管会或其原先的领导管理机构。捐赠时间主要集中在1960年至1965年和“文革”后期。“文革”结束后，刘国钧先生的亲属也曾以刘国钧名义向相关博物馆捐赠过一部分古书画。当然也有经刘氏家族一些成员拍卖，流入相关博物馆的，如张大千著名的四幅联屏《荷塘野趣》，被目前国内最大的私人博物馆上海龙美术馆收藏。

刘国钧先生收藏古书画有如下几个特点：

其一，热心收藏首先学会鉴赏古书画。

刘国钧读书很少，本人不会作画，不谙书法，但刘国钧从小受其父亲儒家思想的灌输和影响，潜心于收藏。20世纪30年代，他在创办大成企业的时候，以其敏锐的企业家意识，有意接近文化人，将大成二厂的厂址选在江左大儒钱名山先生创办的寄园书院隔壁，仅一墙之隔。从此，刘氏和钱氏两家成了金兰之交。刘国钧的子女都在寄园里读过书，其间，免不了墨宝交流。抗战中，寄园书院被战火所毁，书院宅基为大成二厂所用，后来，刘国钧在寄园原址复建“竟园”，以示纪念。刘国钧在家乡生祠镇修复岳王庙，山门两侧墙壁上嵌入的石刻“精忠报国”四个大字，为钱名山所书。钱名山先生还为“岳王庙重修记”碑文刻石八块，砌之祠壁。特别是在岳飞塑像后面，钱还书写了岳飞那首脍炙人口的《满江红》。可见，刘国钧对保留文化遗址和人文历史的重视。他鉴赏字画，常向文化名人请教书画艺术的发展历史，把握一些名人书画家的艺术特征和个人风格，进而比较准确地对其创作年代、创作风格、艺术特色和艺术价值作出大致的合理判断。有时还与人探讨书画家的笔墨特点、技巧，用笔的质量，笔墨的力度、速度，设色习惯、特色等。在书画鉴赏的同时扩大知识面，在鉴赏中做到触类旁通，举一反三。

据刘学进先生回忆，刘国钧在南京寓所北京西路38号，稍有空闲，就取出珍藏的古书画一一观赏，并让学进在一旁取放画轴。他不仅注意掌握书画方面的知识，还粗知其他方面的知识，如古代文学、历史、社会风俗、生活习惯，甚至道德思想、精神面貌等。所以，他常邀书画家和同事朋友去他寓所鉴赏书画作品。从其精神生活需要来讲，这是他保持身心健康和精神享受的一种生活方式。通过多看名家作品的真迹，了解画家学习期、成熟期、巅峰期、衰退期等各个时期的用纸、用墨、用色、笔法、印章、落款等特点。凡能精于此道的都可以称之为专家，刘国钧就成了这样的专家。

其二，刘国钧古书画收藏门类十分广泛，地域性很强。

现在所能见到的刘国钧的古书画藏品，跨越700多年的历史，相当于贯穿中国明、清和民国时期，各种流派的书画作品，涵盖面广，特别是刘国钧注重收藏江南一带古书画家的作品。后来捐出的书画，也是根据入藏的地域环境，尽可能提供与当地风土人情相关的书画作品。据了解，刘国钧收集的古书画作品，主要来自民间，大致有三个途径：

一是多年辗转奔波，在文化考察和交流中获取，如抗战初期，刘国钧在成都参观武侯祠，意外获取诸葛亮《前后出师表》拓影件真迹；二是来自文物市场，据南京94岁的民建老人胡敏回忆，刘国钧在南京担任江苏省副省长时，业余时间常去古玩市场，特别喜欢到夫子庙文物市场购买字画；三是部分书画名家和友人的赠予。张大千赠送的四幅联屏《荷塘野趣》，分别在四幅画上都有题字。经考证，原来大千此画作于1947年，正值时局动乱，刘国钧认为时局如此混乱，万一四屏掉了一件两件，那就难以成局，所以邀请张大千在每一张画上都题写名字。由于大千名字是后来补题的，所以当卷画的时候，还能看到作品题名处背面渗有墨迹。由此推断，刘国钧不仅是张大千画的重要受赠者，而且与张大千的私人关系非同一般。

积少成多，聚沙成塔。近千幅的古书画藏品，是刘国钧先生拥有的最大的财富。收藏的过程，亦让他见证了中国书画文化历史的过程，其意义和价值绝不仅仅是藏品本身的经济价值所能承载的。

其三，保持良好的收藏心态，也就是常说的“平常心”。

平和心态，不是一开始就具备的，而是在收藏活动中逐渐修炼出来的。面对一件藏品，只有在心平气和中才能慢慢品味其中的奥妙。这奥妙包括好坏两方面。刘氏友人回忆说，很有意思的是，刘国钧在文物市场购买字画很“大方”，有时“良莠不分”，真假都买。其实，古书画作品，既存在手工摹制以广泛流传的现象，也不乏伪作和收藏者的误定。刘国钧古书画的有些藏品显然不是古人的真迹，但即便是后人的仿作，也无不打上了时代的印记。这是刘国钧先生收藏时的良好“心态”。

其四，精心保管，存放得当。

据说当年在南京的住宅和常州青果巷故居，刘家准备了好多木箱，专门腾出库房存放古书画藏品。书画作品是用宣纸、绢、绫、帛等作底，既怕潮湿又忌干燥，时间久了很容易受蚀、破损。所以，刘国钧在保存书画藏品上是非常精心的。“文革”初期，“红卫兵”冲进刘国钧住宅破坏字画。刘国钧心痛至极，挺身而出，大声疾呼：这不是“四旧”，是文物，是国家财富。省委统战部闻讯随即派人赶到现场劝阻。“红卫兵”一走，刘国钧随即将用于生活的樟木箱中的衣物取出，再将尚未毁坏的字画一一装进箱内，加封后藏入汽车后备箱。次日，直接开往南京文保部门，请代为保存。就是这样，许多古书画藏品才免遭毁坏。据刘氏家族成员透露，新中国成立前时局混乱，刘国钧先生还将部分古书画精品托人存入海外的银行保险柜里。

二

常州市政协原副主席卜仲宽先生生前曾评述过刘国钧捐赠古书画动机：家大业大，矛盾较大，还是国家保管好。

刘国钧先生捐赠给国内博物馆（院）的古书画的数量很多，时间先后不一，但每一次捐赠都具有同样的意义。

广东省博物馆共藏有刘国钧先生捐赠的明清书画十二件 / 套，先后于 1962 年 6 月、1963 年 4 月分两批入藏，不仅有吴门画派、松江派、清初四王及四僧、扬州画派、海派等画家作品，还有岭南著名画家黎简、“西泠八家”之一的奚冈等诸画家作品。就作品质量和水平而言，总体来说虽然参差不齐，却不乏精品佳作，其中被定为国家二级文物的就有赵左《山水图》轴、王时敏《隶书轴》、奚冈《松泉高士图》轴等三件，王时敏《隶书轴》还被收入了 1996 年由文物出版社出版的《广东省博物馆藏法书选集》。任颐《钟馗图》、刘彦冲《梧桐仕女图》、石涛《墨竹图》等三件作品虽未定级，但在 2008 年初广东省博物馆举办“馆藏明清人物画展”时，在展览中选展了任颐《钟馗图》，并在配合展览编辑出版的图录《明清人物画》中选录了刘彦冲《梧桐仕女图》、任颐《钟馗图》两件作品；2014 年底至 2015 年初，广东省博物馆在新馆举办“君子之风——传统梅兰竹菊绘画展”，又选展了石涛《墨竹图》，并将其编入《君子之风——馆藏传统梅兰竹菊作品选》；2015 年 9 月至 2016 年 2 月，在广东省博物馆重点打造的“千年风雅——馆藏宋元以来绘画精品展”中，又一次遴选展出了任颐《钟馗图》，并将其编入了《千年风雅——广东省博物馆藏宋元以来绘画精品集》。

据广东省博物馆原保管部主任宋良璧先生（1929—2015）撰文介绍，刘国钧先生向广东省博物馆捐赠藏品，主要得益于时任广东省副省长魏今非先生（1903—1983）的说合。当时，广东省博物馆正处于初创时期，起步晚、底子薄，迫切需要征集文物充实馆藏，刘国钧先生虽身在千里之外的江苏，却毫不犹豫地将自己所藏捐赠给广东省博物馆，显得尤其珍贵和难得。

刘国钧先生及其亲属在 1964 年 4 月及 1978 年，分两批向南京博物院捐赠了重要的书画以及文献类藏品共计 40 余件，为南京博物院藏品的补充做出了较大的贡献。

这两批捐赠品中，大部分作者是生活在江南一带的，具有一定的地域代表性。例如，“扬州八怪”的罗聘、李方膺，“京江画派”的顾鹤庆等。捐赠品中，不乏明代邢侗《墨石图轴》、明代朱耷《行书轴》、清代黄向坚《万里寻亲图卷》、清代陶鼎《山村云树图轴》等精品，经过全国文物专家组鉴定为二级文物。除此之外，还有张瑞图《行书轴》、傅山《行书轴》、罗聘《芭蕉佛像图轴》、邓散木《篆书八言联》等具有入藏价值的捐赠品。

1965 年 9 月，刘国钧先生捐赠给常熟文管会一批书画及文献资料：书画类藏品 58 件（套），文献资料类 6 件，作为常熟博物馆书画馆藏的一大补充，有着十分重要的价值。据时任常熟副县长的民建人士毛柏生（1916—1986）自传所载，他曾经和刘国钧先生进行多次沟通，希望他能将收藏书画捐赠给常熟。1965 年，江苏省民建组织会员到常熟体验生活，刘国钧先生留在常熟县城中，他在对常熟有了更进一步的了解之后，于 1965 年 9 月 15 日进行了正式的捐赠。

从所赠常熟博物馆的藏品来看，体现了他不俗的收藏品位与审美情趣。在捐赠品的选择上，刘国钧先生刻意选取了大量与常熟相关的作品，如虞山画派王翠以及与王翚之师王鉴、王时敏，挚友恽寿平，同乡画友吴历，扬州博物馆致谢信函以及历代常熟籍名人如钱谦益、翁同龢、蒋廷锡等人的作品。在书画类捐赠品中，《缪侃、胡缵宗等名人尺牍册》、翁同龢《山水册》、任颐《殊笔钟馗轴》、《叶雨、吴徵山水及钱谦益等题诗册》、归昌世《墨竹卷》、归庄《草书轴》等堪称精品，被定为国家二级、三级文物，也被收入《常熟博物馆馆藏精品集》。

扬州博物馆藏有刘国钧先生捐赠的明清代书画两件，两件作品的作者都在扬州生活过，并对扬州的政治和文化产生过重要影响。郑燮作为扬州八怪的领军人物，其作品《草书“天台才子”轴》已被定为国家二级文物，并收入《扬州博物馆藏扬州八怪书画集》。史可法是明末抗清名将，亦是扬州的城市英雄，其作品《史可法草书轴》大气磅礴，劲拔俊逸，一如他临危不惧、忠贞不贰的性格。

由上可见，刘国钧先生选择博物馆作为其收藏古书画的归宿，是经过深思熟虑的，并随着时间的推移更显其捐赠行为的重要意义。

古书画是有限资源，不可复制。许多名迹精品逐渐流入博物馆之后，其意义就在于收藏从传统向现代转移。古书画的收藏价值是比较大的，而且各方面的因素也促进了它的潜力价值。

博物馆最初的社会功能以及首先从事的活动就是收藏，即人类需要把那些象征着自身发展的文化遗存保藏起来，需要把那些潜涵着自然界全部奥秘的典型物品保藏起来，以了解和证实迄今为止的这个世界，究竟曾发生了些什么。

正是基于社会的这一需求，博物馆作为一项社会公共事业，从呱呱坠地开始逐渐步入成熟，并日益与社会生活发生着更广泛的联系。因此，人们不仅渴望从各式各样的语言符号中去理解这世界上已经发生和正在发生着的一切，还渴望通过活生生的形象去体味、去身临其境地感受；人们不仅需要以此来“刺激后代的想象力，并塑造他们的思想”，培养他们的民族意识和民族感情，而且渴望在各个不同的民族间，架起一座非语言所能表达的桥梁。

这是博物馆存在的意义，也是刘国钧先生将古书画捐赠给博物馆的意义所在。

三

古书画经历了历史变动、山河动荡而被保存下来，本身就比较稀缺，物以稀为贵，当然其自身的价值比较高。

刘国钧先生从一个贫家子弟逐步成长为中国的纺织巨子，对民族纺织业做出巨大的贡献，其自身的价值同样是相当高的。

实业与收藏，实业家与收藏家，两者之间本身看似没有必然的联系，但从实业发展的角度讲，从分析实业家的价值观入手，就不难发现两者之间还是存在一种必然的联系。

企业的性质决定了实业家的职责行为，即：一要牢固树立以盈利为目的的宗旨意识；二是要充分运用各种生产要素为市场或社会提供商品或服务；三是要承担自主经营、自负盈亏、独立核算的法人职责。实业家的上述职责决定了其要把追求“企业利润最大化”作为自身不懈的追求。刘国钧作为实业家，同样是这样追求的。但问题是，为什么刘国钧能把大成企业越做越大，越做越强，同代人中相当的实业家，却折戟沉沙、走向衰亡，更有的还没发展起来就“胎死腹中”呢？究其实质，是没有很好地解决“钱怎么挣？”“钱怎么花？”的问题。

随着实业家的财富不断积累，地位不断提升，社会辐射影响力不断增强，很多实业家的价值观念发生了巨大变化。许多人从最初创造财富、创造价值的冲动，逐步转向在创造价值的同时创造精神、创造人文境界，从对物的崇拜逐步转向对公认的社会价值的崇拜。许多人从注重个人价值追求逐步转向对社会价值与个人价值追求的有机统一。在重建内心道德尺度，建立勤奋、敬业、诚信、关怀与尊重精神的同时，自觉地把个人价值追求、企业的发展，与国家、民族的命运紧密地结合在一起。这是以刘国钧为代表的近代一批实业家包括刘国钧之后的一代实业家走向成功的重要因素。

刘国钧是一位实业家，但在创办实业中，他自觉地转向并成为民族主义者和杰出的爱国者。他创办纺织企业，为的是“土纱救国”，发展民族工业，抵御列强对中华民族的侵略。他成了当地“首富”，却崇尚俭朴，慈善济世。他个人从不随意挥霍，但对国家和公益事业却慷慨解囊。他捐助开办学校、铺路、修桥、浚港，修缮寺庙古迹，并捐钱捐物抢险救灾。由此可得出结论，刘国钧收藏古书画和捐赠古书画的行为，都是他作为实业家的价值观和人格精神的生动反映。

从过去到现在，也有相当数量的实业家们在巨大的物质利诱面前价值观扭曲，分不清是非或不愿分清是非而自我沉沦；在追求个人价值的同时置国家、民族、群众的利益于不顾，在创造个人财富的过程中疯狂地掠夺社会财富乃至无端地损害人们生命财产的安全，更谈不上为社会、为民众谋福利了。种种迹象表明，一旦价值观扭曲，道德伦理丧失，任何丑恶的现象都会在他们的手中制造出来。

相比之下，我们可从刘国钧先生身上得到更多的启迪。

（本文选自《刘国钧研究》2016 年第 2 期。）

刘国钧的家训及格言

高进勇

能受天磨真铁汉，

不遭人忌是庸才。

——这是刘国钧父亲刘黼堂在刘国钧 18 岁那年春节前为他写的联句。刘国钧说：“这副对子对我有很大的启发，坚定了我的意志。”

义者不饮盗泉之水，

廉者不得无道之金。

——这是刘黼堂写给儿子刘国钧的座右铭。

横财不富命穷人。

——这是刘黼堂在给刘国钧讲历史故事时，说的一句警言。

和以为贵，

同而不流。

——刘国钧说：“我经营了两爿店以后，把家眷也从靖江接到奔牛。当年的大除夕，父亲在家门口写了这副春联，贴在门上。把‘和丰’‘同丰’的‘和’‘同’两字嵌在里面，又警戒我处世之道，真是含义深长。”

靠人都是假，

跌倒自己爬。

——刘国钧说：“我体会到：要吃，就要自己赚钱，自己做出来吃。这样在思想上就逐步产生赚钱、做生意的念头。后来体会到一切要靠自己的努力。”

制且未成，

抵于何有？

——刘国钧在《自述》中写道：“南通张謇说的这句话，就掀动了我办工业的信心。”

会技术又会管理的是一等人才；

会管理不会技术的是二等人才；

只会技术不会管理的是三等人才。

——刘国钧特别注重结交办工业会技术、会管理的同业。这是和他们交往的体会。

不耐烦者，做不成一件事。

天下无难事，只怕有心人。

心之所至，无坚不入；

意之所至，无远不届。

日日行，不怕千万里；

常常做，不怕千万事。

——刘国钧在攻克八色印花车故障时提出的口号。

有我不多，无我不少。

——刘国钧说：“我在大成虽然是担任总经理职务，我不担任实际工作，各方面的工作我都问，但是在各方面又不专门负责。”

事事有人负责。

人人对事负责。

——刘国钧对厂内的人都作出了分工安排，各方面都有专人负责。

忠信笃敬

——这是刘国钧为大成公司题的厂训。孔子曰：“言忠信，行笃敬，虽蛮貊之邦，行矣。”意思是，言语忠厚老实，行为忠诚严肃，纵然到了别的部族、国家，也行得通。

日月倘随天地在，

勤俭终疗子孙贫。

——这是刘国钧的座右铭。其中，他将“勤俭”替换了“耕读”两字，使流传千百年的对联，赋予深刻含义。

忌我安知非赏识，

欺人到底不丈夫。

——这是刘国钧的座右铭。

心地光明，

暗中自有青天。

——这是刘国钧的座右铭。

日本人侵略中国是“蛇吞象”，

中国这样大，它吞不了的。

——刘国钧在常州沦陷前夕对员工说的话。

处难处之人愈宜宽。

——刘国钧一种待人态度。

天作孽，犹可违；

自作孽，不可逭。

——刘国钧批评一位同事时所言。

凡事让三分，天宽地阔；

心田留一点，子种孙耕。

——刘国钧劝导一位同事时所说。

仰不足以事父母，俯不足以畜妻子。

乐岁终身苦，凶年不免于死亡。

——刘国钧以孟子所言感悟现实。

一是凡事且不可存那畏难之心。

二是不可存那省事之心。

三是不可有那含混之心。

——刘国钧 1948 年 6 月致次子刘汉栋的信。

尔当牢记事无大小，都当拿定个一步不让的主意，理必求真，事必求是，俗言“瞎子牵牛不松手”正谓此也。

——刘国钧 1948 年 6 月致次子刘汉栋的信。

货比货有最好的，竞争的路上没那最好的，只有更好的。需得处处争最好的。

——刘国钧 1948 年 6 月致次子刘汉栋的信。

当用之钱，万金固不足惜，不当用者，分文要必较的，浪用一分即为多。这种物事，能成事，也能毁人，多在一念之间。

——刘国钧 1948 年 6 月致次子刘汉栋的信。

先帝爷说道是：“莫以善小而不为，莫以恶小而为之，惟德可以服人。”这是大根本。有才无德称小人，我父子不敢攀圣贤，也决不要做小人，当奋力效君子。

——刘国钧 1948 年 6 月致次子刘汉栋的信。

遵守厂规，服从领导；

爱护团体，敬业乐群；

精诚亲爱，谦和合作；

锻炼身体，修养品性；

自励励人，立己立人；

从善绝恶，革故更新；

厉行节约，爱护物力；

刻苦耐劳，向前迈进。

——这是刘国钧为大成公司制定的口号。

武进大成，纺织染兼营。

提倡国货，对外竞争，

出品力求精，成本力求轻。

挽回利权，富国裕民。

凡我职工，勤慎耐劳，

振作精神，言忠信，

行笃敬，群策群力，

一心一德，努力，各负责任，

前进，集其大成。

——这是刘国钧为大成公司拟定的厂歌歌词。

要吃龙肉自下海，

世上没有学不会的手艺。

——这是刘国钧在 1917 年担任大纶机器织布厂协理时提出的座右铭。

死店活人开，棺材劈开卖；

活店死人开，大家进棺材。

——这是刘国钧创办广益染织厂时的经营之道。

认认真真工作，

实实在在做人。

——刘国钧对海外归来的幼子刘汉良被任命为公私合营大成三厂副厂长时的嘱咐。

刘国钧有一部独特的人生记录，有别于一般的民族资本家，没有遗产，没有靠山，靠的是自我奋斗，在创业中全力以赴，雷厉风行，进行有益的改革，他有一句口头禅："我别无嗜好，只爱办工厂！"

刘国钧虽是常州首富，却不贪图享受，而崇尚简朴；他以不住小洋房、不坐小汽车、不讨小老婆的“三不”约束自己。他时常教育小辈不要忘本，日子好过了，也要勤俭朴素。

不论是顺境还是逆境，刘国钧始终与中国共产党肝胆相照，坚信毛泽东主席，坚定：“人老心不老，永远跟党跑。”

（本文选自《刘国钧研究》2016 年第 2 期。）

刘国钧精神与靖江本土文化

陈 丹

每个时代都需要一种精神启迪，引导人们不断前行，当今的中国正在中国梦伟大精神的指引下走向中华民族的伟大复兴。而作为地处一隅的靖江来说，干事创业所需之靖江精神或者靖江品格尤不可缺。思来想去，笔者认为选刘国钧精神作为靖江本土精神文化的代表再合适不过。

刘国钧者，靖江县生祠镇人，即现在的靖江市生祠镇人。他是我国近代著名的工商实业家，名不虚传的“纺织大王”。刘国钧先生创造了事业上的人生巅峰，取得了巨大成功，他身后留下的不仅仅是大成集团的物质财富，更有取之不尽、用之不竭、值得时代传承的精神财富，我们简称之为“刘国钧精神”。

笔者讲解刘国钧十余年，常常思考刘国钧精神到底是什么，是忠义？是仁德？是民族大义？还是家国情怀？我想，仁者见仁，智者见智，答案不一。笔者窃以为刘国钧精神应该既是历史的遗存又可以反照现实，既是抽象的义理又是具体的实践。一如我们一贯秉承之社会主义核心价值观，看不见摸不着，但它就在我们身边，就在一个个鲜活的个体身上点点折射，刘国钧精神也该如此，应该是思想的提炼和鲜活个体的纷呈表现。刘国钧精神的阐释应简明、直接、易懂、易学。下面将人人理解、人人可做的刘国钧精神作一说明。

一、爱国、爱党之心永不变

刘国钧先生一直是一位具有爱国情怀的企业家，后来他了解了中国共产党，看到中国共产党的所作所为，他就忠实拥护我们的党，这时爱国与爱党已化为一体。

他的爱国之心天地可鉴。从几个方面可以分析：一是他敬佩岳飞，从小就爱听岳飞的故事，从走出生祠镇开始，就有重塑岳庙这样一种宏愿；还有就是在抗日阶段，在他的厂被日本人炸毁之后，他当时更是崇拜岳飞，因为他想当时岳飞如果还活着的话，我们有这样一个爱民的将军，或许抗日力量更强，也许他的厂就不会有此遭遇，从这以后他更坚定了重塑岳庙的信念，还把几个厂的利润无偿拿出来支援抗日；还有在抗美援朝期间，拿出50亿旧币折算战斗机3架半支援抗美援朝。有时候我忍不住想：在岳飞精神的感染下，他和岳飞站在了一起，因为如果岳飞的这种血溅沙场的爱国精神是战场救国，那么刘国钧先生的爱国就是实业救国。他的爱党之心也是历久弥新。在时局动荡的年代，不顾国民党的恐吓，把资产转移到了香港，解放之后，受到中国共产党的感召毅然回国，把旗下所有资产全部捐赠给国家。到七十四岁高龄，还自撰自书了一副对联：“人老心不老，永远跟党跑。”

二、艰苦奋斗，节俭养家

他是贫苦出生，从很小的时候就想办法赚钱贴补家用。清明的时候没有钱去买锡纸，他就到街上去捡香烟壳回来折成纸元宝去卖；为了上学，把母亲在外帮人家洗衣服赚的熟鸡蛋送给老师，希望老师收他为学生；他一直相信这样一句话“富不过三代”：第一代吃盐不吃醋，第二代光穿绸不穿布，第三代有了长衫没有裤。所以他告诫子女一定得节俭，500洋元带出去，又500洋元带回来给下一个子女用。你看他教育出来的四个子女都很优秀，培养出了美国哈佛大学的高材生刘汉栋先生，还有刘璧如等，皆是济世良才。

三、精益求精，勇于创新

在当时科技落后的旧中国，他敢于在生产技术上向发达国家叫板，一争高下。他是中国第一个生产灯芯绒和丝绒的企业家。当时他看到日本的灯芯绒和丝绒销量很高，就萌生了一种我们中国人为什么不能自己生产灯芯绒和丝绒的想法，四次东渡日本学习技术，在中国首创灯芯绒和丝绒。而且他的管理很独特，他把人才分成了三等：懂技术又懂管理的是一等人才；懂管理不懂技术的是二等人才；懂技术不懂管理的是三等人才。他的厂歌厂训也很独特：工资等级化，华厂日厂化。可见他的思想在当时是多么先进。所以他的纺织厂在短短的十九年利润连续翻番，被中国经济学家马寅初称为“罕见的奇迹”。

四、修身治业，至善至美

正心、修身、为学、齐家、敬业、乐群、从政、治国，这句话是他从孔学当中理解体悟出来的，他认为一个人一生做到了这些，人生就是圆满和完美的，可以画上句号了。而他的一生就是这样，在七十岁时当选江苏省副省长。

他的很多名言更可以看出他脚踏实地的品格，追求至纯至善至美的人生境界：

日日行，不怕千万里；常常做，不怕千万事；
质量好一点点，成本低一点点，价格高一点点：
一不住小洋房，二不娶小老婆，三不坐小汽车。

摒除时代境遇和个人天赋等偶然条件，笔者认为一个集以上特质为一体而且为大众所认识和理解的刘国钧更容易被记住，刘国钧精神才更容易传承。

所以，近年来，为弘扬刘国钧精神，我们生祠镇政府所做的就是在历史中还原一个真实的刘国钧，又提供可以在当代可教可学可触摸的国钧精神。我们的做法是还原历史、两个合一、一个基地。

还原历史，首先就是对刘国钧故居的保护和修缮。2013 年我们启动了刘国钧故居文物修缮工程。对反映国钧精神的实物、字画、照片、展图等翻新重新加工，让瞻仰之观众通过亲眼所见探寻那段回味悠长的历史脉络，静心感受刘国钧的精神气息，达到回归现代的精神旨归：“我应该学”到“我要做到”，成就一种行动自觉。

其次，注重将岳飞精神和刘国钧精神求同合一，形成合体。岳飞精神国人老少皆知，但知刘国钧者寥寥，然国钧精神源于岳飞精神。两者渊源甚深：没有岳飞，便没有刘国钧。此言并不为过。将两种文化捆绑示人，相得益彰，更能揭示两者发展脉络，让受众记忆深刻，亦能深层次理解刘国钧精神的源头。

再次，将刘国钧精神和社会主义核心价值观抽象概括合而为一。通过仔细比较便可得知，国钧精神的内核和我们所弘扬的社会主义核心价值观同根同源，义理相通，都是我们中华民族精神的浓缩和时代印记，因此将两者相提并论，既顺应国之道德，又涵养地域品格。现在我们将“人心齐、士弘毅、敢争先”作为新靖江精神，其中“士弘毅”就是国钧精神的一种映射。

最后，注重刘国钧精神的传承。我们充分放大岳庙故居作为青少年爱国主义教育基地的辐射效应，通过“小小讲解员”“公开课”等系列活动，让青少年自己寻味、感悟国钧精神，悟中学，学中做，让国钧精神薪火传承。

（本文选自《刘国钧研究》2016 年第 2 期。）

用刘国钧人才观提高学生工匠素质的实践探究

鲁永进

中国要完成从制造业大国到制造业强国的跨越，需要千千万万高素质的技术技能型人才，时代呼唤具有“工匠精神”的劳动者。职业学校承载着培养高素质工匠的重任，但如何培养富有工匠精神的人才，包括教育部门在内的社会各界普遍感到“知易行难”。虽然不少学校做了一些有益的探索，但理念多、实践少，尚未找到有效的抓手。多年来，常州刘国钧高等职业技术学校注重对学生工匠素质的培养，立足于学校独特的名人文化资源，将刘国钧先生企业经营思想嵌入学校的人才培养中。刘国钧精神的文化内涵十分丰富，其中他的人才观与我校培养学生工匠素质的理念契合度、融合度最高，这种融合具体表现为以下三方面。

一、刘国钧的人才划分标准与学校工匠素质培养目标的确立

刘国钧先生的企业能在民族纺织业蹒跚起步时脱颖而出，与其充满智慧、极具特色的人才观是密不可分的。刘国钧先生在企业经营中提出了“三个一点点”：“质量好一点点，成本低一点点，价格高一点点。”那如何才能做到产品质量比别人好一点点？刘国钧先生深刻认识到人才质量是关键。他有一套独特的人才划分标准：“懂经营管理，又懂技术，是一等人才；懂经营管理，不懂技术，是二等人才；懂技术，不懂经营管理，是三等人才。”分析其人才标准，从中至少可以得出两点基本认识：懂技术的人是人才；懂技术又懂管理的人更优秀。职业学校普遍重视学生技术技能的培养，这是毋庸置疑的，但常常忽视其他能力的培养。职业学校所培养的人才必须具有较强的技术技能水平和较高的综合素养，我们从工匠素质的角度将其明确为“匠艺”和“匠心”两方面。

“匠艺”的培养，要使学生具备精湛的技艺，这是外显的技能，是未来做好产品的基础条件，能解决学生在职场的生存问题。“匠心”的培养，是要让学生

对质量有极致的追求，在简单中创造不平凡，并形成一种心理习惯和思维定势，这是未来精品制造的关键因素，虽是内隐的态度，但决定着学生未来职业发展的高度。

为培养学生的“匠心”和“匠艺”，学校提出了细化的培养目标，可以概括为“三品”“三质”“三素养”。“三品”：人品好、作品优、产品精。“三质”：自信阳光的气质、文明有礼的品质、创新创业的特质。“三素养”：现代的公民素养、丰厚的人文素养、鲜明的职业素养。

二、刘国钧对优秀人才的重用与学校“优才培养”工程的实施

对人才如何使用？刘国钧说：“宁可以一百块月薪用一个能人，不愿以二十五块用四个庸人。”当时他就曾经以5000元的年薪聘请纺织人才陆绍云，这一年薪比刘国钧自己的年薪高40%，相当于公司60名熟练工人的年薪总和。可见，刘国钧对优秀人才是特别加以重用的，这是他人才观中的一个亮点，也是他企业经营中的法宝之一。

我校的“优才培养”工程就是吸收了刘国钧的用人智慧，结合差异化教学的理念而建立起来的。为培养更多的“优才”，我校将这种追求卓越、崇尚优秀的基因深深植根于学校的文化土壤中。

在学校发展的战略层面，早期有“一流”文化，后来有“领先一步”的发展战略。在德育方面，普遍开展“让优秀成为习惯”的主题实践活动。在培养方法上，通过举行“国钧杯技能节”、组建技能集训队培养“技能优才”；通过团委、学生会两条线培养学校、系部、班级三级“管理优才”；定期举办“就业创业明星评选”活动，营造“星光灿烂”的优才成长氛围；开设“三创（创新、创意和创业）俱乐部”，开展“校园达人秀”活动，让各类“优才”有展示舞台和上升空间。

三、刘国钧的职工教育方法与学校工匠人才培养方式的对接

（一）培训内容多样化——学校课程模块化

刘国钧提出：“课程方面，除国语、算术、公民等外，关于工作法、厂规等项也应经常加以讲解，劝令遵守。此项材料似不甚多，但可常常更换说法，多多列举事实作为例证，便不至感觉枯燥无味，缺乏资料。至于练习生的课程，如机械学、纺织学等均为专门技术，各职员亦须有相当理解，可以参加听讲。”“工人、艺徒的课程，由本厂职员自行担任教授为原则，一部分专业课程，可请外界专家

教授。”由此可见，刘国钧为职工教育而开设的课程是丰富的、有层次的，涵盖了基础课程、专业课程、厂规厂纪等，并具体到课程如何实施。

我校在培养学生工匠素质过程中，也非常重视课程建设，特别是为学生量身定制了模块化的课程。有“文化基础课”、“专业基础课”、“专业技能课”、“专业选修课”、“公共选修课”、“网络选修课”、“社团活动课”和“国钧讲堂”等，满足了不同专业、不同层次学生的发展需求，使学生工匠素质的培养落到实处。在课程开发上，加强了校本课程的开发力度，更多地嵌入了刘国钧文化，比如在高年级开设了“刘国钧精神与现代职场”的选修课，作为就业与创业指导的课程之一。在课程实施上，有的课程是聘请校外的企业或行业专家来担任学生的导师。

（二）“工厂学校化”——教学工厂化

“我们希望本公司的各个工厂，都能做到学校化：厂长如同校长，人事科长如同教导主任，考工主任如同主任教员，领班如同一班一级的教员，每月成绩考察表等于学生成绩单。”刘国钧先生将工厂学校化，对职工进行管理和教育。

我校则是向企业靠拢，采用理实一体化的教学方式。在校内建有若干教学工厂，在这里，“工厂即课堂、师傅即教师、产品即作品”，学生“上学如上班，上课如上岗”。开辟校外实训基地与引进企业进校园相结合，使校企合作机制运作更加顺畅，学生能工学交替，边学边做。试行“现代学徒制”，学校与企业共同招生、共同制定人才培养方案、共同实施教学、共同评价。这些举措赋予了学生工匠身份，提升了他们的工匠素质。

（三）管理者“以身作则”——教师示范引领

刘国钧对技术非常有钻研精神，他曾在浆纱师傅“搿挑子”的情况下自己钻研浆纱技术并获得成功。他自豪地说：“常州布厂的浆缸师傅，如果要拜祖师的话，我就是祖师。”为了调试一部旧的印花车，他“废寝忘食，日日夜夜在印花车上打交道”，“半夜里睡在床上，想到一点心得，立刻开了电灯记在日记簿上，或者立即到车间里去，等于得了神经病一样”。他对管理人员的资格也有明确的要求：要“以身作则”“识验充足”等。

据此，学校通过加强师资建设对学生进行示范引领。在教师中倡导“因为我的存在，而让学生感到幸运”的幸运教育理念。为培养学生的技能，学校积极组织教师参加技能比赛，在各级技能大赛中常常出现我校师生同台领奖的情景。此外，通过培养“中青年骨干教师”、“专业学科带头人”、“双师型教师”、“金牌教练”以及组建“名师工作室”等方式，促进学生练技能、学技术、快成长。

（四）企业文化建设——校园文化熏陶

刘国钧先生认为“标语、格言，对于工人的精神亦很有影响，应时常悬贴”。因此在他的工厂里，“以天理、人情、国法处事，真心诚意待人”“日日行，不怕千万里；常常做，不怕千万事”“事事有人做，人人有事做”“每天勤学一小时，积五年虽愚亦智”等标语、格言随处可见，许多都是刘国钧先生亲自拟定。在企业文化上，刘国钧先生提出以“忠信笃敬”为厂训，带头唱“提倡国货，对外竞争。出品力求精，成本力求轻”的厂歌，鼓励工人努力生产，为厂争光，创办《励进月刊》，并亲自写文章。印发《格言联璧》要大家奉为座右铭。组织研究会，鼓励大家发表体会建议。

常州刘国钧高等职业技术学校也特别重视校园文化建设，让“工业文化进校园”“企业文化进课程”“高雅文化进教室”“国钧文化入人心”，打造全方位、立体式的文化育人环境，让学生在浓厚的工匠文化中练“匠艺”、塑“匠心”。

1. 以工业文化育情结。

学校完成了视觉识别系统VIS的设计，学校景观体现了“国钧精神、幸福成长”的理念，建有刘国钧铜像、国钧广场、大成路以及“百年纺机”“工业印象”雕塑等，这些景观富含刘国钧先生生平事迹及其创办企业的意义，其中雕塑的原材料就取自刘国钧当年创办的工厂，让学生零距离接触积淀百年的工业文化，在潜移默化中培育“匠心”，让工业文化的情结在学生心中早早生根。

2. 以企业文化规行为。

学校从TCL企业文化中汲取营养，锤炼出本校办学的核心精神：“为学生创造价值，为教师创造机会，为社会创造效益。”提出“知识改变命运，技能成就未来”的口号；推行“自我教育、自我管理、自我服务”的“三自工程”；引入优秀的企业文化指导师生的行为，在日常教学和工作生活中，将现代企业的“5S”文化延伸为学校的“7S”管理，以“整理、整顿、清扫、清洁、素养、安全、节约”作为师生学习、生活的统一标准，从企业视角打造学生的工匠素质。

3. 以高雅文化提素质。

学校实施学生综合素质素养提升“十个一工程”，即“拥有一个国际视野，练就一套职业礼仪，加入一个校园社团，培养一项兴趣爱好，每月参与一项公益活动，每天行一善，每天练一字，每天读一篇文章，每天写一点随感，每天锻炼一小时”。1543班李同学2014年以来写了千余篇随笔，她说“我每天喜欢记录温暖的片段让自己幸福，这也是我存在这个世界的证据”。学校每两年举办一届“国钧杯·钢琴邀请赛”，该赛由常州市音乐家协会主办、常州刘国钧高等职业技术学校承办，当地报纸、电视台均有报道，是学生创造和分享高雅文化的平台。

4. 以国钧文化塑人心。

依托学校的“五个一”，即“一馆”“一会”“一团”“一书”“一片”来传承“刘国钧文化”，培育学生工匠精神。

一馆：刘国钧纪念馆。刘国钧纪念馆是常州市青少年德育基地，参观刘国钧纪念馆已成为我校每年新生入学教育的必修课。

一会：刘国钧研究会。研究会定期发布《刘国钧研究》专刊，发放给教师阅读；开通“刘国钧研究会”网站，供师生访问学习。

一团：刘国钧精神讲演团。讲演团是以学生为主体的学生社团，旨在向学校、企业、社区义务宣传刘国钧创业就业的精神。

一书：校园文化系列丛书。继《从刘国钧到刘国钧职教中心》后，学校又陆续编写《从刘国钧到刘国钧高职校》《国钧讲堂廿七讲》《传国钧精神，走现代职场》《刘高职晨会读本》《刘国钧故事》等，作为学生学习国钧精神的教材。

一片：受教育部原副部长鲁昕的委托，拍摄了一部三集校园文化专题片，即《学校的文化魅力——校园景观线》《学校的文化魅力——教学工厂线》《学校的文化魅力——师生幸运线》，成为启迪学生心灵的“文化大片”。

常州刘国钧高等职业技术学校致力于用刘国钧人才观打造学生的工匠素质，历经数年的实践，取得了较好的成效。“工匠精神”意蕴丰富，随着时代发展将不断被赋予新的内涵，每所学校都可有所侧重地培养学生的工匠素质，使学生身上能鲜明地“烙”上工匠素质的某些印记。在培养方式上，也要因地制宜、创新思路，利用各自的优势资源，形成“一校一特色”。

参考文献：

[1] 李文瑞. 刘国钧文集 [M]. 南京：南京师范大学出版社，2001.

[2] 高进勇. 爱国实业家刘国钧：创业之路（上）[M]. 南京：江苏人民出版社，1999.

（作者简介：鲁永进，江苏常州刘国钧高等职业技术学校教师，副教授，主要研究方向为汉语言文学教育及刘国钧文化。本文选自《江苏教育》2017 年第 84 期。）

刘国钧的职业教育思想研究

李　琳

刘国钧是我国近代史上具有传奇色彩的人物。读刘国钧的故事，无人不钦佩。很难想象在这样一个普通人物身上会发生那么多惊天动地的事情，并为社会树立了良好的榜样。刘国钧一生苦心经营，从一开始的和丰京货店起家，到同丰京货店开始经营起大纶厂，再到新中国成立前拥有3000万元资金的纺织印染一条龙工厂的大成公司，新中国成立后又成为江苏省第一个实现公私合营的企业，在工商界产生了极大的影响，他凭着一颗炽热的爱国之心，在民族工商业史上创造了奇迹。

刘国钧从小家境贫寒，既没有办法攀附权贵，也没有办法一夜暴富，他是如何创造奇迹的呢？归根结底还是他的实业救国之心和过人的企业经营理念。本文将从刘国钧的职业教育思想这一方面进行研究。

一、刘国钧职业教育思想形成的因素

（一）失学经历

刘家祖上本经营药店和布店的生意，刘国钧的父亲却成了读书人，一心应考，希望能在科举场上一举成名，光宗耀祖。可是，即便倾尽家产，也未能高中。三十多岁了，他只能一边在私塾教书，一边再应考。但在刘国钧7岁那年，父亲却突发精神病，接着失业，全家顿时衣食无着。刘国钧看到家中的困难，便放弃了上学的机会，外出打工。他对此感到惋惜，但在当时又是无法改变的事实。刘国钧没能好好完成自己的学业，不过他一直明白教育的重要性，以后更明白了只有不断发展教育，培养大量技术人员，才能使企业不断进步并保持活力，拥有新鲜血液。

（二）受日本等国的影响

1924年，刘国钧已经拥有了广益一厂和广益二厂，在当时的刘国钧看来，中国的纺织厂还存在着很大缺陷，和别国比较，还存在很大差距。刘国钧有着一颗爱国之心，他办厂的目的并不仅仅在于实现自己的利益而获得更多的收入，他的目光停留在振兴民族工业上，希望能与其他国家竞争，特别是日本。虽然，对于日本，刘国钧存在许多不满，但对于他们的纺织工业，刘国钧还是非常认可的，认为日本的纺织业有许多地方值得我们学习借鉴。因此，1924 年，刘国钧第一次前往日本。他一直在思考，日本这样的小岛国，为什么有那么巨大的工业生产和出口能力。到了日本之后，刘国钧很快便找到了原因所在，他发现日本的确是一个与时俱进的国家，他们拥有我国没有的先进机器，他们讲究改善出品，精益求精，善于采取新式的织布机。在后来办厂过程中，刘国钧几度前往日本，不仅仅看到了技术的进步，更重要的是看到了日本员工的素质，在日本的工厂里，一切是那么的井然有序，每个人都接受了良好的教育，也正是由于员工素质的提高，工厂的总体水平才可以逐步上升，否则就算拥有先进的机器，也没有办法完全掌握。所以，这一切都需要不断提高员工的职业教育水平，才能更加与时俱进，实现工厂的稳步向前发展。

（三）受黄炎培的影响

对刘国钧的职业教育思想起关键作用的还是黄炎培。黄炎培是我国著名的教育家、实业家、政治家，是中国民主同盟的主要发起人之一，他将毕生的精力奉献给了中国的职业教育事业。经陈光甫的介绍，刘国钧在上海结识了黄炎培，后来应黄炎培的邀请，到中华职业教育社的徐公桥实验区参观。进入实验区，刘国钧便被眼前的一切所感染，扑面而来的是与社会上沉闷、压抑氛围不一样的清新气象，路边有标语牌，村头有乡民公约，田间有歌声。这是黄炎培中华职业教育社进行改造的乡村试点。他们借鉴了一些国外乡村成功的组织形式，开办了良种场、学校、村民俱乐部。受黄炎培的影响，刘国钧深深明白了职业教育的重要性，回厂后，他便办起了厂校，给员工们提供了学习技能的场所。厂校由厂里的技术人员任教，新入厂的员工自然成为新学员。刘国钧根据黄炎培职业教育的理念，进一步扩大了全体职工互助互学的运动，这种管理方式在当时社会混乱的年代，独辟一方清新之地，是企业求得稳定和发展唯一的选择。

二、对职工教育思想的实践

（一）建立一套科学的管理制度

虽然在刘国钧办厂期间，中国两千多年的封建帝制已一去不复返，但在办厂的制度上还残留着许多封建痕迹。刘国钧在重金邀请到天津宝成纱厂的工程师陆绍云后，更是清楚地认识到这一点，其中较为明显的就是工头制。当时我国纱厂的用人制度还拖着封建社会的尾巴，还是由工头去农村招聘包身工，这些工头任意招收或开除员工，只要在他们的势力范围内就由他们说了算，将一个现代化的流水作业工厂分割为一个个封建把头式的小圈子。他们对工人肆意凌辱，对现代化技术一窍不通，却在自己的范围内排斥现代化的管理。而这些工人只对工头负责，不但教育水平低下，而且与工厂的对立情绪颇大，难以产生旺盛的工作热情。

为了能够改变这一现状，推进工厂现代化，刘国钧暗自下定决心，一定要寻找机遇，废除工头制。他先向人事部门下达了招收练习生的指令，着手培养自己的技术队伍。同时，布告全厂：全厂员工进行登记测验，合格者留，不合格者限期补考，候缺用。同时，出台一系列的管理制度，“如《工人添雇解雇条例》将用人用工的权力全部归至工厂的人事部门；《大成纺织染有限公司职工保证书》九条‘职员保证条款’，对保证人、被保证人的责任做出了详细解释”。《车间员工守则》《岗位奖惩制度》《管理教育》《部门工作规则》《大成工厂法》《大成公司章程》等也相继出台，用于规范员工进厂后的行为。工头们感受到了压力，必然准备反抗，可等到他们反抗时，一切已来不及，刘国钧培养的练习生已经掌握了技术。看到时机成熟，刘国钧借着全场员工的力量，废除了工头制。大成厂，真正跨入了现代企业。

（二）建成一支高素质的职工队伍

刘国钧在其一生办厂的过程中，曾多次前往日本学习。日本工厂的窗明几净和工人上班的严守纪律，给刘国钧留下了很深的印象。在上海时，刘国钧也看到陈光甫领导的商业银行职员，热爱本职工作，富有敬业精神，还有黄炎培的中华职业教育社，崇尚个人为社会而工作的自我教育，这些都让刘国钧深刻地认识到加强员工教育的重要性。

从上海回来，刘国钧就决定对员工进行改造。他立即开办了厂校，进行职业教育。由本厂的技术人员任教，刚刚入厂的员工作为学员。学员们一律住校，供给饮食、统一着装、统一发饰。同时，对在职职员和技术人员也开办了夜校，设纺织知识、数学、机械、绘图、外语、美术等科目。不久，进一步扩大为全体职工的互助互学运动，借鉴当时影响很大的陶行知教育法，实行“工管工自治化、工教工互助化”。在进行培训教育过程中灌输和培养“大成精神”，是刘国钧的目标。同时，根据陈光甫的经验，刘国钧拟定了大成的福利计划，以形成以厂为家的观念。如：他投入大量资金，办起了食堂，工厂供应伙食；建宿舍2000多平方米，供住厂工人和夜班用；建保健站，对工人实行免费医疗；建立幼儿园，工人子女可免费入托；创办了大成子弟小学，优秀者可保送升学或者进厂工作；开办俱乐部，内设读书、阅览、体育、科技交流和文艺活动；创办了《励进月刊》，交流学术，活跃思想；“公司甚至还为青年工人举办集体婚礼，给死亡职工开追悼会，职工死后可葬于大成出资兴建的大成公墓”。建功德堂，死亡员工入葬公墓，有功者树碑立传入功德堂等，真正实现了“食于斯，居于斯，生活于斯，老于斯，葬于斯”的目标。企业的竞争实际上是人才的竞争，人才的竞争实际上是人的素质的竞争。刘国钧虽没带过兵，也没好好上过学，但他勤于观察，广泛吸取他人经验，把大成调整成了一支素质超群的纺织部队，向着既定目标不断前进。

（三）注重公司的企业文化

在职工教育实践中，刘国钧十分重视企业文化建设，认为企业文化有利于提升员工的整体素质，是保证企业健康稳定发展的重要条件，是实现职工教育效益最大化的有效途径，职工的教育不仅仅在于技术上的教育，要想加快企业的发展，关键在于人的素质的提高和精神的凝聚。他一方面制定众多的规章制度，改善管理组织，废除了工头制；另一方面，他还加强对管理人员的教育培训，为使管理人员有更高层次的学习，开拓他们的眼界，刘国钧将大部分高级管理人员送到国外进修学习。他这种文化交流的做法，超越了当时许多企业。刘国钧在创办经营大成公司过程中，对流行一时的现代管理方式进行了创造性模仿。他把公司办成了工人的“大家庭”，让职工在大成有家的感觉，有安全感和归属感。他还时刻激励员工的生产积极性，公司创办《励进月刊》，增强员工相互之间的交流，提高了员工工作的积极性和对企业的认同感。这也是大成能够创造奇迹的原因之一。在刘国钧看来，标语、格言，对员工也起着潜移默化的影响。因此，在刘国钧的工厂里，随处可看到“以天理、人情、国法处事，真心诚意待人”“日日行，不怕千万里；常常做，不怕千万事”“厂家厂家，厂既是家，家既是厂”等标语。这些企业精神成为一种无声无形的信念、行为准则和凝聚力量，这也是发挥职业教育作用的结果。

在企业文化上，刘国钧也是相当重视的。在培训教育过程中，刘国钧主张灌输和培养“大成精神”，还让刘丕基三易其稿，制定了厂歌：“武进大成，纺织染兼营。提倡国货，对外竞争，出品力求精，成本力求轻。挽回利权，富国裕民。凡我职工，勤慎耐劳，振作精神，言忠信，行笃敬。群策群力，一心一德。努力，各负责任，前进，集其大成。”每逢集会，刘国钧都带头唱厂歌，并且还要求每个员工都要会唱，厂里因此形成了良好的氛围。

（四）对职工教育前瞻性的思考

刘国钧在办厂过程中，越来越明确职工教育的重要性。随着形势的发展，他对员工的教育进行适时的调整，并对职工的思想教育做前瞻性的思考，这主要体现在刘国钧的代表作《扩充纱锭计划刍议》中。他深知没有一支懂技术、懂管理、懂经营的强有力的管理队伍，企业是无法办好办长久的。刘国钧说："懂经营管理，又懂技术，是一等人才；懂经营管理，不懂技术，是二等人才；懂技术，不懂经营管理，是三等人才。"他在八大方面对纺织业的发展进行了论述，其中专门在第六个方面讲到了人才："凡事业之盛衰，多系于人之善善能用，恶恶能去。此为办理工业之关键，亦为知人善任最难处理之问题。吾国纺织教育不甚发达，人才缺乏，对已有者，应如何罗致重用，俾各展所长；其新进人员，应如何培养以增加纺织界之生力军，均须积极的进行，免感人才恐慌，影响工作。"

刘国钧还提到了训练人才，指出："教育部宜于纱厂中心及邻近地区之著名大学中，设纺织系，或由各大纱厂捐资及政府拨款。设立纺织专门学校；由同业就专门学校毕业，及学有专长者，加以训练，派至工厂实习，并往其他各厂参观，以收相互观摩之效；实习后，再选派至国外留学考察。作高深研究，此为造就经理厂长及重要职员方法之一。"而对于管理人才则指出："扩充纱锭时，此项人才需要较多，影响亦大，其训练之责。应由办理成绩优良之工厂负之。凡能符合标准之工厂，在训练人才进展过程中，需能不惜牺牲，努力推进，以应需要。"对于技工又指出："工友训练异常重要。本业技术工友，历来最感缺乏，纱厂中最复杂最难管理者为钢丝车。应任曾受机工教育者最为适宜。其他清花及粗纱间之机匠，对机械知识亦极需要，并应令受机工教育，各厂宜联合设立技工养成所，交易管理及修理机械之智识能力，以备各厂应用。"

三、由职业教育思想到支持教育事业的发展

在创业和发展过程中，刘国钧结识张謇、黄炎培、陶行知等人，他们对刘国钧产生了重要影响，尤其是职业教育方面影响很大。除了发展职工教育外，刘国钧还非常支持教育和重视教育。

（一）捐资助学

1933 年，当地的社会名流提议创办"树人中学"，刘国钧不计前嫌，慷慨捐资 15000 大洋，这也是武进境内最早的一所中学。

（二）建立学校

1952 年，刘国钧在民主建国会上提出了要创办常州纺织学院。当时的校址、图纸和校董都已定，但在全力筹建学校时，苏南行政公署并没有批准建立学校。刘国钧只有将精力和财力转向了大成公司普及职业教育，来提高员工管理和技术水平。但是，刘国钧不改初衷，对教育事业非常热衷，对职业教育尤其重视。于是，在 1962 年，他捐资 10 万元，创办了常州勤业机电学校，它后来发展为常州无线电工业学校，是现在常州信息职业技术学院的前身。

（三）教育后代，重视科教

刘国钧的女儿刘璧如、女婿查济民、儿子刘汉良等亲人，继承和发扬了父辈的优良传统，先后向常州刘国钧职业教育中心（现为“刘国钧高等职业技术学校”）捐赠了 110 万美元作为教育基金本金。刘国钧对教育事业的慷慨，对人才的渴求，都来自他成长过程中所获得的感悟，源于他的艰苦创业。他明白企业之竞争，国家之竞争，最终都在于人才的竞争。这也是刘国钧及其家族重视教育的情结所在。刘国钧一生乐善好施，尤其舍得在教育上面投入，实现了他的梦想，也赢得了人们对他的尊敬与爱戴。

刘国钧的一生体现了“爱国爱民的价值观，识才用才的人才观，精益求精的质量观，创新创业的发展观，以人为本的幸福观”，今天我们纪念刘国钧，就是要学习他的爱国精神、创业精神和敬业精神，研究并借鉴他职业教育思想的做法，把新时代的教育做得更加强大，为实现中华民族的伟大复兴而努力。

参考文献：

[1] 赵贤德. 纺织大王刘国钧的治厂之道 [M]. 长春：吉林文史出版社，2017.

[2] 张宇杰. 大成之道，创新为本——刘国钧与大成奇迹研究 [J]. 江苏工业学院学报（社会科学版），2008（4）：55-57+86.

[3] 戴卫银. 刘国钧精神观照下学校文化育人实践 [J]. 职教通讯，2015（2）：28-30.

（作者单位：江苏理工学院。本文选自《文化学刊》2018 年第 12 期。）

记取家声传裔胄　尽忠报国步芳尘

——《民族纺织染之魂——刘国钧诗传》研究

司马周　邱北海

刘国钧（1887—1978）先生，诞生在国难深重的大时代，凭借顽强、奋进的拼搏精神，充分发挥自己的聪明才智，创新开拓、锐意进取，自强不息、与时并进，终于创造了中国民族纺织印染史上的一大传奇，为后世所传颂。有关刘国钧先生著述颇多，专著、论文，大文、随笔随处可寻。其中，著作《民族纺织染之魂——刘国钧诗传》（以下简称《诗传》）就是其一，该书由钱仲易、朱永、薄松涛等先生合著，香港利文出版社 2001 年 3 月初版。这本书主要是以七言体诗歌的形式记述刘国钧先生的一生。因为书是在香港出版发行，在内地学界不被众人知晓，也没有得到学术界足够的重视。有鉴于此，本文拟对该著作作一个较为全面的梳理。

一、创作的基本情况

“知人论世”，通过挖掘该书作者的基本情况，我们可以知晓他们喜用诗歌形式赞颂刘国钧的原因。同时，通过梳理作者与刘国钧或近或远的关系，可以了解作者对刘国钧先生如此尊敬和钦佩，在作品中倾注如此深厚情感的缘由。

（一）作者概况暨其与刘国钧的关系

作者之一：钱仲易

钱仲易（1909.10.17—2005.3.7），江苏常州人，江南大儒钱名山之子，著名学者、诗人，晚年自号“绿翁”“真依居士”。民国时任《中央日报》社副刊《时事周报》编辑及《明月》主编，抗战后任上海《新闻报》记者、副总编，兼任香港《星岛日报》驻渝记者、重庆大明纺织染公司秘书科科长；1985 年进入上海文史馆，擅长诗词和书法的创作，著有《尘痕韵语》（收入《埙篪集》）、《钱仲易诗文

集》；对《易经》研究颇深，晚年著有《易经史观》，是积数十年“易”学心得。钱仲易一生所作韵语逾千首，大多体现其热爱国家、热爱生活、热爱大自然的情愫。

据刘高职《查济民：常州走出的当代工业巨子》的博文记载：查济民先生出身于诗书世家，从小耳濡目染，“惟生性爱好，婚后因妻璧如深爱古典诗词，故常偷闲共读”。二十多年来，他用诗词酬唱这种风雅的方式，与常州的两位同辈诗人钱小山、钱仲易昆仲保持着交往，钱小山是刘璧如儿时的诗词老师，钱仲易则是重庆大明纺织染公司秘书科科长，三人之间，诗词交流，互相濡染。钱仲易为他们的友谊写下了数十首诗，字里行间表达着对老友的倾慕。1988 年秋，查老收到钱氏兄弟的诗词合集《埙篪集》，欣然而作《喜得〈埙篪集〉》：“七十老翁方学诗，铿锵喜读集埙篪。毗陵巴蜀风尘迹，地北天南一样痴。”前不久，钱家后人为刊印钱仲易诗集，请查老题签书名，查老和查太欣然提笔，各题签了一幅“尘痕韵语”寄到常州。

由上述博文记述可知，钱仲易与刘国钧女婿查济民先生交往甚厚，加上其父钱名山与刘国钧先生交往亦较多，所以钱仲易对刘国钧其人其事是比较熟悉的。钱名山与刘国钧的交往甚深有两事可证。一是现在靖江岳庙保存较好的《靖江县生祠堂镇岳忠武王祠碑》石刻，系由“前清进士阳湖钱振锽撰并书”（阳湖，武进之旧称），落款是“中华民国二十五年十月里人丽川刘国钧敬立”。查核史料，这是刘国钧 1932 年第一次整修岳庙，到 1936 年（民国二十五年）方修葺完工。当时应刘国钧之邀，钱名山为生祠堂岳庙书写了“岳忠武穆生祠堂”横额，“精忠报国”秃笔斗方字，特别撰写了上述碑文。为了表现碑文，刘国钧当时还精选了八块高八尺阔二尺半的乳白色含有山水云天影画的名贵矾石，特别聘请刻石名匠镌刻成碑，嵌入墙内，至今仍在（参考《刘国钧诗传》第五章“注释 11、12、14”条）。对于此次修复岳庙，史料多有记载。二是据《刘国钧先生年表》记载：“1943 年秋，刘国钧在上海拜会清末进士钱名山，承赠诗画为抗战纪念。”（《刘国钧先生文集 • 刘国钧先生年表》）可见刘国钧与钱名山关系颇深。

作者之二：朱永

朱永，字炳明，号陋园主人，当年刘国钧大成公司得力干将朱希武的长子。1918 年生，江苏靖江人。8 岁时与刘璧如、刘汉栋师从钱小山、苏涤尘学习古文诗词。抗战期间，在中央大学读化学，后转入武汉大学。1943 年，从武汉大学毕业，进重庆猫儿石天原化工厂工作。抗战胜利后，任常州大成厂印染工程师。1947 年冬，随刘国钧老伯到香港任香港大成分公司印染工程师。1949 年留美。

1951年回国途中遇阻。1953年，赴俄勒冈大学攻读博士学位。1954年，在陈鸿、查济民等帮助下，由美回港。回国后，任南京大学化学系副教授、教授。1988年退休后，从事古典诗词研究和创作，是中华诗词学会会员、纽约四海诗社名誉顾问、靖江市马洲诗社顾问、中央大学校友诗社干事。1996年赴美探亲。1999年，因病截去左腿。著有诗文集《陋园偶笔》。

其文笔清新优美，生活之景、天伦之情跃然纸上。现摘录节文如下：

常州家中前院，有二株龙柏，一株雪松，皆一九四八年建房时先父母手植也，植雪松时，不慎折其主干，乃逐渐长成五枝，数十年后，龙柏盘旋曲折，老而弥葱，雪松亭亭，枝叶茂盛如盖，予等兄弟归省，常奉先父母笑语其间，母亲指松柏谓我等日，龙柏是我与汝父，雪松同根共茂，是汝等五人也，当与汝等永聚其间。数十年来，冬日向阳，夏日纳凉，前院欢乐之声，未尝中断也。

人间无计逃生死，草木亲培知感伤。二老天年兄弟散，雪松龙柏亦枯亡。

朱教授写此回忆文字时，父母早已驾鹤西归，而兄弟姊妹也是散在各地各有忙碌。父母在时，大家齐聚老宅，欢声笑语其乐融融；父母不在，好像就没有了时时团聚的理由，也不复当初的气氛，想念父母时也只好在梦中找寻……情真意切，动人心弦。

作者之三：薄松涛

薄松涛（1940— ），字天野，祖籍江苏靖江，现定居浙江杭州余杭，曾担任江苏靖江生祠中学的高中语文老师。是中国楹联学会理事、中国硬笔书法家协会会员、中华诗词学会会员。先后任浙江省诗词与楹联学会常务理事、副秘书长，楹联总部副部长兼办公室主任，浙江省楹联评审委员会委员，《浙江诗词楹联》编委、浙江省之江诗社常务理事，浙江省诗词与楹联学会顾问。楹联入选中国楹联出版社出版的《百家联稿》丛书等。薄松涛曾编著有《刘国钧自叙》《民族纺织染之魂——刘国钧诗传》等书。擅长楹联创作。代表作品如下：

杭州超山景区大门联

入苑探幽，有绮梅三千本，凭君缱绻，可赏其姿，沐其馨，允称清妙；

穿桥览胜，对名印数百方，任尔摩挲，当叹之雅，惊之绝，仰止英灵。

题香雪坞吴昌硕纪念馆二首

缱绻大明堂，怀逸兴幽情，踏月探梅溯唐宋；
徜徉香雪坞，仰丹青金石，临风酾酒吊先生。

坞内安眠，有暗香沁脾，疏影娱目，千端长绕罗浮梦；
堂前闲坐，以金石怡志，丹青遣怀，万绪犹消华夏魂。

据薄松涛在《“刘国老”称谓的由来及其他》2014年第2期《名人博览》中记载：“一个偶然的机会我和南京大学化学系朱永教授成了诗友，朱教授是刘国老当年办大成公司的得力助手朱希武先生之长子，他和国老长女刘璧如女士是儿时同窗，和查济民先生亦是故交、诗友，由于都爱好诗词，于是朱永教授又把我介绍给了查、刘。此后的十年中，我们四人之间常有诗词酬唱往来。对于我来说，最庆幸的还是与刘家的‘缘’又得以接续。1990年10月我有幸获得了刘璧如女士的邀请，赴常州出席了‘刘国钧职业教育中心命名典礼’大会。此后蒙璧如女士、济民先生之青睐，委托我整理国老的回忆录，终于在2000年春夏之交，我完成了《刘国钧自叙》一书的整理工作，并撰著成了《民族纺织染之魂——刘国钧诗传》一书，二书书稿交由璧如女士、济民先生、刘汉栋先生审定后，本拟由浙江大学出版社出版，而因出了点小变故，结果是在香港出版的。这两本书也寄托了我个人对刘国钧先生的虔诚的纪念与深切的怀思。”

上述这段话，清晰地表明了薄松涛和朱永两位先生与刘国钧及其子女的关系，也就能够帮助我们理解他们俩之所以给刘国钧先生创作那么多诗文的个中缘由。

（二）全书创作形式

全文主体部分均采用诗歌形式进行创作，有七绝、七律和七言歌行体。

刘璧如是用《七律一首代序言》，她由衷地感慨道：

斯篇读罢忆严亲，百载风云一哲人。
志为黎民衣被计，心期社稷富长城。
精诚吐出标明德，肝胆披将见信仁。
记取家声传裔胄，尽忠报国步芳尘。

在这首七律中，她大为赞叹父亲的人品、事业以及爱国情怀，父亲的事迹值得后人传颂，父亲的创举留给后人深深地思考，他的爱国报国情怀永远激励后人前行。

钱仲易用八首七绝称颂刘国钧的艰难创业、事业有成以及对家庭伦理的重视。

朱永主要用七言歌行分章叙述他印象中的刘国钧老伯父，偶尔穿插杂言予以叙述，如五言句："任凭风浪起，跌倒自己爬"（第四章《香港别颂》），八言句："知人善任兮导有方，共向东瀛兮比短长。他山之石兮可攻玚，不惜四再兮去扶桑"（序曲），九字、七字句交错："不忘观主赠言五十年，和平相处共俦侣"（第一章《幼年别颂》），"老伯在旁亲指导，教如几种绒线织时装""手巧心灵王大姐，提花织布事事比人强"（第二章《广益别颂》），九字、十字句交错："感恩赋别颂兮泪沾裳，非图补佐自传兮可留芳"（序曲），十一字、七字句并行："济民与我偕同国老住车间，数月不知有晨昏，带领职工大动手"（第三章《大成别颂》）。

薄松涛的《民族纺织染之魂——刘国钧诗传》也主要是采用七言歌行体的方式，给刘国钧作传。其间也偶有杂言出现。如两言："美哉！""壮哉！"（第六章）四言："长江之阴，运河之滨，常州城郊，机器轰鸣。"（第七章）五言："金生心头热，一任冷风吹。"（第二章）十字句："姑不言民主革命洪波涌，尤须吟民族工业蓓蕾香。"（序曲）十五字句："且漫道卢作孚游刃川东奋斗三峡间，最应歌刘国钧立马江南独树一帜扬。"（序曲）作者通过灵活句式和整齐句式相结合，根据内容的需要、语气的表达，运用不同的句式，既保持了句式的基本一致，又不至于使整个诗歌呆板、僵化，反而使整首作品严整、活泼，有抑扬顿挫之美。作者通过诗来写传记，既有文体的创新，又较为充分地显现了刘国钧先生不朽的一生。正如查济民先生在《序》中所说的："薄松涛先生用诗的形式撰写的这篇传记，基本上能体现出刘国钧先生毕生的主要思想和精神。"

二、著作的基本内容

全书基本内容包括：查济民《序》、刘璧如的《七律一首代序言》、钱仲易的《歌颂刘公国钧创业垂统与伦理教育》、朱永的《刘国钧伯父别颂》、薄松涛《序曲》、《第一章—第十章》，《尾声》、《跋辞》、《后记》、《刘国钧先生年表》、《参考书目》。

钱仲易的《歌颂刘公国钧创业垂统与伦理教育》主要有 8 首七绝：

题 目	主题概述
其一	歌颂刘公与钱名山的友谊
其二	称赞刘公凭坚强意志创业成功
其三	称颂刘公事业渐次开展
其四	赞颂刘公重视家庭伦常
其五	歌颂刘公在抗战时期迁川创业
其六	歌颂刘公长女璧如和查济民在川艰难创业
其七	称赞刘公重视人才，谋划战后复兴计划
其八	称赞查济民、刘璧如不仅事业有成，且爱好诗词创作

朱永的《刘国钧伯父别颂》，这是朱永歌颂刘国钧老伯父对他的教育和培养，以及他对刘国钧的印象等事宜，不是全面歌颂老伯的叙事诗，所以称为别颂。

题 目		主要内容概述
序 曲		主要概括刘国钧生平事迹和创业
第一章 幼年别颂	一、大清河潜水	小时顽皮的性格彰显坚强个性
	二、南腰沟染色	南腰沟白衣涂泥给国钧启迪
	三、道观学武术	刘国钧道观学武健体强身
第二章 广益别颂	一、一厂四月	描述大成一厂的经营情况
	二、二厂年半	描述大成二厂的运营情况及国钧宽广胸怀
第三章 大成别颂	一、老伯训辞	聆听刘国钧伯父的教诲，受益良多
	二、大成远景	虽遇战乱，但大成蓬勃发展
	三、父亲训辞	以训辞的方式，总结大成成功的经验之道
第四章 香港别颂	一、船上四天（1947）	受教国钧伯父，获益匪浅，促进自身发展
	二、四九年离港	解放后，国钧离港回国，大成再焕生机

薄松涛的《民族纺织染之魂——刘国钧诗传》基本是按照年代顺序记叙了刘国钧一生的创业历程，以及在纺织业方面所取得的成就。

题　目		主要内容概述
序　曲		概括刘国钧一生的光辉业绩和高尚人格
第一章	春风又绿江南岸，明月何时照我还	叙述刘国钧从出生到17岁间的生活经历、学徒情况
第二章	小荷才露尖尖角，早有蜻蜓立上头	叙述刘国钧从18岁到27岁间经历的打工、创业、成婚、举家搬迁常州的事迹
第三章	两岸猿声啼不住，轻舟已过万重山	叙述刘国钧从28岁到36岁间，合资成立“大纶机器织布厂”，独资创办“广益脚踏手拉木机布厂”“广益二厂”的事迹
第四章	长风破浪会有时，直挂云帆济沧海	叙述刘国钧从37岁到44岁之间，合厂并厂、成立股份有限公司，抑制日货的事迹
第五章	贾生一掬忧时泪，岂独关心在梓桑	专门叙述刘国钧从九一八事变爆发后，抵制日货、实业救国的爱国情怀
第六章	惊涛万丈如山倒，始信男儿有壮游	叙述刘国钧从47岁到50岁间，处理公司事务、四渡考察日本，建设大成四厂的事迹
第七章	只恐中朝元气尽，极天烽火掩神州	叙述刘国钧从51岁到53岁间，工厂被毁、创设安达纱厂、在香港设大孚商行、归还上海商业储蓄银行贷款等事迹
第八章	挥戈漫道能回日，炼石由来解补天	叙述刘国钧从54岁到63岁间，如何实现从旧社会步入新社会的所作所为
第九章	天涯沦落无人惜，憔悴欺霜傲雪姿	叙述刘国钧从63岁到64岁间，经过再三考虑，从香港回到祖国怀抱的爱国事迹
第十章	乌篷摇入潇湘路，才信春江是绿波	叙述刘国钧从64岁到90岁间，历经恢复生产、公私合营、捐赠工厂、当选江苏省副省长、经历“文化大革命”等事迹
尾声		简述刘国钧从91岁到92岁间，因摔伤住院、驾鹤西归、举国悲悼的事迹
跋辞		表达了对刘国钧先生崛起寒门、创造伟业、爱国之心、垂范千秋的敬佩之情
后记		叙述创作缘起及感谢之辞
刘国钧先生年表		刘国钧先生一生的简要事迹，按年叙述
参考书目		写作过程中参考的16本著作（含汇编史料）

三、本书的创作目的

钱仲易、朱永、薄松涛三位先生合著本书，创作主旨很多，是为了纪念、歌颂、宣传、继承、弘扬刘国钧的事迹和精神。总而言之，主要有四：

1．悼念乡贤的需要

查济民在《序》中说：“今年（按：2001 年）是先生一百一十五年冥诞，这本诗传恰逢此时付梓，应该说不失为对刘国钧先生的一种很好纪念。”这表明作者创作该书的主要目的之一就是纪念家乡的名人。从上文梳理可知，这本书的创作者都与刘国钧发生着各种关系，无论是亲友情，还是同乡情，都被刘国钧的事迹所感动，都对刘国钧先生满怀敬仰之情，刘国钧先生亦不仅仅是靖江人民的骄傲，也是江苏人民的自豪，还是爱国志士、创业英才的杰出代表。薄松涛在《后记》中自豪地写道：“我国现代杰出的实业家、著名的爱国民族纺织染工商巨子刘国钧先生，出生于江苏省靖江市生祠镇大靖港畔柳家桥头，是我们的乡先达。”

刘国钧先生始终对靖江人民怀有感恩的心情，无论是解放前还是解放后，都尽可能地反哺乡民。解放前，他在家乡创办工厂、招募乡民，为他们提供养家糊口的活路；解放后，他情牵故乡，多次捐资兴办教育、疏浚圩港、修建岳庙。刘国钧思乡爱国的故事一直在靖江人民中间流传，并深得仰慕。其子女对家乡的建设也十分关心，捐资建设图书馆、生祠中学、设立刘国钧奖学基金等，至今在家乡仍被传为美谈。

刘国钧先生不仅对出生地靖江积极回馈，即使他生活过、创业过的常州，也是多有善举。创办的工厂捐赠给政府，居住的青果巷故居是常州的一张文化名片，留下的大成厂房遗址即将打造成中国工业博物馆，刘国钧职业院校的创立成为常州职业教育大家庭中耀眼的一员，其捐赠的红木家具是常州博物馆一道亮丽的风景……刘国钧先生的事迹载入了常州史册，他的精神被常州人颂扬。

靖江刘国钧故居的敬修堂，有一张刘国钧端坐书房的照片，其身后挂了一幅徐悲鸿创作的《马》。与徐老其他画作中高昂奔跑、恣肆豪放的马不同，画中的马不是奔马，而是一匹低头饮水之马，恰恰寄寓了刘国钧先生饮水思源的浓浓乡情。

正如薄松涛所称赞的：“国老更是我们的乡先达，我从小就听到祖辈、父辈平时对他的不断称颂。他是我们故乡的英杰，他是我们桑梓的骄傲。”（《后记》）正是基于这样一种尊敬之心、敬仰之情，悼念刘国钧先生的事迹和伟业也就成了本书创作的主旨之一。

2. 称颂刘国钧严守正道的高贵品质

薄松涛在《后记》中歌颂道："……（刘国钧）在腐朽的清政府和帝国主义列强经济掠夺的隙缝中，惨淡经营数十载，以自己的卓越才能和坚韧不拔的毅力，创办了大成纺织染公司，为我国民族纺织工业的发展做出了不可磨灭的贡献。"他这一慨叹是有依据的，刘国钧先生事业的发展历程可证。

"他(刘国钧)是一颗从社会底层高高升起的民族工商之星。"(薄松涛《后记》)刘国钧的成功之道是什么呢？一个人在事业上的成功，在很大程度上取决于他的人品、气质、精神和人格魅力。刘国钧先生就是依靠他的人格魅力成就了自己的一番事业。他人格高尚，胸襟磊落，有如光风霁月。其父母亲不仅时时教导他："君子爱财，取之有道，用之以道。"并且父母亲的言行也给了他很深的影响。刘国钧在奔牛学了3年生意，满师后带了18块银洋回家。母亲从来没有见过这么多钱，非常开心。拿到钱后，她首先去了一户赵姓人家，要把当初刘国钧学做生意时借的10元钱还掉。当时赵家坚决不肯收，对他母亲推辞说："你为了借我的钱，帮我们做了3年的事，我没有钱给你，等于还我们了。"他母亲说："我帮你做事，只能算作利息，本钱不能不还。"于是把10元钱放在台上回家了。这件事给刘国钧很深的印象，也让了他接受了一次深刻的教育（参见《刘国钧文集·自述》）。所以此后，从做人到打工，从打工到经商办厂，刘国钧都绝不参与投机生意。

刘国钧少时穷困，宁可天寒地冻糊纸轿也要挣足八百文钱交清私塾学费；宁愿流落埠头，什么苦活都干，也从来没向生活屈服。他给刘吉升店老板挑货郎担下乡，回来上缴售货款一文不私，如此等等，正是贫贱不移的精神鼓舞他前行。青年时代，首先发迹于奔牛；壮年时代，继而发迹于常州；进入知命之年，已是拥有四个大厂的大成纺织染股份有限公司总经理。纵观当时社会的现实，芸芸众生，尤其是富贵中人，多少人抽吸鸦片，嫖娼纳妾。但是刘国钧先生却能够濯缨沧浪，出淤泥而不染，他说：我别的嗜好没有，唯一的嗜好是办工厂（《刘国钧文集·刘国钧先生名言》）。

刘国钧一生牢记父亲的教诲："能受天磨真铁汉，不遭人忌是庸才。"（《刘国钧文集·刘国钧先生名言》）在创办工厂过程中，内不惧官僚资本的胁迫，外不怕帝国主义列强的挤压。为人处世，虚怀若谷，礼贤下士而又不屈服于嫉妒者的攻讦、阴谋家的暗算。他诸美毕备，是人中大丈夫，值得后人敬仰。也正是这些高尚品德，促成了他企业的成功，成就了他不凡的人生。所以薄松涛在创作中由衷地感叹："刘国钧先生的高贵品质、创业精神、正派作风、民族气节、爱国情操都足以为我们及子孙后代树立楷模，都足以值得我们称颂与歌咏。"（《后记》）正如他教导秘书子女所说的：认认真真工作，实实在在做人。这也许就是他一生为人最好的写照。

3．表彰刘国钧为民族纺织工业发展做出的贡献

薄松涛在《后记》中写道："（刘国钧）十五岁即闯练江南，谋求发展；二十三岁开始独立经商；二十九岁弃商投身纺织工业。他怀着'实业救国'的宏愿，白手起家，艰苦创业，在腐朽的清政府和帝国主义列强经济掠夺的隙缝中，惨淡经营数十载，以自己的卓越才能和坚韧不拔的毅力，创办了大成纺织染公司，为我国民族纺织工业的发展做出了不可磨灭的贡献。"

不可否认，刘国钧一生有声有色地编演了纺织印染工业光彩耀眼的场景，令世人瞩目，被誉为中国现代杰出的实业家，成为我国著名的爱国民族工商业者。在中国内地、香港以至整个东南亚的工商界，提起刘国钧，几乎无人不知，他为中国现代民族纺织染业的建立和发展做出重要贡献，人们称他为"民族工业的骄子""实业苏民思广益，经纶裕国志大成"（刘国钧故居"国钧堂"柱联，高进勇先生撰），刘国钧成就了一个爱国实业家的伟大传奇。刘国钧创办工厂之初，就注意改进技术，引进设备，提高生产效率；在办厂过程中，又注重向日本学习先进管理经验，提升国内纺织业的生产规模；抗日战争时期，提出"实业救国"的设想，扩大企业的生产和经营规模，从而有效抵制日货；解放后，率先响应国家提出的公私合营政策，把自己的企业无偿捐赠给国家，促进了中国纺织业的发展。

刘国钧经营的大成纺织染公司，创造了中国纺织业史上令人瞩目的一幕。

"1930 年夏季改组后的大成纺织厂正式生产，当年年底结算，获利 10 万元左右。1931 年，除去股息红利等开支，净利 50 万元，就是说，一年中赚回了一个厂。1931 年冬，改组董事会，刘国钧力主将两年盈利作为增资，扩大再生产，董事会决议：增资为 100 万元。1932 年又获净利 50 万元，同年，刘国钧独资经营的广益染织厂折价 24 万元作为股金，并入大成公司，作为大成二厂，大成纺织股份有限公司也相应改为大成纺织染股份公司，注册资本增为 140 万元。1935 年，注册资本增为 200 万元。1936 年，注册资本增为 400 万元。"

一个纺织企业，在短短 8 年时间里，增资 8 倍，设备增加 8 倍，这在中国纺织工业史上极为罕见，我国经济学家们叹为奇迹。据经济史家严中平先生《中国棉纺织史稿》中记载："1931 年下半年起，中国棉纺织业的发展开始陷入逆境；

1932年后，演成危机；直到1936年下半年，才稍稍复苏。”而大成公司超常速度的发展，正好就在这全国棉纺织业不景气的逆境之中。因此，刘国钧的成功不能不说是一个奇迹。著名经济学家马寅初先生曾赞叹说：“像大成公司这样，八年增长八倍的速度，在民族工商业中实在是一个罕见的奇迹！”而他创业的经历为解放后中国纺织业的快速恢复提供了宝贵的经验。薄松涛《跋辞》中大声歌唱道：“经世勋劳兴纺织，超伦气节抗东瀛。冰心一片许邦国，遗范千秋垂后生。”

4. 表达作者对刘国钧的崇敬与仰慕之情

作者在《后记》中谈到他为什么用诗歌体来书写刘国钧先生的生平，他说：“基于对刘国老的景仰，对家乡先贤的缅怀，‘情动于中而形于言’，‘故咏歌之’。这就是我写《诗传》的动机和意图。”

纵览全书，作者对刘国钧充满了仰慕和崇敬之情，作者多次称赞刘国钧先生是“一个杰出的人，一个高尚的人，一个一代爱国民族工商业者的典范”。作者用诗的形式来写刘国钧传记，他是在广泛搜集史料，充分了解国钧先生生平，同时借鉴古今中外叙事诗的基础上进行的创作，正如作者自己所说，只觉得不把刘国老的光辉形象写出来，则不足以表达作者对他的崇敬与仰慕之情。

作者在《诗传》中，处处充满了对刘国钧先生的赞美之辞。试举数例。“忠信笃敬公之德，慎爱勤诚公之光。”“高风亮节垂典范，经验精神谱华章。民族骄子人仰止，工商毅魄史流芳。”（《序曲》）“国钧志遂存高远，工商报国心如炽。”“而立青年刘国钧，才能兼备显卓越。”“要与洋人敌一敌，将我中华志气伸。”（第三章《两岸猿声啼不住，轻舟已过万重山》）“苦心孤诣办大成，业绩长标纺织史。”“前途纵有千重险，难泯拳拳报国心。”（第四章《长风破浪会有时，直挂云帆济沧海》）“共纾国难倡土纱，抗日救国共勠力。”“国钧深知父老贫，魂牵梦绕是乡情。”“国钧敬仰武穆忠，民族气节斯昭著。”（第五章《贾生一掬忧时泪，岂独关心在梓桑》）“国钧老矣尚能饭，与党随镫愿执鞭！”“一生嗜好唯办厂，魂系民族纺织业。”（《尾声》）这些话语，都是对国钧先生的赞美和褒奖之辞，作者发自内心的尊敬和敬仰，充盈话语当中。正是出自对刘国钧先生的敬仰和爱戴，作者诗歌创作才会发自真心、出自真情。

作者在《后记》中高度精炼地概括了刘国钧先生高尚的品格：“他（刘国钧）少年时期所表现出来的顽强不屈，向命运抗争的拿云志气，到了青年时期转变成了永不满足、积极进取的奋发精神。对他来说一件事情成功了，他则要做更大的事情。他具有的这种献身事业、生命不息、奋斗不止的优良素质，再加上他有‘要吃龙肉自下海’的果敢探索精神，就是他的成功之道。至于吃苦耐劳、好学多思、审时度势、处事果断、知人善任、忠信笃敬、敬业乐群、俭约修身等则都在刘国钧身上得到了较为完美的体现。”刘国钧在纺织业的丰功伟绩和近乎完美的人格魅力激励着作者的创作。

本书也存在不足，如诗歌不够押韵、诗歌典雅蕴藉不足、在内容表达上有时还比较牵强或者相互交叉、有些历史事件还需要进一步推敲。当然，瑕不掩瑜。作者尝试用诗歌体裁的方式描述刘国钧先生的一生，用一种独特的经典语言向我们展示了刘国钧传奇的创业人生和高尚的道德情操，仍值得我们好好阅读和研究。刘国钧先生的精神是永恒的，此书的出版对于我们今天的人来说仍具有重要的纪念意义。

（作者单位：司马周，江苏理工学院；邱北海，常州市档案局。本文选自《刘国钧研究》2019 年第 1 期。）

后记

与刘国钧研究能结下不解之缘，源于我们参加了三次与刘国钧有关的学术会议及相关考察，接待了常州刘国钧文化中心的专家学者来江苏理工学院交流座谈。此前，仅仅粗略知晓刘国钧的一些事迹，因其不是文学作家，与我们的学术研究关联不紧密，因而没有进行深层次的探究。

通过聆听有关刘国钧研究的成果报告，考察刘国钧故居及学习其事迹，与相关专家学者交流座谈等，我们对刘国钧有了初步，但也是比较明晰的认识和深刻的印象。刘国钧作为在常州土地上成长起来的卓有成就的爱国实业家，植根于丰厚的地方文化土壤，吮吸浓郁的地方文化气息，怀抱国家工业化、利国利民的心愿，不畏艰辛，百折不挠、奋发图强，终于取得了近现代中国纺织业了不起的成就，成为令人敬仰的民族工业创业者和奋斗者，饱含赤子情怀的同行者。

由此，我们萌发了编著此书的念头，以期通过梳理刘国钧研究成果，了解和掌握刘国钧研究的过去和现状，并为现在和未来从事研究的同仁提供一份精要和实用的参考资料。我们成立了专门的课题小组，邀请人文学院汉语言文学专业张晟越、殷润洁和顾倩铭三位同学参与了部分资料的查找和整理工作。

编著本书，有两点需要说明：

汇编于本书的著作、论文皆撰写于不同时期，所叙内容或与事实有出入，或观点带有比较强烈的主观意识。为保存历史原貌，尊重作者思想，除极个别明显错误之外我们一般不予修正，造成了有些表述可能不完全一致的情况。

汇编于本书的著作、论文是我们“自作主张”选入的，限于条件，某些成果未能与其作者取得联系，不免冒昧，敬请谅解，并请相关作者和我们联系，我们将略表谢忱，联系人：王宏民老师，电话：13861298489，邮箱：978695544@qq.com。

编著本书，使我们对刘国钧创办实业的事迹及才能、极具传奇的人生经历和魅力，崇高的精神境界及人格有了更为丰富深刻的认识，对长期以来刘国钧研究成果有了比较明晰的了解。

编著本书，我们曾向江苏理工学院司马周教授、赵贤德教授讨教，得到他们热情的鼓励和帮助，在此深表谢意！

编著本书，我们曾得到中共常州市委统战部领导、刘国钧文化中心理事长刘学进先生及理事会理事叶慧英女士的支持和资助，在此深表谢意！

编著本书，我们特别要感谢常州刘国钧文化中心的王亮伟先生、魏平女士，他们自始至终给予关心鼓励，并多次听取编著工作汇报，及时给予指示。本书“刘国钧研究概述”编及部分内容得到两位的审改，并予以认真指导，在此深表谢意！

编著本书，是我们研究刘国钧的新起点。期待以此为基础，在不远的将来，在刘国钧研究领域，将出现新的更丰硕的成果！